藤田勝久著

中国古代国家と社会システム
―長江流域出土資料の研究―

汲古叢書85

汲古書院

目次

序章　中国出土資料と古代社会——情報伝達の視点から　3
はじめに　3
一　中国の出土資料について　6
二　地方の官府とその周辺　21
三　出土資料の形態と機能　27
おわりに　33
第一章　中国古代の秦と巴蜀、楚——長江流域の地域社会——　43
はじめに　43
一　秦の統一と出土資料　44
二　文書の伝達——秦と楚の文書について　48
三　書籍の伝達——所有者と書写する人々　58
四　秦漢王朝と巴蜀、楚の社会　63
おわりに　67
第二章　包山楚簡と楚国の情報伝達——紀年と社会システム——　73

はじめに……73
一　楚暦と卜筮祭禱簡……75
二　文書簡の情報システム（一）処理の控え……83
三　文書簡の情報システム（二）さまざまな案件……93
おわりに……99
第三章　戦国秦の南郡統治と地方社会——睡虎地秦簡と周家台秦墓——……107
はじめに……107
一　南郡の統治と睡虎地秦簡……109
二　睡虎地秦簡にみえる地方統治……115
三　南郡の動向と周家台秦墓……127
おわりに……135
第四章　里耶秦簡と秦代郡県の社会……143
はじめに……143
一　里耶秦簡の年代と暦譜……144
二　行政文書の形態と伝達……154
三　秦代郡県の官府と社会……163
おわりに……172
第五章　里耶秦簡の文書形態と情報処理……183

はじめに …… 183
一　遷陵県をめぐる文書と記録 …… 185
二　⑨1～12文書の内容について …… 190
三　文書の処理と保存 …… 199
おわりに …… 210
第六章　里耶秦簡の文書と情報システム …… 219
はじめに …… 219
一　秦代の文書システム――処理と保存 …… 220
二　里耶秦簡の情報システム――管理と運営 …… 230
三　秦王朝の社会システム …… 237
おわりに …… 242
第七章　里耶秦簡の記録と実務資料――文字による地方官府の運営―― …… 253
はじめに …… 253
一　文書楬と笥牌の用途 …… 254
二　居延漢簡の文書楬と機能 …… 259
三　文書の伝達と処理の控え …… 267
四　文字資料による実務の運営 …… 274
おわりに …… 286

第八章　長江流域社会と張家山漢簡　295
はじめに　295
一　張家山漢墓の竹簡について　297
二　張家山漢簡の情報　302
三　秦漢統一国家と情報伝達　319
おわりに　322
第九章　張家山漢簡「津関令」と詔書の伝達　333
はじめに　333
一　漢代詔書の作成と発信　334
二　『史記』『漢書』の詔書　343
三　詔書の伝達と受容　353
おわりに　363
第十章　張家山漢簡「津関令」と漢墓簡牘——伝と致の用途——　369
はじめに　369
一　漢代の交通と伝の形態　371
二　伝と「致」の形態——随行の証明書　380
三　関所の通行と漢墓簡牘　389
おわりに　398

第十一章　秦漢時代の交通と情報伝達――公文書と人の移動―― 411
はじめに …… 411
一　地名里程簡をめぐって …… 412
二　尹湾漢墓簡牘にみえる交通 …… 420
三　交通と情報伝達 …… 429
おわりに …… 433
第十二章　中国古代の書信と情報伝達 439
はじめに …… 439
一　『史記』にみえる書信 …… 440
二　帛書『戦国縦横家書』の書信 …… 444
三　睡虎地四号秦墓の書信 …… 450
四　漢代の書信と名謁 …… 456
おわりに …… 464
終　章　中国古代の社会と情報伝達 473
はじめに …… 473
一　中央と地方の情報――文書行政 …… 474
二　地方社会の情報 …… 484
三　交通と往来による情報 …… 488

四　中国古代の社会システム …… 492
おわりに――簡牘・帛書から紙へ …… 496

付　篇　里耶秦簡の釈文 …… 507

あとがき …… 533
初出一覧 …… 540
出土資料文献目録 …… 543
索引（文献・出土資料、事項） …… *1*

中国古代国家と社会システム

――長江流域出土資料の研究――

序章　中国出土資料と古代社会

――情報伝達の視点から――

はじめに

古代東アジアの歴史を考えるとき、その起点となるのは、中国の各地を最初に統合した秦・漢王朝の時代である。これに先だつ戦国時代には、諸国の法制や地方行政の基礎が形成され、秦漢時代には、皇帝を中心とする中央官制と、地方に中央集権的な郡県制を施行している。このような古代の国家と地方行政は、三国時代から魏晋南北朝、隋唐時代をへて、伝統中国社会の原型となっている。一方で、中国古代文明の政治と法制や、文書と書物の普及は、その後に東アジアの諸国にも漢字文化として深い影響を及ぼしている[1]。

中国古代史の研究は、これまで正史などの文献史料を基本として考察されてきた。漢代では、これを象徴する二大事業がある[2]。一は、前漢の武帝（前一四一～八七在位）の時代に司馬遷が著した『史記』である。ここでは漢王朝の文書や図書などを編纂して、古代の通史として総括している。二は、『漢書』芸文志の目録にみえる前漢末の図書整理である。これは成帝（前三二～七在位）の時代から、劉向と劉歆たちが、漢王朝に所蔵されていた図書を整理して、目録と解題を作成した事業である。このとき古典となる書物の原型が定まったといわれる。しかしこれらの事業は、書籍を中心としたものであり、実際には、さらに多くの文書や記録などが存在していた。その形態を示すのは、紙が普及するまえの第一次資料として、簡牘《かんとく》（竹の札に書かれた竹簡、木の札に書かれた木簡、幅の広い木牘《もくとく》）と帛書《はくしょ》（白絹）、石刻などである。

中国では、戦国時代の簡牘に書かれた文字資料が発見されており、秦漢時代から三国時代には豊富な出土文字資料がある。これに秦始皇帝陵の兵馬俑や、漢代の文物を加えれば、戦国・秦漢史の研究は、文献史料と出土資料をあわせた方法が用いられるはずである。しかし中国出土資料の研究は、必ずしも総合的な資料学とはなっていない。これは中国古代史の研究だけではなく、日本古代の木簡研究と比較するときにも、両者の接点を見いだすことが困難になるであろう。

そもそも漢字文化は、殷代の甲骨文や、青銅器に書かれた金文にはじまる。しかしそれは文字だけが伝えられるのではなく、素材に書かれた文章によって広く意志の伝達がはかられるようになる。それを示すのが、簡牘・帛書に書かれた文書や記録、書籍であり、これらの普及は国家と社会の変化に対応している(3)。日本では、一九九二年に関西大学で「漢簡研究国際シンポジウム」が開催され、居延新簡が公表され始めた時期に、出土資料の現状を総括しようとしている(4)。その後、漢簡を主体とする状況は大きく変わり、とくに長江流域の古墓と井戸の資料が急増した。こうした情勢をうけて、中国出土資料の研究を総括し、資料学の方法を模索しようとする動きがみえている。二〇〇一年には、中国出土資料学会で「出土資料学への探究」シンポジウムが開催され、中国では二〇〇一年に湖南省長沙市で「長沙三国呉簡および百年来の簡帛発見と研究」の国際学術討論会などが開催された(5)。このほかにも歴史学や思想史などでは、簡牘・帛書の研究を総括し、その方法論を深化しようとする試みがあり、簡帛学、出土文献学などの新しい学問領域を形成しつつある。しかしその研究は、古文字学や考古学、歴史学、思想史、科学史などの分野で個別におこなわれる傾向があり、その内容にも制約がある。そのため社会のなかで共通して位置づける視点は、なお十分ではないようにおもわれる。

長江流域の出土資料については、胡平生・李天虹『長江流域出土簡牘与研究』（湖北教育出版社、二〇〇四年）の総合的な考察がある。こうした状況の変化は、歴史学の立場からみても、漢簡による簡牘文書学だけでは不十分であり、長江流域から出土した古墓・井戸の資料とあわせて総合化する時代に入ったといえよう。また出土資料を歴史研究に利用するためにも、文字資料そのものとして、簡牘の形態や機能を分析する必要がある。本書は、このような観点から、長江流域の出土資料を年代順に分析して、中国古代の資料学を展望する基礎にしたいと考えている。ここでは考察のために、二つの設定を試みている。

第一は、国家と社会システムをテーマとして、秦漢統一国家の成立を考察することである。「社会システム」とは、秦漢王朝の全体的な体系を示す表現として用いている。これまで中国古代国家の研究は、①に中央官制や地方行政と、社会構造の考察を主体としている。これらは『史記』『漢書』『後漢書』などの史書に、その概略を記している。②に、地方行政（法制、財政、労働編成）や文書伝達のシステムは、文献と漢簡などの出土資料によって研究されてきた。しかし秦漢王朝の全体は、こうした上からの支配と文書行政だけでなりたっているわけではない。たしかに秦王朝は、秦暦と独自の官制、地方統治の仕組みをもつこと自体、これまでの戦国諸国とはちがう地域性をもっており、それが全国を統一したという経過がある。だから秦王朝を継承した漢王朝でも、各地の統治には、それぞれの習俗や規範をもつ地域社会を組み込むことになる。これをふくむ国家と社会の全体を、③に、社会システムと表現するのである。こうした戦国、秦漢時代の歴史のなかで、これまで公表された長江流域の出土資料を位置づけてみる。この意味で、本書は「中国古代国家と社会システム」を明らかにするための基礎的研究ということになる。

第二は、簡牘がもつ意義について、情報伝達（発信と受容）という視点から、文字資料の特質を考察することである。秦漢統一国家が、中央の命令を全国に伝達し、各地の情報を掌握することは、地方統治にとって重要な問題である。しかし地方官府では、情報を処理して保存することや、文字資料による実務の運営という任務がある。また地方社会では、広く吏民に伝わる情報があり、さまざまな人々の往来による情報もある。したがって本書では、従来までの制度史（ハード面）と文書行政にくわえて、地方官府での運営や、人々の情報伝達というソフト面をふくめて検討するものである。具体的には、簡牘の文書や書籍を、その形式と内容によって分類するのに対して、ここでは簡牘の機能と、それらが作成されたあと、どのように伝達され、保存や処理、廃棄をへて遺跡や古墓に残されたかという過程に注目している。そして地方社会のモデルを想定し、そのなかで文書や記録、書籍の機能を位置づければ、遺跡や古墓、井戸の資料は、より総合的に理解できると考えている。

序章では、一に、出土資料研究の現状について概観する。二に、中国の出土資料は、ほとんど地方の資料であることから、官府とその周辺の社会モデルを設定したいとおもう。とくに注目するのは、戦国楚の包山楚簡と、秦代の里耶秦簡、張家山漢簡「津関令」である。そして三に、古代社会を考察する視点を提示しておきたい。それは、①地方官府での文書伝達（文書行政、文書システム）と処理、②一般の人々への情報伝達、③交通と人々の往来による情報伝達という方面である。

一　中国の出土資料について

中国出土資料の研究には、いくつかの段階がある。二十世紀の初めには、殷墟の甲骨や、シルクロードの遺跡から発見された漢晋木簡、敦煌文書などがあり、王国維「最近二三十年中中国新発見之学問」（一九二五年）は、こうした新発見が新しい学問領域を開くことになると指摘した。王国維は、のちに『古史新証』（一九三五年）で、紙上の材料（文献史料）と地下の新材料（出土資料）を合わせて考察する二重証拠法を提唱した。(6) これは甲骨学と簡牘学、敦煌学を予言したものといわれる。また王国維「簡牘検署考」（一九一四年）は、今日でも簡牘の形態を分析する基礎となっている。一九三〇年代には居延漢簡が発見され、これは漢代辺境の役所や関所、塞などに、たまたま保存されていたり、あるいは廃棄された場所（土坑）から見つかったものである。

新中国が成立した一九四九年から六〇年代には、戦国楚簡や考古文物が発見されていたが、出土資料の研究に大きな進展はみられなかった。一九七〇年代になると、秦始皇陵兵馬俑や馬王堆漢墓などの発見とともに、各地の古墓から文字資料が多く出土するようになった。一九八〇年代以降に、出土資料の数と種類は増加したが、報告書の刊行が遅れた資料もあり、本格的な研究は八〇年代後半～九〇年代に入ってからとなる。一九九〇年代以降には重要な発見がつづき、二十一世紀の初めには、これまでの遺跡や古墓のほかに、古城の井戸から大量の資料群が発見されるようになった。(7)

こうした出土資料の状況は、**表1**のように、大きく三つに分けることができる。1は、辺境フィールド遺跡の木簡である。これは敦煌漢簡、居延漢簡、居延新簡のほか、九〇年代に敦煌懸泉置《けんせんち》の漢簡がある。2は、古墓から出土した簡牘・帛書である。これは山東省銀雀山漢墓の竹簡や、湖南省長沙市の馬王堆《まおうたい》漢墓の帛書と簡牘、湖北省雲夢《うんぼう》県睡《すい》虎地《こち》秦墓の竹簡などがよく知られている。とくに睡虎地秦簡と馬王堆帛書は、その後の歴史学と思想史の研究で大きな転換点となった資料である。このほかにも多くの重要な資料があり、その出土は今日までつづいている。3は、井戸から出土した簡牘資料である。最初に発見されたのは湖南省長沙市走馬楼《そうまろう》の三国呉簡であるが、二十一世紀には統一秦の里耶《りや》秦簡（秦代木牘）や、長沙市走馬楼の漢代簡牘などの発見がある。(8) ここでは、資料研究にかかわる概略を

表１　簡牘・帛書の年代と区分

年 代	古墓の資料ほか	井戸の資料	辺境の遺跡
春秋時代	侯馬盟書、温県盟書		
戦国時代	曾侯乙墓、信陽楚墓		
前453,403	戦国楚簡（望山など）		
～	包山楚墓、新蔡楚墓		
	郭店楚墓竹簡		
	〔上海博物館蔵楚簡〕		
	〔清華大学蔵戦国簡〕		
	四川青川秦墓木牘		
	天水放馬灘秦墓		
前221	雲夢睡虎地秦墓竹簡		
秦代	雲夢龍崗秦簡	里耶秦簡	
前207	王家台、周家台秦簡		
	〔岳麓書院蔵秦簡〕		
前漢時代	江陵張家山漢墓	南越国木簡	
前201～	江陵鳳凰山漢墓		
	沅陵虎渓山漢墓		
	馬王堆漢墓帛書、簡牘		
	阜陽双古堆漢簡		
	睡虎地漢墓簡牘		
武帝	紀南松柏漢墓簡牘		
	天長漢墓簡牘		
	山東銀雀山漢墓	長沙走馬楼	居延漢簡、居延新簡
	定県八角廊漢墓	漢代簡牘	敦煌漢簡
〔王莽〕	尹湾漢墓簡牘		敦煌懸泉漢簡
後23	大通漢簡、武威漢簡		額済納漢簡
後漢時代	武威漢簡	長沙東牌楼	居延漢簡、居延新簡
25～220		後漢簡牘	敦煌漢簡、懸泉漢簡
三国時代		長沙三国呉簡	
		郴州三国呉簡	

みておこう。

1　漢代辺境遺跡の簡牘

二十世紀で最初に発見されたのは敦煌漢簡である。この資料は、シャヴァンヌの著書と、羅振玉・王国維編著『流沙墜簡』（一九一四、中華書局、一九九三年）で公開され、すでに『流沙墜簡』では内容を分類して、図版と釈文、考釈を示す基本のスタイルができている。

小学術数方技書：小学類、術数類、方技類
屯戍叢残：簿書類、烽燧類、戍役類、稟給類、器物類、雑事類
簡牘遺文：（書信、検、紙片など）

一九三〇～三一年には、約一万点あまりの居延漢簡《きょえん》（旧簡）が発見された。その年代は、前漢武帝が辺境に郡県を設置したあと、宣帝期、王莽期をへて後漢の光武帝、和帝頃までという。この資料を整理した労榦氏は、当初に『流沙墜簡』を継承して、①文書類、②簿録類、③信札類、④経籍類、⑤雑類と大別したが、これは形式による分類である(9)。のちに『居延漢簡　考釈之部』（一九八六年版）では、甲「簡牘之制」、乙「公文形式与一般制度」、丙「有関史事文件挙例」、丁「有関四郡問題」、戊「辺塞制度」、己「辺郡生活」、庚「書牘与文字」に分類しており、これは文書制度や、辺境の防衛と生活などの内容によるものである（表2）。一九七三～七四年には、同じ場所をふくむ遺跡から約二万点ほどの居延漢簡（新簡）が出土した。大庭脩氏は、こうした変化を「探検から発掘へ」と表現して、このころから資料の分類ではなく、発掘の状況を反映した簡番号別に配列することを注意している(10)。

敦煌漢簡と居延漢簡の研究では、漢王朝と辺境防衛や、法制史と文書行政に関する多くの成果があるが、文書や帳

表2　労榦『居延漢簡 考釈之部』の分類

分類	漢簡の内容
甲：簡牘之制	封検形式、検署与露布、露布、版書、符券、契拠、編簡之制
乙：公文形式与一般制度	詔書、印璽、小官印、剛卯、算貲、殿最、別火官、養老、撫郵捕亡、刺史、都吏司馬、大司空属、地方属佐、文武吏、期会都亭部、伝舎、車馬、行程

簿などの分類と研究には、つぎのようなものがある。(11) 李均明・劉軍『簡牘文書学』（一九九九年）では、遺跡と関連させて以下の六分類を試みている(12)（表3）。すなわち、①書檄類（書、檄、記、伝、致）、②簿籍類（簿、籍）、③律令類（律、令、科品、式）、④案録類（案、録、志・記、刺、課、その他）、⑤符券類（符、券、傳別）、⑥検楬類（検、楬）である。これは先の『流沙墜簡』や労榦氏の研究を継承して、形式による分類を進めたものである。ここでは文書と帳簿などに対して、符券類や検楬類を別の項目としている。ただし掲示にあたる扁書や、人の交通に関する伝と符は、ともに書檄類としており、機能によるものではないことがわかる。また書信や典籍などは分類されていない。文書の稿本では、草稿、定稿、手稿の文例や、正本・抄本、文書に添付される附件などの区別に注意している。こうした簡牘文書学では、文書や帳簿に関する制度的な側面が中心であり、下行文書や上行文書などを詳しく分類している。これらは行政文書の作成と形式・運用を具体的に示している。

これに対して、文書が伝達される機能の側面では、大庭脩氏の「詔書冊の復元」研究が注目される。(13) そこでは、中央で御史大夫が上奏した議案が皇帝に許可されて詔書となり、それが丞相を通じて全国に発信され、張掖郡の太守府、同郡の都尉府、候官まで伝えられた過程を示している。しかしこのように冊書が復元されたり、冊書の紐が切れずに連続して出土するケースは稀であり、こうした手法では読みとれる情報が限定され、多くの断簡が考察から排除されてしまう。

そこで、もう一つの手法として、漢簡の集成という作業と考察が必要になる。森鹿三

表3　『簡牘文書学』の分類

分類	漢簡の内容
書檄類	書：命書、詔書、請詔書、扁書、官府下行書、官府上行書、報書、語書 挙書、視事書、病書、除書、予寧書、直符書、調書、償債担保書 債書、変事書、爰書、奏讞書。 檄：警檄、行罰檄、府檄。　記：府記、官記、私記。 伝：公務用伝、私事用伝。　致。
簿籍類	簿：集簿、月言簿・四時簿、校簿、守御器簿、兵・守御器負算簿 隧別被兵簿、鄣吏被兵簿、部別被兵簿、兵完折傷簿、官種簿、茭積簿 穀簿、俸祿簿、亭間道里簿、伝置道里簿、吏貲直簿、銭出入簿 穀出入簿、粟出入簿、麦出入簿、糜出入簿、茭出入簿、塩出入簿 什器出入簿、入狗簿、入鶏簿、出布簿、日作簿、日迹簿、計簿。 籍：吏名籍、卒名籍、騎士名籍、廩名籍、隧別廩名籍、卒廩名籍 吏廩名籍、卒家属廩名籍、従者・私属廩名籍、吏奉賦名籍 吏未得俸及賦銭名籍、債名籍、負債名籍、貰売名籍、還食名籍 衣物名籍、被兵名籍、折傷兵名籍、車父名籍、傭名籍、病名籍 休名籍、吏換署名籍、吏除代名籍、吏射名籍、賜労名籍、功労墨将名籍 以令賜爵名籍、適名籍、坐罪名籍、不在署名籍、田租名籍、出入名籍 葆出入名籍、卒日作籍、卒更日迹名、駅馬名籍、食器籍、瓦器籍。
律令類	律：魏律、秦律、漢律、法律答問。 令：功令、挈令、令乙、公令、戍卒令、赦令、賞令、祠社稷令 王杖詔書令、軍令。 科品：科、品。　式。
案録類	案：当食者案、功労案。　録。　志・記：志、記。 刺：名刺・名謁、郵書刺・過書刺、吏対会入官刺、廩食月例刺、出俸刺 表火出入界刺。 課：郵書課、表火課。　その他：封緘発文記録、啓封記録。
符券類	符：出入符、吏家属符、日迹符、警候符。 券：債券、日迹券、先令券書。　傳別。
検楬	検：実物検、文書検。　楬：実物楬、文書楬。

『東洋学研究・居延漢簡編』（一九七五年）に収録された論文では、書記官である「令史弘」の文書や、王莽簡などを集成して、一つの分析方法を示している。また英国のマイケル・ローウェー氏は、漢代文書の帳簿や戸籍類を集成しており、同じように永田英正『居延漢簡の研究』（一九八九年）も、出土地ごとに簿籍のタイトルと本文の集成を行なっている。(14)これによって居延漢簡の断簡も、どの文書や簿籍の一部かということが推測され、利用できる木簡の数量がはるかに増加した。さらに永田氏は簿籍の集成だけではなく、その前後に「敢言之（敢えて之を言う）」のような送り状を付けることによって、受け手と送り手がある報告書として位置づけ、簡牘の「古文書学《もんじょ》」を提唱した。(15)ここに下行文書と上行文書を伝達する過程が、さらに明らかとなっている。(16)

こうして漢簡の研究では、行政制度の機構や、官吏への命令の伝達・報告が明らかになったが、出土した施設が軍事系統の候官（県レベル）や隧（塞）などを主体とするため、一般の不特定の吏民に対する情報が少なかった。そのほか文書による中央の命令などが、どのように官吏をこえて民に伝達されるのかは、なお不明な点が多い。

また古代交通の観点からみれば、居延漢簡の段階では、交通の要衝にある肩水金関の構造が調査され、ここでは関所に出入りする人々の記録（関出入簿）がある。大庭脩「漢代の関所とパスポート」（一九五四年）では、符、伝と呼ばれる通行証や、公用と私用の旅行者が携帯する通行証に注目しており、これらは交通の往来にかかわる情報を提供している。(17)しかしこの分野でも、実態については解明されていない部分が多い。

これを補うのが、一九九〇～九二年に調査された敦煌懸泉置の遺跡とそこから出土した漢簡である。(18)これは文書伝達と宿駅の機能をもつ施設であり、公表された一部の資料によっても、使者の往来や「伝信」にかかわる内容がみえている。この懸泉置は、ちょうど長安の西方から敦煌とシルクロード方面へ往来する交通路に面しており、ここから居延漢簡とは異なる情報をふくむことが予想される。このような辺境遺跡の漢簡には、公的な行政文書や、地方官吏への命令、下級機関からの上部への文書、簿籍、記録などがある。

2　古墓に副葬された資料

古墓の資料は、一九五七年に甘粛省から出土した武威《ぶい》漢簡などがあるが、ほとんどは内郡の地域で、とくに湖北・湖南省に集中している。また漢代辺境の漢簡が、武帝期より以降の資料であるのに対して、古墓に副葬された資料は戦国初期に遡るものがある。いま発見された時代順に、その内容と研究の特色をみれば、つぎのようになる。

一九三〇～五〇年代に古墓から出土した資料は、数量も少なく、内容も遣策《けんさく》（副葬品のリスト）と卜筮祭禱《ぼくぜいさいとう》、子弾庫楚帛書などの資料であった。武威漢簡には『儀礼』の書籍をふくんでおり、これらが古墓の資料の大きな傾向を示している。ところが一九七〇年代以降になると、しだいに内容が豊かになってきた。

たとえば、一九七二年に山東省で出土した銀雀山漢墓の竹簡は、『孫子』『孫臏兵法』『尉繚子』『六韜』などの兵法書と、『晏子春秋』「守法守令等十三篇」などの書物である。一九七三年には、湖北省の江陵鳳凰山一〇号漢墓から、賦税や徭役にかかわる記載をもつ簡牘が出土した。これは一九七九年に四川省の青川県秦墓で出土した木牘一枚とともに、県と郷里社会にかかわる資料として注目されている。一九七三～七四年には、湖南省の馬王堆三号漢墓で、二十七種類の帛書や簡牘が出土した。帛書には、『周易』『老子』『春秋事語』『戦国縦横家書』の書籍や、地図、医学関係の書物と「導引図」などがふくまれている。一九七五～七六年に湖北省雲夢県の睡虎地秦墓で出土した竹簡には、『秦律十八種』『秦律雑抄』『法律答問』『封診式』『效律』の法律関係の資料と、墓主にかかわる『編年記』、「語書（南郡守騰文書）」、甲乙2種類の『日書』などがある。

いま振り返ってみれば、これらは出土資料の研究で画期的な意義をもっている。つまり銀雀山漢簡では兵書や軍事思想が考察され、馬王堆帛書の『周易』『老子』などでは漢代に成立した書物と思想史の考察がすすんだ。(19) これに対して歴史学のほうでは、睡虎地秦簡の秦律と法制史に多くの関心が集まり、一部に郡県制にかかわる行政制度の研究がある。(20)『日書』の研究はやや遅れたが、のちに工藤元男氏によって法制資料とあわせた社会史の構築が試みられている。(21) また睡虎地秦簡『編年記』や馬王堆帛書『戦国縦横家書』に代表されるように、出土資料と比較して『史記』の構造と編集過程を分析する方法も、歴史学の研究に属している。(22) したがって歴史学と思想史では、お互いの関心によって考察をすすめており、両者による議論の総合はほとんどみられないが、この時期から文献史料と出土資料を対比させる研究が本格的に始まったといえよう。これは古墓の資料の大きな貢献である。

一九七三年には、河北省の定県八角廊漢墓で竹簡の『論語』と儒家者言などの書籍や『日書』などが出土し、一九七七年には安徽省の阜陽双古堆《ふようそうこたい》漢墓から、竹簡の『蒼頡篇』『詩経』『周易』をふくむ書籍が発見された。一九八三～八四年に湖北省では張家山《ちょうかざん》漢墓の竹簡が出土し、ここには暦譜や漢の『二年律令』、『奏讞書』の判例、算数書などがある〔写真と釈文は二〇〇一年に公刊〕。一九八六年には甘粛省の天水放馬灘《てんすいほうばたん》秦墓から『日書』などの竹簡と四枚の木板地図（七面の地図）が出土し、同年に出土した湖北省の龍崗秦簡には秦の法令などがある。これらは各地で出土した戦国～前漢時代の資料の一部であり、ほかにも未公開をふくめた資料は多い。

大庭脩『木簡学入門』（一九八四年）は、こうした墓中の書籍について、その影響する範囲は内容に関する学術上の専門分野に限定されるものとし、大庭氏の『木片に残った文字――中国木簡の世界』（遺稿、二〇〇二年）では、辺境遺跡の「捨てられた木簡」に対して、「残された木簡」〔遣策、書籍、墓主に関連のある文書、記録の類〕と表現している。同じように永田英正『居延漢簡の研究』（一九八九年）序章、二「簡牘の出土状況」も、ほとんどが遣策と書籍で占められているため、前漢時代の江陵鳳凰山一〇号漢墓にみえる田租や穀物を記した簡牘をふくめて、葬礼の慣習や被葬者との関係において最初から遺すことを意図したものといわれている。

しかし古墓の資料は、その後もあいつぐ重要な発見があり、さらに認識を追加する状況が生じたとおもう。その一は『張家山漢墓竹簡』（文物出版社、二〇〇一年）の刊行であり、その二は戦国楚簡の増加である。

先にみた睡虎地秦簡は、秦律や行政制度にかかわる内容をもっていたが、これに龍崗秦簡の法令がつづき、一九九三年に湖北省で出土した王家台一五号秦墓と周家台三〇号秦墓の資料も秦代の暦譜や占いをふくんでいる。張家山漢簡には、秦の法制を継承した漢代の法令があり、そのなかに百官表にあたる「秩律」や、交通に関する「津関令」がある。また『奏讞書』は裁判に関する案件である。これは従来の文書や書籍の範囲をこえて、当時の社会情勢を復元する具体的な内容をもっている[23]。

楚系文字で書かれた戦国楚簡は、これまでも出土していたが、その数量は少なく、また内容にも断片的なものが多かった。しかし湖北省で一九八六～八七年に出土した包山楚墓《ほうざんそぼ》の竹簡や、一九九三年に出土した郭店楚墓《かくてんそぼ》の竹簡、一九九四年に上海博物館が購入した上海博物館蔵楚簡、一九九四年に河南省で出土した新蔡《しんさい》楚簡などによって、より全体的な展望がひらけるようになった。こうした戦国楚簡の現状と研究は、浅野裕一・湯浅邦弘編『諸子百家〈再発見〉――掘り起こされる古代中国思想』（岩波書店、二〇〇四年）や廣瀬薫雄氏に詳しい紹介がある[24]。ここでは資料学にかかわる点を指摘しておきたい。

郭店楚簡の約八〇〇枚は、道家系の著述として『老子』『太一生水』があり、儒家系の著述に『礼記』緇衣《しい》篇と共通する資料や、『魯穆公問子思』『窮達以時』『五行』『唐虞之道』『性自命出』『六徳』『語叢』などがある。上海博物館蔵楚簡の約一二〇〇枚は、まだ全部は刊行されていないが、『孔子詩論』『緇衣』『周易』や、帝王の伝説を述べた『容成氏』など約一〇〇篇の古籍があり、ほかにも春秋戦国故事をふくむといわれている[25]。

ここで第一に指摘されているのは、もし前二七八年に戦国楚が秦によって本拠地を占領されたあと、ほとんど楚墓を造ることができなかったとすれば、これらの楚簡は戦国後期より以前の書物となる点である。とすれば戦国後期までに、『老子』などの道家思想や、儒家の思想が形成されており、その一部は楚をふくむ地域で書写されていたことになる。これは漢代初期の学術的書物の成立に連動する思想史上の論点となっている。

第二に、歴史学の分野では戦国楚簡にあまり注目しておらず、むしろ張家山漢簡などの法制史に議論が集中する傾向がある。たしかに一見すると、秦律と漢律の比較というテーマに比べて、戦国楚簡は歴史的な情報が少ないような印象をあたえる。しかし私は、戦国時代から秦漢時代の社会を考察するとき、歴史学と思想史の接点として、もっと戦国楚簡に注目する必要があり、なかでも包山楚簡の情報が重要な手がかりを与えると考えている。(26) なぜなら包山楚墓は、全体の保存状態がきわめてよく、そこには楚の懐王期の大事紀年を記しており、戦国中期の年代が推定できるからである。また楚の王族であった墓主の名前がわかり、墓葬の遺策や埋葬の資料、墓主の健康を占った卜筮祭禱簡、左尹であった役職と行政・裁判に関する文書簡などの内容をもつ珍しいケースである。このうち遺策と卜筮祭禱簡は、一定のまとまりをもっており、これまでの戦国楚簡や新蔡楚簡とあわせて楚の習俗を展望することができる。また文書簡は、これまで不明であった戦国秦に占領されるまえの戦国楚の歴史地理や、行政機構、社会構造を反映している。文字を記す竹簡は二七八枚であるが、これらは戦国楚墓の年代と楚簡の性格を知る基準となり、楚墓を総合的にみる手がかりとなる。

このほか古墓の資料では、一九九三年に江蘇省で出土した尹湾漢墓《いんわんかんぼ》が重要である。(27) 尹湾漢墓の墓主は、前漢の成帝期に東海郡の功曹史であった人物であり、その資料は郡レベルの文書という。そこには木牘に書かれた「集簿」「属県郷吏員定簿」「吏員除官昇遷簿」「吏員考績簿」「武庫永始四年兵車器集簿」などがあり、また贈銭名簿や名謁、暦譜、神亀占卜法、衣物疏なども木牘に記されている。これに対して、暦譜の形式に勤務や出張などの記載を記した「起居記」や、刑徳行時と行道吉凶、「神烏賦」という書籍などは竹簡に書写されている。ここでは、①郡レベルの行政機構にかかわる文書が副葬されている点と、②内容や用途によって木牘と竹簡に書き分けられていることが注目される。とくに後者の特徴は、漢代に紙が書写材料と普及していないため木牘や竹簡に書かれたのではなく、すでに一定の用途による書写の区分を示唆するものであろう。

さらに二十一世紀にかけては、一九九九年の湖南省沅陵虎溪山漢墓の簡牘、二〇〇六年の睡虎地漢墓の簡牘、二〇〇四年の湖北荊州紀南松柏漢墓の簡牘、二〇〇四年の安徽省天長市漢墓の簡牘や、購入された清華大学所蔵の戦国簡、岳麓書院所蔵の秦簡などがある。(28)

沅陵虎溪山一号漢墓は、高后元年（前一八七）に受封し、文帝後元二年（前一六二）に亡くなった沅陵侯の呉陽の墓で、1黄籍（戸口統計、水陸路線）、2日書、3美食方（四〇〜五〇条の魚肉加工と調理方法）に分類されている。

湖北省雲夢県の睡虎地七七号漢墓には、二一三七枚あまりの簡牘があり、前漢の文帝末年から景帝期の資料と推定されている。竹簡は、①質日（暦譜）、②日書、③書籍、④算術、⑤法律（八五〇枚）などに分類され、牘は、竹と木質で、司法文書と簿籍といわれる。松柏一号漢墓は、前漢武帝の早期といわれ、墓主は江陵西郷の有秩嗇夫で、公乗の爵をもつ人物とみなされている。木牘は六三枚で、遺書、各類簿冊、牒書、律令、暦譜、墓主の功労記録、昇遷記録などに分けられ、ほかに木簡一〇枚がある。天長一九号漢墓は、前漢中期の墓葬で、墓主は東陽県の官吏で謝孟とみなされている。木牘三四片は、頭廂から硯などと一緒に出土しており、戸口簿・算簿や、書信、木刺、薬方、礼単をふくむ。ここでは私信の木牘が、一つの特徴である。

清華大学が購入した戦国楚簡は、残片を入れて二三八八枚で、『尚書』、『竹書紀年』に似た史書、伝説と楚史に関する資料、『周易』と関連する資料、礼書、音楽に関する資料、陰陽月令、相馬経のような書籍とする。湖南大学岳麓書院が購入した秦簡は、比較的に完全な簡が一三〇〇余枚で、別に三〇余枚があるという。その内容は、㈠日志、㈡官箴、㈢夢書、㈣数書、㈤奏讞書、㈥律令雑抄に分類されている。ただしこれらの竹簡は、出土地や出土状況が不明である。

このように古墓の資料は、戦国初期から秦代、前漢時代の豊富な情報が追加され、とくに武帝期までの社会を考察するには、辺境の漢簡より早い時代の資料と比べることが不可欠となる。その内容は、副葬品のリストにあたる遣策や書籍に加えて、卜筮祭禱簡や、文書と裁判の案件、秦律と漢律、書信と名謁、占いと『日書』、未知の典籍などの内容が増えており、文献史料では詳しく知ることができなかった情報をもつ第一次資料である。ただし注意するのは、資料の性格について見解が一致していないことである。たとえば遣策や卜筮祭禱簡などは、墓主に関連する内容であり、このほかに文書や書籍をふくむものがあった。そこで古墓の資料は、死後の世界のために、他の副葬された明器と共通する役割をもつという考えや、書籍などは生前の墓主の思想と好みを反映するという見解などがある。(29) これについて、多くの古墓に副葬された明器には一定の組み合わせがあるのに対して、今日まで各地で大量の古墓が発掘されながら、竹簡や木牘を副葬する古墓の数量はきわめて少ないことが指摘できる。これは盗掘や保存の状況を考慮しても、古墓に簡牘を副葬する習慣が一般的なものではなく、なんらかの特別な意識によって残されたことを示唆している。

3　井戸から出土した資料

井戸の資料は、一九九六年に湖南省長沙市走馬楼の二二号井戸（直径約三メートル、深さ約五・六メートル）で発見さ

表4　井戸から出土した資料

出土地・年	年代	郡・国	井戸の寸法	資料の内容
1 里耶秦簡 湖南省龍山県 2002年	秦代 始皇25年 ～二世2年	洞庭郡： 遷陵県	J1 1辺2m 深さ14.3m	簡牘約36,000点 文書、封検、符券 戸籍簡、笥牌など
2 南越国木簡 広東省広州市 2004～05年	前漢初期 趙佗の紀年	南越国 宮署遺址	J264 外径1.16m 深さ3.08m	木簡約100余枚 簿籍、法律文書
3 走馬楼漢簡 湖南省長沙市 2003年	前漢武帝 ～後漢時代	長沙国 臨湘県	J8 径0.8m 深さ2.4m	簡牘約10,000点 行政文書
4 東牌楼簡牘 湖南省長沙市 2004年	後漢時代 霊帝	長沙郡 臨湘県	J7 径1.2m 深さ7.6m	簡牘206枚 （無字簡220枚） 木簡、木牘、封検など
5 三国呉簡 湖南省長沙市 1996年	三国時代	長沙郡 臨湘県	J22 径3m 深さ5.6m	簡牘約140,000点 嘉禾吏民田家莂 戸籍簡など
6 三国呉簡 湖南省郴州市 2003年	三国時代 ～西晋	桂陽郡 郴県	J4 径1.25m 深さ約6m	三国呉簡（140枚） 西晋木簡（940余枚） 簿籍、文書・書信など

れた三国呉簡が最初の例である。[30] その内容は、長沙郡の郡治所である臨湘侯国（県）の行政にかかわる文書などで、全部で約一四万点といわれている。これまで発表された資料では、木牘には司法、戸籍、賦税の関係などの記載があり、竹簡には賦税や名籍・戸籍の帳簿類などがある。これらの分類は、漢代辺境の遺跡から出土した資料と関連させた考察ができるはずであり、その研究成果が公表されている。また三国時代は、紙が書写材料となる時代といわれながら、呉国の地方郡県では、簡牘によって実務の処理や記録をしていたことがわかる例である。

二〇〇二年には、湖南省龍山県の里《り》耶《や》古城の一号井戸で、約三六〇〇〇点の簡牘が発見された。[31] この里耶秦簡は、秦始皇帝二十六年の天下統一前の二十五年から二世皇帝二年までの紀年をふくんでおり、その範囲は秦代の洞庭郡《どうてい》〔文献の黔中郡〕に所属する遷陵《せんりょう》県の資料である。この資料群は、その多くが行政文書といわれるが、このほか城壕K11から出土した戸籍簡がある。里耶秦簡はサンプル資料が公表されているだけであるが、今後は秦代の地方官府とその運営について、詳細な研究が可能になるはずである。

その後も、湖南省では井戸の資料がつづいている。(32) 二〇〇三年には、三国呉簡の発見場所に近い長沙市走馬楼の八号井戸で、前漢武帝期〜後漢時代の簡牘が出土した。その数は約一万余点で、多くは長沙国の官文書といわれ、伝食に関する資料、法制史の資料をふくむという。ただし八号井戸の竹簡三〜四〇〇〇余枚のうち、一〇〇余枚の整理では、前漢武帝の元朔、元狩年間のもので、ほとんどが官文書の司法案巻という。下行文書は、多数が長沙国と臨湘県が下部の各機構に発給した文書で、平行文書は、各県と都官の間の往来文書である。上行文書は、主に長沙国や臨湘県と、下部の各機構が上に報じた文書とする。二〇〇四年には、湖南省長沙市東牌楼漢簡が出土しており、後漢時代の公文書や、私信、雑文書などがある。湖南省郴州市では、二〇〇三年に桂陽郡の治所・郴県の遺跡で、四号井戸から三国呉簡が約一四〇枚、一〇号井戸から西晉木簡が約九四〇枚ほど出土している。

これに関連して、湖南省張家界の古人堤遺跡では、後漢時代の永元、永初の年号をふくむ木簡が約九〇片ほど発見されている。多くは残片であるが、官府文書には功曹の発給した文書の控えがあり、また漢律の目録や賊律律文、医方、書信、礼物謁、暦日表、九九表などをふくむという。湖南省のほかには、二〇〇五年に広東省広州市の南越国宮署遺址にある井戸からも、百余枚の木簡が出土している。

表4のように、井戸の資料を一覧してみると、ほぼ郡・国の県城の官府に所属する遺跡であることがわかる。このなかで数量が多いのは長沙三国呉簡であるが、これまで公表された資料では同じ系統の内容が多い。また南越国木簡、

長沙走馬楼簡牘、長沙東牌楼後漢簡牘は、井戸の深さが浅く、必ずしも長い期間にわたる官府の全体的な機能を反映していないようである。それらはまた書信や習書、削衣をふくんでおり、一部の資料に偏っている可能性がある。これに対して里耶秦簡は、数量が多いだけではなく、これまで公表された資料でも、官府のやや広い職務を反映するようにおもわれる。ただし井戸の資料には、一部に西北遺跡から出土した漢簡と共通する文書形式や、古墓の記録や法律、書信と関連するものがある。その数量は、里耶秦簡と長沙走馬楼簡牘、三国呉簡だけでも、すでに一八万点をこえており、未発表の資料をふくめた中国簡牘（約三〇万点以内）の六割を占めている。したがって里耶秦簡は、その年代と文書・記録の内容・形態からみても、古墓の資料と西北の漢簡を結ぶ資料群として注目されるのである。

以上、出土資料の区分とおおまかな概略をみてきた。また簡牘の参考として、春秋時代の会盟遺跡で出土した侯馬盟書と温県盟書があり、これらは玉片や石片に墨書や朱書をしたものである。そこで玉石の素材を竹や木の札に変えれば、すでに春秋時代は簡牘に書写をする条件が整っていることになる。したがって中国の簡牘資料は、今のところ戦国初期がもっとも早いが、その書写は春秋時代より以前にまで遡る可能性があろう(33)。

それでは、このような年代と地域の違いや、古墓、井戸、遺跡という出土状況をふまえて、それらを総合的に分析する視角はあるのだろうか。また西北の漢簡と、長江流域の出土資料を総合した資料学は構築できるのだろうか。本書では、この問題を長江流域の連続した地域史のなかで理解しようと考えている。

二　地方の官府とその周辺

長江流域の出土資料を分析する視点として、中央と地域社会のモデルを考えてみよう。秦漢時代の郡県制では、地方に郡という行政機構があり、その下部に複数の県を管轄している。これまでの研究では、県レベル以下の社会をどのように理解するかという問題があったが、尹湾漢墓簡牘などによって、人々が税制や労役で統括される生活の基礎単位は県であることが明らかになりつつある[34]。そして県レベルの社会には、さらに郷による管轄があり、人々が暮らす里（集落）を掌握している。そして県レベルの領域には、郵や亭、ときには津関などの施設がある。こうした県社会の理解は、一つの地方社会の単位を示すものである。このような県レベルの社会を示すモデルは、**図1**の馬王堆帛書「駐軍図」にみえている[35]。

帛書「駐軍図」は、地図の領域がほぼ方形の区画で区切られ、基本的に一水系が三方を山で囲まれた地域である。地図に記された距離から推測すると、その一辺は一〇〇里四方（約四〇キロ四方）以上にあたる。中心の官府は河川の分流地点に位置し、三角形の城壁に囲まれた箭道という役所であり、ここに高層の建物が描かれている。「道」とは辺境の県レベルの名称で、これは漢代県城に対比される。境界の三方向には、分水嶺を越えて交通できる方面に、少なくとも計六ヶ所の「封」の表示がある。『漢書』百官公卿表には、県領域の基準を「大率方百里」として、民の多寡によって変えると述べており、点線と「封」で囲まれた領域は県レベルにあたるといえよう。

つぎに官府のほかに、八ヶ所の城壁に囲まれた表示がある。これは河川支流域の上流・中流ごとに徐都軍・徐都尉別軍（四ヶ所）、周都尉軍・周都尉別軍（二ヶ所）、司馬得軍（二ヶ所）に集約できる。そこで「駐軍図」は、少なくとも中心の官府と三つの軍区から成っており、さらに城郭ごとに区分すれば九ヶ所の区画となる。これらの区分は、あたかも文献の一県に平均して郷が四区ほどあり、一〇数ヶ所に置かれた亭の管轄を連想させる。そして集落の里は、おおむね河川に向かって表記され、城郭や集落を結ぶ道路と山などが表示されている。したがって「駐軍図」の領域は、城郭とそれを支える管轄区と集落の結びつきによって、県社会のモデルとなる構造をもっている。

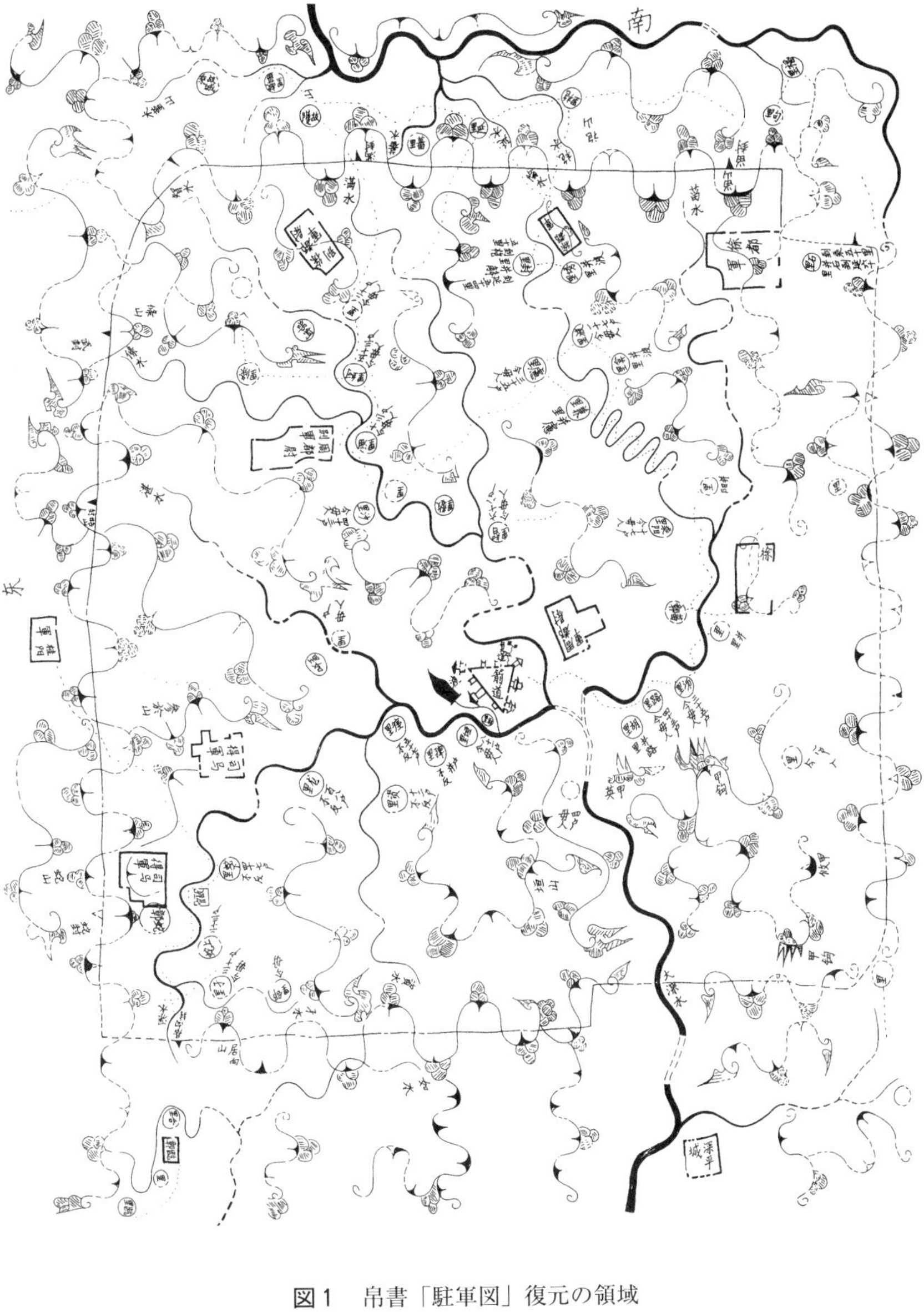

図1　帛書「駐軍図」復元の領域
(『中国古代地図集（戦国—元）』文物出版社)

これは湖南省の地域であるが、こうした県レベルの社会のなかで、先にみた遺跡や古墓、井戸の資料との関連を推測すれば、つぎのように説明できるのではないだろうか。

城郭（三角形の城壁、貯水池）行政の中心地　→　城郭、官府、井戸、廃棄場所
軍事的な拠点（駐屯地）交通上の要衝　→　下部の施設、亭など
境界の封（境界の近くに設置）　→　関所などの施設
集落（○印の里）周辺に墓地が想定される　→　古墓の文書、書籍

つまり官府の遺跡や、古城の井戸から出土した資料は、その地域や状況は異なるが、同じように「駐軍図」が示す城郭のなかにある。その典型は、里耶古城と秦簡である。また「駐軍図」では、都尉などの施設と「鄣・部」という記載がある。これは県レベルの下部にある亭などの施設と、敦煌懸泉置の遺跡、疏勒河とエチナ河流域の遺跡の類推となろう。さらに「駐軍図」には、「封」と記した境界があるが、これは天水放馬灘秦墓の木板地図にみえる関所に関連する。そして城郭の周囲では、その周辺に葬られた人々の古墓の資料を位置づけることができる。その典型的な例は、戦国楚の紀南城とその周辺の古墓や、戦国秦の安陸（湖北省雲夢県）と江陵（荊州市）の古墓である。このように考えれば、出土状況のちがいは根本的な相違とはならず、同じような地域社会にある資料群として、全体的に考察する視点が見いだせるとおもわれる(36)。これをもう少し説明してみよう。

戦国、秦漢時代で公的な文書を作成するのは、各国の都城である。戦国楚では、都城（紀南城）で文書が作成され、それが各地に伝達されたり、各地から上申された案件を処理することになる。それを示すのが包山楚簡の文書簡である。また紀南城の周辺には、都城に入ってきた情報を受ける人々が居住していたとおもわれ、それに関連するのが楚墓の書籍などであろう。戦国秦・秦代の都城である咸陽城と、前漢時代の長安城では、秦の封泥や炭化した木簡をの

ぞいて、まだ行政文書の簡牘などは発見されていないが、これは咸陽城と長安城の周辺に埋葬された秦漢墓などでも同様である。(37)これに対して、出土資料の多くは地方官府とその周辺に位置している。

秦漢時代では、中央の命令が地方の郡県（漢代では王国もある）に伝えられるが、その最初は郡の官府（治所の県）である。そして郡・国から、所属する県の官府に伝達されて処理されてゆく。その数は、『漢書』地理志に記す前漢末の状況では、郡レベルの郡・国が一〇三、県レベルの県・道・国・邑が一五八七である。これがさらに必要に応じて、県の下部機構である郷（六六二二）・里と、郵、亭（二九六三五）などの施設に伝えられる。反対に、県レベルで集約された文書は、郡に上申され、さらに郡・国から中央に伝達される。こうした情勢を示すのが、秦代の洞庭郡に所属する遷陵県の里耶秦簡や、前漢時代の長沙走馬楼簡牘、後漢時代の長沙東牌楼簡牘、三国呉の長沙郡臨湘侯国にある走馬楼三国呉簡などである。ここでは官府の城郭内から出土する資料に代表される。

漢代辺境の郡では、郡の太守のほかに都尉府が置かれ、その軍事系統の管轄下に県レベルの候官が存在している。したがって候官と周辺の灰堆（土坑）をふくむ遺跡は、内郡でいえば、県レベルの城郭遺跡に相当する。また候官の下部には、部、燧の機構が置かれ、このほかに肩水金関のような関所や、懸泉置のような施設がある。このような下部機構や、関所、宿場の遺跡から出土した資料も、広い意味で県レベルに属する資料群といえよう。これには敦煌漢簡や、居延漢簡（旧簡、新簡）、敦煌懸泉漢簡などがある。

地方都市の周辺には、居住する官吏の古墓から出土した資料がある。これは行政機構の職務を通じて得た情報としても、直接的には公文書そのものではない。しかしその資料には、秦律や漢律、あるいは郷里の実務に関連する内容をふくんでいる。たとえば、戦国秦と秦代では、南郡の安陸県（湖北省雲夢県）に居住する墓主の睡虎地秦簡、龍崗秦簡などがある。漢代では、南郡の江陵県（荊州市）に居住する墓主の張家山漢簡、鳳凰山漢墓簡牘や、山東省の臨沂県に居住する墓主の銀雀山漢簡などがある。これらの一部は書籍ともいわれるが、少なくとも墓主の職務や思想の傾向、情報収集の能力に関連することは間違いない。これらの資料も、城郭周辺の地域社会に居住する人物に関連して、保存された情報とみなすことができよう。

また戦国楚墓にみられたように、遣策や卜筮祭禱の資料は、墓主と直接的にかかわる資料であるが、これは職務や身分に関連するとともに、楚文化の習俗を示すと考えられる。ただしその習俗が、楚文化に独自なものか、それとも埋葬や卜筮にかかわる各地の形式を反映するものかは、なお検討する必要があろう(38)。

ただし古墓の書籍は、公文書のような伝達の経過を残しておらず、また遣策や卜筮祭禱のように墓主との関係を直接的に示す資料ではない。しかしこの場合も、墓主が個人的に広く書籍を収集するほかに、いったん地方都市に往来した人々によって伝達され、それが墓主の所有となる形態を想定することができる。ここでも地方都市を結ぶ情報伝達という視点が有効であり、とくに長江流域の出土資料を考察する社会背景になるとおもう。

ところが、郡県の官府とその周辺のほかに、これとは少し異なる古墓がある。それは戦国時代の各国に存在した封君と王族や、漢代の諸侯王や列侯たちの身分に属する墓であり、ここにも文字資料が副葬されている。これは戦国時代の封邑や、漢代の王国・侯国という一種の独立した領域に関連しており、その城郭と周辺に伝達された情報を伝えているのかもしれない。また封君などの周囲には、諸国を往来する游士や、官僚と官吏たちに寄食する客たちがおり、秦の呂不韋が編纂した『呂氏春秋』をめぐる情勢は、その有名な例である。

こうした貴族に属する出土資料は、①戦国楚の長沙（湖南省長沙市）の楚墓、②河南省信陽市の信陽楚墓、③湖北省随州市の曾侯乙墓などがあり、このほかにも貴族が所有する資料がある。また漢代では、④長沙国の丞相の息子であった馬王堆三号漢墓、⑤沅陵侯国（湖南省沅陵県）の虎渓山漢墓の簡牘、⑥安徽省の阜陽双古堆漢簡、⑦河北省の定県八角廊漢墓の竹簡などがあげられる。これらの古墓は各地に分散しているが、いずれも交通上の路線に位置しており、ここでも墓主が居住する封邑や地方都市への情報伝達を想定できるのではないだろうか。

このように中国の出土資料を、中央と地方の文書行政だけではなく、地方官府とその周辺に関する情報とみなせば、古墓と井戸、西北遺跡の資料は、同じような県レベルの社会に属する資料として、簡牘の機能を比較することができると考える。つまり文字資料を、出土状況によって区分するのではなく、それらを地方社会の相互に補完する情報として理解しようとする。これが本書で出土資料を扱う基本的な立場である。

三　出土資料の形態と機能

つづいて出土資料の形態と機能について考えてみよう。これまで歴史学では、漢簡による簡牘文書学の成果があり、とくに法律・制度史と公文書の形式・分類の考察が中心であった。このうち文書行政は、今日でいえば郵便や行政機構による公文書の伝達といえよう。しかし漢簡の研究では、法令や命令の情報が、どのように地方官府で運営されるかという実務については、十分には明らかではない。また中央の情報が、地方官府をこえて、どのように一般の民衆に伝達されるかという実態にも不明な点がある。これらは長江流域の出土資料によって、さらに全体的な状況を考える必要がある。

その一視点として、これまで県レベルの官府とその周辺に、さまざまな情報が伝達される過程を想定してみた。しかし、もう一つは文字資料の形態と機能が注目される。先にみた『簡牘文書学』では、中央からの下行文書や、下部機構からの上行文書などを詳しく分類していた。また文書の形態として、草稿と定稿、手稿などの違いに注意し、正本（原本）とそれを書写した抄本、「移……一編」にみえるような附件（添付ファイル）とを区別している。これは行政文書の形式と分類を中心としたものである。これに対して籾山明「刻歯簡牘初探」（一九九五年）は、簡牘の形態から考察する視点を提示している。[39] ここでは刻みをもつ簡牘に注目して、（一）符、刻券、（二）出入銭穀衣物簡、（三）契約文書簡という形式分類をこえた性格を明らかにしている。このように簡牘の形式にくわえて、形態や機能に注目する視点は継承すべきであろう。

また問題となるのは、木簡・木牘と竹簡・帛書の区分である。日本古代では、すでに紙の文書が普及しており、そのため紙と木簡との併用が行なわれている。ところが秦漢時代では、まだ紙が普及していないため、その代わりに木簡や竹簡が使われたとみなされている。これについて冨谷至氏は、「竹簡は編綴して冊書の形で使用する場合の書写材料であり、木簡は単独簡として簡側に刻歯を入れたり、簡の頭を円形にしたり、また孔をあけたりするといった形状の上での細工を施すときに使われる」と区別し、辺境の冊書や書物は、本来は竹簡を使うべきところを木簡で代用した例外的なものという。[40] たしかに日本の木簡と共通する付札などの用途は、中国でも木簡の形態となっているようである。しかし後世の紙にあたる用途は、木簡や竹簡・帛書などで区別されていないのだろうか。さらに第一次資料である出土資料は、歴史書などの文献と違って、どのような特徴をもつのかという問題がある。こうした出土資料には、いくつかの機能とのかかわりが想定できる。

1　文書と記録、実務資料

秦漢時代の出土資料では、これまで官文書の形式・分類が考察されている。しかしその用途は、文書の内容によって書写の素材と形態を異にする場合がある。わかりやすい例は、公文書の作成と伝達、その処理の記録である。ここ

では二つの事例を説明してみよう。(41)

一つは、里耶秦簡⑯5、⑯6の形態である（本書の第四章より以下を参照）。

左：受信の記録	→ 命令の本文	→ 右：発信（転送）記録
①2／28（⑯5背） ②3／8（⑯5背）	2／15（⑯5正）	3／11（⑯5背）下行
3／3（⑯6背）	2／15（⑯6正）	①3／5（⑯6背）下行 ②3／13（⑯6背）上行

木牘⑯5、⑯6の正面には、始皇帝の「二十七年（前二二〇）二月丙子朔庚寅（十五日）」の日付をもち、洞庭守の礼が、県嗇《しょく》夫《ふ》と卒史の嘉、仮卒史の穀、属の尉に告げた同じ文面を記している。これは上級の郡から県に送られた公文書である。この洞庭郡の命令を遷陵県が受け取って、さらに県の下部機構に伝達している。そのとき背面には、それぞれ異なる日の受信と、下部と隣県への発信を記している。そして木牘は、発信したはずの文面を記しながら、この県の遺跡から出土している。したがって、この木牘は郡から伝達された文書の内容を伝えているが、転送した文書からみれば、それは文書の処理をした控えの記録ということになる。

そこで睡虎地秦簡「語書」をみると、南郡から県への命令の形式が、里耶秦簡の木牘と大変よく似ている。ここでは秦王政二十年（前二二七）に南郡の守である騰が、県と道の嗇夫に、邪悪な習俗をやめて秦の法令を遵守するように通達している。しかしこの文書は、里耶秦簡のように木牘ではなく、竹簡の冊書に記されている。

この両者をくらべてみると、つぎのような公文書の伝達と保存が想定される。すなわち郡の長官が発した命令は、木牘か木簡の形態は不明であるが、ともかく各県に文書で伝えられる。それを県の官吏が受理して処理するとき、木牘の形式で控えを記録している。そして県レベルで文書を保存する場合に、本文だけを竹簡に書写して残すことが想定される。睡虎地秦簡の場合は、この保存した資料を古墓に副葬していたと推測される。これは時間的にみて、やや長い保存にあたるだろう。このように考えれば、先にみた県社会のなかで、同じ命令の内容が、処理して記録する木牘と、それを複写して保存する竹簡という用途に応じて、書写材料を変えていることがわかる。これは後世の紙の文書の処理と、記録の文書木簡に通じるものである。

もう一つは、青川県木牘と張家山漢簡「田律」のケースがある。長さ四六センチの青川県木牘は、正面に、①命令が下された「武王二年（前三〇九）十一月己酉朔朔日」の紀年と担当者や、②「田律」の二部分に分かれている。そして背面は、四年十二月の道普請に関連する記載といわれる。これも里耶秦簡の形態とくらべると、作成した年より以降に、県レベルでの実務処理に関連して記したものかもしれない。

ところが秦の法令を継承した漢代では、木牘の形態ではなく、竹簡の張家山漢簡「田律」に同じような文面を記載している。しかも少し異なるのは、①「田律」には作成した紀年がなく、すでに法令化されていること、②青川県木牘の背面にあたる部分が、後半に罰則規定として「田律」に明記していることである。したがって戦国秦から漢代には、中央の命令が県に文書で通達され、それを県レベルでは木牘に控える場合があった。しかし漢代までに、中央の通達が法令となったとき、その内容を竹簡に控えて保存する場合があったのである。これもまた遺跡か古墓の資料かという区分をこえて、情報伝達の視点から浮かびあがる実態である。

したがって県レベルの文書行政では、戦国時代から秦漢時代にかけて、文書の伝達とともに、官府で処理をして記録・保存をする機能に注意する必要がある。同じように、文字資料の形態で実務をおこなう機能についても検討しなくてはならない。これらは従来の文書行政（狭義）の範囲をこえて、広義の文書行政と文字による運営（情報システム）という視点である。

2　地方社会への情報伝達

つぎに国家の命令や法律は、どのように末端の社会に伝達されるかという問題がある。これを詔書の形態について考えてみよう。『史記』秦始皇本紀では、天下を統一したとき皇帝の称号を定め、王の命令を「制・詔」と称するようになったという。そして漢代でも、詔書が地方に伝達される過程は、すでに大庭脩氏の研究などで明らかにされている。しかし皇帝の命令が、末端の吏民にどのようにして伝達されるかという点は、なお不明であった。これについては、敦煌懸泉置で発見された壁書「四時月令」が興味深い事情を教えてくれる[42]。

ここでは冒頭に、Ⅰ太皇太后の詔があり、それを元始五年（後五）五月丁丑に郡太守に下す命令の形式となっている。そしてⅡは「四時月令」で、上段に本文と、下段に月ごとの禁止と奨励などの注記がある。Ⅲは「詔書」とその送り状であり、これは敦煌だけではなく全国に発信する共通の文書であることを示している。そして復元された釈文では、最後の部分に「承書従事下当用事者□□……〔顕見処〕如詔書。使者書書〔到〕言」とある。したがって「四時月令」は、中央からの文書による命令の伝達であるが、それを県レベルの管轄下にある懸泉置では、部屋の壁に書写していたのである。さらに「月令」の本文は、『呂氏春秋』『礼記』の月令とほぼ共通しており、ここだけ書写すれば書籍の形態となる。ここでも文書の内容によって区分しているのではなく、その用途によって、木簡と壁書・竹簡などの素材を異にすることがわかる。

また地方社会では、広く吏民に情報を伝達する方法として、掲示にあたる扁書（木簡の冊書）という形態がある。

このほか文献ではほとんど知ることはできないが、これらの文字資料と口頭による伝達をあわせて、情報が伝達されてゆく実態を想定する必要がある。

3　交通システムと情報伝達

これまでみてきた中央と地方官府、県レベルの情報伝達のほかに、交通システムと人々の移動という観点からも、文字資料の機能が再検討できると考えている。(43) これについては、本書の第一章や第十章、第十一章、第十二章で論じている。

交通にかかわる簡牘では、官文書と同じ形式をもちながら、通行証の用途をもつ伝（伝信）がある。(44) たとえば敦煌懸泉漢簡には、宣帝期の神爵四年十一月に、中央の御史大夫が発給した伝信の資料がある。この上段には、発給の年月日と、出張する人物の身分と姓名、旅行の用務、交通条件を記し、下段には、発給者の名と、最初に命令を下す役所、施設を利用させる命令を記している。これは一つの完結した文書形式をもっているが、おそらくは懸泉置での控えとなる記録であろう。ところが懸泉漢簡では、このほかに「失亡伝信冊」という冊書が出土している。その内容は、元帝の永光五年五月に伝信の発給を受けた人物が、それを道中で紛失してしまい、そのため中央から再び命令を出して追跡し、紛失した伝信が見つかった場合の処理や、不正に使用する者の処罰などを通達している。そのとき注意されるのは、第一簡に書写された副本が、本来の伝信の形態を示すのではないかということである。なぜなら、そこには「外一四二」という発給番号をとくに記しているからである。

ここから伝に関する書写と用途の関係がうかんでくる。それは伝信が、御史大夫の府と旅行者との間で、少なくとも二つを作成し、中央は発給番号を記した伝信を保存していることである。そして公用旅行者が携帯する伝信は、その素材と大きさは不明であるが、関所や懸泉置のような施設では、その控えを記録している。その控えには、①上下に分けて、そのまま同じ形式を書写するものと、②内容と形式は同じであるが、番号を省略するもの、③形式を上下にわけず、その内容だけを書写するものがある。そこで永光五年の「失亡伝信冊」は、第一簡だけみれば、中央が伝達した公文書と同じ形態をもっているが、伝信の実物ではない。それは「失亡伝信冊」という冊書の一部なのである。また神爵四年の伝は、②の伝信の形態をもち、懸泉置で写した記録ということになる。したがってこれらの伝は、文書の形式と形態は似ているが、実物と記録の用途によって、旅行者が携帯する伝と、チェックした控えを記録したもの、通達された公文書の文面という、さまざまな姿を示している。

漢代辺境では、肩水金関のような関所や、懸泉置のような施設から出土した出入記録や、管理と運営にかかわる資料も、広い意味で県レベルに属する資料群といえよう。また居延漢簡や懸泉漢簡には、地方からの旅行用務のなかに、中央の政策との関係がみえている(45)。これらは張家山漢簡「津関令」とあわせて、交通システムとの関係を明らかにすることができる資料である。このほか人々の往来に関しては、書信や書籍の伝達も問題となる。このような人々の交通と情報に注目することによって、簡牘の形態と機能や、地方社会の特徴が考察できるであろう。

おわりに

中国出土資料の研究について述べてきたことは、つぎのようになる。

第一に、出土状況と種類は、①西北辺境の木簡、②古墓の簡牘と帛書、③地方官府の井戸の簡牘に分けることができる。このうち早く研究が進んだのは、①西北の漢簡で、日本と中国ともに木簡学と簡牘文書学の蓄積がある。これらは大半が前漢の武帝期より以降の資料である。これに対して、②古墓の資料は、法制史と思想史、出土文献学の分野で研究が進んでいる。とくに長江中流域の湖北・湖南省では資料が豊富であり、漢簡とは異なる文書や記録、書籍、地図などをふくむ戦国時代から秦漢時代の情報である。これに里耶秦簡など、③井戸の資料を加えれば、地方官府とその周辺社会にかかわる文書・書籍の研究を進展させることができる。本書では、このような研究史をふまえて、長江流域の出土資料を主な対象とすることを述べた。

第二に、戦国・秦漢時代の国家と地方社会を分析する視点として、県レベルの範囲で地方出土の資料を一括することを想定し、文書と記録、書籍の機能を比較してみた。これまでも西北の簡牘は、都尉府から県レベル以下の軍事系統の資料として分析されている。また古墓の資料は、それぞれ墓主の社会的な身分や階層とのかかわりが考慮されている。しかしここでは、それを推し進めて、地方官府とその周辺のなかで文字資料の出土情況を理解しようとした。この県レベルの社会を一つの単位として設定すれば、①辺境出土の木簡と、③井戸の簡牘は、官府と下部機構の資料であり、②古墓の簡牘と帛書は、同じように地方城郭とその周辺の人々に関連するとみなすことができる。その接点となるのは、両者の内容に関連がある里耶秦簡である。

第三に、文書や記録の作成、伝達、保存、廃棄という視点から、文字資料の形態と機能が、どのように古代国家と社会システムを反映するかを考えてみた。

その一は、情報処理の問題である。ここでは木簡・木牘と竹簡が区別された内容に対して、それぞれ行政文書の伝達や、控えと保存、資料作成の記録、実務の資料、書籍という用途に応じて、似たような内容でありながら書写の素材が変化することを指摘した。たとえば、それは里耶秦簡の木牘と睡虎地秦簡の竹簡「語書」の関連や、青川県木牘と張家山漢簡の竹簡「田律」との関連がみられる。したがって中国の簡牘では、用途による素材の使い分けが、どのような意味をもつのかが問題となる。

二は、地方社会の吏民に対する情報伝達のあり方である。これには敦煌懸泉置の「四時月令」を例として、地方への命令を壁に書写したり、吏民に広く知らせるために扁書という掲示の形態があることを指摘した。そのほかにも社会では、口頭による伝達が予想される。三は、交通と情報伝達に関する問題である。ここでは交通システムと人々の往来について、符や伝という通行証の形態と機能に、さまざまな状況があることを述べてみた。すなわち漢代の伝には、発給者と旅行者がもつ実物と、それを関所や懸泉置などでチェックする控え、紛失した場合にその処理を指示する命令文書として、同じ内容を写すケースが想定できる。こうした交通の実態と、資料の機能を考える必要がある。また交通に関連しては、人々が伝達する書信や書籍も一つのテーマとなる。

このように簡牘の形態は、井戸と遺跡や古墓という出土場所、あるいは木簡、木牘、竹簡という素材によって内容が異なるのではなく、その用途と保存の状況によって、書写の形態が変化すると推測される。したがって簡牘の形式と分類にくわえて、さらに文字資料の形態と機能を考えれば、それらは互いに補完するものとして、古代国家と地方官府の運営や、社会システムとの関係がみえてくるのではないかとおもう。

これからの各章では、長江流域の出土資料にもとづき、戦国、秦漢時代の国家と地域社会を考察してみたい。そのとき時代は異なるが、必要に応じて漢簡などの研究成果を利用する。こうした分析をふまえて、伝統中国の原型となる古代統一国家と、簡牘資料の特質を明らかにしたいと考えている。

注

（1）西嶋定生『古代東アジア世界と日本』（岩波書店、二〇〇〇年）、李成市『東アジア文化圏の形成』（山川出版社、二〇〇〇年）。宮崎市定「中国史学入門総論」（『中国史学入門』東方学術協会、一九五一年）では、中国史を学ぶ史学資料一覧表を作成しているが、そこでは『史記』『漢書』『後漢書』『三国志』などの前四史や、経書（詩、書、易、春秋など）、諸子百家の書籍を中心としており、後代では編纂資料などが増加している。ここで新史料（新資料）にあげられたのは、「亀版・鐘鼎文」（いわゆる殷の甲骨文、青銅器に鋳込まれた銘文、金文）と碑文などの資料である。この時点では中国で漢簡が発見されていたが、まだ十分には利用されていない。

（2）内藤湖南『支那史学史』（一九四九、『内藤湖南全集』第十一巻、筑摩書房、一九六九年。復刊、平凡社東洋文庫、一九九二年）、拙著『史記戦国史料の研究』第一編第一章「『史記』と中国出土書籍」（東京大学出版会、一九九七年、中文訳、上海古籍出版社、二〇〇八年）。

（3）許慎『説文解字』の序文に「倉頡之初作書、蓋依類象形、故謂之文。其後有形聲相益、即謂之字。字者、言孳乳而浸多也。著於竹帛謂之書、書者如也」とあり、文字と書との違いを説明している。書写材料や種類は、王国維原著、胡平生・馬月華校注『簡牘検署考校注』（上海古籍出版社、二〇〇四年）が、出土資料の写真などを加えて、詳しい注釈をほどこしている。また出土資料の総括は、大庭脩『木簡』（学生社、一九七九年）、同『木簡学入門』（講談社学術文庫、一九八四年）、江村治樹『春秋戦国秦漢時代出土文字資料の研究』（汲古書院、二〇〇〇年）、冨谷至『木簡・竹簡の語る中国古代』（岩波書店、二〇〇三年）をはじめ、多くの著書でふれており、王暉・賈俊俠『先秦秦漢史史料学』（中国社会科学出版社、二〇〇七年）は文献とあわせた概説である。

（4）関西大学東西学術研究所・大庭脩編輯『'92年漢簡研究国際討論会報告書・漢簡研究の現状と展望』（関西大学出版部、一九九三年）、門田明「中国簡牘研究文献目録（一九〇三〜一九九七年）」（大庭脩編『漢簡の基礎的研究』思文閣出版、一九九九年）によって、これまでの研究状況がうかがえる。

（5）一九九九年には「楚簡より見た先秦文化の諸相シンポジウム」が開催され、拙稿「《学会参加記》楚簡より見た先秦文化の諸相シンポジウム」（『中国出土資料学会会報』一一、一九九九年）で概略を記している。二〇〇一年の「中国出土資料学会シンポジウム」は、拙稿「出土資料学への探究について」（『中国出土資料研究』六、二〇〇二年）と同誌の特集がある。二

○○一年「長沙三国呉簡暨百年来簡帛発現与研究国際学術研討会」の概略は、江村治樹氏の参加記（『日本秦漢史学会会報』二、二○○一年）と、長沙市文物考古研究所編『長沙三国呉簡暨百年来簡帛発現与研究国際学術研討会論文集』（中華書局、二○○五年）がある。このほか中国社会科学院歴史研究所の秦漢魏晋南北朝室、簡帛研究中心では『簡帛研究』の刊行と、中国文物研究所の『出土文献研究』の刊行があり、武漢大学簡帛研究中心では簡帛学国際論壇の開催と『簡帛』の刊行を始めている。

（6）王国維「最近二三十年中中国新発見之学問」（一九二五、『王国維遺書』第五冊、静安文集続編、上海古籍書店、一九八三年）、同『古史新証』（影印本一九三五、清華大学出版社、一九九四年）、王国維前掲『簡牘検署考校注』など。また朱淵清『再現的文明：中国出土文献与伝統学術』（華東師範大学出版社、二○○一年）、朱淵清著、高木智見訳『中国出土文献の世界』（創文社、二○○六年）がある。

（7）出土資料の概略は、駢宇騫・段書安編著『本世紀以来出土簡帛概述』（台北市、万巻楼図書、一九九九年）、駢宇騫・段書安編著『二十世紀出土簡帛概述』（文物出版社、二○○六年）、大庭前掲『木簡学入門』、大庭脩『大英図書館蔵敦煌漢簡』概説（同朋舎出版、一九九○年）、永田英正『居延漢簡の研究』序章（同朋舎出版、一九八九年、張学鋒訳、広西師範大学出版社、二○○七年）、馬今洪『簡帛：発現与研究』（上海書店出版社、二○○二年）、李均明『古代簡牘』（文物出版社、二○○三年）、胡平生・李天虹『長江流域出土簡牘与研究』（湖北教育出版社、二○○四年）、工藤元男氏ほか「地下からの贈り物①～⑫」（『東方』二七五～二八六、二○○四年）などで、その特徴がうかがえる。

（8）主な出土資料の発掘報告と釈文は、本書の「出土資料文献目録」に収録している。古墓の資料は、前掲『長江流域出土簡牘与研究』や、廣瀬薫雄「荊州地区出土戦国楚簡」（『木簡研究』二七、二○○五年）に詳しい。また大阪大学中国哲学研究室の『中国研究集刊』は、長江流域出土資料の解題や文献目録などを掲載している。

（9）労榦『居延漢簡考釈　釈文之部』（一九四三年）、同『居延漢簡　考釈之部』（中央研究院歴史語言研究所、一九八六年）。

（10）大庭前掲『木簡学入門』、同『木片に残った文字――中国木簡の世界』（二○○三、『木片に残った文字――大庭脩遺稿集』柳原出版、二○○七年）。中国社会科学院考古研究所『居延漢簡甲乙編』上下（中華書局、一九八一年）、甘粛省文物考古研究所・中国社会科学院歴史研究所ほか『居延新簡』全二冊（中華書局、一九九〇年）。

(11) 日本では、藤枝晃「長城のまもり――河西地方出土の漢代木簡の内容の概観」（『遊牧民族の研究』一九五三年、『自然と文化』別編Ⅱ、一九五五年）や、大庭前掲『木簡学入門』、『シルクロードのまもり――その埋もれた記録』図録（大阪府立近つ飛鳥博物館、一九九四年）、籾山明『漢王朝と辺境社会――長城の風景』（中公新書、一九九九年）、同「漢代エチナ＝オアシスにおける開発と防衛線の展開」（冨谷至編『流沙出土の文字資料』）で概略を知ることができ、冨谷至編『辺境出土木簡の研究』（朋友書店、二〇〇三年）などの成果がある。また角谷常子「秦漢時代の簡牘研究」（『東洋史研究』五五―一、一九九六年）は、問題点を整理しながら、文書の作成から発信に至る手続きや、受信とその処理などが重要であると指摘し、簡牘の形態と書法に注目している。

(12) 李均明・劉軍『簡牘文書学』（広西教育出版社、一九九九年）、李均明前掲『古代簡牘』（二〇〇三年）、李均明『秦漢簡牘文書分類輯解』（文物出版社、二〇〇九年）。汪桂海『漢代官文書制度』（広西教育出版社、一九九九年）は、詔令文書（策書、制書、詔書、戒敕）、章奏文書（章、奏、表、議）、官府往来文書（奏記など、記・教、挙書、檄、伝、除書と遺書）、司法文書（爰書、劾状及び呈文、奏讞書）に分類する。前掲『二十世紀出土簡帛概述』では、㈠書檄（命書、詔書、制書、戒敕。警檄、行罰檄、府檄。記、教、信札。伝、致）、㈡簿籍、㈢律令（律、令、科品、比）、㈣案録、㈤符券、㈥検楬、㈦遺策・告地策に分類している。

(13) 大庭脩『秦漢法制史の研究』第三篇第二章「居延出土の詔書冊」（創文社、一九八二年）、同『漢簡研究』第一篇「冊書の研究」（同朋舎出版、一九九二年）。

(14) 森鹿三氏やマイケル・ローウェー氏の“*Records of Han Administration*”一九六七年の研究は、邁克爾・魯惟一『漢代行政記録』（広西師範大学出版社、二〇〇七年）、永田前掲『居延漢簡の研究』を参照。

(15) 永田前掲書、同「簡牘の古文書学」（『近江歴史・考古論集』滋賀大学教育学部歴史学研究室、一九九六年）、同「きれいな木簡　汚い木簡」（『泊園』四三、二〇〇四年）。大庭脩氏と永田英正氏は、冊書の復元や、内容の判明する文書木簡を「きれいな木簡」とし、帰納法を使う簿籍などの木簡を「汚い木簡」と表現している。

（16）永田英正「文書行政」（『殷周秦漢時代史の基本問題』汲古書院、二〇〇一年）、籾山明「中国の文書行政」（『文字と古代日本』二、吉川弘文館、二〇〇五年）。

（17）大庭前掲『秦漢法制史の研究』第五篇第一章「漢代の関所とパスポート」、同前掲『漢簡研究』第二篇第二章「漢代の符と致」。

（18）甘粛省文物考古研究所「甘粛敦煌漢代懸泉置遺址発掘簡報」、同「敦煌懸泉漢簡内容概述」「敦煌懸泉漢簡釈文選」（以上、『文物』二〇〇〇年五期）、胡平生・張徳芳編撰『敦煌懸泉漢簡釈粋』（上海古籍出版社、二〇〇一年）、本書の第十章「張家山漢簡『津関令』と漢墓簡牘」、拙稿「漢代の交通と伝信の機能――敦煌懸泉漢簡を中心として」（『愛媛大学法文学部論集』人文学科編二六、二〇〇九年）、拙稿「漢代西北の交通と懸泉置」（『資料学の方法を探る』八、二〇〇九年）など。

（19）たとえば、湯浅邦弘『中国古代軍事思想の研究』（研文出版、一九九九年）、浅野裕一『黄老道の成立と展開』（創文社、一九九二年）、池田知久『馬王堆漢墓帛書五行篇研究』（汲古書院、一九九三年）など。

（20）法制史の概略は、籾山明「雲夢睡虎地秦簡」（滋賀秀三編『中国法制史』東京大学出版会、一九九三、『中国古代訴訟制度の研究』京都大学学術出版会、二〇〇六年）、松崎つね子『睡虎地秦簡』（明徳出版社、二〇〇〇年）など参照。

（21）工藤元男『睡虎地秦簡よりみた秦代の国家と社会』（創文社、一九九八年）。

（22）佐藤武敏監修『馬王堆帛書・戦国縦横家書』（朋友書店、一九九三年）、拙著前掲『史記戦国史料の研究』、大櫛敦弘「書簡と使人」（高知大学人文学部『人文科学研究』九、二〇〇二年）など。

（23）その内容と研究は、本書の第八章「長江流域社会と張家山漢簡」で紹介している。

（24）『中国研究集刊』別冊（三三号）「新出土資料と中国思想史」（大阪大学中国学会、二〇〇三年）、浅野裕一・湯浅邦弘編『諸子百家〈再発見〉――掘り起こされる古代中国思想』（岩波書店、二〇〇四年）、廣瀬前掲「荊州地区出土戦国楚簡」など。

（25）馬承源主編『上海博物館蔵戦国楚竹書』第一～第七冊（上海古籍出版社、二〇〇一～二〇〇八年）、李零『簡帛古書与学術源流』（生活・読書・新知三聯書店、二〇〇四年）第八講「簡帛古書導読二：史書類」など。上海博物館蔵楚簡の研究は、古文字、思想史の主流となっており、その数は急激にふえている。

(26) 包山楚簡の研究は、陳偉『包山楚簡初探』(武漢大学出版社、一九九六年)が全体的な考察を試みており、拙稿「包山楚簡にみえる戦国楚の県と封邑」(一九九九年、『中国古代国家と郡県社会』汲古書院、二〇〇五年)で楚の行政機構を検討した。そのほか工藤元男氏や谷口満、池澤優、廣瀬薫雄氏によって、卜筮祭禱簡や、文書簡の構成、歴史地理と訴訟制度などの分析が進められている。

(27) 連雲港市博物館ほか『尹湾漢墓簡牘』(中華書局、一九九七年)、蔡万進『尹湾漢墓簡牘論考』(台湾古籍出版社、二〇〇二年)、『書法叢刊』(文物出版社、一九九七年四期)など。

(28) 湖南省文物考古研究所ほか「沅陵虎溪山一号漢墓発掘簡報」(『文物』二〇〇三年一期)、湖北省文物考古研究所・雲夢県博物館「湖北雲夢睡虎地M七七発掘簡報」(『江漢考古』二〇〇八年四期)、荊州博物館「湖北荊州紀南松柏漢墓発掘簡報」(『文物』二〇〇八年四期)、天長市文物管理所、天長市博物館「安徽天長西漢墓発掘簡報」(『文物』二〇〇六年一一期)、陳松長「岳麓書院所蔵秦簡綜述」(『文物』二〇〇九年三期)など。これらの資料や清華大学蔵戦国簡、岳麓書院蔵秦簡については、胡平生「近年新出簡牘簡介」(大阪産業大学報告論文、二〇〇九年三月)の紹介がある。

(29) 杉本憲司「漢墓出土の文書について」(『橿原考古学研究所論集』第五、一九七九年)、李学勤「馬王堆帛書与《鶡冠子》」(『江漢考古』一九八三年二期)など。

(30) 『長沙走馬楼三国呉簡・嘉禾吏民田家莂』(文物出版社、一九九九年)、『長沙走馬楼三国呉簡・竹簡〔壱〕』(文物出版社、二〇〇三年)、『長沙走馬楼三国呉簡・竹簡〔弐〕』(文物出版社、二〇〇七年)、『長沙走馬楼三国呉簡・竹簡〔参〕』(文物出版社、二〇〇八年)。長沙呉簡研究会編『長沙呉簡研究報告』第1集(二〇〇一年)、第2集(二〇〇四年)、第3集(二〇〇七年)など。

(31) 湖南省文物考古研究所、湘西土家族苗族自治州文物処、龍山県文物管理所「湖南龍山里耶戦国—秦代古城一号井発掘簡報」(『文物』二〇〇三年一期)、湖南省文物考古研究所、湘西土家族苗族自治州文物処「湘西里耶秦代簡牘選釈」(『中国歴史文物』二〇〇三年一期)、湖南省文物考古研究所「湖南龍山県里耶戦国秦漢城址及秦代簡牘」(『考古』二〇〇三年七期)、湖南省文物考古研究所編『里耶発掘報告』(岳麓書社、二〇〇七年)。

（32）「万余枚西漢簡牘驚現長沙走馬楼」（『中国文物報』二〇〇四年二月一八日）、長沙簡牘博物館等「二〇〇三年長沙走馬楼西漢簡牘重大考古発現」（『出土文献研究』第七輯、上海古籍出版社、二〇〇五年）、長沙市文物考古研究所・中国文物研究所『長沙東牌楼東漢簡牘』（文物出版社、二〇〇六年）。広州市文物考古研究所ほか「南越国宮署遺址出土木簡」（広州市文物考古研究所編『羊城考古発現与研究』文物出版社、二〇〇五年）。

（33）山西省文物工作委員会編『侯馬盟書』（文物出版社、一九七六年）。山東省済寧市文物管理局「薛国故城勘査和墓葬発掘報告」（『考古学報』一九九一年四期）では、春秋時代の二号墓の書刻工具として、銅斧一件、錛二件、削刀七件、刻刀四件、鑿四件、刻針四件、鋸二件、鑽二件、磨石四件の計三〇件をあげている。

（34）たとえば永田前掲『居延漢簡の研究』第四章「簡牘よりみたる漢代辺郡の統治組織」、同前掲「簡牘の古文書学」に説明がある。

（35）曹婉如ほか編『中国古代地図集（戦国―元）』文物出版社、一九九〇年）、張修桂「馬王堆《駐軍図》主区範囲辨析与論証」（『歴史地理研究』一、一九八六年）に範囲の考察があり、拙著前掲『中国古代国家と郡県社会』終章「中国古代国家と地域社会」でも簡単に領域の関係を紹介した。

（36）なお日本古代では、都城から出土する木簡が約九割で、残りは地方の木簡といわれるが、この分類にしたがえば、中国古代の簡牘は、戦国楚の紀南城や漢長安城の一部をのぞいて、基本的に地方出土の資料ということができる。中国の郡県制では、郡（唐代の州）が日本古代の国府（国衙）にあたり、県が郡家（郡衙）ということになろう。木簡学会編『日本古代木簡選』（岩波書店、一九九〇年）、木簡学会編『日本古代木簡集成』（東京大学出版会、二〇〇三年）、大庭脩編著『木簡――古代からのメッセージ』（大修館書店、一九九八年）、平川南『古代地方木簡の研究』（吉川弘文館、二〇〇三年）、佐藤信『古代の官衙と社会』（山川出版社、二〇〇七年）など参照。

（37）呉鋼主編、周暁陸・路東之編著『秦封泥集』（三秦出版社、二〇〇〇年）、中国社会科学院考古研究所『漢長安城未央宮』（中国大百科全書出版社、一九九六年）。

（38）工藤元男「平夜君成楚簡『卜筮祭禱簡』初探」（『長江流域文化研究所年報』三、二〇〇五年）では、包山楚簡と新蔡楚簡の習俗を比較している。

(39) 籾山明「刻歯簡牘初探——漢簡形態論のために」(『木簡研究』一七、一九九五年)。

(40) 冨谷前掲『木簡・竹簡の語る中国古代』九五～一〇〇頁。

(41) 本書の第一章「中国古代の秦と巴蜀、楚」。

(42) 中国文物研究所、甘粛省文物考古研究所編『敦煌懸泉月令詔條』(中華書局、二〇〇一年)、拙稿「漢代地方社会への情報伝達——敦煌懸泉置『四時月令』をめぐって」(二〇〇三、前掲『中国古代国家と郡県社会』)、本書の第九章「張家山漢簡『津関令』と詔書の伝達」。

(43) 書籍の伝達は、拙稿「中国古代書籍と情報伝達——遊説、国策と文書」(『資料学の方法を探る』二〇〇二年)や、本書の第十二章「中国古代の書信と情報伝達」で簡単に論じている。ここでは戦国時代の賓客、遊説の士、諸子などや、政治的な思想家と外交家、漢代の舎人、游俠などの実態と役割が課題となる。

(44) 前掲「敦煌懸泉漢簡釈文選」、前掲『敦煌懸泉漢簡釈粋』、張徳芳「懸泉漢簡中的〝伝信簡〟考述」(『出土文献研究』第七輯、上海古籍出版社、二〇〇五年)、本書の第十章「張家山漢簡『津関令』と漢墓簡牘」、拙稿前掲「漢代の交通と伝信の機能」。

(45) 拙稿「『史記』河渠書と『漢書』溝洫志」(『中国水利史研究』三〇、二〇〇二年)では、関東の被災民の移民に関連する出張を論じている。

第一章　中国古代の秦と巴蜀、楚
――長江流域の地域社会――

はじめに

中国古代の地域文化が、どのように統一国家に編入されてゆくかというテーマについて、その一つのモデルとなるのは長江流域の地域史である。西方の戦国秦は、黄河流域の諸国におくれて成長したが、長江流域の巴・蜀と楚の地域を占領し、やがて六国を併合して天下を統一した。そのとき秦が、どのように巴蜀や楚の地域を編成したかという状況は、四川省と湖北・湖南省で発見された出土資料によって、しだいに明らかになりつつある。これは『史記』秦本紀、秦始皇本紀や、戦国世家をのぞいて、諸国の情報が少ないという制約を補うものであり、胡平生、李天虹『長江流域出土簡牘与研究』（湖北教育出版社、二〇〇四年）に総合的な紹介がある。(1)

秦王朝の滅亡後は、項羽と劉邦の楚漢戦争のあと、秦を継承した漢王朝が成立して、中国古代文明の基礎となっている。このとき統一秦の制度は、出土資料を通じて漢王朝と地方社会の体系にも関連することが読みとれる。そこで本章では、長江流域の出土文字資料によって、戦国、秦漢時代の地域史を考えてみたい。

その一つの視点は、文字資料による情報の伝達である。つまり、①楚の故地から戦国資料が出るのに対して、なぜ早くから組み込まれた巴蜀には文字資料が出ないのか（文書の伝達）、②楚地方から儒家・道家などの資料が出土するのは、先秦思想の中で楚がどのような位置にあるのか（書籍の伝達）について考えてみる。これは文書や書籍という情報の伝達によって、地域社会の特色を考察しようとするものである。また戦国楚の制度と文化は、秦に滅ぼされたあとも東方社会で存続し、長江中流域も項羽の時代に臨江国となっていたが、ふたたび漢王朝では郡県制の社会となる。ここでは、このような秦代、項羽の分封、漢代社会への変遷について、地域社会の状況を展望してみたいとおもう。

一　秦の統一と出土資料

最初に、戦国秦と巴・蜀、楚の歴史を簡単にながめておこう。基本となるのは、秦の君主と長江流域を占領する経過である(2)（表1の年表）。

戦国秦は、献公の時まで渭水の上流にある雍城《ようじょう》を都としていたが、はじめて東方の櫟陽《やくよう》に城郭を築いた。しかし次の孝公が即位しても、秦は六国の会盟に加わらず夷狄の扱いをうけていたという。そこで孝公は、国中に命令を出して賓客を招き、二度にわたる商鞅《しょうおう》の変法を行ない、咸陽《かんよう》に遷都して富国強兵を推し進めた。つづく恵文君は、諸国が周に対して王号を称するのに連動して恵文王となり、前三二四年に改元した。

この恵文君の時代には蜀人が来朝していたが、恵文王九年（前三一六）には司馬錯が蜀を伐って滅ぼした。そして公子通を蜀侯としたが、のちに蜀相が蜀侯を殺し、武王元年（前三一〇）に蜀相を誅伐する事件などがあって、まだ安定していなかった。秦が蜀を平定するのは、昭王（昭襄王）六年（前三〇一）に蜀侯が反乱し、ふたたび司馬錯が蜀を攻撃したときである。ここから蜀の統治が始まるとおもわれる。

表1　戦国、秦漢時代の長江流域

巴、蜀	前	秦（漢）	楚（東国）
	383	献公2　櫟陽に築城	悼王
	361	孝公1　国中に令を下す	宣王
	359	〃 3　商鞅の変法①	
	350	〃 12　商鞅の変法②、咸陽	
蜀人が来朝する	337	恵文君1	威王
	325	〃 13　王号を称する	懐王4
	324	恵文王1	
	323	〃 2	懐王6　魏の襄陵を破る
	316	〃 9　司馬錯が蜀を伐つ	「包山楚簡」「鄂君啓節」
公子通を蜀侯とする	313	〃 12	「郭店楚簡」「新蔡楚簡」
蜀相が蜀侯を殺す	311	〃 14	「上海博物館蔵楚簡」
蜀相を誅伐する	310	武王1	〃 19
「青川木牘」	309	〃 2　丞相と内史	
	306	昭王（昭襄王）1	〃 23
蜀侯が反乱する	301	〃 6　司馬錯が蜀を平定	〃 28
	298	〃 9	頃襄王1
	296	〃 11　楚懐王が秦で死ぬ	〃 3
	284	〃 23　五国で斉を攻める	〃 15　斉の淮北を取る
楚の黔中を攻める	280	〃 27　楚を攻める	〃 19　秦に上庸を与える
	279	〃 28　楚を攻める	〃 20　鄢、鄧を取られる
	278	〃 29　楚の郢を陥落させる	
蜀守の若が楚を伐つ	277	〃 30　巫、黔中を取る	秦の南郡
	262	〃 45	「睡虎地秦簡」　考烈王1
〔都江堰の伝え〕	250	孝文王1	
	249	荘王1	
	246	秦王政1	
蜀に罪人を遷徙	238	〃 9　嫪毒の乱	
	237	〃 10	幽王1
	227	〃 20	南郡守「語書」　王負芻1
（他国人の移住）	223	〃 24　楚を滅ぼす	
	221	皇帝26　天下を統一する	
蜀郡、巴郡	219	〃 28　始皇帝が安陸を通る	「龍崗秦簡」
	210	〃 37　始皇帝の死	「里耶秦簡」
	209	二世皇帝1　陳渉らの叛乱	「周家台秦墓」
	208	〃 2	楚懐王
蜀郡、巴郡	206	（漢王1）漢中に王となる	西楚覇王（義帝）
		〔楚漢の戦い〕	臨江国
	202	漢高祖5　項羽の死	
	195	〃 12　高祖の死	漢の南郡
	194	恵帝1	「張家山漢簡」
	187	呂后（高后）1	
	179	文帝1	「　」は出土資料

一方、秦が楚の地を占領するのは、同じ昭王時代の少し後のことである。昭王十一年に、楚の懐王が秦で客死する事件があったが、そのあと秦は漢中を拠点とし、楚の宛（河南省南陽）や鄧《とう》を取った。昭王二十七年（前二八〇）には蜀の方面から楚の黔中《けんちゅう》を攻め、翌年に大良造の白起が鄢《えん》と鄧を取り、二十九年（前二七八）には楚都の郢《えい》（紀南城）を陥落させて南郡とした。これが楚文化の転換点となる。楚の本拠地であった江陵の周辺は、これから秦の占領地となり、楚は陳に遷都して淮水流域に拠点を移動した。

昭王のあと孝文王、荘王をついで、秦王政（のちの始皇帝）が即位すると、その二十四年（前二二三）に東方の楚を滅ぼし、二十六年（前二二一）に斉を滅ぼして天下を統一した。そこで楚は、南郡の地域と東国とともに秦王朝の統轄下となった。このとき秦統一までの歴史のなかで、秦がどのように占領地を統治しようとしたかを示すのが、序章で述べた長江流域の出土資料である[3]。

ここには古墓や遺跡から、戦国、秦漢時代の資料が発見されており、そこに南方を統治する社会情勢の一端がうかがえる。たとえば秦が巴蜀に進出するときには、四川省青川《せいせん》戦国墓の木牘がある。この地は、陝西省と甘粛省の境界に近く、咸陽から成都に行く途中の広元県の西方で、戦国末期には滅ぼされた諸国の人々が移民させられた地の付近である（『史記』貨殖列伝）。

つぎに楚の領域では、戦国楚簡があるが、秦に占領される前の社会を示すのは包山楚簡と、青銅製の鄂君啓節《がくくんけいせつ》である。包山楚簡は、楚紀南城の北一六キロメートルある包山二号楚墓から出土し、鄂君啓節は安徽省寿県（寿春故城）で発見されたが、ともに懐王期の同じ紀年をもっている。ここには当時の王と封君の様子や、裁判の様子、楚の習俗などがうかがえる。また荊門《けいもん》市郭店一号楚墓から出土した郭店楚簡《かくてんそかん》には、『老子』と『礼記』緇衣篇をはじめ道家や儒家の書物があり、上海博物館蔵楚簡とともに、戦国時代の思想状況が明らかになった。

戦国秦が楚を占領したときの資料には、湖北省雲夢県の睡虎地一一号秦墓から出土した睡虎地秦簡がよく知られている。武漢市の西北にある雲夢県は、楚紀南城の地から離れているが、当時は南郡に所属する安陸県であった。ここには、まさしく秦と楚の社会情勢がうかがえ、研究の蓄積が多いところである。また同じく雲夢県には、龍崗六号秦墓の龍崗《りゅうこう》秦簡があり、これは統一秦の規定などである。この時代では、購入した資料であるが、清華大学所蔵の戦国簡と湖南大学岳麓書院所蔵の秦簡も注目される。

秦の統一では、荊州市沙市区の周家台三〇号墓から出土した竹簡と木牘がある。さらに近年では、湖北省と重慶市との境界に近い湖南省龍山県の里耶古城の井戸から発見された里耶秦簡が大きな注目を集めている。その年代は、秦始皇帝と二世皇帝時代の木牘で、井戸の上部の層に若干の楚簡があるといわれる。この資料は、すでにサンプル資料となる一部が発表されているが、そこには木牘の形式などに興味深い内容をふくんでいる。

戦国楚	楚国の社会と習俗 包山楚簡、郭店楚簡、上海博物館楚簡、清華大学蔵戦国簡など
戦国秦	秦の南郡〔占領統治下の楚の社会〕睡虎地秦簡
統一秦	秦の南郡〔統一王朝の社会〕里耶秦簡、龍崗秦簡、周家台秦墓、岳麓書院蔵秦簡
（臨江国）	（張家山漢簡『奏讞書』）
漢王朝	漢の南郡〔郡県制の社会〕 張家山漢簡、江陵鳳凰山漢墓、沅陵虎溪山漢墓、睡虎地漢墓、紀南松柏漢墓など

秦末から楚漢戦争の時期では、江陵の付近に直接的な資料は発見されていない。しかし荊州市荊州区の張家山二四七号漢墓から出土した張家山漢簡には、『二年律令』のほか、『奏讞書《そうげつしょ》』（あるいは奏讞書《そうげんしょ》）という裁判の案件があり、そこには秦代と楚漢の時代、漢代初期の社会状況を示す内容がある。そして漢代初期から武帝期にかけては、江陵鳳凰山漢墓の簡牘をはじめ、まだ全部は公開されていないが、沅陵虎溪山漢墓の簡牘、睡虎地七七号漢墓の簡牘、荊州紀南松柏漢墓の簡牘などがある。

このように長江流域の資料は、戦国時代の巴蜀と楚の文化や、戦国秦から漢代社会への変化をうかがわせる内容をもっている。ただし戦国時代では、①に、長江流域から多くの資料が発見されるのに対して、それ以外の地域では、ほとんど竹簡や木牘が出土していない(4)。これは早くから秦の郡県下に置かれた巴蜀の地方で、なぜ青川県の木牘のほかに文字資料が出ないのかという問題とも関連している。また②に、楚の地方から儒家・道家などの資料が出土するのは、楚の地方がどのような位置にあるのだろうか。こうした情報は、文字資料によって伝達されることから、ここでは①文書の伝達と、②書籍の伝達とに分けて、巴・蜀と楚の文化について考えてみよう。

二　文書の伝達――秦と楚の文書について

秦の文書が巴蜀や楚に伝達され、どのように地域社会を統治してゆくかという点で注目されるのは、四川省の青川県木牘（長さ四六センチ、幅二・五センチ）である(5)。これは秦の約二尺にあたる。木牘の一枚は、秦武王二年（前三〇九）の紀年をもつ「田律」（あるいは為田律）にかかわり、とくに耕地の地割りを示す内容が注目された。この資料は、正面に「田律」を記している。それは、①王が丞相の甘茂と内史たちに命じて作成した紀年と、②「田律」の二部分に分かれる。さらに「田律」は、前半に地割りや道路の幅、境界などの規定を記し、後半に八月以降の道路や橋梁、陂の堤防などを維持補修する規定がある。そして背面には、十二月に道普請をしないことに関連するという記載がある。その形式は、つぎの通りである。

正面	①作成の年月：武王二年（前三〇九）十一月己酉朔朔日 ②田律：前半、地割りや阡陌、道路の幅、境界などの規定 　　　後半、八月以降の道路や橋梁、堤防などを維持補修する規定
背面	四年（九年）十二月：道普請をしないことに関連する記載（罰則にかかわる）

二年十一月己酉朔朔日、王命丞相戊（茂）・内史匽民〔願〕更脩爲田律。田廣一步、袤八則、爲畛。畝二畛、一百（陌）道。百畝爲頃、一千（阡）道、道廣三步。封高四尺、大稱其高。將（埒）高尺、下厚二尺。以秋八月脩封將（埒）、正彊（疆）畔、及發千百（發阡陌）之大草。九月、大除道及阪險。十月、爲橋、脩波（陂）隄、利津梁、鮮草离。非除道之時、而有陷敗不可行、輒爲之。（正面）

四年十二月。不除道者。　　九年十二月。不除道者。
□一日　□一日　辛一日　□二日　□一日　章一日
壬一日　亥一日　辰一日　□九日　□一日　□一日
戊一日　□一日　□一日　□一日　（背面）

最初の報告では、青川墓群に楚墓の特徴があり、巴蜀と楚の文化交流を認めながら、この墓群の多くを秦民が移住したものとみなし、五〇号墓に秦の木牘と「半両銭」があることから、墓主は律令を執行する官吏ではないかと推測している。そのとき木牘の「二年十一月己酉朔」は武王二年（前三〇九）の暦に合致し、「丞相戊」は『史記』秦本紀の武王二年条に「初置丞相。樗里疾・甘茂為左右丞相」とある「丞相甘茂」と指摘した。そして昭王元年（前三〇六）には甘茂が丞相ではないので、墓葬の下限を昭王元年の前後とみなしている。これに対して、この墓群が楚墓の特徴をもつことから、墓葬の時期はこれより遅く、秦が楚都の郢を陥落させたあと移民させられた楚人として木牘を理解する説や、「田律」の地割りに関する諸説がある。ここでは、この木牘の形態と機能を考えて、秦の文書が地方に伝達される過程を推測してみよう。

青川県の木牘が出土してから、竹簡の資料は増加したが、木牘の事例は少なかった。しかし里耶秦簡の発見によって、その形態があらためて注目されるようになった。(6) これについて劉瑞氏は、木牘の内容（用途）が、一般に広く国家機関の文書の往来や、個人の書信、墓葬の遣策《けんさく》（副葬品のリスト）などに使われ、竹簡は経書や法律、個人の著作など長編の文字を書写するときに使われたと述べている。(7) これは木牘の内容を述べたものであるが、その用途からみれば、もう少し修正すべき点がある。

里耶秦簡で、もっとも多いのは長さ二三センチ（秦漢時代の約一尺）であるが、なかには四六センチ以上の木牘もあると報告されている。また里耶秦簡の特徴は、一般に一つの木牘に一事の案件を記し、それで文書が完結している。木牘が二本の紐で結ばれているものは、すべて書かれたあとに紐で結ばれ、先に結ばれて書写されたものはないという。こうした特徴から、木牘の用途がわかる例をみてみよう。それはＪ1⑯5と⑯6の資料である。(8)

⑯5の正面には、秦始皇帝の「廿七年（前二二〇）二月丙子朔庚寅」の日付をもち、洞庭守の礼が、県嗇夫《しょくふ》と卒史の嘉、仮卒史の穀、属の尉に告げた内容を記している。

廿七年二月丙子朔庚寅、洞庭守禮謂縣嗇夫・卒史嘉・假卒史穀・屬尉。令曰、傳送委輸、必先悉行城旦舂・隸臣妾・居貲贖債。急事不可留、乃興繇。今洞庭兵輸内史及巴・南郡・蒼梧、輸甲兵當傳者多。卽傳之、必先悉行乘城卒・隷臣妾・城旦舂・鬼薪白粲・居貲贖債・司寇・隱官・踐更縣者。田時也、不欲興黔首。嘉・穀・尉各謹案所部縣卒・徒隷・居貲贖債・司寇・隱官・踐更縣者簿。有可令傳甲兵、縣弗令傳之而興黔首、〔興黔首〕可省少、弗省少而多興者、輒劾移縣。〔縣〕亟以律令具論。當坐者言名史泰守府。嘉・穀・尉在所縣上書。嘉・穀・尉令人日夜端行。它如律令。

二十七年二月丙子朔庚寅（十五日）、洞庭守の礼が、県嗇夫と卒史の嘉、仮卒史の穀、属尉に通告する。令に曰う、「伝送し貨物を輸送する際には、必ず先に悉く城旦舂と隷臣妾、居貲贖債たちを行《や》れ。急事で留めることができないとき、乃ち（一般の）徭役を興せ」と。今、洞庭の兵を内史及び巴郡、南郡、蒼梧郡に輸送し、甲兵を輸送するのに伝送すべき者が多い。もしこれらの物資を伝送するときは、必ず先に悉く乗城卒と、隷臣妾、城旦舂、鬼薪白粲、居貲贖債、司寇、隠官、県に践更する者を行かせよ。田時（農時）であるので、黔首《けんしゅ》（民）を興すのを欲しない。（卒史の）嘉、（仮卒史の）穀、（属の）尉らは、各々謹しんで部する所の県卒や徒隷、居貲贖債、司寇、隠官、県に践更する者の簿籍を案じよ。甲兵の伝送があって、県がこれらの者たちを伝送させずに黔首を興したり、黔首を省き少くできるのに、省かずして多く徴発した者は、そのたびに劾を県に送れ。県はただちに律令を以て具さに論ぜよ。当に坐する者は、名史を（郡の）泰守府に言え。（卒史の）嘉、（仮卒史の）穀、（属の）尉らの在所の県は上書せよ。嘉、穀、尉らは人をして日夜端行させよ。它は律令の如くせよ。

この内容は、⑯6の正面にもそのまま書かれている。しかも同じ内容を書写しながら一行の文字数は一定しておらず、これは内容さえ同じであれば良かったことがわかる。そして両者の背面には、異なる受信と発信の指示があって、その内容が洞庭郡の遷陵県以下に伝達されている。李学勤氏は[9]、ここに秦の行政制度がうかがえるという。しかしよく見ると、正面の内容は同じ文面でありながら、その背面に別の内容を書き込むことによって、官府で処理をした控えの用途を果たすことになる。

正面	①作成の年月：廿七年二月丙子朔庚寅、洞庭守の礼が県嗇夫、卒史などに告げる ②令の規定にもとづき、伝送委輸の徴発を行う命令を下す。その指示
背面	〔右〕遷陵県から伝達の指示（日付、発信）／某手 〔左〕末尾に受信の記録（日付、～以来）／某手　　某手

つまり木牘という形態は、書かれた内容によって区別されているのではなく、背面に控えやチェックをする情報などを書き込むことができ、それで完結する記録として利用される可能性がある。それは公文書の転送を処理する控えである。この場合には、背面が記された遷陵県で使われたことになる。一つの木牘に一事の案件を記して文書が完結するという特徴は、こうした木牘の機能を示している。

これを青川県木牘と比較してみると、興味深いことがわかる。ここでは木牘の正面に「田律」が記されていたため、多くの研究者は地割りに注目した。しかし背面には、「四年」もしくは「九年」十二月に道普請ができなかったことを記しており、それは「田律」の前半ではなく、後半の環境維持と道路などの補修に対応する記載だったのである。したがって里耶秦簡の例から推測すれば、正面の「田律」は複数が書写されたものであり、この墓主に関係するのは、背面の道路補修ということになる。だから墓主の埋葬された年代は、正面だけに関連して考えるのではなく、背面の武王四年、あるいは昭王四年か九年より以降に、秦の規定にもとづいて、おそらく県領域の道普請にかかわったことを示唆するものであろう。そのとき秦王が丞相と内史に命じて作成させた時期について、山田勝芳氏は内史が御史大夫とほぼ同じ地位といわれるが、ともかく秦漢の皇帝が制詔を出す形式と共通している。(10)また中央の命令が蜀の地方に伝達されるのは、①に中央の規定を書写して、その処理を裏面で示したものか、②に蜀郡を通じてこの地方に伝えられたものかが想定できよう。しかし先にみた戦国秦の情勢からみれば、この時代は蜀侯を任じている段階で、まだ完全に蜀郡の統治にはなっていなかった。したがって青川県木牘は、中央の規定が直接にこの地方へ及んだことを示しており、この地方が郡県制となって行動していないようにおもわれる。また秦の情報伝達からみれば、この木牘が唯一の「田律」原本ではなく、この規定が翌年以降も有効であれば、ふたたび書写されて、この木牘は廃棄されることになろう。墓主に副葬されたのは、こうした過去の文書にあたるものではなかろうか。

青川県木牘の内容からは、少なくとも秦の統治下にある巴蜀の地方に、秦の規定が伝えられ、それにもとづき行動していることがわかる。そのとき、この「田律」が最初から木牘の形態で伝わってきたのか、それとも木簡か竹簡で伝達されたものが、あとで木牘に写されたのかは不明である。しかしここから文書の伝達について、二つの方向がみえてくる。一は、木牘という形態で、同じように命令を処理した控えとするケースである。二は、その内容を竹簡などに書き写し、法令として保存するケースである。この二つの方向は、ともに出土資料にみえている。

一は、周家台三〇号墓の木牘に共通する。ここには秦二世元年（前二〇九）のものといわれる暦譜がある。(11)これは正面だけみれば、たしかに十月から九月までの朔日を記した暦（十月を年頭とする顓頊《せんぎょく》暦）といえよう。しかし背面に注目すると、さらに十二月の日の干支の上部に、「廷賦所、一籍蔑廿」とあり、これは県廷で賦税の徴収に関連する記載とみなされている。したがって木牘は、ここでも正面の暦が写されたあと、背面で任務をメモして確認する実用性をもつとわかるのである。また木牘の形態で実務を処理するのは、先にみた里耶秦簡が大量の事例となろう。

二は、秦が楚を占領して南郡としたときの睡虎地秦簡と龍崗秦簡や、漢代に継承された張家山漢簡にあたるのでは

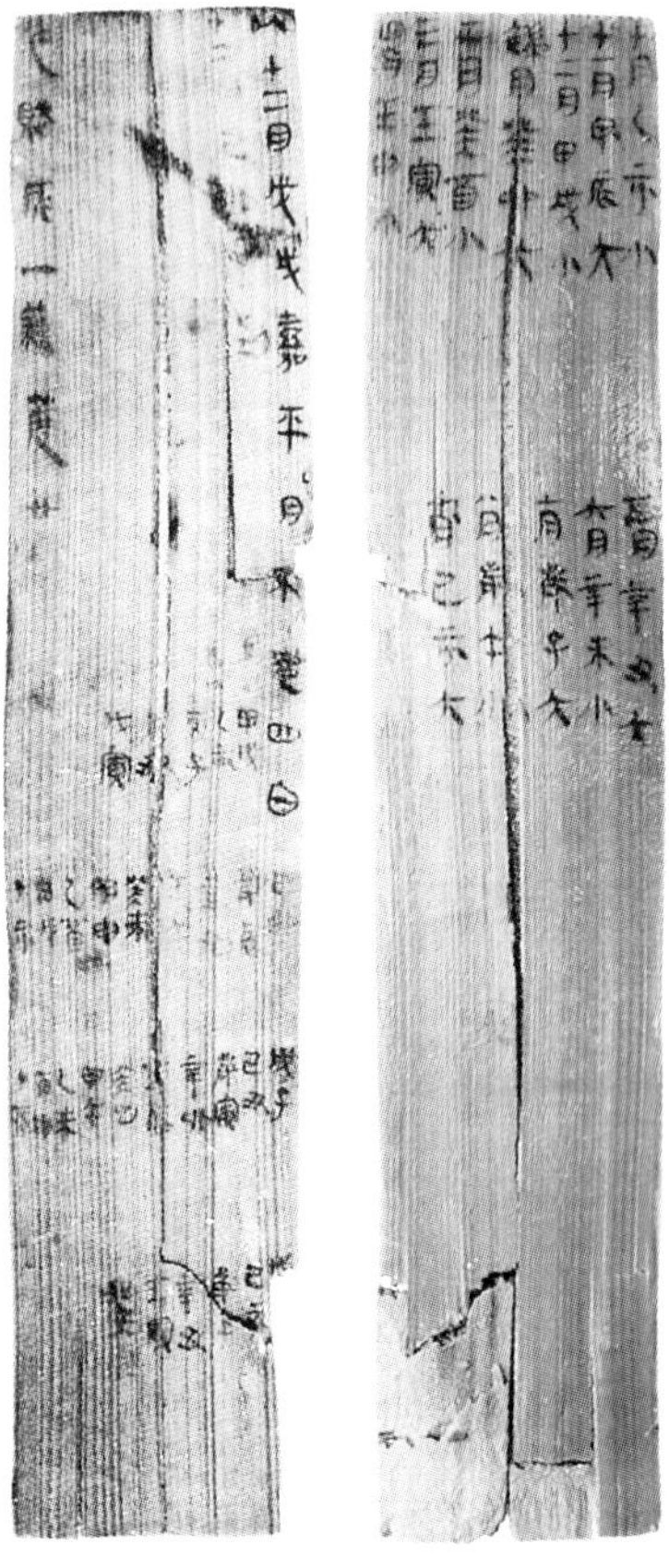

〔背面〕　〔正面〕

〔正面〕

十月乙亥小　五月辛丑大
十一月甲辰大　六月辛未小
十二月甲戌小　七月庚子大
端月癸卯大　八月庚午小
二月癸酉小　九月己亥大
三月壬寅大
四月壬申小

〔背面〕

以十二月戊戌嘉平、月不盡四日。　己卯　戊子　戊〔戌〕
十二〔月〕己卯□到。　甲戌　庚辰　己丑　己亥
乙亥　辛〔巳〕　庚寅　庚子
丙子　壬午　辛卯　辛丑
丁丑　癸未　壬辰　壬寅
戊寅　甲申　癸巳　癸
乙酉　甲午
丙戌　乙未
廷賦所、一籍蔓廿。　丁亥　丙申
丁酉

図1　周家台三〇号墓の木牘「暦譜」

ないだろうか。睡虎地秦簡には、内容は違うが同じように県レベルの領域にかかわる「田律」が書写されている。[12] また書写の形態を直接的に証明するのは、張家山漢簡の「田律」（二四六〜二四八簡、長さ三一センチ）である。これは青川県木牘とよく似た内容を記すことが、すでに注目されている。[13] いま青川県木牘と張家山漢簡の「田律」の形式を比べてみると、つぎのような変化がある。

①田律：前半、地割りや道路の幅の規定（境界の規定が省かれている）
　　後半、七月以降の道路や橋梁、堤防などを維持補修する規定　　②罰則の規定

①田廣一歩、袤二百卌歩、爲畛、畝二畛、一佰（陌）道、百畝爲頃、十頃一千（阡）道、道廣二丈。恆以秋七月除千（阡）佰（陌）之大草。九月、大除道及阪險。十月、爲橋、脩波（陂）堤、利津梁。雖非除道之時而有陷敗不可行、輒爲之。②郷部主邑中道、田主田道。道有陷敗不可行者、罰其嗇夫・吏主者黄金各二兩。盗侵飤道、千（阡）佰（陌）及塹土〈之〉、罰金二兩。

ここには「田律」を制定した年月がなく、すでに命令が法令化された形跡がみえる。また「田律」の前半と後半では、「封・埒」の境界に対応する項目を省き、あとはほぼ同じである。そして青川県木牘では、背面に命令の不備にかかわる記載がみえるが、その罰則は不明である。これに対して張家山漢簡では、道路の通行に支障があれば、郷嗇夫と吏の担当者に罰則が追加されている。これは秦の「田律」が、漢代で法令として発展していることを物語っている。したがって木牘は公文書の往来で使い、竹簡には法令を記すのではなく、同じ法令であっても用途によって木牘と竹簡に書く場合がある。つまり張家山漢簡では、木牘か木簡・竹簡で伝達された法令が、必要に応じて抄写して集められ、竹簡で保存される形態になっているとおもわれる。

こうして秦の文書伝達をみると、一定のルールが浮かんでくる。それは中央から地方や、地方から中央への文書、あるいは控えや習書のようなものでも、ともに秦の占領後は中央に収斂される行政システムの中で機能しているということである。青川県木牘の場合は、秦の中央から地方に「田律」が伝達され、楚が南郡となったあとは睡虎地秦簡があり、秦代では龍崗秦簡、周家台の簡牘資料、里耶秦簡がある。睡虎地秦簡に「十二郡」や他の郡県の記載がみえるのは、こうした郡県を基礎とする情勢を伝えている。(14) そして伝達された地方官府では、これらの文書を処理して必要な部署に伝達し、さらに保存や廃棄の手順をもつと推測される。

このような秦系文字の情報伝達〔秦の文書システム〕が、楚の故地だけに限定されていたとは思われない。戦国、秦代では秦の中央を起点として、おそらく各地域に放射状に伝達されたはずである。だから巴蜀の地に出土資料がみられないのは、文書の伝達がなかったのではなく、ほかの理由を想定しなくてはならないだろう。

それでは秦以外の国では、文書の伝達はどのようになっていたのだろうか。これを示す好例が、戦国楚の包山楚簡である。包山楚簡は、卜筮祭禱簡のほかに、法律の案件などを記した文書簡があり、ここには楚系文字で、楚の中央から地方に発信・受信され、中央に収斂される文書のやりとりがある。(15)

そのなかに陳偉氏が復元された陰侯の地での案件がある。文書一三二～一三五簡〔長さ約六六センチ〕では、正面の四簡に訴状の内容を記しているが、その背面の一三五簡反〔右側〕には「左尹以王命告湯公」で始まる調査と復命を指示しており、中の二枚の空白の簡のあと、一三二簡反〔左側〕に月日と「郢より此の等〔書〕を以て来る」という文がある。これは里耶秦簡⑯5、⑯6の裏面と似た左側の受信と、右側の発信の控えが、すでに戦国楚の左尹の役所で行なわれ、それが竹簡に残されていた例となる。これらは戦国楚で、同じような文書伝達と処理のシステムが存在したことを示している。

……。敢告於視日。……　一三二簡	左尹以王命告湯公……　一三五反
〔告訴の経過〕　一三三簡	〔空白〕　一三四反
〔告訴の経過〕　一三四簡	〔空白〕　一三三反
……僕不敢不告於視日。　一三五簡	年月日、某尹某従郢以此等来。　一三二反

包山楚簡の文書簡には、このほかにも集箸、集箸言、受期、疋獄、竹簽牌などの資料があり、楚の国家と文書システムを知る手がかりとなっている。秦の占領とは、こうした楚の文書システムをもつ社会の上に、秦の文書システムが重なってゆくことである。具体的には、秦の行政文書と法律で楚の地域社会を組み込むだけでなく、それを通じて労働編成や税制・裁判などを運用することであり、ここに二つの社会は軋轢を生じたとおもわれる。また一方で、楚が江陵地区を秦に占領されたあとは、移動した淮水流域の陳や寿春の方面で、楚のシステムが継承されることは容易に推測されよう。ただし時代による楚社会の変遷や、社会構造などはさらに考察の余地がある。

なお戦国魏では、わずかに一例であるが、睡虎地秦簡「為吏之道」に付記された「魏律」二条（魏戸律、16五～21五簡、魏奔命律、22五～28五簡）の形式がみえている（○は削除された字）。これは魏の安釐王二十五年（前二五二）に、中央から発信する文書システムを確かに伝えている。

●廿五年閏再十二月丙午朔辛亥、○告相邦。民或棄邑居〔野〕、入人孤寡、徼人婦女、非邦之故也。自今以來、〔假〕門逆〔旅〕、贅壻後父、勿令爲戸、勿〔予〕田宇。三〔世〕之後、欲〔仕仕〕之、乃（仍）署其籍曰、故某慮贅壻某叟之乃（仍）孫。　魏戸律

●廿五年閏再十二月丙午朔辛亥、○告將軍。〔假〕門逆〔旅〕、贅壻後父、或〔率〕民不作、不治家屋、寡人弗欲。

且殺之、不忍其宗族昆弟。今遣従軍、将軍勿恤視。〔烹〕牛食士、賜之參飯而勿〔豫〕殺。攻城用其不足、将軍以堙〔壕〕。　魏奔命律

そのほか周や趙、韓、斉、燕などの諸国は、簡牘資料が出土していないために詳しくはわからない。しかし秦や楚、魏の例を類推とし、また諸国の武器や青銅器、陶器、貨幣などに各国の文字がみえることからすれば、諸国においても一定の地方行政システムがあったと思われる。(16)このとき戦国文字と言語の分析は、文書伝達の特徴に一つの視点を示すものであろう。

こうして楚の出土資料は、長江流域をこえて、他国の中央と地方の文書伝達をも示唆していた。だから楚の地に資料が多いのは、情報の伝達によるためではなく、楚墓の構造（白膏泥、青膏泥の密封性など）や、別の社会的な要因によるとおもわれる。この意味で将来は、巴・蜀をふくむ他の地域から文字資料が発見される可能性があろう。

三　書籍の伝達——所有者と書写する人々

行政機構を通じた文書は、その書写する人々や伝達の状況が、かなり明らかになっている。(17)たとえば中央と地方を往来する文書は、郡県の機構や郵によって伝達され、張家山漢簡「行書律《こうしょ》」では、一般に一〇里に一郵が設けられるのに対して、南郡の長江より以南では、二〇里に一郵としている。これは一般的な規定に、長江流域での地形を配慮し追加したものである。書写の人々は、睡虎地秦簡『編年記』に墓主とおもわれる人物が令史となっており、『秦律十八種』にも史がみえている。また里耶秦簡には「某手」という署名がみられる。張家山漢簡には「史律」という規定があり、太常に所属する「太史、太卜、太祝」のほかに、一般の史、卜に関する規定がみえる。さらに戦国楚でも、

包山楚簡の文書簡では特定の「某識之」と記す書写の人々が担当している。したがって秦と楚、漢代の文書は、ともに多くの書写の官吏が想定できる。

これに関連して、郡県の官僚や官吏が、職務の参考や学習のために書籍を持つことはありえただろう。その一例は、睡虎地秦簡「為吏之道」や『日書』が参考となり、張家山漢簡では『蓋廬』のような兵法書や、算数書、医書などがある。しかし官吏が所有しているのは、儒家や道家の書物とは性格が違っている。

儒家や道家をはじめ他の書籍は、文書とちがって発信者や経過を示す年月などが記されていないため、その伝達の様子がわかりにくい。これは行政機構によるルートのほかに、いわば個人やグループの情報であり、民間の情報伝達に通じるものである。行政機構を通じて文書伝達の跡を残していた秦の地からは、まだ儒家や道家のような書籍は発見されていない。そこで書籍の場合は、副葬によって所有している楚墓の地域社会と人物を通じて、その作成と発信、書写、移動によって伝達する人々を想定しながら、出土資料のもつ意義を考えてみよう。

まず早い時期では信陽長台関楚墓の竹書がある。信陽一号楚墓の構造は、墓道と四つの段をもつ深さ一〇・二五メートルの墓穴に、規模の大きな槨室と木棺があり、大夫クラスの身分といわれる。その左後室に工具箱と遺策があり、工具箱には竹簡を切って削る工具や、毛筆が収められていた。これは墓主自身が書写できたか、かれのために書写する人々がいることを示唆している。また前室には竹書の断片があり、報告では儒家の思孟学派に関する資料とみなしている。しかし『墨子』の逸篇ではないかという解釈もあり(18)、その性格には諸説がある。この墓は、慈利《じり》戦国墓と同じように江陵地区から離れている。

つぎに郭店一号楚墓は、墓道と一槨室一棺の構造をもち、その頭箱から『礼記』緇衣篇や『老子』甲本、乙本、丙本などの古書が出土した。その内容は、『老子』と「太一生水」など道家の書物と、『礼記』など儒家の書物、「語叢」

のように『説苑』『淮南子』の形式と似ているものがあるが、その作成年代と性格をめぐって議論がある。また上海博物館蔵の戦国楚簡は、出土地が不明であるが、その内容は郭店楚簡に共通するものがある。この郭店楚墓は、包山楚墓と同じく江陵地区の近辺に位置している。

これらの楚系文字の書籍は、墓主に近い楚の地で作成されたのだろうか。それとも他の地域から伝えられ、それが楚系文字に書写されたのだろうか。これについて浅野裕一氏は、書籍が作成されてから伝達されるまでの期間を問題とし、別の地域からの長期にわたる伝達を想定されている。[19] たとえば六経（詩、書、礼、楽、易、春秋）の成立では、郭店楚簡の「六徳」に「詩、書」「礼、楽」「易、春秋」とあり、作成年代をそれ以前の戦国前期（前四〇三～三四三年）とする。同じように『周易』や緇衣篇などについても、その作成年代が戦国前期より前にさかのぼると推定している。したがって書籍は楚の地から出土しても、それは必ずしも楚国で作成されたことを意味しない。こうした各国の情報伝達では、文書の場合と同じように、各国の文字の系統や言語学、そこに示された地理などによって地域的な特徴の解明が期待される。[20]

そのとき考慮すべきことは、人々の旅行や移動による伝達であろう。これまで春秋時代はともかく、戦国時代の各国には、外交の使者や遊説家たちが往来したことが知られている。とくに戦国中期に合従連衡が激しくなってからは、外交の使者や諸子の往来が盛んになった。[21] だから情報伝達の一つには、こうした遊説家たちの存在が考えられる。先にみた楚の貴族や大夫ともいえる階級の人が所有していた書物は、この遊説家や諸子たちによってもたらされたかもしれない。いわば受信側での残存である。ただし諸国を外交で往来する遊説家は、一緒に書物を伝えたとしても、かれらの外交文書や、各国の奏言、国策などは、経書や諸子とは別の資料系統に属するといえよう。

戦国時代では、こうした諸子や外交の使者たちだけが書籍を伝達したとは考えられない。なぜなら戦国後期には、

図２　戦国、秦代の文書伝達

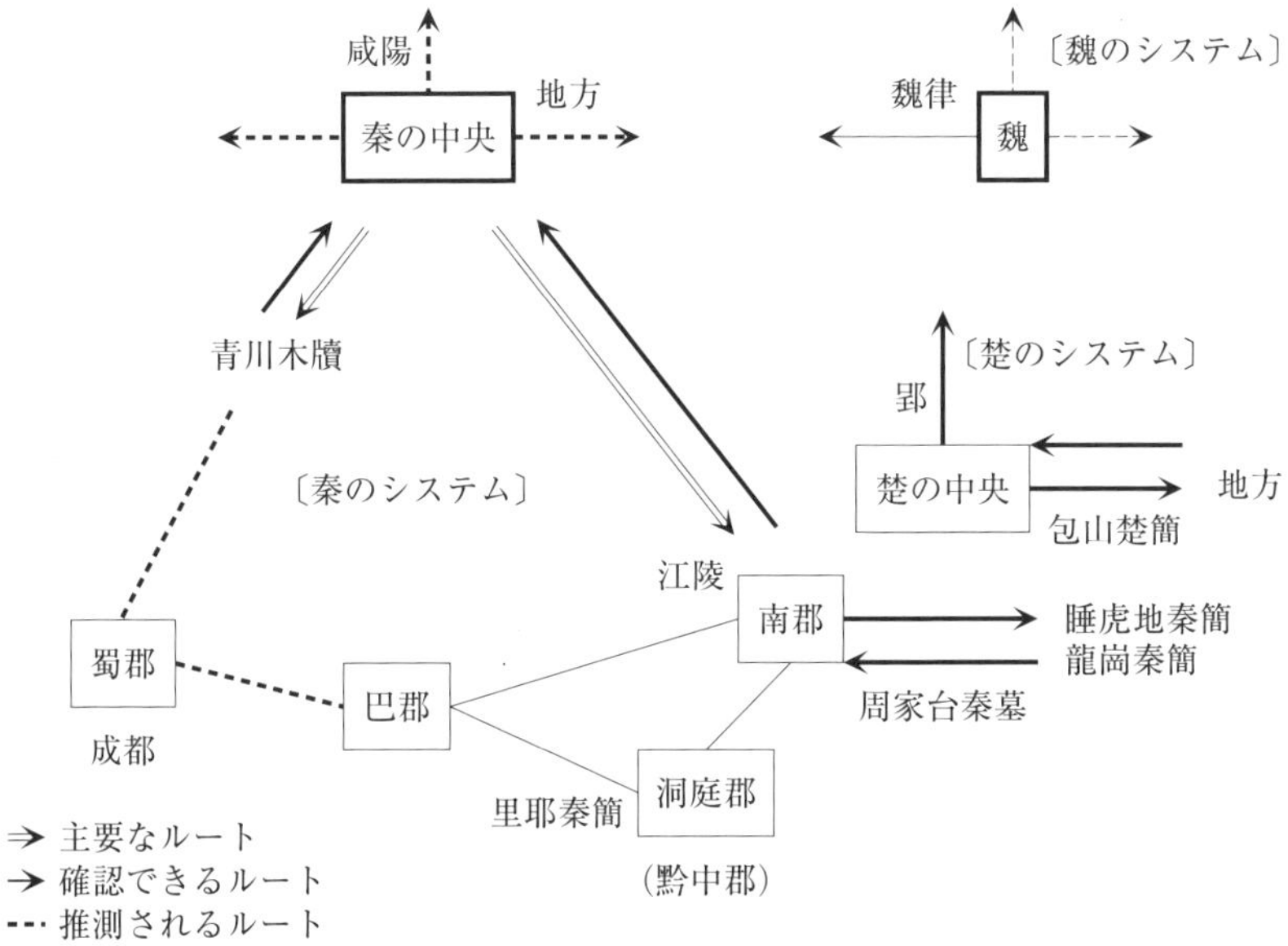

図３　戦国楚の書籍伝達

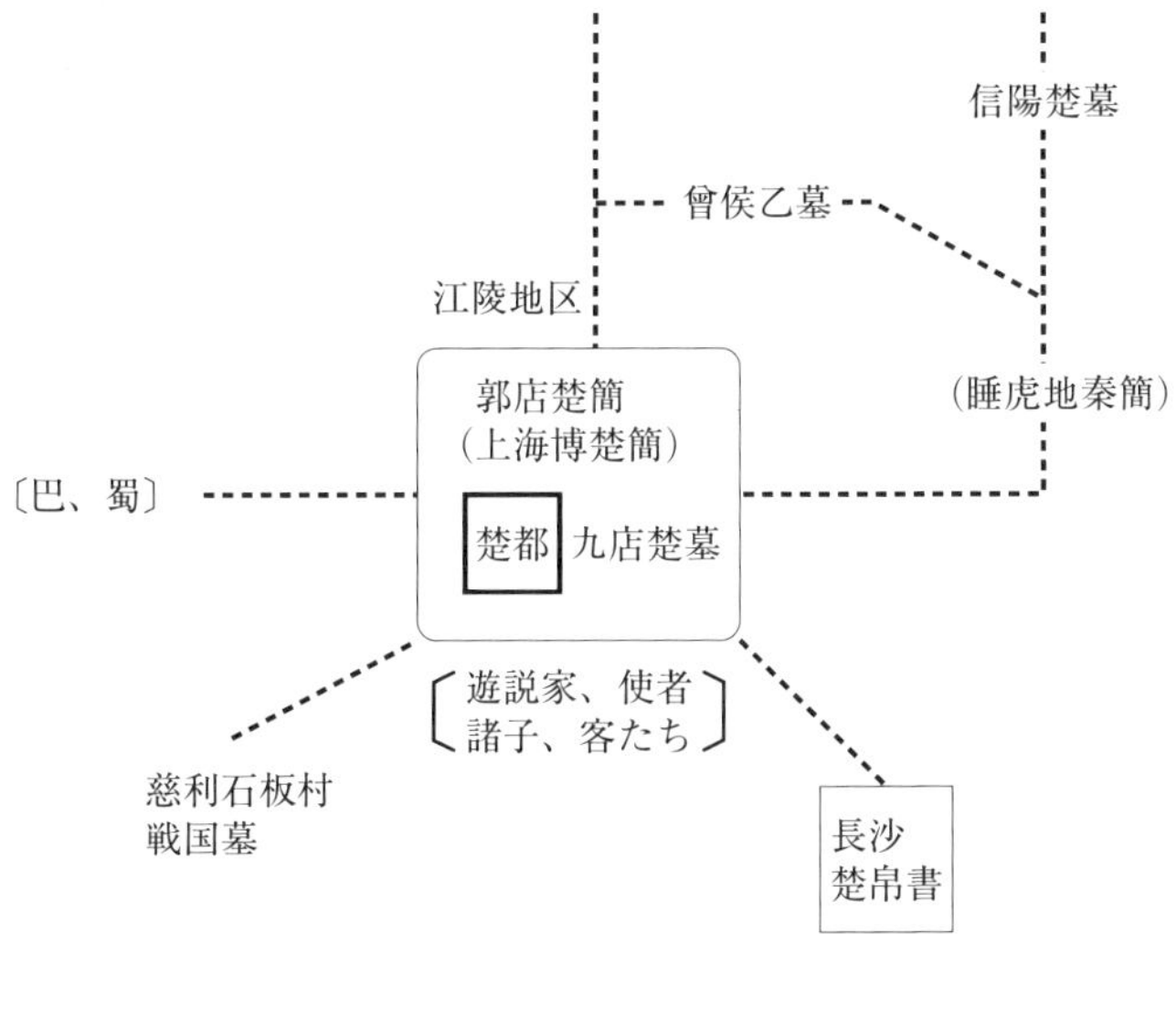

各国の封君が多くの食客をかかえており、『史記』呂不韋列伝では、諸侯の游士や賓客を集めて『呂氏春秋』を編纂したと伝えているからである。このほか封君や貴族レベルのほかに、もう少し小規模な墓で、下層といわれる身分の人たちも書籍を所有しており、それには江陵九店楚簡の『日書』や、江陵王家台秦簡の『日書』と占卜などの資料がある。(22) こうした資料は、楚文化の特色をうけているとともに、あるいは巫祝のような役割をもつ人々と関連するかもしれない。

そこで戦国中期より以降に、一般の社会層に少しずつ書物が広がるのは、これらの墓が楚の都城や、地方都市の近辺に位置することも一因ではなかろうか。つまり江陵付近や地方都市の書籍は、まず客などによる情報が集められ、それが周辺に伝えられたのかもしれない。こうした客の生態は、これまでも文献から指摘されていたが、(23) 睡虎地秦簡『法律答問』二〇〇簡には「旅人」と称する一般の寄食者や客の存在が示されている。

〔何〕謂旅人。●寄及客、是謂旅人。

何を「旅人」と謂うのか。●寄食するもの及び外来の客、これらを「旅人」と謂う。

このように儒家や道家などの書籍は、すべて竹簡の形態で、その所有者は貴族クラスや、大夫と、もう少し下層といわれる人々であった。しかし文献にみえる封君や、江陵から離れた貴族クラスの墓では、往来する諸子や外交の使者のほか、食客たちが封邑の地に伝達した可能性がある。また江陵周辺の大夫クラスや他の人々は、かれら自身が他国への客となるか、あるいは都城周辺の情報をうけた人々にあたるかもしれない。

ともかく書籍の伝達は、誰かが書写して持ち運ばなければ移動することがない。それは一に、楚都の周辺に情報が集められたり、二に、長沙や封君のいる地方都市がその拠点となったものであろう。また信陽楚墓や慈利戦国墓のような遠方では、あるいは交通上の通過点として、そのまま封邑の地に書物が残されたのかもしれない。そのため戦国時代では、各地を旅行し移動する諸子や外交官たち、客のような人々、それを書写する人々などの介在を想定する必要があろう。そのとき客にも、さまざまな階層があるとおもわれ、封君のような貴族に寄食する者から、末端の官吏に寄食する者まであったはずである。

したがって書籍の伝達でも、長江流域の墓から出土する資料は、一方で楚文化の特色を示すようであるが、やはり広く他国から書物が伝達される状況を示唆するとおもわれる。こうして出土資料の多くは、楚の地から発見されているが、そこに他国の書籍伝達の傾向をうかがう普遍的な意義をもっている。ここから巴蜀の地も、内容が限定されるとはいえ書籍が伝達される可能性がある。それが墓葬に表れないのは、習俗と社会情勢の違いのほかに原因があるのかは、考古発掘をふくめた今後の課題となろう。

四　秦漢王朝と巴蜀、楚の社会

これまで文書と書籍の伝達を通じて、秦と巴蜀、楚文化の状況を考えてきた。そこで独自の特質をもつ地域社会が、どのようにして秦の統治に組み込まれてゆくかという問題を展望してみよう。

まず巴蜀の方面は、戦国秦に占領される以前に独自の青銅器をもつ文化が知られているが、その社会構造などは考古学の成果に待つところがある。また秦の占領によって地域文化がどのように郡県制に組み込まれるかは、その前後の社会情勢とあわせて不明な点が多い。しかし秦の郡県制が展開すると、楚と同じような行政機構が機能することが予想される。また睡虎地秦簡『封診式』の「遷子」という内容には、蜀郡の辺県や、成都の地名がみえており、なお人々を遷徙する地でもあったことがわかる。

統一秦では、里耶秦簡の⑯5と⑯6に、洞庭郡から内史や巴、南郡、蒼梧郡などに輸送する記事があり、巴郡との関連がうかがえる。そして張家山漢簡『奏讞書』には「蜀守の讞」三件（五四〜五五、五六〜五七、五八〜五九簡）があり、『二年律令』の「秩律」には、巴郡の県（朐忍、江州、臨江、涪陵、安漢、宕渠、枳、平楽、江陽）と蜀郡の県（成都、臨邛、青衣道、厳道）などがみえている。また『二年律令』の「津関令」では、南郡に隣接する巴郡の朐忍《くにん》に雲夢の附園があり、その間の扞関《かんかん》（扞関）を通過する規定があって、ここにも楚との関連がわかる。

しかし年代順に同じ地域の変遷がたどれるのは、やはり江陵を中心とする秦漢の南郡の地域であろう。先にみた包山楚簡からは、秦に占領される前の楚社会がうかがえる。陳偉氏は[24]、楚の行政機構と裁判の過程を分析し、郡レベルの下にある県を基本単位とし、その県が下にある里と邑などを組織とすることを指摘した。県と封邑（封君の領地）レベルの職官では、莫囂《ばくごう》、連囂、司馬、攻（工）尹、司敗、諸々の尹《いん》などを整理している。こうした地方行政の機構は、秦の郡県制にくらべて封君が多い社会を示している。また工藤元男氏が指摘されるように[25]、包山楚簡の卜筮祭禱簡からは楚の習俗がうかがえ、それが楚の社会構造とあわせて秦と異なるとみなされたのかもしれない。このような楚の社会が、約四〇年後に秦に占領されたのである。

秦に占領され南郡となった社会は、睡虎地秦簡にうかがえる。ただし秦の占領は、必ずしも順調ではなかった。秦王政十七年（前二三〇）に韓が滅び、十八年（前二二九）に趙の邯鄲が陥落すると、楚の地も動揺したと推測され、『編年記』十九年（前二二八）条には「南郡備警」とあり、南郡で警戒した情勢がみえている。

つづいて睡虎地秦簡「語書」では、秦王政二十年（前二二七）に南郡の守である騰《とう》が、県と道の嗇夫に、楚の邪悪な習俗をやめて秦の法令を遵守するように通達している[26]。

（秦王）二十年（前二二七）四月丙戌朔の丁亥（二日）。南郡守の騰が各県・道の嗇夫に通告する。……今、法律令はすでに具備している。しかるに吏民には用いないものがあり、郷俗の淫泆の民は無くなることがない。……今、まさに人を派遣してこれを案行させようとしており、命令に従わない者は弾劾して検挙する。律で論じることは、県令や丞にも適用する。また県官に課するに、令を犯すものが多くて県令や丞が検挙できないだけでも、令や丞によって報告せよ。（この命令は）各県の機関を通じて伝えよ。別に書写して江陵に公布するには、郵の機関を通じて逓送せよ。

つまり南郡では、占領から五〇年以上を過ぎても、危急の際には秦の法令による統治の困難さと、楚社会に不穏な情勢があったことを示唆している。これは多くの研究がすでに指摘しているところである。

秦代の楚社会は、睡虎地秦簡のあと龍崗秦簡によって、雲夢にある皇帝の禁苑や馳道に関する規定の一部がわかり、周家台三〇号秦墓の竹簡によって、郡県の官吏の行動と、暦譜、占いの様子がわかる。また里耶秦簡では、これから公開が増加すれば、さらに具体的な南方統治の実態が明らかになろう。

秦の滅亡後は、共敖（もと楚の柱国）の臨江国となった。しかし敖の子の共驩は、項羽が敗北したあと捕虜となり、漢五年（前二〇二）正月に、ふたたびこの地域は南郡となった。その後の情勢は、張家山漢簡にうかがえる。張家山漢簡は、漢の南郡統治の時代を反映した資料であり、『奏讞書』には、それ以前の秦代の社会情勢がうかがえる。

そこで湖北省の江陵周辺は、古くから楚文化の本拠地であるとともに、戦国、秦漢時代の地方統治の変化を示すモデル地区ということができよう。近年に増加した長江流域の出土資料は、これまでの個別の分析をこえて、今では楚の地域社会の変遷を年代順に理解することを可能にしているのである。

ところが長江流域の出土資料の価値は、これにとどまらない。さらに注目されるのは、張家山漢簡の中に、漢王朝が成立する際の郡国制の性格を示唆することである。つまり漢王朝は、一方で秦の法制と社会システムを継承すると同時に、楚の社会システムを組み込もうとしたようである。たとえば『奏讞書』の高祖六年の案件には、もとの「楚爵」をもつ人物が漢に組み込まれ、かれらの起こした事件の処遇が問題となっている。(27)

こうした社会背景を探ってみると、秦末の叛乱を起こした陳渉たちや、項梁と項羽、劉邦（沛公、漢王）たちは、ともに淮水流域に遷った楚の社会で育った人々であったことがわかる。そして陳渉は、陳で楚の復興をめざして「張楚」という国号を称し、項梁と項羽は、楚の王室の子孫を懐王として実際に楚国を復興した。また劉邦も、蜂起した当初は楚懐王のもとに身を寄せていた。したがって秦末叛乱の中心となった人々は、包山楚簡にみえる楚社会の延長にある人々だったことになる。これは秦王朝が滅亡する時期では、各国の勢力のなかで、楚の社会システムによる勢力がリーダーシップをとったことを示している。(28)

のちに劉邦は、漢王となって秦の制度を継承したが、楚漢戦争のあと項羽を破り、皇帝に推戴されてからも、張家山漢簡『奏讞書』の案件のように楚の人々を組み込んでいたことになる。そして長安を中心として、旧秦の地域と、早くから郡県制に組み込まれた巴蜀、南郡などの地域を郡県制とした。こうした郡県制の範囲は、張家山漢簡「秩律」の県の分布に反映されている。

しかし東方の地域は直接的な郡県制とはせず、功臣たちや劉氏の王国を置いた。これは漢高祖が、諸侯に推戴されたせいでもあろうが、項羽の行なった楚の体制と、燕や趙、斉の連合を東方に継承したとみなすこともできる。(29)もしそうであれば漢王朝は、西方と東方に秦と楚の社会システムを継承して、それぞれの地域社会を統治しようとしたことになる。そのとき長江流域の資料は、江陵地区の変遷を示すだけではなく、こうした漢王朝の成立においても、秦と楚の社会システム（行政制度、文字による運営、習俗と規範）を知る手がかりとなる。

さらに長江流域の社会と出土資料との関係は、つぎのように展望することができる。(30)前漢時代では、これにつづいて江陵鳳凰山漢墓の簡牘や、沅陵虎渓山漢墓の簡牘、馬王堆漢墓の簡牘・帛書、睡虎地七七号漢墓の簡牘、荊州紀南松柏漢墓の簡牘、長沙走馬楼簡牘がある。これらは郡県の郷里レベル、侯国レベル、長沙国丞相の家族の副葬品、長沙国の県レベルの資料という違いはあるが、長江流域の地域社会を反映している。また後漢から三国時代にかけては、長沙東牌楼後漢簡牘や、湖南省張家界の古人堤木簡、長沙三国呉簡、郴州三国呉簡がある。これらは少し範囲が広くなるが、同じように湖南省の領域にある県レベルの地域社会を反映している。

このように長江流域の出土資料は、必ずしもすべてが連続していないが、戦国から秦代、漢代、三国時代へとつづく地域社会の動向を考えるモデル地域であることがわかる。ただし長江流域の出土資料研究には、もう一つの意義がある。それは中国出土資料の総合的な視点の手がかりになることである。たしかに長江流域の出土資料は、多くが古墓と井戸の簡牘・帛書である。しかし、とくに官府の井戸から出土した資料は、実際に作成して伝達され、保存・廃棄される過程を示している。そのため木簡や木牘、竹簡の形態は、古墓の記録・書籍や、西北辺境の遺跡から出土した文書や記録、実務資料との類似をもっている。このような出土資料の形態と機能の分析が、出土状況をこえた資料学を理解する接点になると考えている。

おわりに

湖北、湖南省の楚の地は、出土資料の研究によって、戦国秦から秦漢王朝が、どのように地域社会を統治したかを知る具体的なモデル地区となっている。ここでは長江流域の出土資料が、従来の個別研究をさらに発展させ、戦国楚の社会―戦国秦の占領―秦代―諸侯王国―漢代社会という連続した考察を可能にすることをみてきた。そのとき秦が地域社会を組み込む例として、文書の伝達という視点を提示したが、そこには独自の文化をもつ巴蜀の地と、すでに楚の社会システムをもつ地域を統治する違いがみられるようである。また個人やグループの情報伝達の一例として、諸子や客の旅行や移動によって伝えられる書籍のあり方を考えてみたが、ここでも楚の地の資料は、他の地域への展望をあたえてくれる。これらは長江流域の出土資料が、巴・蜀や楚の地域文化とともに、同時代の地域社会の考察に有効であることを示している。

さらに長江流域の資料は、秦漢王朝の成立という問題にも、あらたな視点を提供する。すなわち里耶秦簡は、まさしく統一秦の地方統治を示している。睡虎地秦簡や張家山漢簡は、秦とそれを継承した漢の社会システムを反映しているが、包山楚簡にみえていた楚の社会システムは、淮水流域に遷った楚の社会に温存されていたと推測される。そして秦末の叛乱で、陳渉たちや、項梁と項羽、沛公たちの集団は楚の社会を意識して行動し、漢王朝が成立したあとも、高祖は楚の社会システムを東方の王国に組み込んだようにおもわれる。したがって長江流域の資料は、秦王朝の成立と、漢王朝が地域社会を統治しようとした郡国制（郡県制と王国）という社会編成にも展望を開くものである。これは巴蜀と楚という長江流域の考察が、さらに広く中国文明と地域社会の考察と結びつくことになる。

ここでは長江流域の文字資料からみた地域社会のアウトラインを述べてきたが、これから戦国、秦漢時代における中国古代国家の社会システムを、各資料ごとに検討してみよう。

注

（1）　拙著『史記戦国史料の研究』終章「史料学よりみた戦国七国の地域的特色」（東京大学出版会、一九九七年）、同『《史記》戦国史料研究』（曹峰・廣瀬薫雄訳、上海古籍出版社、二〇〇八年）、胡平生、李天虹『長江流域出土簡牘与研究』（湖北教育出版社、二〇〇四年)。

(2) 秦史の経過は、拙稿「戦国秦の領域形成と交通路」(一九九二、『中国古代国家と郡県社会』汲古書院、二〇〇五年)、同「始皇帝と秦王朝の興亡」(『愛媛大学人文学会創立二十周年記念論集』、一九九六年)で説明しており、楚との関連には張正明『秦与楚』(華中師範大学出版社、二〇〇七年)などがある。

(3) 全体にかかわる資料は、本書の序章で紹介している。長江流域では、工藤元男『睡虎地秦簡より見た秦代の国家と社会』(創文社、一九九八年)、廣瀬薫雄「荊州地区出土戦国楚簡」(『木簡研究』二七、二〇〇五年)のほか、長江流域文化研究所編『長江流域と巴蜀、楚の地域文化』(雄山閣、二〇〇六年)の研究がある。本章の論文は、早稲田大学で報告したもので、その後に『長江流域と巴蜀、楚の地域文化』に再録された。この編著には、工藤元男氏の序文「長江流域の地域文化論をめぐって」より以下、「第一部、巴蜀・楚文化論」「第二部、巴蜀・楚・秦の文字文化と言語」の論考が関連している。

(4) 文献の伝えでは、晉代に戦国魏の墓から発見されたという「汲冢竹書」があり、戦国秦では甘粛省の天水放馬灘秦簡があるが、楚の地に比べると少ない。拙著前掲『史記戦国史料の研究』第一編第一章「『史記』と中国出土書籍」。

(5) 四川省博物館・青川県文化館「青川県出土秦更修田律木牘」、于豪亮「釈青川秦墓木牘」、李昭和「青川出土木牘文字簡考」(以上『文物』一九八二年一期)のほか、他の論文で釈文が少し異なる。ここでは于豪亮氏の釈文、胡平生前掲『長江流域出土簡牘与研究』二一九頁の釈文、『出土文献研究』第八輯(上海古籍出版社、二〇〇七年)の図版による。胡平生氏は「王命丞相戊(茂)・内史匽(晏)民・臂更脩為田律」に作る。ただし図版の背面は、ほとんど判読できない。また間瀬収芳「秦王朝形成過程の一考察」(『史林』六七―一、一九八四年)、渡辺信一郎「阡陌制論」(一九八五、『中国古代社会論』青木書店、一九八六年)などに諸説の紹介があり、工藤元男・水間大輔・森和「早稲田大学長江流域文化研究所二〇〇五年度夏期海外調査報告――蜀地における秦人墓の調査を中心に」(『長江流域文化研究所年報』四、二〇〇六年)がある。

(6) 「湖南龍山里耶戦国―秦代古城一号井発掘簡報」(『文物』二〇〇三年一期)、湖南省文物考古研究所「湖南龍山県里耶戦国秦漢城址及秦代簡牘」(『考古』二〇〇三年七期)、湖南省文物考古研究所編『里耶発掘報告』(岳麓書社、二〇〇七年)など。

(7) 劉瑞「里耶秦簡零拾」(『中国文物報』二〇〇三年五月三〇日)は、大半が木牘であることから、「里耶秦代木牘」と称することを提唱する。今日では里耶秦簡の名称が普及しており、これに従う。

（8）里耶秦簡講読会「里耶秦簡訳註」（『中国出土資料研究』八、二〇〇四年）に解説があり、本書の第四章「里耶秦簡と秦代郡県の社会」、第五章、第六章、第七章や、拙稿「『史記』秦漢史像の復元」（『日本秦漢史学会会報』五、二〇〇四年）で論じている。

（9）李学勤「初読里耶秦簡」（『文物』二〇〇三年一期）。

（10）山田勝芳「秦漢時代の大内と少内」（『集刊東洋学』五七、一九八七年）、同『秦漢財政収入の研究』第二章「田租・芻藁税」（汲古書院、一九九三年）三四〜三六頁、重近啓樹「秦の内史をめぐる諸問題」（『秦漢税役体系の研究』汲古書院、一九九九年）。

（11）湖北省荊州市周梁玉橋遺址博物館編『関沮秦漢墓簡牘』（中華書局、二〇〇一年）。

（12）睡虎地秦簡『秦律十八種』の田律に、「雨が播種の時に降って、穀物が生育すれば、そのたびに文書を以て、雨の作物への影響や、穀物の生育の状況と、墾田で作物が生育しない頃数（耕地の面積）を報告せよ。すでに作物が生育したあと雨が降っても、またすぐに雨の多少や、利益のあった頃数を報告せよ。日照りや暴風雨、水害、虫害、そのほか作物の生育を損なう者もまた、そのたびに被害の頃数を報告せよ。近県は軽足でその文書を伝達し、遠県は郵をして文書を伝達せよ。八月末までに……。」という田律の内容がみえる。

（13）釈文は、彭浩・陳偉・工藤元男主編『二年律令與奏讞書』（上海古籍出版社、二〇〇七年）の補正による。解釈は、渡辺前掲「阡陌制論」、拙稿「中国古代の関中開発」（一九八四、前掲『中国古代国家と郡県社会』）など参照。

（14）睡虎地秦簡『秦律十八種』の置吏律に、「県と都官、十二郡で、吏及び佐、官府の属員を任免するときは、十二月朔日を以て任免し、三月が終わるまでに之を止めよ。官吏などが死亡したり欠乏があるときは、時期を待たずして補欠せよ。置吏律」とある。また『法律答問』一四四簡には、「郡県で佐を任用したが、他の郡県に仕えて、その本務をしないとき、何によって論ずるか。小犯令を以て論ぜよ」とみえる。

（15）陳偉『包山楚簡初探』（武漢大学出版社、一九九六年）、廣瀬薫雄「包山楚簡『所𧧧』研究」（池田知久監修『郭店楚簡の思

想史的研究』第五巻、二〇〇一年）、同「包山楚簡に見える証拠制度について」（郭店楚簡研究会編『楚地出土資料と中国古代文化』汲古書院、二〇〇二年）、拙稿「包山楚簡にみえる戦国楚の県と封邑」（一九九九、前掲『中国古代国家と郡県社会』）、本書の第二章「包山楚簡と楚国の情報伝達」など。

(16)　江村治樹『春秋戦国秦漢時代出土文字資料の研究』第二部第一章「戦国時代出土文字資料の国別特質」（汲古書院、二〇〇〇年）。

(17)　彭浩「読張家山漢簡《行書律》」（『文物』二〇〇二年九期）、高村武幸「漢代の官吏任用と文字の知識」（『漢代の地方官吏と地域社会』汲古書院、二〇〇八年）。

(18)　李学勤「長台関竹簡中的《墨子》佚篇」（『簡帛佚籍与学術史』時報出版、一九九四年）。

(19)　浅野裕一「戦国楚簡と古代中国思想史の再検討」（『中国出土資料研究』六、二〇〇二年）、同「新出土資料と諸子百家」（『中国研究集刊』三八号、二〇〇五年）。このほか郭店楚簡では、とくに楚国を強調した説話はみられないが、上海博物館蔵楚簡では、楚国を舞台とする説話があり、楚国での成立が議論されている。

(20)　長江流域出土資料と文字の関係は、大西克也「戦国時代の文字と言葉――秦・楚の違いを中心に」、横田恭三「中国古代の筆写文字と書写用具」（前掲『長江流域と巴蜀、楚の地域文化』）などを参照。

(21)　その例は『戦国策』の故事のほかに、佐藤武敏監修、工藤元男・早苗良雄・藤田勝久訳注『馬王堆帛書戦国縦横家書』（朋友書店、一九九三年）がある。本書の第十二章「中国古代の書信と情報伝達」参照。

(22)　工藤元男「中国古代の社会史研究と出土文字資料」（『殷周秦漢時代史の基本問題』汲古書院、二〇〇一年）は、包山楚簡の卜筮祭禱簡から『日書』への展開を位置づけている。

(23)　渡辺卓「戦国時代における『客』の生態」、同「戦国的儒家の遍歴生活」（以上、『古代中国思想の研究』創文社、一九七三年）など。

(24)　陳偉前掲『包山楚簡初探』第二章「文書制度」、第三章「地域政治系統」。

(25)　工藤元男「祭祀儀礼より見た戦国楚の王権と世族・封君」（『歴史学研究』七六八、二〇〇二年）は、こうした資料から楚の社会を展望している。

(26)「語書」の形式は、里耶秦簡の⑯5の構成とよく似ており、当初は木牘に書かれるものがあったかもしれない。「語書」をめぐる情勢は、湯浅邦弘『中国古代軍事思想史の研究』第三部第二章「秦の法思想」（研文出版、一九九九年）、本書の第三章「戦国秦の南郡統治と地方社会」で論じている。

(27) 拙稿「秦漢王朝の成立と秦・楚の社会」（二〇〇三、前掲『中国古代国家と郡県社会』）。

(28) 項羽が楚の制度を継承したことは、拙稿「『史記』項羽本紀と秦楚之際月表——秦末における楚・漢の歴史評価」（『東洋史研究』五四—二、一九九五年）、同前掲「『史記』秦漢史像の復元」などで論じている。

(29) この点は、李開元『漢王朝の成立と劉邦集団』（汲古書院、二〇〇二年）で論じており、拙著『項羽と劉邦の時代』（講談社、二〇〇六年）でも概観している。

(30) 江陵鳳凰山漢墓の簡牘は、早くから注目されており、好並隆司「湖北江陵鳳凰山十号漢墓出土の竹木簡牘について」（『秦漢帝国史研究』未来社、一九七八年）、永田英正「江陵鳳凰山十号漢墓出土の簡牘」（『居延漢簡の研究』同朋舎出版、一九八九年）、佐原康夫「江陵鳳凰山漢簡再考」（『東洋史研究』六一—三、二〇〇二年）などがある。

第二章　包山楚簡と楚国の情報伝達
——紀年と社会システム——

はじめに

中国の戦国時代は、秦漢統一国家が形成される重要な時期である。しかし『史記』では、戦国秦が天下を統一する過程を中心に描いており、その他の諸国については秦との戦争や外交などの大事件をのぞいて、国内の社会構造に関する記事がきわめて少ない。また『戦国策』をはじめ諸子などの文献は、その年代の編年や歴史像の復元に注意が必要である。そのため文献によって、諸国が領土国家としての社会システムを形成する過程を明らかにすることは制約がある。(1)

こうした状況で、一九七〇年代以降には戦国時代の古墓に副葬された資料が増加し、それはとくに戦国楚簡（楚系文字）と秦簡に集中している。これらは『史記』『戦国策』を補う第一次資料であり、そこには遺策や卜筮祭禱簡、日書、行政と法律の文書、書籍などをふくむため、歴史学や思想史の分野で考察がすすめられている。(2) しかし古墓に保存された資料は、甘粛省などの辺境遺跡で発見された漢簡や、二十世紀末から二十一世紀にかけて湖南省の井戸で発見された秦漢、三国時代の簡牘資料とくらべて、出土状況の違いが問題となる。(3) したがって戦国楚簡と秦簡は、ただ秦代以前の文字資料というだけではなく、考古遺物としての性格を位置づける必要があろう。そのとき問題となるのは、つぎの二点である。

一、古墓の資料は、どのような経過で副葬され、その情報はどのようなものか。

二、戦国楚簡には、楚文化と社会システムが、どのように反映されているのか。

このうち戦国楚簡で注目されるのは、湖北省荊門市の包山二号墓から出土した竹簡（包山楚簡）である。なぜなら包山楚簡は、そこに懐王期の七年にわたる大事紀年（前三二二〜三一六）が記されており、戦国中期の年代が推定できるからである。また同時に、楚の王族であった墓主の名前と、墓葬の遣策や埋葬の資料、その墓主の健康を占った卜筮祭禱簡、左尹であった役職とその内容などがわかるというきわめて珍しいケースである。だから包山楚簡は、戦国楚簡の副葬や性格を知る基準にすることができよう。

包山楚簡は、『包山楚墓』（文物出版社、一九九一年）の報告があり、同『包山楚簡』（一九九一年）は、そのうち竹簡の写真と釈文を出版したものである。(4) そのあと張光裕主編『包山楚簡文字編』（芸文印書館、一九九二年）などが出版され、陳偉『包山楚簡初探』（以下『初探』、一九九六年）は、一部の釈文の配列を変更して、全体的な考察を試みている。(5) さらに郭店楚簡や上海博物館蔵楚簡による文字研究があり、日本では工藤元男氏や谷口満、廣瀬薫雄氏などによって、包山楚簡の卜筮祭禱簡、文書簡の構成、歴史地理と訴訟制度の分析が進んで、しだいに楚の社会と習俗が明らかになりつつある。(6)

そこで本章では、『包山楚簡』の写真と『初探』の考証や、文字研究の成果をふまえながら、包山楚簡の検討を通じて、戦国楚の社会システムと情報伝達のあり方を考えてみたいとおもう。

図1　包山楚墓の構造と竹簡

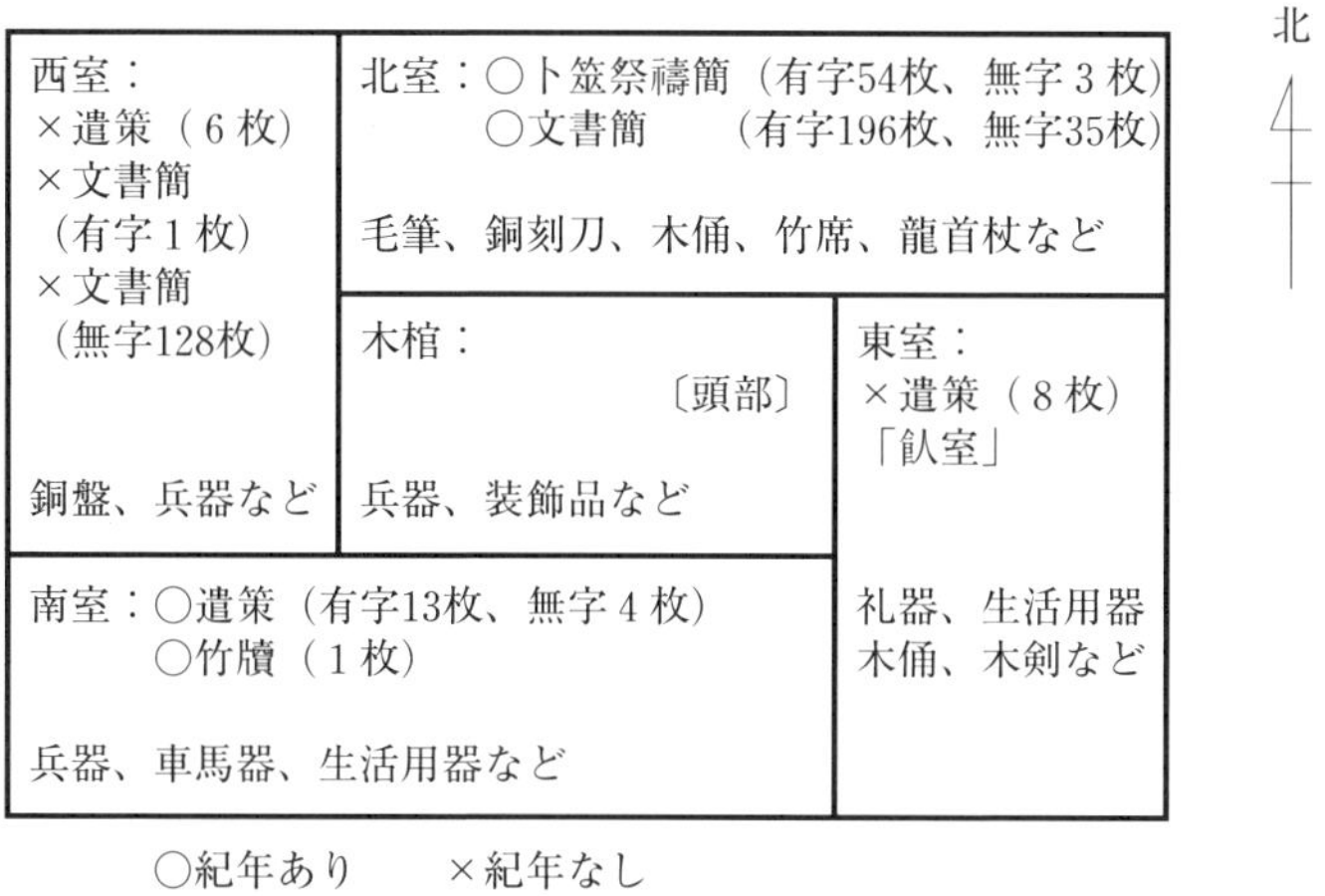

一　楚暦と卜筮祭禱簡

包山二号楚墓は、紀南城の北から約一六キロに位置し、封土をもつ大型墓である。[7] 東側に墓道があり、長方形の土坑は東西三四・四メートル、南北三一・九メートル、深さ一二・四五メートルで、一四の台階が造られていた。槨室は、長さ六・三二メートル、幅六・二六メートル、高さ三・一メートルで、五つに分かれている。中室には、三重の木棺があり、周囲の東室、南室、西室、北室の四つには、副葬品が収められていた。

包山楚墓の構造に対応する竹簡は、つぎのような位置にある（図1）。

東室：遣策八枚（「飤室」という字句をふくむ）
南室：遣策一三枚（無文字四枚）、竹牘一枚
西室：遣策六枚、文書簡一枚（無文字一二八枚）
北室：卜筮祭禱簡五四枚（無文字三枚）、文書簡一九六枚（無文字三五枚）、竹簽牌一枚

つまり墓主の葬儀にかかわる遣策などは、東室と南室、西室に分散して入れられ、北室に卜筮祭禱簡と文書簡が副葬されている。ただし

西室では、銅盤の上に文書簡一枚と、無文字の竹簡一二八枚を載せている。このうち文字のある竹簡は二七八枚で、『包山楚簡』は以下のように分類している。

文書類：集箸一三枚、集箸言五枚、受期六一枚、疋獄二三枚、その他九四枚
卜筮祭禱記録：五四枚。遣策：二七枚。竹牘：一枚

ただし陳偉『初探』では、文書類の処理記録を「所誼」とし、遣策一枚と竹牘を「賵書」とするなどの分類を変えており、また配列にも少し違いがある。ここでは『包山楚簡』の簡番号を表記し、基本的に陳偉氏の分類と配列に従うが、その後の研究によって改めた字がある(8)。

包山楚簡の性質を知るうえで、まず注目されるのは卜筮祭禱簡である。これは墓主の職務や健康を占った最後の三年分（前三一八～三一六）の資料で、ここに左尹の昭𤤰という名と、墓主が昭王の一族であることを示す祭祀を記している。工藤元男氏は、陳偉氏などの諸説を整理して、つぎのような基本形式としている(9)。

《第一次占卜》A前辞：「以事紀年＋楚月名＋干支日」、貞人などの記述
B命辞：貞問の事柄（陳偉氏は定型的な「歳貞」と「疾病貞」に分類）
C占辞：卜筮の結果にもとづく判断の辞
《第二次占卜》D命辞：第一次占辞を承けて、災いや祟りを解除する方法を貞人が示したもの
E占辞：命辞で提案された祭禱案などの当否を占断するもの

ここでは卜筮祭禱簡の貞人が、墓主の個人的な占いをするために、楚国の紀年と月名に従って記載している。つまりA前辞では、「以事紀年＋楚月名」の形式となっており、これは楚国に特有の楚暦（紀年と月名）とみなされている(10)。これまで楚の暦法には諸説があるが、年代は楚の事件による「大事紀年（以事紀年）」の形式で、楚の月名は、睡虎

地秦簡『日書』の記載とあわせて、秦暦と三ヶ月のズレをもつことが復元されている(11)。したがって、かりに暦の算出方法が他国と同じであっても、楚の大事紀年と月名を採用していることによって、楚暦は楚文化の一要素ということになる。そのとき注意されるのは、この楚暦は貞人たちが作成したものではないことである。つまり墓主を占う貞人は、個人的な内容を占いながら、それを楚国の暦法によって記している。

これは今日では当然のようであるが、もし個人的な卜筮であれば、必ずしも国家の暦を記す必要はなかろう。しかし包山楚簡では、卜筮の基準に楚暦を採用しており、これは貞人たちが、楚王朝のシステムの影響下にあることを示している。これが第一の特徴である。

表1　秦と楚の月名

秦月	楚月	楚の月名
十月	正月	冬夕、冬柰
十一月	二月	屈夕、屈柰
十二月	三月	援夕、遠柰
正月	四月	刑夷、荊𡰥
二月	五月	夏𡰥
三月	六月	紡月、享月
四月	七月	七月、夏夕、夏柰
五月	八月	八月
六月	九月	九月
七月	十月	十月
八月	十一月	爨月、𡩜月
九月	十二月	献馬

つぎに問題となるのは、《第二次占卜》に区分されたD命辞である。彭浩氏は、この部分を禱辞（短期内の憂いを解除するため、鬼神に祈禱し、加護や賜福を請求する辞）としたが、李零氏は、これを禱辞を占問したものとみなして《第二次占辞》のなかに組み入れた。また池澤優氏も、これを《第二次占辞》としており、先の工藤氏の説明は後者の説にもとづいている(12)。その一例は、以下のような形式である。

A東周之客許綎歸胙於蒧郢之歲。夏𡰥之月乙丑之日。苛嘉以長莿爲左尹舵貞。B出内侍王、自夏𡰥之月以庚集歲之夏𡰥之月、盡集歲、躬身尚毋有咎。C占之。恆貞吉。少有憂於躬身、且外有不順。以其故敓之。D擧禱楚先老僮・祝融・鬻熊。各一牂、思攻解於不殆。E苛嘉占之曰、吉。

（卜筮祭禱簡二二六、二二七簡）

五月乙丑の日。貞人の苛嘉が用具を使って左尹の昭舵のために貞問した、「宮廷に出仕して王に侍るとき、今年の五月から翌年の五月まで一年の間に、身に災いがあるだろうか」と。これを占うと「恒貞吉。やや健康に難有り。且つ外に不順有り」と出た。災いを払い祭禱するために祭祀を提案する。楚の祖先の老僮・祝融・鬻熊を規定によって祭る。神霊に祟りを除くよう求める。苛嘉はこれを占い、吉と出た。

そこで卜筮祭禱簡では、この禱辞にみえる祭祀（鬼神や祖先など）を、だれが計画し、あるいは実行するのかが問題となる。もしこの禱辞を、貞人が災いを解除するために、将来の祭祀の計画を占ったものとすれば、その祭祀は貞人が行うものではない。また別に祭祀を施行する者たちがいて、その当否を貞人が占うのであれば、この場合も祭祀を行うのは貞人ではない。そこで卜筮祭禱簡にみえる祭祀は、かりに実行されるとしても、それは貞人によらない可能性がある。

それでは墓主の卜筮を改善する祭祀は、だれが実行するのだろうか。墓主の祖父である司馬子音の祭祀は、攻尹の執事人がおこなっているが（二二四簡）、楚の遠祖については、楚国のシステムの影響下にある祭祀を担当する人びとが想定できるのではないかとおもう。その根拠は、楚暦の使用とともに、卜筮祭禱簡で祭られる対象に、楚国全体にかかわる祖先と遠祖が記されているからである。いま楚国の祭祀を、包山楚簡の全体にみえる紀年のなかで示してみよう（表2）。

ここには楚の祖先にかかわる名がみえており、このうち「熊繹」を陳偉氏などは「熊鹿（麗）」と読んでいる。『史記』楚世家によれば、鬻熊の孫が熊麗で、熊麗の孫が熊繹である。[13] そのほか卜筮祭禱簡には、墓主の直接的な近祖として、昭王以後の「文坪夜君、郚公子春、司馬子音、蔡公子家」（二〇〇、二〇三、二〇六、二一四、二四〇簡）などがみえている。[14] そこで貞人が、祭祀の対象として墓主の近祖をあげ、それを個別に祭ることは可能である。しかし「楚

表２　包山楚簡の紀年と先祖名

年代（前）	紀年と先祖名
懐王７（322）	大司馬昭陽敗晉師於襄陵之歳
〃　８（321）	斉客陳豫賀王之歳
〃　９（320）	魯陽公以楚師後城鄭之歳
〃　10（319）	□客監固逅楚之歳
〃　11（318）	宋客盛公𩢐聘於楚之歳
	「卲王（昭王）」　（卜筮200簡など）
〃　12（317）	東周之客許經歸胙於莪郢之歳
	「宣王之宅州人」「宣王之……客」　（受期58簡）
	「愄王〔威王〕宅臧嘉」　（所詎166簡）
	「卲王」　（卜筮214簡など）
	「楚先、老僮・祝融・鬻熊」　（卜筮217簡）
〃　13（316）	大司馬悼滑救郙之歳
	「楚先、老僮・祝融・鬻熊」　（卜筮237簡）
	「卲王」　（卜筮240簡など）
	「荊王、自熊繹以庚武王」　（卜筮246簡）

表３　戦国楚墓の紀年と先祖名

戦国楚墓	紀年と先祖名
望山１号墓	斉客張果問〔王〕於莪郢之歳
（卜筮祭禱）	郙客困芻問王於莪郢之歳
	「聖王、悼王既賽禱」（八八簡など）
	「□先老僮・祝□」（一二〇簡など）
望山２号墓	□周之歳（遣策）
天星観一号墓	秦客公孫鞅問王於莪郢之歳
（卜筮祭禱）	斉客繮臒問王於莪郢之歳
新蔡楚墓	王徙於鄩郢之歳
（卜筮祭禱）	王自肥還郢徙於鄩郢之歳
	□公城鄩之歳
	大城茲方之歳
	句邦公鄭余穀大城茲方之歳
	斉客陳異致福於王之歳
	蔞茖受女於楚之歳
	大莫囂暘為〔戦〕於長城之歳
	……至師於陳之歳
	王復於藍郢之歳
	「老僮・祝融・穴熊芳屯一……」　（甲三、35）
	「老僮・祝融・穴熊」　（乙一、22）
	「祝融・穴熊各一牂」　（乙一、24）
	「□融・穴□・昭王・献」　（甲三、83）
曾侯乙墓	大莫囂暘喚適豧之春（遣策）

の先、老僮・祝融・鬻熊」や、「荊王で、熊麗（熊繹）より武王まで」の祖先を祭ることは、墓主の一族が個別にできることではなかろう。

楚の祖先を祭ることは、たしかに墓主が昭王に関する一族であれば、「老僮・祝融・鬻熊」などを共有の観念とすることはありうるかもしれない。しかし楚王として、とくに熊麗あるいは熊繹から、初めて王号を称したという武王までを一緒に祭ることは、父母や近祖を祭ることを越えているようにおもわれる。(15)そこで楚暦の使用につづいて、ここでも卜筮祭禱簡の祖先祭祀が、楚国システムの影響をうけていると推測するのである。これは『史記』楚世家にみえる楚の系譜にも関連している。

これまで卜筮祭禱簡には、『史記』楚世家と共通する系譜がみえており、これは司馬遷の伝えが一定の信頼性をもっていたことを示している。それは実在の人物であるかどうかはともかく、少なくとも戦国中期の楚で伝えていた情報である。しかしそれらの祖先は、祭祀の対象として現れており、文書簡にみえる実在の王とかかわる記載とは異っている。したがって戦国中期には、実際の王としての事件や記事が記録され、それ以前の系譜は、祭祀を司る人びとによって伝えられていた可能性がある。そして包山楚簡に「熊麗より武王まで」という表記からすれば、その間の系譜も伝えられていたであろう。これが『史記』楚世家などの系譜資料と関係するのではないだろうか。

もし以上のように仮定できれば、楚国の卜筮祭禱簡からは、記録にかかわる三種類の人びとがうかがえる。すなわち一は、暦法を担当する人びとであり、楚では独自の大事にもとづく紀年と、楚月名をもつ暦を作成している。二は、楚の祖先祭祀を担当する人びとである。三は、楚暦や楚の祭祀とあわせて、王族などの卜筮を担当していた貞人たちである。この占いの原理は他国と類似するとしても、楚独自の卜筮になっているといえよう。ここで祭祀と占いに関連して系譜資料を伝えていたのかもしれない。

このような楚国のシステムによって行動する三種の人びとは、後世でいえば、秦漢時代の礼儀祭祀を司る奉常（太常）に所属する太史、太祝、太卜の職務とよく似ている。これらの役職は、太史が天文・星暦を司るほかに、太祝と太卜が祭祀と占いを担当し、漢初では太祝・太卜とあわせて一連の史官とみなされている。それは張家山漢簡『二年律令』の「史律」で、史官となる規定のなかに、太史と太祝、太卜を「史」と認識していることからも証明できる。[16]

包山楚簡には、このほか竹牘と遣策がある。賵書ともいわれる竹牘には、前三一六年の六月丙戌の日に車馬などを贈ったことを記し、南室の遣策には、六月丁亥の日（翌日）に、墓主を葬ったことを記載している。これも一見すると、個人的な副葬品リストのようであるが、竹簡では楚の大事紀年を使っており、楚国のシステムによることがわかる。したがって卜筮祭禱簡と遣策からは、少なくとも戦国中期までに、楚国では楚暦の作成と、楚の祖先祭祀の実施があり、それにもとづいて貞人たちが卜筮をしていた形態がうかがえる。そしてその記録が、一部の楚墓に保存して残されたことになる。

そこで同じように、戦国楚簡のなかで卜筮祭禱簡と遣策に、大事紀年や楚の祖先名を記すものがあれば、それは楚国システムの影響をうけている墓葬ということになる。その代表的な楚墓は、①望山一号墓と二号墓、②天星観一号楚墓、③新蔡葛陵楚墓である。このうち望山楚墓と天星観楚墓は、紀南城の西北と東方に位置しており、包山楚墓とともに楚の都城の周辺地区にある。

まず望山一号墓は、紀南城の西北約七キロにある八嶺山古墓区に位置し、五級の台階をもつ二槨三棺の構造である。[17]ここに卜筮祭禱簡があり、その内容から墓主は「悼固」で、戦国中期の王族墓とみなされている。その紀年は二年分の記載があり、そこに楚の祖先と、墓主にかかわるとおもわれる「聖王（声王）、悼王」の祭祀がうかがえる。また望山二号墓には、遣策が副葬されていたが、ここにも楚の大事紀年による記載がある。

つぎに天星観一号楚墓は、紀南城の東約二四キロに位置し、北は長湖に面している。(18)その構造は、一五級の台階をもつ一槨三棺で、ここで出土した卜筮祭禱簡と遣策から、墓主は邸陽君の「番勅」とされている。ここにも楚の大事紀年が報告されている。

また河南省新蔡県の新蔡楚墓は、紀南城から遠く離れて、北は鄭州、東方は安徽省の方面に行く位置にある。その構造は、七級の台階をもち、槨室は内槨と五つの外槨に分かれている。その南室に卜筮祭禱簡があり、ここにもまた楚の大事紀年とともに、楚の祖先の名前が記されている。(19)ただし包山楚簡では、祖先を「老僮・祝融・鬻熊」と記していたが、新蔡楚簡では「老僮・祝融・穴熊」と記している。『史記』楚世家によれば、祝融となった呉回の子が陸終で、六人の子があった。その一人で楚の始祖となる季連の孫が穴熊で、そのあと周文王のとき季連の苗裔であったのが鬻熊と伝えている。これによれば、新蔡楚簡のほうが穴熊のように早い人物を祖先に数えあげ、包山楚簡では、鬻熊までと、別に熊麗あるいは熊繹より以下につながる系譜に比重があるようである。

こうしてみると戦国時代には、楚文化の一要素として、楚暦の作成と、楚の祖先祭祀、その体系による卜筮などが想定され、その一端が包山楚簡の卜筮祭禱簡に記されていたと考えられる。そして包山楚墓のほか、望山一号・二号墓と天星観楚墓のように、紀南城の周辺に埋葬された台階をもつ楚墓の一部にも、同じように楚国のシステムによる記載形式がうかがえる。また新蔡楚墓は、紀南城から離れているが、やはり楚の紀年や祭祀を記す点では共通しており、楚国システムの影響を受けているとみなされよう。これまで出土した戦国楚簡でも、副葬品のリストとされた遣策や、墓主の健康などを占う卜筮祭禱簡は、このような楚文化の要素を考えることによって、共通する社会背景のもとで副葬された状況を理解できるのではなかろうか。(20)

ただしこうした紀年や系譜などの特徴をもって、ただちに戦国楚の国家機構を説明することにはならない。しかし包山楚簡には、このほか文書簡があり、ここに楚国の中央と地方を結ぶ社会システムがみえている。

二　文書簡の情報システム（一）処理の控え

包山楚簡の文書簡は、『包山楚簡』と陳偉『包山楚簡初探』の釈文では、分類に違いがある。たとえば陳偉氏は、「所詎」三五枚を別区分とし、その他の一三一〜一三九簡では、表裏の内容によって配列を修正している。私は基本的に陳偉氏の変更に賛成するものであるが、受期簡と集箸言の変更では、もとの形式と共通する点もあり、また西室に置かれた二七八簡を一緒に並べるのは、墓葬のなかで考えるときには都合が悪い。そこで『包山楚簡』と陳偉氏との異同を対照しながら、ここでは**表4**の区分によって、文書類にみえる情報を分析してみよう(21)。

まず文書簡は、記載の形式から二つに区分される。一は、具体的な内容を記さず、簡略な控えの形式で、たとえば受期、所詎、疋獄がある。二は、具体的な案件などを記す形式であり、ここには集箸、集箸言、その他の文書がある。

簡略な控えの形式のうち、受期と疋獄は竹簡一本で一つの記事が完結している。また所詎は、複数の竹簡にまたがっているが、その内容はある官員のもとで処理した項目を並べたもので、いずれも具体的なやりとりを記した案件ではない。したがって、これらを一つの項目としておきたい。

まず《疋獄》という名称は、八四簡の背面で、ほぼ中央に記されている。整理小組は、『説文』に「疋」を「記」と読む例を引いて、獄訟記録あるいは「起訴に関する簡要な記録」とする。陳偉氏は、これをおおむね妥当とするが、『説文』に「疋」を「胥」ともいうため、あるいは審理を待つという可能性などを指摘している(22)。そこで疋獄は、訴訟にかかわる内容をもつが、八四簡はつぎのようになっている。

表4　文書類の年代と内容

区分	紀元前	内　容	記載の形式
受　期	(317)	左尹の官府で、処理を指示した控え61枚	正面に「○識之」 共通する書記の名
所　詎	317	左尹の官府で、担当者が処理を控えた記録35枚	背面に、付記がない
疋　獄	(319)	訴訟を受けた控え23枚	背面に、付記
集　箸	321、320 317	命令などを処理した控え13枚	正面に「○識之」 背面に、付記
集箸言	(なし)	命令などを処理した控え５枚	
その他	322	黄金に関する記録２種17枚	背面に、付記
その他	319 318、317 319、318 317	下蔡の案件　　４枚 陰侯の地の案件９枚 具体的な案件　12枚	背面に、付記
その他	なし	具体的な裁判のやりとり17枚	背面に、付記
その他	なし	西室の１枚	

＊枚数と（　）の年代は『包山楚簡』による

　荊𡰥之月己丑之日。膚人之州人陳德訟聖夫人之人宗漸・宗未、謂殺其兄・臣。　正義强識之。秀其爲李。

陳偉氏は、これを①訴訟を受理した時間、②原告、③被告、④訴訟の理由、⑤署名に分け、廣瀬薫雄氏は、原告（甲）と被告（乙）の訴えによって二つの形式としている。(23)

　「甲訟乙、以〜（之故）」、「甲訟乙、（言）謂〜」

また疋獄には、ほぼ全文に月日があり、文末には空白をあけて、書記とおもわれる人物の署名を記している。署名の形式には、「A識之、B」「A識之、B為李」「A、B」「A、B為李」「A識之、B李」などがある。したがって八四簡は、つぎのような形式となる。

　○月△之日。甲訟乙、謂〜。〔空白〕　A識之、B為李。

こうした基本的な形式で、各種の訴訟がみえている。整理小組は、その内容に殺人や、逃亡、反官、土地の紛糾、妻妾の占有、継承権の争い、法律執行の不公平などを見いだし、これらを各地の官員から中央政府に送られた文書としている。しかし陳偉氏は、原告の居住地が各地であるの

表5　疋獄の原告と被告

番号	原　告	被　告	備考
80	少臧之州人剛士・石A	其州人剛士・石B	
81	周A	鄢之兵麐執事人宮司馬・競B	
82	舒A	呂Bほか、5人	
83	羅之～里人・湘A	羅之～國之～邑人・郘B	
84	膚人之州人・陳A	聖夫人之人・宗B、C	
85	鑄缶公・A	宋Bほか、22人	
86	鄗易君之～邑人・A	羕陵君之～邑人・巡B	
87	鄦陽大主尹・宋A	範Bほか、4人	
88	楚斨司敗・某A	斨邑・某Bほか	
89	遠A	司衣之州人・苛B	
90	競A	緐丘之南里之人・龔B、C	陳、集箸言
91	某令周霰之人・周A	付舉之關人・周B、C	陳、集箸言
92	宛陳午之里人・A	某尹之里人・苛B	
93	宛人・範A	範B	
94	苛A	聖冢之大夫・範B	
95	～之州人鼓鼗・張A	鄢之～邑人・某Bほか	
96	灩戾人・範A	灩戾之南陽里人・陽Bほか	
97	中陽～邑人・閻A	坪陽之～里人・文B	
98	許A	邸陽君之人～公・番B	
99	郘陽之～公・A、～令・B	其官人・番Bほか、2人	
100	～邑人走仿・登A	走仿・呂B	
101	章A	宋B	
102	上新都人・蔡A	新都南陵大宰・某B、右司寇正・陳C、正・某D	

＊人名は、最初から順に某A・某Bと表記する

に対して、「識」と「李」に同一の人名がみえることから、かれらが署名した文書は、みな左尹の官府の記録とみなしている。

訴訟の舞台では、原告の名に地名や官職、所属の人びとを記すものがある。また原告と被告は、同じ地名や所属とおもわれるケース（八三、八七、八八、九六、一〇二簡）があり、「其州人」（八〇簡）や、「其官人」（九九簡）という表記もある。これによって訴訟をした人びとの、おおまかな地理や身分が推測できる。

そのとき疋獄の配列は、釈文では八〇簡～一〇二簡を、楚の正月甲辰の日から、四月辛巳、四月己丑、四月戊戌、八月、九

月、十月、十一月辛酉の日までの順としている。また陳偉氏は、九〇、九一簡を《集箸言》に入れているが、疋獄の配列はほぼ同じである。これは楚の四月の場合に、背面に《疋獄》と記す八四簡の「己丑」を仮に朔日としても、十日目の「戊戌」のあと、「辛巳」が一ヶ月以内にないため、辛巳―己丑―戊戌の順としたものであろう。

しかし問題となるのは、なぜ途中の「四月己丑」の簡に《疋獄》というタイトルを書くのかということである。もし疋獄が一連の文書なら、冊書の中間にタイトルを書く意味が不明となり、むしろタイトル簡をもつ八四簡から始めるほうが自然であろう。そこで四月の辛巳―己丑―戊戌の配列にしたがえば、第一が辛巳の八五簡で、第二が八四簡、第三が八六簡という一組が想定できる(24)。もしこの三簡が最初にあたるなら、疋獄は楚の四月から十一月までと、正月の訴訟を記録した文書ということになる。これは卜筮祭禱簡で、一年の執務を占うとき「四月より四月まで」とした形式に一致するものである。また疋獄には、陳偉氏が《集箸言》に移した九〇簡にある前三一九年の紀年をのぞいて、ほかには紀年を記さないため、これより別に紀年を記した簡があるかもしれない。いずれにせよ疋獄には、墓主が亡くなった楚の六月以降の月があるため、少なくとも前三一七年より以前に書かれた訴訟に関する資料である。

つぎに各地の人びとから、左尹の官府に訴訟が出されたとして、それを審理する必要が生じる。これについて廣瀬薫雄氏は、告訟には、①楚王から左尹に詎されるもの、②左尹に直接に訴えられるものがあり、その次の手続きとして「詎」（付託）がおこなわれ、それは上級から下級行政庁に事件の処理を命じたという(25)。

「所詎」簡は、釈文でその他に分類していた文書を、左尹が下級官員に処理を委ねる一連の記録として、陳偉氏が別項目としたものである。その内容は、六名の官員ごとに案件の項目を記し、その文中に「所詎於（官員名）」とあることから、一連の資料であることは問題ない。その形式には、以下のような特徴がある。

たとえば最初の官員である正婁恣の所詎をみると、前三一七年の四月以降から九月までに、月ごとの日と、案件にかかわる人物を列記している。ただし、この案件には具体的な内容を記していない。いま人物を某A、某Bとして例示してみよう。

東周之客許経歸胙於蕺郢之荊层（四月）之月。所詎告於正婁宼。壬申。鄭少司馬龔A。邸昜君之人陳B。乙亥。周A。戊寅。某尹A。―夏层（五月）甲寅。陰人陳A。戊午。B。……。―享月（六月）己巳。中廄某A。期思公之州里公B。……。―夏栾（七月）己亥。某君之人登A。……。―八月辛未。舒A。……。―九月己亥。陽A。陽B。臨昜人主C。……。辛酉。登人臧A。某陵少甸尹B。

このほか「所詎」簡には、同じように正令翠（四月から十一月まで）、正私司敗逿（六月、八月）、少里喬擧尹羽（タイトルのみ）、郯路尹虖（四月から十一月まで）、発尹利（四月から十一月まで）、儞尹（六月から十月まで）が処理したとおもわれる記録がある。したがって所詎は、たしかに左尹の官員に対する案件処理と人名を控えたものと推定され、その基本的な形式はつぎのようになる。

所詎（告）於〔官員名〕。楚の月日、人名。楚の月日、人名。……

ただしここでは、月日の後に記された人名が、左尹の官府から審理を委託された人物か、それとも事件にかかわる人物を指すのかという問題がある。廣瀬氏は、これらの大半を告訟人とみなし、その身分を①人名のみ（一〇一例）、②官職＋人名（一一七例）、③某地の人＋人名（九〇例）、④某人の人＋人名（五三例）の四種に分けている。たしかに疋獄では、原告が被告を訴えているが、原告は必ずしも司敗などの官吏に限らないようである。その論理からすれば、審理は原告が所属する官吏に委ねるはずであろう。そこで所詎では、疋獄にみえる原告が所属する官吏に審理を委ねていれば、その経過が明らかになる。しかし年代の違いかもしれないが、疋獄の原告と所詎の人名に直接的な関連はみられない。

むしろ所豇の人名と関連がみえるのは、受期簡の人名である。受期簡は、三三簡の背面に篇題が記されており、その文書には「受期」という字句をふくんでいる。その意味は、おおむね期日の指定にかかわるとみなされている。

八月辛巳之日。羸陽之駆司敗・黄異。受期。癸巳之日。不遅五皮以廷。陞門有敗。（三三簡）

この形式は他の簡も基本的に同じである。それは第一日目の月日のあと人名を記して「受期」とし、第二日目には「不〜以廷」か「不〜以告」などのあと「陞門有敗」という用語がある。そしてほとんどの簡は、空白をあけて書記の名を記している。そこで基本的な形式は、つぎのようになる。

「某月某日、某A受期。某月某日、不〜某B以廷。陞門有敗。〔空白〕某C識之。」

その月日は、楚の七月から八月、九月、十月、十一月で、年代は釈文が受期簡とした五八簡によれば前三一七年となるが、陳偉氏は五八簡を《集箸言》に配列している。いずれにせよ受期簡は、所豇の年代と近く、ここに所豇と共通する人名がみえている。

いま八月の文書を表にしてみると、受期の人物の身分は、司敗、少司敗、州加公、州里公が多く、そのほか「莫囂の人」「〜某公」「襲夫人之大夫」などがみえている。この受期の人物は、疋獄の原告とくらべて、県レベルの官吏が多いようである。そこで受期は、原告の所属する地方官吏に審理を委ねる傾向がうかがえるが、疋獄と共通する地名はみられない。しかし所豇と受期簡には、いくつか関連する例がある。

たとえば受期六二簡の「某郢司徳の秀陽」は、郯路尹𢉖の所豇（一六九簡）に二度みえている。もしこれが同一人物なら、処理の経過はつぎのようになる。(26)

九月壬戌（受期、第一日）……九月癸亥（翌日、所豇）……十月戊寅（所豇）……十月辛巳（戊寅から四日後、受期、第二日）

表6　受期簡八月の人物

番号	受期の者	要求された内容
21	己巳、司豊司敗・鄝A	辛未、不～黄B、C以廷
22	己巳、郥司馬之州加公・某A、里公・某B	辛未、不～陳C之傷之故以告
23	己巳、某少司敗・A	9月癸丑、不～某大司敗以～
24	辛未、郥司馬豫之州加公・某A、里公・某B	癸酉、不～陳C之傷
25	辛未、司敗・黄A	癸巳、不～玉令・B、C以廷
26	壬申、鄟陽大正・登A	癸巳、不～鄟陽宮大夫・B以廷
27	癸酉、邸陽君之州里公・登A	乙亥、不以死於其州者之～告
28	甲戌、某尹之司敗・某A	辛巳、不～某尹之～邑公・遠B、莫囂・遠C以廷
29	甲戌、某莫囂之人・周A	癸未、不廷
30	戊寅、郥司馬之州加公・某A、里公・某B	辛巳、不～陳C之傷以告
31	戊寅、尚司敗・蔡A	己丑、不～尚之己里人・青B以廷
32	戊寅、邸陽君之州里公・登A	辛巳、不以死於其州者之居～致命
33	辛巳、鸁陽之某司敗・黄A	癸巳、不～五皮以廷
34	辛巳、付舉之某公・周A	己丑、不～付舉之某人・周B、C以廷
35	癸未、新遊宮中～之州加公・弼A	乙酉、不～B以廷
36	丙戌、某A	9月乙巳、不～B君以廷
37	己丑、福陽～尹之州里公・A	壬辰、不～苛B以廷
38	己丑、某君之司敗・臧A	癸巳、不～某君之司馬B、某君之人C、D以廷
39	己丑、付舉之某公・周A	9月戊申、不～周B、C以廷
40	乙未、某司敗・陽A	9月己酉、不～某B以廷
41	乙未、龔夫人之大夫・番A	9月戊申、不～某B以廷
42	丙申、霊里子之州加公・文A、里公・苛B	9月戊戌、不～公孫C之佢之死

＊第一次の受期者を某Aとし、 以下を某B……とする

　これによれば司徳の秀陽は、左尹の官府から九月壬戌に、十月辛巳までに処理をする期日の指定を受けている。一方、左尹の官府では、それを官員の一人が九月癸亥（翌日）に記録し、また期日に四日ほど先立つ十月戊寅に、なんらかの処理を記して、約束の期日をむかえることになる。その内容は、「不～以廷」が法

廷に率いてくることが不備という意味なら、安陸の某里の人・屈Bと、少宮の陽Cを連れて来ることであったらしい(27)。ここでは案件の処理を某郢の司徳に委ねたようである。

しかし受期四一、四八簡の場合は、少し状況が異なっている。ここには八月乙未の日に、龔夫人大夫の番嬴に受期し、九月戊申の期日に旦鄴という人物を連れて来るように指示しており、また九月戊申の受期では、同じく癸亥に期日を指定されている。ところが正令翌の所逗（一八八簡）では、八月戊寅に「龔夫人之人・旦鄴」と記されている。これによれば案件の経過は、まず八月戊寅に龔夫人の人・旦鄴が記され、そのあと一八日後の八月乙未には、龔夫人大夫の番嬴のほうに受期している。これは所逗の人名が、必ずしも審理を委ねられた人物ではない可能性を示している。

こうして所逗と受期簡で共通する人名は、それほど多くないが一定の関連を示しており、これは疋獄と受期の署名にも共通している。たとえば書記の人名には、つぎのような共通点がある(28)。

秀履：疋獄八〇簡、受期五四簡、受期五七簡

義強：疋獄八四簡、受期四〇簡

したがって疋獄と所逗、受期にみえる審理と署名には、一定の関連があることがわかる。そこでこれらの文書は、各地で共通する書記が署名することは困難なため、やはり左尹の官府で記録された訴訟の控えとみなす説がよいとおもわれる。

また左尹の官府で処理された案件の地理的な範囲は、すでに疋獄や所逗の身分に記された地名にうかがえるが、受期簡によって詳しく考証されている。陳偉氏と谷口満氏は、受期簡の第一日（日期Ⅰ）と第二日（日期Ⅱ）の間隔について、左尹の官府（郢・紀南城の周辺）と、受期の者の居住地（事件の発生地）の遠近を反映するとみなしている(29)。たと

えば受期簡では、両日の間隔が短いものは二、三日、長いものは二〇日以上におよんでいる。谷口氏は、数日までは国都の近隣で、二〇日以上は遠隔地と想定している。

これによると先にみた受期六二簡の「某郢」は、その間隔が一九日であり、かなりの遠隔地となる。また「司徳の秀陽」は、期日に安陸の人を連れて来ることになっていた。したがって紀南城から、審理の時間を入れて往復で一九日を必要とし、安陸に近い地とすれば、あるいはこの「某郢」とは、湖北省雲夢県にある楚王城かもしれない(30)。

また受期五一簡の「陰侯」の地は、一三一～一三九簡の案件に出てくるように、湖北省襄樊市から西北の方面に比定されているが、両者の間隔は一六日である。これも案件の処理をふくめれば、おおむね妥当な距離であろう。

ただし受期簡で、両者の間隔が四〇日以上に及ぶケースは、少し事情が異なるようである。たとえば二〇簡（三九日）は、その約束を「不貞～以致命」とし、二三簡（四四日）は「不遅～以盟～」」、四三簡（四二日）は「不歸～以致命於郢」、四四簡（四二日）は「不歸登人之金」、六七簡（五三日）は「不軋～以致命」とある。これらは距離が遠隔であるよりも、処理の違いによる時間を考慮した間隔ではないかとおもわれる。この点を少し補足しておこう。

受期簡には、同じ地名の官吏に「受期」をした複数の記録がある。いま二つの例をパターン化してみれば、つぎのようになる。

1九月甲辰之日、郕異之司敗A受期。戊申之日、不遅郕異之大師B以廷、陞門有敗。　疋碨（六日、四六簡）
九月己酉之日、郕異司敗A受期。癸丑之日、不遅郕異之大師B以廷、陞門有敗。　疋某（六日、五二簡）
九月癸丑之日、郕異之司敗A受。癸亥之日、不遅郕異之大師B以廷、陞門有敗。　疋壞（一六日、五五簡）
十月乙亥之日、郕異之司敗A受期。戊寅之日、不遅郕異之大師B。　疋壞（四日、六四簡）

2八月辛巳之日、付舉之某公周A受期。己丑之日、不遅付舉之某人周B・C以廷、陞門有敗。　疋忻識之

八月己丑之日、付擧之某公周A受期。九月戊申之日、不遲周B・C以廷、陞門有敗。　正疋忻識之
（九日、三四簡）
（二〇日、三九簡）

1は、九月甲辰の日に郘異の司敗に「受期」したもので、一定の期間内か、定められた期日までに審議すると推測される。ところが審議は不首尾に終わり、その間の日数は六日である。九月己酉の日に、ふたたび郘異の司敗に「受期」しているが、その対象は同じく大師Bの案件である。その日数は六日。ところがこの審議は、すぐに九月癸丑の日の「受期」として接続し、また不首尾になっている。そして十月乙亥の日に「受期」して、戊寅の日の記述となっている。その日数は四日である。これをみると受期簡は、左尹の官府の人物が担当した案件のうち、継続となった審議を一覧した形式ということがわかる。その書記、あるいは文責は、疋某の同一人物とおもわれる。したがって第一日と第二日は、左尹と県レベルの官との間で案件を処理した月日の記録ということになる。そのとき郘異との間は、六日、六日、一六日、四日となっている。ここから処理の日数が、江陵と郘異との距離に対応するとしても、場合によって長くなっていることがわかる。

2は、八月辛巳の日に、付擧の某公が「受期」したもので、第二日までは九日である。ところが同日の己丑の日に、ふたたび「受期」しており、その対象は同一人物たちに関する案件である。その期間は二〇日である。これも必ずしも距離に対応しないケースである。ここから受期簡は、左尹の官府で案件を処理した月日の一覧記録であり、その日数は中央からの遠近だけではなく、処理にかかる対応によるとおもわれる。

このように疋獄、所𧫷、受期の形式をみると、それらは左尹の訴訟の審理に関連しながら、直接的な処理や伝達の過程を示す文書ではなかった。そのため、その他の文書のように受信と発信の記載がないのであろう。しかしこれら

図２　文書簡にみえる訴訟と審理

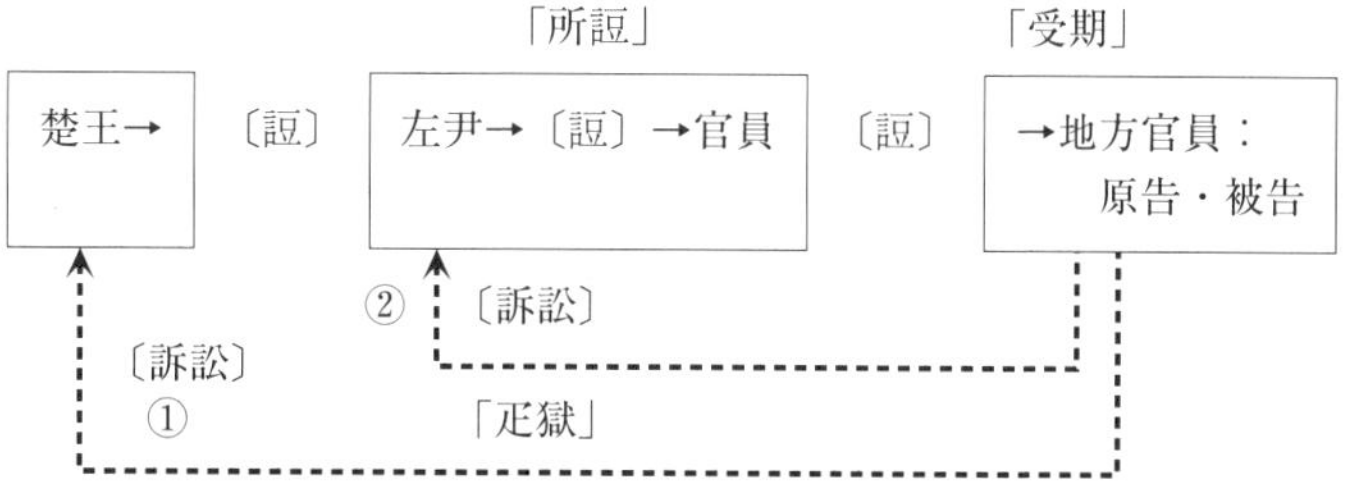

の文書が、たとえ中央の項目を控えた記録としても、ここには紀南城の周辺と、楚の影響下にある地方との関係を反映していることは間違いない。**図2**は、その要点を示したものである。

三　文書簡の情報システム（二）さまざまな案件

これに対して、さらに具体的な楚国の社会システムを伝える文書簡がある。これらは、集箸と集箸言、その他に分類されている。ただし集箸と集箸言の題目は、一簡（六五センチ）と一四簡（六四・二センチ）に記しているが、残る文書簡の長さは六五センチ前後が三本で、一三本は約六九センチである。そのため竹簡の長さからみれば、タイトルと内容がどこまで対応するかは確定しにくい。またその他の文書簡は、さまざまな内容をもっている。ここでは具体的な内容を記す竹簡を中心に、中央と地方を結ぶ情報を考えてみよう。

このグループでは、とくに背面の記載形式に特徴がある。たとえば集箸言の一五〜一七簡の表裏は、つぎのような形式である。

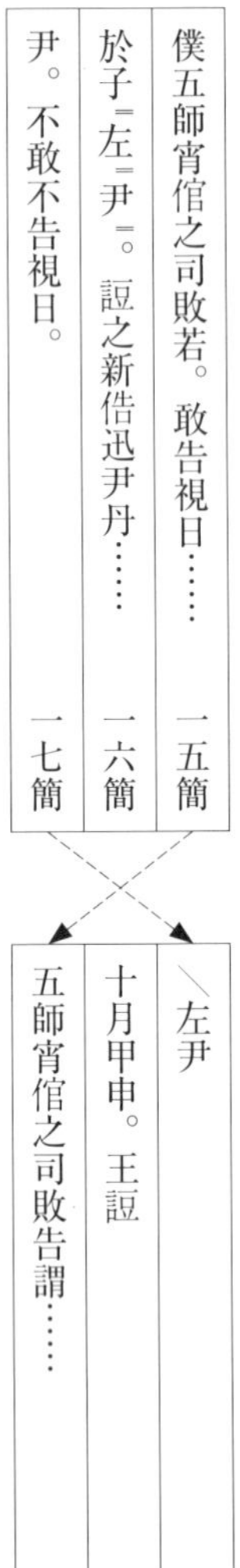

僕五師宵倌之司敗若。敢告視日……　一五簡
於子＝左＝尹＝。䛠之新告迅尹丹……　一六簡
尹。不敢不告視日。　一七簡
╱左尹　一七反
十月甲申。王䛠　一六反
五師宵倌之司敗告謂……　一五反

これは正面の文書が連続して、五師宵倌の司敗から視日への上訴となっている。そのなかに視日（楚王）が左尹に䛠し、左尹が新告迅尹に䛠した経過を述べている。これに対して一五簡の背面では、まず五師宵倌の司敗が告げた内容を要約し、一六簡の背面で、王が左尹に䛠した日付を記し、一七簡の背面に「左尹」と記している。すなわちこの文書は、ただ案件を書写しただけでなく、背面に受信を記録している。

それはまた陰侯の地での事件を記した、文書一三二～一三五簡の案件も同じ形式である。

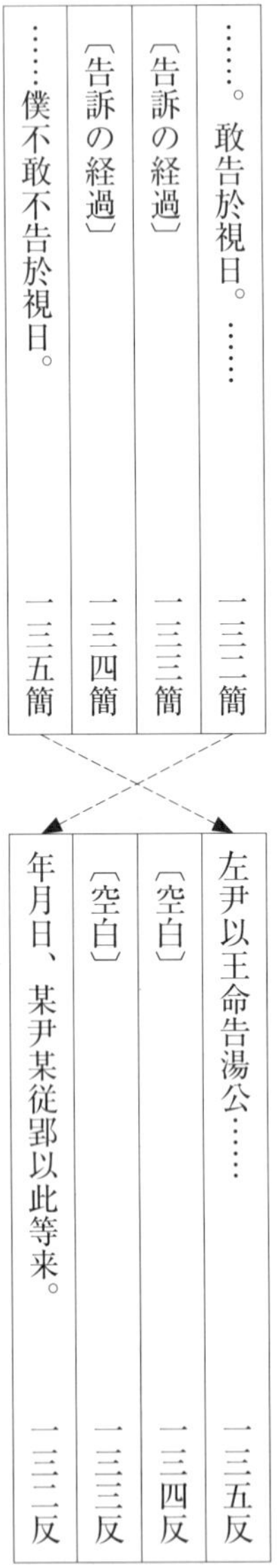

……。敢告於視日。……　一三二簡
〔告訴の経過〕　一三三簡
〔告訴の経過〕　一三四簡
……僕不敢不告於視日。　一三五簡
左尹以王命告湯公……　一三五反
〔空白〕　一三四反
〔空白〕　一三三反
年月日、某尹某従郢以此等来。　一三二反

この文書も、表面に連続して「秦競夫人之人」の告訴を記しながら、背面には左側の竹簡に、前三一七年六月に「郢から文書が来た」という受信と、右側に「左尹が王命を以て湯公に告す」という発信を記録している。このような文書は、疋獄、所䛠、受期簡の形式と違って、実際に案件を伝達して処理する経過を示している。これは単なる項目の控えではなく、中央から実際に伝達された文書の控えといえよう。

図3　集箸言

15反　16反　17反

このような文書簡の形式は、秦代の里耶古城から出土した木牘と、きわめてよく似ている(31)。里耶秦簡は、まだサンプル資料が公表されたにすぎないが、そこでは表面に文書を写し、裏面の左側に受信を、右側に発信の記録を記した形式をもっている。したがって里耶秦簡は、秦代郡県制の遷陵県で文書を処理した控えであるが、戦国楚の中央に属する左尹の官府でも、これとよく似た文書の伝達を記録していたことになる。包山楚簡の文書簡は、全ての簡に伝達の記録があるわけではないが、以上の形式によって、中央と地方を結ぶ情報システムの一端を知ることができる。

集箸で注目されるのは、郢の周辺を述べた七、八簡である(32)。

齊客陳豫賀王之歲。八月乙酉之日。王廷於藍郢之遊宮。焉命大莫囂屈陽爲命邦人内其傢典。臧王之墨以内其臣之傢典。憙之子庚一夫、居郢里、司馬徒箸之。庚之子昭一夫・昭之子疕一夫、未在典。

ここでは前三二一年の楚八月に、大莫囂の屈陽に命じて、「典」名籍にかかわる審理を要求している。その実態は不明であるが、某憙の子である庚は郢里に居住していながら、その子の昭と孫の疕は未登録ということが問題のようである。ここから楚王が藍郢の遊宮に滞在しているとき、中央の大莫囂の屈氏と、郢里に居住している一族の動向がうかがえる。これは郢都の周辺の情勢を伝えるものであろう。

また集箸には、国都の周辺で起こったとおもわれる案件がある。文書一二、一三簡は、前三一七年の楚五月に、子左尹が漾陵邑大夫に命じて、室人の「典」を審理させ、漾陵大宮某がその文書を提出している。これだけでは漾陵が国都の周辺かは不明であるが、一二六～一二七簡と一二八簡をみると、もう少し漾陵をめぐる状況がわかる。

東周之客許緝致胙於蔵郢之歳。夏㽣之月癸卯之日。子左尹命漾陵之宮大夫諓州里人陽鎇之與其父陽年同室與不同室。大宮痎、大馹尹師言謂。陽鎇不與其父陽年同室。鎇居郢。與其季父某連蔑陽必同室。　大宮痎内氏等。（一二六～一二七簡）

ここでも前三一七年の楚五月に、子左尹が漾陵邑大夫に命じて、州里人である陽一族が同居か別居かを問題としている。ところがここでは大宮痎が、陽鎇は郢に居住していると述べており、漾陵の州が国都の周辺にあることが推定できる。また一二八簡は、つぎのように記している。

左尹與鄴公賜、正婁宏、正令翠、王私司敗逷、少里喬與尹羽、郯路尹虘、發尹利之命謂。羕陵宮大夫司敗諓羕陵之州里人陽鎇之不與其父陽年同室。夏㽣之月己酉之日。思一識獄之主以致命。不致命。陞門有敗。（一二八簡）

夏㽣之月癸卯之日。識言市以至。既涉於喬與。喬佐僕受之。　其諓。識言市既以返郢。（一二八反）

この正面では、左尹とその官員が羕陵の宮大夫・司敗に命じて、州里人の陽一族が同居か別居かを問うている。そして楚五月己酉の日に命令を致している。また背面によれば、楚五月癸卯の日（己酉から三十一日目）に回答したことになる[33]。この月日は、一二六～一二七簡で大宮痎の回答と同日である。したがって命令と回答の日時は隔たっているが、左尹の官府と、陽氏が郢に住む漾陵の州は、ともに国都の周辺にあると考えられる。

また同じように、文書一四一～一四四簡には、左尹の官員とやりとりをする「秦大夫某の州里公」と、その州人である人物の案件がみえている。陳偉氏によれば、「州」は受期簡で処理の日数が早い地域であり、この案件は同じ日に双方が左尹の官員に陳述していることから、左尹の官府とともに楚都にあると推測している[34]。したがって秦大夫某の州とその州里公は、国都の周辺にいたことになろう。そして「州」が国都の周辺に位置するなら、他の文書簡にみえる州もまた紀南城の周辺に位置することになる。

このように文書簡をみると、意外にも国都の周辺に関する案件が多いことに気づく。このほか地方での案件は、すでに陳偉『初探』第三章「地域政治系統」で論じており、また私も「黄金」に関する県レベルの地域や、下蔡の案件、陰侯の地での案件と、封君の推定地などについて紹介した[35]。したがって包山楚簡では、これらの地名考証によって、国都の周辺とともに、さらに各地の案件がふくまれることは確かである。そして戦国楚では、県レベルの機構とともに、封君などの地に官員と従属する人びとが多く存在しており、それが裁判の争いや不正にかかわっていることがうかがえる。

以上が文書簡にみえる情報のあらましである。このような包山楚簡とあわせて注目されるのは、鄂君啓節にみえる戦国楚の領域と交通路である。なぜなら鄂君啓節には、包山楚簡と同じく懐王期（前三二二）の大事紀年と、水陸の交通路を記しており、戦国中期の情勢を伝えているからである[36]。その考証によれば、懐王期の楚は本拠となる領域と、さらに東方への軍事的な進出をふくめて、ほぼ長江中下流域を統合したといえる情勢となっていた。しかし前二八四年に斉の臨淄が陥落したあと、前二七八年に秦軍が楚の都・郢を陥落させると、そこに南郡を設置して占領統治をおこなった。そして楚は、東方の陳に遷都し、最後は淮水流域の寿春に都を置いた。このような情勢で、包山楚簡の内容をみると、中央と地方を結ぶ社会システムの範囲がよく理解できるであろう。

包山楚簡の文書簡は、左尹の官府に出された訴訟や、それを処理した官員と手続きの控え、さまざまな案件が書写されている。その文書簡には、共通する書記の名がみえることから、基本的に左尹の官府で処理された案件の記録とみなされる。しかしその内容は、楚の領域にふくまれる各地の案件を受け取り、中央から各地の官員に審理を委ねるものであった。その範囲は、鄂君啓節の水陸交通路とくらべると、おおむね国都の周辺と、楚国の境界と関所の内側の地名が多く、湖南省や長江下流域、淮水流域の方面は少ないようである。(37)また告訴や審理にみえる官員と身分からは、楚国の領域に封君などの勢力が多く存在する社会構造がうかがえる。これが包山楚簡にみえる戦国楚の社会情勢であり、それは戦国秦が郡県制を中心とする中央集権制を強く押し進める形態とは大きく異なっている。(38)そして秦の占領のあと、包山楚簡にみえる社会構造とシステムは、江陵地区ではなく、むしろ東方の淮水流域に温存されるのではないかと考えている。

楚の左尹の文書は、秦漢時代に丞相や御史の官府で処理をした律令や命令、行政文書ではなく、廷尉の職務である司法・裁判にかかわる文書に近いといえよう。これは卜筮祭禱簡の情報が、秦漢時代に祭祀儀礼を司る奉常の官府に属する太史・太祝・太卜の系統と同じような機能（王朝のシステム）を示すのに対して、その内容は行政機能の一部に限定されるが、いわば中央と地方社会を結ぶ情報であるといえよう。そのため文書簡には、地方官府に属する官員や、そこで生活する人びとの情報がふくまれており、地方行政や歴史地理の基礎になるのである。

そのとき「所詎」では、連続した控えでありながら、一年すべての記載ではないことや、受期簡と共通する期間に、必ずしも対応する案件が記載されていないのは、文書の全体ではなく一部の抄写を示しているかもしれない。またその年代は、文書簡のなかでも比較的早い時期の資料は、あるいはすでに失効した文書をふくむかもしれない。そしてこうした情報をもつ竹簡が墓に副葬されたのは、墓主を追悼するために、年代の古い文書で廃棄されたものや、あるいは文書の一部を抜粋して保存した可能性が想定できるであろう。

なお包山楚簡の保存については、北室に竹簡と一緒に置かれていた竹簽牌の文字をめぐる議論がある。報告によれば「卲箒」という墨書があり、竹簡一〜一八簡と関連するものかと推測している。(39)陳偉氏によれば、諸説の考証から

「廷志」と読み、「志」は記すことに通じるという。(40) 陳偉氏は、「廷志」を左尹の官署の獄事を審理した公的な記録とみなし、このほかに一種の簡文の標題とする説（周鳳五）、文書簡の楬で標題を示し、左尹の官府で整理をする備えという説（劉国勝）、包山楚簡の大題とする説（李家浩）を紹介している。

もし北室の竹簽牌が、文書簡の標題にあたるとしたら、その機能は、里耶秦簡の笥牌や、漢簡の文書楬ときわめてよく似ている。(41) 里耶秦簡では、ある官署の文書を一括して竹笥に収納し、そこに文書楬（笥牌）の標題を付けている。このような用法をもとにすれば、包山楚簡の竹簽牌は、文書簡の標題か、あるいは左尹の官府に関する複数の文書を入れた竹笥の簽牌にあたるのではないだろうか。これは秦漢時代の付札の用途が、すでに戦国楚の時代にさかのぼることを示している。

図4　包山楚簡の簽牌

440-1

おわりに

本章では、包山楚簡を中心として、戦国楚の情報伝達について考察した。その結果、楚文化と楚国の社会システムについて、つぎのような特徴が指摘できる。

まず卜筮祭禱簡と遣策からは、楚国に楚暦を作成する役職と、楚の祖先を祭る役職とが想定され、卜筮を担当する貞人たちは、こうした楚国のシステムのなかで、活動していたとおもわれる。これは漢代でいえば、ちょうど奉常

（太常）に所属する太史、太祝、太卜の職務とよく似ている。したがって楚国では、暦法や祭祀・卜筮の方法に他国との類似がみえるとしても、楚の大事紀年や系譜、楚の習俗にもとづくことによって、独自の国家システムをもつといえよう。

しかし戦国時代の楚には、このような暦と祭祀や、民間の習俗だけではなく、中央と地方を結ぶ文書システムが形成されていた。それを示すのが、包山楚簡の文書簡である。ここには所詎や、疋獄、受期などのように、左尹の官府を中心として裁判の案件を処理した控えがある。また楚国の官府では、各地に関するさまざまな文書簡も保存していたことがわかる。これを「鄂君啓節」にみえる交通と関所の往来をあわせてみれば、戦国中期までに楚では領土国家の形態をもっており、楚国の地方統治と、封君などが存在する社会構造の一端がうかがえるのである。そして包山楚墓では、これらの情報の一部が、失効したものか、あるいは墓主の事績を追悼するものとして書き写され、他の物品とともに副葬されたのであろう。そのとき卜筮祭禱簡と文書簡は、同じく楚国の社会システムにもとづくものとして、楚文化と社会構造を示しているのである。

このような戦国楚の中央と地方社会の状況は、包山楚簡の出土によって、はじめて詳しくわかるようになったものである。『史記』などの文献では、これまで戦国諸国の具体的な行政制度が不明であったが、ここに少なくとも戦国楚の制度の一部がうかがえる。本章の考察によれば、戦国楚は、必ずしも戦国秦の郡県制と同じではないが、楚独自の暦法と、一定の郡県と封邑を併存する体制をもっている。また文書の処理と保存や、竹簽牌による収納の方法は、秦漢時代の簡牘にみえる機能に先行するものであった。このような制度のなかで、楚には独自の習俗と規範をもっていたとおもわれ、それが楚の社会システムとなっている。

戦国時代では、おそらく他の諸国も文書システムを整え、独自の社会システムをもっていると推測されるが、戦国秦と楚の一部をのぞいて、出土資料では十分に確認することができない。ただし戦国楚の制度と社会システムは、もう一つの歴史的意義をもっている。それは、たまたま包山楚簡によって楚の制度が明らかになっただけではなく、秦帝国が滅亡する際に、諸国の叛乱と、項羽と劉邦の争いや、漢王朝の成立において、戦国楚の制度と社会システムが重要な役割を果たしていることである。(42)『史記』では、項羽本紀を立て、「秦楚之際月表」に楚の紀年資料を収録するように、明らかに楚の時代が存在したことを示している。しかし楚漢戦争の時期において、楚懐王や項羽などの制度がどのような意義をもつかは、これまで十分に説明できなかった。包山楚簡などの分析では、楚漢戦争から漢王朝の成立にいたる時期に、楚のシステムとどのように関連するかを考察する手がかりが得られたのである。このような戦国秦、秦代、漢代初期への変化は、次章より以降に論じてみたい。

また包山楚簡の考察から派生して、古墓の資料のなかで、楚紀年や月名などの情報がない書籍をどのように理解するかという問題がある。これについては、大きく二つの伝達ルートがあるのではないかと推測している。(43)一つは、卜筮祭禱簡や文書簡と同じように、一度は都城を中心とする首都圏に入り、そこから楚文化の影響を及ぼした地域に、交通路線にそって伝達されるケースである。もう一つは、各地の交通路線にそって、直接的に墓主の居住する地にもたらされるケースである。これには春申君などの封君に往来する遊説家や諸子、客などの伝えが、その類推となろう。河南省の信陽楚墓の竹簡や、湖南省長沙市の楚墓から出土した資料、滋利石板村楚墓の竹簡、郭店楚墓の竹簡などは、その内容と思想を分析するためにも、こうした社会の情報伝達のなかで理解する視点が役に立つと考えている。

このように包山楚簡がふくむ情報の分析は、戦国楚簡の性格を考えるとともに、楚国の社会システムを明らかにするために有益であると考える。そして楚の社会背景のなかで、古墓から出土した遣策と卜筮祭禱簡、文書簡、書籍を位置づける視点によって、思想史との共通の議論ができるのではないかとおもう。

注

（1）拙著『史記戦国史料の研究』（東京大学出版会、一九九七年）。李学勤『東周与秦代文明』増訂本（文物出版社、一九九一年）、江村治樹『春秋戦国秦漢時代出土文字資料の研究』第二部第一章「戦国時代出土文字資料の国別特質」（汲古書院、二〇〇〇年）は、各国の武器や青銅器、陶器、貨幣などの器物銘文を集成して、戦国諸国の君主権力と地方社会の特徴を明らかにしようと試みている。

（2）出土資料の概略は、永田英正『居延漢簡の研究』（同朋舎出版、一九八九年）、駢宇騫・段書安編著『二十世紀出土簡帛概述』（文物出版社、二〇〇六年）など。思想史では『中国研究集刊』三三号「新出土資料と中国思想史」（大阪大学中国学会、二〇〇三年）、浅野裕一・湯浅邦弘編『諸子百家〈再発見〉——掘り起こされる古代中国思想』（岩波書店、二〇〇四年）などの紹介があり、廣瀬薫雄「荊州地区出土戦国楚簡」（『木簡研究』二七、二〇〇五年）は、包山楚簡と郭店楚簡、上海博物館蔵楚簡を中心に整理をして、楚墓の考古学的な年代と、思想史の上で議論されている年代の相違が焦点の一つであると指摘している。

（3）李均明・劉軍『簡牘文書学』（広西教育出版社、一九九九年）、李均明『古代簡牘』（文物出版社、二〇〇三年）は、文書の分類を中心に論じている。また本書の序章「中国出土資料と古代社会」では、出土資料を全体的にとらえる視点として、城郭都市とその周辺にある基層社会（秦漢時代の県レベルの領域）を想定し、そこで生活する人びとに伝達された資料と考えている。

（4）湖北省荊沙鉄路考古隊『包山楚墓』、同『包山楚簡』（文物出版社、一九九一年）。

（5）張光裕主編『包山楚簡文字編』（芸文印書館、一九九二年）、滕壬生『楚系簡帛文字編』（湖北教育出版社、一九九五年）、張守中撰集『包山楚簡文字編』（文物出版社、一九九六年）。陳偉『包山楚簡初探』（武漢大学出版社、一九九六年）、拙稿「書評：包山楚簡研究の新段階」（『中国出土資料研究』二、一九九八年）。

（6）池田雄一「戦国楚の法制」（一九九三、『中国古代の律令と社会』汲古書院、二〇〇八年）、工藤元男「包山楚簡『卜筮祭禱

簡』の構造とシステム」（『東洋史研究』五九―四、二〇〇一年）、谷口満「包山楚簡受期簡釈地」（『先秦楚国歴史地理研究』科学研究報告書、東北学院大学、二〇〇三年）、廣瀬薫雄「包山楚簡『所詎』分析」（『郭店楚簡の思想史的研究』五、東京大学、二〇〇一年）、同「包山楚簡にみえる証拠制度について」（郭店楚簡研究会編『楚地出土資料と中国古代文化』汲古書院、二〇〇二年）など。

（7）前掲『包山楚墓』。その周辺の楚墓は、郭徳維『楚系墓葬研究』楚学文庫（湖北教育出版社、一九九五年）、同『楚都紀南城復原研究』（文物出版社、一九九九年）など。

（8）釈文は、陳偉氏の教示によって、できるだけ通用字とした。その後の釈文研究は、劉信芳『包山楚簡解詁』（芸文印書館、二〇〇三年）、荊門市博物館『郭店楚墓竹簡』（文物出版社、一九九八年）、李守奎編『楚文字編』（華東師範大学出版社、二〇〇三年）、馬承源主編『上海博物館蔵戦国楚竹書』第一～第六冊（上海古籍出版社、二〇〇一～二〇〇七年）などがある。

（9）彭浩「包山二号楚墓卜筮和祭禱竹簡的初歩研究」（前掲『包山楚墓』上冊）、李零「包山楚簡研究（占卜類）」（『中国典籍与文化論叢』第一輯、中華書局、一九九三年）、陳偉前掲『包山楚簡初探』、池澤優「祭られる神と祭られぬ神――戦国時代の楚の『卜筮祭禱記録』竹簡に見る霊的存在の構造に関する覚書」（『中国出土資料研究』創刊号、一九九七年）、工藤前掲「包山楚簡『卜筮祭禱簡』の構造とシステム」など。

（10）楚暦については、王紅星「包山簡牘所反映的楚国暦法問題」、劉彬徽「従包山楚簡紀時材料論及楚国紀年与楚暦」（以上、前掲『包山楚墓』）、陳偉前掲『包山楚簡初探』第一章をはじめ、その後も多くの研究がある。

（11）劉彬徽前掲論文や、工藤元男『睡虎地秦簡よりみた秦代の国家と社会』（創文社、一九九八年）など。

（12）池澤前掲論文では、禱辞は第一次占辞を承けて「降祟災禍」を解除する方法を貞人が提示したもので、その当否を判断したものが、第二次占辞であるという。また「以其故敓之」「思攻解於……」の解釈は、工藤元男氏が諸説を整理しており、その大略を示すことにする。

（13）『史記』巻四〇楚世家に、

周文王之時、季連之苗裔曰鬻熊。鬻熊子事文王、蚤卒。其子曰熊麗。熊麗生熊狂。熊狂生熊繹。

(14) 楚の祖先については、工藤前掲「包山楚簡『卜筮祭禱簡』の構造とシステム」のほか、李学勤「論包山簡中一楚祖先名」(『文物』一九八八年八期)、李家浩「包山竹簡所記楚祖先名及其相関問題」(『文史』四二輯、一九九七年)、陳偉前掲『包山楚簡初探』第六章、郭永秉『帝系新研』第三章「出土文献中所見的楚先祖世系伝説及其相関問題」(北京大学出版社、二〇〇八年)の考察がある。

(15) このほか年代は不明であるが、「聖(声王)夫人之人」(疋獄八四簡)、「粛王宅人」(所誈一七四簡)などがある。また岡村秀典『中国古代王権と祭祀』第八章「先秦時代の身分制と祭祀儀礼」第五節「祭禱にともなう供犠」(学生社、二〇〇五年)は、楚の卜筮祭禱簡の祖先と動物犠牲を考察している。

(16) 張家山漢墓竹簡整理組編『張家山漢墓竹簡』(文物出版社、二〇〇一年)『二年律令』の「史律」に、太史、太祝、太卜となる者の規定がみえる。ここには漢王朝の中央でも、祭祀と系譜を重視する思想が継承されている。

(17) 湖北省文物考古研究所・北京大学中文系編『望山楚簡』(中華書局、一九九五年)、湖北省文物考古研究所『江陵望山沙冢楚墓』(文物出版社、一九九六年)。

(18) 湖北省荊州地区博物館「江陵天星観一号楚墓」(『考古学報』一九八二年一期)、湖北省荊州博物館『荊州天星観二号楚墓』(文物出版社、二〇〇三年)。

(19) 河南省文物考古研究所『新蔡葛陵楚墓』(大象出版社、二〇〇三年)、工藤元男「平夜君成楚簡『卜筮祭禱簡』初探――戦国楚の祭祀儀礼」(『長江流域文化研究所年報』三、二〇〇五年)、池澤優「新蔡葛陵楚墓の卜筮祭禱簡の体例と祭祀について」(『中国出土資料研究』一一、二〇〇七年)など。報告には、甲区の五二三枚と、乙区の二九九枚、断簡の七四九枚がある。なお表では、参考までに曾侯乙墓の遣策をあげたが、ここにも楚の大事紀年の形式がある。

(20) 工藤元男「祭祀儀礼より見た戦国楚の王権と世族・封君――主として『卜筮祭禱簡』『日書』による」(『歴史学研究』七六八、二〇〇二年)は、卜筮祭禱を基礎としながら、楚国の全体的な構造を展望している。

(21) 文書簡については、拙稿「包山楚簡よりみた戦国楚の県と封邑」(一九九九、『中国古代国家と郡県社会』汲古書院、二〇〇五年)で、左尹官府で書写した資料とすることを論じている。

（22）陳偉前掲『包山楚簡初探』第二章「文書制度」。

（23）廣瀬前掲「包山楚簡『所䛀』分析」。廣瀬薫雄氏の教示によって、李零「包山楚簡研究（文書類）」（『李零自選集』広西師範大学出版社、一九九八年）が「A識之、B為李（理）」と解釈することを知った。「李（理）」を「～が担当する」と理解できるかなどは、なお検討の余地がある。

（24）八五簡をみると、その背面の上部に「既發竽、遲以廷」と書かれている。陳偉氏は、「竽」を被告に発する文書とし、「遲」は小組と同じく「率いる」意味として、おおむね「帯着出庭受審」とする。このとき八五簡の背面には上部に文字を書き、八四簡の中央に《疋獄》と書くのは、やや不自然ではあるが、同じように背面に記述がある八五、八四、八六簡から始まる配列も想定できるのではないかとおもう。

（25）廣瀬前掲「包山楚簡『所䛀』分析」。

（26）その他の一四一、一四二簡には、左尹の吏員に関する資料がある。

東周之客許絓歸胙於蕆郢之歳。亯月乙巳之日。秦大夫怡之州里公周瘚言於左尹與鄝公賜・僑尹傑・正婁宏・正令翌・正丁司敗逿・少里喬擧尹羽・郯路尹虘・發尹利。瘚言曰。……。秀齊識之。𢼸蔡爲李。

ここでは前三一七年に、秦大夫の州里公から左尹の官府に訴えがあり、左尹ほか官府の吏員八人を列挙している。これらの人物は、一二八簡と一四三簡にもみえているが、一二八簡には「僑尹傑」の名がない。陳偉氏は、「鄝公賜」以下は左尹官府の吏員で、ほぼ身分の高い順に記されたと考えている。

（27）二九簡には「不廷」とだけあり、これらの意味は全体的に検討する必要がある。

（28）陳偉前掲『包山楚簡初探』第二章「文書制度」に、署名の人物に関する考察がある。

（29）陳偉前掲『包山楚簡初探』第三章、谷口前掲「包山楚簡受期簡釈地」など。

（30）湖北省文物考古研究所等「'92雲夢楚王城発掘簡報」（『文物』一九九四年四期）。

（31）湖南省文物考古研究所等「湖南龍山里耶戦国—秦代古城一号井発掘簡報」（『文物』二〇〇三年一期）、湖南省文物考古研究所、湘西土家族苗族自治州文物処「湘西里耶秦代簡牘選釈」（『中国歴史文物』二〇〇三年一期）、里耶秦簡講読会「里耶秦簡

訳註」（『中国出土資料研究』八、二〇〇四年）など。本書の第四章「里耶秦簡と秦代郡県の社会」ほか、第五章、第六章、第七章では先行研究を紹介し、情報伝達の視点から里耶秦簡の形式と内容を論じている。

(32) 陳偉前掲『包山楚簡初探』第四章第三節「典与僕典」。

(33) ここでは同一の月とすれば、三十日を超えてしまうことが注意される。

(34) 陳偉前掲『包山楚簡初探』第三章。

(35) 拙稿前掲「包山楚簡よりみた戦国楚の県と封邑」。

(36) 陳偉『楚東国歴史地理研究』（武漢大学出版社、一九九二年）、拙稿「戦国楚の領域形成と交通路」（一九九四、前掲『中国古代国家と郡県社会』に再録）。

(37) 拙稿前掲「戦国楚の領域形成と交通路」、拙稿「『史記』と楚文化――江陵・雲夢の地域社会」（『「社会科」学研究』二八、一九九四年）、同「《史記》与楚文化」（『長江文化論集』第一輯、湖北教育出版社、一九九五年）など。

(38) 拙著前掲『中国古代国家と郡県社会』第一編第一章「中国古代の関中開発」、第二章「戦国秦の領域形成と交通路」、第三章「戦国・秦代の軍事編成」など。

(39) 前掲『包山楚墓』上冊、二六六頁（図版二一〇、四四〇―一）。

(40) 陳偉「包山『廷志』簽牌与九号簡」（『中国出土資料研究』一一、二〇〇七年）。

(41) 本書の第七章「里耶秦簡の記録と実務資料」。

(42) 戦国楚の社会システムが、その後に影響をもつことは、拙稿「『史記』項羽本紀と秦楚之際月表」（『東洋史研究』五四―二、一九九五年）、拙著前掲『中国古代国家と郡県社会』第一編第六章「秦漢帝国の成立と秦・楚の社会」などで論じている。

(43) この点は、本書の第一章「中国古代の秦と巴蜀、楚」、拙稿「中国古代書籍と情報伝達――遊説、国策と文書」（『資料学の方法を探る』愛媛大学、二〇〇二年）で簡単に言及している。また李零『簡帛古書与学術源流』（生活・読書・新知三聯書店、二〇〇四年）第八講「簡帛古書導読二：史書類」では、戦国楚簡の書籍を分類している。

第三章　戦国秦の南郡統治と地方社会
――睡虎地秦簡と周家台秦墓――

はじめに

『史記』秦始皇本紀によると、戦国秦は、秦王政（始皇帝）が即位するまでに、七国のなかで天下の約三分の一にあたる西方・南方の地域を領有していた。(1) それは恵文王の時代に蜀を伐つことから始まり、昭王（昭襄王）の時代には、巴・蜀の地域から、楚の本拠地である郢（湖北省荊州市の紀南城）を陥落させた。そして秦の南郡を置いて、郡県制の統治に組み込んでいる。東方に遷都した楚国などを滅して、秦が天下を統合したのは、始皇帝二十六年（前二二一）のことである。

戦国秦の南方統治では、この南郡が四方に往来する重要な拠点となっている。南郡の範囲は広く、北は今の湖北省襄樊から、南は荊州市（秦の江陵県）をへて長江流域に至り、東方は湖北省雲夢県（秦の安陸県）におよんでいる。このうち秦の都城・咸陽から南郡にいたるルートは、かつての秦国と楚国の主要路線である。ここから東方は、長江下流域にいたる東方の楚国であり、長江をこえた南方は、湘水に面した長沙郡（湖南省）の方面につづいている。西方は、長江上流域の巴・蜀へ行く方面であり、二〇〇二年には里耶古城の調査によって、洞庭湖を遡るルートも重要であることが明らかになった。(2)

戦国秦の南郡では、これまで雲夢県の睡虎地一一号秦墓で出土した睡虎地秦簡がよく知られている。その報告書には『雲夢睡虎地秦墓』（文物出版社、一九八一年）があり、写真と釈文には、睡虎地秦墓竹簡整理小組編『睡虎地秦墓竹簡』（文物出版社、一九七七年）帙入本、『睡虎地秦墓竹簡』（文物出版社、一九九〇年）がある。その内容は、全部で一一五四枚で一〇種に分類されている。(3) すなわち、1『編年記』五三枚、2『語書』一四枚、3『秦律十八種』二〇二枚、4『效律』六一枚、5『秦律雑抄』四二枚、6『法律答問』二一〇枚、7『封診式』九八枚、8『為吏之道』五一枚、9『日書』甲種一六六枚、10『日書』乙種二五七枚である。

この睡虎地秦簡の発見は、出土資料の研究に新しい方法をもたらし、秦の法制史や、秦と楚の社会研究などで多くの成果が蓄積されている。(4) しかし睡虎地秦簡は、漢代西北の漢簡などとはちがって、意図的に古墓に副葬された資料であり、その資料の形態や機能について十分には解明されていない部分がある。

こうした状況で、秦代の雲夢龍崗秦簡や、周家台秦墓の簡牘、里耶古城の里耶秦簡、漢代初期の張家山漢簡、雲夢睡虎地七七号漢墓の簡牘などが出土している。このように長江流域の出土資料がふえ、里耶秦簡のような行政文書の公開がすすむと、睡虎地秦簡の位置づけについても再検討する余地がでてきたようにおもう。その一つは、南郡が設置される情勢のなかで、同じ南郡に所属する雲夢県と江陵県の位置づけである。もう一つは、簡牘の形態と機能からみて、墓主が所有していた秦簡を、どのような性格の資料とみなすかということである。(5)

ここでは従来の豊富な研究に対して、個別のテーマを扱うものではない。本章では、『睡虎地秦墓竹簡』（一九九〇年）の釈文と簡番号を基本として、まず南郡の設置をめぐる情勢と、睡虎地秦墓の位置づけを考えてみる。そのうえで睡虎地秦簡の内容と、その反映する地方社会との関係を分析して、江陵県周辺の出土資料や、秦代の里耶秦簡との接点を探ってみたいとおもう。

一　南郡の統治と睡虎地秦簡

睡虎地一一号秦墓は、戦国秦の南郡でいえば安陸県にある。湖北省雲夢県は、武漢市から西北に約八〇キロの地点に位置し、涓水の東方に市街地が広がっている。睡虎地秦墓群の東方にある市街には、いまも楚王城の遺跡が残っている(6)。この楚王城の城郭は、一九八三年の報告では、周囲に城門と北側城壕に水門があり、城内には春秋～秦漢時代の文化遺物があるという。したがって古城は、春秋・戦国～秦漢時代のもので、城外の戦国・秦漢墓の分布と対応することになる。一九九二年の調査では、城壁が東西約一・九キロ、南北約一キロ、城壕は四〇余メートルの構造で、東北に烽火台があるという。そして中垣・南垣とその結合部では、遺物の分期を、第一期（春秋）、第二期（戦国中晩期）、第三期（前漢初期）に区分している。また南垣の建設は戦国中晩期に始まり、中垣は前漢初期に増築され、後漢初期か、やや早い時期に廃棄されたと説明している。これらの報告によれば、古城は秦人がこの地に入り込んだとき建設されたのではなく、すでに戦国楚の時代に存在したことになる。戦国中期の資料である包山楚簡の受期簡に、「安陸之下隓人屈犬」（六二簡）の地名があるのは、これと関連するものであろう(7)。

楚国の城郭の整理によれば、都城と別都や、軍事城堡と区別して、この楚王城を軍事防衛のために設けられた県城レベルの遺跡と推定している(8)。これは漢代の一般県城の目安を一キロ四方とすれば、戦国時代の楚王城は約二倍にあたる。したがって近年の調査によれば、すでに戦国楚の懐王期に安陸古城が建造されており、その城郭は秦の占領後にも利用され、さらに漢初に縮小して継承されたことになる。しかし注目されるのは、この城郭の構造だけではなく、その周辺の集落や墓地のあり方である。

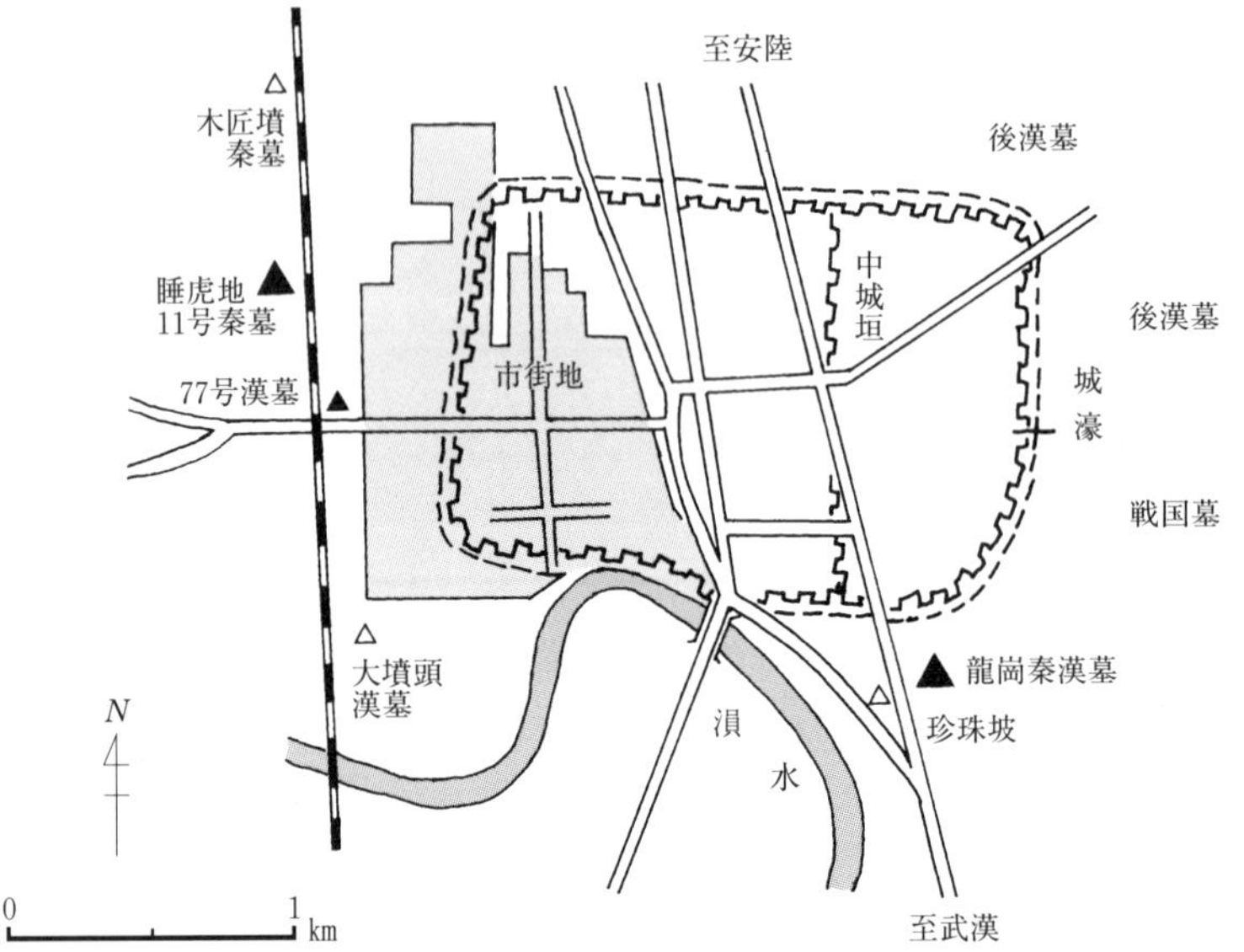

図１　雲夢楚王城と周辺墓葬区

これまで睡虎地秦墓は、東周文化層を破壊しているため、城西区は戦国集落であったと指摘されている。ところが南垣の南約四五〇メートルの地区からも、秦簡をふくむ龍崗秦漢墓群が発見された(9)。ここでは楚文化の遺物をもつ東周文化層を破壊しており、かつて楚人が生活していた場所が、秦人の占領後に墓地になったと報告している。とすれば安陸県では、城内だけに人々が住んでいたのではなく、城西や城南の城外にも居住しており、城郭と農村をふくめて県レベルの社会を形成していたことになる。雲夢県の地理環境をみれば、江陵と同じように、北方の襄樊から長江の平野部に入る丘陵地の麓にあり、交通上の要衝となっている。しかもこの付近一帯は、河南省信陽市より南方の稲作地帯にあり、丘陵と藪沢、河川、平地をふくむ地域となっている。さらに龍崗秦簡では、「禁苑」に関する規定があり、始皇帝が滞在した禁苑との関係が推測できる(10)。したがって、睡虎地秦簡が出土した安陸県は、南郡を設置した当初に、戦国楚の城郭を引き継ぐ重要な拠点であったことがわかる。

このような背景で注目されるのは、紀年をもつ『編年記』と「語書」である。ここには他の秦律などの資料とちがって、秦暦をもとにした年月日を記している。この特徴をもとに、安陸県と睡虎地秦墓との関係を考えてみよう。

『編年記』は、長さ二三・二センチ、広さ〇・六センチの竹簡五十三枚の文書である。全体を上下の二段にわけて、昭王元年（前三〇六）から今王（始皇帝）三十年（前二一七）にいたる秦王の紀年と戦役などの大事、墓主の個人的な経歴、家族の消息を記している。この資料の性格については、後世の年譜のような資料、後世の墓誌銘のような資料、家譜と墓誌をあわせたような資料とする説などがあるが、秦の暦と大事に、個人的な記載を追加した資料であることは問題ない[11]。

この『編年記』は、基本的に秦国の年代と事件であるが、わずかに①大事の一部と、官吏の経歴にかかわる内容、②個人的な項目に、月・日を記している。①の秦国の大事と、官吏の経歴について、その項目をあげれば、つぎのような記載がある。

（昭王）五十六年、後九月、昭死。……（今王）三年、巻軍。八月、喜揄史。〔四年〕□軍。十一月、喜□安陸□史。……六年、四月、爲安陸令史。七年、正月甲寅、鄢令史。……十二年、四月癸丑、喜治獄鄢。……廿三年、興。攻荊□□守陽□死。四月、昌文君死。

これによると秦の大事は、五十六年後九月の昭王の死亡と、二十三年の昌文君の死亡をのぞいて、あとは墓主が官吏となる記載に月・日を記している。②の個人的な項目に関連しては、以下のような月・日を記している。

（昭王）卌五年、攻大壄王。十二月甲午、雞鳴時、喜産。……卌七年、攻長平。十一月、敢産。……五十六年、……正月、遬産。……（今王）十一年、十一月、獲産。……十六年、七月丁巳、公終。自占年。……十八年、攻趙。正月、恢生。……廿年、七月甲寅、嫗終。韓王居□山。……廿七年、八月己亥、廷食時、産穿耳。

ここでは墓主とおもわれる人物「喜」の出生や、兄弟、父母、子供の出生と死亡に関する記載に月・日を記している。したがって『編年記』は、戦国秦と秦代の年表を主体とするが、このうち関心のある記載だけに、秦暦を基準とした月日を記していることがわかる。これは『編年記』という資料が、直接的な秦暦ではないが、秦の暦譜にもとづく手控えとして作成されたことを示している。

また『編年記』には、南郡の設置と統治に関する記載がある。ここで注目されるのは、昭王二十九年（前二七八）に「攻安陸」と記すことである。この経過は、『史記』秦本紀と六国年表によれば、二十七年（前二八〇）に蜀の方面から黔中を抜き、二十八年に大良造の白起が楚を攻めて鄢と鄧を取っている。翌年には楚都の郢（江陵）を陥落させ、さらに竟陵を取って、この地を南郡とした。これが戦国楚の大事件であり、『史記』楚世家では郢とともに、夷陵が焼かれ、楚の都は陳城に移ったとする。そこで本来なら、『編年記』にも「攻郢」「攻竟陵」と記してもよいが、ここでは江陵地区の郢の陥落ではなく、東方の安陸の攻撃に代表させている。これはただ表記の相違とみるほかに、別の理由が想定できるかもしれない。それは南郡を設置したときの安陸県の重要性である。これを「語書」とあわせて検討してみよう。

睡虎地秦簡で、もう一つの紀年をもつ資料は「語書」である。これは当初、秦王二十年（前二二七）に南郡から出された命令であることから、南郡守騰文書といわれたが、最後の竹簡の背面にみえる「語書」という名称に変更されたものである。[12] この歴史背景は、『編年記』にも記されている。

（今王）十七年、攻韓。十八年、攻趙。……十九年、□□□□南郡備敬（警）。廿年、……韓王居□山。廿一年、韓王死。昌平君居其處。有死□屬。廿二年、攻魏粱。廿三年、興。攻荊□□守陽□死。四月、昌文君死。〔廿四年〕□□□王□□。廿五年。廿六年。

つまり戦国秦の情勢は、「十七年、攻韓。十八年、攻趙」とあるように、韓国を滅亡させ、趙の都城・邯鄲を陥落させている。ここから秦の統一がはじまるが、「廿二年、攻魏梁」は魏国の滅亡を指している。その間、二十一年（前二二六）に燕の都城は陥落して、燕王は遼東に逃げているが、これは北方の事件のためか『編年記』には記していない。このとき秦は、二十一年から将軍の王賁が楚を攻めて、二十三年には項燕の軍を破り、二十四年（前二二三）に楚国を滅亡させている。このような南方の情勢は、『編年記』のほうが詳しい。

『編年記』には、韓の滅亡と、趙の邯鄲陥落のあと「十九年、□□□□南郡備警」とある。小組注釈は、『史記』秦始皇本紀の二十六年条に「荊王獻青陽以西、已而畔約、擊我南郡。故發兵誅、得其王、遂定其荊地」とあり、楚国が一時期、秦の南郡に進攻したとみなしている(13)。これは秦の側から「楚王が青陽より以西を献じながら、約に反して南郡を攻撃した」と延べ、六国を誅伐する正当性を表現しているが、滅亡以前に南郡を攻撃したことが注意される。もし東方にある楚が、南郡を攻撃したとすれば、江陵地区よりも安陸のほうが前線となる。これは十九年の段階でも、安陸県の地理的な重要性を示唆している。これに関連して「語書」の形態と内容が問題となる。

「語書」は、前後の二つに分かれている。前半の八簡は、二十年の四月丁亥（二日）に、南郡守の騰が県・道の嗇夫に出した命令である。後半の六簡は、もとは別に編集され、前半部分の付記ではないかといわれる(14)。たとえば後半では、良吏と悪吏を対比して分け、悪吏を排除する規定となっている。最後の竹簡の背面に「語書」と書かれているが、あるいは後半の追加部分が「語書」で、前半は里耶秦簡と同じような命令文の写しかもしれない。その前半の内容は、つぎのようである。

廿年四月丙戌朔丁亥、南郡守騰謂縣道嗇夫。古者、民各有鄕俗、其所利及好惡不同。或不便於民、害於邦。是以聖王作爲法度、以矯端民心、去其邪避（辟）、除其惡俗。法律未足、民多詐巧、故後有間令下者。凡法律令者、以教道（導）民、去其淫避（僻）、除其悪俗、而使之之於爲善也。今法律令已具矣、而吏民莫用、鄉俗淫失（泆）之民不止、是卽法（廢）主之明法也、而長邪避（僻）淫失（泆）之民、甚害於邦、不便於民。故騰爲是而脩法律令・田令及爲間私方而下之、令吏明布、令吏民皆明智（知）之、毋巨（歫）於罪。今法律令已布、聞吏民犯法爲間私者不止、私好・鄉俗之心不變、自從令・丞以下智（知）而弗擧論、是卽明避主之明法也、而養匿邪避（僻）之民。如此則爲人臣亦不忠矣。若弗智（知）、是卽不勝任、不智也。智（知）而弗敢論、是卽不廉也。此皆大罪也、而令・丞弗明智（知）、甚不便。今且令人案行之、擧劾不從令者、致以律、論及令・丞。有（又）且課縣官、獨多犯令而令・丞弗得者、以令・丞聞。以次傳。別書江陵布、以郵行。

この形式は、里耶秦簡の木牘⑯5、6の正面のように、上級の郡から、下級の県に伝達した命令文の用語とまったく共通している[15]。ここには、年月日につづいて「南郡守騰謂……」とあり、文末は「以次傳。別書江陵布、以郵行」という伝達の指示で終わっている。したがって「語書」の前半は、郡からの命令文を転写して、それを竹簡に保存していることがわかる。それを保存したのは、この命令が二十年四月の南郡に出された情勢に適用されるだけではなく、秦の法令を遵守するという一定の内容をもつためであろう。

ただし里耶秦簡との比較で、問題となるのは文書を伝達するルートである[16]。ここには二系統のルートがある。「次を以て伝えよ」とは、この命令を各県に配布するとき、行政機構の順次にリレー式で伝えるという意味である。しかし江陵県には、「別書して配布するとき、郵を以て伝えよ」とある。郵とは、一般の施設に対して、緊急の文書や重要な文書を伝達するときの施設である。それではなぜ「語書」では、このように一般の県と江陵県に別の指示をしているのだろうか。

これまで戦国秦の南郡は、江陵県が治所であると想定してきた。江陵県（湖北省荊州市）には、楚紀南城が陥落したあと、その東南に郢城（北城壁約一・四五キロ、東壁約一・四キロ、南壁約一・二八キロ、西壁約一・二七キロ）の城郭を築いている[17]。これが江陵県の県城とみなされている。もし南郡の治所が江陵県城にあれば、文書の伝達は下部の機構だけで十分であり、「語書」のように郵による必要はない。「語書」によれば、南郡守の命令は、江陵県とは異なる県から発布されているようである。そこで江陵に匹敵する県を探すと、一般の県城より大きな城郭をもつ安陸県が想定される。これは安陸県で、たまたま秦漢墓が多く、秦律などが出土したというだけではなく、この地域が早い時期の拠点であったことを示唆している。つまり秦王二十年には、安陸県が南郡の治所に匹敵する役割をもつ可能性があり、統一以前に南郡のなかでの重要性が再認識できる。

以上のように、紀年をもつ『編年記』と「語書」をみると、直接的な暦譜や行政文書ではないが、官府の資料を保存した記録にもとづくことがわかる。こうした背景をうけて、墓主は、四年十一月に安陸□史、六年四月に安陸令史、七年正月甲寅に鄢令史となり、十二年四月癸丑には治獄を司ることになっている[18]。したがって安陸県をめぐる情勢からみれば、竹簡の『編年記』と「語書」は、南郡の県レベルの動向を示しているといえよう。また『編年記』には、二十八年に「今過安陸」とあり、これは『史記』にみえる始皇帝の第二回の巡行に対応している。これも安陸県の動向を伝える記事である。

二　睡虎地秦簡にみえる地方統治

つぎに紀年を記さない資料には、『秦律十八種』『效律』『秦律雑抄』と、『法律答問』『封診式』、『為吏之道』、『日書』甲種、『日書』乙種がある。これらは『編年記』や「語書」とは少し形態が異なるが、その性格について考えてみよう。

『秦律十八種』『效律』『秦律雑抄』は、法制史料としての性格をもっている。籾山明氏の説明によれば、『秦律十八種』は律の正文集、『效律』は官府所属の物品管理に関する律文、『秦律雑抄』は律文の集成としている。[19] ただしこれらの秦律は、秦の律令のすべてではなく、一部を抄写したものとみなされている。このほか『為吏之道』には、秦律とは別に魏律二条（魏戸律、魏奔命律）を記している。秦律の内容は、多岐にわたっているが、ここでは記載の形式と、文書行政、情報伝達にかかわる項目に注目してみたい。

『秦律十八種』『效律』『秦律雑抄』には、作成された年月を記しておらず、法令化された形態をもっている。その作成と適用される範囲は、江村治樹氏のように、秦簡には関中の地名しか出ていないが、関中で作成された規定が、南郡の県にも準用されるという考えがある。[20] ただし秦律の形式からみれば、張家山漢墓竹簡のように、南方などの地方に対する追加の規定がみられない。たとえば『二年律令與奏讞書』の釈文によれば、「行書律」には文書の伝達に関して、南郡の長江より以南や、北地郡と上郡、隴西郡についての条文がある。[21]

十里置一郵。南郡江水以南、至〔索〕南界、廿里一郵。（二六四簡）

一郵郵十二室、長安廣郵廿四室、〔警〕事郵十八室。有物故去、輒代者有其田宅。有息、戶勿減。令郵人行制書・急書、復、勿令爲它事。畏害及近邊不可置郵者、令門亭卒・捕盜行之。北地・上・隴西、卅里一郵。地險陜不可置郵者、得進退就便處。郵各具席、設井磨。吏有縣官事而無僕者、郵爲炊。有僕者、叚（假）器。皆給水漿。（二六五〜六七簡）

このほか張家山漢簡「津関令」は、律の規定を補う令を収録している。したがって睡虎地秦簡の秦律は、すでに法令化されており、地方に関する規定を追加していないことから、それが関中（内史の領域）で作成されたとしても、

基本的に秦の領土に適用されることが推測できる。また大きくみれば、行政の単位は「県」を基本としている。(22)

『秦律十八種』の内容は、つぎのような項目に分けられている。

田律、厩苑律、倉律、金布律、関市、工律、工人程、均工、徭律、司空、軍爵律、置吏律、效、伝食律、行書、内史雑、尉雑、属邦

これらは官府の行政と運営にかかわる項目が多いが、秦律には、文書行政と情報伝達に関連する内容をふくんでいる。

1令縣及都官取柳及木柔可用書者、方之以書。毋方者乃用版。其縣山之多茾者、以茾纏書。毋茾者以蒲・藺以枲〔褩〕之。各以其〔穫〕時多積之。　司空　（一三一、一三二簡）

県と都官に、柳木や木の柔くて書写できる木材を取らせ、これで木方（觚）を作って書写に給させよ。木方でない者は木版に用いよ。その県の山で茾（縄を作る草）が多いところは、この草を以て文書を束ねよ。この草が無いところは、蒲草や藺草と麻で束とせよ。これらは各おの収穫の時に多く集積せよ。　司空律

この条文は、木板を作る規定であるが、里耶秦簡にみえる木牘の作成を示している。また張家山漢簡『算数書』に、三尺の竹簡を基本として、そこから各種の大きさの竹簡に切断する例題とあわせれば、秦漢時代に木牘と竹簡を作成する素材の状況がうかがえる。(23)

法律の書写、文書の作成と伝達については、以下のような規定がある。

2縣各告都官在其縣者、寫其官之用律。　内史雜　（一八六簡）

各県は、その県にある都官に通達し、官府が用いる律を書写させよ。　内史雑

3有事請也、必以書、毋口請、毋〔羈〕請。　内史雜　（一八八簡）

事が有って請示するときは、必ず書面でおこない、口頭や代理によって請示してはいけない。　内史雑

4行命書及書署急者、輒行之。不急者、日〔畢〕勿敢留。留者以律論之。　行書　（一八三簡）

命書及び書に急と署す者を行《や》るときは、そのたびに之を伝達せよ。急でない者は、その日が畢るまで敢えて留めてはいけない。留めた者は律を以て之を論ぜよ。　行書

5行傳書・受書、必書其起及到日月夙暮、以輒相報也。書有亡者、亟告官。隷臣妾老弱及不可誠仁者勿令。書廷辟有曰報、宜到不來者、追之。　行書　（一八四、八五簡）

文書を発信したり、受信するときは、必ず文書の発信と到達の日月と夙暮（朝夕の時刻）を記し、そのたびに返答せよ。文書を紛失したら、すぐに官に告げよ。隷臣妾や老弱および信頼できない者に、文書を伝達させてはいけない。文書で県廷が調査するものは報告せよ。到達しない者があれば、これを追及せよ。[24]　行書

情報の伝達に関しては、「田律」一～三簡に、自然災害による耕地の被害を知らせる条文がある。その末尾には「近縣令軽足行其書、遠縣令郵行之、盡八月□□之」とあり、近県には軽足で伝え、遠県には郵で伝達するというルートの違いを記している。また郡県の範囲を規定した条文には、「置吏律」一五七、一五八簡がある。

6縣・都官・十二郡免除吏及佐・羣官屬、以十二月朔日免除、盡三月而止之。其有死亡及故有〔缺〕者、爲補之、毋須時。　置吏律　（一五七、一五八簡）

県と都官、十二郡で吏及び佐、官府の属員を任免するときは、十二月朔日を以て任免し、三月が終わるまでに止めよ。死亡や欠員が有る場合に、これを補充することは、時を待つ必要はない。　置吏律

ここでは官吏の任免に関して、十二月から三月までに終えるように規定しているが、その対象を「県・都官・十二郡」としている。これは特定の県・都官と、十二郡を対象にしたと考えられ、その適用範囲の一端がうかがえる。そ

のほか「伝食律」は、爵位の等級や身分による食料規定などであるが、これは交通事情の一端がうかがえる資料である。(25)

7御史卒人使者、食粺米半斗、醬駟〔四〕分升一、〔菜〕羹、給之韭葱。其有爵者、自官士大夫以上、爵食之。使者之従者、食〔糲〕米半斗。僕少半斗。　傳食律　（一七九、一八〇簡）

御史の卒人が使者となるときは、粺米半斗、醬四分の一升、菜羹を食とし、あわせて韭葱を支給せよ。有爵者は、爵が大夫・官大夫より以上は、爵の等級によって食を支給せよ。使者の従者は、糲米半斗を支給し、僕は三分の一斗とせよ。　伝食律

8不更以下到謀人、粺米一斗、醬半升、〔菜〕羹、芻藁各半石。●宦奄如不更。　傳食律　（一八一簡）

爵が不更より以下、謀人に到るまでは、粺米一斗、醬半升、菜羹を食とし、あわせて芻藁を各おの半石を支給せよ。●宦奄は不更と同じくせよ。　伝食律

9上造以下到官佐・史毋爵者、及卜・史・司御・寺・府、〔糲〕米一斗、有〔菜〕羹、鹽廿二分升二。　傳食律　（一八二簡）

爵が上造より以下、官府の佐・史で爵がない者から、卜・史・司御・侍・府などの者は、糲米一斗、菜羹を食とし、あわせて塩二十二分の二升を支給せよ。　伝食律

『效律』では、とくに適用の範囲を示す情報や、文書行政とのかかわりはみられない。『秦律雑抄』には、つぎのような項目がある。

除吏律、游士律、除弟子律、中労律、蔵律、公車司馬猟律、牛羊課、傅律、敦表律、捕盗律、戍律

整理小組の説明によると、「除吏律」が『秦律十八種』の「置吏律」と似ているほかは、重複がみられないという。

また多くの律文が、軍事に関係すると述べている[26]。ここにも特定の地域を示す情報や、文書行政とのかかわりはみられない。

以上のように、秦律の形態をみると、特定の地域に限定されない律文が、摘録して書写されている。それは、とくに南郡に適用する条文を選んだ形跡もみられない。したがって秦律は、県レベルの官府で利用する法令のうち、いわば法令集として、書籍に近い形態で保存されたものと考えられる。この点では、大庭脩氏が指摘していたように、公文書を副葬したのではなく、所有する書籍にあたるという認識が近いとおもわれる[27]。

つぎに『法律答問』は、問答の形式で、律文や術語に解釈をしたものである。その問答には、「可（何）謂」「可（何）論」という用語や、甲・乙、人、父母、子などの抽象化した表現がみられる[28]。ここには、やはり紀年がなく、特定の地域を示す記載もみられない。しかし文書行政に関しては、つぎのような記事が注目される。

1甲捕乙、告盜書丞印以亡、問亡二日、它如甲、已論耐乙、問甲當購不當。不當。（一三八簡）

甲が乙を捕らえ、（乙が）丞印のある文書を盗んで亡げたと告げた。問うに、亡げたのは二日。它は甲の言う通りであり、已に論じて乙を耐罪とした。問う、甲は購（報賞）に当たるか当たらないか。当たらない。

2亡久書・符券・公璽・衡羸（纍）、已坐以論、後自得所亡、論當除不當。不當。（一四六簡）

文書や符券、官印、衡器の権を紛失して、已に坐して判決が終わり、後になって自ら亡くしたものを得た。その判決を除くことができるか、できないか。除くに当たらない。

3……●何謂、亡券而害。●亡校券右爲害。（一七九簡）

……●何を「券を亡くして害した」と謂うか。●校券の右を亡くすことを、危害を為すとする。

これらは官印の文書を盗んだとき（一三八簡）、文書や符券・官印・衡器の権を紛失したとき（一四六簡）、校券を亡くしたとき（一七九簡）の解釈であり、里耶秦簡と関連する秦の文書行政と実務をうかがわせる。
また『法律答問』には、文書の「発」に関する例があり、整理小組にしたがうと、つぎのような解釈となる。

4有投書、勿發、見輒燔之。能捕者購臣妾二人、〔繫〕投書者鞫審讞之。所謂者、見書而投書不得、燔書、勿發。投者〔得〕、書不燔、鞫審讞之之謂也。（五三、五四簡）

「匿名の書信を得た人は、発して（開封して）はいけない。見た後は、すぐに書を焼け。投書した者を逮捕すれば、ほうびに臣妾二人を与え、投書した者を拘束して、鞫審して罪を定めよ。」この律文の意味は、匿名の書信を見て、投書する者を得られなかったら、書を焼いて、発して（開封して）はいけないということである。投書する者を得たら、書は焼かずに、鞫審して罪を定めよという意味である。

小組の注には「把書信拆開観看」とあり、「発」を開封の意味としている。これは居延漢簡など、簡牘研究で得られた解釈と同じである(29)。

もう一つの例は、つぎのようにみえている。

5發僞書、弗智（知）、貲二甲。今咸陽發僞傳、弗智（知）、即復封傳它縣、它縣亦傳其縣次、到關而得。今當獨咸陽坐以貲、且它縣當盡貲。咸陽及它縣發弗智（知）者當皆貲。（五七、五八簡）

「偽書（偽の文書）を発して、知らなければ、貲二甲の罪にする」とある。今、咸陽で偽の伝を発して、そのことを知らず、すぐにまた封印して他県に伝達した。他県もまた、それを県から県に伝え、関所に至って偽伝であることが判明した。今、咸陽だけが罰金に当たるか、それとも各県も尽く罰金に当たるか。咸陽と他の県で、発して知らなかった者は、すべて罰金刑とする。

これについて、整理小組や山田勝芳氏は、同じように「偽造の文書を開封して」「偽書の封印を開いて」と解釈している。[30] これも開封で、解釈が可能である。ただし咸陽から、偽伝に封印をして発給し、各県も開いて見たとすれば、それぞれ各県の封印に変わることになる。そして関所でも、伝を開封して検察したことになる。この点は、通行証の形態と機能にかかわる内容をふくんでいる。

このように『法律答問』には、秦の文書行政や、交通に関する解釈がある。このほか秦の祭祀や、当時の習俗をうかがわせる資料もある。

6何謂祠未闔。置豆俎鬼前未徹乃爲未闔。未置及不直（置）者不爲具。必已置乃爲具。（二七簡）

何を「祠未闔」と謂うのか。豆俎を鬼神の前に置いて、撤去しないことを「未闔」という。まだ置いていなかったり、準備しなかったものは、「具」には入れない。必ずすでに設置したものを「具」とする。

7擅興奇祠、貲二甲。何如爲奇。王室所當祠固有矣、擅有鬼立（位）也。爲奇、它不爲。（一六一簡）

ほしいままに奇祠を興せば、貲二甲の罪とする。何を奇と為すか。王室の規定する祭祀のほかに、鬼神の位を設けることを奇祠とし、它は奇とはしない。

『法律答問』二七簡は、整理小組が「闔」は「闔」の誤りとして、「祠が未だ終わらない」というのは、豆俎を鬼神の前に置いて、それを撤去しないことと解釈する。一六一簡の規定では、ほしいままに「奇祠」することを禁止している。「奇」とは、王室の規定による祭祀に対して、ほかの鬼神を祭ることを指している。整理小組は、不合法な祠廟で、後世の淫祠と解釈している。このように秦の祠に反する「奇祠」を規定しているのは、たしかに秦とは異なる習俗の祭祀が存在したことを示している。[31] ただし、このような『法律答問』の解釈は、秦律と同じように、南郡だけに適用されるものではない。

『封診式』は、最後の一枚（九八簡）の裏側に書かれていた標題である。簡文は、全部で二十五節あり、それぞれに小見出しがある。最初の「治獄」「訊獄」が巻首にあたるという。この治獄案例は、内容が広く、秦代の具体的な法律を伝えている。また公証文書である爰書の文例集になっているという[32]。ここでは最初の1治獄、2訊獄をのぞいて、以下の項目では、「某里」「甲・乙」のように一定のモデルとして設定している。たとえば3有鞫より以下の形式は、つぎのようになっている。

3有鞫：敢告某縣主。男子某有鞫。辞曰、士伍居某里。……當騰、騰皆為報、敢告主。

4封守：郷某爰書。以某縣丞某書、封有鞫者某里士伍甲家室・妻・子・臣妾・衣器・畜産。……

5覆：敢告某縣主。男子某辞曰、士伍居某縣某里、去亡。……當騰、騰皆為報、敢告主。

6盗自告：□□□爰書。某里公士甲自告曰……。即令〔令〕史某往執丙。

7□捕：爰書。男子甲縛詣男子丙。辞曰、甲故士伍居某里……。

8□□：〔爰〕書。某里士伍甲・乙縛詣男子丙・丁及新錢百一十錢・鎔二合。告曰……

9盗馬：爰書。市南街亭求盗在某里曰甲縛詣男子丙、及馬一匹、騅牝右剽。……。告曰……

10争牛：爰書。某里公士甲・士伍乙詣牛一、黒牝曼〔縻〕有角、告曰……。即令令史某歯牛、牛六歳矣。

11羣盗：爰書。某亭校長甲・求盗在某里曰乙・丙縛詣男子丁、斬首一、具弩二、矢廿、告曰……。●診首毋診身可也。

12奪首：軍戯某爰書。某里士伍甲縛詣男子丙、及斬首一、男子丁與偕。甲告曰……

13□□：□□某爰書。某里士伍甲・公士鄭在某里曰丙共詣斬首一、各告曰……

14告臣：爰書。某里士伍甲縛詣男子丙、告曰……。訊丙、辞曰……。令令史某診丙、不病。●令少内某・佐某以市正〔價〕賈丙丞某前、丙中人、〔價〕若干錢。●丞某告某郷主。男子丙有鞫。辞曰……。……以律封守之、到以書言。

15黥妾：爰書。某里公士甲縛詣大女子丙、告曰……。●訊丙、辭曰……。●丞某告某郷主……。以書言。

16遷子：爰書。某里士伍甲告曰……。告〔廢〕丘主。士伍咸陽在某里曰丙、坐父甲謁鋈其足、〔遷〕蜀邊縣、令終身毋得去〔遷〕所論之、〔遷〕丙如甲告、以律包。……以縣次傳詣成都、成都上恒書太守處、以律食。〔廢〕丘已傳、為報、敢告主。

17告子：爰書。某里士伍甲告曰……。即令令史己往執。令史己爰書。……。丞某訊丙、辭曰……。

18癘：爰書。某里典甲詣里人士伍丙、告曰……。●訊丙、辭曰……。令医丁診之、丁言曰……。

19賊死：爰書。某亭求盗甲告曰……。即令令史某往診。令史某爰書、……

20経死：爰書。某里典甲曰……。●即令令史某往診。●令史某爰書、……

21穴盜：爰書。某里士伍乙告曰……。●即令令史某往診、求其盜。令史某爰書、……。●訊乙・丙、皆言曰……。

22出子：爰書。某里士伍妻甲告曰……。即令令史某往執丙。……。丞乙爰書……。

23毒言：爰書。某里公士甲等廿人詣里人士伍丙、皆告曰……。●訊丙、辭曰……。

24奸：爰書。某里士伍甲詣男子乙・女子丙、告曰……。

25亡自出：郷某爰書。男子甲自詣、辭曰、士伍居某里、……。●問之□名事定、以二月丙子将陽亡、三月中逋築宮廿日、四年三月丁未籍一亡五月十日、毋它坐、莫覆問。以甲献典乙相診、今令乙将之詣論、敢言之。

ここで注目するのは、爰書の形式ではなく、その設定されている人物たちの生活範囲である。『封診式』では、大半が県を単位として起こった事件で、県レベル以下の社会の人びとを想定している。たとえば領域では、敢告某県主、某県丞某書、郷某爰書、市南街亭、某亭、某県某里、某里などを設定している。登場する人物は、県の長吏のほかに令史、校長、求盗、少内、佐などと、里典や里の人びとがいる。

ただし例16の遷子は、咸陽、廃丘、成都などの地名を記している。[33]また例25では、抽象化された設定のなかで、具体的な年月と上中文書の用語を記している。これらをのぞけば、『封診式』は一般的な縣レベルの社会を想定した爰書が多いといえよう。

このほか睡虎地秦簡には、「為吏之道」と『日書』甲種、乙種がある。「為吏之道」は、整理小組によれば、四字句で構成するのは『蒼頡篇』などに似ており、『礼記』『大戴礼』『説苑』と同じ部分があるという。[34]これは法制史料というよりも、むしろ書籍にあたるとおもわれる。

『日書』については、工藤元男『睡虎地秦簡より見た秦代の国家と社会』の研究がある。[35]工藤氏は、『日書』にみえる秦と楚の要素を指摘し、秦と楚の占法が組み合わされて使用されたことを明らかにした。そして秦王二十年の「語書」と比較しながら、『日書』にみえる秦と楚の習俗を許容する側面から、秦の法治主義へと転換したと推測している。このような『日書』の分析からは、少なくとも秦律にみえる法令や文書行政とは別に、秦と楚の習俗を配慮した統治がうかがえる。これを本書の第二章で述べたように、包山楚簡にみえる楚文化の要素とあわせれば、戦国後期の秦と楚には、暦、法令、行政機構（郡県制と封邑）、文書行政、裁判の違いとともに、祭祀や習俗をふくめた社会の違いがみえてくる。このような統治システムと、祭祀や習俗・規範をあわせた体系を、本書では、秦と楚の社会システムと表現している。

以上のように、基本的に紀年を記さない秦律などから、地方統治と情報伝達に関する部分を抽出してみると、あらためて睡虎地秦簡は、地方行政や文書行政の背景となる法令を抜き出したことがわかる。地方官府では、「語書」や里耶秦簡の行政文書のように、さまざまな命令の伝達と実務を担当しているが、秦墓に副葬された資料は、直接的にはこれらの行政文書とは結びつかない。しかし睡虎地秦簡は、実際の地方統治のなかで、その一部の資料を抄写して保存したものと推測される。ただしそれは、必ずしも南郡に関する資料の抜粋ではなく、広く秦の郡県に適用されるものとおもわれる。

秦代の安陸県には、このほか雲夢龍崗秦簡が出土している。(36) 龍崗六号秦墓は、楚王城の東南にあり、木牘一枚と、竹簡二九三枚と残片に整理されている。竹簡の内容は、禁苑、馳道、馬牛羊、田、その他の五つに分類されている。このうち禁苑の規定では、雲夢の名称もみえているが、沙丘のように他の禁苑もあり、必ずしも南郡に関する法令だけではない。いま符伝に関する規定をふくめて、その用例は以下のようなものがある。

諸假兩雲夢池魚〔禦〕及有到雲夢禁中者、得取灌?□□……　（一簡）
竇出入及毋符傳而闌入門者、斬其男子左趾、□女〔子〕……　（二簡）
詐僞・假人符傳及讓人符傳者、皆與闌入門同罪。　（四簡）
關。關合符、及以傳書閱入之、及□〔佩〕入司馬門久?……　（五簡）
禁苑吏・苑人及黔首有事禁中、或取其□□□……　（六簡）
諸有事禁苑中者、□□傳書縣・道官、□鄉?……　（七簡）
從皇帝而行及舍禁苑中者皆?□□□□□……　（一五簡）
沙丘苑中風茶者、□……　（三五簡）
●禁苑嗇夫・吏數循行、垣有壞決獸道出、及見獸出在外、亟告縣。　（三九簡）
敢行馳道中者、皆〔遷〕之。其騎及以乘車・軺車……　（五四簡）

ここには雲夢の禁苑に関連して、符や伝による出入を規定している。また三九簡では、禁苑の嗇夫や吏が循行して、垣に決壊があって獣が外に出るようであれば、すみやかに県に告げる規定がある。しかし符と伝の使用や、馳道に関する規定は、他の地方にも関係している。したがって睡虎地秦簡と龍崗秦簡は、一部に南郡に関する地名がみえているが、その規定は基本的に秦国の統一性を示していると考える。

三　南郡の動向と周家台秦墓

これまで睡虎地秦簡をめぐって、安陸県の方面を考察してきた。それでは、もう一つの南郡の拠点である江陵県の周辺は、どのような状況であろうか。この点を、周家台三〇号秦墓を中心に検討してみたい。

周家台三〇号秦墓は、荊州市の郢城の東垣から一・七キロの所にある。発掘簡報と『関沮秦漢墓簡牘』によれば、一槨一棺の竪穴土坑墓で、副葬品には、漆器・陶器・青銅器、木製の櫛、竹笥などの生活用品のほか、木俑二件、木馬車一件、毛筆・墨・鉄削刀などの文具と、竹簡三八七枚、木牘一枚が出土している。(37)竹簡が出土したのは、棺の頭部にある槨の竹笥のなかで、筆や墨、削刀などの文具と一緒に収められていたという。

竹簡は、甲組が二四四枚（一〇枚は無文字）で、長さは二九・三〜二九・六センチ。内容は、二十八宿占や五時段占・戎磨日占・五行占、秦始皇三十六年・三十七年暦譜などである。乙組は七五枚（四枚は無文字）で、形態は甲組とほぼ同じ。内容は、秦始皇三十四年の一年間にわたる暦譜である。丙組は七〇枚で、長さは二一・七〜二三センチ。内容は、医薬病方・吉凶占い・農事に関する資料である。このほか木牘一枚（長さ二三、幅四・四センチ）は、正面に秦二世元年（前二〇九）の十二ヶ月の朔日干支と、月の大小の区別を記し、裏面に十二月の日干支などを記している。これは尹湾漢墓簡牘が、暦譜とともに、五時段占、五行占、吉凶占いを副葬することに共通した側面がある。(38)

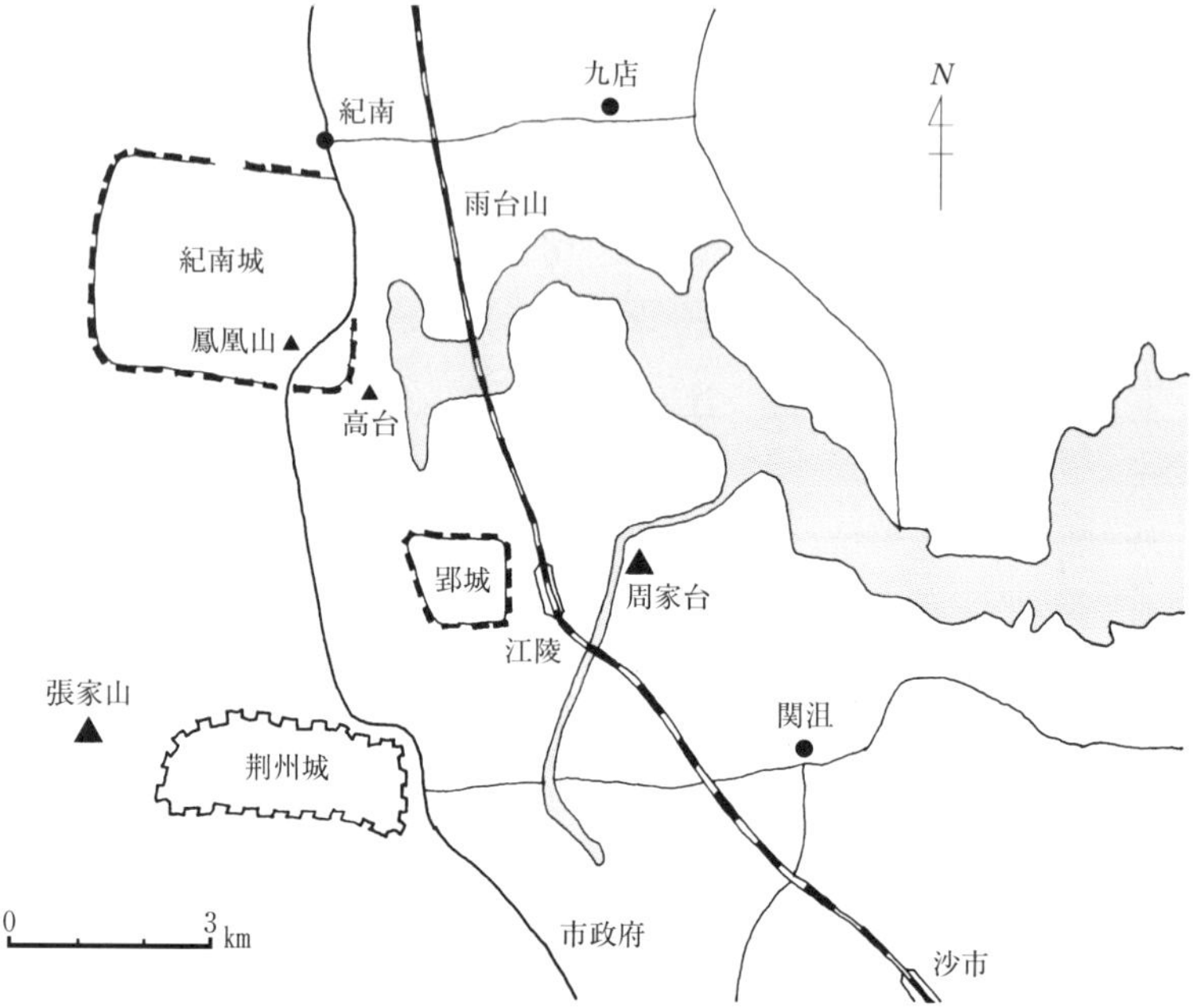

図２　江陵郢城と周辺墓葬区

『関沮秦漢墓簡牘』のテキストでは、(一) 暦譜、(二)『日書』、(三) 病法その他に分類している。ここで注目されるのは、暦譜である。睡虎地秦簡「行書律」では、文書の発信と受信に日月を記すように規定していたが、睡虎地秦墓や里耶秦簡とともに、暦譜の実物は出土していなかった。しかし周家台秦墓では、いくつかの暦譜の形態がわかるようになった。

これまで暦譜の形態は、出土資料に多くみえている[39]。このなかで暦譜は、A一年の月ごとの朔日を記すものが基本となる。周家台秦墓の木牘には、秦二世皇帝元年（前二〇九）の十月から九月までの朔日と、大小の月の区別を記している。これを入手した者は、B自分で各月の暦譜を作成して、竹簡に転写することができる。この木牘の裏面に、十二月の干支を記すのは、その一例である。

つぎに周家台秦墓の竹簡「始皇帝三十四年」の暦譜は、B一年の月ごとの干支を竹簡に記したものである。この暦譜で注目されるのは、①朔日を表記する木牘から、月日を拡大するときに竹簡の形態となっていること、②竹簡の暦譜には付記をもつ点であり、ここでは墓主とおもわれる官吏の勤務や出張の記録を記している。[40]このように竹簡の暦譜に付記があるのは、銀雀山漢墓の暦譜（節季など）も同様であり、形式は異なるが睡虎地秦簡『編年記』の年表の付記とも共通している。[41]

さらに暦譜の形態は、A一年の月ごとの朔日を連続して集めれば、C複数年の暦譜ができる。その例は、張家山漢簡の暦譜である。この場合は、過去の暦譜を収録するものと、先まで見越して作成するものが想定される。また前漢末の尹湾漢墓簡牘の暦譜は、木牘のものは、周囲を一周して一年の朔日と、月日の干支を記した早見表であり、竹簡の暦譜は、周家台秦墓の竹簡のように一年の暦で、勤務や出張の記録を付記している。[42]

このように暦譜は、内容によって木牘と竹簡に区別するのではなく、利用の便によって書き分けているようである。この秦漢時代の原理は、次頁の図のようになる。

周家台秦墓の暦譜からは、つぎのことが推測される。湖南省龍山県から出土した里耶秦簡では、行政文書に紀年・月日を記すにもかかわらず、暦譜が出土していない。また張家山漢簡には暦譜があるが、それも竹簡に控えた形態となっている。しかし周家台秦墓の木牘では、まず一年の朔日を記した形態があり、それを一年の暦譜とすることがわかり、国家が最初に配布する資料の一つであることが推定できる。[43]そこで周家台秦墓の暦譜は、睡虎地秦簡、里耶秦簡とあわせて、秦代郡県の全体的な資料の構成を知る手がかりとなる。それは、まず秦国の暦譜があり、つぎに想定されるのは、居延漢簡にみえるような皇帝の詔書や、中央の命令などであろう。里耶秦簡では、まだ暦譜と詔書、中央の命令ともに公表されていないが、暦譜にもとづく行政文書であることは明らかである。

このように、睡虎地秦簡と周家台秦墓の資料をあわせてみると、直接的に南郡の統治ではないが、地方行政におけ

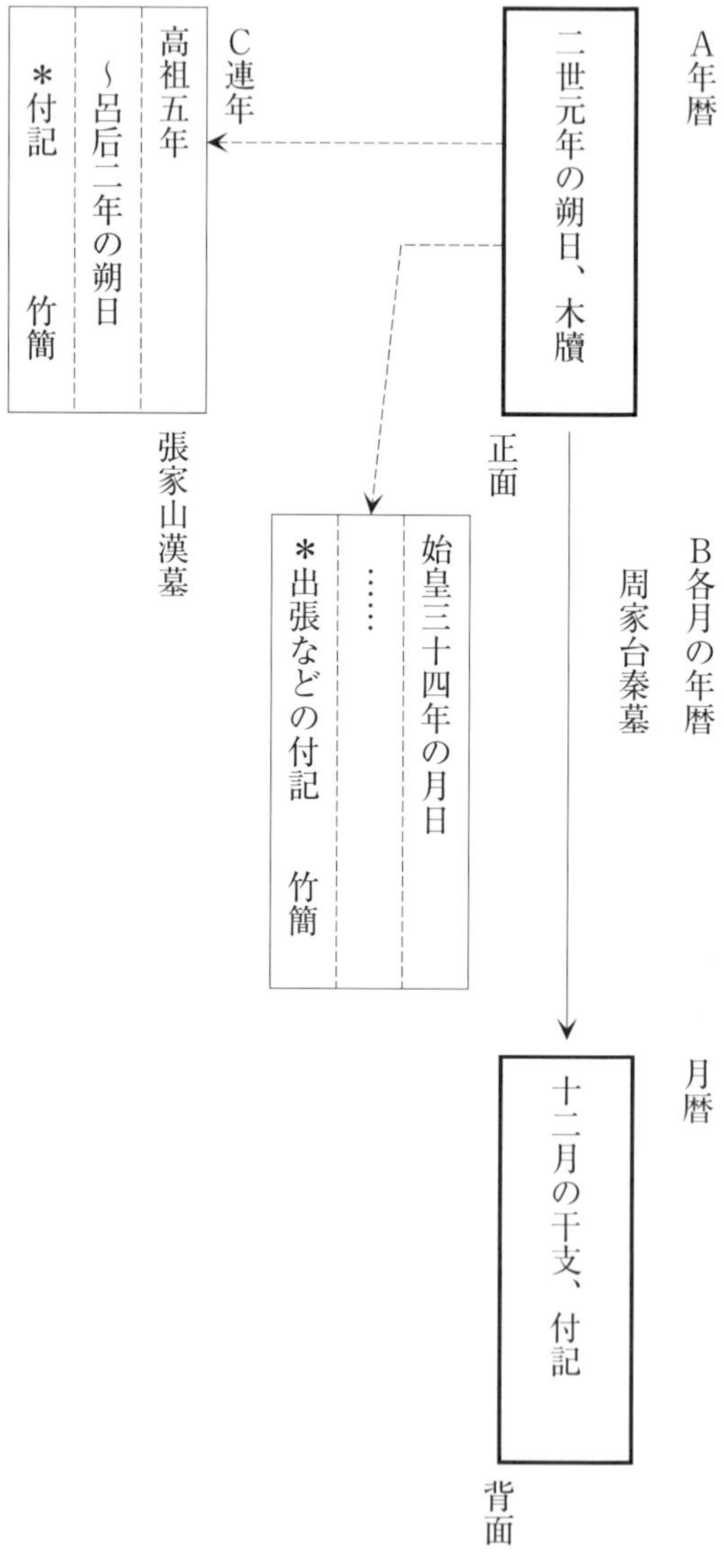

る文書や書籍のあり方がうかがえる。そこで竹簡「始皇帝三十四年」の暦譜によって、もう少し南郡の情勢を考えてみよう。

この暦譜には、墓主の行動とおもわれる旅行の付記がある。そのため秦代の旅行や、官吏の勤務、日記の形態を知るうえで貴重であり、すでに高村武幸氏などの考証がある。[44] 暦譜の形態は、一本の竹簡を六段に分けて、それぞれ大・小の月を配列している。その暦は、十月を歳首としており、年末の九月のあと、閏月の後九月を入れている。**表1**は、勤務と旅行に関する付記を一覧したものである。

表1　周家台秦墓の始皇34年暦譜

日付	公　事	旅行・勤務	日付	公　事	旅行・勤務
12月丙辰20	守丞登・史竪、除。到。		丙辰21		治竟陵。
丁巳21	守丞登□史□□之□□。		丁巳22		治竟陵。
辛酉25	嘉平		戊午23		治竟陵。
乙丑29	史但繫。		己未24		治竟陵。
正月丙寅1	嘉平視事。		庚申25		治竟陵。
……			辛酉26		治竟陵。
丁亥22	史除。不坐掾曹従公。	宿長道〔倒文〕。	壬戌27		治竟陵。
戊子23		宿迣贏邑。北上渧。	癸亥28		治竟陵。
己丑24		宿迣離涌西。	甲子29		治竟陵。
庚寅25		宿迣□□□北。	3月乙丑1		治竟陵。
辛卯26		宿迣羅涌西。	丙寅2		治竟陵。
壬辰27		宿迣離涌東。	丁卯3		宿□上。
癸巳28		宿区邑。	戊辰4		宿路陰。
甲午29		宿竟陵。	己巳5		宿江陵。
乙未30		宿尋平。	庚午6		到江陵。
2月丙申1		宿竟陵。	辛未7		治後府。
丁酉2		宿井韓郷。	壬申8		治
戊戌3		宿江陵。	癸酉9		治
……		〔江陵で勤務か？〕	……		〔後府で勤務か？〕
丁未12		起江陵。	辛巳17	賜	
戊申13		宿黄郵。	癸未19	奏上。	
己酉14		宿竟陵。	甲申20		史徹行。
庚戌15		宿都郷。	丙戌22		後事已。
辛亥16		宿鉄官。	丁亥23		治竟陵。
壬子17		宿鉄官。	己丑25	論脩賜。	
癸丑18		宿鉄官。	甲午30	丼左曹。	
甲寅19		宿都郷。	6月丁未14	去左曹。坐南廥。	
乙卯20		宿竟陵。	辛亥18	就建□陵。	

図3　官吏の旅行ルート

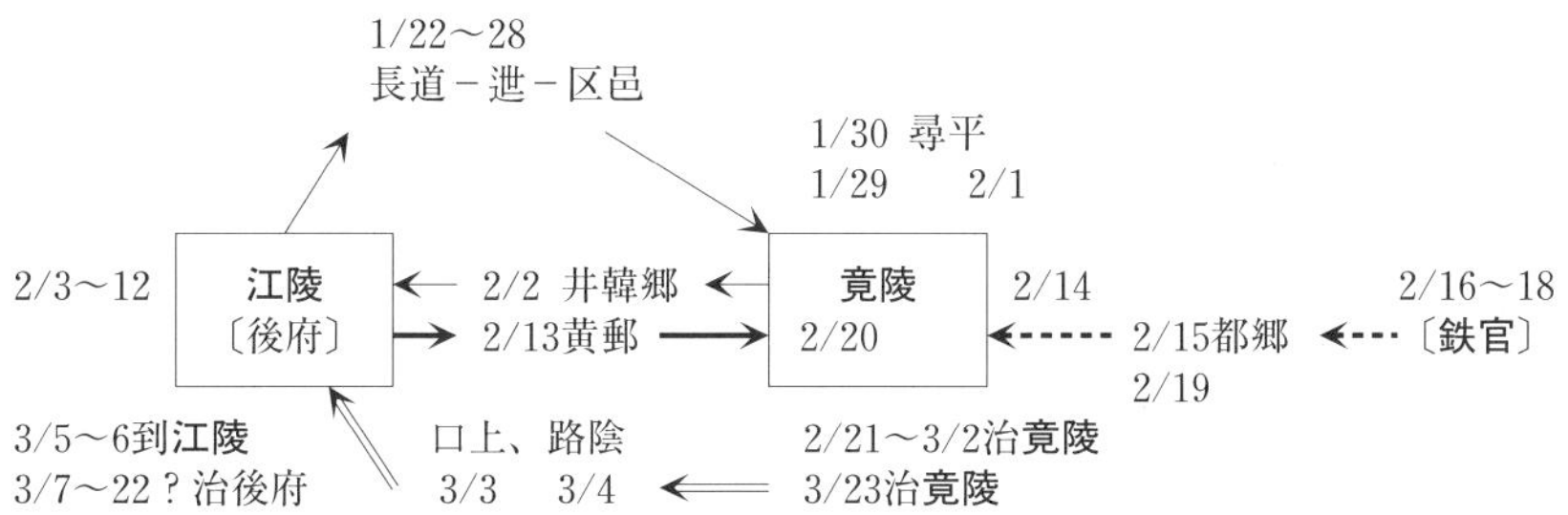

■十月戊戌（大）　■十二月丁酉（大）　■二月丙申（大）　■四月乙未（大）　■六月甲午（大）　■八月癸巳（大）
■十一月丁卯（小）　■正月丙寅（小）　■三月乙丑（小）　■五月甲子（小）　■七月癸亥（小）　■九月癸亥（小）
■後九月大、癸巳

暦譜の付記によると、墓主の行動には、つぎのような特徴がある。まず付記は十二月からはじまっており、丙辰（二十日）に「守丞登到。史豎除」、丁巳（二十一日）に「守丞登□史□□之」、乙丑（二十九日）に「史但繫」と記している。そして正月丙寅（一日）に「嘉平視事」、丁亥（二十二日）に「史除。不坐掾曹従公」とある記事によれば、正月から何かの業務をはじめたことが予想される。そのあと出張とおもわれる宿泊、勤務などの記事がつづくが、それは三月で終わっている。

まず正月丁亥の「宿長道」は、書く場所がなかったためか、十一月の欄に倒文となっている。ここからの旅行ルートは、別図によれば、出発点から竟陵へ行き、二月三日に江陵に宿泊している。丁未（十二日）には「起江陵」とあり、ここが出発点のようである。この間は、江陵での勤務を示すものかもしれない。江陵からは、また十四日に竟陵へ行き、都郷に宿泊して鉄官に行き、ふたたび都郷に宿泊して、二月二十日に竟陵に戻っている。このとき竟陵では「治竟陵」と記し、十二日間ほど滞在している。竟陵を出たのは、三月三日で、一泊したのち、三月五日に江陵に戻っている。

そのあとは、三月庚午（六日）に「到江陵」、辛未（七日）に「治後府」とあり、江陵の後府で勤務したのではないかと推測される。そして三月辛巳（十七日）に「賜」、癸未（十九日）に「奏上」とあり、任務が終わったようにみえる。これと関連してか、甲申（二十日）に「史徹行」、丙戌（二十二日）に「後事已」とある。そして丁亥（二十三日）には、「治竟陵」とあって竟陵にいる。己丑（二十五日）の「論脩賜」、甲午（三十日）の「幷左曹」は、これに関連する記事かもしれない。

ところで発掘報告では、墓葬の年代を秦代と推定し、あわせて墓主の頭骨が三十歳以内という鑑定を紹介している(45)。墓主の身分は、秦始皇三十四年の暦譜に、南郡統治下の竟陵県について、「治竟陵」とあることから、県の上級の郡の役人で、生前に一度、郡守か郡丞の随行員となった可能性があるという。しかし県の令史であった睡虎地一一号秦墓の墓葬より簡略であり、あるいは佐史のような小吏かと推測している。

暦譜によれば、旅行の拠点となるのは、江陵と竟陵である。これに鉄官があり、あとは旅行ルートでの宿泊先である。そこで墓主とおもわれる人物は、竟陵あるいは江陵にいると推測される。ただしかれは、江陵県の後府でも勤務しており、葬られたのは江陵県城の近くである。そこで問題となるのは、このような行動とその拠点である。すでに睡虎地秦簡「語書」でみたように、秦王二十年の段階では、あるいは江陵県と別の県に南郡守がいた可能性があった。しかし始皇帝三十四年の段階では、江陵県が郡の業務の中心であったことになる。これは秦の統一をはさんで、郡治所の役割が変わったとみるか、あるいは睡虎地秦簡の段階とは治所の比重が違うとみなせるかもしれない。ともかく南郡における県と県の移動や、勤務の形態を知ることができる。

これに関連して、十二月に守丞が到着し、正月から三月まで行なう業務の性格を考えてみたい。これは『秦律十八種』の「置吏律」一五七、一五八簡に、「県と都官・十二郡で官吏および佐・官属たちを免職・任命するとき、十二月朔日から免職・任命をはじめ、三月が終わるまでに止めよ」という記事が注目される。この職務は、直接的に暦譜の出張を示すものではないが、郡県の業務を一定の期間に行なう例とすることができる(46)。

したがって周家台秦墓の暦譜によれば、秦の統一後に、南郡では江陵県の機能が充実していることがわかる。また睡虎地秦簡や里耶秦簡とあわせて、暦譜、法令、文書行政、官府の実務といった郡県統治の基礎となる文字資料が、古墓の資料にも反映されていることが理解できる。このほか秦代の資料には、張家山漢簡『奏讞書』案件一八「●南郡卒史蓋廬摯朔假卒史瞗復攸庳等獄簿」（一二四〜一六一簡）がある。これは始皇帝二十七、二十八年（前二二〇、二一九）に、南郡卒史たちが、攸県の事件を再審した事例であり、南郡をめぐる情勢を補足することができる。(47) また陳松長氏は、湖南大学岳麓書院が購入した秦簡について、郡県の名称に関連する資料を公表している。(48)

廿五年五月丁亥朔壬寅、州陵守綰・丞越敢讞之。……（1219号）
廿五年六月丙辰朔己卯、南郡假守賈報州陵守綰・丞越。子讞求盜尸等捕秦男子治等四人（0083号）
廿五年七月丙戌朔乙未、南郡假守賈報州陵守綰・丞越。子讞荊長癸等□、男子治等告□□（0163号）
丞相上盧江假守書言、盧江莊道時敗絕不補、即莊道敗絕不逋（補）而行水道、水道異遠。莊道者……（0556号）
綰請許而令郡有罪罰當戍者、泰原署四川郡。東郡・叄川・穎川署江胡郡。南陽・河內署九江郡。……（0706号）

これらは一部の資料であるが、「敢讞之」の用語は、張家山漢簡『奏讞書』の事例と似ており、「丞相上盧江假守書言」という表現は、張家山漢簡「津関令」の作成パターンとよく似ている。(49)

従来の研究では、睡虎地秦簡の法制史料としての側面が注目されていたが、ここでは秦の統一前後における南郡の情勢を知るうえで、周家台秦墓の簡牘や、里耶秦簡との接点を考えてみた。その結果、秦の国家では、秦暦と詔書、中央の命令、法令、行政文書という文字資料の形態が推測できる。しかし睡虎地秦簡の「語書」や、『法律答問』と『日書』などには、秦と楚の習俗の違いもみえている。これを包山楚簡にみえる楚国の体制とくらべれば、楚暦、法令、行政文書の違いとともに、習俗や規範などに相違がある。ここから戦国、秦代の郡県制では、法制史や文書行政、行政システムをこえて、さらに地域性をふくむ社会システムが問題となる。そして秦漢王朝の成立期では、どのように地域性をもつ社会を組み込んでゆくかということが重要な課題である。

なお二〇〇六年十一月には、湖北省雲夢県で睡虎地七七号漢墓が発掘され、年代は前漢の文帝末年から景帝期と推定されている[50]。この睡虎地七七号墓には、竹笥の中に二一三七枚あまりの簡牘を副葬していた。竹簡は、①質日(暦譜)、②日書、③書籍、④算術、⑤法律(八五〇枚)などに分類されている。また牘は、竹と木質で、司法文書と簿籍と紹介している。これは前漢時代の資料であるが、雲夢地区の墓葬のあり方や、睡虎地秦簡と張家山漢簡の法律などを比較する参考になるものである。

おわりに

本章では、戦国秦の雲夢睡虎地秦墓竹簡と、荊州市にある周家台秦墓の簡牘を位置づけるために、その歴史と資料の形態、機能を考えてみた。ここで論じたことは、つぎのように要約される。

一、睡虎地秦簡の歴史背景は、戦国秦が戦国楚の本拠地を占領して、南郡を置いたことにはじまる。雲夢県には南郡の安陸県の城郭(県城)があり、睡虎地一一号秦墓は、その周囲にある秦墓群の一つにあたる。そこで紀年をもつ『編年記』と「語書」をみると、南郡のなかで当初は安陸県の役割が重要であったことを推測させる。そして睡虎地秦墓の墓主は、かつて安陸県の令史であり、治獄を司るといわれるが、あらためて県レベルの官府に勤務する官吏が所有していた資料との関連がうかがえる。したがって『編年記』と「語書」は、直接的な暦譜や行政文書ではないが、官府の資料を保存した記録にもとづく可能性がある。

二、睡虎地秦簡の紀年を記さない資料は、法令化された『秦律十八種』『效律』『秦律雑抄』と、法令の説明にあたる『法律答問』、様式の見本にあたる『封診式』、横に読む形式の『為吏之道』、秦と楚の占いを記した『日書』甲種、『日書』乙種である。秦律は、里耶秦簡や張家山漢簡の形態と比べれば、法令の写しとなっており、すでに書籍の形態に近くなっている。『法律答問』は、甲・乙などの抽象化がはかられた例題となっており、『封診式』は、おおむね県レベル以下の社会の抽象化がはかられている。『日書』は、工藤元男氏が論証されているように、法律に対する秦・楚の習俗を反映している。したがって睡虎地秦簡は、全体として行政の実務に関する記録が少なく、多数は暦譜や法令、占いなどを竹簡に保存し、それに手を加えたものである。これは県レベルの官府で、実際に使用して処理をする簡牘と、竹簡に保存された資料との違いを示している。その作成の地域は、内史（関中）の領域に関する地名が多いが、張家山漢簡のような長江流域に関する追加の規定が無いことから、その適用される範囲は、原則として秦国の全体に及ぶものと推測できる。これは南郡から出土しても、秦国の統治に対する統一性を示しており、この傾向は龍崗秦簡でもほぼ同様である。

三、これに対して、南郡の治所となる江陵県（県城は郢城）の周囲には、周家台秦墓のように、古墓に副葬された資料が出土している。これには秦の暦譜や、紀年をもつ「日記」のような資料があり、地方行政に必要な暦を応用した控えとみなすことができる。その行政範囲は、南郡における県と県の移動や、県レベルの官府に勤務する官吏の形態がうかがえる。このほか張家山漢簡『奏讞書』の秦代案件と、湖南大学岳麓書院が購入した秦簡によって、さらに将来は事例を追加することができよう。

四、したがって秦の南郡に属する古墓の資料は、基本的に県の官府で使用された秦暦や、中央の法令、行政文書にもとづき、とくに竹簡に保存した資料にあたるものが、墓主の随行品と意識して副葬されたことになる。このような秦の統治と社会システムに対して、包山楚簡にみえる楚文化と社会システムを比べてみると、その相違が明らかになる。つまり楚墓と秦墓の資料には、同じように楚暦、楚の法令、裁判、統治システムと、秦暦、秦の法令、裁判、統治システムがありながら、実務の運営や習俗・規範の点で違いをみせている。これは楚国と秦国の資料が、分類として似ていても、その機能は同じような性格ではないことを示している。この意味において、戦国楚簡と秦簡は、戦国秦が占領して組み込む前後の情勢を表していることになる。

このような経過をふまえて、つぎに課題となるのは、異なる地域社会を統合した秦王朝の統治と社会システムが、どのようなものかということである。次章より以下では、公表された里耶秦簡の分析によって、その地方統治の原理と実態を考察してみよう。

注

（1）この経過は、本書の第一章「中国古代の秦と巴蜀、楚」、拙稿「始皇帝と秦王朝の情報伝達——『史記』と里耶秦簡」（『資料学の方法を探る』七、二〇〇八年）で説明している。

（2）湖南省文物考古研究所『里耶発掘報告』（岳麓書社、二〇〇七年）、拙稿「戦国楚の領域形成と交通路」（一九九四、『中国古代国家と郡県社会』汲古書院、二〇〇五年）、同「里耶古城参観記」（『資料学の方法を探る』七、二〇〇八年）。

（3）《雲夢睡虎地秦墓》編写組『雲夢睡虎地秦墓』（文物出版社、一九八一年）、睡虎地秦墓竹簡整理小組編『睡虎地秦墓竹簡』（文物出版社、一九七七年）、睡虎地秦墓竹簡整理小組編『睡虎地秦墓竹簡』（文物出版社、一九九〇年）。

（4）睡虎地秦簡は、中華書局編輯部編『雲夢秦簡研究』（中華書局、一九八一年）、高敏『雲夢秦簡初探』（一九七九、河南人民出版社、増訂本、一九八一年）、大庭脩『秦漢法制史の研究』第二編第一章「雲夢出土竹書秦律の概観」（創文社、一九八二年）、永田英正『居延漢簡の研究』附篇「雲夢秦簡の発見と中国の研究」（同朋舎出版、一九八九年）、工藤元男『睡虎地秦簡

より見た秦代の国家と社会』序章（創文社、一九九八年）、籾山明『中国古代訴訟制度の研究』序章「出土法制史料と秦漢史研究」（京都大学学術出版会、二〇〇六年）、池田雄一『中国古代の律令と社会』Ⅰ、第四章「湖北雲夢睡虎地秦墓管見」、第五章「王家の法から国家法へ——雲夢睡虎地出土の秦律」（汲古書院、二〇〇八年）をはじめ、多くの紹介と研究がある。ここでは睡虎地秦簡の情報を中心として、関連する研究をあげるにとどめた。

（5）睡虎地秦簡をめぐっては、『編年記』にみえる墓主の「喜」が、秦人か楚人かという問題や、秦律がどのような社会を反映するか問題となっている。また睡虎地秦簡が全秦に通用する規定か、南郡に適用されるかという議論がある。その一端は、江村治樹『春秋戦国秦漢時代出土文字資料の研究』第三部第四章「雲夢睡虎地出土秦律の性格」（汲古書院、二〇〇〇年）、工藤前掲『睡虎地秦簡より見た秦代の国家と社会』第一章「内史の再編と内史・治粟内史の成立」などに詳しい。

（6）張沢棟「雲夢〝楚王城〟遺址簡記」（『江漢考古』一九八三年二期）、湖北省文物考古研究所・孝感地区博物館・雲夢県博物館「'92雲夢楚王城発掘簡報」（『文物』一九九四年四期）、拙稿「『史記』と楚文化——江陵・雲夢の地域社会」（『社会科』学研究』二八、一九九四年）。

（7）湖北省荊沙鉄路考古隊『包山楚墓』上下（文物出版社、一九九一年）。楚の県制をめぐる考察には、陳偉『包山楚簡初探』（武漢大学出版社、一九九六年）、拙稿「包山楚簡にみえる戦国楚の県と封邑」（前掲『中国古代国家と郡県社会』）がある。

（8）陳振裕「東周楚城的類型初析」（『江漢考古』一九九二年一期）。また高介華・劉玉堂『楚国的城市与建築』（湖北教育出版社、一九九六年）、江村治樹『春秋戦国秦漢時代出土文字資料の研究』（汲古書院、二〇〇〇年）、曲英傑『長江古城址』（湖北教育出版社、二〇〇四年）でも城郭を比較している。

（9）湖北省文物考古研究所・孝感地区博物館・雲夢県博物館「雲夢龍崗秦漢墓地第一次発掘簡報」（『江漢考古』一九九〇年三期）、中国文物研究所、湖北省文物考古研究所編『龍崗秦簡』（中華書局、二〇〇一年）など。

（10）劉信芳、梁柱『雲夢龍崗秦簡』（科学出版社、一九九七年）、前掲『龍崗秦簡』（二〇〇一年）、池田前掲『中国古代の律令と社会』Ⅱ、第一章「秦代の律令」三〇二〜三〇六頁。

（11）『編年記』の構成と諸説については、拙稿「『史記』戦国紀年の再検討」（『史記戦国史料の研究』東京大学出版会、一九九九七年）で紹介している。

（12）『雲夢睡虎地秦墓』一五～一六頁に紹介があり、陳偉「睡虎地秦簡《語書》的釈読問題（四則）」（武漢大学簡帛網、二〇〇五年十一月）は、字句の考証をしている。

（13）『睡虎地秦墓竹簡』（一九九〇年）一〇頁。

（14）『睡虎地秦墓竹簡』（一九九〇年）一三頁では、後半の六簡の紐の位置が、前半よりもやや低く、本来は別に編集されていたとみなしている。湯浅邦弘『中国古代軍事思想史の研究』第三部第二章「秦の法思想」（研文出版、一九九九年）では、南郡統治のなかで、法の正当性を主張し、悪吏の不正を摘発する思想を指摘している。

（15）「語書」の構成と、里耶秦簡⑯5、6との比較は、本書の第四章「里耶秦簡と秦代郡県の社会」でふれている。

（16）陳偉「秦と漢初の文書伝達システム」（藤田勝久・松原弘宣編『古代東アジアの情報伝達』汲古書院、二〇〇八年）は、「以郵行書」「以次伝書」の区別を論じている。

（17）江陵郢城考古隊「江陵県郢城調査発掘簡報」（『江漢考古』一九九一年四期）。

（18）墓主の職務について、『睡虎地秦墓竹簡』（一九九〇年）一〇頁では「治獄鄢」を鄢県の獄掾ではないかとみなし、籾山前掲「出土法制史料と秦漢史研究」などでは、「鄢令史」は鄢県の令史、「治獄鄢」が鄢県の令史として治獄の任務をもつと説明している。

（19）籾山前掲「出土法制史料と秦漢史研究」では、『效律』について「副葬された律文が墓主の個人的な収集ではなく、国家ないし地方官庁から関連機関に頒布された」可能性を述べている。また工藤前掲『睡虎地秦簡より見た秦代の国家と社会』序章にも、睡虎地秦簡の概観がある。

（20）江村前掲「雲夢睡虎地出土秦律の性格」、湯浅前掲『中国古代軍事思想史の研究』第三部第一章「秦律の理念」、池田前掲「王家の法から国家法へ」など。また睡虎地秦簡の性格は、内史をめぐって議論され、工藤前掲「内史の再編と内史・治粟内史の成立」（一九八一）、拙稿「中国古代の関中開発」（一九八四、前掲『中国古代国家と郡県社会』）、山田勝芳「秦漢時代の大内と小内」（『集刊東洋学』五七、一九八七年）、重近啓樹『秦漢税役体系の研究』附篇一「秦の内史をめぐる諸問題」（汲古書院、一九九九年）などがある。

(21) 彭浩・陳偉・工藤元男主編『二年律令與奏讞書』（上海古籍出版社、二〇〇七年）。ただし睡虎地秦簡にも、「春二月……到七月」（田律）、「以四月、七月、十月、正月」（廐苑律）のように、期間を示す月がある。

(22) 睡虎地秦簡の反映する社会が県を基準とすることは、飯尾秀幸「中国古代における国家と共同体」（『歴史学研究』五四七、一九八五年）、重近啓樹「秦漢王朝と豪族」（『秦漢税役体系の研究』汲古書院、一九九九年）などにも指摘がある。

(23) 大庭脩『木簡』（学生社、一九七九年）などでは、後漢『釈名』に、槧は「版の長さ三尺のもの」という説を引く。張家山漢簡『算数書』七〇、七一簡では、まず三尺の竹簡を作成しており、そこから各種の大きさに切断することが推測できる。

　程竹。程曰、竹大八寸者爲三尺簡百八十三。今以九寸竹爲簡、簡當幾何。曰、爲二百五簡八分簡七。術曰、以八寸爲法。

　程曰、八寸竹一個爲尺五寸簡三百六十六。今欲以此竹爲尺六寸簡、簡當幾何。曰、爲三百廿（卌）三〔簡〕八分簡一。

　術曰、以十六寸爲法。

(24) 小組注釈は、「徵召文書上写明須急到的、該人已応来到而没有到達、応加追査」とする。これに関連して、冨谷至編『江陵張家山二四七号墓出土漢律令の研究』訳注篇（朋友書店、二〇〇六年）一八七頁では、「辟書」を召喚状ではなく、捜査・裁判関係の文書とみなしている。前掲『二年律令與奏讞書』二〇五〜二〇六頁では、「辟書」について犯罪を審理・調査する文書とする。『居延新簡——甲渠候官与第四燧』（中華書局、一九九〇年）には、返答の追及とする例がある。

　五月戊辰、丞相光下少府大鴻臚京兆尹定□相、承書從事下當用者、京兆尹以□次傳、別書相報、不報者、重追之、書到言。　EPT48.56

(25) 伝の形態と役割、伝食律については、本書の第十章「張家山漢簡『津関令』と漢墓簡牘」を参照。

(26) 『睡虎地秦墓竹簡』（一九九〇年）七九頁。

(27) 大庭前掲「雲夢出土竹書秦律の概観」。

(28) 松崎つね子『睡虎地秦簡』（明徳出版社、二〇〇〇年）は『法律答問』の全訳である。佐藤直人「秦簡『法律答問』の文書的性格について」（『SITES 総合テクスト科学研究』Vol.1、No.2、名古屋大学文学研究科ＣＯＥプログラム、二〇〇三年）

は、令史たちを軸に形成された「法運用のマニュアル」のような性格とする。
（29）籾山前掲『中国古代訴訟制度の研究』付章一「湖南龍山里耶秦簡概述」は、里耶秦簡にみえる用法も同じと説明している。
（30）山田勝芳『秦漢財政収入の研究』第五章第五節「関税」（汲古書院、一九九三年）四四七～四四八頁。
（31）『日書』にも祠に関する記述は多い。工藤前掲『睡虎地秦簡より見た秦代の国家と社会』第四章「睡虎地秦簡『日書』の基礎的検討」など。
（32）『睡虎地秦墓竹簡』（一九九〇年）一四七頁、籾山前掲「出土法制史料と秦漢史研究」など。
（33）遷子にみえる交通については、陳偉前掲「秦と漢初の文書伝達システム」に考証がある。
（34）『睡虎地秦墓竹簡』（一九九〇年）一六七頁。また湯浅前掲「秦の法思想」は、その構成を考察している。
（35）工藤前掲『睡虎地秦簡より見た秦代の国家と社会』第四章から第九章の『日書』に関する論文、および終章「睡虎地秦簡よりみた戦国秦の法と習俗」。
（36）劉信芳ほか前掲『雲夢龍崗秦簡』、中国文物研究所ほか前掲『龍崗秦簡』。
（37）湖北省荊州市周梁玉橋遺址博物館「関沮秦漢墓清理簡報」（『文物』一九九九年六期）、湖北省荊州市周梁玉橋遺址博物館編『関沮秦漢墓簡牘』（中華書局、二〇〇一年）。
（38）連雲港市博物館等『尹湾漢墓簡牘』（中華書局、一九九七年）。
（39）吉村昌之「出土簡牘資料にみられる暦譜の集成」（冨谷至編『辺境出土木簡の研究』朋友書店、二〇〇三年）。
（40）彭錦華「周家台三〇号秦墓竹簡〝秦始皇三十四年暦譜〟釈文与考釈」（『文物』一九九九年六期）。なお暦譜には、一部に干支の書き誤りがある。これは一年すべての暦譜を、そのまま写したのではなく、先にみた各月の朔日から転記して、月ごとに作成するときの誤りではないかと推測される。
（41）陳久金・陳美東「臨沂出土漢初古暦初探」（『文物』一九七四年三期）、呉久龍釈『銀雀山漢簡釈文』（文物出版社、一九八五年）。
（42）『尹湾漢墓簡牘』尹湾六号漢墓出土竹簡「元延二年日記」、高村武幸『漢代の地方官吏と地域社会』第二部第一章「秦漢代

地方官吏の『日記』について」（一九九九、汲古書院、二〇〇八年）、本書の第十一章「秦漢時代の交通と情報伝達」。

(43) 秦漢時代に、どのようにして暦譜が配布されるかは不明である。胡平生・張徳芳編撰『敦煌懸泉漢簡釈粋』（上海古籍出版社、二〇〇一年）では、伝信を紛失した文書の一部として「御史守属太原王鳳、元鳳元年九月己巳、假一封傳。行暦日詔書。亡傳信。外二百卅七十九」（ⅠT0112④:1）を紹介している。これによれば漢代後半では、中央からの使者が公用として「暦日詔書」を持って行くことがわかる。

(44) 高村前掲「秦漢代地方官吏の『日記』について」。

(45) 前掲「関沮秦漢墓清理簡報」、前掲『関沮秦漢墓簡牘』周家台三〇号秦墓発掘報告。

(46) 高村前掲「秦漢代地方官吏の『日記』について」は、拙著『司馬遷の旅』（中央公論新社、二〇〇三年）によって、この説を紹介している。ここで注目したのは、郡県の職務によって一定の期間が設けられており、それが暦譜の行動と類似している点である。

(47) 『奏讞書』の案件一八では、南郡の卒史たちが、隣郡の攸県の事件を再審しており、二十七、二十八年の時点では、南郡の太守府が江陵に近いことがうかがえる。

(48) 陳松長「岳麓書院新獲秦簡中的郡県名考釈」（『東アジア資料学の可能性模索』成均館大学校東アジア学術院、二〇〇八年八月）、同「岳麓書院所蔵秦簡綜述」（『文物』二〇〇九年三期）。二十七年の日志には「騰」に関する八例があり、三十四年の日志には「爽」に関する例がある。三十五年の日志では、宿泊と行程に関する「己未、宿當陽」「庚申、宿銷」「甲子、宿鄀」の例がある。

(49) 池田雄一編『奏獻書——中国古代の裁判記録』（刀水書房、二〇〇二年）、小嶋茂稔「読江陵張家山出土『奏讞書』劄記」（『アジア・アフリカ歴史社会研究』二、一九九七年）、本書の第八章「長江流域社会と張家山漢簡」を参照。

(50) 湖北省文物考古研究所・雲夢県博物館「湖北雲夢睡虎地M七七発掘簡報」（『江漢考古』二〇〇八年四期）。

第四章　里耶秦簡と秦代郡県の社会

はじめに

二〇〇二年六月、湖南省龍山県の里耶古城の一号井戸（J1）から約三六〇〇〇点の簡牘が発見された。[1]古城遺跡の位置は、洞庭湖から沅水を遡った支流・酉水の北岸にあり、武陵山脈を越えて烏江流域（重慶市、貴州省の方面）に至る交通路にあたっている。古城は秦代の洞庭郡に所属する遷陵県の城郭と推定され、簡牘の年代は、秦王政（始皇帝）二十五年（前二二二）から二十六年の統一をへて、二世皇帝二年（前二〇八）までの連続する紀年をふくむといわれている。そのため里耶秦簡（秦代木牘）は、これまで『史記』などの文献で不明であった南方の地方統治について具体的な資料を提供することになる。

里耶秦簡の内容は、一部の写真と釈文が「湖南龍山里耶戦国―秦代古城一号井発掘簡報」（以下「簡報」、『文物』二〇〇三年一期）と「湘西里耶秦代簡牘選釈」（『中国歴史文物』二〇〇三年一期）に発表され、それを紹介した李学勤「初読里耶秦簡」と、里耶秦簡講読会「里耶秦簡訳註」（二〇〇四年）、馬怡「里耶秦簡選校」（二〇〇七年）、王煥林『里耶秦簡校詁』（二〇〇七年）などの注釈がある。[2]『文物』で紹介された木牘は、全体の約〇・一%にあたる三五点で、いわばサンプル資料である。その後、『里耶発掘報告』（以下『発掘報告』、二〇〇七年）が刊行され、サンプル資料も一〇〇点近くになっている。この里耶秦簡は、すでに指摘されているように、初歩的な分析によっても一定の傾向がうかがえ、秦代郡県制と社会システムを研究する基礎となる。[3]

本章では、「簡報」『発掘報告』の説明と、その写真を基礎とする釈文（付篇「里耶秦簡の釈文」）によって、まず里耶秦簡の出土状況と年代、行政文書としての特徴を確認しておきたい。そのとき注目するのは、秦王朝の中央である咸陽から離れて、南方の里耶古城から出土した簡牘は、どのような性格をもつのかということである。そのうえで、秦代の県という官府に勤務する官吏（県令、丞、尉、守丞など）の役割を整理して、劉邦の叛乱基盤となった沛県の社会との比較を試みたいとおもう。

一　里耶秦簡の年代と暦譜

最初に、里耶秦簡を出土した古城遺跡と井戸との関係をみておこう（図1、図2）。「簡報」と『発掘報告』によれば、古城の城壁は南北が二三五メートル、東西の残存は一五〇メートルで、その東部は酉水によって浸食されている。城壁の周囲には、城濠が廻らされている。簡牘が出土した一号井戸は、城内の北部に位置している。井戸の平面は、木板で組まれた一辺が二メートルの正方形で、深さは一四・三メートルである。

ここで問題となるのは、この地方で古城の井戸から簡牘が出土する意味と、その地層と簡牘の年代である。このうち里耶の地理的な位置について、湖南省文物考古研究所の報告は、つぎのように説明している。[4]

この里耶盆地は、土家族の方言で「耕地」「拓土」の意味をもち、農耕条件に恵まれた土地という。ここには戦国から漢代にかけて、三つの古城とそれに対応する墓地がある。一は、里耶古城と麦茶古墓群（楚文化などの戦国墓葬二〇〇余座）と下碼古墓群である。二は、魏家寨古城（前漢）と清水坪古墓群（やや規模の大きい漢墓二〇〇余座）、三は、

図１　里耶古城と周辺墓地

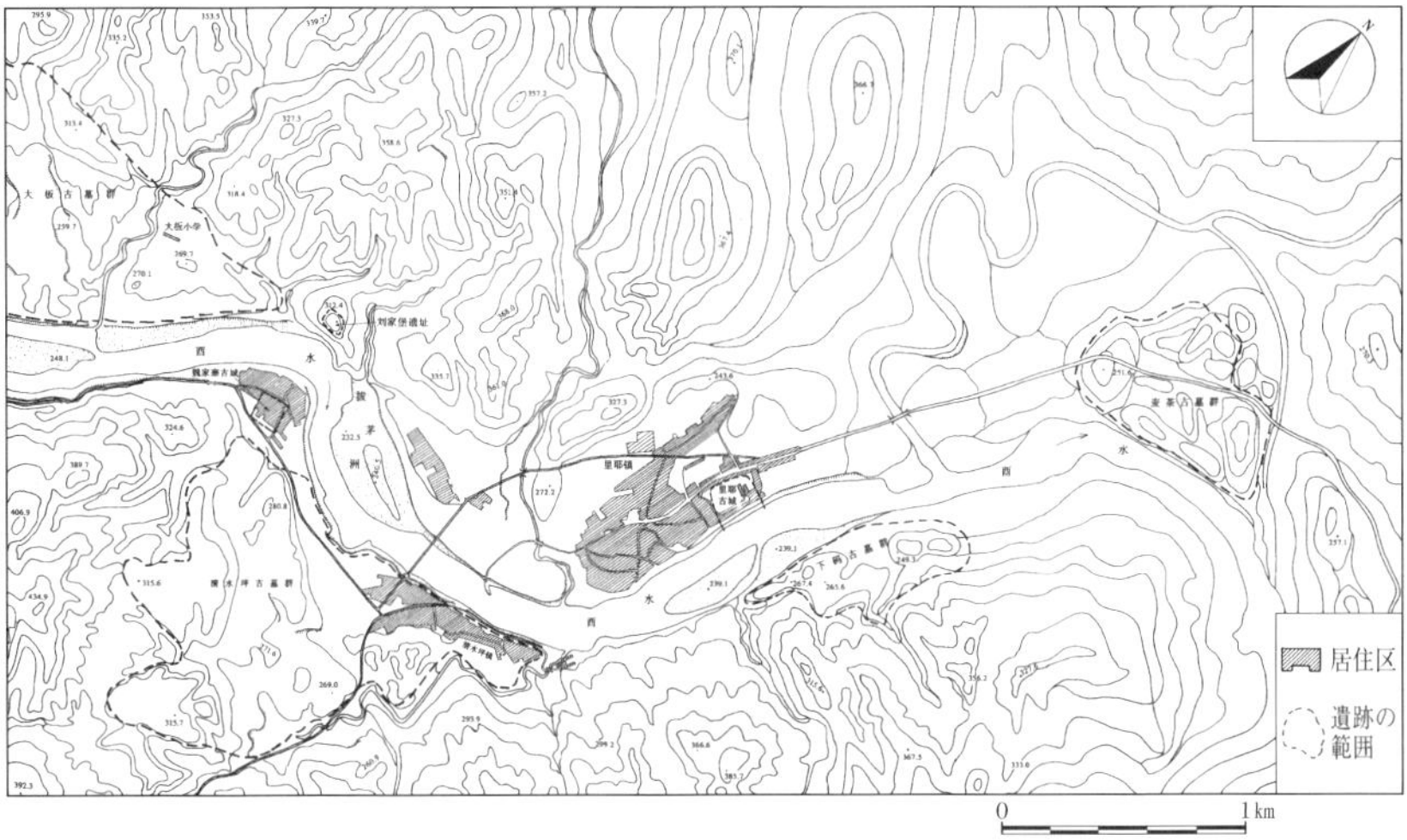

（『里耶発掘報告』2007年）

図２　里耶古城の遺跡

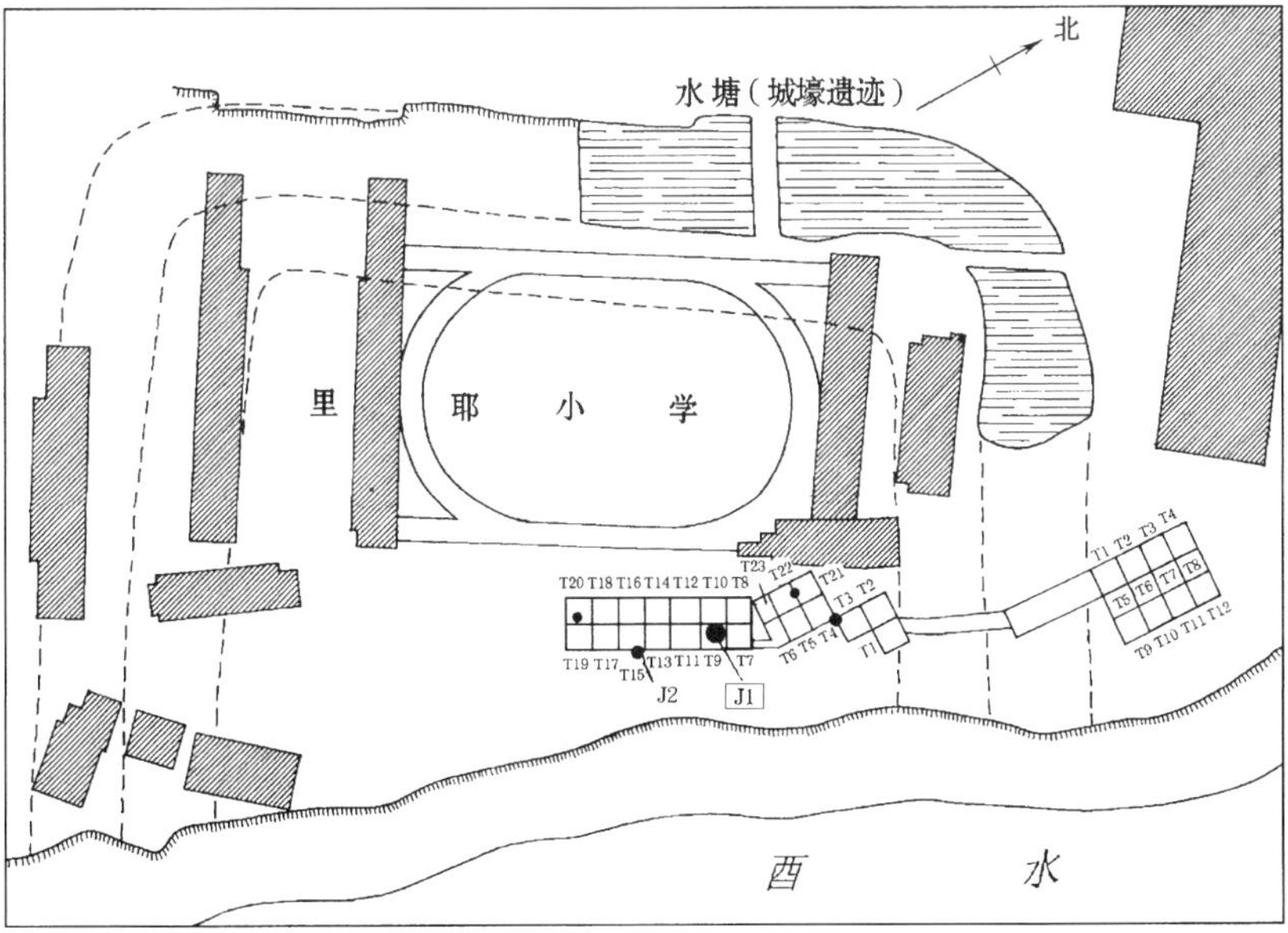

（『文物』2003年１期、発掘簡報）

大板古城（後漢）と大板古墓群である。これら三つの古城は、歴史上の遷陵、酉陽、黔陽の地名に関連するとみなされている。さらに『発掘報告』は、麦茶戦国墓地を大きく二つのグループ（五組の類型）に分類している。

Ⅰ．A組：戦国中晩期の楚墓。B組：A組とは別の楚人。C組：戦国晩期の楚墓。

Ⅱ．D組：楚人より早く入った苗蛮か（楚人の統治下）。E組：歴史上の濮人か。

つまり里耶の地では、かつて苗蛮のような人びとが住んでいたが、戦国中期に楚人が入り込み、前二七八年に楚の都城が陥落すると大量の楚人が移民したという。これによれば、秦の占領がはじまることによって、そこに組み込まれた楚人、苗蛮のほか、さらに移動した楚人や苗蛮の人びとが予想される。このような周囲の遺跡をふくむ里耶盆地の理解は、秦簡の内容を知るためにも大切である。

また興味深いのは、⑯52の木牘に、鄢《えん》から遷陵県までの地名里程が記されており、それが里耶古城の位置にあたることである。この点は、すでに多くの指摘がある。[5] いま一里を約〇・四キロとすれば、つぎの通りである。

鄢到銷百八十四里　1（約　七三・六キロ）　〔凡四〕千四百卌四里　7
銷到江陵二百卌六里　2（約　九八・四キロ）
江陵到孱陵百一十里　3（約　四四・〇キロ）
孱陵到〔索〕二百九十五里　4（約一一八・〇キロ）
〔索〕到臨沅六十里　5（約　二四・〇キロ）
臨沅到遷陵九百一十里　6（約三六四・〇キロ）

ここでは鄢（湖北省宜城市）から江陵（荊州市）を経て、孱陵《せんりょう》、索、臨沅《りんげん》（湖南省常徳市）、遷陵（龍山県）までの距離を記しており、秦漢時代の長江流域の水陸ルートを推測する資料となる。これによると鄢から銷、江陵までは約一七一・七キロで、おそらく今日の距離とほぼ同じ陸路であろう。江陵から孱陵、索をへた臨沅までは、現在の地名や、陸路か水路かの区別は不明である。しかしその距離は約一八八・四キロで、鄢から江陵までよりやや長い距離からみれば、江陵から臨沅までほぼ直線に近いルートとなる。そして臨沅から遷陵までは、おそらく沅水と酉水を遡る水路とおもわれ、その距離は、ほぼ鄢から江陵、臨沅までの距離をあわせた約三六八・六キロである。そして鄢から遷陵県までを合計すれば一七九九里で、約七二八・六キロの道のりとなる。したがって七行目に「〔凡四〕千四百卌四里」（約七一九・六キロ）とあるのは、鄢より以前の地名をふくめて、一七九九里以上の里程を示すことになろう。これを図示すれば、つぎのようになる。

この里程を参考にすれば、秦王朝の都・咸陽からの交通や、命令と文書の伝達ルートが想定できる。それは秦王朝の中央の命令は、まず南郡の江陵をへて洞庭郡の臨沅に伝えられる。そこから洞庭郡の管轄下にある遷陵県にも文書が伝達され、行政の実務が実行されるという過程である。そのとき秦の制度を継承した張家山漢簡『二年律令』の「行書律」「伝食律」の規定によれば、①制書、急書などを「郵」で伝達する方法、②危急の変事を知らせるため、伝馬に乗る方法、③通常の文書を県・道の「次」（伝舎や下部の施設）によって伝達する方法があった。(6) しかし⑯52の木牘は、通常の県レベルの施設や郵を順次に経由しておらず、あるいは基点となる宿泊地などの交通ルートを示すものかもしれない。

こうして里耶古城は、秦代郡県制のもとにある県城であり、城内に房屋遺跡と井戸がある。この井戸は、本来は官府の飲料用として利用された可能性があり、それがいつか廃棄されて簡牘の捨て場になったものであろう。(7) 二つの報告では、この間の事情をつぎのように説明している。

里耶の「簡報」は、井戸の地層を一八に区分し、さらに出土陶器の時代的特徴から四期に分けている（図3）。その開鑿と使用は戦国時代に始まり、廃棄は、1に第⑱層が戦国楚の末年で、2に第⑰層が楚の末年と秦代にあたるという。また3に第⑯～⑤層は、⑤層に数枚の戦国楚簡があるのを除けば、⑰層と共にすべて秦代の木質簡牘をふくみ、これは秦末に廃棄されたとする。しかも井戸に廃棄された時間は、それほど長くはなく、夏秋の草本植物が旺盛な二カ月前後にあたり、長くても三カ月以内とみなしている。そして簡牘の埋蔵状況からみて、秦末の動乱期に政務を行うことができず、随意に水井に投棄したと推測している。4に第④層以上は廃棄後の堆積で、秦末から前漢初年にあたると考えている。

「戦国秦漢城址」の報告では、第一期の城壁の建造を戦国中期～秦代とし、第二期の年代は前漢のもので、そのとき城濠は広さ一六メートル、深さ約七メートルとする。城内の中央部には、南北の道路と交差して、東西に幅約一三メートルの道路があり、そこには車の轍跡が残っているという。道路と南城壁の間には大量の房屋があり、建築群の間には水塘（ため池）も発見されている。一号井戸は、東西の道路と北城壁の間に位置するF4建築群の下にあり、多くの井戸群の一つである。ここでは井戸の堆積を一七層に分け、第一～四層を前漢時代、第五～一六層を秦末に廃棄されたもの、第一七層を戦国～秦代に使用された時期としている。

二つの報告では、いずれも秦代簡牘が出土した堆積を、秦末に廃棄されたものとみなしている。しかしその場合でも、投棄や廃棄が無造作に散乱したものであるのか、ある程度の規律をもつ廃棄かという問題がある。この点は、も

図３　井戸（Ｊ１）地層の堆積

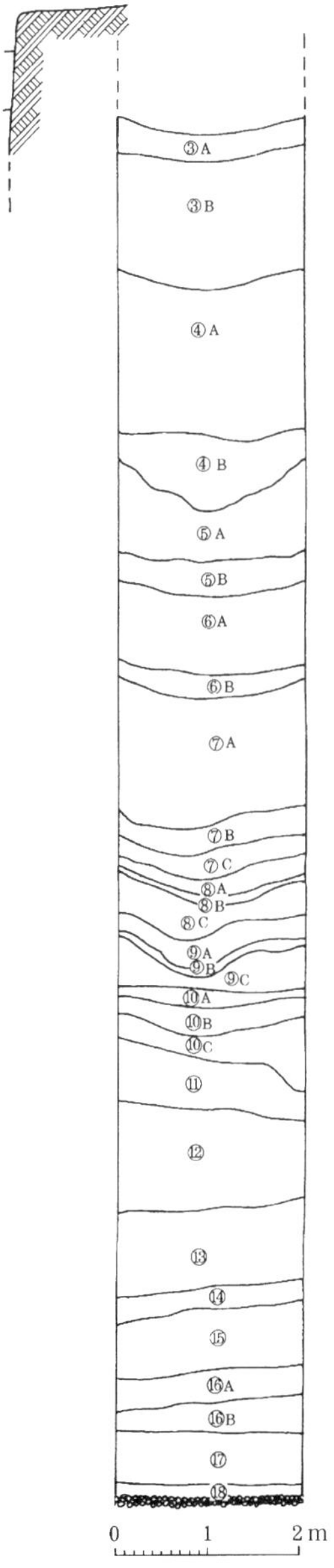

③	厚さ1.6m（地表から井口まで３m） Ａ：多くは草本植物、樹葉、少量の陶片 Ｂ：青灰色の泥沙に大量の瓦礫
④	厚さ2.33m、井口から1.55m Ａ：泥沙に少量の草本植物 Ｂ：草本植物、樹葉などに大量の瓦礫、陶片
⑤	厚さ0.9～1.2m、井口から3.53m Ａ：竹木屑に大量の草本植物、樹葉 Ｂ：泥沙、少量の竹木屑と**戦国楚簡**断片
⑥	厚さ0.5～1.05m、井口から4.8m Ａ：腐った植物と生活ゴミ、極少量の**残簡** **Ｂ**：泥沙が多く、やや多い**散乱簡**、生活ゴミ
⑦	厚さ1.9m、井口から5.83m Ａ：泥沙、少量の竹木屑、陶片、瓦礫と**簡牘** Ｂ：竹木屑、少量の**簡牘** Ｃ：瓦礫と陶片、少量の**簡牘**
⑧	厚さ0.65m、井口から7.82m **Ａ**：泥沙、竹木屑、多くの**簡牘** Ｂ：泥沙、少量の瓦礫、簡牘は無し Ｃ：泥沙、少量の竹木屑、陶片、瓦礫と**簡牘**
⑨	厚さ0.8m、井口から8.3m Ａ：竹木屑　Ｂ：瓦礫、少量の泥沙と竹木屑 **Ｃ**：竹木屑、やや多い**簡牘**
⑩	厚さ0.45～１m、井口から9.05m Ａ：泥沙、少量の竹木屑と**簡牘** Ｂ：泥沙、局部に竹木屑、少量の**簡牘** **Ｃ**：少しの泥沙、竹木屑、多くの**簡牘**
⑪	厚さ0.3～0.66m、井口から9.6m 青灰色の泥沙、少量の**残簡**
⑫	厚さ0.8～1.2m、井口から10.25m 泥沙、多くの竹木屑、やや多い**簡牘** 生活の遺物、兵器など
⑬	厚さ0.86～0.9m、井口から11.45m 青灰色の泥沙、多くの瓦礫 少量の竹木屑、層上に少しの**簡牘**
⑭	厚さ0.2～0.3m、井口から12.35m 層上に薄い竹木屑、泥沙、少しの**簡牘**
⑮	厚さ0.55～0.7m、井口から12.6m 層上に竹木屑、泥沙、東北角に**簡牘**が集中 瓦礫、少量の生産工具
⑯	厚さ0.55～0.7m、井口から13.25m **Ａ**：木屑の層、やや多い**簡牘** Ｂ：泥沙の層、数件の漆木器、少しの**簡牘**
⑰	厚さ0.54～0.56m、井口から13.75m 泥沙の層、少量の木屑と**簡牘** 底部に生産と生活の遺物
⑱	厚さ0.08～0.1m、井口から14.3m 底部は酉水の河床面に相当する礫石層

⑴⑱層、戦国楚の末年　⑵⑰層、楚の末年と秦代
⑶⑯～⑤層、秦末　⑷④層以上、秦末～前漢初年

う少し堆積の状況と簡牘の年代に即して考える必要があろう。

表1は、井戸の堆積に対応して、サンプル資料の年代を一覧したものである。ただし資料の年代は、木牘の正面を対象として、片面だけのものを追加した。また紀年のない資料は、その内容を簡単に示している。(8) これらの一覧によると、つぎのような特徴がうかがえよう。

まず簡牘が多く出土したのは、⑥B、⑧A、⑨C、⑩C、⑫、⑮、⑯Aの層である。このうち早い時期にあたる⑫、⑮、⑯Aの層は、やや堆積が厚く、発表された限りでは、その年代は二十六年と二十七年であり、やはり早い時期に当たっている。そして間にある⑬⑭と⑪の層は、少量の簡牘しかなく、堆積はやや厚い。したがって⑪層までは、簡牘をまとめて散乱させたのではなく、一定の幅をもって簡牘の廃棄と、その他の投棄が交互に行われたようにみえる。

つぎに⑧A、⑨C、⑩Cの層では、簡牘の出土した堆積がそれほど厚くはない。またその間にある層との差も、あまり大きくない。この時期の年代は、⑨層では二十八年から三十四年であり、⑧層では三十二年、三十三年に加えて、二十六年、二十七年の紀年をもつ資料がある。しかし、これまでの発表では、それ以上の年代が大きく拡散しているようではない。

つづいて⑥Bの層は、先の⑧A層のように、その堆積がきわめて薄い。その間に、わずかに簡牘をふくむ⑤や⑥A、⑦層のような堆積が厚く挟んでいる。これは⑥Bの簡牘が短期間に廃棄され、その前後に少し長い幅をもつことを示している。そのとき⑦層の廃棄物は、陶片や瓦礫であり、⑤や⑥Aの層では、植物と樹葉や生活のゴミが堆積している。これもまた簡牘を、他の生活の廃棄物と一緒に散乱して投棄したのではない状況を示唆している。ただしこれまでの発表では、この堆積からの年代は明らかではない。

こうして井戸の堆積と簡牘の年代をみると、必ずしも秦末の動乱期に一括して廃棄したり、散乱して投棄したよう

表1　里耶秦簡の紀年と内容

⑤7「楚系文字簡の断片」（竹簡）
⑥1「九九を記した木牘」、⑥2検「遷陵以郵行／洞庭」
⑧133正「廿六年三月甲午……卒算簿。廿七年八月甲戌朔壬辰」
⑧134正「廿六年八月庚戌朔丙子……／□月庚辰」
⑧147　「遷陵已計卅四年余見弩臂百六十九」
⑧152正「卅二年四月丙午朔甲寅」
⑧153　「御史問直絡裙程書」
⑧154正「卅三年二月壬寅朔朔日」
⑧155検「廷主／戸発」
⑧156　「四月丙午朔癸丑……／四月癸丑……」
⑧157正「卅二年正月戊寅朔甲午」
⑧158正「卅二年四月丙午朔甲寅」、⑧159　（文字が不鮮明）
⑨1正「卅三年四月辛丑朔丙午……四月己酉」
⑨2正「卅三年三月辛未朔戊戌……／四月壬寅 ……／卅四年八月癸巳朔朔日」
⑨3正「卅三年三月辛未朔戊戌……／四月壬寅」
⑨4正「卅三年四月辛丑朔丙午……四月己酉……卅四年八月癸巳朔甲午」
⑨5正「卅三年四月辛丑朔丙午……四月己酉……卅四年八月癸巳朔朔日」
⑨6正「卅三年四月辛丑朔戊申……四月庚戌……卅四年八月癸巳朔朔日」
⑨7正「卅三年四月辛丑朔戊申……／四月己酉」
⑨8正「卅三年四月辛丑朔丙午……四月戊申……卅四年八月癸巳朔朔日」
⑨9正「卅三年三月辛未朔戊戌……四月壬寅」
⑨10正「卅三年四月辛丑朔丙午……四月己酉」
⑨11正「卅三年三月辛未朔丁酉……／四月壬寅 ……／卅四年八月癸巳朔朔日」
⑨12正「卅三年〔四〕月辛丑朔丙午……／四月己酉」
⑨1～12背「卅五年四月己未朔乙丑」
⑨981正「卅年九月丙辰朔己巳」
⑨982　「卅四年十月以盡四月。吏曹以事笥」
⑨983　「酉陽　洞庭」
⑨984正「廿八年八月戊辰朔丁丑……／八月甲午」
⑫10正「廿六年六月癸丑」
⑯5正「廿七年二月丙子朔庚寅」
⑯6正「〔廿七〕年二月丙子朔庚寅」
⑯8　「……八人　司空三人　〔少〕内七人」
⑯9正「廿六年五月辛巳朔庚子」
⑯52　「鄢から江陵、臨沅をへて遷陵に至る里程」

にはみえない。むしろある一定の幅をもって、官府の資料が少しずつ廃棄され、その拡散は少ないのではないかという印象を受ける。それは古城とともに廃棄されたとしても、あるいは竹笥に保存されていた文書や簿籍を投げ入れたのかもしれない。この点は、将来に資料が公開され、同じように各堆積層ごとの年代を整理すれば、さらに秦暦の復元をふくめた詳しい特徴が明らかになるであろう。

また「簡報」『発掘報告』では、木牘の形態をつぎのように説明している。それは戦国楚簡をのぞいて、すべて簡牘は木質に墨書で書かれており、素材は杉がもっとも多数で、一定の松と雑木がある。その長さは二三センチ（秦漢時代の一尺）が多いが、四六センチ以上の簡牘もある。簡牘の幅は一定しておらず、一般に「一簡一事」で公文が整い、内容の多少によって決定され、一・四、一・五、一・九、二・二、二・五、二・八、三・二、三・四、三・六、四・二、四・八、五センチなどがあるという。そして簡牘の内容は、当時の「官署檔案（役所の行政文書）」であり、書写したあとに二条の紐で編まれたものや、そのまま単独のものがある。

つまり里耶秦簡は、地方の県レベルの官府に属する資料が、なんらかの事情で城内の井戸に廃棄されたもので、そこには一枚の木牘で完結する形態が多くみられるようである。こうした文書の形態は、かりに里耶秦簡が秦末に投棄されたものであっても、竹簡や木簡の冊書にくらべて前後が入れ違う錯簡がないため、独立した木牘として分析できることを示している。これは古墓の竹簡などとはちがって、木牘のもつ大きな特徴である。

このような特徴をふまえて最初に注目されるのは、行政文書の作成と処理に関する暦譜の配布である。すでに秦は、前二二一年の天下統一に先がけて長江流域を領有しており、前二七八年に戦国楚の都城の郢を陥落させて南郡を設置し、前二七七年には里耶をふくむ地に黔中郡を置いている。(9) そのとき戦国秦は、南方の占領統治を行なうことになるが、その具体的な方法には不明な点が多い。また統一後の政策についても、始皇帝や中央の命令がどのように伝達され、各地で実行されるのかは詳しくわからなかった。これについて里耶秦簡では、県レベルの行政文書に秦紀年の干支（日）が記されており、秦の暦法が基礎になっていることがうかがえる。

もし始皇帝や中央の官府が、地方に命令を伝達するとき、秦紀年を記した文書を一方的に作成するだけで十分である。また律令として、すでに法令化された情報であれば、それは必ずしも紀年を記す必要はなかろう。しかし地方の郡県において、さらに各地に伝達して行政の処理をしたり、あるいは中央に報告するときには、秦暦による文書の作成が不可欠である。そのため地方官府では、秦暦の使用が基礎となり、最初に伝達された情報の一つは秦暦であると推測される。その一端は、秦代古墓の出土資料にみえている(10)。

湖北省雲夢県で出土した睡虎地秦簡は、戦国秦から秦代の地方統治に関する法令などであり、王家台秦墓と周家台三〇号秦墓の資料も、秦代の南郡統治にかかわっている。ここには紀年をもつ睡虎地秦簡「語書」のほかに、周家台三〇号秦墓に竹簡「暦譜」と木牘「暦譜」があり、まさしく秦暦を書写した実物を残している。これは先に想定した秦暦の配布を裏づけるものである。ただし古墓の暦譜には、いくつかの形態がある。

たとえば竹簡「暦譜」は、始皇帝三十四年（前二一三）のカレンダーで、一本の竹簡を六段に分けて干支を記している。最初に十月、十二月、二月、四月、六月、八月の小の月（二十九日）を横に記し、そのあと十一月、正月、三月、五月、七月、九月の大の月（三十日）と、後九月（閏月）の干支を記している。この場合は、暦譜そのものを保存したというよりは、暦譜の下に墓主とおもわれる人物の活動や出張を追加していることが注意される(11)。つまりこの記事によって、暦譜は個人の日記のような役割を果たすことになり、その一年が経過すれば過去の暦譜となるのである。

また木牘「暦譜」は、正面に二世元年（前二〇九）といわれる一年の各月朔日の干支を記しており、これによって月ごとの干支の早見表とすることができる。しかしこの場合も、背面に十二月の干支と、上部に「廷賦所」などの記載があって、これは賦税に関連するともいわれている。したがってこの木牘は、正面が暦譜の早見表であり、背面ではなにか実務の処理を示そうとしている。これも翌年になれば、過去の暦譜となってしまう。このように周家台秦墓の暦譜は、地方統治に必要な秦暦が書写されたことを示しているが、現実の暦譜そのままの用途ではないことが注意されよう。これは張家山漢簡の「暦譜」も同じように考えられる。

里耶秦簡では、これまでのところ実際の暦譜は報告されていない。しかし秦代の古墓に始皇帝と二世皇帝時代の暦譜が、記載を付加した形式で副葬していることからすれば、中央から伝達される最初の情報は秦暦ということができよう。これは秦漢の中央官府でいえば、奉常（太常）府が公布し、丞相などを通じて発信される文書である(12)。

張培瑜・張春龍氏は、この里耶秦簡にみえる秦代暦法を復元しており、李学勤氏と馬怡氏は、文書を伝達する時刻を表す方法を整理している(13)。時刻の表記では、一に、時を表す名称で区分する方法で、旦（⑧158、⑨981）、旦食時（⑧157）、日中（⑧152）、夕（⑯6）をあげている。二は、漏刻を用いる方法で、里耶秦簡では二種類の形式がある。一種は「水十一刻刻下若干」の形式で、秦代では一昼を十一刻に区分したと指摘している。もう一種は「十一刻」などを省略したものという。

二　行政文書の形態と伝達

これまで里耶秦簡の出土状況と、簡牘の年代、秦暦についてみてきたが、つぎに行政文書の形態を考えてみよう。ここでは中央と地方の伝達パターンを想定して、公表されている文書を分析してみたいとおもう。

まず中央からの伝達で、最初に想定されるのは秦暦の配布であった。しかしこれは文書の形式というよりは、秦の国家機構と地方行政を維持するシステムの背景であり、いわば王朝の全体にかかわる基礎的な情報である。これに対して第一の文書は、皇帝の詔書と、中央からの命令、法令であろう。

『史記』秦始皇本紀の二十六年条によれば、天下を統一したあと、秦王は「皇帝」を号し、自称を「朕」、命を「制」、令を「詔」としたという。

丞相綰・御史大夫劫・廷尉斯等皆曰、……臣等謹與博士議曰、……臣等昧死上尊號。王爲泰皇、命爲制、令爲詔、天子自稱曰朕。王曰、……號曰皇帝。他如議。制曰可。

そこで秦代の地方では、こうした皇帝の命令が伝達されたはずである。『史記』『漢書』には皇帝の制詔などが引用されており、秦代の度量衡には、始皇帝二十六年の詔書や、二世皇帝元年の詔書を記している。[14] 漢武帝期より以降の資料では、居延漢簡に詔書の伝達をうかがう冊書が出土している。[15] 里耶秦簡では、これまで皇帝の詔書や中央の命令は報告されていないが、城壕の遺跡をふくめた資料の公表が注目される。[16] また井戸の木牘⑧455は、長さ一二・五、幅二七・四センチの横長で、統一後の名称を読みかえる一覧を上下二段のわたって記している。[17] これらは今後の分析によって、秦の中央・地方制度と、漢王朝の名称を検討することができよう。

……以王令曰以皇帝詔、承令曰承制、王室曰縣官、公室曰縣官、内侯爲輪侯、徹侯爲列侯、……莊王爲泰上皇、邊塞曰故塞、毋塞者曰故徼、……王游曰皇帝游、……郡邦尉爲郡尉、邦司馬爲郡司馬……（⑧455、第二欄）

第二の文書は、郡と県の官府でやり取りされる行政文書である。里耶秦簡の多くは行政文書といわれ、李学勤氏は、秦代の文書行政が厳格であったことを指摘している。[18] また胡平生、汪桂海氏などは、行政文書の特徴について考察している。[19] 陳偉「秦と漢初の文書伝達システム」（二〇〇八年）は、このような里耶秦簡の文書伝達を、1遷陵県と洞庭郡の文書、2遷陵県と酉陽県の文書、3遷陵県内の文書に分けている。[20] 洞庭郡から県に発信された文書には、所属の県に伝達した木牘⑯5、⑯6と、遷陵県に直接送付した木牘⑨1〜12の資料がある。

木牘⑯5、6は、つぎのような内容であり、ここには中央からの命令の一端もうかがえる。(21)

廿七年二月丙子朔庚寅、洞庭守禮謂縣嗇夫・卒史嘉・假卒史穀・屬尉。令曰、傳送委輸、必先悉行城旦舂・隷臣妾・居貲贖債。急事不可留、乃興繇。今洞庭兵輸内史及巴・南郡・蒼梧、輸甲兵當傳者多。卽傳之、必先悉行乘城卒・隷臣妾・城旦舂・鬼薪白粲・居貲贖債・司寇・隱官・踐更縣者。田時也、不欲興黔首。嘉・穀・尉各謹案所部縣卒・徒隷・居貲贖債・司寇・隱官・踐更縣者簿。有可令傳甲兵、縣弗令傳之而興黔首。〔興黔首〕可省少、弗省少而多興者、輒劾移縣。〔縣〕亟以律令具論。當坐者言名史泰守府。嘉・穀・尉在所縣上書。嘉・穀・尉令人日夜端行。它如律令。

⑯5、6の正面には、始皇帝の「廿七年（前二二〇）二月丙子朔庚寅（十五日）」の日付があり、洞庭守の礼が、県嗇夫と卒史の嘉、仮卒史の穀、属の尉に告げた内容を記している。これは遷陵県という特定の県に宛てた文書ではなく、洞庭郡の各県に宛てた不特定の文書である。ここでは、令の規定に「伝送し貨物を輸送する際には、必ず先に悉く城旦舂と隷臣妾、居貲贖債たちを行《や》れ。急事で留めることができないとき、乃ち（一般の）徭役を興せ」とあり、洞庭郡はこの令を根拠として具体的な対応を指示している。その内容は、「甲兵の伝送があって、県がこれらの者たちを伝送させずに黔首を興したり、黔首を省き少くできるのに、省かずして多く徴発した者は、そのたびに劾を県に移せ（送れ）。県はただちに律令を以て具さに論ぜよ。当に坐する者は、名史を（郡の）泰守府に言え」というものである。そして命令の末尾に「它は律令の如くせよ」という文がある。したがってこの資料は、徴発に関する郡より上級の令を引用しており、これは中央の規定にあたるであろう。これは中央の命令や律令が、地方に伝達される実情の一端を示している。

図4　木牘⑯5、6の形態

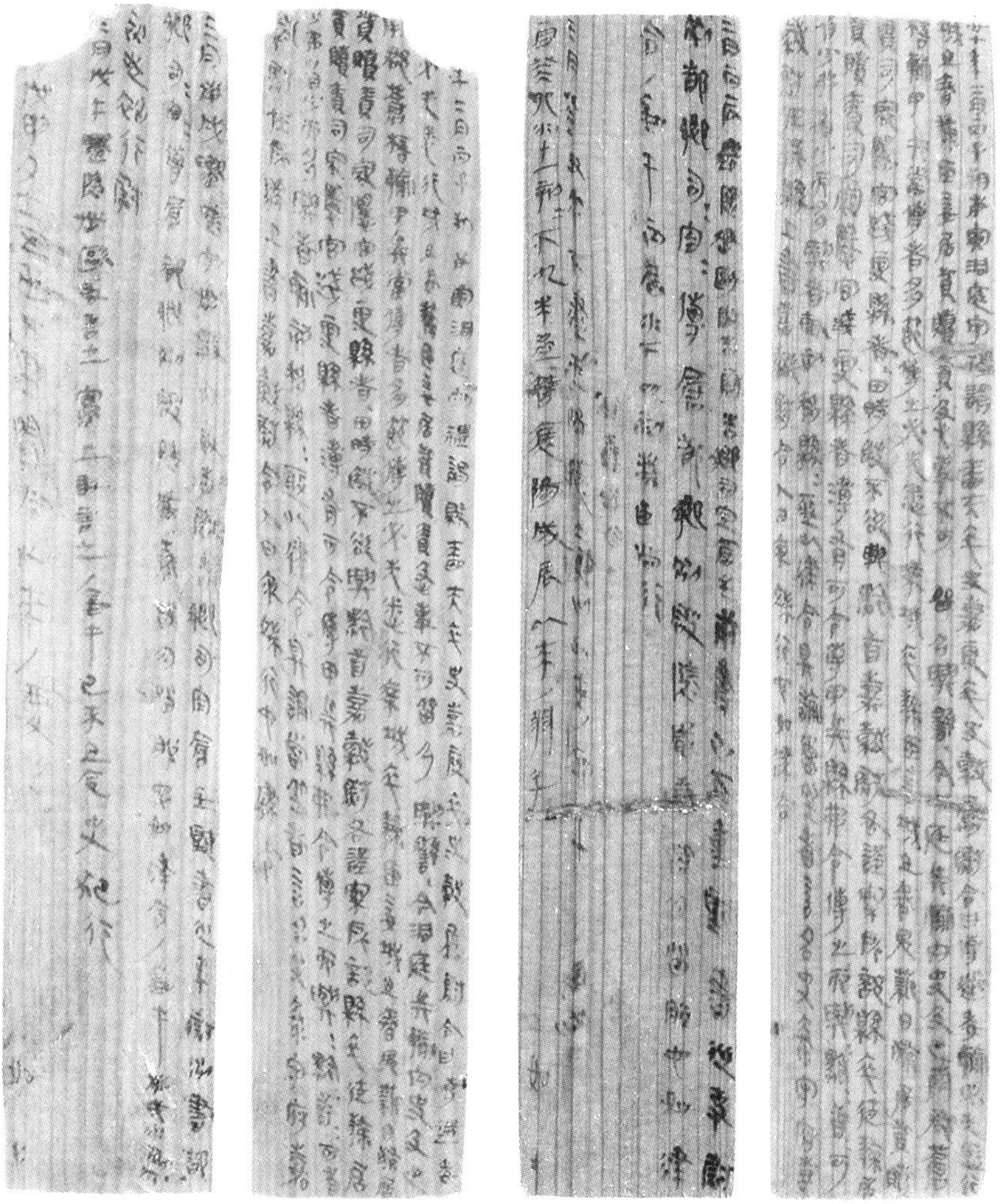

⑯6　背面　　⑯6　正面　　⑯5　背面　　⑯5　正面

また⑯5、6の資料では、県の官府からの文書による伝達がうかがえ、それを木牘によって処理をした方法がわかる。[22] ⑯5の正面と背面の内容を示せば、つぎのような形態となっている。

正面	Ⅰ①廿七年（前二二〇）二月丙子朔庚寅。洞庭守の礼が県嗇夫、卒史などに告げる ②令の規定にもとづき、伝送委輸の徴発を行う命令を下す。その指示
背面	Ⅲ（右）遷陵県から伝達の指示（日付、発信）／某手 Ⅱ（左）末尾に受信の記録（日付、～以来）／某手　如手

このうち⑯5正面と同じ内容は、⑯6の正面にもそのまま書かれている。しかも同じ文章でありながら一行の文字数は一定しておらず、内容が同じであれば書写の形態がちがってもよいことがわかる。これは同じ資料が、何枚も書写されたことを推測させよう。しかし両者の背面には、少しずつ異なる受信と発信の指示があり、これが文書の処理にかかわる手がかりとなる。

たとえば⑯5の背面には、左側に以下の二行を記している。胡平生氏は、釈文を読む順序として、表面のつぎに裏面の左側、右側になると指摘しているが、これが時間の順序であることは問題ない。[23]

三月癸丑、水下盡□、陽陵士□匄以來。／邪手。

□月癸卯、水十一刻〔刻〕下九、求盜簪褭陽成辰以來。／羽手　如手

これは左側5行目に、二月癸卯（二十八日）の水十一刻下九のとき、求盗で簪褭（爵）の陽成の辰が文書を持って来て、羽という人物が受け取りを記している。そして4行目は、さらに三月癸丑（八日）の水下盡□のとき、陽陵県の士伍の匄が遷陵県まで持って来て、邪という人物が受け取ったことになる。これは洞庭郡から、直接に遷陵県に送付

したのではなく、三月癸丑の文書は陽陵県を経由して伝達されたことになる。

⑯6の背面には、左側の行にみえるように、三月戊申（三日）の夕に、士伍の巫下里の聞令が持って来て、遷陵県の慶という人物が受け取っている。[24]

□〔月〕戊申夕、士伍巫下里聞令以來。／慶手　　如手

これらが受信側の控えであり、正面の文章は受け取った本文、あるいは文書を書写したものである。そのとき⑯5、6の末尾下段に、いずれも離れて書写されている「如手」とは、正面の文章を書写した人物か、あるいは洞庭郡の官府の吏とする説がある。[25] これは正面の文書が、遷陵県での副本とみなすか、洞庭郡の原本とみなすかという伝達の問題とも関連している。

これにつづいて、洞庭郡からの文書を受け取った遷陵県では、この命令をさらに下部に通達している。その伝達した控えを示すのが、背面の右側の文である。⑯5の背面には、つぎのように記している。

〔三〕月丙辰、遷陵丞歐敢告尉。告鄉・司空・倉主、前書已下、重聽書從事。尉別都鄉・司空、〔司空〕傳倉、都鄉別啓陵・貳春、皆勿留脫。它如律令。／釦手。丙辰、水下四刻、隷臣尚行。

ここでは、三月丙辰（十一日）に、遷陵の丞の欧が尉に命令して、「尉は都郷と司空に通達し、司空は倉に伝え、都郷は啓陵郷と貳春郷に伝えること」を指示している。そしてこの処理は釦という人物がおこない、丙辰の水下四刻に隷臣の尚に行かせている。

また⑯6背面の右側には、つぎのような処理がみえている。

三月庚戌、遷陵守丞敦狐敢告尉。告鄉・司空・倉主、聽書從事。尉別書都鄉・司空、司空傳倉、都鄉別啓陵・貳春。皆勿留脫。它如律令。／釦手。庚戌、水下□刻。走袑行尉。

三月戊午、遷陵丞歐敢言之。寫上、敢言之。／釦手。己未旦、令史犯行。

ここでは、三月庚戌（五日）に、遷陵の守丞の敦狐が尉に命令して、やはり同じような通達を指示している。その処理も同じ釦がおこない、庚戌の水下□刻に、走の袑を尉のところに行かせている。また次の行では、三月戊午（十三日）に、遷陵の丞の欧が「写上」して上申している。この処理も釦がおこない、己未（十四日）の旦に、令史の犯が伝達している。「写上」とは、木牘⑨1などの「陽陵県の卒」文書にもみえており、上級に報告する用語である。ここでは隣県を通じた洞庭郡への報告であろう。ただし文書が届いたことを知らせるだけなら、⑧152正面のように「書已到」でよかろう。また⑧154正面には、「令曰、恒以朔日上所買徒隷數。●問之毋當令者、敢言之」とあり、命令を問いあわせて、該当しない旨の報告がある。これらの用法によれば、ここでは命令の伝達を知らせるとともに、本文に照らして遷陵県で規定に違反する者があれば、それを報告することになる。

このように⑯5、6の木牘からは、中央の命令を基礎として、洞庭郡の長官が具体的な命令を通達していることがわかる。そして郡から命令を文書で受けた県では、それを複写して隣県に送っている。その一つが陽陵県から遷陵県への伝達である。さらに遷陵県では尉に伝達し、この命令に関連する下部の部署である都郷と司空に通達して、命令の実行をうながしている。そして同時に、郡への報告をしている。ここに郡県での文書行政の形態がうかがえる。

この二枚の木牘は、郡から発信した同じ年月日の文書を、三回にわたって受信している。これは隣県を通じて複数が逓送されたものか、あるいは別の県によるルートの違いが想定される。この文書で注意されるのは、郡からの命令文に「／某手」という記載がないことである。また仮に隣県を通じて到達した原本としても、それを下部の機構や隣県に転送した文書からいえば、発信した文書の記録になっていることである。この処理の原理は、今日の電子メールと同じであり、受信—発信を記録する木牘の機能は、第六章、第七章で論じている。

つぎに⑨1～12の資料は、同じく洞庭郡から出された命令文書である。(26)ただし⑯5、6の文書が、所轄の各県に発信した文書であるのに対して、⑨1～12の資料は、直接的に遷陵県に宛てて発信している。この一連の資料は、おおむね正面に「陽陵県の卒」をめぐる陽陵県と洞庭郡とのやり取りを記し、背面では洞庭郡が遷陵県に下した命令を記している。この資料は、陽陵県と洞庭郡、洞庭郡と遷陵県との文書伝達の形態をよく示しているが、もう一方で卒一人ごとの情報を保管したデータファイルの機能をもつことが注意される。

郡県の文書では、さらに県内の部署と下部機構とのやり取りや、同等の官府への文書が想定できる。たとえば⑯9の正面では、始皇帝二十六年五月庚子の日に、啓陵郷から遷陵県へ、戸籍の移動に関する内容を上申している。(27)その背面の記載では、それを遷陵県が受け取り、遷陵の守丞の敦狐が、都郷主に「律令」によって処理することを命じている。これは同じ遷陵県での上下のやり取りである。⑧158、⑧152は、同一の日付をもつ文書であり、ここにも遷陵県をめぐる上下の伝達がうかがえる。このように里耶秦簡には、県の文書のやり取りが多くうかがえる。

第三は、封検や検、笥牌（文書楬）などのように実務に関する資料である。倉庫の物品の出入を示す祠先農簡も、このような実務の資料とみなすことができる。

以上のように、里耶秦簡では、第一に、皇帝の詔書や中央の命令・法令と、第二に、郡県の間での命令と通達や、県内での命令・上申・移行文書などの形態を想定してみた。これは従来まで居延漢簡などでいわれている漢代の行政文書と同じ形態である。(28)ただし里耶秦簡の木牘は、命令の内容によって素材を区別しているのではなく、県レベルの控えやチェック、記録を背面に書き込む機能をもっている。したがって、これまでみてきた木牘は、少なくとも発信という用途からみれば、遷陵県での文書の控えと記録であり、伝達された文書の原本そのものではない。一枚に一事の案件を記して文書が完結するという特徴も、処理の控えとなる記録の機能を示すものであろう。(29)そして第三に、官府の実務を運営する資料がある。

さらに里耶秦簡で注意されるのは、古墓に副葬された資料との対比である。たとえば睡虎地秦簡や張家山漢簡とくらべてみると、里耶秦簡が紀年を記した行政文書が多いのに対して、睡虎地秦簡や張家山漢簡では紀年を記した資料がきわめて少ない。その典型的な例は律令であり、そのほか少数の年代を記した資料がある。

睡虎地秦簡『秦律十八種』『秦律雑抄』『效律』は、ともに作成された年月を記さず、すでに法令化された資料となっている。また『法律答問』『封診式』にも紀年は記されていない。これに対して「語書」の前半は、秦王の「廿年四月丙戌朔丁亥」という紀年を記しており、一見すると行政文書の形態をもっている。それは里耶秦簡の⑯5、6の資料で、洞庭郡からの命令と同じように、南郡の長官が管轄の県・道に通達したものである。[30] しかしこの文書の後半には、別に六枚の竹簡があり、その最後の背面に「語書」というタイトルが書かれていた。したがって二つの文書から成る「語書」は、もとの秦王二十年の命令文書と、後半の文章とを合わせて、一緒に竹簡に書写して保存した可能性がある。とすれば「語書」は、一方で現実の行政文書を写したことになる。このほか睡虎地秦簡には、『編年記』や『為吏之道』『日書』などがあるが、いずれも年月を記した行政文書の形態とは異なっている。[31] こうした律令や「語書」は、保存の文書、あるいは書籍にあたるといえよう。

張家山漢簡の場合は、睡虎地秦簡と少し様子がちがっている。ここには『二年律令』があり、やはり作成された紀年はないが、わずかに「津関令」に、中央で制詔が作成された経過を示す形態を残している。[32] また『奏讞書』の案件は、秦代から漢代の紀年を記しており、もとは実例とおもわれる案件が、一種の判例として保存される形跡を示している。[33] このほか『蓋廬』『算数書』や『脈書』『引書』の医書は、行政文書とは性格が異なる書籍である。これらは実際に処理の控えや保存として使用されたり、廃棄されたりする行政文書とは相違しているが、地方官府の運営からみれば、互いに補完して業務を遂行する機能をもっている。

このように里耶秦簡を、古墓の資料とくらべてみると、その共通性と相違点が明らかになるとおもう。すなわち両者は、ともに郡県制の県レベルの社会に属する資料でありながら、里耶秦簡では、第二の県レベルでの命令と上申・報告をふくむ処理の行政文書が中心であった。そのため作成と伝達・受領された月日を厳密に記している[34]。これが官府の資料の一特徴である。これに対して古墓の資料は、紀年を記した行政文書の形態よりは、秦律や漢律のように、すでに紀年を省略して法令化された資料が多い。睡虎地秦簡「語書」や、張家山漢簡の「津関令」と『奏讞書』は、これに関連して年月を記した記録とみなせるようである。こうした文書を伝達する秦代郡県のモデルとして、もう少し地方官府の構成を考えてみよう。

三　秦代郡県の官府と社会

秦代の地方官制は、『漢書』百官公卿表上に沿革としてみえている。これによると秦代では、郡を監察する監御史と、郡の長官である郡守と、郡の軍事を司る郡尉が置かれ、このほかに関都尉がいた。

監御史、秦官、掌監郡。漢省。丞相遣史分刺州、不常置。……郡守、秦官、掌治其郡、秩二千石。有丞。邊郡又有長史、掌兵馬、秩皆六百石。景帝中二年更名太守。郡尉、秦官、掌佐守典武職甲卒、秩比二千石。有丞。秩皆六百石。景帝中二年更名都尉。關都尉、秦官。

また郡の管轄下にある県の構成は、つぎのようになっている。ここでは県の大小によって県令あるいは県長が置かれ、その下に丞と尉がいて、これらが長吏である。県の下部には、郷、亭があり、郷では嗇夫が聴訟（裁判）と賦税の徴収をして、游徼が盗賊を禁ずる治安維持をしたという。

縣令・長、皆秦官、掌治其縣。萬戸以上爲令、秩千石至六百石。減萬戸爲長、秩五百石至三百石。皆有丞・尉。秩四百石至二百石、是爲長吏。百石以下有斗食・佐史之秩、是爲少吏。大率十里一亭、亭有長。十亭一鄕、鄕有三老・有秩・嗇夫・游徼。三老掌教化。嗇夫職聽訟、收賦稅。游徼徼循禁賊盜。縣大率方百里。其民稠則減、稀則曠。鄕・亭亦如之。皆秦制也。

ここから推測される秦代県社会の実態は明らかではなく、漢代の郡県制とともに多くの論点がある。(35) また近年では、張家山漢簡「秩律」によって地方の県ランクと秩禄の一端が知られるようになった。(36) それは大きく漢王朝の中央官制と、直轄地の郡県制の基礎となる県の長官の俸禄を記している。それがどこまで秦代社会を継承しているか不明であるが、ともかく『漢書』百官公卿表より近い漢初の職官である。

そこで、つぎに里耶秦簡のサンプル資料によって、秦代の官府や社会の構成を整理しておこう。洞庭郡の機構は、つぎのようにみえている。(37) まず郡の治所では、郡府に長官である洞庭守（⑯5正）がいる。その統括では、下部の県嗇夫と、卒史や仮卒史、属を通じて命令の伝達をおこなっている。また郡レベルには、洞庭尉（⑨1正〜⑨12正）と、洞庭仮尉・洞庭司馬（⑨1背〜⑨12背）の存在がうかがえる。

洞庭郡府：洞庭守──卒史、仮卒史、属。洞庭尉、洞庭仮尉、洞庭司馬

そして遷陵県と隣接する他県（酉陽と陽陵）では、つぎのような構成となっている。(38) まず各県には、郡守から命令を受けていた県嗇夫（⑯5正）がいる。しかし遷陵県では、遷陵丞（⑧157背、⑨1背〜⑨12背など）や遷陵守丞（⑧134正、⑯6背など）が実際の実務を担当している。また軍事系統に属する官として、尉（⑧157正）がおり、戍卒や徭役、徒隷に関連して遷陵司空（⑧133正）、司空守（⑧133背、⑧134正）、司空（⑯5背、⑯6背）がいる。このほか倉主（⑯5背）、少

内守（⑧152正）、少内（⑧156）、田官守（⑨981正）がいる。また県の下部には、都郷や啓陵郷、貳春郷という区画がある。こうした役職の関係では、郡からの命令を、つぎのような系統で伝達している（⑯5背、⑯6背）。

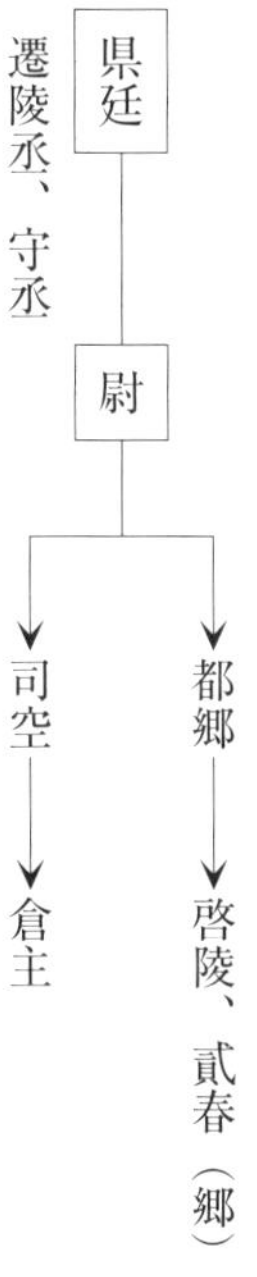

酉陽県と陽陵県でも、同じような役職がみえている。それは酉陽丞（⑧158正）、酉陽獄史（⑧133正）、酉陽の主令史（⑧158正）や、陽陵守（⑨1背）、陽陵守丞（⑨1正〜⑨12背）、陽陵司空（⑨1正〜⑨12正）などである。ここでは遷陵県ではみえなかった獄史の資料がある。また里耶秦簡には、陽陵守、守丞の役職がみえているが、漢代では、本籍地を回避される県令などに対して、在地から仮に任命された官とみなされている。[39]とすれば秦代でも、任期を終えて転勤する長官（県令、丞、県尉など）に対して、地元にかかわる守丞などの官吏層の役割が問題となる。里耶秦簡でも、守官が多くみえており、その実質的な役割と在地社会との関係が注目される。そのほか県以下のレベルでは、郵人と里典に関する資料（⑧157正面）があり、また文書を伝達する人々、戍卒や徒隷などがみえているが、ここでは省略する。[40]

それでは里耶秦簡にみえる秦代郡県の役割は、どのようなものであろうか。まず郡が統括しているのは、さまざまな労働編成である。その典型的な例は、先にみた始皇二十七年の資料（⑯5正、⑯6正）にみえている。[41]その要点は、洞庭郡が内史と近隣の巴郡、南郡、蒼梧郡に物資を輸送するため、中央の規定にもとづいて徴発すべき労働力の簿籍を調べさせている。その労働力は二度ほど読み替えているが、整理すればつぎのようになる。

県卒（乗城卒）、徒隷（隷臣妾、城旦舂、鬼薪白粲）、居貲贖債、司寇、隠官、践更県者（県の定時労役）

そして郡県に属するこれらの労働力が不足するときに、一般の黔首（民）を徭役に興し、むやみに徴発することを禁止している。ここには郡が、各県の労働編成と簿籍を掌握していることがうかがえる。

これに関連して、始皇二十六年の資料（⑧133正）には「卒算簿」とみえるが、状況は詳しくわからない。また始皇三十三年の資料（⑧154正）では、購入した「徒隷」の数を月の朔日に報告させ、三十四年の資料（⑧147）では、遷陵県にある弩の在庫を記させており、さらに労働力と武器の管理がうかがえる。(42) また三十四年の一連の資料（⑨1正～⑨12正）では、洞庭郡で戍役に就いている人々の「貲余銭」「貲銭」に関する記載があるが、これも軍事と労働力の掌握に関連するであろう。このように里耶秦簡では、第一の機能として郡における労働編成の掌握が確認できる。

つぎに第二の機能には、戸籍の掌握がある。始皇二十六年（⑯9正）の資料によると、啓陵郷から都郷に移した十七戸について、啓陵郷に年籍（年齢と籍貫を記した牒）がなかったので、都郷に年数（年齢）を問わせるように要請している。(43) ここでは戸籍の掌握を示しており、とくに年齢が問題となっている。

このほか第三の機能として、財政に関連する少内の資料（⑧152正、⑧156）と、倉庫の出入に関する祠先農簡（符券）がある。しかしその実態は、詳しく知ることができない。

こうして秦代の郡は、里耶秦簡によるかぎり、これまで一に労働編成、二に戸籍の掌握、三に財政に関する機能がみられる。それ以外の機能は、いままでのところ詳しくみえないが、とくに注意されるのは賦税や、裁判、治安維持などに関連する資料がないことである。そもそも秦漢時代の郡県には、県以下の郷で、賦税の徴収や、裁判、治安維持などの機能があった。また睡虎地秦簡や張家山漢簡にみえるように、律令の規定に対応する裁判の処理などがあるはずである。これらは井戸の資料だけではなく、城壕から出土した戸籍簡とあわせて、地方官府の業務を考える必要がある。**図5**は、里耶秦簡にみえる郡県社会を示したもので、県令をモデルとしている。(44)

図５　里耶秦簡の郡県社会

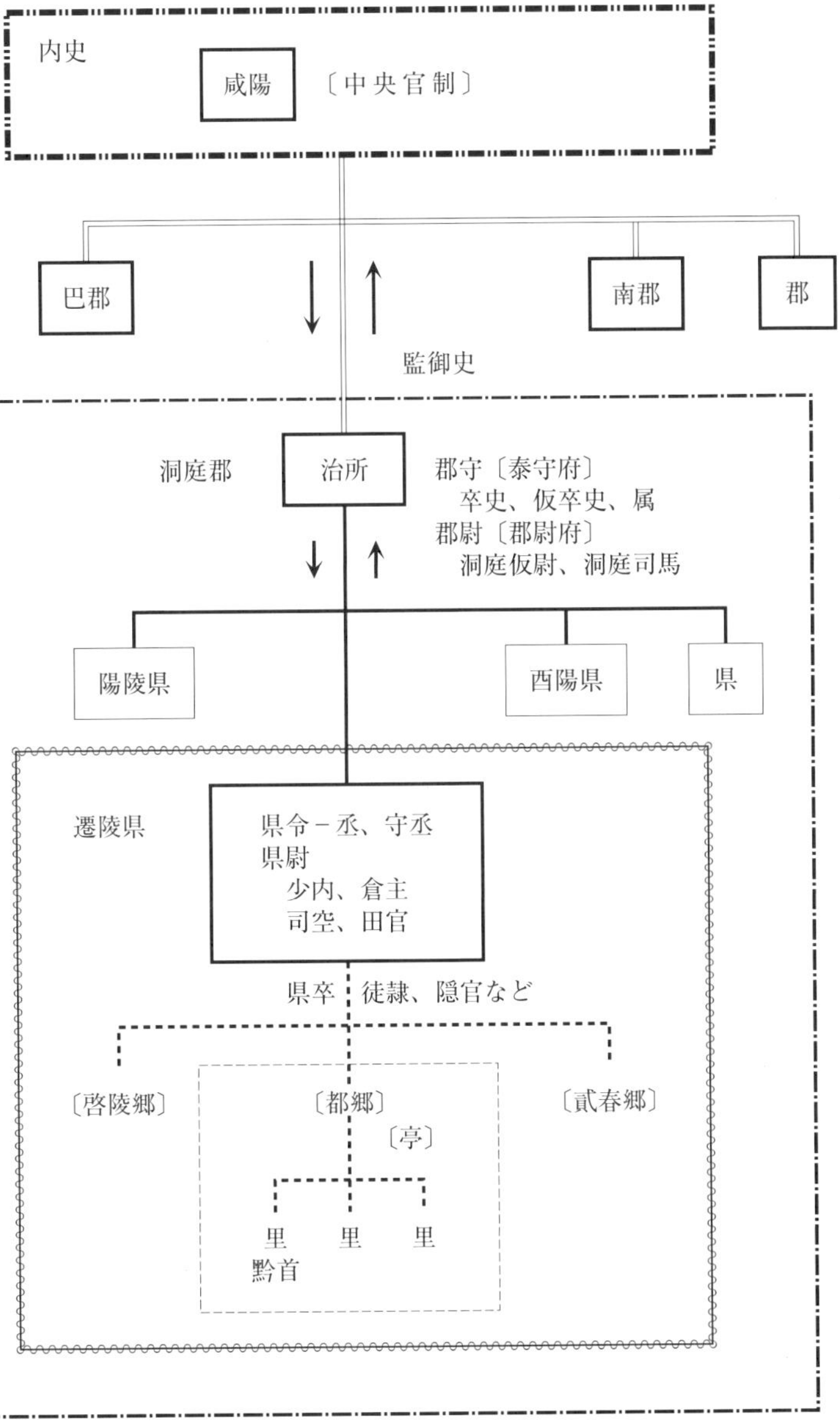

そこで里耶秦簡にみえる地方官府の構造を、『史記』にみえる秦代の県とくらべてみよう。劉邦が蜂起の基盤とした沛県は、秦帝国が最後に占領した地域の一つであり、のちに劉邦が漢高祖となったため、その初期から加わった人物たちの経歴がうかがえる。こうした沛県の社会は、里耶秦簡にみえる情勢とどのようにかかわるのだろうか。

ここで注目されるのは、県の属吏であった蕭何と曹参の事績である。かれらは、沛の県令が陳渉たちの叛乱に応じようとしたとき、劉邦たちを迎え入れた沛県の主吏と掾であった。そして劉邦は庶民の出身で皇帝となったが、かれらは少吏の出身で沛公に従う集団を形成していたといわれる。(45) その蕭何や曹参の役割は、『史記』『漢書』と出土資料をあわせると、もう少し当時の情勢がわかるようにおもう。

『史記』蕭相国世家によると、蕭何は沛県の豊の人で、すぐれた能力で沛の主吏掾となった。高祖が平民であったとき、しばしば行政に関連して高祖を護り、亭長になってからも援助したという。そして秦の御史が郡を監察する際には、ともに任務に従って、すぐれた方略があった。そこで蕭何は、泗水郡の卒史で功績第一となり、秦の御史はかれを召そうとしたが、固辞して行かなかったと伝えている。(46) 秦の御史は、郡を監察する任務からすれば監御史にあたるが、顔師古の注では、蕭何を朝廷に言って召そうとしたと理解している。(47) また沛県は泗水郡の管轄にあるが、蕭何が郡の卒史になることは、郡の治所が沛県に近いのではないかと推測される。(48)

このエピソードを里耶秦簡とくらべると、郡の卒史の具体的な役割がうかがえる。たとえば始皇二十六年の資料（⑧134正）では、竟陵（湖北省潜江市）の人が、遷陵県の公船を借りたまま帰らなかった事件に関連して、その人物が郡に逮捕されて卒史のもとにあるという事情を記している。(49) ここでは卒史が郡の獄にも関連している。また二十七年の資料（⑯5正、⑯6正）では、卒史は他の属吏とともに、郡の命令を伝達する実務を担っており、この場合は労働編成と輸送にかかわる内容であった。

このほか漢代初期の規定であるが、張家山漢簡「史律」には、試験で五〇〇〇字以上を暗誦して史となった者に、郡で八体の文字を試して、中央の太史が採点し、そのトップの一人を県の令史としている。[50]また三年に一回ほど試験をして、その最高の一人を選んで尚書の卒史とするという。だから中間にある郡の卒史は、文書を作成することはもちろん、県の令史よりも優れた人材ということになる。

したがって里耶秦簡や張家山漢簡によれば、けっして卒史は郡の少吏ではなく、中央から派遣された長官に対して、徭役労働や治獄などの実務にかかわり、行政文書を作成していたことがうかがえる。とくに蕭何の場合は、御史から中央に推薦されようとした能力を伝えているから、地方の郡県に発せられる中央の情報の重要性を知っていたとみなすことができよう。このように想定すれば、秦の滅亡で咸陽が陥落するとき、諸将が争って金帛財物を分けようとしたのに対して、蕭何は「丞相・御史の律令、図書」を収めたという伝えも、あらためて現実的な意味をもって理解される。[51]また秦のとき泗水卒史であった沛人の周昌と従兄の周苛も、のちに漢の御史大夫と中尉になっており、ともに蕭何のような能力をもっていたのであろう。[52]

また同じく劉邦の蜂起に従い、のちに漢の丞相となる曹参は、秦のとき沛の獄掾となり、主吏の蕭何とともに県の豪吏であったと記されている。[53]そして張家山漢簡『奏讞書』には、秦王六年（前二四一）といわれる案件で、県の獄史が難獄を処理し、かつ「無害」で廉潔という評価によって、卒史への任用が上奏されている。[54]これによると獄史も、治獄の案件を処理するだけではなく、卒史への道がひらかれていたことになる。

このほか沛県の役職で興味深いのは、夏侯嬰と御者との関係である。『史記』樊酈滕灌列伝によれば、夏侯嬰（滕公）は沛の人で、沛県の廐司御であった。[55]このとき客を送って帰る途中で、泗水の亭長であった劉邦と長い時間を語らったと伝えており、これは公用の車馬の御者だったのだろう。劉邦が沛公となって蜂起したときは、七大夫の爵位で太僕となっている。そして『史記』項羽本紀には、劉邦が漢王となり、項羽の都城であった彭城の戦いで敗れ、二人の子供と共に車馬に載せているとき、漢王が追っ手を逃れるため三たび子供を捨てようとしたが、それを夏侯嬰が載せて脱出したというエピソードがある。(56) かれは最後に漢王朝の太僕となるが、これは皇帝の輿馬を管理する役所の長官である。こうしてみると夏侯嬰の生涯は、一貫して車馬の御者や管理にたずさわっている。

そこで注意されるのは、秦代の水陸の交通路である。いま沛県の近辺や黄河流域では、その主要な交通は陸路によっており、そのため車馬が重要な交通手段となっている。ところが里耶秦簡にみえるような長江流域では、水路が主体であり、かえって始皇二十六年の資料（⑧134正）では、故荊の瓦を運送しようとした「公船」の貸し出しをめぐるトラブルがおこっている。また遷陵県の船をめぐる問題は、始皇三十年の資料（⑨981正）にもみえている。(57) これは船の紛失にかかわる報告であり、その捜索に史がかかわっている。

長江流域の水陸の交通は、すでに戦国楚の「鄂君啓節」に路線がみえていた。(58) また周家台三〇号秦墓には、車馬の木器が副葬されており、竹簡の暦譜では陸路か水路か不明であるが、江陵と竟陵との間を往復していることがわかる。(59) こうした秦代の交通は、なお検討の余地があるが、ここでもまた『史記』の一齣をうかがわせてくれる。

それは項羽が垓下の戦いに敗れて、長江を渡って江南に落ち延びようとするとき、烏江の亭長が船を提供しようと申し出たエピソードである。(60) このとき『史記』では亭長の役割が不明であるが、里耶秦簡の資料とくらべてみると、長江流域では県レベルに公船が備えてあり、それを県内で運営している情勢がうかがえる。

もう一つのエピソードは、項梁と項羽が長江を渡ったあと加わった陳嬰の例である。(61) 陳嬰は、東陽県の令史であったが、若者たちは県令を殺して、かれに数千人の長になって欲しいと頼んだ。陳嬰は承諾して、やがて二万人の兵と衆を率いて項梁の軍に参加した。項梁たちは、呉で蜂起したとき精兵八〇〇〇人であったが、ここで陳嬰の兵二万人を加え、さらに楚王の系統である楚懐王を立てる前に、下邳では六、七万人になっていた。とすれば、項梁たちの初期の段階で有力な兵となったのは、陳嬰に従う東陽県の人びとである。これは劉邦たちの沛県の集団と同じように、中央から派遣された県の長官を殺して、その官府で実務を担当していた地元の人びとが、県社会を単位として行動したものである。このように県を単位として、のちまで軍事行動を継続しているのは、里耶秦簡にみえるような県の官吏を中心とする人間関係が強固であったことを示唆している。

『史記』では、秦末の叛乱の原因の一つに、秦の官吏の横暴を指摘しており、沛県と東陽県のほかにも、中央から派遣された県令や丞を殺している例がある。これらは里耶秦簡にみえる県の官吏の世界や、県レベルの社会を知って、異なる習俗をもつ地方を統治する困難さが理解できるところがある。

到新安。諸侯吏卒異時故繇使屯戍過秦中、秦中吏卒遇之多無狀、及秦軍降諸侯、諸侯吏卒乘勝多奴虜使之、輕折辱秦吏卒。（項羽本紀）

武臣等從白馬渡河、至諸縣、說其豪桀曰、秦爲亂政虐刑以殘賊天下、數十年矣。北有長城之役、南有五嶺之戍、外内騷動、百姓罷敝、頭會箕斂、以供軍費、財匱力盡、民不聊生。重之以苛法峻刑、使天下父子不相安。陳王奮臂爲天下倡始、王楚之地、方二千里、莫不響應、家自爲怒、人自爲鬬、各報其怨而攻其讎、縣殺其令丞、郡殺其守尉。（張耳列伝）

このように里耶秦簡は、秦代の長江流域の社会情勢を伝えるとともに、『史記』『漢書』などにみえる県の官吏と社会の姿を浮かびあがらせる情報をふくんでいる。つまり秦代の県では、県令と県尉、丞などのほかに、実際には守丞や書記たちが文書行政や実務に関与していた。秦末の沛県の蜂起では、このような県の属吏以下の人々が一つの地域社会を形成して、その後の戦闘集団を構成している。ここでは、その一例を示したにすぎないが、出土資料との比較

によって、『史記』にみえる史実の社会的な位置づけができると考えている。(62)

おわりに

里耶秦簡の公表されたサンプル資料を、『史記』の記述とくらべてみると、秦代社会の情勢について興味深いことがわかる。本章では、とくに行政文書の形態と機能や、地方官府の構成について初歩的な整理をした。それによって、以下のような特徴が確認できよう。

まず里耶秦簡は、木牘の形式による行政文書が多いようであり、そのため従来まで知られていた竹簡や木簡、帛書と比較するサンプルが増えたといえる。また古城の井戸から出土した状況も、かえって古墓に副葬された資料の性格を考える手がかりとなる。そこで里耶秦簡を、中央や郡県から伝達された県レベルの情報としてみると、それらは三種類以上の形式に区分できる。

第一は、皇帝の制詔や、中央の命令であるが、これまで里耶秦簡では報告されていない。第二は、郡県の間における行政文書であり、ここでは洞庭郡の命令のなかに、中央からの命令を引用している。また県内では下部への命令や、上申・報告などの文書を処理した形跡がうかがえ、里耶秦簡は出土した遷陵県の遺跡を反映して、この形式がもっとも多いようである。これらは秦暦による年月日を記しており、とくに受信と発信については、受け渡しの人物や、書写した人物、時間などを記している。そして第三は、封検や検、笥牌、祠先農簡などのように、官府の実務に関する資料である。

このような特徴を、同じく秦漢の県レベルの官府に勤務した官吏で、その墓に副葬されていた睡虎地秦簡・張家山漢簡と比較してみると、興味深い対照を示している。それは里耶秦簡が、紀年を記した処理の行政文書が多いのに対して、古墓の資料には、紀年をもつ文書の形式がきわめて少ないことである。たとえば睡虎地秦簡の『編年記』や、張家山漢簡の「暦譜」は、秦漢の紀年を記しているが、これらは行政文書ではない。また睡虎地秦簡「語書」と張家山漢簡『奏讞書』には、紀年を記した行政文書や裁判案件の形式をとどめているが、これらは実際の文書として残されたのではなく、過去の規範や文章の形式として保存された可能性がある。これらを除けば、あとは紀年のない律令や、「為吏之道」と『日書』、算数書と『闔廬』、医書などの書物である。これらは古墓の資料が、保存された文書や書籍という性格を示しているが、同時に里耶秦簡の資料とあわせて地方官府の業務を補完する役割をもっている。

また里耶秦簡の形態をもとに、竹簡や木簡、帛書に書かれた資料をみると、それは行政の実務や、律令、裁判、書籍などの内容によって書写の素材が区別されているのではなく、伝達する文書や、実務の控えやチェックの資料、保存しておく用途に応じて書き分けていることが予想される。したがって秦漢時代では、紙が書写材料として普及していなかったから竹や木に書写されたのではなく、すでに紙の文書にあたる用途も、一定の素材と形態を区別していたのではないかと推測している。そして中国古代で実務をおこなう実務資料や、楬などの付札、封検と検などは、紙と木簡が併用された日本古代と同じように、簡牘の素材として必要とされたのではないだろうか。

さらに里耶秦簡の内容を『史記』の秦代社会とくらべてみると、そこには南方をこえて一般的な県社会のモデルとなる要素をもっている。ここでは、秦末に劉邦が蜂起するときの沛県と、陳嬰たちの東陽県の社会について、簡単なスケッチをしたにすぎないが、それでも蕭何や曹參、周昌・周苛、夏侯嬰などのエピソードが、里耶秦簡の情勢をふまえて理解できることがわかるとおもう。ここではその前提として、秦代郡県制の位置づけを試みたものである。

注

（1）湖南省文物考古研究所、湘西土家族苗族自治州文物処、龍山県文物管理所「湖南龍山里耶戦国―秦代古城一号井発掘簡報」（『文物』二〇〇三年一期）、湖南省文物考古研究所「湖南龍山県里耶戦国秦漢城址及秦代簡牘」（『考古』二〇〇三年七期）、湖南省文物考古研究所『里耶発掘報告』（岳麓書社、二〇〇七年）など。

（2）前掲「湖南龍山里耶戦国―秦代古城一号井発掘簡報」、湖南省文物考古研究所、湘西土家族苗族自治州文物処「湘西里耶秦代簡牘選釈」（『中国歴史文物』二〇〇三年一期）、李学勤「初読里耶秦簡」（『文物』二〇〇三年一期）、里耶秦簡講読会「里耶秦簡訳註」（『中国出土資料研究』八、二〇〇四年）、馬怡「里耶秦簡選校」（『中国社会科学院歴史研究所学刊』第四集、商務印書館、二〇〇七年）、王煥林『里耶秦簡校詁』（中国文聯出版社、二〇〇七年）など。テキストは、本書の付篇「里耶秦簡の釈文」により、〔　〕は重複記号による字や、釈文を改めた字、欠字の追加を示す。読替の字は（　）で示し、一部は釈文に入れている。　」は改行を示すが、連続する文章では改行の印をつけない場合がある。

（3）前掲「里耶秦簡訳註」の籾山明「解題にかえて」では、①秦始皇帝から二世時代の資料であること、②県という民政機関の公文書であること、③遷陵県という占領地の実情を伝える文書であること、④木牘の文書を多くふくむことなどをあげている。考古発掘と里耶秦簡の研究状況は、「〝中国里耶古城・秦簡与秦文化国際学術研討会〟紀要」（『考古』二〇〇八年一〇期）にみえる。

（4）前掲「湖南龍山県里耶戦国秦漢城址及秦代簡牘」。拙稿「里耶古城参観記」（『資料学の方法を探る』七、二〇〇八年）、金慶浩「両千年前里耶鎮的旅程和『里耶秦簡』的簡介」（韓国『中国古中世史研究』第一九輯、二〇〇八年）は、現地の見聞と学会の様子を紹介している。

（5）地名里程簡は、「簡報」では一点の一部であるが、『発掘報告』で三点を紹介している。先行研究と内容は、本書の第十一章「秦漢時代の交通と情報伝達」で説明している。

（6）彭浩「読張家山漢簡《行書律》」（『文物』二〇〇二年九期）。

（7）拙稿「戦国・秦代の都市水利」（『中国水利史研究』二〇、一九九〇年）。

（8）籾山明「龍山里耶秦簡」（二〇〇四年一二月、木簡学会シンポジウム報告）では、紀年と発信、受信について一覧しており、おおよそ年代順である傾向がわかる。

（9）『史記』秦本紀、六国年表。拙稿「始皇帝と秦帝国の情報伝達――『史記』と里耶秦簡」（『資料学の方法を探る』七、二〇〇八年）。

（10）睡虎地秦簡の背景は、工藤元男『睡虎地秦簡より見た秦代の国家と社会』（創文社、一九九八年）、湯浅邦弘『中国古代軍事思想史の研究』第三部「秦の法思想と軍事思想」（研文出版、一九九九年）、松崎つね子『睡虎地秦簡』（明徳出版社、二〇〇〇年）、本書の第三章「戦国秦の南郡統治と地方社会」などでふれている。暦譜の記事は、湖北省荊州市周梁玉橋遺址博物館編『関沮秦漢墓簡牘』（中華書局、二〇〇一年）、高村武幸「秦漢代地方官吏の『日記』について」（二〇〇二、『漢代の地方官吏と地域社会』汲古書院、二〇〇八年）、蔡万進『尹湾漢墓簡牘論考』肆「《元延二年日記》文書淵源探索」（台湾古籍出版、二〇〇二年）などの考察がある。

（11）張家山漢簡の情報については、本書の第八章「長江流域社会と張家山漢簡」で紹介している。

（12）胡平生・張徳芳編撰『敦煌懸泉漢簡釈粋』（上海古籍出版社、二〇〇一年）には、「御史守属太原王鳳、元鳳元年九月己巳、假一封傳。行暦日詔書。亡傳信。外二百卌七十九」（ⅠT0112④1）とあり、紛失した伝の内容を記す資料がある。ここから漢代には、「暦日詔書」を伝える使者が中央から派遣されたことがうかがえる。

（13）張培瑜・張春龍「秦代暦法和顓頊暦」（前掲『里耶発掘報告』）、李学勤前掲「初読里耶秦簡」、馬怡前掲「里耶秦簡選校」など。

（14）国家計量総局主編『中国古代度量衡図集』（文物出版社、一九八一年）には、始皇詔銅方升や始皇詔銅橢量、始皇詔陶量、始皇詔鉄石権、始皇詔銅権を収録しており、その銘文は「廿六年、皇帝盡并兼天下諸侯、黔首大安、立號為皇帝、乃詔丞相状・綰、法度量則不壹歉疑者、皆明壹之」である。両詔銅橢量、両詔銅権などの二世皇帝の銘文は「元年制詔丞相斯・去疾、法度量盡始皇帝為之、皆有刻辞焉。今襲號、而刻辞不稱始皇帝、其於久遠也、如後嗣為之者、不稱成功盛徳。刻此詔故刻左、使毋疑」とある。

（15）大庭脩『秦漢法制史の研究』（創文社、一九八二年）第三編第一章「漢代制詔の形態」、第二章「居延出土の詔書冊」、第三章「居延出土の詔書断簡」に詔書冊の復元に関する研究がある。ここでは詔書を、第1形式：皇帝自ら命令を下すもの、第2形式：官僚の献策が認可され、皇帝の命令として公布するもの、第3形式：官僚に立法を委託し、覆奏と制可の言があるものに分類している。また同『漢簡研究』（同朋舎出版、一九九二年）第一編「冊書の研究」、序章「漢簡の文書形態」、第一章「肩水金関出土の『永始三年詔書』冊」、第二章「武威出土『王杖詔書・令』冊」、第三章「敦煌淩胡隧址出土冊書の復原」にも、漢代制詔の基本的な形態と伝達などの考察がある。

（16）龍京沙「里耶古城遺址的発現与発掘」（中国出土資料学会報告、二〇〇八年）。

（17）張春龍・龍京沙氏の報告をもとした、胡平生「近年新出簡牘簡介」（大阪産業大学、二〇〇九年三月）の説明による。

（18）李学勤前掲「初読里耶秦簡」、劉瑞「里耶秦簡零拾」（『中国文物報』二〇〇三年五月三十日）など。

（19）胡平生「読里耶秦簡札記」（『簡牘学研究』第四輯、二〇〇四年）、胡平生・李天虹『長江流域出土簡牘与研究』（湖北教育出版社、二〇〇四年）、汪桂海「従湘西里耶秦簡看秦官文書制度」（『簡牘研究二〇〇四』広西師範大学出版社、二〇〇六年）など。

（20）陳偉「秦と漢初の文書伝達システム」（藤田勝久・松原弘宣編『古代東アジアの情報伝達』汲古書院、二〇〇八年）。

（21）この資料は、拙稿「『史記』秦漢史像の復元」（『日本秦漢史学会会報』五、二〇〇四年）、同前掲「始皇帝と秦帝国の情報伝達」でも、その意義を述べている。なお陳偉「秦蒼梧・洞庭二郡芻論」（『歴史研究』二〇〇三年五期）は、里耶秦簡の蒼梧郡と洞庭郡が、もとの黔中郡を分けたもので、蒼梧郡は長沙郡にあたると論じている。

（22）籾山前掲「解題にかえて」は、冊書の一変形として位置づけ、洞庭郡—陽陵県—遷陵県への授受関係を一覧している。ただし陽陵県から遷陵県の伝達については、1木牘⑯6では受信記録が一つであること、2漢簡などでは伝達する途中の官府で書記とおもわれる名を記すが、受信・発信の記録はないという問題がある。

（23）胡平生前掲「読里耶秦簡札記」。5行目の□は、「簡報」「里耶秦簡訳註」、胡平生氏ともに「二月」と復元している。

（24）欠字の月は、「簡報」「里耶秦簡訳註」、胡平生氏ともに「三月」としている。

（25）「里耶秦簡訳註」などは「如」を正面を書写した人物としており、この署名と正面の文字は似ている。ただし胡平生「里耶簡所見秦朝行政文書的製作与伝送」（『資料学の方法を探る』八、二〇〇九年）は、洞庭郡の官府の吏とみなしている。

（26）この一連の資料は「里耶秦簡訳註」、邢義田「湖南龍山里耶J1⑧157和J1⑨1—12号秦牘的文書構成・筆跡和原檔存放形式」（『簡帛』第一輯、武漢大学簡帛研究中心、二〇〇六年）に考証がある。本書の第五章「里耶秦簡の文書形態と情報処理」参照。

（27）張俊民「龍山里耶秦簡二題」（『考古与文物』二〇〇四年四期）。

（28）永田英正『居延漢簡の研究』（同朋舎出版、一九八九年）、同「文書行政」（『殷周秦漢時代史の基本問題』汲古書院、二〇〇一年）など。

（29）書写の材料として木板を作成することは、睡虎地秦簡『秦律十八種』の「司空律」一三一、一三二簡にみえている。本書の第三章「戦国秦の南郡統治と地方社会」を参照。

（30）両者の関係は、本書の序章「中国出土資料と古代社会」、第三章「戦国秦の南郡統治と地方社会」で説明している。

（31）『編年記』は、基本的に紀年だけで干支（日）をもつ記述ではない。また「為吏之道」に記された魏律二篇には、安釐王「廿五年閏再十二月丙午朔辛亥」（前二五二）の紀年があるが、これは秦ではなく魏の過去の条文となろう。このほか『日書』には、秦と楚の暦法をうかがう資料はあるが、実際の紀年にもとづく文書ではない。工藤前掲書『睡虎地秦簡より見た秦代の国家と社会』を参照。

（32）この点は、大庭脩「張家山二年律令簡中の津関令について」（皇學館大学史料編纂所報『資料』一七九、二〇〇二年）、本書の第八章「長江流域社会と張家山漢簡」でふれている。

（33）池田雄一『奏讞書』（刀水書房、二〇〇二年）、拙稿前掲「長江流域社会と張家山漢簡」を参照。また籾山明「中国の文書行政——漢代を中心として」（『文字と古代日本2』吉川弘文館、二〇〇五年）では、裁判手続きによる文書の役割を説明しているが、これは第三の資料に近い形式ということになる。

（34）文書の伝送と受信に対して、必ず日月と朝夕の時刻を記すことは、睡虎地秦簡『秦律十八種』の「行書律」一八四、八五簡に、「行傳書・受書。必書其起及到日月夙暮。以輒相報也」とある。

（35）秦漢時代の郡県と郷里制については、重近啓樹『秦漢税役体系の研究』附論二「秦漢帝国と豪族」（汲古書院、一九九九年）や、池田雄一『中国古代の聚落と地方行政』（汲古書院、二〇〇二年）、高村武幸「秦・漢初の郷」「秦漢時代の県丞」（以上、前掲『漢代の地方官吏と地域社会』）、紙屋正和「前漢前半期における県・道による行政文書」（『漢時代における郡県制の展開』朋友書店、二〇〇九年）など参照。

（36）張家山漢簡「秩律」については、周振鶴「《二年律令・秩律》的歴史地理意義」（二〇〇三、『張家山漢簡《二年律令》研究文集』二〇〇七年）、拙稿「秦漢帝国の成立と秦・楚の社会」（二〇〇三、『中国古代国家と郡県社会』）、拙稿前掲「長江流域社会と張家山漢簡」で説明している。また早稲田大学簡帛研究会の「張家山漢簡二四七号漢墓竹簡訳注（三）」（『長江流域文化研究所年報』三、二〇〇五年）がある。

（37）里耶秦簡の郡に関する資料は、以下の通りである。

洞庭守（⑯5正、⑯6正）、洞庭尉（⑨1正〜⑨12正）
洞庭仮尉（⑨1背〜⑨12背）、洞庭司馬（⑨1背〜⑨12背）
卒史（⑧134正）、卒史、仮卒史、属（⑯5正、⑯6正）、県嗇夫（⑯5正、⑯6正）

（38）里耶秦簡の遷陵県に関する資料は、以下の通りである。ただし同じ官職でも、年代の相違や複数の官員のため同一人物とは限らない。

遷陵丞（⑧157背）（⑨1背〜⑨12背）（⑨984正）（⑯5背、⑯6背）
遷陵守丞（⑧133背）（⑧134正）（⑧154正）（⑧156）（⑧158正）（⑯6背）（⑯9背）
尉（⑧157正）、遷陵司空（⑧133正）、司空守（⑧133背）（⑧134正）、司空（⑯5背、⑯6背）
倉主（⑯5背、⑯6背）、田官守（⑨981正）、少内守（⑧152正）、少内（⑧156）
都郷嗇夫（⑨984正）、都郷守（⑯9正）、都郷主（⑯9背）
啓陵郷夫（⑧157正）、都郷、啓陵、貳春（⑯5背、⑯6背）

また遷陵県に隣接する他県の資料は、つぎの通りである。

酉陽の丞（⑧158正）、酉陽の獄史（⑧133正）、（酉陽？）主令史（⑧158正）、陽陵守（⑨1背）

陽陵守丞（⑨1正〜⑨10正、⑨10背、⑨11正、⑨12背）（⑨984正）

陽陵司空（⑨1正〜12正）、司空騰（⑨1正〜12正）

(39) 浜口重国「漢代に於ける地方官の任用と本籍地との関係」、同「漢碑に見えたる守令・守長・守丞・守尉に就いて」（以上、『秦漢隋唐史の研究』下、東京大学出版会、一九六六年）、高村前掲「秦漢時代の県丞」など。

(40) 里耶秦簡の⑧157正面と背面では、啓陵の嗇夫から、尉の管轄で郵人と里典を任命して欲しいという文書がある。また木牘の背面には、発信と受信の記録があり、配達をする人物がみえている。戍卒や徒隷などの例は、⑯5正、⑯6正などにみえる。また⑨984正面には「令史」がいるが、どこに所属するかは明確ではない。

(41) 労働力については、沈頌金「湘西里耶秦簡的価値及其研究」（『中国史研究動態』二〇〇三年八期）、拙稿前掲「『史記』秦漢史像の復元」でふれている。

(42) 「里耶秦簡訳註」では、居延漢簡の「守御器簿」に似ているとし、尹湾漢墓簡牘には「武庫永始四年兵車器集簿」がある（『尹湾漢墓簡牘』中華書局、一九九七年）。

(43) 里耶秦簡の⑯9正に、「廿六年五月辛巳朔庚子、啓陵郷□敢言之。都郷守嘉言、渚里□……劾等十七戸徙都郷、皆不移年籍。令曰移言。●今問之劾等徙……書、告都郷曰、啓陵郷未有（牒）、毋以智劾等初産至今年數。……謁令都郷具問劾等年數、敢言之」とある。

なお陳松長「岳麓書院所蔵秦簡綜述」（『文物』二〇〇九年三期）の三十四年の日志では、「爽」に関する記事がある。

「辛亥、爽之舍」「爽会建江陵（後九月）」「0552：爽初書年十三、盡廿六年年廿三歳」「0418：卅年十一月爽盈五歳」「0687：廿四年十二月丁丑初為司空史」「0625：廿五年五月壬子徙為令史」

0552簡は、『史記』秦始皇本紀の十六年条に「初令男子書年」とあるのに対応して、この人物が年齢を申告し、二十六年に二十三歳となったと指摘されている。これは秦代の徴兵年齢と、身長制から年齢制への変化に関連して注目されている。陳

偉「岳麓書院藏秦簡0552号小考」（武漢大学簡帛研究中心網二〇〇九年四月）、曹旅寧「岳麓書院秦簡0552号与秦代傅籍之年」（同、二〇〇九年四月）。

（44）秦代の郡県制については、拙著『中国古代国家と郡県社会』第一編第一章「中国古代の関中開発」、第三章「戦国・秦代の軍事編成」（汲古書院、二〇〇五年）などを参照。

（45）漢高祖の集団については、西嶋定生「中国古代帝国成立の一考察」（一九四九、『中国古代国家と東アジア世界』東京大学出版会、一九八三年）や、増淵龍夫「漢代における民間秩序の構造と任俠的習俗」（一九五一、『新版 中国古代の社会と国家』岩波書店、一九九六年）、守屋美都雄「漢の高祖集団の性格について」（一九五二、『中国古代の家族と国家』東洋史研究会、一九六八年）、李開元『漢帝国の成立と劉邦集団』（汲古書院、二〇〇〇年）などに考察がある。

（46）『史記』巻五三蕭相国世家に、

蕭相國何者、沛豐人也。以文無害爲沛主吏掾。高祖爲布衣時、何數以吏事護高祖。高祖爲亭長、常左右之。高祖以吏繇咸陽、吏皆送奉錢三、何獨以五。秦御史監郡者與從事、常辨之。何乃給泗水卒史事、第一。秦御史欲入言徵何、何固請、得毋行。

（47）『漢書』蕭何伝の顔師古注に、「御史以何明辨、欲因入奏事之次、言於朝廷、徵何用之。何心不願、以情固請、而御史止、故得不行也」とある。

（48）堀敏一『漢の劉邦』（研文出版、二〇〇四年）では、秦代の泗水郡の治所は沛県にあったとみなしている。また張家山漢簡「秩律」には、沛郡とおもわれる県に、豐、沛、酇、城父はあるが、『漢書』地理志がいう沛郡の治所・相県はみえていない。

（49）里耶秦簡の⑧134正面。

（50）張家山漢簡「史律」四七五、四七六簡に、

試史學童以十五篇、能諷書五千字以上、乃得爲史。〔又〕以八體試之、郡移其八體課大史。大史誦課、取最一人以爲其縣令史、殿者勿以爲史。三歳壹并課、取最一人以爲尚書卒史。

（51）『史記』蕭相国世家に、

及高祖起爲沛公、何常爲丞督事。沛公至咸陽、諸將皆爭走金帛財物之府分之。何獨先入收秦丞相御史律令圖書藏之。沛公爲漢王、以何爲丞相。項王與諸侯屠燒咸陽而去。漢王所以具知天下阸塞、戸口多少、彊弱之處、民所疾苦者、以何具得秦圖書也。

（52）『史記』巻九六張丞相列伝に、

周昌者、沛人也。其從兄曰周苛、秦時皆爲泗水卒史。及高祖起沛、撃破泗水守監。於是周昌・周苛自卒史從沛公、沛公以周昌爲職志、周苛爲客。從入關、破秦。沛公立爲漢王、以周苛爲御史大夫、周昌爲中尉。

このほか『史記』巻九六張丞相列伝では、「張丞相蒼者、陽武人也。好書律歴。秦時為御史、主柱下方書」とあり、のちに沛公の陣営に加わる人物と律令の関連がみえている。

（53）『史記』巻五四曹相国世家に、

平陽侯曹參者、沛人也。秦時爲沛獄掾、而蕭何爲主吏、居縣爲豪吏矣。

とある。また巻九六張丞相列伝には、任敖が沛の獄吏で、劉邦の妻に処遇が悪かった吏を傷つけたというエピソードがある。

任敖者、故沛獄吏。高祖嘗辟吏、吏繫呂后、遇之不謹。任敖素善高祖、怒撃傷主呂后吏。及高祖初起、敖以客從爲御史、守豐二歳。

（54）張家山漢簡『奏讞書』一九七～二二八簡の案件に、

六年八月丙子朔壬辰、咸陽丞穀禮敢言之。令曰、獄史能得微難獄、上。今獄史擧闟得微〔難〕獄、爲奏廿二牒。擧闟毋害、〔廉潔〕敦慤、守吏也、平端。謁以補卒史、勸它吏、敢言之。（二二八簡）

なおこの記事で、県の獄史が郡の卒史に推薦されることは、前掲「里耶秦簡訳註」に指摘がある。

（55）『史記』巻九五樊酈滕灌列伝に、

汝陰侯夏侯嬰、沛人也。爲沛廐司御。毎送使客還、過沛泗上亭、與高祖語、未嘗不移日也。嬰已而試補縣吏、與高祖相愛。高祖戲而傷嬰、人有告高祖。高祖時爲亭長、重坐傷人、告故不傷嬰、嬰證之。後獄覆、嬰坐高祖繫歳餘、掠笞數百、終以是脱高祖。高祖之初與徒屬欲攻沛也、嬰時以縣令史爲高祖使。上降沛一日。高祖爲沛公、賜嬰爵七大夫、以爲太僕。

（56）『史記』項羽本紀に、
漢王道逢得孝惠・魯元、乃載行。楚騎追漢王、漢王急、推墮孝惠・魯元車下、滕公常下收載之。如是者三。曰、雖急不可以驅、柰何棄之。於是遂得脫。
（57）里耶秦簡の⑨981正面。これに関して、金秉駿「古代中国南方地区の水運―湖北・湖南省出土簡牘を中心として」（『資料学の方法を探る』八、二〇〇九年）がある。
（58）拙稿「戦国楚の領域形成と交通路」（一九九四、前掲『中国古代国家と郡県社会』）参照。
（59）前掲『関沮秦漢墓簡牘』。
（60）『史記』項羽本紀に、
於是項王乃欲東渡烏江。烏江亭長檥船待、謂項王曰、江東雖小、地方千里、衆數十萬人、亦足王也。願大王急渡。今獨臣有船、漢軍至、無以渡。項王笑曰、天之亡我、我何渡爲。且籍與江東子弟八千人渡江而西、今無一人還、縱江東父兄憐而王我、我何面目見之。縱彼不言、籍獨不愧於心乎。乃謂亭長曰、吾知公長者。吾騎此馬五歳、所當無敵。嘗一日行千里、不忍殺之、以賜公。
（61）『史記』項羽本紀に、
項梁乃以八千人渡江而西。聞陳嬰已下東陽、使使欲與連和倶西。陳嬰者、故東陽令史。居縣中、素信謹、稱爲長者。東陽少年殺其令、相聚數千人、欲置長、無適用、乃請陳嬰。嬰謝不能、遂彊立嬰爲長。縣中從者得二萬人。少年欲立嬰便爲王、異軍蒼頭特起。……嬰乃不敢爲王。謂其軍吏曰、項氏世世將家。有名於楚。今欲擧大事、將非其人、不可。我倚名族、亡秦必矣。於是衆從其言、以兵屬項梁。項梁渡淮、黥布・蒲將軍亦以兵屬焉。凡六七萬人、軍下邳。
（62）出土資料による『史記』史実の復元は、拙稿前掲「『史記』秦漢史像の復元」、同前掲「始皇帝と秦帝国の情報伝達」などで試みている。

第五章　里耶秦簡の文書形態と情報処理

はじめに

里耶秦簡は、湖南省龍山県の里耶古城の一号井戸から出土した資料群である。その年代は、秦王政二十五年（前二二二）から秦の統一をへて、二世皇帝二年（前二〇八）までの連続する紀年をふくんでいる。(1) この里耶秦簡は、一枚の木牘に二～七行ほど書かれており、その全体が『史記』に対応する秦代史（始皇帝、二世皇帝）の一括した資料群となる。そのため公表されたサンプル資料だけでも、歴史地理や、文書の形式、秦代の地方官府、法制と行政などをめぐる状況がうかがえる。(2) 第四章では、里耶古城と井戸の状況や、里耶秦簡の性格について簡単な展望をしたが、その特徴には以下のような点があげられる。

（1）里耶秦簡は、秦代の洞庭郡に所属する遷陵県という地方官府の資料群であること。また、どのような経過で井戸に入れられたとしても、文書に紀年と月日が記された資料が多く、年代に即した南方社会の具体的な分析ができる。(3)

（2）木牘という形態によって、表裏の文面を連続して読むことができること。報告によれば、木牘一枚に一つの内容をもつものが多いといわれる。(4) したがって里耶秦簡の形態は、書写の誤りをのぞけば、文面が前後するという錯簡がなく、文書の形式や、その具体的な処理の手順を復元することができる。これは古墓の竹簡や、漢代辺境の木簡のように、紐で結んだ冊書がきわめて少なく、それを連続して復元することが困難な状態と比べてみれば、その利点がよくわかるであろう(5)。

このように里耶秦簡は、秦代の紀年をもつ一連の資料であり、また多くの文書が単独で解釈できるという、きわめて良質な資料群である。年代からみると、戦国時代の睡虎地秦簡と漢代の張家山漢簡などをつなぐ資料であり、木牘の形式と内容は居延漢簡など漢簡と共通した点がある。また里耶秦簡の文書の形態は、県レベルの官府の記録という性質をもっている。

これから里耶秦簡の公表がふえてくると、予想されることは、資料の編年が可能になることである。これは年代順の資料集を編纂することに似ている。また各時代の資料が増えれば、遷陵県の官府の構成員が明らかになり、年代ごとに人名の構成も復元できるかもしれない(6)。しかし大切なことは、遷陵県という一つの領域をめぐって、情報が処理される過程と、それによって運営される地方官府の実務を明らかにすることであろう。その手がかりは、木牘という文書の形態である。ここには遷陵県をめぐる文書の伝達と処理がみえており、サンプル資料だけでも、いくつかの特徴を示すことができる。

そこで本章では、木牘の形態と機能に即して、遷陵県をめぐる文書の処理を復元してみたい。ここで注目するのは、木牘⑨1～12にみえる一連の資料である。この木牘は、洞庭郡から遷陵県に送られた文書であるが、⑯5、6のような受信と発信の記録がなく、かえって本文の情報処理と保存の用途がうかがえる。このような木牘の機能によって、保存・廃棄の状況と、古墓の資料との接点を考えてみたいとおもう。

一　遷陵県をめぐる文書と記録

里耶古城の位置は、洞庭湖から沅水を遡った支流・酉水の北岸にあり、秦代では洞庭郡に所属する遷陵県の城郭と推定されている。そのため、ここから出土した資料は、遷陵県に伝えられたか、あるいはこの県内で処理や保管をされたり、また他の地方官府に伝えられた文書の控えであることが推測される。里耶秦簡のサンプル資料は、いくつかの内容と形態に分類できる[7]。

第一は、中央から伝達される文書。暦譜、詔書、命令、法令など。

第二は、地方郡県の行政文書。洞庭郡と県をめぐる文書、記録、副本。

第三は、県レベルで作成した文書と簿籍、記録、実務資料。これは上級官府への報告ともなる。

第四は、その他の木牘。楬（付札）、封検、検、九九、習書など。

第一に、中央から伝達される文書は、暦譜や、皇帝の詔書、中央の丞相・御史からの命令、法令などが想定できる。里耶秦簡では、これまで暦譜や詔書の内容を記した資料はなく、文書に秦暦を使用することと、⑯5、6の文書に、物資の輸送に関する上級の規定を引用する程度である[8]。ただしその後、木牘⑧455のように統一後の名称を読みかえた一覧が紹介されており、ここに中央と地方制度の一端がうかがえる[9]。これらは秦王朝の文書行政のもとになる資料である。

第二に、地方郡県の行政では、洞庭郡と県の官府をめぐる文書があげられる[10]。これは伝達される文書のほかに、受信と発信の記録や、文書の処理をふくむ木牘があり、そのなかに上級官庁の情報がみえている。里耶秦簡では、このような処理の控えとなる文書がもっとも多いようであり、各時期の洞庭郡と県のやり取りや、遷陵県の県内での処理をふくんでいる。これらは、さらにいくつかの形態にわけられる。

一は、⑯5、6の文書のように、郡から県へ伝達される情報である。ここには木牘二枚に共通して、Ⅰ洞庭郡の守から県嗇夫と卒史、仮卒史、属に告げた同じ内容を記している。そして裏面には、Ⅱ左側に、日付と「〜以来」という受信を記し、Ⅲ右側に処理の指示と、日付と「〜行」などの発信を記録している。そして、それぞれに「某手」という担当あるいは書写した人の署名がある。これは郡から県へ伝達され、それを県で処理している形態であるが、郡と県ともに「它如律令」という指示を記している。この形式は、他県から県への⑨984の文書（酉陽守丞から遷陵丞へ）や、県から下部への⑧156の文書（遷陵守丞から少内へ）などの伝達でも同様である。

これに関連して、県から隣県を通じて郡へ返答しているケースがある。たとえば、⑧158の文書は、A表面に、遷陵県の守丞から、酉陽県に宛てて「直書」が届いたことを知らせる内容がある。そして裏面には、日付と「〜行旁」の発信だけを記している。これは、直接的には隣県に宛てた文書であるが、もとの文書は、郡を通じて伝えられた「直書」であり、おそらく郡へ伝達されるとおもわれる（A、Bなどは年月の順序を示す）。

A卅二年（前二一五）四月丙午朔甲寅、遷陵守丞が酉陽県に「直書」が届いたことを知らせる内容。（⑧158正面）

B四月丙辰旦に、発信した記録（日付、〜行旁）　欣手　（⑧158背面）

また⑧154の文書は、「令曰、恒以朔日上所買徒隷数」という規定に従って、遷陵守丞が郵人を通じて上申したものであるが、これも上級の郡へ伝達される文書であろう。

二は、県の下部機構との間で、相互のやり取りをする文書である。たとえば、⑧152の文書は、A表面に、県の少内守が、遷陵県に「直書」が届いたことを知らせる内容がある。これは「文書が届いたら返答せよ」という指示にもとづいて、「今、書已に到る」と報告したものである。裏面には、これに対応して、B左側に日付と「～以来」という受信を記し、やはり「某手」という署名がある。ここにはCの発信がなく、受信だけの控えとなっている。この文書には、「敢言之」という上申の文言が記されている。この形式は、内容は異なるが、⑧134の文書（司空主から県へ）、⑨981の文書（田官守から県へ）などの例がある。

A卅二年（前二一五）四月丙午朔甲寅、少内守が遷陵県に「直書」が届いたことを知らせる内容。　（⑧152正面）

B四月甲寅の日中に、受信した記録（日付、～以来）／欣発　　處手　（⑧152背面）

また⑧157の文書（啓陵郷夫から県へ）、⑯9の文書（啓陵郷から県へ）は、県レベルの領域にある郷とのやり取りである。⑧157の文書からは、県レベルが行政の基礎単位であり、郷は独立した機構ではないことが確認できる。

A卅二年（前二一五）正月戊寅朔甲午、啓陵郷夫が県に上申する内容。　（⑧157正面）

C県から啓陵郷への命令伝達／気手　発信の記録（日付、～行）

B末尾に受信の記録（日付、～以来）／欣発　　壬手　（⑧157背面）

これに対して三は、受信や発信記録がなく、文書の本文を保存するケースである。たとえば⑨1～12は、一の形式と同じく郡から県へ伝達されており、内容は陽陵の卒について記録した一連の文書である[11]。ここには始皇帝三十三年、三十四年、三十五年にわたって、陽陵県の司空の文書にはじまり、陽陵県と洞庭郡のやり取り、洞庭郡から遷陵県への伝達を記している。この意味で、これらの文書は、郡と県、県の内部の伝達に関する資料といえよう。「里耶秦簡訳註」では、これらの文書通達の流れを整理し、陽陵県の担当者と書写の人物、洞庭郡の担当者と書類作成者に分類している。また本文の内容は、卒の債務に関係するため、胡平生氏は、陽陵戍卒の貲銭や贖銭を、洞庭郡の官吏を通じて催促し、遷陵県に転送する経緯を考察している。しかし注目されるのは、これらの文書に受信と発信の記録がなく、一括したファイルとみなされることである。

邢義田氏は、⑨1～12のうち、複数の木牘の正面に書かれた文字が、別の木牘の裏面に写っていることから、これらが一緒に密着して保存されたことを指摘している。(12) たとえば、それは木牘⑨6の背面と⑨7の正面、⑨7の背面と⑨8の正面、⑨8の背面と⑨9の正面などである。また文書を処理した書記の分析を行い、正面と背面の文字を記した筆跡の違いや、「某手」が担当した人物のサインか、あるいは書写した人物であるかを考証している。そして木牘の背面左下に記された「敬手」は、正面の文章に対応して書かれており、その文中にみえる複数の「某手」をふくめて抄写したと考えている。これは文書の伝達とその性格を知るためにも重要な指摘である。

さらに⑨1～12の本文には、それぞれの卒に対して一緒に債務の校券を送ると述べている。これは文書に付随して証明書を送付したことになり、今日でいえば添付ファイルにあたるものである。このように⑨1～12の文書は、郡県の文書伝達だけではなく、文書の一括した保存、添付ファイルの形式などを示した資料である。

第三に分けられるのは、地方官府の運営にかかわる文書と簿籍や、記録、実務に関する資料である。史書や居延漢簡などによれば、地方官府からは、上級への報告や、中央への上計のもとになる資料がある。(13) したがって里耶秦簡でも、県で作成する報告と簿籍などの記録が想定できる。簿籍に関する形式では、⑧133の文書に「卒算簿」が県と司空の間で伝達されている。また⑧147の文書は、遷陵県の「今八月見弩臂百六十二」を記しており、これも帳簿の用途をもっている。さらに『発掘報告』で追加された戸籍簡や、祠先農簡と呼ばれる資料をふくめて、里耶秦簡には文書と簿籍を作成するための資料や、実務に関する資料が多くみられる。これは里耶秦簡の大きな特徴である。

第四に、里耶秦簡には、漢簡と同じように付札にあたる楬や、宛名を記した封検、検などの資料がある[14]。これも文書と物品の送付や、物品の管理に関する実務資料である。その他の木牘には、⑥1正の「九九」表があり、単独の早見表となっている。その背面には「以郵行」などの習書を記している。この木牘は、出土地とは直接的に関係なく、文書の伝達などを示す文書ではない。しかし「九九」表は、行政の計算をおこなう基礎となるものであり、それは張家山漢簡『算数書』と同じように、官府の職務にかかわる資料といえよう[15]。

このほか『発掘報告』では、里耶秦簡を五つの内容に分類している。ただし付篇「里耶秦簡の釈文」では、これを以下のように修正して分類している。

一、簡牘（文書と簿籍、記録）。これは県レベルの文書と簿籍（分類の第二、三）にあたる。
二、祠先農簡（出入券）。これは穀物や物品、銭を管理する実務資料（分類の第三）となる。
三、地名里程簡。これは、その他の単独簡の一種（分類の第四）とみなされる。
四、戸籍簡牘。これは県レベルの名籍（分類の第三）に関連する。
五、封泥匣（封検）と笥牌（付札）。ここに検、九九、習書を移したが、これは単独簡（分類の第四）にあたる。

したがって遷陵県（里耶古城）の官府では、いまのところ県レベルの文書と簿籍、記録や、管理と運営に関する実務資料が多いことがわかる。そのほかに単独の簡牘があり、楬や封検、検などの用途が注目される。

このように里耶秦簡は、大半が行政文書としても、伝達される文書の形態よりも、それを処理する文書や記録、実務資料、単独の簡牘の形態が多いようである。ここでは第二の文書のうち、木牘⑨1〜12の構成を分析して、秦代郡県における文書処理と保存の状況を考察してみたい。

二　⑨1～12文書の内容について

これまで里耶秦簡には、遷陵県に文書が伝達され、それを受信し、処理して発信した記録を控えておく形態があることを述べた。このような木牘の形態は、ほかにもいくつか確認できる。しかしサンプル資料には、このほかに遷陵県での受信と発信を記さない文書がある。それは⑨1～12の一連の文書で、いずれも陽陵県の戍卒（債務労役者）一人に対して、一通ごとに負債の金額を移管する内容となっている。これらの文書は、その表裏の書写の形態に少しずつ相違がある（全体は、付篇「里耶秦簡の釈文」に収録）。

たとえば、報告や処理にかかわる年月の順に、A、B、C、Dとすれば、⑨1は、正面に三十三年四月の記事（A、B）があり、背面に三十四年と三十五年の記載（C、D）がある。

正面A：卅三年四月辛丑朔丙午、司空騰敢言之。……

B：四月己酉、陽陵守丞廚敢言之。……

背面C：卅四年六月甲午朔戊午、陽陵守慶敢言之。……

D：卅五年四月己未朔乙丑、洞庭假尉觿謂遷陵丞。……

ところが、木牘の表裏に書かれた形式は、⑨1～12を通じて必ずしも同じではない。たとえば⑨1と同じように、正面と背面にわたってA～Cを記載する形式には、⑨3、7、9、10、11、12がある。しかし木牘の内容をみると、五つの文書（⑨2、4、5、6、8）のように、A～CとDを区別する形式が、もっとも典型的なパターンではないかと推測される。⑨4の事例は、つぎの通りである。

正面A：卅三年四月辛丑朔丙午、司空騰敢言之。……
　B：四月己酉、陽陵守丞廚敢言之。……
　C：卅四年八月癸巳朔甲午、陽陵守丞欣敢言之。……
背面D：卅五年四月己未朔乙丑、洞庭假尉觿謂遷陵丞。……

ここでは正面に、三十三年と三十四年の陽陵県の記載（A、B、C）があり、背面に三十五年の洞庭郡からの記載（D）がある。その書写について横田恭三氏は、背面に書かれた郡からの命令文が、正面の謹厳な書きぶりと違って、忽卒であると指摘している。(16)また一連の木牘には、受信と発信を記さないだけではなく、もう一つの共通した特徴がある。それは他の文書が、比較的に近い日数で処理しているのに対して、これらの文書群は、三ヶ年の月日におよぶ長期の内容を記していることである。いま⑨4の木牘によって、その事例を示してみよう（」は改行を示す）。

A卅三年四月辛丑朔丙午、司空騰敢言之。陽陵孝里士伍衷有貲錢千三百卅四。」衷戍洞庭郡、不智何縣署。●今爲錢校券一、上謁言洞庭尉、令衷署所」縣責以受（授）陽陵司空。〔司空〕不名計、問何縣官計附署、計年爲報。已訾責其」家、〔家〕貧弗能入。乃移戍所、報署主責發、敢言之。
B四月己酉、陽陵守丞廚敢言之。寫上、謁報、〔報〕署金布發、敢言之。／儋手
C卅四年八月癸巳朔甲午、陽陵守丞欣敢言之。至今未報、謁追、敢言之。／堪手　（⑨4正面）
D卅五年四月己未朔乙丑、洞庭假尉觿謂遷陵丞。」陽陵卒署遷陵、以律令從事、報之。／嘉手
以洞庭司馬印行事。」　敬手　（⑨4背面）

ここで先行する解釈との違いや、すでに指摘されている睡虎地秦簡の関連規定をふくめて、この文書の内容を説明しておこう。

⑨4正面（陽陵県の債務労役者に関する洞庭郡との文書）

A三十三年（前二一四）四月辛丑朔の丙午（六日）、司空の騰《とう》が敢えて之を言う。「陽陵（県）孝里の士伍・衷《ちゅう》には、貲銭千三百四十四が有り、衷は洞庭郡に戍卒となっていますが、どこの県に割り当てられたか不明です。●そこで今、『銭校券』一を作成いたしますので、洞庭の尉に申し上げていただき、衷が配属されている県に対して、陽陵の司空に報告いただくようにお願いいたします。司空では計算できませんので、どこの県官で計算するかを問うて、その計年を報告したいとおもいます。すでに貲銭（の金額）は、彼の家に返済を責めましたが、貧しくて納入できませんでした。そこで戍卒となっている所に移管いたします。文書には『主責が発す』と署《しる》します」。敢えて之を言う。

B四月己酉（九日）、陽陵守丞の廚《ちゅう》が敢えて之を言う。「上申の文書を写して上しますので、返答をお願いいたします。『金布が発す』と署して報じます」。敢えて之を言う。／儋が手す。

C三十四年（前二一三）八月癸巳朔の甲午（四日）、陽陵守丞の欣《きん》が、敢えて之を言う。「今に至るも未だ報がありません。追加（の報告）をお願いいたします。」敢えて之を言う。／堪が手す。

⑨4背面（洞庭郡から遷陵県への命令）

D三十五年（前二一二）四月己未朔の乙丑（七日）、洞庭仮尉の觿《けい》が遷陵丞に謂う。「陽陵卒で遷陵県に割り当てられている者は、律令の規定に従って処理し、これを報ぜよ」／嘉が手す。洞庭司馬の印を以て事を行なう。

敬が手す

文書の発信は、始皇三十三年の四月六日に、洞庭郡に所属する陽陵県の司空から、陽陵県の官府に宛てたものである。その内容は、陽陵県を本籍とする士伍のある人物に、債務銭が千三百四十四ほど残っているが、かれは洞庭郡に

図１　木牘⑨１、⑨４の形態

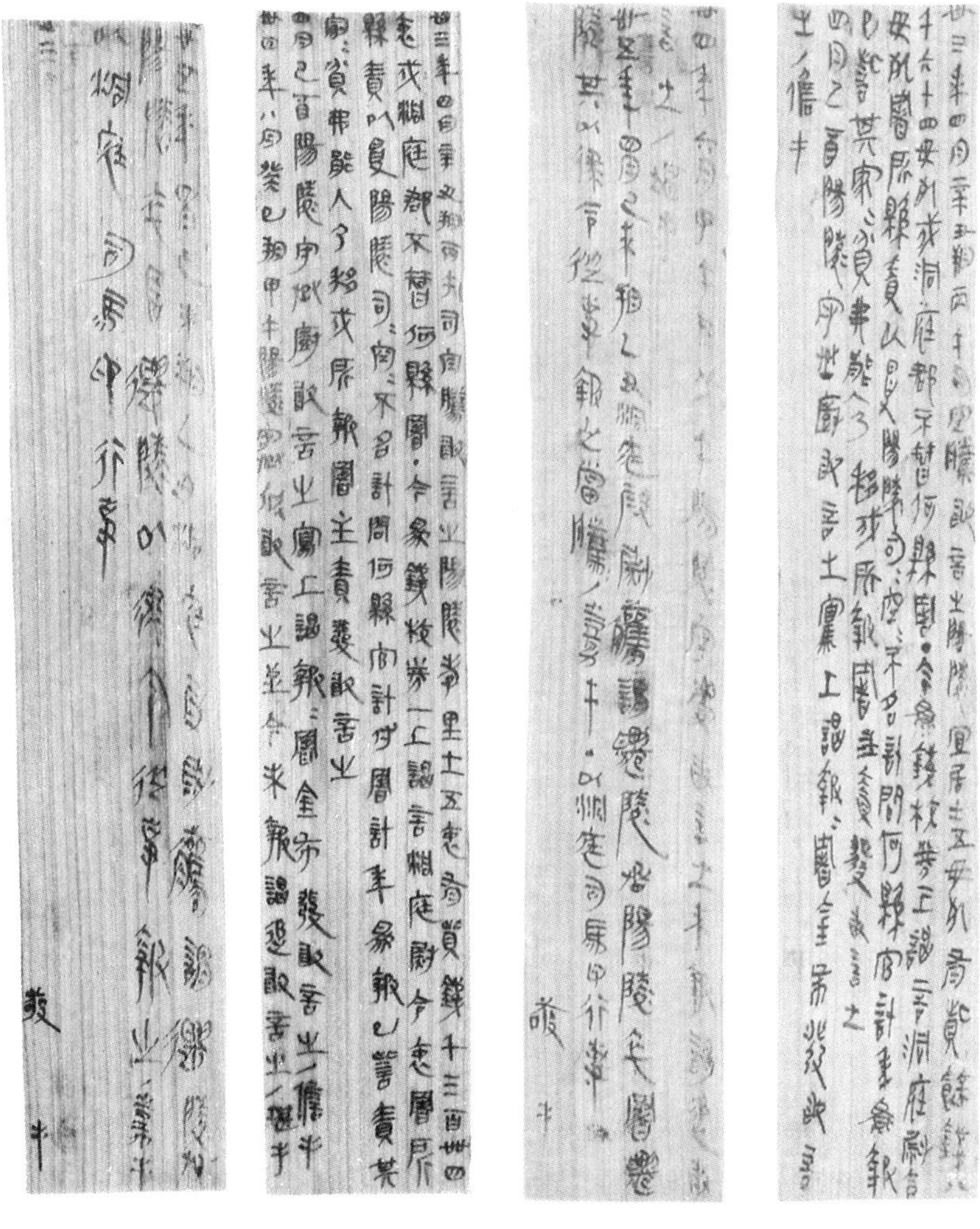

⑨４　背面　　⑨４　正面　　⑨１　背面　　⑨１　正面

戍卒となっており、どこの県に配属されたか不明というものである。そこで司空は、かれの「銭校券」を作成して県に報告している。銭校券とは、⑧134正の文書に公船を貸し出した「校券」を写しており、[17]おそらく人名と県・里、爵のほかに、貲銭に関する記載をした校券の文書であろう。

このように、ある県の債務労役者の情況を、司空から県を通じて郡へ報告することは、睡虎地秦簡の「司空律」にみえるように、秦では城旦舂と鬼薪白粲をふくめて、県の司空が労役の管理を担当していたからであろう。

有罪以貲贖及有責（債）於公、以其令日問之、其弗能入及賞（償）、以令日居之、日居八錢。公食者、日居六錢。……官作居貲贖責（債）而遠計所官者、盡八月各以其作日及衣數告其計所官、毋過九月而〔畢〕到其官。官相〔近〕者、盡九月而告其計所官、計之其作年。　（司空律、一三三～一四〇簡）

この点は、すでに講読会の訳註に指摘があるが、ここでは司空が陽陵県を通じて、洞庭郡の尉に、他県での貲銭の回収を願うという意味に解釈している。[18]

〔陽陵県〕から洞庭の尉に言い、某の配属先の県で取り立て、陽陵県の司空に渡すように取りはからってください。司空では計算できませんので、どこの県で配属期間を計算したのかを問い合わせます。ご返信下さい。すでに某の家を算定しましたが、家が貧しくて返済できませんでした。そこで配属先の県に移送する次第です。返信の際には「主責開封」と記して下さい。

前半は、県に対する返答であるが、その後文は洞庭郡に対して、配属先から債務銭を移送するように要望すると理解している。しかしここには、いくつか不明な点がある。

たしかにこの例では、卒の配属先が不明であることから、債務銭を処理する前提として、先に配属先を確認する必要がある。訳註では、郡が卒の配属先を調査するとともに、その回答に「主責開封」と記すように要望し、つづく陽陵県の文書でも「金布開封」と記すと理解している。しかし陽陵県の官府をへて処理をするとき、上級機関である郡に対して、別の部署に回答を指定できるのだろうかとおもう。これは、むしろ下部の機構から県の官府に対する表現と、県から郡に対する返答の表現ではないだろうか。そこで先の大意では、これより先に上部から卒の所属を確認する命令があったと想定し、「今」以下の報告を、それに対する回答とみなしてみた(19)。

これによると、すでに陽陵県は卒の所属と債務を確認する必要があり、この報告を労役を担当する司空に求めたようである。そこで司空は、卒の「銭校券」を添付して報告したが、配属先を掌握していないため、命令の半分しか実行できなかった。また家族による代理の返済もできていないことを付記している。

この司空の報告を受けた陽陵県は、この返答をそのまま郡に回答した。ここで「写上」とは、木牘⑯６の背面にもみえており、上級に報告する用語である(20)。そのとき添付した「校券」の文書に、担当の部署を示す「金布が発す」の標題を記したと理解するのである。「発」は、居延漢簡などでは文書を処理した官吏が控えを記入しており、里耶秦簡でも受信に「某発」とある。しかし「発」は、文書の開封を意味するとともに、発信に関する意味をもっている。ここでは受信の形式ではないため、「金布が発す」という財務の担当を明らかにし、あるいは別添の文書を示すときの表現ではないかと考える(21)。つまり司空に対する「主責」と、県の官府に属する「金布」のように、「某発」とは実務を担当する部署の責任を示すのではないかと推測している。

ここで県の「金布」が担当すると返答するのは、すでに訳註で指摘されているように、睡虎地秦簡の「金布律」七六簡に、債務の返済にかかわる規定があるからであろう(22)。

有責於公及貲贖者居它縣、輒移居縣責之。

公に債務があったり、債務労役で贖罪する者で、他県に居るものは、そのたびに居県に（文書を）移して、その債務を負わせよ。

このとき「金布」とは、財務にかかわる内容か、あるいは県の財務にかかわる部署を示すことが想定される。ここでは先の「主責（担当の部署）」に対応して、県の「金布」を記しているとみなしており、これは県の下部組織の官吏を指すとおもわれる。[23] そこで県の金布が文書の責任を負うのは、債務の財政を担当するためと考えておきたい。

ところがこの文書の内容は、なぜか郡ではすぐに処理されず、翌年まで持ち越された。そこで陽陵県では、三十四年の八月になって、ふたたび郡に対して指示を求めている。この前文には「未だに回答がありません」とあり、そのあと「謁追」という表現がある。これについて講読会の訳註は、睡虎地秦簡の「行書律」に従って、調査をすると解釈している。行書律の一八四〜一八五簡には、つぎのようにみえる。

行傳書・受書、必書其起及到日月夙暮、以輒相報也。書有亡者、亟告官。隸臣妾老弱及不可誠仁者勿令。書廷辟有曰報、宜到不來者、追之。　行書

文書を伝送したり受信するときは、必ずその発信と受信の日月と朝夕を記し、そのたびに互いに報告せよ。文書を紛失した場合は、すみやかに官府に告げよ。隸臣妾と老弱のものや、信頼できない者に文書を逓送させてはいけない。文書で県廷が調査するものは報告せよ。届くべきものが来ない場合は、これを追及せよ。　行書

睡虎地秦簡の注釈では、この「追之」を「応に追査を加えるべし」と理解している。これによって訳註は、郡に対して追加の調査を依頼すると解釈している。しかしCの部分は、Bの部分に対する回答を求めているのであり、Bの部分は、Aの文書を添付して上申しているだけである。しかもAの文書は、配属先が確定したあと移管の措置をとりたいという文面のようである。そこで先の大意では、ここに「文書による追加の報告」という意味をふくむと解釈している。

ところで、ここで問題となるのは、なぜこのような洞庭郡と陽陵県との文書が、遷陵県で出土しているのかという点である。これまでの第一形式の文書であれば、これらの文書の出土地は、郡とやり取りをしている陽陵県のはずである。これについては、背面のDの部分が、その事情を説明している。ここでは三十五年の四月に、洞庭郡の仮尉が、遷陵県に対して直接に命令を下している。

訳註の解釈では、これを「陽陵県の卒は遷陵県に配属した。律令を以てことを執行し報告せよ」とする。また同じく片野氏の説明では、[24]洞庭郡が同じ日付で、陽陵県の催促状を一括して就役先の遷陵県に送り、それを陽陵県の依頼どおり、「労役期間の計算をして、陽陵県に移送する」という処理を求めていると解釈している。つまりここでは、洞庭郡が、三十四年八月から三十五年の四月までの間に、遷陵県が配属先であることを突きとめ、その後の処理を要求していることになる。この場合は、Aの文書にみえる労役計算などの処理をふくむことになる。これは洞庭郡から遷陵県に直接に宛てた文書であることから、その可能性がある。

しかし「以律令従事」という文言だけでは、具体的な指示の内容をふくむものではなく、その前文とあわせて解釈しなくてはならない。だからDの部分では、遷陵県に配属したというほかに、陽陵卒で遷陵県に割り当てられている者が、該当するかどうかを確認する意味に理解してみた。また睡虎地秦簡の「金布律」によれば、「他県に居るものは、そのたびに居県に文書を移して、その債務を負わせよ」とあり、必ずしも債務銭を計算してもとの本籍に送付する規定ではないとおもわれる。なお「金布律」では、他県に労役として行くことを想定しているが、⑨1～12の文書では戍卒として郡内の県に配属され、それが労役と同じように扱われているようである。これが配属先が不明である一因かもしれない。そこでもう一つの可能性として、先の大意では、まだ配属先は不明のままで、洞庭郡は所轄の県に陽陵卒の配属に関する確認の返答を求め、その一つが直接に遷陵県に伝達されたと想定してみた。

このほか⑨4の背面には「以律令従事、報之」とあるが、⑨1、7、8、9、10、11、12の背面には「以律令従事、報之、當騰騰」とある。これについては、「当に謄写すべき者に謄写する」という解釈などがある。[25]

いずれにせよ遷陵県にとって、A、B、Cの文面は、郡の命令を説明する一つの文書でしかない。遷陵県にとって重要なのは、二年におよぶ陽陵県と洞庭郡とのやり取りではなく、三十五年四月に、表面に記された卒を確認する命令が郡から伝達され、それに対して処理の返答をしなければならないということである。このときA～Cの書写は、おおむね丁寧な字体で記しており、背面にみえる郡からの命令を草卒に書写する字体とは異なっている。遷陵県では、さらに命令を下部の司空・少内（金布）などに伝達して確認する必要がある。そこで洞庭郡から遷陵県に伝達された文書と、遷陵県での受信と処理、発信を記した文書の形態を推測すれば、つぎのようになる。

正面	A：卅三年四月辛丑朔丙午、司空騰敢言之。……	（陽陵県廷への上申）
	B：四月己酉、陽陵守丞廚敢言之。……	（陽陵県から洞庭郡への上申）
	C：卅四年八月癸巳朔甲午、陽陵守丞欣敢言之。……	（洞庭郡への上申）
背面	D：卅五年四月己未朔乙丑、洞庭叚尉觿謂遷陵丞。	（郡から遷陵県へ）
	以洞庭司馬印行事。」	（封泥の控え）　敬手

⑨4の文書を処理する形式（推測）

正面	A：卅五年四月己未朔乙丑、洞庭叚尉觿遷陵丞。	（郡から遷陵県への命令）
背面	C：遷陵県から下部に伝達の控え（日付、発信）／某手	
	B：末尾に受信の記録（日付、～以来）／某手	某手

このように⑨1～12文書は、文書の処理と伝達の過程が、少しずつ違っているが、基本的な形式は同じである。そして⑨4で示したように、A、B、Cを記した正面は、陽陵県から郡への上申であると同時に、洞庭郡から送られた命令の内容を示す文書となっている。したがって⑨1～12は、正面と背面をあわせて、洞庭郡から県に伝達された各一通の文書であり、遷陵県ではこれらを一括して保存していたことがわかる。

三　文書の処理と保存

つぎに、⑨1～12の全体を通じた文書の流れを検討して、その形態と意義について考えてみよう。表1は、⑨1～12の文書にみえる発信と受信の流れを示したものである。ここでは陽陵の卒に関する人名と債務銭の金額などを除いており、とくに洞庭郡と陽陵県、遷陵県との間で交わされた文書の伝達に注目している[26]。これによると、つぎのような経過を読み取ることができる。

まず一連の文書は、すべてA司空騰の報告から始まっている。その日付は、始皇三十三年の三月二十七日から四月八日までである。したがって報告は、三月末から起草したことになるが、県の司空が独自に文書の作成をはじめたとはおもわれない。つまり今回の陽陵卒に関する報告と、「銭校券」の提出は、それ以前に郡あるいは県からの命令に対する返答ではないかと想定される。その根拠は、里耶秦簡の一連の文書では、「●今……」の用語のまえに洞庭郡のどの県に所属するかは不明と述べているからである。そこで司空の騰は、三月末より以前に、所属が不明となっている陽陵卒について確認の命令をうけ、それを順次に返答しているとおもわれる。

報告をうけた陽陵県では、Bのように三人の守丞の恬・廚・䀡が、数日後に順次に処理をして上に報告している。

その報告は、おそらく県の官府か郵を通じて洞庭郡に送るはずであるが、宛先は郡守か郡尉の府であろう。このとき「金布発」と記したタイトル簡を付けて、陽陵卒の「銭校券」を添付するのかもしれない。(27) ここまでが第一段階である。

ところが三十三年四月に陽陵県から出された一連の文書は、そのまま洞庭郡の返答がないまま、三十三年の年度末をこえて、三十四年の年度末である九月が近づこうとしていた。これは上計などでは決算の時期である。そこで陽陵県では、三十四年の六月二十五日から八月二日にかけて、ふたたびCの指示を求める文書を送っている。その処理は、三十三年とは違う守丞の慶・欣や、陽陵の遬がおこなっている。しかもその処理と、先に陽陵卒の処理をした日付をくらべてみると、必ずしも早く報告した人物が早く処理されていない。たとえば、六月に要請したのは、四月九日の処理であり、七月に要請したのは、四月二日と九日のもので、八月に要請したのは、四月二日から十日までの処理となっている。したがって三十四年に陽陵県から洞庭郡に出された文書は、手元にあるリストを順次に整理したものであり、処理された順序とはあまり関係がないとおもわれる。ただし、ここでは司空の騰が処理した以外のリストがふくまれていないから、同じファイルが一括して保存されていたことがわかる。

そして洞庭郡では、さらに三十四年の年度末をこえて、次年度の四月になって、やっと一括して遷陵県にDの文書を送っている。この日付をみると、最初に陽陵県の司空が卒のリストを書き始めた時期に近いことがわかる。とすれば秦では、年度末の決算期のほかに、四月前後を起点とするような半年ごとの区切りがあるのかもしれない。⑨982笥牌の文に、「卅四年十月以盡四月。吏曹以事笥」とあり、⑧774笥牌に、「卅四年四月盡九月。倉曹當計禾稼出入券以計及縣相付受（授）廷。第甲」とあるのは、十月～四月までと、四月～九月という区分を示すものであろう。(28) ともかく三十五年四月に、陽陵卒の所在を確認する文書が遷陵県に到達している。

表1　⑨1～12文書の処理と保管

陽陵県；司空と県廷、県廷と洞庭郡との文書の控え〔保管〕	
報告と処理の月日	陽陵県での処理
A始皇33年（前214）司空騰 3/27→4/2（⑨11） 3/28→4/2（⑨2，3，9） 4/6→4/8（⑨4，8） 4/6→4/9（⑨1，5，10，12） 4/8→4/9（⑨7） 4/8→4/10（⑨6）	B始皇33年 4/2陽陵守丞恬 （⑨2，3，9，11） 4/8陽陵守丞廚（⑨4，8） 4/9陽陵守丞廚 （⑨1，5，7，10，12） 4/10陽陵守丞䁂（⑨6）
陽陵県の上申月日	陽陵県での処理
C始皇34年（前213） 6/25陽陵守丞慶（⑨1） 6/29陽陵守丞慶（⑨10） 7/28陽陵遬（⑨3，12） 8/1陽陵遬 （⑨2，5，6，7，8，9，11） 8/2陽陵守丞欣（⑨4）	B始皇33年 4/6→4/9 4/6→4/9 3/28→4/2，4/6→4/9 3/27→4/2，3/28→4/2， 4/6→4/8，4/6→4/9， 4/8→4/9，4/8→4/10 4/6→4/8
洞庭郡；陽陵卒の一括した調査を指示〔保管〕	
D始皇35年（前212）4月7日 洞庭郡の仮尉から遷陵県への文書：同一の月日	
遷陵県；一連の文書〔遷陵県の控え〕を作成 D始皇35年（前212）4月7日→処理の文書は別に作成 県の下部への伝達、洞庭郡への報告が予測される	

表2　⑨1～12文書「某手」に関する諸説

論文	陽陵県	西陽県	洞庭郡	遷陵県
劉瑞	儋、堪、糾	敬	嘉	
訳註	儋、堪、敬（書写）		嘉（作成）	
邢義田	儋、堪、糾、			敬、嘉
胡平生	儋、堪、敬（司空）		嘉	（嘉）

注意されるのは、こうした卒のリストが洞庭郡と陽陵県の両方に、長期にわたって保存されていたということである。なぜなら陽陵県では、最初の報告から一年以上もたった三十四年六月から八月にかけて、前年度の卒のリストを再提出しているからである。また洞庭郡でも、三十四年六月から八月の文書を、三十五年四月に一括して処理していることから、郡尉の側でも陽陵卒のリストを保存していたことになる。このような情勢からみれば、遷陵県に送られた文書は、最初の三十三年四月に陽陵県が出した文書ではなく、二度目の三十四年六月から八月にかけて出された陽陵県の文書を、郡で一括して控えていた可能性が高いであろう。この文書（A、B、C）と「校券」リストを洞庭郡が保存しており、それを（D）三十五年四月に郡尉の府が処理して送付したとみなすのである。そして遷陵県では、これが「洞庭司馬」の印で封じられていたことを控えている。これは受信と発信を記す文書とはちがって、保存の形態を知るうえで貴重な例となる。

この一連の文書の作成と伝達に関して、「某手」と表記される人物たちの部署と役割を補足しておこう。木牘の本文や、背面の左下に書かれた「敬手」については、**表2**のように、劉瑞氏や「里耶秦簡訳註」、邢義田、胡平生氏の考察がある。(29) いま⑨1～12文書で問題となるのは、これらの人物が担当者か書写の人か、あるいは本人のサインか別人の書写かという点である。

⑨4の文書を例にすれば、「儋」「堪」を陽陵県の人とする点は共通している。劉瑞氏は「敬」を西陽県の人とするが、これは洞庭郡の文書が、西陽県を通じて遷陵県に伝達されるとみなすためであろう。また「敬」は、訳註が陽陵県の人とし、邢義田氏は遷陵県の人としている。邢義田氏は、木牘正面の三十三年と三十四年の文にみえる「儋」「堪」の署名が、背面の左下に離れて記載する「敬」の書体と同じであり、「敬」が正面の全体を書写したとする。そこで「儋手」「堪手」の署名をふくむ三十三年と三十四年の記事を一緒に書写したと推測して、「敬」を遷陵県の人と

している。背面で、洞庭郡の命令文のあとにみえる「嘉」は、劉瑞氏と訳註が洞庭郡の人とし、胡平生氏は洞庭郡、あるいは遷陵県の人とする。これに対して邢義田氏は、遷陵県の人とみなしている。この違いは、洞庭郡で処理をした人物とみるか、あるいは遷陵県での受信の記録と解釈するかによるものであろう。

もう一度、文書の流れと、それぞれの書写の人物との関係を検討してみよう。まず陽陵県で文書を処理した「儋」「堪」が、ともに陽陵県の人とする点は一致していた。しかしこれらの人物は、どのような役割をもつのだろうか。この点は、里耶秦簡の文書を通じて、全体的な傾向をみる必要がある。そこで⑨1～12文書と各木牘の受信をのぞいて、本文の担当者と文書処理をした「某手」を一緒に記す例をみれば、つぎのようになる。

1／九月庚辰、遷陵守丞敦狐郄之。……／慶手。即令□□行司空。（⑧134正）

2四月丙午朔癸丑、遷陵守丞色下少内。……／欣手／四月癸丑、水十一刻〔刻〕下五、守府快行少内。（⑧156）

3正月戊寅朔丁酉、遷陵丞昌郄之。……／気手／正月戊戌日中、守府快行。（⑧157背）

4八月甲午、遷陵拔謂都郷嗇夫、以律令従事。／朝手。即走印行都郷。（⑨984正、背）

5〔三〕月丙辰、遷陵丞欧敢告尉。……／釦手。丙辰、水下四刻、隷臣尚行。（⑯5背）

6三月庚戌、遷陵守丞敦狐敢告尉。……／釦手。庚戌、水下□刻、走袑行尉。（⑯6背）

7三月戊午、遷陵丞欧敢言之。写上、敢言之。／釦手。己未旦、令史犯行。（⑯6背）

8……遷陵守丞敦狐告都郷主。以律令従事。／建手□……（⑯9背）

これらの例をみると、共通している点がある。それは担当者が、遷陵県の守丞、丞、県令であるとき、それに付随して「／某手」と記すことである。里耶秦簡では、他の県（⑨984正、酉陽守丞）や、県の下部機構（少内守、啓陵郷夫、田官守）から送られた文書があるが、ここには「／某手」の記載はみえない。したがって以上の用例からすれば、

「／某手」とは、県の担当者に付随して処理をする人の署名であり、今日の「文責」に近いものであろう。(30)

この用法に照らせば、⑨1～12の文書は、つぎのような可能性がある。それは陽陵県の司空の文には「／某手」を記さない。しかし陽陵県では、「陽陵某―／堪手」「陽陵守―／堪手」「陽陵守丞―／儋手」「陽陵守丞―／堪手」「陽陵守丞―／糾手」のパターンがみえる。したがって「儋」「堪」「糾」は、陽陵県の県令や丞、守丞が担当した文書を処理する人であることが推定できる。ただし邢義田氏が指摘されるように、陽陵県の文書には、某手の署名や、一部の文に欠落があり、これは正確な原本ではない。また「●今……」の表記は、「〻今……」とするものや、そのまま区別せずに記述するものがある。

つぎに⑨1～12の文書では、木牘背面の左下にある「敬手」が正面の文章を書写したとみなされている。これを里耶秦簡の全体について確認してみよう。その例は、つぎのようにみえている。

1廿六年八月庚戌朔丙子、司空守樛敢言。……／九月庚辰、遷陵守丞敦狐郄之。……／慶手。即令□□行司空。（⑧134正）」　□手（⑧134背）

2卅二年四月丙午朔甲寅、少内守是敢言之。……（⑧152正）」　處手（⑧152背）

3卅三年二月壬寅朔〔朔〕日、遷陵守丞都敢言之。……（⑧154正）」　圂手（⑧154背）

4卅二年正月戊寅朔甲午、啓陵郷夫敢言之。……（⑧157正）」　壬手（⑧157背）

5卅二年四月丙午朔甲寅、遷陵守丞色敢告酉陽丞主、令史。……（⑧158正）」　欣手（⑧158背）

6卅年九月丙辰朔己巳、田官守敬敢言之。……（⑨981正）」　壬手（⑨981背）

7廿八年八月戊辰朔丁丑、酉陽守丞□敢告遷陵丞主。……（⑨984正）」　□手（⑨984背）

8廿七年二月丙子朔庚寅、洞庭守禮謂縣嗇夫・卒史嘉・假卒史穀・属尉。……（⑯5正、⑯6正）

如手（⑯5背、⑯6背）

1では、遷陵県の司空守、守丞の複合文書でありながら、背面の署名は「□手」とある。これは最終的に担当した遷陵県の守丞と関連する書記であることを示しており、3の遷陵守丞と「圂手」、5の遷陵守丞と「欣手」と同じケースである。また遷陵県の機構では、2の少内守、4の啓陵郷夫、6の田官守に対しても、背面に「某手」と署名している。したがって正面の文章は、送付した側の書写ではなく、背面の「某手」が書写したのであれば、これらの「某手」は共通して遷陵県の官府の人ということになる。

また7の酉陽守丞や、8の洞庭守の文書にも「某手」の署名がある。この文書は送られてきた原本で、それに遷陵県が受信—発信の記録を記した木牘であれば、それぞれ「某手」は酉陽県と洞庭郡（あるいは中間に伝達した県）の人となる。しかし第四章で論じたように、発信に対しては文書処理の記録となることから、これを県の控えとみなせば、それは遷陵県の人ということになる。これらは木牘背面の「某手」の用例がふえれば、さらに明らかになるであろう。ただし少なくとも、下部機構から送られた文書も、それを遷陵県の官府の人が書写していることは明らかである。

これに従えば、⑨1〜12にみえる「敬」が陽陵県の人である可能性は低い。なぜなら、これらの文書は洞庭郡から直接に送られたものであり、その間に別の県を経由しても、そこでは開封していないとおもわれるからである。したがって正面を一括して書写した「敬」は、一に洞庭郡の人という可能性がある。しかし二に、遷陵県で控えとして複写したものであれば、遷陵県の人ということになる。私は、先の1、2、4、6で下部機構の文書を遷陵県で複写しているように、他の郡県からの文書も、同じように遷陵県で複写した資料が多いのではないかと推測している。またA〜Cの文書を丁寧に書写しながら、郡からの命令を草卒に書写する字体からみれば、Dが洞庭郡の原本である可能性は低いと考える。したがって「敬」は、A〜Cの文書を書写した遷陵県の人ということになる。これは邢義田氏の説に近い。ただし邢義田氏は、⑨3背面について「敬手」のほうが先に書かれ、そのあと洞庭郡の命令文を書写することを指摘している。(31) これによれば、木牘は正面の文章（陽陵県の卒の文書）と「敬手」が先に書写され、背面の洞庭郡の記録は、そのあとで書写されたことになろう。

それでは背面の「嘉手」はどうであろうか。その相違は、「嘉」が洞庭郡の命令につづく人か、あるいは遷陵県の受信に関する人かによるであろう。ところが「嘉」の表記は、各木牘によって違っている。

／嘉手●以洞庭司馬印行事。（⑨1背、⑨7背、⑨8背、⑨9背、⑨10背、⑨11背、⑨12背）

●嘉手。以洞庭司馬印行事。（⑨2背）

／嘉手。以洞庭司馬印行事。（⑨3背、⑨5背、⑨6背）、／嘉手」以洞庭司馬印行事。（⑨4背）

これによれば、もっとも多いのは「／嘉手●以洞庭司馬印行事」の形式である。「●嘉手。以洞庭司馬印行事」は、遷陵県の受信のようにみえるが、一例だけである。また「／嘉手。以洞庭司馬印行事」は両方に解釈できる。そこで「／嘉手」は、先にみた県の担当者と「某手」の関係からすれば、洞庭郡の仮尉を補佐する形式となるであろう。とすれば「嘉」は、洞庭郡の官府で書記をする人である。ただしこの部分は、遷陵県で受信のときに書写したとおもわれる。これを整理すれば、A〜Cの文書にみえる儋、堪、糾は陽陵県の官吏で、背面Dにみえる嘉は洞庭郡の官吏、背面の末尾にみえる敬は遷陵県の官吏ということになる。

以上のように、文書の作成、伝達と処理、それを書写した人物を通じてみると、一連の文書の性格が明らかになる。つまり⑨1〜12の文書は、陽陵県が上申した複合的な文書を、洞庭郡が一括して伝達したものであるが、出土した木牘は、遷陵県で各卒ごとの複写を作成し、それを一括して保存した資料ということになる。それは全体のうち五件が、A、B、Cを表面に書写するように、郡への回答のもとになる文書を明確に区別している。またD郡の命令を正面の内容と区別して、裏面に書写している。このとき陽陵県の文書にみえる「儋」「堪」などは、作成した陽陵県の官府の人であり、背面の「嘉」は洞庭郡の官府の人と推測される。ただし陽陵県の文書を書写したといわれる「敬」と、背面の洞庭郡の命令文と印章を付記した人は、共に遷陵県の人とおもわれる。こうした文書で、さらに推測されるのは、県の下部に伝達することであるが、そのような発信の形式はここに残っていない。ともかく⑨1〜12は、文書の情報処理とファイルの保存を示唆しており、里耶秦簡の一機能を示す資料となっている。

これに関連して注目されるのは、井戸から出土した里耶秦簡が、古墓から出土した資料の性格を理解する手がかりとなる点である。すでに⑨1〜12は、一括して保存された文書と指摘されていた。これらの木牘の保存と廃棄の状況からは、古墓の資料との関連を示唆している。

たとえば⑯5、6の木牘と、睡虎地秦簡「語書」の竹簡については、すでにその類似を比較をしている[32]。つまり「語書」の前半には、秦王の「廿年四月丙戌朔丁亥」という紀年を記して、南郡守から所属する県・道の嗇夫に命令を出し、末尾に「次を以て伝えよ。書を江陵に別ちて布するには、郵を以て行れ」という文面がある。これは⑯5、6の文書で、洞庭郡守から各県に出した命令ときわめてよく似ている。里耶秦簡の場合は、これを遷陵県が隣県から受けて、さらに県の下部に伝える形式となっていたが、その表面の文書だけを控えて保存すれば、まさに「語書」と同じ形態となる。だから睡虎地秦墓に副葬された文書は、本来は木牘に書写されて、県で処理される形態であったかもしれない。しかし郡からの命令は、その後も必要として表面の文面が保存されており、それを安陸や鄢県の令史であった墓主が、さらに竹簡に書写して保存していたことになる。ここに里耶秦簡のような実際に使われた行政文書と、古墓に副葬された文書との接点が見いだせるのである。

同じように、⑨1〜12の文書は、張家山漢簡『奏讞書』の漢代案件の伝達についても、ヒントを与えてくれる。

『奏讞書』には、大きく分けて秦代以前と漢代の案件がある。このうち漢代では、さらに南郡とそれ以外の案件があるが、南郡の関する文書には、つぎのような表現がある。これは「敢言之」が「敢讞之」であるほかは、そのあとに「謁報、署某発」とある形式が、里耶秦簡の文書とまったく共通している(33)。

十一年八月甲申朔己丑、夷道汾・丞嘉敢讞之。……敢讞之。謁報、署獄史曹發。●吏當。……。●廷報、當腰斬。（案件1）

十一年八月甲申朔丙戌、江陵丞驁敢讞之。……敢讞之。謁報、署史廥發。●吏當。……（案件2）

●十年七月辛卯朔甲寅、江陵餘・丞驁敢讞之。……敢讞之。謁報、署獄史廥發。●吏當。……。●廷以聞、武當黥爲城旦、除視。（案件5）

この意味は、つぎのように考えることができる。たとえば案件1は、夷道の長と丞が奏讞した文書で、ここでは「署某発」と記して返答を願っている。これを担当の部署を示す表記とみなせば、この文書には「獄史曹」の試案が添付していることになる。それを推測すれば、「●吏當。……」以下の内容が該当するのではないかと考える。つまり案件1は、上申の内容と共に、「署某発」のタイトルを記した試案を添付しており、その結果にあたる「廷報」の判断を一緒に控えた資料ということになる。同じように、案件2と案件5にも、「署某発」と一緒に「●吏當。……」以下の内容がある。このような表記は、もとの文書の形態をよく留めているものであろう。

『奏讞書』でもっとも新しい年代は、高祖十年、十一年の案件で、しかも南郡に関する三件の資料が、実際に南郡に所属する県から発信され、中央の廷尉からの回答を記した形式を伝えている。したがって三件の文書は、里耶秦簡と同じように中央からの回答を保存していることが想定され、それを竹簡に書写した形態となっている。ただし「敢言之」の用語が「敢讞之」となっているのは、いわば里耶秦簡が丞相と御史の系統に属する郡県のやり取りを示す行政文書であるのに対して、『奏讞書』が廷尉とのやり取りを示す裁判の案件だからであろう。ここにもまた古墓の資料の一部が、実際の文書を写して保存したことがわかるのである。

このように里耶秦簡と古墓の資料を比較してみると、県レベルの官府のなかで文書の処理がよくわかるとおもう。里耶秦簡から派生する形態を一覧すれば、つぎのようになる。

1受信と発信記録をともなう文書、処理（転送）を示す控えの文書

2受信と発信記録が無い文書、保存の文書

①里耶秦簡では、城壕から出土した戸籍の木牘がある。

②行政文書の内容だけを書写すれば、竹簡などの保存の文書が想定される。（睡虎地秦簡「語書」）

③里耶秦簡と同じ形式をもつ裁判の案件の控え。（『奏讞書』の漢代案件）

この形態は、さらに戦国楚にさかのぼって、包山楚簡の文書簡ともよく似ている(34)。つまり文書簡では、「集箸言」の一五〜一七簡や、一三二〜一三五簡の陰侯の地での案件は、正面の文書に対して、裏面に受信や発信を記している例があった。これは、ちょうど受信と発信の記録をともなう文書の形態である。また「疋獄」や「受期」は、年月と処理を記した控えとおもわれるが、ここには「A識之。B李（理）」のような署名をふくむ例がある。とすれば包山楚簡は、戦国楚の中央にある左尹の職務に関連して、実際の文書の伝達と処理を示す早い時期の資料だったことになる。そして戦国楚の左尹は、秦漢時代でいえば廷尉の部署に近い役職であるが、丞相・御史などの行政系統と同じような文書伝達の形態をもつために、地方との情報伝達を知ることができたのである。

これに対して里耶秦簡は、秦代の丞相・御史の系統に属する郡県の地方行政を示す資料が基本となっている。しかし地方の官府では、文書の伝達とともに、文書を処理した控えや、内容を保存するための資料があった。1は、受信

と発信の記録がある文書である。こうした処理の控えは、短期間に保存されるとしても、役割を終えれば廃棄されることになろう。2に、受信と発信の記録が無い文書は、保存のための控えとなるが、本文の一部は長期に保存される場合があったとおもわれる。そのため郡県の役人であった睡虎地秦墓の墓主は、行政文書の一部と共通する形式の「語書」や法令を、竹簡に書写して保存していたと考えられる。しかし睡虎地秦墓と張家山漢墓の墓主は、多くは中央から伝達された法令と、むしろ廷尉の系統に属する案件などを、控えとして残していたことになる。このように里耶秦簡の実用的な文書・記録との比較によって、古墓の資料の一部は、官府の任務を補完するものとして地方社会の実態を示している。

おわりに

本章では、里耶秦簡のサンプル資料にみえる文書の形態を分析し、文書の情報処理と保存について考察してきた。その結果、里耶秦簡は上級官府や県の下部機構との間で伝達される文書の原本よりも、むしろ県の官府で文書を処理して、それを実施するための記録の形態が多いことを確認した。それは一に、受信と発信の記録をもち、実際の処理に使われたとおもわれる形態（処理の控え）があり、これには郡と県、県と下部のケースがある。二に、県に伝達された本文だけを控えて保存する形態（保存の文書、副本）がある。ここでは⑨1～12文書を対象として、県レベルの官府における文書処理と保存を考察した。その要点は、つぎの通りである。

一、⑨1～12の文書は、それぞれ一人の卒に対して、陽陵県が洞庭郡に報告した文書を、そのまま収録している。そのため三年にわたって、洞庭郡と陽陵県が処理をした経過と、郡から遷陵県への文書の伝達が復元できる。これは秦代の文書行政を示すものである。しかし注意されるのは、陽陵県の文書が別々の時期に作成されたにもかかわらず、⑨1~12の文書は、洞庭郡が一括して同日に遷陵県に送った形式となっていることである。これは陽陵県と洞庭郡が、共に卒に関する文書を保存していたことを示している。

二、遷陵県に伝達された⑨1~12の文書は、おおむね正面を中心に書かれた「陽陵県の卒」に関する複合文書（A~C）と、背面に記した「洞庭郡の命令」（D）で構成されている。このとき木牘⑨4でいえば、正面に書かれた文書は丁寧に書写し、背面の命令文は草卒に書写している。これは木牘の文書が、基本的に「陽陵県の卒」に関する情報を記した洞庭郡の一文書であることを示している。そして一連の文書には、受信と発信の記録がないことから、これは遷陵県の処理と転送の控えではなく、洞庭郡の文書を遷陵県で保存した資料ということになる。

三、この文書には、文中に「校券」を一緒に送るという記載がある。したがって⑨1~12の文書には、それぞれ別に「校券」がセットになっており、添付ファイルにあたる文書を付随することが想定される。遷陵県では、この本文を一括して保存していたようである。それは邢義田氏が指摘されるように、木牘の正面の文字が、別の木牘の背面に写っており、これらを密着して投棄したことが証明できる。また「陽陵県の卒」の文書は、某手の署名や、一部の文に欠落があり、正確な原本ではないことを示している。このような木牘の形態から、一連の文書は洞庭郡から送られてきた原本ではなく、「陽陵県の卒」に関する文書を一括して書写した遷陵県の記録ということになる。遷陵県では、これに対応する処理を下部機構に伝達する必要があるが、それを発信した文書は公表されていない。ただし⑨1~12の資料は、陽陵県と洞庭郡、遷陵県の官府での文書処理と保存を示す好例であり、あらためて県レベルが実務の基礎単位であることを示している。

四、こうした保存の文書は、さらに興味深い内容をふくんでいる。それは保存と廃棄という機能に注目すると、古墓に副葬された文書の性格を示唆する点である。たとえば睡虎地秦簡「語書」と、張家山漢簡『奏讞書』の案件の一部は、たしかに郡から県への行政文書の内容をそのまま伝えていた。したがって睡虎地秦簡と張家山漢簡の一部は、郡県の役人が所在の県に伝えられた文書を、そのまま控えとして書写して保存していたことが推定できる。ただし睡虎地秦簡「語書」が行政文書の系統であるのに対して、『奏讞書』の漢代案件は中央の廷尉との系統を示すような違いはあるが、その文書を伝達する形態は、まったく同じ用語を使っておこなわれたことがわかる。これらは里耶秦簡の形態が、古墓に副葬された資料についても、資料の保存や廃棄にかかわる性格をもつことを示唆している。そして古墓の資料と里耶秦簡は、互いに補完する形で、地方行政の全体的な任務を浮かびあがらせている。

このほか里耶秦簡には、行政文書の原本と、文書処理と保存を示す資料にくわえて、官府の実務に関する資料がある。これらは『発掘報告』によって追加された資料が多い。つぎにこうした文書と記録、実務の資料をふくめて、秦代郡県制の運営と役割を検討してみよう。

注

（1）湖南省文物考古研究所、湘西土家族苗族自治州文物処、龍山県文物管理所「湖南龍山里耶戦国—秦代古城一号井発掘簡報」（以下「簡報」、『文物』二〇〇三年一期）、湖南省文物考古研究所「湖南龍山県里耶戦国秦漢城址及秦代簡牘」（『考古』二〇〇三年七期）、湖南省文物考古研究所『里耶発掘報告』（以下『発掘報告』、岳麓書社、二〇〇七年）。

（2）前掲「湖南龍山里耶戦国—秦代古城一号井発掘簡報」、湖南省文物考古研究所、湘西土家族苗族自治州文物処「湘西里耶秦代簡牘選釈」（『中国歴史文物』二〇〇三年一期）、李学勤「初読里耶秦簡」（『文物』二〇〇三年一期）。里耶秦簡講読会「里耶秦簡訳註」（『中国出土資料研究』八、二〇〇四年）、胡平生「読里耶秦簡札記」（『簡牘学研究』第四輯、二〇〇四年）、里耶秦簡講読会「里耶秦簡研究ノート」（『中国出土資料研究』九、二〇〇五年）、籾山明「湖南龍山里耶秦簡概述」（『中国古代訴訟制度の研究』京都大学学術出版会、二〇〇六年）、馬怡「里耶秦簡選校」（『中国社会科学院歴史研究所学刊』第四集、商務印書館、二〇〇七年）、王煥林『里耶秦簡校詁』（中国文聯出版社、二〇〇七年）など。

（3）本書の第四章「里耶秦簡と秦代郡県の社会」。

（4）前掲「簡報」、『発掘報告』。

（5）居延漢簡などの冊書の特徴は、大庭脩『秦漢法制史の研究』（創文社、一九八二年）、同『漢簡研究』（同朋舎出版、一九九二年）の関連論文や、永田英正『居延漢簡の研究』第一部「居延漢簡の古文書学的研究」（同朋舎出版、一九八九年）で説明されている。

（6）馬怡前掲「里耶秦簡選校」は、年代順に注釈をほどこし、邢義田「湖南龍山里耶J1⑧157和J1⑨1—12号秦牘的文書構成・筆跡和原檔存放形式」（『簡帛』第一輯、武漢大学簡帛研究中心、二〇〇六年）は、書記の筆跡などによる考証をすすめている。

（7）『発掘報告』では、里耶秦簡の釈文を、①簡牘と封検、②祠先農簡、③地名里程簡、④戸籍簡牘、⑤封泥匣と笥牌に分類している。ここでは、このうち県内の文書伝達と保存の形態に注目している。

（8）詔書の作成については、大庭前掲『秦漢法制史の研究』第三編「令に関する研究」、本書の第九章「張家山漢簡『津関令』と詔書の伝達」で説明している。周家台秦墓の「暦譜」早見表は、単独の木牘に書かれており、ここには二世元年といわれる一年の各月朔日の干支を記している。湖北省荊州市周梁玉橋遺址博物館編『関沮秦漢墓簡牘』（中華書局、二〇〇一年）。

（9）張春龍・龍京沙氏の報告をもとにした、胡平生「近年新出簡牘簡介」（大阪産業大学報告、二〇〇九年三月）による。

（10）陳偉「秦と漢初の文書伝達システム」（藤田勝久・松原弘宣編『古代東アジアの情報伝達』汲古書院、二〇〇八年）では、里耶秦簡の行書を、①遷陵県と洞庭郡の間、②遷陵県と酉陽県の間、③遷陵県内に分けている。

（11）この資料については、李学勤前掲「初読里耶秦簡」、劉瑞「里耶秦簡零拾」（『中国文物報』二〇〇三年五月三〇日）、胡平生前掲「読里耶秦簡札記」、胡平生・李天虹『長江流域出土簡牘与研究』（湖北教育出版社、二〇〇四年）、前掲「里耶秦簡訳註」、馬怡前掲「里耶秦簡選校」などに考証がある。

（12）邢義田前掲「湖南龍山里耶J1⑧157和J1⑨1—12号秦牘的文書構成・筆跡和原檔存放形式」。

（13）上計や、簿籍と報告の形式は、永田前掲『居延漢簡の研究』第一部第三章「簿籍簡牘の諸様式の分析」に詳しい。

（14）『湖南十大考古新発現陳列』（湖南省博物館）は、陳松長氏に提供していただいた。本書の第七章「里耶秦簡の記録と実務資料」を参照。

（15）算数書は、彭浩『張家山漢簡《算数書》註釈』（科学出版社、二〇〇一年）のほか、張家山漢簡『算数書』研究会（大川俊隆、岡山茂彦、小寺裕、角谷常子、田村三郎、田村誠、張替俊夫、吉村昌之）の訳註（『大阪産業大学論集』人文学科編、二〇〇二〜二〇〇五年）、張家山漢簡『算数書』研究会編『漢簡「算数書」——中国最古の算数書』（朋友書店、二〇〇六年）がある。九九簡は、居延漢簡などにもみえており、王煥林前掲『里耶秦簡校注』第四章「簡牘考釈」九九表初探で整理し、邢義田「漢代《蒼頡》《急就》、八体和『史書』問題」（『資料学の方法を探る』八、二〇〇九年）は、習書の特徴と九九表を論じている。

（16）横田恭三「中国古代の筆写文字と書写用具」（長江流域文化研究所編『長江流域と巴蜀、楚の地域文化』雄山閣、二〇〇六年）。

（17）⑧134正に「今寫校券一牒」とある。馬怡「里耶秦簡中幾組渉及校券的官文書」（中国里耶古城・秦簡与秦文化国際学術研討会提出論文、二〇〇七年）は、左右二枚の債券と考証している。

（18）前掲「里耶秦簡訳註」。

（19）「已訾其家。家貧弗能入」のあとには、「乃移戍所」があるものと無いものがある。また⑨3正には「有物故弗服毋聴流辭。以環書道遠」、⑨9正には「顡有流辭。弗服毋聴。道遠毋環書」とある部分が違っている。

（20）この用法によれば、⑧134正にみえる「今寫校券一牒、上謁言之卒史衰・義所」は、「今寫校券一牒上、謁言之卒史衰・義所」と読み、⑨4正の「今為銭校券一、上謁言洞庭尉」は、「今為銭校券一上、謁言洞庭尉」と理解することもできる。

（21）「署某発」。里耶秦簡には「署某発」の形式がある。従来の解釈では、居延漢簡などの研究にしたがって「発」を（封泥を）発《ひら》くと理解し、開封すると解釈されている。これは受信とおもわれる木簡に「発」と記されているため、こうした理解となっている（永田前掲『居延漢簡の研究』一六八頁など）。たしかに里耶秦簡でも、⑧152背や⑧157背、⑨981背に「人名＋発」の形式がある。しかし「署某発」は、これから発信しようとする文面にみえており、開封だけでは理解できないケースがある。そこで開封のほかに、ここでは発信する側の表現として、担当する部署の責任を示す意味に理解してみた。⑧155では、検のような標題に「廷主戸発」とあり、『湖南十大考古新発現陳列』の木牘（長一八・五、幅三センチ）にも「廷戸発」とある。これは受信とした場合、遷陵県の廷戸に宛てたことが分からず、別に遷陵県に宛てた文書が必要となる。前掲『長江流域出土簡牘与研究』（湖北教育出版社、二〇〇四年）三一五～三一八頁では、この一連資料を紹介して、司空の報告では「開封」の意味とし、つづく処理では「金布」を担当者と理解している。なお高村武幸「『発《ひら》く』と『発《おく》る』—簡牘の文書送付に関わる語句の理解と関連して」（『古代文化』六〇—四、二〇〇九年）は、文書送付の語句と「発」の用法を検討し、この問題を再論している。ここでは「行」が（はこぶ、輸送）に使われ、「起」が（発送、発信）、「封」が（文書を封ずる、間接的に文書発信）、「移」が（おくる、移送）と理解している。そして「発」は、発送の意味もあるが、「開封」と解釈する例が圧倒的多数であると指摘している。「署○発」は、張家山漢簡『奏讞書』の案例をふくめて、担当部署の○が開封する旨を書き添えるように求める用語で、開封者指定文書と解釈している。本章では、初出論文の大意を少し修正しているが、県の官府を中心とする文書の流れを理解するために、報告する側の添付ファイルに関する表現という余地を残しておきたい。

(22)　睡虎地秦墓竹簡整理小組編『睡虎地秦墓竹簡』（文物出版社、一九九〇年）。

(23)　木牘⑧156には、下部に発信する文書に「署金布発」という表現がある。ここには県の下部組織で、財政を担当する少内がみえている。したがって金布は、少内に属する官吏かもしれない。また「署某発」という表現は、上部の指示によることがわかる。

　四月丙午朔癸丑、遷陵守丞色下少内。謹案致之、書到言、署金布發、它如律令。／欣手／四月癸丑、水十一刻刻下五、
　　守府快行少内。

(24)　片野竜太郎「里耶秦簡に見える債務労役」（前掲「里耶秦簡研究ノート」）。

(25)　「當騰騰」は、睡虎地秦簡『封診式』の有鞫に「遣識者以律封守、當騰、騰皆為報、敢告主」、覆に「遣識者當騰、騰皆為

報、敢告主」とある。整理小組は、『呂氏春秋』義賞篇の注に、当が「正也」とあり、謄を謄と読んで、『説文』に「迻書也」、『繫傳』に「謂移寫之也」とあることから、正確に書き写すこととする。胡平生「読里耶秦簡札記」は、当を「應當」として、「當謄謄」は「当に写すべき部門に抄写して与える」という意味で、漢代公文書の「承書従事下當用者」に当たると理解している。馬怡氏も、「当に謄写すべき者に謄写する」とする。これに対して、『報告』は「當謄、謄」として謄写したものを伝送すると解釈する。「里耶秦簡訳注」は「騰馬」の合文として、早馬で送ることとする。以上の用法のうち、胡平生、馬怡氏のように理解すれば、たとえば懸泉漢簡の『失亡伝信冊』にみえる「写移、書到、如律令」に近いかもしれない。

(26)　胡平生前掲「読里耶秦簡札記」では、卒の債務銭が貲銭と贖銭に分かれることを指摘する。前掲「里耶秦簡訳註」と片野前掲「里耶秦簡に見える債務労役」は、卒の人名や、債務銭との関係を整理している。

(27)　この「金布発」と記した添付文書のタイトル簡は、⑧155の「廷主戸発」や、木簡に書かれた「廷戸発」などの形態が、それに当たるかもしれない。

(28)　本書の第七章「里耶秦簡の記録と実務資料」で、笥牌の内容を説明している。

(29)　劉瑞前掲「里耶秦簡零拾」、前掲「里耶秦簡訳註」、邢義田前掲「J1⑨1—12号秦牘」の論文、胡平生前掲「読里耶秦簡札記」、同「里耶簡所見秦朝行政文書的製作与伝送」(『資料学の方法を探る』八、二〇〇九年)による。

(30)　浜口重国「漢代に於ける地方官の任用と本籍地との関係」、同「漢碑に見えたる守令・守長・守丞・守尉に就いて」(以上、『秦漢隋唐史の研究』下、東京大学出版会、一九六六年)では、漢代の県令などが本籍地を回避されるのに対して、守令・守丞などは在地から仮に任命されたとみなしている。県令と守丞などの役割は、地方行政の実態を知るうえで重要である。
また県の担当者と書記の関係では、⑧134の形態が注目される。木牘の正面は、二十六年八月に司空守が遷陵県に宛てた文書であるが、そのあと「／」で区切りをして、よく似た筆跡で九月庚辰（二日）に遷陵県の丞が下した命令を記し、さらに「／慶手。即令□□（左午）行司空」と記している。背面の左側は「……／慶手」の受信記録と、末尾の「□手」だけである。これは正面の本文が司空守の書写ではなく、遷陵丞に関する人物が、本文と一緒に書写した可能性がある。

(31) 邢義田前掲「J1⑨1—12号秦牘」の論文では、⑨3背面について、「敬手」のほうが先に書かれ、そのあとに洞庭郡の命令文を書写するという。これによれば遷陵県で書写するとしても、先に正面の文章を写すことになる。また陽陵県の文書（A～C）を表裏につづけて書写する木牘では、⑨10、12のように、やや字体が丁寧ではないものがある。

(32) 本書の第一章「中国古代の秦と巴蜀、楚」、第三章「戦国秦の南郡統治と地方社会」など。

(33) 『奏讞書』の形式は、池田雄一編『奏讞書——中国古代の裁判記録』（刀水書房、二〇〇二年）、小嶋茂稔「読江陵張家山出土『奏讞書』劄記」（『アジア・アフリカ歴史社会研究』二、一九九七年）、本書の第八章「長江流域社会と張家山漢簡」など参照。また馬怡前掲「里耶秦簡選校」にも、『奏讞書』に「謁報、署某発」の形式がみえるという指摘がある。ここには同じような用語で、南郡の県から具体的な上申をしている。これによれば「謁報」は返答を願うという意味で、「署某発」は担当者の「吏当」以下の案を指す可能性がある。なお案件2の「署如廥発」と案件5の「署獄如廥発」にみえる「如」の字は、張家山二四七号漢墓竹簡整理小組『張家山漢墓竹簡〔二四七号墓〕』釈文修訂本（文物出版社、二〇〇六年）、蔡万進『張家

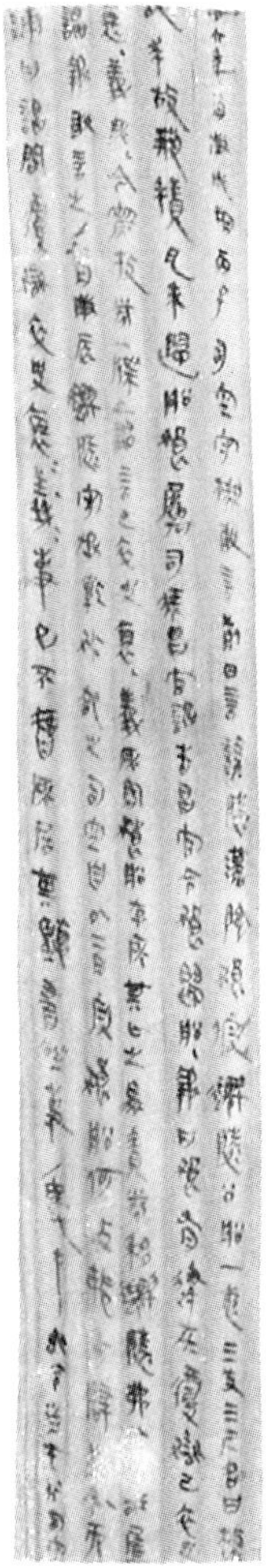

⑧134正面

⑧134背面

山漢簡《奏讞書》研究』（広西師範大学出版社、二〇〇六年）では、共に「史」と修正し、蔡氏は案件2の「史嗇」は「獄史嗇」の獄を補うべきと考証している。彭浩・陳偉・工藤元男主編『二年律令與奏讞書』（上海古籍出版社、二〇〇七年）三三六頁の注では、赤外線写真によって、案件1を「署獄史曹発」、案件2を「署中嗇発」、案件5を「署獄西嗇発」と読む。「署××発」は「報署××発」の省略で、回答の文書を発出するか、あるいは開封の意味で、これらの官は郡中の治獄機構ではないかと推測している。

なお陳松長「岳麓書院所蔵秦簡綜述」（『文物』二〇〇九年三期）の奏讞書では、以下の資料を紹介している。

廿二年八月癸卯朔辛亥、胡陽丞唐敢讞之。四月乙丑、丞　1647＋1649
矰曰、君子子癸詣私　2168
書矰所、自謂馮將軍毋擇子、與舍人來田南陽。毋擇　0473
鞫之、學撟自以爲五大夫將軍馮毋擇子、以名爲僞私書詣矰、以欲　1044
盜去邦、亡未得、得審□、敢讞之。●史議、耐學隸臣、或令贖耐。　1650

（34）　本書の第二章「包山楚簡と楚国の情報伝達」、拙稿「包山楚簡及其伝遞的楚国信息」（『簡帛研究二〇〇四』広西師範大学出版社、二〇〇六年）。

第六章　里耶秦簡の文書と情報システム

はじめに

里耶秦簡は、湖南省湘西土家族苗族自治州龍山県の里耶古城の一号井戸から出土し、二〇〇三年には『文物』で遺跡の発掘簡報（以下「簡報」）と簡牘の概略が発表された。[1] このとき公表された簡牘は、約三六〇〇〇枚のうち三〇数点の写真と釈文である。二〇〇七年になって正式報告書（以下『発掘報告』）が刊行され、ここに城郭遺跡と周囲の墓葬の年代などが明らかとなった。[2]『発掘報告』によれば、里耶秦簡は秦代の洞庭郡遷陵県の檔案であり、当時の社会の各方面におよんでいる。たとえば人口、土地、賦税、吏員、刑徒の登記とその増減の原因、倉庫の管理と糧食俸禄の放出、道路・郵駅・津渡の管理と設備、兵器の管理と配置、中央政府の政令の伝達と執行、民族矛盾、民事紛争の処理などであるという。

　こうした豊富な内容と分量をもっているため、里耶秦簡は始皇帝陵の兵馬俑と並ぶ秦代の二大発見といわれ、さまざまな観点から研究が進められている。[3] これまで第四章「里耶秦簡と秦代郡県の社会」、第五章「里耶秦簡の文書形態と情報処理」では、『文物』で公表された資料をもとに、とくに木牘の形態と、県レベルの文書行政（下行文書と上行文書）、情報伝達のあり方（処理や保存）に注目した。その結果、これまでのサンプル資料だけでも、公文書の伝達をこえて、地方官府で文書を処理した実態がうかがえる。

『発掘報告』では、『文物』の簡牘にくわえて、さらに祠先農簡や、戸籍簡牘、地名里程簡、笥牌、封泥匣などを公表している。これらのサンプル資料は、古城の城壕から出土した戸籍簡牘をふくめても一〇〇枚以下で、まだ全体の〇・三%にも満たない。しかし、ここで新しく追加されたのは、文書行政と文書の処理という側面よりも、簿籍の記録や、地方官府の運営をするときの実務資料にあたるものが多い。これらは現時点の研究の基礎になるものであり、その内容は、長江中流域にある南方社会の実態を示している。

そこで本章では、『発掘報告』の資料区分をもとに、里耶秦簡の全体的なパターンを考えてみたいとおもう。その一は、文書システム（文書の伝達、処理と保存）である。二は、文書と簿籍を作成・処理するときの記録や、官府の実務をおこなう記録と資料である。このように狭義の文書システムをもとに、文字資料によって行政の運営をおこなう体系を、ここでは情報システム（統治システムとほぼ重なる）ということにする(4)。そして三は、ここから展望できる社会システムである。そのとき問題となるのは、里耶秦簡にみえるような郡県制の運営が整備されていながら、なぜ秦王朝は短期間で滅んでしまったのかということである。それが行政機構や情報システムの不備ではないとすれば、それはどのような原因なのだろうか。ここでは始皇帝とその時代を考える基礎として、秦の情報システムがもつ歴史的な意義についてもふれてみたい(5)。

一　秦代の文書システム――処理と保存

まず里耶秦簡のサンプル資料について、その構成を説明しておこう。「簡報」と『発掘報告』によると、里耶秦簡は、井戸の層位によって、第⑤層～⑯層で発見されている。すなわち第⑤層の戦国楚簡と、第⑥層B、⑧層A、⑨層

C、⑩層C、⑫層、⑮層、⑯層Aの簡牘である。「簡報」では、層位の順にしたがって上から下に簡牘を紹介しており、これは井戸に入れられた時期と逆の配列である。また笥牌の形態や、封泥匣、封泥を説明している。封泥匣は二〇〇余枚であり、文字がある少数の匣のうえに、1類は始発と終点の地名を記し、2類は物品の名称と数量を記すという。封泥は一〇余枚で多くは破損し、「□陵□印」「〔洞〕庭〔司〕馬」「酉陽丞印」「酉□丞□」などを紹介している。

『発掘報告』の概況では、簡牘の多くは二三センチ（秦代の一尺）で、幅は一・四～五センチという。一枚の木簡・木牘には、一行あるいは二～七行に書写されている。その形態は、二本の紐で編むか、そのまま編まずにしてあり、紐で編んだあとに書写した冊書は発見されていない。また符券類は、長さが三七（秦代の一・六尺）～四六センチ（二尺）で、少量は不規則な簡牘、あるいは随意の材料に書いているという。このような簡牘は、五つに分類されている。すなわち、（一）簡牘と封検《ふうけん》、（二）祠先農簡、（三）地名里程簡、（四）戸籍簡牘（古城から出土）、（五）封泥と笥牌《しはい》である。（一）簡牘と封検は、「簡報」と同じように、⑤7の竹簡から⑥、⑧、⑨、⑫、⑯の順に配列している。（二）祠先農簡は、第⑭⑮層の資料であり、（三）地名里程簡は、⑯12、⑯52、⑰14の資料である。（五）封泥と笥牌は、第⑦⑧⑨層の資料である。

このような簡牘の参考として、李均明氏の秦代公文書に関する考察がある。[6] ここでは一般的な様式として、1皇帝の詔書をふくむ上級から下級官府への下行文、2同級の官府による平行文、3下級から上級官府への上行文に区分している。これは伝達の性格によって、中央や郡から県の官府に送付される詔書や下行文書と、同級の官府でおこなわれる同行文書、県で集約して郡や中央に送られる上行文書ということになる。また専用文種として、1簿籍、2券約、3司法文書などをあげている。

漢代の公文書が通信される過程は、張家山漢簡『二年律令』の「行書律」や漢簡によって、前漢時代から後漢時代の文書行政のシステムが明らかにされている。[7] その方法は、簡牘の文書に検（宛名を書いた札）を付けて紐で縛り、その結び目に封泥で封印する。この公文書を、配送する方向にしたがって「一封」「二封」のように記録（郵書）を作成する。その配送の手段は、皇帝の制書や緊急、財務などの重要な文書は、郡県に置かれた郵（もしくは駅、置）によって確実にリレーして伝達される。ここでは「以郵行」（郵を以て行れ）の用語がある。一般の文書は、郡県の行政機構の施設（県の伝舎、亭など）を通じて順次に伝達される。ここには「以亭行」（亭を以て行れ）の用語がある。このほか「吏馬馳行」（馬で走る）や、「行者走」（運ぶ者が走る）、伝馬などによる区分がある。また文書の伝達には、配送する里程の設定や、その距離に応じたノルマ、遅配した場合の処罰（郵書失期）などの規定があった。[8] これと関連する規定は、睡虎地秦簡『秦律十八種』の「行書律」「内史雑律」にもみえている。[9]

こうした公文書に関する制度は、里耶秦簡にもうかがえる。たとえば封泥匣には、洞庭郡から郵を通じて遷陵県に送付されたものがあり、これと同じ文面の検も出土している（」は改行を示す）。これは遷陵県に郵を通じて配送された洞庭郡の文書を示している。このとき検と封検は一緒に付けられ、一部の封検の裏面に、宛名の文字を記録した可能性がある。[10]

⑥2正（検）：遷陵以郵行」　洞庭

⑦1、⑦4封泥匣：遷陵以郵行」　洞庭

⑨983検：酉陽　洞庭（図版『湖南十大考古新発現陳列』）

また木牘⑯3には、「尉曹書」を伝達する記録がある。これは漢簡の郵書刺（過書刺）にあたる。

尉曹書二封。丞印。一封詣零陽。一封詣昆陽邑。　九月己亥。水下八、走印?以□

これらの資料によると、秦代の洞庭郡の県では、上級の官府から封印された公文書を受け取っている。同じように、県は文書を別の官府に伝達している。これらは、いわゆる下達文書などの通信である。

ところが里耶秦簡では、今のところ、皇帝の詔書や、中央からの下達文書は公表されていない。そしてサンプル資料は、「移動する公文書」の本文ではなく、郡県の文書を木牘で処理した控えの形式となっている。(11)ここでは表1によって、簡牘の形態を分析してみよう。その形式は、「簡報」のサンプル資料を基礎として、文書の内容を、受信、本文、発信の欄に分けて記入している。ただし資料の層位は、「簡報」『発掘報告』とは反対に、おおむね年代の早い第⑯層から⑧層の順に配列している。これによると木牘の行政文書には、つぎのような特徴がある。

里耶秦簡のなかで、木牘の用途を伝える好例は、⑯5、6の資料である。この二つの木牘の正面には、まったく同文が書写されている。その内容は、始皇帝の二十七年(前二二〇)二月丙子朔の庚寅の日(十五日)に、洞庭守の礼が、県嗇夫と卒史の嘉、仮卒史の穀、属の尉に告げたものである。そこでは、中央からの令に「伝送し貨物を輸送する際には、必ず先に悉く城旦舂と隷臣妾、居貲贖債のものを行れ。急事で留めることができないとき、乃ち(一般の)徭役を興せ」という規定にしたがって、洞庭郡で輸送の労働力を徴発する対応を指示している。したがって木牘の本文は、洞庭郡から所轄の各県に出された命令であり、その一つが遷陵県に届いたことになる。(12)

木牘⑯5、6の裏面をみると、その左側に受信の記録を書き、右側に発信の記録を書いている。

右：〔三〕月丙辰、遷陵丞歐敢告尉。告鄉・司空・倉主、前書已下、重聽書從事。尉別都鄉・司空、司空傳倉、
　都鄉別啓陵・貳春、皆勿留脫。它如律令。／釦手。丙辰、水下四刻、隷臣尚行。

左：2三月癸丑、水下盡□、陽陵士□匄以來。／邪手。

1〔二〕月癸卯、水十一刻〔刻〕下九、求盜簪褭陽成辰以來／羽手　　如手（⑯5背面）

右：1三月庚戌、遷陵守丞敦狐敢告尉。告鄉・司空・倉主、聽書從事。尉別書都鄉・司空、司空傳倉、都鄉別啓陵・貳春、皆勿留脫。它如律令。／釦手。庚戌、水下□刻、走袑行尉。

2三月戊午、遷陵丞歐敢言之。寫上、敢言之。／釦手。己未旦、令史犯行。

左：〔三月〕戊申夕、士伍巫下里聞令以來／慶手　　　　如手（⑯6背面）

これは一見すると、⑯5の右、⑯6の右1「敢告……它如律令」という下達文書と、⑯6の右2「敢言之。……敢言之」という上申文書が混ざっているようにみえる。このとき正面の文章は、1隣県が持ってきた公文書の現物か、2県で書写した副本の可能性がある。しかし木牘では、さらに文書を下部に伝達した控えを記録しており、送信した文書からみれば副本（写し）であることを示している。これを図示すれば、その処理の流れがよくわかる。

Ⅰの文書は、洞庭郡から発信されたあと、Ⅱ二月二十八日に遷陵県に届いた。このとき⑯5の本文が、下部の機構に直ちに伝えられたかは不明である。この命令は、農作業が始まる時期の労役の徴発にかかわっており、⑯6背面のように陽陵県からⅡ三月三日に文書が到達している。これは本文の月日が同一であることから、別ルートによる伝達かもしれない。そこで県廷では、⑯6の本文を、Ⅲ三月五日に守丞が下部の県尉に伝達した。

この文書は、さらにⅡ三月八日にも届いており、ふたたびⅢ三月十一日に県の丞が県尉に伝達している。そのため⑯5背面に「前に書を已に下したが、重ねて」という文言がある。それと同時に⑯6背面には、Ⅲ三月十三日に遷陵県の丞が、文書を書写して「敢言之」と報告している。これは隣県を通じた洞庭郡への返答であろう。

このように木牘⑯5、6の文書をみると、たしかに上級からの公文書の内容を知ることができる。しかしこれは郡が通信した公文書をそのまま示す形態や、県の下部に転送される文書を示す実物ではない。それは郡の文書を県が受け取った後、それを処理する控えとして、受信・発信の記録を書写したものと推測される。これは移動する公文書

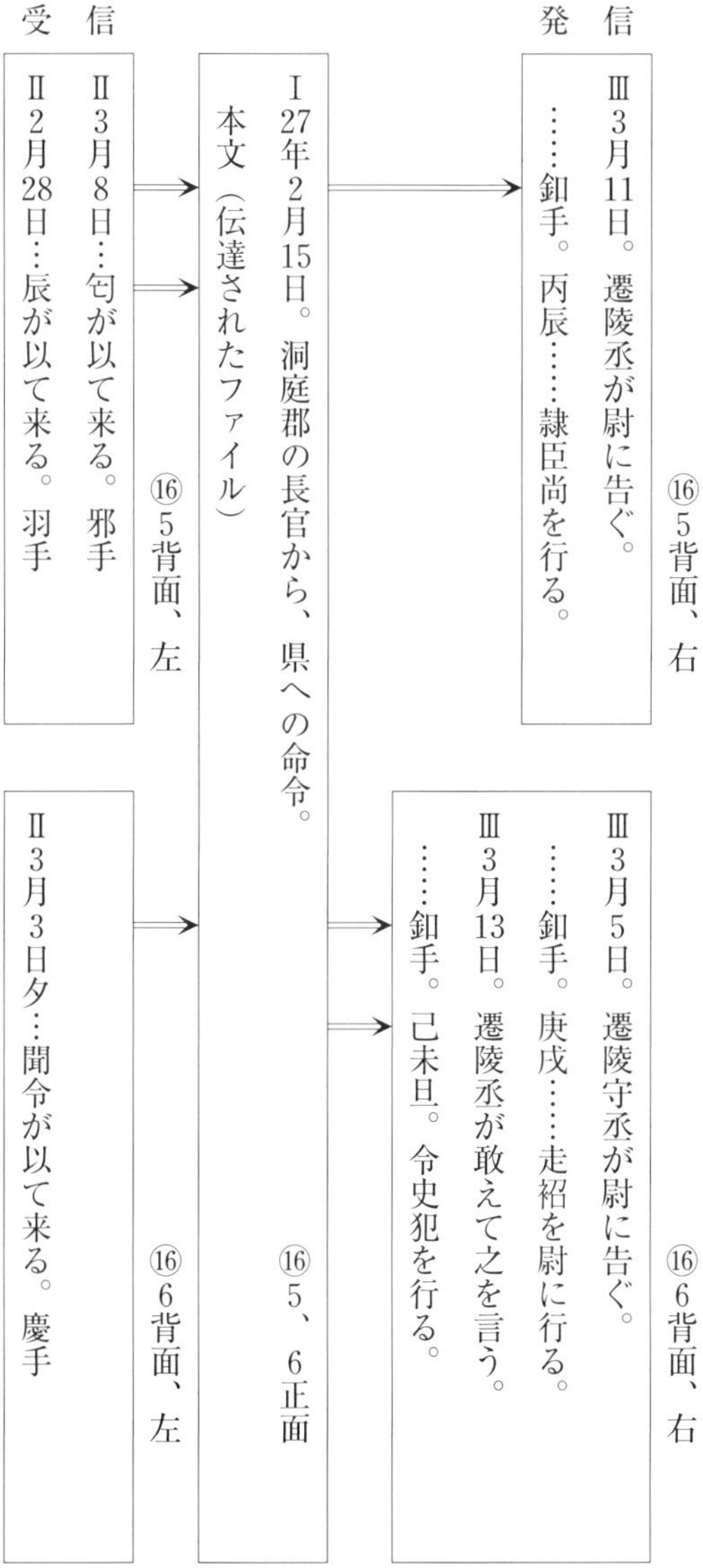
発信
Ⅲ3月11日。遷陵丞が尉に告ぐ。
……釦手。丙辰……隷臣尚を行る。
⑯5背面、右
Ⅲ3月5日。遷陵守丞が尉に告ぐ。
……釦手。庚戌……走祒を尉に行る。
Ⅲ3月13日。遷陵丞が敢えて之を言う。
……釦手。己未旦。令史犯を行る。
⑯6背面、右
Ⅰ27年2月15日。洞庭郡の長官から、県への命令。
本文（伝達されたファイル）
⑯5、6正面
受信
Ⅱ3月8日…匄が以て来る。邪手
Ⅱ2月28日…辰が以て来る。羽手
⑯5背面、左
Ⅱ3月3日夕…聞令が以て来る。慶手
⑯6背面、左

（行書）の概念とはちがって、県の官府で処理される控えであり、基本的に保存される性質をもっている。しかしその内容が無効になれば、それは廃棄されることになる。いずれにせよ、このような控えと保存された資料は、原則として他所に移動しないものである。こうした控えの文書群が、遷陵県の井戸から発見されたものと考えられる。

　このとき注目されるのは、木牘一枚の表裏によって、受信、本文、発信（転送）の処理が一目で確認できるようになっていることである。これはあたかも現代の電子メールの原理と、まったく同じである。電子メールと異なるのは、時間と空間をこえて送信できないために、郵あるいは行政の施設によって別に公文書を配送する点である。ただし控えとして副本を作成し、情報を処理するという原理は、すでに木牘という形態で実施されている。

　こうした原理をみると、受信や発信記録だけを書写したり、あるいは本文だけを保存するケースが想定される。いまのところ里耶秦簡では、受信や発信記録を一括して書写した木牘はみえないが、すでに戦国楚の包山楚簡には、「疋獄」「受期」簡などに、処理の控えだけを書写した資料が出土している。また本文を保存するケースは、木牘⑯5、6の命令と、睡虎地秦簡「語書」の形式が同じことから、戦国秦では命令を竹簡に書写していることを紹介した。[13] だから古墓にみえる法令や文書は、実際の公文書そのものではないが、その副本と控えや、あるいは廃棄された資料の一部ということになる。

　遷陵県をめぐる文書の伝達を、もう一つみておこう。木牘⑧152、158は、三十二年（前二一五）四月の同じ日付をもつ文書である。木牘⑧156は、これと直接的に接続するかは不明であるが、三つの木牘は関連して、官府での文書の流れを知ることができる。

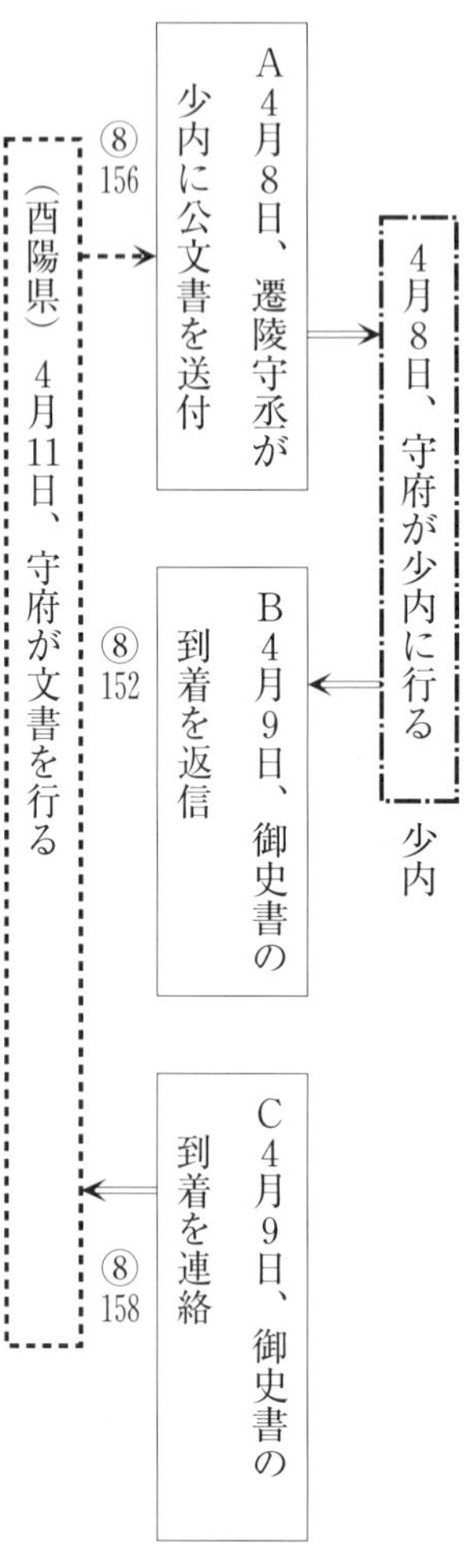

木牘⑧156は、三十二年四月八日に遷陵守丞の色が、官府にある少内に公文書を送付したものである。その年月は、四月丙午朔であることから、⑧152、158と同じである。この文書に受信の記録はないが、これより先に郡から公文書が伝えられているはずである。その内容は、「書到らば言え」「它は律令の如くせよ」とあり、下達文書である。これが県から、すぐ同日に少内に伝達されている。

木牘⑧152は、この返事かどうか不明であるが、翌日の四月九日に、少内が県廷からの「御史書」を受け取ったと返事をしている。(14) この文書は、佐の処という人物が県に持って来ており、その受信の記録が⑧152である。そして木牘⑧158によると、同じ四月九日に、遷陵守丞の色は、酉陽県の丞に、「御史書」を受け取ったと返信している。ただし発信したのは、四月十一日である。これで県の官府での文書のやりとりが復元できる。このように「書到言」と「書已到」のように、文書が届いたことを返信するのも、電子メールと同じ機能である。

注意されるのは、木牘⑧156で上からの公文書の受け取りを返信するとき、「署金布発」という指示である。これまで「署」とは文書に標題を記すことで、「発」とは文書の封泥を開封するとみなされている。(15) これによれば、文書を受け取るとき「金布が開封する」か、あるいは返信のとき「金布の開封」を指示することになろう。また別送の「御史書」に、⑧153のような標題が付けられているとすれば、発信もしくは返信の文書に「金布発」と記すことになる。しかし少内や返信された官府が、その中身を見ないで、ほかに開封を指示するのは不自然である。これについて私は、木牘⑨1～12の文書で論じたように、「某発」とは担当を明らかにする意味で、添付するファイルの標題ではないかと推測した。(16) つまり少内が返信するとき、宛名の部署を記した文書のほかに、同時に「金布発」という標題の証明を添付して、少内にある財務の責任を明確にしているのではないだろうか。「某発」と記す標題の例は、以下にもみえている。(17)

表１　遷陵県における文書の処理

番号	受　信	文書（本文）の内容	発　信
⑯5	三月癸丑、水下盡□、陽陵士□匄以来。／邪手 〔二〕月癸卯、水十一刻刻下九、求盜簪褭陽成辰以来。／羽手	廿七年二月丙子朔庚寅、洞庭守禮謂縣嗇夫・卒史嘉・假卒史穀・属尉。令曰、傳送委輸、必先悉行城旦舂・隷臣妾・居貲贖債。急事不可留、乃興繇。今洞庭兵輸内史及巴・南郡・蒼梧、輸甲兵當傳者多。即傳之、必先悉行乘城卒・隷臣妾・城旦舂・鬼薪白粲・居貲贖債・司寇・隠官・踐更縣者。田時也、不欲興黔首。嘉・穀・尉各謹案所部縣卒・徒隷・居貲贖債・司寇・隠官・踐更縣者簿。有可令傳甲兵、縣弗令傳之而興黔首、興黔首可省少、弗省少而多興者、輒劾移縣。縣亟以律令具論。當坐者言名史泰守府。嘉・穀・尉在所縣上書。嘉・穀・尉令人日夜端行。它如律令。	〔三〕月丙辰、遷陵丞欧敢告尉。告鄉司空倉主、前書已下、重聽書従事。尉別都鄉司空、司空傳倉、都鄉別啓陵・貳春、皆勿留脱。它如律令。／釦手。丙辰、水下四刻、隷臣尚行。
⑯6	□〔月〕戊申夕、士伍巫下里聞令以来。／慶手	〔同文〕	三月庚戌、遷陵守丞敦狐敢告尉。告鄉司空倉主、聽書従事。尉別書都鄉司空、司空傳倉、都鄉別啓陵・貳春、皆勿留脱。它如律令。／釦手。庚戌、水下□刻、走祒行尉。 三月戊午、遷陵丞欧敢言之。写上、敢言之。／釦手。己未旦、令史犯行。
⑨984	八月壬辰、水下八刻、隷妾以来。／□手	廿八年八月戊辰朔丁丑、酉陽守丞□敢告遷陵丞主。停里士伍順小妾□餘有律。事□□□□遷□令史可聽書従事、□□□	／八月甲午、遷陵拔謂都」鄉嗇夫、以律令従事。／朝手。即走印行都鄉。
⑨981	九月庚午旦、佐壬以来。／扁発。	卅年九月丙辰朔己巳、田官守敬敢言之。廷曰、令居貲目取船、弗予、謾曰亡、亡不定言。論及讂問不亡定。謾者訾遣詣廷。問之、船亡審。漚枲、迺甲寅夜水多、漚流包船。船繫絶、亡求未得、此以未定。史逐将作者氾中。具志已前上、遣佐壬操副詣廷、敢言之。	なし
⑧134	〔八〕月戊寅、走己巳以来。／慶手	廿六年八月庚戌朔丙子、司空守樛敢言。前日言、〔竟〕陵藩陰狼假遷陵公船一、袤三丈三尺、名曰橀、以求故荊積瓦、未帰船。狼属司馬昌官、謁告昌官令狼帰船。報曰、狼有逮、在覆獄已卒史衰・義所。今写校券一牒、上謁言之卒史衰・義所、問狼船存所、其亡之、為責券移遷陵。弗□□属、謁報、敢言之。	／九月庚辰、遷陵守丞敦狐郄之。司空自以二月假狼船、何故□□辟□、今而誧曰。謁問覆獄卒史衰・義。衰・義事已、不知所居。其聽書従事。／慶手。即令□□行司空。

⑧157	正月丁酉、旦食時、隷妾冉以来。／欣発	卅二年正月戊寅朔甲午、啓陵郷夫敢言之。成里典啓陵郵人缺、除士伍成里匄・成。成為典、匄為郵人。謁令・尉以従事、敢言之。	正月戊寅朔丁酉、遷陵丞昌郄之。啓陵廿七戸已有一典。今又除成為典、何律令。応尉已除成・匄為啓陵郵人。其以律令。／気手／正月戊戌日中、守府快行。
⑧156	なし	A四月丙午朔癸丑、遷陵守丞色下少内。謹案致之、書到言、署金布発、它如律令。／欣手	四月癸丑、水十一刻刻下五、守府快行少内。
⑧152	四月甲寅日中、佐処以来。／欣発。	B卅二年四月丙午朔甲寅、少内守是敢言之。廷下御史書、舉事可為恒程者、洞庭上裙直書到言。今書已到、敢言之。	なし
⑧158	なし	C卅二年四月丙午朔甲寅、遷陵守丞色敢告酉陽丞主、令史。下絡裙直書已到、敢告主。	四月丙辰旦、守府快行旁。

表2　遷陵県における簿籍の処理

番号	受　信	文書（本文）の内容	発　信
⑯9	甲辰、水十一刻刻下者十刻、不更成里午以来。／肆手	廿六年五月辛巳朔庚子、啓陵郷□敢言之。都郷守嘉言、渚里□……劾等十七戸徙都郷、皆不移年籍。令曰、移言。●今問之劾等徙……書、告都郷曰、啓陵郷未有牒、毋以智劾等初産至今年数。……謁令都郷具問劾等年数、敢言之。	……遷陵守丞敦狐敢告都郷主。以律令従事。／建手□……
⑨1～12	●以洞庭司馬印行事。	〔文書：陽陵の卒の債務リスト〕 卅五年四月己未朔乙丑、洞庭假尉觿謂遷陵丞。陽陵卒署遷陵、其以律令従事、報之。／嘉手	なし
⑧133	八月癸巳、水下四刻、走賢以来／行手	或逕。廿六年三月甲午、遷陵司空得・尉乘……卒算簿。 廿七年八月甲戌朔壬辰、酉陽具獄、獄史啓敢……啓治所獄留□、敢言之。●封遷陵留。	八月癸巳、遷陵守丞陉告司空主。聴書従事……起行司空。
⑧154	なし	卅三年二月壬寅朔朔日、遷陵守丞都敢言之。令曰、恒以朔日上所買徒隷数。●問之毋當令者、敢言之。	二月壬寅、水十一刻刻下二、郵人得行。
⑧147	なし	遷陵已計卅四年餘見弩臂百六十九。●凡百六十九 出弩臂四輸益陽。出弩臂三輸臨沅。〔●〕凡出七。今八月見弩臂百六十二	なし
⑯8	なし	□〔倉〕八人。　司空三人……。〔少〕内七人。(正) ……之令曰上、敢言之。(背)	なし

＊表１、表２は、サンプル資料を基礎として、その内容を受信、本文、発信の欄に記入している。資料は、「簡報」『発掘報告』とは反対に、おおむね下層⑯～⑧層の順に配列した。

⑧155：廷主」戸發」

木牘：廷戸　發（長一八・五、幅三センチ。図版『湖南十大考古新発現陳列』）

このように⑧156、152、158では、実際に送付される文書のほかに、発信と本文の控えや、受信と本文の控えが、木牘一枚の形態で処理されている。また「御史書」のタイトル簡や、返信の文面からみれば、本文の保存や、添付ファイルの存在が想定できる。

このように里耶秦簡の文書は、直接的には、漢簡研究の対象とされた中央と地方を結ぶ公文書（宛名と発信者をふくむ文書《もんじょ》）の形式ではない。それは郡県内のやりとりであり、1文書を処理した受信・発信の控えや、2文書を保存する副本の形態であることがうかがえる。これらは文書の記録ということができる。「簡報」や『発掘報告』では、木牘一枚で完結する内容が多いと報告しており、そこから里耶秦簡は、官府での処理と保存に用いる記録の形態が多いのではないかと推測するのである。

二　里耶秦簡の情報システム——管理と運営

それでは簿籍（戸籍や帳簿）の場合は、どのような形態であろうか。すでに居延漢簡では、永田英正氏の研究がある[18]。それによると、上申文書で多いのは、簿籍や爰書を上級官庁に送る形態といわれる。そして帳簿と送り状との関係は、居延新簡の冊書EJT37・1537～1558簡（『文物』一九七八年一期）を一例として、つぎのように説明している。

1始建國二年五月丙寅朔丙寅、橐他守候義敢言之。謹移莫當燧守御器簿一編、敢言之。　（正面、送り状）

令史恭　（背面）

2●䝭他莫當燧始建國二年五月守御器簿　（標題簡）
3驚□□石　深目六　大積薪三　（設備、備品、数量）
4□□三糒九斗　轉射十一　小積薪三
5〜21（省略）
22●䝭他莫當燧始建國二年五月守御器簿　（標題簡）

これによれば、下部にある莫当燧の備品リスト（簿籍簡牘）は、䝭他候官の「●䝭他莫当燧始建国二年五月守御器簿」というタイトル簡（標題簡）で挟むことによって帳簿となる。しかしさらに、候官が作成した「始建国二年五月丙寅朔丙寅、䝭他守候義敢言之。謹移莫当燧守御器簿一編、敢言之」の送り状（簿籍送達文書簡）を付けることによって、肩水都尉に送られる上申文書になるという。これによって帳簿は、ただ物品リストとしてではなく、上級官庁に送られる古文書（報告書）として理解できるようになった。

このとき永田氏は、候官の下部からは簿籍がすべて送られ、県では控えの簿籍を留めおいて、それらを集約した簿籍を都尉府に送ったという。(19) これが年度末に中央に送られる上計の基礎になる。そして都尉府や候官では、過去の簿籍や、複数の記録を点検して、その内容をチェックした。この辺境の組織では、内郡の県にあたる候官が、行政文書を作成する最末端の機関とみなしている。

こうした点を参考にしながら、里耶秦簡の簿籍について考えてみよう。**表2**は、文書と同じように「簡報」『発掘報告』のサンプル資料を基礎として、それぞれ受信、本文、発信の欄に記入したものである。

ここでは、木牘⑯9が注目される。この資料は、二十六年（前二二一）五月二十日に啓陵郷が作成した県への上申を、遷陵県が受信して、本文と発信を控えたものである。その内容は、都郷へ戸籍を移動するにあたって、その人の年齢を問うものである。この文書は、甲辰（五月二十四日）に県に届き、それを県の守丞が、ふたたび都郷に下している。これは簿籍の簡牘ではないが、内容が戸籍にかかわる文書である。この場合も、本文となる文書のほかに、受信―本文―発信の控えを作成していることが確認できる。また移籍の問題を通じて、県の下部にある都郷と啓陵郷で戸籍を作成して、県が全体を掌握していることが注意される。

里耶秦簡には、卒の名籍をうかがわせる資料がある。それは陽陵県の債務労役を記した一連の文書（木牘⑨1～12）で、邢義田氏などの考察がある。[20] その要点は、まず陽陵県の司空が、始皇帝三十三年（前二一四）三月から四月にかけて、債務労役の卒十二人の「校券」を備えて県に提出している。それを陽陵県は、三十三年四月に洞庭の郡尉に報告して指示を求めたが返答がなかった。陽陵県の官府は、三十四年六月から八月にかけて、ふたたび洞庭尉の指示をあおいだ。そこで洞庭尉は、遷陵県に一括して通達しており、三十五年（前二一二）四月七日の同日に卒十二人の文書を出している。こうした卒に関する命令と報告が機能するためには、陽陵県、洞庭郡ともに名籍の控えが必要である。また出土した遷陵県で、これらの卒一人を一枚の木牘に記しているのは、これが伝達される相対的な文書の原本ではないことを示している。これもまた「移動する文書」に対する控えであり、ここでは県単位で集約される卒リストの保存が想定される。邢義田氏は、このとき木牘の正面の文字が、別の木牘の背面に写っていることから、重ねて保存された可能性を指摘している。ただし⑨1～12の形式は、遷陵県の側からみれば受信と本文のみで、発信の記録はない。

つぎに器物簿の形態を示すのは、木牘⑧147である。

遷陵已計卅四年餘見弩臂百六十九。」●凡百六十九

出弩臂四輸益陽。」出弩臂三輸臨沅。」〔●〕凡出七」今八月見弩臂百六十二

この資料は、三十四年（前二一三）に、遷陵県が弩の在庫の帳簿を作成したものである。ここでは、在庫の一六九のうち、益陽と臨沅に貸し出した七弩を差し引いて、現在の計一六二としている。しかしこの木牘は、帳簿の前後に送り状を付けた形跡がなく、上申文書の形式ではない。先の文書の形態からみると、やはり同じように三十四年に集計した帳簿の控えではないかと推測される。つまり、これを上申文書として送付するときには、送り状を備えた文書の形態で送付するとしても、その控え（副本）を別に残していると考えるのである。また益陽と臨沅への貸し出しには、別に控えが作成されたであろう。これは永田氏が指摘されるように、確認という機能をもっている。

こうした想定は、簿籍の用途にもかかわっている。すなわち簿籍は、戸籍や帳簿の記録であり、上計の基礎になるものである。しかしそれは次期の基本台帳ともなり、それによって人員と在庫の確認や、その増減と欠損などを計算することができる。また簿籍では、以前と比べて増減や、毀損、貸し出しをチェックするためには、双方に控えがなくては次の帳簿作成も困難であろう。したがって県の官府や下部の機構は、送付する上申文書のほかに、必ず控えを保存したのではないかと想定するのである。

ところが簿籍には、さらに行政の運営にかかわる重要な役割がある。それは人員や数量を記録し確認するだけではなく、簿籍によって実際の人員や財務の管理をするという用途をもっている。この点を、戸籍簡と祠先農簡によって補足してみよう。

戸籍簡は、井戸の資料ではなく、古城北の壕の底部（K11）から出土したものである。整理されたのは、一〇枚と残簡一四枚である。完全なものは、長さが四六センチ（秦代の二尺）で、幅は〇・九〜三センチという[21]。その一例（K27、幅一・六センチ）は、つぎのような形態である。

南陽戸人荊不更蛮強	妻曰嗛	子小上造□	子小女子駝	臣曰聚 伍長

『発掘報告』の説明によると、各欄の間には横線を引いている。第一欄は、戸主の籍貫、爵位、姓名を記し、ここでは一般に「南陽戸人荊不更某某」の形式という。[22] 荊は楚国を指し、秦が占領したあとに楚の爵位を記したとする。第二欄には、戸主あるいは兄弟の妻妾の名、第三欄には戸主の男子の名、第四欄には戸主の女子の名を記している。第五欄は、関連の項目があれば記すもので、臣（奴隷）や母の名があり、ないものは空白とする。また第五欄の左には「伍長」と記す例がある。『発掘報告』では、戸籍の直接的な目的が、徴兵と徴税にあることを指摘している。

この戸籍簡は、数量も限られており検討の余地があるが、完全な簡に「伍長」とあることが注意される。『発掘報告』も指摘するように、秦では民を什伍に編成する制があった。[23] しかしそのなかで伍長となるのは、民の一部である。またここには戸籍として必要な年齢を記していない。したがって、この戸籍簡は官吏の簿籍ではないが、一般庶民の限られた用途に使う戸籍の可能性がある。ともかく秦代の戸籍の一例が明らかになった。

里耶秦簡では、想定される官吏の名籍のほかに、以下のような資料がある。

1南陽の「伍長」などの戸籍（古城の戸籍簡牘）

2二十六年に、県に所属する郷部の管轄で、戸籍を作成している（木牘⑯9）

三十二年に里典と郵人の任命に関するやりとりがあり、そのとき二十七戸がある（木牘⑧157）

3二十六年の「卒算簿」（木牘⑧133）

三十三年から三十五年におよぶ陽陵県の戍卒の名籍（木牘⑨1～12）

4二十七年に、県卒と徒隷、債務労役、司寇、隠官、県に践更する者の簿（簿籍）がある（木牘⑯5、6）

5三十二年に、郵を通じて「徒隷の数」を報告している（木牘⑧154）

こうしてみると、秦代には官吏の名籍のほかに、伍長や、郷里の戸籍、卒の名籍、徒隷や官府にある者の名籍が作成されている。とくに木牘⑯5、6では、県卒と徒隷や、践更する者を簿籍に登録するだけではなく、それに照らして労働を徴発する状況がうかがえる。これは簿籍が、実際に労役の運営に使われることを示している。ここから簿籍の役割は、人員を登録して定期に上部に報告する原簿となるだけではなく、少なくとも県廷では、その簿籍を保存しており、それを官府の運営に利用していることが推測される。これは簿籍を上申文書とする文書システムをこえて、文字資料による人事や労役の管理・運用という情報システムの側面である。

さらに里耶秦簡には、物品の出入と財務に関する祠先農簡がある。張春龍氏によれば、この資料は銭と穀物・物の三種類に分かれ、この形式が全体の一割をこえるという。(24) 紹介された祠先農簡は、すべて三十二年（前二一五）三月二十日の日付で、その形式は大きく二つに分かれる。一つは、祭祀の物品を準備するもので、倉官の是（名）と、佐の狗（名）が、先農を祠るために、倉庫の穀物や塩、酒、肉などを出している。

卅二年三月丁丑朔丙申、倉是佐狗出祥〔一〕以祠先農。　⑭639、⑭762

卅二年三月丁丑朔丙申、倉是佐狗出黍米四斗以祠先農。　⑭656、⑮434

もう一つは、先農の祭祀が終わったあと、倉官の是と、佐の狗が、その穀物や塩、酒、肉などを払い下げて売るものである。その完全な形式は、つぎのようにみえ、ここでは令史がチェックをして、「狗手」のサインがある。

卅二年三月丁丑朔丙申、倉是佐狗出祠〔先〕農餘徹豚肉一斗半斗、賣于城旦赫、所取銭四。令史尙視平。狗手　⑭649、⑭679

卅二年三月丁丑朔丙申、倉是佐狗出祠〔先〕農餘徹酒一斗半斗、賣于城旦冣、所取錢一。〔率〕之一斗半斗一錢。
令史尚視平。狗手　⑭650、⑭652

そのほかは一部の残簡であるが、この形式がわかれば、あとは倉庫から出されたり、売り出される物品の名と量、売る相手の名前がちがうだけである。そこで物品の記事だけを取り出せば、つぎの例が追加できる。

⑭4「鹽四分升一」、⑮451「鹽四分升一」、⑭286「牂一」、⑬598「黍米四斗」、⑮493「黍四斗。卅二年三月丙申……」、⑭66「食七斗」、⑭300、764「羊頭一、足四」、⑭654、⑮480「肉汁二斗」、⑭675、⑮490「肉二斗」、⑭698「酒一斗半斗」

『発掘報告』は、対象となる先農は文献にみえる「神農」の可能性があり、祭祀の物品は少牢にあたるとみなしている。また祠先農簡の写真は掲載されていないが、張春龍氏はつぎのように形状を説明している[25]。券の両面は中間が高い形状で、長さは三七センチ（約一・六尺）、幅は一・三〜一・七センチである。作成するときには、書写とあわせて刻歯をしたあと、ふたたび両面を半分にしているという。そこで祠先農簡は、券の形状をもつことがわかるが、その名称は不明である。ただし⑧774笥牌には、別の年の資料であるが、倉庫の穀物に関する「出入券」という用語があり、大きく見れば祠先農簡も出入券にふくまれると推測される。

卅四年四月盡九月。倉曹當計禾稼出入券以計及縣相附受（授）廷　第甲

そこで祠先農簡の用途と、簿籍との関連が問題となる。すでに睡虎地秦簡には、倉庫の管理に関する規定（倉律、效律など）がある[26]。そこでは倉庫に穀物を出し入れするとき、県嗇夫か丞と、倉官、郷官を交えて封印をする。そして県では、倉庫から穀物を出して支出することになるが、そのとき帳簿で確認するようになっている。また県では、廥籍（倉庫の帳簿）を作成して、それを内史に報告している。このような経過からみれば、秦代でも倉庫の管理には、出入を記した帳簿を作成し、それを上級の官府に報告していたことが想定できる。

しかし祠先農簡は、こうした倉庫の帳簿や、上級に報告する㿆籍の形態ではない。それは刻歯があることから、帳簿とは別に作成され、物品の支出をする際に確認をする出入券の一種とおもわれる。とすれば祠先農簡をふくむ出入券は、送付する文書としての簿籍（決算書）や、物品を確認するための原簿ではなく、実際に物品を出入する際に、確認と不正の防止をするために必要な券であると推測される。[27] また里耶秦簡では、竹笥に付けられたとおもわれる笥牌がある。これらは、居延漢簡などで文書を保管したり、物品を送付する際の楬（付札）や封検と同じように、こうした実務をおこなう資料といえよう。

ここから秦代では、文書につづいて、簿籍においても、送付する原本（報告書）のほかに、それぞれの官府と部署で控えを取って保存し、さらに券などによって物品の管理をしていることがわかる。つまり郡県では、戸籍は人事と労役にかかわり、倉庫の管理は財務そのものであった。これもまた里耶秦簡が、報告される帳簿よりも、控えとなる資料が多いことを示唆している。そして木簡・木牘（文字資料）によって人事や労役、財務の管理をする機能は、文書行政をこえて、行政の運営を支える秦王朝の情報システムといえるものである。

三　秦王朝の社会システム

これまで秦漢時代では、郵や行政機構によって通信される文書行政と、その書式などが考察されてきた。その形式は、1文書行政の基準となる暦譜や、皇帝の詔書、中央からの法令、通達文書（宛名と発信者をふくむ下達文書）、2郡県内での命令・上申・移行文書（行政文書、簿籍類の報告をふくむ）などである。

里耶秦簡には、このような文書行政をうかがわせる封検や、行書に関する資料がある。しかし公開された資料の多くは、通信された文書の実物ではなく、3県の官府で文書処理や、控えとなる副本、簿籍の原簿、出入券などの資料群（データベース）を示している。これは記録と実務資料の用途であり、つぎのような内容となる。

一、文書の受信と発信記録をふくむ処理の控え（電子メールの機能）
二、保存された文書、簿籍（副本、データファイル）
三、文書に付けられた校券などの添付ファイル
四、出入の実務をおこなうための出入券（財務管理の資料）など
五、笥牌、文書や物品に付ける楬（付札）、検など

木牘の機能は、送付した公文書を確認する控えとして、処理の記録や副本を保存するとともに、人事や労役、財務の管理と運営をするために、文字資料として使われるものが多い。したがって秦王朝では、すでに統一直後の南方で、地方統治の情報システムが実施されていたことになる。これは秦の統一によって初めて整備されたのではなく、さかのぼって戦国秦に形成されていたことを想定しなくてはならない。これは里耶秦簡で明らかになった、郡県制の形成と構造に関する大きな貢献である。

もう一つの問題は、秦王朝ではこのような地方統治の情報システムができていながら、なぜ短期間で滅亡したのかということである。これは明らかに郡県制や、文書行政、情報システムの不備によるものではない。ここに秦王朝の郡県制を考える手がかりがあるようにおもう。その参考として、睡虎地秦簡と張家山漢簡『二年律令』のうち、文書に関する規定をみておこう。

すでに睡虎地秦簡の「行書律」には、「文書を伝送したり受信するときは、必ずその発信と受信の日月と朝夕を記し、そのたびに互いに報告せよ。文書を紛失した場合は、すみやかに官府に告げよ」という規定があった。これは里

耶秦簡でも厳密に守られている。

つぎに張家山漢簡には、「行書律」のほかに文書に関する規定がある。[28] たとえば「賊律」には、文書の封印を毀して、他の封印をした者は「耐して隷臣妾」とする（一六簡）。文書では、誤って文字の多少があったり、誤字、脱字があったときは、罰金一両とする。ただしその事が実行されなければ、罪に問わない（一七簡）などである。こうした規定は、文書行政を実行するために必要な項目である。

しかし「賊律」には、さらに文書の不正に関する罰則がある。[29] たとえば、皇帝の璽印や、徹侯の印、小官印を偽造した場合の罰則がある（九簡、一〇簡）。上書などで欺けば「完して城旦舂」とし（一二簡）、文書の偽造には「黥して城旦舂」としている（一三簡）。また文書を盗んだり捨てたりして、それが官印以上の文書であれば、耐罪とする（五三簡）。これらは官吏の怠慢や不注意という範囲をこえて、意図的に文書の偽造や改ざん、隠匿を示している。

「賊律」には、公文書の送付ではなく、先にみた券書の類に関する規定もある。それは一四～一五簡に、券書を偽って増減したり、文書で偽って副本を取らずして、負債をのがれたり、賞賜や財物を受けた場合には、それを盗罪としている。[30] このような状況は、里耶秦簡でみた情報システムの運用範囲に入る罰則である。

このように秦律を継承した漢初の張家山漢簡『二年律令』では、たしかに公文書を確実に作成するために、厳格な規定が設けられている。しかし「賊律」に、文書の偽造や不正に関する罰則があることからすれば、こうした規定は、官吏の不正を防止するためにも必要だったのであろう。[31]

そこで思い出されるのは、木牘⑯5、6の命令である。ここでは中央の規定に対して、洞庭郡守が、所属の県の輸送労働に対して、農業がはじまる時期の民の徴発に制限をしていた。したがって秦王朝では、けっしてむやみに民を徴発したり、刑罰で取り締まったのではないことがわかる。しかし張家山漢簡の規定を参考にすれば、郡県制の情報システムには、官僚や官吏たちによって文書の偽造や不正などが行われるという欠陥があったとおもわれる。だから木牘⑯5、6では、民をむやみに徴発した者を県で論断し、その名前を郡に知らせるように命令している。この資料からは、文書の不正とともに、官吏が命令を実施する際に、怠慢や不実が起こることを予想している。

したがって、秦が占領した地域に官吏の不正や横暴があれば、それは民衆の反発と不満を招くことになる。ここから秦の郡県制と情報システムは、その原理に不備があったのではなく、その運用において偽造と不正などを防止するシステムが十分に機能しなかったのではないかと推測される。

このように考えると、睡虎地秦簡「語書」についても別の見方ができそうである。これまで「語書」は、秦の占領地である楚の地域に「邪悪な習俗」が残っており、秦の律令に従わないため、南郡の長官が県・道の嗇夫たちに秦の法令に従うように命令したと、おおむね理解してきた[32]。つまり「語書」は、旧楚の人びとに対する命令であり、ここに戦国秦と楚の軋轢がみえるというわけである。この一面は間違いない。しかし里耶秦簡の情報システムを知り、木牘⑯5、6の命令や、張家山漢簡の官吏に対する罰則をみると、それは秦の官吏にも通用することがわかる。すなわち「語書」では、直接的に文書の偽造や不正を述べていないが、秦の官吏に対して法令を遵守する規定と解釈することもできよう。

秦の郡県制では、睡虎地秦簡や里耶秦簡にみられるように、約二二〇〇年前に行政制度とそれを運用する情報システムの原理が整っていた。これに則れば地方官府でも、法令や刑罰、裁判、治安維持、徴税と傜役などの運用をすることができる。だからこそ伝統中国の地方行政では、県を末端の単位とする郡県制（後世では州県制）が、その社会基盤となったのであろう[33]。しかし秦の情報システムには、装置としての原理は整っていたが、それを実施する時点で、不正や偽造などの余地があったとおもわれる。これは後世の中国史でもなお解決されていない問題であり、地方行政の欠陥の一つとなる。

しかし秦の滅亡を考えるとき、地方行政の不備だけが原因であったとはおもえない。たしかに秦末では、陳渉・呉広の叛乱をはじめ、最後の占領地である東方地域の蜂起が、秦の官吏の横暴に対して始まった可能性がある。ただし楚漢戦争の経過をみれば、秦律の施行と官吏の横暴とともに、異なる文化や習俗をもつ地域社会と共存する困難さも、秦王朝の滅亡に関連したとおもわれる。その地域社会を代表するのは、中央から派遣される長吏ではなく、県の官府に所属する実務の官吏と、県社会の人々である(34)。

また秦王朝では、中央の政権と地方の統治システムは必ずしも連動するわけではない。里耶秦簡には、始皇帝の人物像や、秦の滅亡に関連する資料はみえていない。しかしサンプル資料の内容からは、秦の興亡についても再検討できると考えている。

それは一に、統一後に始皇帝が東方を巡行する意義である。というのは、郡県制を東方に施行するのであれば、文書行政と情報システムの運用で十分であろう。したがって皇帝の巡行は、地方行政の遵守とは必ずしも直結しないことがあげられ、あらためて巡行の意義や、東方社会の情勢が問題となる。そのとき秦王朝では、広く祭祀や習俗、規範が異なる占領地との関連を考える必要がある。

二に、『史記』秦始皇本紀をみれば、始皇帝の死後、どのように後継者を決定するかという装置は、中央の法制と情報システムによっても、みずから形成していなかったことがうかがえる。また二世皇帝の体制では、王権のあり方について、多くの王族が殺され、それをバックアップする貴族たちが誅殺されたり離反することを再検討する必要があるとおもわれる。

三に、これまで公表された里耶秦簡は、ほとんど『史記』にみえない情報である。『史記』秦始皇本紀の事件と里耶秦簡が一致する内容は、きわめて少ない。しかしそれは、公開された資料の少なさが原因ではないと考えている。里耶秦簡との相違は、司馬遷が利用した情報との違いを示しており、かれが中央と地方の行政にかかわる丞相・御史大夫や、廷尉の系統の資料をあまり採用していないことに関連している。(35) だから司馬遷の主要な関心は別のところにあり、里耶秦簡にみえるような地方行政の資料を、ほとんど利用していないのである。

このように秦代では、里耶秦簡によって地方の文書行政と情報システムを確認することができる。しかし秦王朝では、秦とは規範や習俗が異なる地域社会を統治するために、さらに秦の社会システムと同化させるか、それとも自治を認めるかという問題があった。里耶秦簡は、その内容が限定されているとはいえ、こうした秦代社会の実態を示しており、『史記』秦代史の復元にとって重要な資料であることがわかる。

おわりに

里耶秦簡は、まだ一部のサンプル資料が公表されているにすぎない。したがって秦代の郡県制と南方社会の実態について、その全貌が明らかになるのは、全体の簡牘が公開されてからということになる。また『史記』秦始皇本紀の叙述とあわせて、秦代の歴史や制度を再構成してゆくことも今後の課題となる。

しかし里耶秦簡は、公表された資料だけでも、新しい文書形式を追加することができ、戦国と秦漢時代の出土資料をつなぐ役割をもっている。その内容は、中央と郡県の文書行政だけではなく、県レベルの官府で簡牘の文書や簿籍を処理しながら、すでに統治を支える体系ができていたことがうかがえる。この地方行政の運営に関する文字資料のパターンは、里耶秦簡の公表が進んでも同じはずである。ただしその数量と用例がふえれば、新たな形式を追加することになる。本稿で試みたのは、こうした里耶秦簡の全貌を予測するために、現時点での情報システムの原理を考察したものである。その要点は、つぎの通りである。

一、洞庭郡の県では、上級の官府から封印された公文書を受け取り、それを下部機構に伝達していた。同じように、県は下部からの文書を受け取り、上級の官府に報告している。これらは、いわゆる下達文書と上申文書である。しかし重要なのは、サンプル資料が「移動する公文書」の形態ではなく、それを木牘で処理した控えの形式となっていることである。その基本単位は県であり、その下部の組織や郷をふくめて文書の集約をしている。ここから里耶秦簡は、県の官府での処理と保存の形態が多いことが推測される。

二、文書の処理では、現代の電子メールのように、受信と発信の記録、文書の本文を木牘一枚の表裏に記すことによって、文書を転送した控えとなっている。その形式には、つぎのようなものがある。

1受信の記録―文書の本文、2文書の本文―発信の記録、3受信の記録―文書の本文―発信の記録

電子メールと異なるのは、時間と空間をこえて送信できないために、別に郵あるいは行政の施設によって公文書を配送する点である。ただし控えを保存し、情報を処理するという原理は、すでに木牘という形態で実施されていることが注意される。

三、文書と簿籍（帳簿と戸籍）の処理では、本文と受信・発信の控えを作成するほかに、本文だけの資料もある。たとえば木牘⑨1～12は、一方で洞庭郡の尉から伝達された受信の記録と、文書の本文を記したものであるが、これは県の下部に転送する控えではない。それはもう一方で陽陵県の戍卒リストを写したものであり、それを一括して保存した形態となっている。したがって文書と簿籍には、処理の控えとともに、その本文だけを保存する形態がある。この形態は、睡虎地秦簡「語書」などの古墓の資料と共通している。同じように原理としては、受信や発信記録だけ

を保存することも可能であり、こうした形態は戦国楚の包山楚簡にみえている。

四、このとき注意されるのは、発信する文書に対して、添付する別の文書を記すケースである。里耶秦簡では、たしかに本文に加えて、証明となる別添の文書を送付するという資料がある。これは添付ファイルの存在である。しかし里耶秦簡では、こうした文書システムにくわえて、さらに文字資料によって人事や労役、財務などを管理する状況がうかがえる。

五、戸籍と帳簿では、それぞれの記録を作成するとともに、それを管理するための資料としている。その一例は、作成したあとも移動や増減を比べ、管理と徴発をするための戸籍である。また里耶秦簡の一割以上を占めるのは、祠先農簡のような資料といわれている。こうした出入券の類は、上申文書として送付したり、控えとして保存しておくほかに、倉庫の穀物や銭・物資などの出入を管理するために作成したと推測される。したがって、このように木簡・木牘（文字資料）によって人事や労役、財務などを管理する方式は、文書の処理とあわせて、広く地方統治の運営にかかわる情報システムといえるものである。その文書の保存は、竹笥の中に入れる場合がある[36]。

六、そこで問題となるのは、秦王朝では地方統治の情報システムができていながら、なぜ短期間で滅亡したのかということである。これは明らかに、郡県制の不備によるものではない[37]。また木牘⑯5、6の命令をみれば、輸送の労働力に対して農繁期の配慮をしており、けっしてむやみに民を徴発していない。しかし張家山漢簡『二年律令』の規定などを参考にすれば、この情報システムには欠陥があった。それは官僚や吏民たちによって、文書の偽造や、不正などの余地があり、また占領した地域に官吏の横暴があれば、それは民衆の反発と不満を招くことになる。したがって秦の郡県制と情報システムは、その原理に不備があったのではなく、その実際の運用において、実行のおこたりや、偽造と不正などを防止する機能が十分ではなかったと予想される。ここに秦王朝が、文化や習俗が異なる地域社会の共存とあわせて、どのように統治するかという二つの課題がうかんでくる。

七、また秦王朝の滅亡という点からみれば、王権をめぐる支配者と、中央と地方統治の情報システムとは、直接的に結びつかないとおもわれる。そこで始皇帝が亡くなったあと、後継者を決定するという問題は、二世皇帝の体制での王族や貴族たちの動向をふくめて、王権との関係を再検討する必要があるのではないだろうか。これは漢王朝の初期に、秦の郡県制と情報システムを継承しながら、劉氏一族と諸侯王や、外戚の呂氏一族の間で混乱がみられることにもつながる一視点となる。

本稿では、文書システムをもとに、行政の運営を支える体系を情報システムとみなして、その情報伝達のあり方を考察してきた。この視点からみれば、まさしく里耶秦簡は秦代の情報システムを示す資料群（データベース）であり、漢王朝の体系を知るためにも貴重であると考えている。(38)

注

（1）湖南省文物考古研究所、湘西土家族苗族自治州文物処、龍山県文物管理所「湖南龍山里耶戦国―秦代古城一号井発掘簡報」（『文物』二〇〇三年一期）、湖南省文物考古研究所、湘西土家族苗族自治州文物処「湘西里耶秦代簡牘選釈」（『中国歴史文物』二〇〇三年一期）。このほか図録に、『湖南十大考古新発現陳列』（湖南省博物館）がある。

（2）湖南省文物考古研究所『里耶発掘報告』（岳麓書社、二〇〇七年）。『発掘報告』では、酉水流域の里耶古城遺址のほか、麦茶戦国墓地、清水坪西漢墓地、大板漢代墓地、魏家寨西漢城址、大板東漢遺址を紹介している。里耶古城は、出土した陶器から、第一期：戦国中期～戦国末期の楚文化、第二期：秦代の秦文化、第三期：前漢に分期している。

（3）凡国棟「里耶秦簡文献目録」（武漢大学簡帛研究中心網站、二〇〇七年二月）。注訳には、里耶秦簡講読会「里耶秦簡訳註」（『中国出土資料研究』八、二〇〇四年）、馬怡「里耶秦簡選校」（『中国社会科学院歴史研究所学刊』第四集、商務印書館、二

〇〇七年）、王煥林『里耶秦簡校詁』（中国文聯出版社、二〇〇七年）などがあり、ここでは文書の伝達に関連する論文を中心とする。

（4）情報システム（Information System）とは、コンピュータを使わなくても、文字資料によって企業や官庁などの人事、財務などを管理することを指している。これを秦漢時代でいえば、郡県制の統治（行政、財政システム、労働編成）は、広い意味で情報システムとほぼ重なることになる。

（5）この問題は、拙稿「『史記』秦漢史像の復元」（『日本秦漢史学会会報』五、二〇〇四年）、同「始皇帝と秦帝国の情報伝達――『史記』と里耶秦簡」（『資料学の方法を探る』七、二〇〇八年）でも論じている。

（6）李均明「秦文書芻議―従出土簡牘談起」（『初学録』蘭台出版社、一九九九年）。

（7）交通と郵の制度については、王子今『秦漢交通史稿』（中京中央党校出版社、一九九四年）、高敏「秦漢郵伝制度考略」（一九八五、『秦漢史探討』中州古籍出版社、一九九八年）、エノ・ギーレ「『郵』制攷」（『東洋史研究』六三―二、二〇〇四年）など。文書行政については、大庭脩『木簡』（学生社、一九七九年）、李均明「漢簡所見『行書』文書述略」（前掲『初学録』、一九九九年）、永田英正「文書行政」（『殷周秦漢時代史の基本問題』汲古書院、二〇〇一年）、彭浩「読張家山漢簡《行書律》」（『文物』二〇〇二年九期）など。

（8）行書の規定は、鵜飼昌男「居延漢簡にみえる文書の逓伝について」（『史泉』六〇、一九八四年）、籾山明「中国の文書行政」（『文字と古代日本』二、吉川弘文館、二〇〇五年）など。また張家山漢簡『奏讞書』にも、文書を留めた罰則の案件がある。ここでは『張家山漢墓竹簡〔二四七号墓〕』（文物出版社、二〇〇一年）の写真と、彭浩・陳偉・工藤元男主編『二年律令與奏讞書』（上海古籍出版社、二〇〇七年）の写真、釈文により、読替の文字で示す（以下、同じ）。

●・河東守讞。郵人官大夫内留書八日、詐更其檄書辟留、疑罪。●廷報、内當以為偽書論。（六〇簡）

（9）『睡虎地秦墓竹簡』（文物出版社、一九九〇年）『秦律十八種』の行書律一八四、八五簡に「行傳書・受書、必書其起及到日月夙暮、以輒相報也。書有亡者、亟告官。隷臣妾老弱及不可誠仁者勿令。書廷辟有曰報、宜到不來者、追之。　行書」とあり、内史雜律一八八簡に「有事請也、必以書、毋口請、毋羈請。　内史雜」とある。

(10)「簡報」では、遷陵と洞庭郡を、始発地と到達地とするが、馬怡前掲「里耶秦簡選校」は、日安「里耶識小」（簡帛研究網站）に従い、漢簡の用例と同じように、遷陵が目的地で、洞庭郡を始発地とする。これは籾山明「山は隔て、川は結ぶ――『里耶発掘報告』を読む」（『東方』三一五、二〇〇七年）も同じである。このとき籾山氏は、「封泥匣は封印するだけの器物で、正面に文字はなく、宛先や差出者などは別途付けられる検に記した。開封の際、その別添の検の文面を封泥匣の背面に転写して、それぞれの封泥匣の来歴を記録しておいた」と想定している。また『発掘報告』では、⑨983「酉陽　洞庭」を酉陽へ郵を以て洞庭郡から行るの省略とみなすが、あるいは郵とは別に伝達する表現かもしれない。

　このほか封泥匣Ｊ１―169には「軹以郵行河内」という文面があり、『発掘報告』一八〇頁では、軹から河内へ送った物品が、何らかの事情で遷陵県に転送されたとする。これも河内郡から軹県への送付となる。

(11) 里耶秦簡の公文書の形式は、李学勤「初読里耶秦簡」（『文物』二〇〇三年一期）、汪桂海「従湘西里耶秦簡看秦官文書制度」（『簡牘研究二〇〇四』広西師範大学出版社、二〇〇六年）、陳治国「従里耶秦簡看秦的公文制度」（『中国歴史文物』二〇〇七年一期）などに考察がある。汪氏は、秦簡と漢簡の形式が異なるものは、漢代に発展すると理解しているが、県での処理の控えと保存や、文書による管理と運営という側面には、あまり注意していない。

(12) 本書の第四章「里耶秦簡と秦代郡県の社会」。

(13) 本書の第二章「包山楚簡と楚国の情報伝達」、拙稿「包山楚簡及其伝逓的楚国信息」（『簡帛研究二〇〇四』広西師範大学出版社、二〇〇六年）。本書の第五章「里耶秦簡の文書形態と情報処理」。

(14) ここにみえる「御史書」と関連して、⑧153「■御史問直絡裙程書」（長二三、幅一・五センチ。図版『湖南十大考古新発現陳列』湖南省博物館）の資料がある。

(15) 前掲「里耶秦簡訳註」、籾山明「湖南龍山里耶秦簡概述」（『中国古代訴訟制度の研究』京都大学学術出版会、二〇〇六年）に説明がある。

(16) 拙稿前掲「里耶秦簡の文書形態と情報処理」。

(17) 籾山前掲「山は隔て、川は結ぶ」では、封泥匣⑦5「洞庭泰（太）守府。尉曹發。以郵行」の文面について、「洞庭郡太守府から発送。〔遷陵県の〕尉曹が開封せよ。郵をリレーして送れ」と解釈している。この文面は「宛名と発信先」を記す形式とはちがって、この封検だけでは、どこの県に伝達するか不明である。そこで封検の文面は、少なくとも、1宛名と発信先を記す形式、2発信先だけの形式がある。後者には宛名がなく、これは⑧155「廷主戸発」、『湖南十大考古新発現陳列』の木牘「廷戸発」の形式も同じである。そのため2は添付される封検の形式で、そこに「某発」などの表現があるのではないかとおもう。

また『発掘報告』一八〇頁では、別の封泥匣に物品の名称と数量を記すというが、それはJ1―91「銭三百……」、J1―178「白穀三斗」、J1―181「黄穀六斗」などである。これらの封検に宛名はなく、おそらく物品を入れた袋などに付けられたものであろう。とすれば文書の伝達では、宛名を書いた封検のほかに、発信先と伝達の指示だけを書いた形式が想定される。

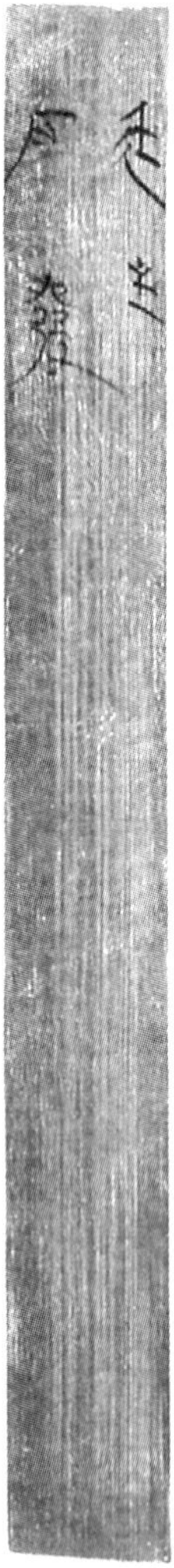

⑧155

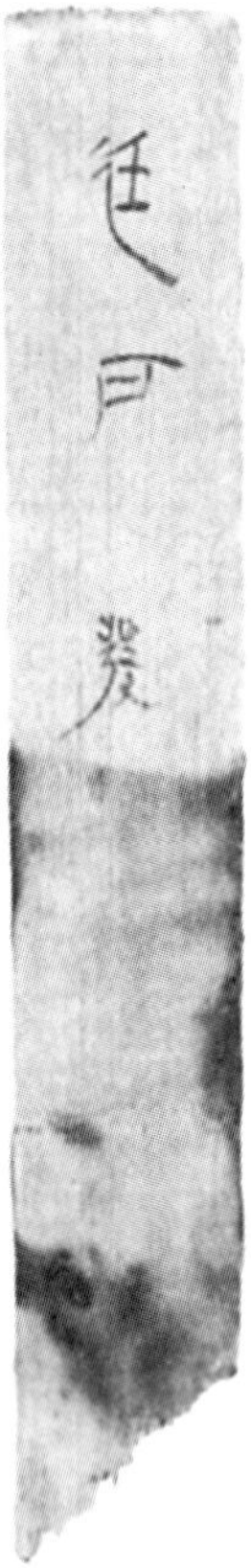

『陳列』

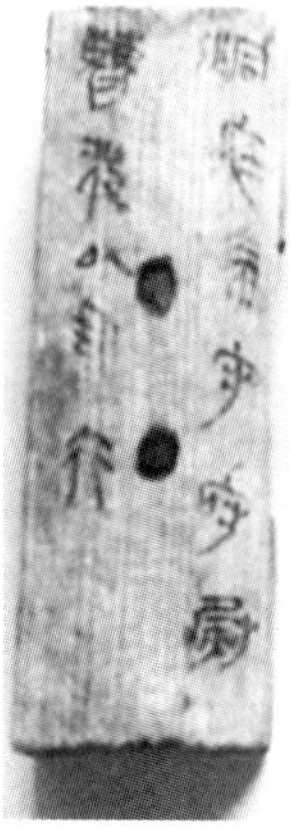

⑦5

（18）永田英正『居延漢簡の研究』第Ⅰ部第三章「簿籍簡牘の諸様式の分析」（同朋舎出版、一九八九年）、同前掲「文書行政」に詳しい。

（19）文書の伝達では、少し追加する点がある。それは永田氏も指摘されたように、簿籍の場合にも、出土した官府の作成した送り状がみえることで、これは送り状の控えか下書きとみなしている。たしかに大湾（肩水都尉府）出土の居延漢簡五一一・四〇簡には、「本始三年八月戊寅朔癸巳。張掖肩水都尉……受奉賦名籍一編。敢言之」とあり、都尉府から上申する送り状がある（『居延新簡甲乙編』中華書局、一九八〇年）。

またエチナ漢簡（魏堅主編『額済納漢簡』広西師範大学出版社、二〇〇五年）では、候官の下部にある隧の単位でも、送り状を記した文書（2000ES9SF3：2A）が出土している。

始建国三年三月癸亥朔壬戌、第十隧長育敢言之。謹移卒不任候望名籍一編、敢言之。

したがって、これから推測されるのは、候官より以下の部署でも、送付する原本のほかに写しを取っており、候官や都尉府でも、送付する文書とは別に控えを取ることが要求されたのではないかと推測される。

（20）この資料は、邢義田「湖南龍山里耶J1⑧157和J1⑨1—12号秦牘的文書構成・筆跡和原檔存放形式」（『簡帛』第一輯、武漢大学簡帛研究中心、二〇〇六年）、片野竜太郎「里耶秦簡に見える債務労役」（前掲「里耶秦簡研究ノート」）などに考察があり、拙稿前掲「里耶秦簡の文書形態と情報処理」では保存との関係を論じた。

（21）『発掘報告』二〇三頁。

（22）『発掘報告』二〇八～二一〇頁。

（23）什伍に編成については、これまで多くの研究があるが、最近では水間大輔「戦国秦漢期の伍制における保証制度」（『早稲田大学大学院文学研究科紀要』四六輯第四分冊、二〇〇一年）、同『秦漢刑法研究』第八章「秦律・漢律における連座制」（知泉書館、二〇〇七年）などの考察がある。

（24）張春龍「里耶秦簡校券和戸籍簡」（『中国簡帛学国際論壇二〇〇六論文集』武漢大学、台湾大学、シカゴ大学、二〇〇六年）、同「里耶秦簡祠先農・祠窨和祠隄校券」（『簡帛』第二輯、上海古籍出版社、二〇〇七年）。

(25) 前掲「里耶秦簡校券和戸籍簡」。

(26)『睡虎地秦墓竹簡』(文物出版社、一九九〇年)。太田幸男「湖北睡虎地出土秦律の倉律をめぐって(一、二)」(一九八〇)、同「同追補」(一九九二、以上、改訂して『中国古代国家形成史論』に収録、汲古書院、二〇〇七年)、大櫛敦弘「秦代国家の穀倉制度」(『海南史学』二八、一九九〇年)、同「雲夢秦簡倉律より見た戦国秦の穀倉制度」(『海南史学』三〇、一九九二年)など。

(27) 籾山明「刻歯簡牘初探—漢簡形態論のために」(『木簡研究』一七、一九九五年)では、同じような形態をもつ木簡を、簿籍ではなく、刻歯によって表裏を分割する出入銭穀衣物簡と説明している。そのとき刻歯は、文面の数字に対応すると指摘している。券の名称では、木牘⑧134に二十六年の船を貸し出した「責券」や、木牘⑨1〜12に、三十三年に陽陵県の卒の「銭校券」がある。馬怡「里耶秦簡中幾組渉及校券的官文書」(中国里耶古城・秦簡与秦文化国際学術研討会の提出論文、二〇〇七年)参照。

(28) 張家山漢簡「賊律」に、

毀封、以它完封印印之、耐爲隸臣妾。　(一六簡)

……□□□而誤多少其實、及誤脱字、罰金一兩。誤、其事可行者、勿論。　(一七簡)

(29) 張家山漢簡「賊律」に、

僞寫皇帝信璽・皇帝行璽、腰斬以徇。　(九簡)

僞寫徹侯印、棄市。小官印、完爲城旦舂……　(一〇簡)

諸上書及有言也而謾、完爲城旦舂。其誤不審、罰金四兩。　(一二簡)

爲僞書者、黥爲城旦舂。　(一三簡)

盜書、棄書官印以上、耐?。　(五三簡)

これについて李均明「簡牘所反映的漢代文書犯罪」(『出土文献研究』六輯、二〇〇四年)がある。

(30) 張家山漢簡「賊律」に、

……諸詐増減券書、及爲書故詐弗副、其以避負償、若受賞賜財物、皆坐臧（贓）爲盜。其以避論、及所不當〔得爲〕、以所避罪罪之。所避毋罪名、罪名不盈四兩、及毋避也、皆罰金四兩。（一四〜一五簡）

(31) 張家山漢簡『奏讞書』五五簡に、簿籍を偽って城旦を使役した案件がある。

●・蜀守讞。佐啓主徒。令史冰私使城旦環爲家作、告啓。啓詐簿曰治官府、疑罪。●廷報、啓爲僞書也。

長沙簡牘博物館ほか「二〇〇三年長沙走馬楼西漢簡牘重大考古発現」（『出土文獻研究』第七輯、上海古籍出版社、二〇〇五年）は、J8から出土した武帝期の長沙国・劉庸（前一二八〜一〇一）時代の竹簡を整理している。この大部分は司法文書で、その罪名に、詐為書、詐銭、詐為出券、弗券書、効不以実、去署過三百里不取伝などがあるという。これらも官吏の職務に関する犯罪である。

(32) 工藤元男『睡虎地秦簡よりみた秦代の国家と社会』（創文社、一九九八年）、湯浅邦弘『中国古代軍事思想史の研究』第三部第二章「秦の法思想」（研文出版、一九九九年）など。

(33) 拙著前掲『中国古代国家と郡県社会』終章。伝統中国では、郡や州の変動にもかかわらず、おおむね県の数は一五〇〇前後で推移している。これは秦代の制度が、後世の中国地方行政の基礎になったことを示している。

(34) 拙著前掲『中国古代国家と郡県社会』第六章「秦漢帝国の成立と秦・楚の社会」、拙稿前掲「『史記』秦漢史像の復元」。

(35) 『史記』の取材と出土資料については、拙著『史記戦国史料の研究』（東京大学出版会、一九九七年）、拙稿「簡牘・帛書の発見と『史記』研究」（『愛媛大学法文学部論集』人文学科編一二、二〇〇二年）、同「簡帛発現与《史記》研究」（『簡帛研究二〇〇二、二〇〇三』広西師範大学出版社、二〇〇五年）、同「『史記』の素材と出土資料」（『愛媛大学法文学部論集』人文学科編二〇、二〇〇六年）で論じている。

(36) 『奏讞書』の始皇帝二十七、二十八年（前二二〇、二一九）の「南郡卒史蓋廬摯朔假卒史瞗復攸庫等獄簿」には、蒼梧の利郷で反乱があり、新黔首を徴発し、そのとき三度の名籍の副本を一笥に一緒に入れた記述がある。また『発掘報告』では、吏曹、倉曹の半年単位の文書を入れた笥牌がある。これもファイルの保存であり、伝達する公文書ではない。

(37) 陳松長「岳麓書院所蔵秦簡綜述」（『文物』二〇〇九年三期）には、秦代の令名に二十余種があるという。そのなかに令を公布するとき、黔首（庶民）に明知させる規定がある。

律・謹布令、令黔首明智（知）。」●廷一（1087簡）

（38）同じように、西北の都尉府より以下にある候官や隧、関所、懸泉置など限られた施設の漢簡も、文書行政と情報システムの視点から再検討できるとおもわれる。また長沙走馬楼三国呉簡の「吏民田家莂」や、倉庫の賦税納入簡、名籍、年紀簿なども、地方官府の文書行政だけではなく、管理と運営の情報システムとみなせるものがある。こうしたデータベースもまた、紙と併用される時代の木簡となるかもしれない。走馬楼簡牘整理組編著『長沙走馬楼三国呉簡・嘉禾吏民田家莂』（文物出版社、一九九九年）、走馬楼簡牘整理組編著『長沙走馬楼三国呉簡・竹簡〔壱〕』〜『同書〔参〕』（文物出版社、二〇〇三〜二〇〇八年）、胡平生・李天虹『長江流域出土簡牘与研究』（湖北教育出版社、二〇〇四年）、關尾史郎「史料群としての長沙呉簡・試論」（『木簡研究』二七、二〇〇五年）、王素・市来弘志訳「中日における長沙呉簡研究の現段階」（『長沙呉簡研究報告』第三集、二〇〇七年）など。

第七章　里耶秦簡の記録と実務資料
――文字による地方官府の運営――

はじめに

湖南省湘西土家族苗族自治州龍山県の里耶古城は、秦代の郡県制に組み込まれた小さな県城である。この地域は、戦国楚から戦国秦の領有となり、秦代には洞庭郡の管轄下で遷陵県の役所が置かれた。したがって里耶古城の城郭と周辺の墓地には、南方社会を反映する考古遺物が報告されている。(1)また城内の一号井戸（J1）から出土した里耶秦簡は、秦代の郡県統治を具体的に示す資料群として注目を集めている。(2)この里耶秦簡は、睡虎地秦簡と張家山漢簡を結ぶ時代の資料であるが、墓葬にみえる南方地域の特質よりも、むしろ秦王朝の全体に施行された制度の統一性を反映しているようにおもわれる。

これまで里耶秦簡の考察では、歴史学や考古学の観点から、行政文書の内容や、歴史地理、行政制度、周辺をふくむ社会など、各方面からの研究が進められている。(3)しかし私は、こうした文書行政のなかで木牘の形態と用途に注目して、その多くは県廷での文書処理の控えや保存の資料（副本、記録）と、官府の運営と管理にかかわる資料群（データファイル）ではないかと考えた。(4)また文書の保存は、笥牌の記載からみて、竹笥に入れる場合があると想定した。これらは県レベルの役所が、地方行政を集約する基本単位であり、木牘は必ずしも上級官府や下部の機構に送付する命令や報告書の原本ではないことを示している。

ところで、このような県レベルの業務を知るうえで参考になるのは、西方辺境で発見された居延漢簡である。ここでは軍事系統の都尉府の下部にある候官が、県レベルに相当する官府といわれ、とくに甲渠候官では一九三〇年代に約五〇〇〇枚、一九七〇年代に七九四四枚の資料が公開されている(5)。ここでは旧簡を居延旧簡、新簡を居延新簡とし、居延漢簡と総称する。これらの居延漢簡は、前漢後半期から王莽、後漢初期の資料である。しかも長江流域の南方と、西方の辺境という地域の違いや、民政系統と軍事系統の官府という違いがある。それにもかかわらず、秦漢時代の文書伝達という原理からみれば、そこには用語や用途に共通性がみえると指摘されている(6)。

居延漢簡では、中国の簡牘文書学や、大庭脩、永田英正氏などの研究によって、中央の詔書と法令や、命令などが伝達され、下部の官府からは上計をはじめとする報告を上申したことが明らかになっている(7)。ただし漢簡では、逓送する公文書だけではなく、すでに送付の控えとなる資料と、文書や物品に付けられた楬《けつ》の存在が指摘されている(8)。また籾山明「刻歯簡牘初探」（一九九五年）は、文書とは異なる形態の木簡に注目して、（一）符、刻券、（二）出入銭穀衣物簡、（三）契約文書簡に分類している(9)。これらの簡牘は、里耶秦簡の笥牌や、祠先農簡と紹介された木牘（出入券）の形態と類似している。

そこで本章では、里耶秦簡の笥牌や文書、簿籍、出入券と、居延漢簡の楬や簿籍などの簡牘を比較して、秦代郡県制における文書と簿籍の処理や、文字資料による実務について検討してみたいとおもう。

一　文書楬と笥牌の用途

里耶秦簡の『里耶発掘報告』（以下『発掘報告』）では、つぎのように笥牌を紹介している。[10] 笥牌の形状は、一端が丸くなっており、もう一方は平らである。半円の部分は、上部を墨で黒く塗り、二つあるいは四つの穴を開けて結びやすくしている。その寸法は、一般に幅が六〜七センチで、長さは一〇センチである。内容は、年月日と担当の官員、物品の名称、移送の地点などを記すという。⑨982の笥牌は、幅五・八センチ、長さ一一・八センチである。これは漢簡でいう楬（付札）にあたり、そこでは物品に対する実物楬と、文書楬に分類されている。[11] これまで公開された笥牌は、物品の実物楬ではなく、文書楬にあたるものである。

1卅四年十月以盡四月。吏曹以事笥（⑨982）

2遷陵廷尉曹卅一年期會以事笥（⑨2318）

3從人論報擇免歸致書具此中。（⑧775）

4都鄉月䊮笥（⑨2319）

5卅四年四月盡九月。倉曹當計禾稼出入券以計及縣相附受（授）廷　第甲（⑧774）

笥牌　⑨982

1笥牌⑨982の内容は、始皇帝三十四年（前二一三）十月から四月までの約半年間に、県の吏曹が処理した文書を保存する竹笥に付けられた楬の一種とおもわれる。ここでは年初の十月から、ほぼ前半期の文書が一緒に入れられている。

2の⑨2318は、遷陵県の尉曹が、始皇帝三十一年（前二一六）に処理をした文書を保存したものとおもわれる。3の⑧775は、徭役の免除か、兵役・徭役の期間が終わった内容を示すといわれるが、竹笥に入れた「致書」の付札を指すものであろう(12)。4の⑨2319は、月錄という意味が不明であるが、都郷にかかわる月ごとの文書を竹笥に保存したものとおもわれる(13)。

5の⑧774は、始皇帝三十四年四月から九月までの半年間に、倉曹が担当する「禾稼出入券」を計算して、県に提出した文書か簿籍の付札とおもわれる。ここでは1の⑨982と同じように、半年（年度の前半、後半）を単位として文書を一括したことがわかる。これは木牘⑨1～12にみえる一連の文書で、陽陵卒の「銭校券」を処理した手順とよく対応している(14)。すなわち陽陵県の司空は、最初に三月末から四月初に報告を書き始め、陽陵県では六月末から八月初にかけて洞庭郡に送っているように、半年を意識した処理となっている。

このように里耶秦簡には、吏曹と尉曹の文書や、致書、都郷の文書、倉曹の集計にかかわる資料を一括して整理した笥牌がある。これらは笥牌の一部であるが、『発掘報告』によれば、このほかに物品の名称や、移送の地点などを記すものがあるという。したがって里耶秦簡には、漢簡と同じように物品と文書に付ける札があり、これらは基本的に「楬」と総称することができる(15)。居延漢簡によれば、文書楬は単独の文書や、複数の文書を収めた袋などに付けるケースが想定されており、とくに竹笥に付ける札が笥牌ということになる。また実物楬は、単品に付ける場合と、袋や竹笥などに一括した場合が想定できる。これを図示すれば、つぎのようになる。

- 楬
  - 文書楬
    - 単独の文書、冊書に付ける楬
    - 竹笥に付ける楬（笥牌）
    - 袋などに付ける楬
  - 実物楬
    - 単独の物品に付ける楬
    - 竹笥、袋などに付ける楬

竹笥に文書や名籍を入れるケースは、『奏讞書』の案件一八「●南郡卒史蓋廬摯朔假卒史瞗復攸庫等獄簿」（一二四～一六一簡）にもみえている。この案件は、始皇帝二十七、二十八年（前二二〇、二一九）に、南郡卒史の蓋廬たちが、攸県の庫などの事件を再審したものであるが、そこに以下のような記述がある。(16)

御史書以廿七年二月壬辰到南郡守府。卽下、甲午到蓋廬等治所。其壬寅摯益從治、上治它獄。……

●御史下書別居它笥。●今復之。庫曰、初視事、蒼梧守竈・尉徒唯謂庫。利鄉反、新黔首往擊、去北當捕治者多、皆未得。其事甚害難、恐爲敗。庫視獄留、以問獄史氏。氏曰、……。它如書。……

●氏曰。劾下、與攸守媱・丞魁治。令史駐與義發新黔首往、候視反盜多、益發與戰、義死。攸又益發新黔首往擊破。凡三輩、駐并主籍。其二輩戰北當捕名籍・副并居一笥中。駐亡不得、未有以別知當捕者。……

御史の書は、二十七年二月壬辰（十七日）に南郡守府に到着しました。ただちに下され、甲午（十九日）に蓋廬らの治所に届きました。その壬寅（二十七日）に摯を補充して従事しましたが、他の獄の取り調べをしておりました。……

●御史の下した書は、別に他の竹笥に入れております。●今、これを再審いたしました。庫は以下のように言いました。「私が初めて（攸の県令に）着任したとき、蒼梧守の竈と尉の徒唯が言うには『利郷で反乱があり、新黔首を行かせて攻撃したが、かれらは逃げ去って逮捕すべき者が多く、皆を捕らえることができない。逮捕はとても困難で、失敗するのではないかと心配している』とありました。そこで私は、滞っている獄案を調べて、獄史の氏に問いました。氏は、……と答えました。ほかは書の通りです」と。……●氏は以下のように言いました。「劾が下ったので、私は攸（県）守の媱や丞の魁と事に当たりました。令史の駐と義は新黔首を徴発して対応しました。しかし反乱する者は多く、徴発を増して戦いましたが、義は亡くなりました。そこで攸県では、また新黔首を徴発して攻撃させました。全部で三回ほど徴発し、それは駐が合わせて名籍を担当していました。そのうち二回は、戦って逃げ逮捕すべき者の名籍と副本を一笥の中に一緒に入れておりました。駐は逃亡して、まだ捕らえることができず、未だに逮捕すべき者を区別することができません。……

これによると、南郡守府の卒史の蓋廬たちのところでは、「御史下書」を竹笥に入れて保管している。そして時間が経過した攸県の案件を再審しているが、そのなかに蒼梧の利郷で反乱が起こったとき、新黔首の徴発について述べている。新黔首とは、新たに黔首（秦の庶民）となった者たちであろうか。獄史氏の供述によれば、かれらの徴発は、全部で三回ほど派遣したが、その名籍と副本を管理していたのは、令史の駐であるという。しかし駐は、これら三回の副本を一つの竹笥に一緒に入れており、またすでに逃亡しているため、最初に派遣した黔首で逮捕すべき者が区別できないというのである。ここから南郡と周辺の県では、御史の書や、徴発した者の名籍や副本を、竹笥に入れて保管していたことがわかる。このとき文書楬を付けていたかは不明である。

また文書や簿籍の例ではないが、張家山漢墓の遣策には、書物などを竹笥に入れたことがうかがえ、二〇〇六年に出土した湖北省雲夢県の睡虎地七七号漢墓でも、竹笥に簡牘が収納されていたと報告している。(17)

……一笥。有匕。　史光笥一〈遺策、一五簡〉　□囊一。　書一笥。〈遺策、三四簡〉

張家山漢簡の注釈では「史光笥」の史光を人名とし、「書一笥」は墓に収められた竹簡を入れた竹笥と理解している。したがって三四簡の場合は、暦譜や『二年律令』『奏讞書』『算数書』『閶廬』の書籍などであるが、やはり一括して竹簡を竹笥に収めている。

このように秦代から漢初には、竹笥に文書や名籍、書籍などを入れたことが確認できる。そして名籍は実際の徴発に使う場合がある。さらに笥牌の用途を考えるために、居延漢簡にみえる甲渠候官の文書楬と比べてみよう。

二　居延漢簡の文書楬と機能

居延漢簡の簿籍については、すでに永田英正氏の研究がある(18)。永田氏は、簿籍の表紙〈標題簡〉にあたる簡牘を集成して、簿籍の内容を復元しようとされた。そのなかで表紙に準ずる楬の形態に注目して、簿籍や簡冊を整理保存するとき、簡冊の袋にくくりつけたと説明している。ここには機関名や宛先に相当する記載がなく、すべて甲渠候官のものとする。これらは簿籍を総括するもので、簿籍の本文を整理する手がかりになると考えている。ただし楬の形態をもつ簡牘は、簿籍の内容を示すほかに、複数の文書や簿籍を集めた内容を記すものがある。これをもう一度、再検討してみよう。

居延漢簡にみえる文書と物品の楬は、単独の物に付けるほか、資料に一括して付ける場合がある。それを大きさの目安で分けると、一括した資料に付けるⅠ型とⅡ型の楬は、おおむね幅が広く、Ⅲ型の単独でつける楬は幅が一センチ程度である。先の里耶秦簡の笥牌は、このⅠ型の形態である。

Ⅰ型：幅四～六センチ程度、長さ七・七～一二センチ程度。幅の広い木牘の頭を丸くした形態にあたる。

Ⅱ型：A幅三～三・六センチ程度、長さ七～一一センチ程度。B幅二センチ程度、長さ七～二三センチ程度。やや幅の狭い木牘の頭を丸くした形態で、両側に刻みを入れたものや、頭の角を斜めに切って刻みを入れたものがある。

Ⅲ型：幅一センチ程度、長さ二四センチまで。これは木簡の頭を丸くしたもので、単独の文書や物品の内容とおもわれるものが多い。

表1は、居延漢簡・甲渠候官の文書楬とおもわれる簡牘を整理したものである[19]。ここでは詳細な出土地が不明なため、形態によって区分している。また寸法は、中央研究院歴史語言研究所の漢代簡牘数位典蔵の実寸を記した。これによるとⅠ型、Ⅱ型の楬ともに、ある月日の単独の文書ではなく、一定の期間をまとめた記載が多い。たとえばⅠ型では、1「三年十月～翌年四月」、2「三年」の一年、3「九月以来」、5「四年八月～五年四月」、6「十月以来」、7「正月～三月」、8「二年四月～六月」である。Ⅱ型では、1「五鳳五年九月～甘露三年」、2「元年及二年□三□」、3、4、6「正月～十二月」、5「元年十月～二年九月」、9「三年二月□□□十二月」、10「二年四月五日～五月」、11「七月～十二月」などがある。ある月を記すのは、8「元年九月」であり、7「……九月穀出入簿」などは欠字があるため、一定の期間かもしれない。

楬の内容は、Ⅰ型の6「府檄書□」や、Ⅱ型の2「都尉賦書及清塞下詔書」、13「部士吏候長往来書」が注目される。これらは下行文書や往来書を一括して保存したものと推測される。一般には簿籍が多く、四時簿、四時簿算、計算簿、吏病及視事書巻、大司農部丞簿録簿算、穀出入簿、吏寧書、吏為卒書簿、諸官□責書などの名称がみえている。

表１　甲渠候官（居延漢簡）の文書楬

番号	楬の内容（釈文）	幅cm	長cm	簡番号、甲乙編
	Ⅰ型			
1	五鳳三年」十月盡四」　（B面）行亭」書	(5.8)	8.2	45.4A,B、乙41
2	居摂三年」計簿算	(6.0)	10.2	70.13A,B、乙63
3	綏和元年九月以来」吏買茭刺	(4.0)	8.6	84.6A,B、乙73
4	（右欠）吏去署擧	(4.0)	8.6	145.5、乙107
5	五鳳四年八月盡五年四月」吏假兵名及兵□」傷死簿	4.8	8.5	174.34、乙124
6	府檄書□……（表面）」……元年十月以来言	(4.0)	7.7	210.28A,B、乙150
7	建始四年正月盡」三月四時」簿算	(4.0)	11.9	214.22A,B、乙157
8	（右欠）建昭二年四月」盡六月四時簿	3.0	11.3	217.2A,B、乙161
	Ⅱ型			
1	五鳳五年九月盡甘露三年……	(2.4)	7.9	6.11、乙5
2	五鳳元年及二年」□三□　（A面） 都尉賦書及」清塞下詔書　（B面）	2.1	10.9	42.9A,B、乙38
3	陽朔二年正月」盡十二月吏病」及視事書巻	3.6	7.3	8.1A,B、甲2446、乙6
4	建昭六年正月」盡十二月吏病」及視事書巻	5.1	9.1	46.17A,B、乙4、甲22445
5	建昭元年十月盡二年九月」大司農部丞簿録簿」算	2.7	10.2	82.18A,B、乙72
6	建始二年正月以来盡」十二月吏除及遣	1.7	7.4	84.20A,B、乙73
7	（右欠）九月穀出入簿	1.6	8.6	113.16A,B、甲644
8	建始元年九月吏六百石」□□□簿（B面）……録	(3.6)	8.9	145.3A,B、甲804
9	陽朔三年二月□□□　（A面）十二月吏寧書	0.9	8.1	176.48A,B、甲1007
10	陽朔二年四月」五日盡五月吏」為卒書簿	2.4	7.6	193.1A,B、乙138
11	更始二年七月盡」十二月四時簿（左欠）	2.6	8.9	210.1、甲1151
12	建昭元年□□□」諸官□責書	2.1	7.1	272.29A,B、乙204
13	（右欠）月部士吏候長往来書	1.9	10.4	283.19A,B、甲1520

＊寸法は、中央研究院歴史語言研究所の漢代簡牘数位典蔵による
Ⅰ型：幅4.0cm以上、長さは7.7～12.0cm
Ⅱ型：幅3.6cm以下、長さは7.0～11.0cm
木簡の幅（　）は欠けている部分からの推測
図版のAは正面、Bは背面を示す

表2は、居延新簡の甲渠候官の文書楬である。ここでは内容を四つに分け、さらに外部の灰堆（廃棄場所）と、塢内の部屋の資料を点線によって区別している[20]。これによれば文書楬は、簿籍の標題をこえて、一定期間にわたる複数の文書・簿籍を一括した名称が多いという特徴がある。

文書関係で、一定期間をまとめた記載には、1「元年～四年」の詔書がある。これは四年にわたる期間で、候官に伝達された詔書を保管した可能性がある。4「正月～十二月」の府移大司農部掾條、5「正月～十二月」の府移丞相御史刺史條、6「正月～十二月」の檄算、7「二年十月～三年九月」の吏受府記、8「五年十月～六年九月」の刺史奏事簿録、

表２　甲渠候官（居延新簡）の文書楬

番号	楬の内容（釈文）	幅cm	長cm	簡番号
	文書関係			
1	建始元年盡四年詔書	4.6	9.0	EPT50.209A,B
2	建始三年正月以来」（Ｂ面）以来刺史書	(4.0)	9.0	EPT50.182A,B
3	候尉上書」副	3.5	8.0	EPT59.578
4	陽朔三年」正月盡十二月」府移大司農部掾條	4.3	9.0	EPT52.470A,B
5	陽朔五年正月盡十二月府」移丞相御史刺史條	2.4	11.5	EPT56.77A,B
6	初元四年正月盡十」二月檄算	3.8	7.5	EPT52.378
7	建昭二年十月」盡三年九月吏」受府記	2.5	5.5	EPT51.151A,B
8	建昭五年十月盡六年／九月刺史奏事簿録	(2.5)	5.5	EPT51.418A,B
9	建始五年四月府所下禮」算書　（Ｂ面）ほぼ同文	2.8	10.5	EPT51.147A,B
10	永光五年」□月盡六年」（Ｂ面）九月諸官」往来書	(4.0)	6.0	EPT51.628A,B
11	建昭二年　（Ｂ面）……」十月郵書	(4.0)	6.0～	EPT51.615A,B
12	永始四年」吏民自言書	2.4	14.0	EPT50.199
13	（右欠）十二月行事算	(3.6)	8.2	EPT58.85
14	五鳳三年」十月盡四年」九月詣官」稟書	5.4	6.5	EPT58.112
15	始建国……」旦奏事簿	3.0	10.5	EPT59.332A
16	■詔書（背面に図画）	4.2	11.2	EPT26.10
17	檄移部吏……」常會八月條……	(3.0)	8.0～	EPT2.29
18	始建国天鳳二年正月」盡十二月郵書駅馬課 （Ｂ面）●郵書駅馬課	4.0	9.6	EPF25.12A,B
19	建武五年十一月以来」告部檄記算巻	3.6	10.0	EPF22.408
20	建武桼年四月以来」府往来書巻	2.7	9.5	EPF22.409
	吏卒、戍卒、名籍関係			
1	吏卒被兵簿	4.6	8.0	EPT50.175A,B
2	競寧元年正月」吏妻子出入関致籍	3.5	9.5	EPT51.136
3	建始三年」□卒名籍	(4.0)	8.3	EPT50.181A,B
4	綏和元年正月渠」（Ｂ面）卒責巻	(3.0)	9.0	EPT50.198A,B
5	鴻嘉二年五月以来」吏対會入官刺	3.5	10.0	EPT50.200A,B
6	鴻嘉二年吏」遣符算	4.0	8.8	EPT50.203A,B
7	建始元年正月□」□二月□□」 （Ｂ面）盡十二月吏卒」日迹簿	(5.0)	8.0	EPT51.42A,B
8	建始二年」十二月不侵部」隧……（Ｂ面）右不侵隧」名籍	3.0	7.0	EPT51.148A,B
9	陽朔四年六月罷卒」吏名及課	3.0	9.0	EPT52.377A,B
10	建始五年正月盡」十二月吏除遣及 （Ｂ面）十二月吏除遣及」調書□□	(4.0)	8.5	EPT50.180A,B
11	建始三年」正月以来吏除及」□使□□調	3.5	7.8	EPT51.162
12	□□□□□□鄣」什器校券名籍	2.3	10.0	EPT51.180
13	初元五年」戍卒被兵名」籍	3.7	8.0	EPT53.209
14	甘露三年戍卒行道貰売」衣財物名籍□□	2.0	7.7	EPT53.218
15	神爵三年正月盡五年」三月吏四時名籍	2.3	8.0	EPT56.193
16	元始二年二月吏」卒稟致	2.3	6.8	EPT59.330A
17	始建国天鳳二年五月盡六月稟」卒名籍	2.0	10.9	EPT59.358
18	始建国五年八月□□□」稟卒刺	2.6	9.2	EPT65.419A
19	新始建国地皇上戊元年」八月以来呑遠倉稟」吏卒刺	3.5	8.0	EPT43.30A,B
20	戊子胡虜攻隧吏卒格闘」隧別名及刺巻	(4.8)	9.8	EPF22.747A

	簿籍関係			
1	元延二年四」時四月盡九月	4.0	7.0	EPT50.183
2	始建国天鳳一年」三月盡六月」三時算	4.0	8.5	EPT59.331A,B
3	建始三年十月盡」十二月四時簿算	(3.6)	7.5	EPF22.703A,B
4	綏和元年十月盡」（B面）十二月四時簿	4.0	10.0	EPT9.5A
5	新始建国地皇上戊二年閏月」盡十二月三時簿	3.6	10.0	EPT6.35A,B
6	新始建国地皇上戊二年」泰月盡九月三時簿	4.2	9.4	EPF22.468A,B
7	更始二年八月」留兵簿	4.3	8.0	EPT6.38
8	建武泰年計」簿算	2.8	8.7	EPT26.9
	銭、物資関係			
1	建始三年四月□□」易止害駅馬□□□」及茭調	5.7	10.0	EPT51.138B
2	呑遠倉　建昭五年十月」盡六年九月」□出入簿	5.2	10.0	EPT51.157A
3	永光四年十月盡」五年九月戍卒折傷」牛車出入簿	3.1	6.8	EPT52.394
4	稍入簿」（B面）□□稍入銭」出入簿	(4.0)	7.5	EPT5.124A,B
5	始建国三年盡五年」六月穀出入簿	2.6	7.6	EPT59.319
6	始建国天鳳一年六月以来」所受枲蒲及適槧」諸物出入簿	2.0	6.8	EPT59.229

＊……線以下の数字は、塢内遺跡の資料

14「三年十月～四年九月」の詣官廩書は、みな一年の期間である。ここでは「正月～十二月」「十月～翌年九月」の区分があり、その内容は、大司農部掾や丞相・御史・刺史に関連する文書と、吏受府記、詣官廩書、奏事簿などである。これに対して、城内の遺構やF22の部屋から出土した楬では、16「■詔書」の表記が注目される。これは期間を記していないが、詔書に関連する楬である。また18「始建国天鳳二年正月～十二月」の郵書駅馬課や、19「建武五年十一月以来」の告部檄記算巻、20「建武七年四月以来」の府往来書巻のように、王莽期以降でも、一定の期間を示す楬となっている。

　吏卒と戍卒、名籍関係では、1「吏卒被兵簿」、20「戊子胡虜攻隧吏卒格闘隧別名及刺巻」の名称だけのものや、2「元年正月」の吏妻子出入関致籍、4「元年正月」の渠卒責巻、6「二年」の吏遣符算、8「二年十二月」の不侵部名籍、9「四年六月」の罷卒吏名及課、16「二年二月」の吏卒廩致のような楬が多い。しかし期間がわかる楬では、3、6、13、14のように一年の記載や、5「二年五月以来」の吏対會入官刺、7「元年正月～十二月」の吏卒日迹簿、10「五年正月～十二月」の吏除遣及調書□□、11「三年正月以来」の吏除及□使□□調、15「三年正月～五年三月」の吏四時名籍、17「二年五月～六月」

の廩卒名籍、19「元年八月以来」の呑遠倉廩吏卒剌など、長期にわたる区分がある。ここで注意されるのは、15「三年正月～五年三月」の吏四時名籍で、その内容は三ヶ月の四時名籍でありながら、それを二年以上にわたって一緒に保管していることである。これは文書楬が、単独のタイトルを示すだけものではなく、明らかに複数の名籍を一括するケースがあることがわかる。

簿籍関係では、一年以内のものが多い。たとえば、1「二年四月～九月」の四時簿とおもわれるもの、2「一年四月～六月」の四時算、3、4「十月～十二月」の四時簿、5「二年閏月～十二月」の四時簿、6「二年七月～九月」の四時簿、7「二年八月」の留兵簿、8「七年」の計簿算である。

銭、物資関係では、期間がわかるもので、2「五年十月～六年九月」の□出入簿や、3「四年十月～五年九月」の戍卒折傷牛車出入簿、5「四年～五年六月」の穀出入簿、6「一年六月以来」の所受枲蒲及適輮諸物出入簿のように、ほぼ一年以内となっている。

このように甲渠候官の文書楬をみると、それが竹笥か袋などかは不明であるが、一定期間で複数の文書や簿籍を、一括して整理・保管している状況が確認できる。その傾向は、文書に関するものは比較的期間が長く、甲渠候官より上級の官府とのやりとりをふくんでいる。簿籍に関するものは、一年以内の期間が多く、甲渠候官と下部の部署を集約した内容となっている。これは簿籍が、上行文書を作成する資料となり、また実務の確認をする性格を反映しているのであろう。

さらに単独の文書や簿籍に付けたとおもわれる標題簡とくらべて、その期間や整理の違いを検討してみよう。単独の文書楬で、よく知られているのは、居延新簡の冊書「建武三年十二月候粟君所責寇恩事」のタイトル楬（EPF22.36、幅二・四、長さ九・〇センチ）である。(21) この冊書は、全部で三五枚、五つの部分から構成されている。これは複数の文書を一つの冊書として、そこにタイトル楬が付けられたものであるが、その幅は笥牌の文書楬よりやや小さめである。他の文書楬は、おおむね幅一センチのものが多く、広くて二センチ前後である。

表3は、居延新簡の簿籍標題簡と送り状（送達文書簡）を一覧したものである。これによると、文書楬と標題簡の期間や名称には、つぎのような違いがある。

簿籍の標題簡では、期間が長いもので、19「甘露三年」の戍卒行道貰買衣財物名籍があるが、あとは三ヶ月の四時簿や、一ヶ月の標題にとどまっている。たとえば四時簿には、1「二年正月～三月」の賦銭出入簿や、26「二年七月～九月」の吏積労名籍、27「七年正月～三月」の穀出入四時簿がある。一ヶ月の簿籍には、2「三年七月」の家属妻子居署省名籍、3「四年十二月」の穀出入簿をはじめ、財物簿、省卒日作簿、迹簿、稟吏卒名籍、卒假兵姑蔵名籍、吏卒稟名籍、吏卒被兵及留兵簿、戍卒定罷物故名籍、守衙器簿、卒被兵簿、卒所齎承名籍、吏肄射傷弩名籍、戍卒被兵名籍、候長候史日迹簿、吏卒日迹簿、見受閣卒市買□□名籍、駅馬課などの名称がある。

その対象となる部署は、甲渠候官とその管轄下の機構である。(22)甲渠候官には、甲渠候のほか、呑遠候、万歳候、鉼庭候、毋傷候、誠北候、不侵候、臨木候、城北候、万年候、靡谷候が所属するといわれるが、このうち簿籍簡では、呑遠部、鉼庭部、不侵部、臨木部の名称がみえる。また甲渠候官には、一連の番号を付けた候や隊があるが、それには第廿三部、第十七部、第四部、第廿六隊などがある。したがって簿籍の標題簡は、甲渠候官と下部の簿籍に付けられたもので、おおむね四時簿より短期間のタイトルにとどまっている。これは幅の広い文書楬が、ある一定の期間をもうけ、上級官府との資料をふくむ複数の文書や、簿籍を一緒に保管している形態とは異なることが理解される。

この傾向は、簿籍の送り状でもほぼ同じである。簿籍の送り状は、当然のことながら特定の日付が記されるが、その部署には、甲渠候官に所属する第二十三隧長、城北候長、万歳候長、臨木候長、甲渠候、誠北候、鉼庭部、鉼庭候

表3　甲渠候官（居延新簡）の簿籍簡牘

番号	楬の内容（釈文）	幅cm	長cm	簡番号
	簿籍の標題簡（タイトル簡）			
1	……永始二年正月盡三月賦銭出入簿	0.7	断簡	EPT4.79
2	●第廿三部建平三年七月家属妻子居署省名籍	1.0	22.0	EPT40.18
3	……遠隊倉建平四年十二月穀出入簿	0.8	断簡	EPT43.63
4	●甲渠候官綏和元年八月財物簿	1.0	断簡	EPT50.28
5	……戍卒籍所受銭財物出入簿	1.0	断簡	EPT50.35
6	□遠部建始二年閏月。省卒日作簿	1.0	23.0	EPT51.115
7	●甲渠臨木部五鳳三年八月迹簿	1.0	23.7	EPT51.116
8	甲渠候官神爵三年九月穀出入簿	1.0	15.2	EPT52.203
9	●甲渠候官永光五年正月廩吏卒名籍	1.0	15.2	EPT52.262
10	●第十七部黄龍元年六月卒假兵姑臧名籍	0.8	断簡	EPT52.399
11	甲渠候官五鳳二年二月穀出入簿	1.0	断簡	EPT52.473
12	●第四部建始五年正月吏卒廩名籍	1.0	断簡	EPT53.2
13	●第廿六隊五鳳五年三月穀出入……	1.1	断簡	EPT53.8
14	●神爵二年鉼庭部吏卒被兵及留兵簿　●……	1.1	断簡	EPT53.36
15	●甲渠候官五鳳四年戍卒定罷物故名籍	1.0	断簡	EPT53.37
16	●甲渠候官初元二年六月穀出入簿	1.2	断簡	EPT53.222
17	●甲渠候官建平二年閏月守衙器簿	1.2	断簡	EPT55.5
18	●五鳳三年六月臨木部卒被兵簿	1.3	断簡	EPT56.91
19	●不侵候長尊部甘露三年戍卒行道貰買衣財物名籍	1.0	断簡	EPT56.253
20	●元光三年四月甲渠候官卒所齎承名籍	1.0	23.0	EPT57.65
21	●第四部甘露三年八月吏肄射傷弩名籍	1.0	22.5	EPT58.32
22	●甲渠候長賞部元康二年四月戍卒被兵名籍	1.0	22.5	EPT58.33
23	●鉼庭部建昭元年三月候長候史日迹簿	1.0	断簡	EPT58.107
24	●臨木部初元五年六月吏卒日迹簿	1.2	22.6	EPT59.28
25	●甲渠候官更始三年九月見受閣卒市買□□名籍	左欠	22.5	EPT65.110
26	●甲渠候官陽朔二年七月盡九月吏積労名……	1.0	断簡	EPT65.343
27	●甲渠候官建武七年正月盡三月穀出入四時簿	1.3	23.5	EPF22.398
28	●不侵部建武六年四月駅馬課	1.1	断簡	EPF22.640
	簿籍の送り状			
1	始建国五年九月丙午朔乙亥。第二十三隧長宏敢言之。謹移所自占書功労墨将名籍一編。敢言之。	2.3	22.7	EPT5.1
2	……言之。謹移三月盡六月鹽出入簿……	1.2	断簡	EPT7.13
3	……月乙未朔癸亥。城北候長充敢言之。謹移」……籍一編。敢言之。	2.0	断簡	EPT13.1
4	建平三年六月庚辰朔戊申。萬歳候長宗敢言之。謹移部吏卒」廩七月食名籍一編。敢言之。	1.7	23.0	EPT43.6
5	永光四年八月戊申朔丁丑。臨木候長……」謹移吏日迹簿一編。敢言之。	2.0	断簡	EPT48.1
6	永光四年六月己酉朔□□。□□候長齊敢言之。謹移吏日迹」簿一編。敢言之。	1.9	23.3	EPT48.2
7	……年六月己巳朔丁丑。甲渠候破胡以私印行事敢言之。謹移戍卒朱寛等五人」貰売候史鄭武所貧毋以償坐詐□□名籍一編。敢言之。	1.5	断簡	EPT51.199
8	……月庚寅朔己未。候長充敢言之。謹移迹」……言之。	2.0	断簡	EPT51.200

9	河平三年十月丙戌朔癸丑。誠北候史章敢言之。謹移」十月吏卒日迹簿一編。敢言之。	2.0	24.0	EPT51.207
10	建始二年十二月甲寅朔甲寅。臨木候長憲敢言之。謹移」郵書課一編。敢言之。	2.0	23.2	EPT51.264
11	……月乙卯。鉼庭部士吏奉敢言之。謹移卒自言売」……編。敢言之。	2.2	断簡	EPT52.175
12	甘露二年五月己丑朔戊戌。候長寿敢言之。謹移戍卒自言貰売財物」吏民所定一編。敢言之。	1.8	21.6	EPT53.25
13	甘露元年十二月辛酉朔庚午。鉼庭候長…」茭出入簿一編。敢言之。	2.0	断簡	EPT56.254
14	甘露元年九月乙酉朔壬寅……」兵名籍一編。敢言之。	1.6	断簡	EPT59.547
15	建平三年二月壬子朔辛巳。第十五隊長……」……稟三月食名籍一編。敢言之。	1.7	断簡	EPT65.123
16	建平三年八月己卯朔乙……」稟名籍一編。敢言之。	1.8	断簡	EPT65.410

長、第十五隊長などがみえる。ただし送付される簿籍には、２「四月～六月」の塩出入簿や、４「部吏卒稟七月食名籍一編」のように、一定の期間を記すものがある。

以上のように、居延漢簡の文書楬を分析してみると、そこでは秦代と共通して、複数の文書や簿籍を一括して保管する形態がうかがえる。これらは行政文書に付随して移動する楬ではなく、県レベルで文書や簿籍を整理・保管するときに付けられた楬であり、出土した里耶古城や甲渠候官で使用したものである。しかし居延漢簡で、さらに注目されるのは、文書や簿籍の伝達をするとき、里耶秦簡と同じように処理の控えを記していることである。つぎに里耶秦簡の形態とあわせて、この点を検討してみよう。

三　文書の伝達と処理の控え

これまで秦漢時代の県レベルの地方官府では、公文書を受信して発信するだけではなく、複数の文書や簿籍を一括して保管するケースがあることをみてきた。それでは文書や簿籍を処理するとき、その具体的な方法を知ることはできないだろうか。里耶秦簡には、こうした文書の処理を示す例がある。

里耶秦簡の文書システムでは、洞庭郡から遷陵県に伝達される文書や、県と県の間の文書、県内での文書のやりとりが指摘されている。(23)また私も、文書行政に関連して、文書の処理と保存について考察したが、それを補足すれば以下のようになる。(24)

文書の伝達と処理を示す典型となるのは、木牘⑯5、6である。この二枚の木牘は、正面がまったく同じ文章で、その内容は洞庭郡からの命令文である。これによって上級の郡府から県の役所に伝達された公文書の形式がわかる。このとき二枚の木牘が、伝達された公文書そのままとすれば、それは原本ということになる。ただし二枚とも同じ文章であるのは、かりに一枚を原本とすれば、二度にわたって別の原本が来たことになろう。しかしさらに注意されるのは、木牘の背面の左に受信の記録（月日、時刻と人物など）を記し、背面の右に処理と発信（転送）の記録を記すことである。この正面と背面は別筆であり、これが表裏をあわせた一つの文書ではないことを示している。そこで文書の伝達では、（Ⅰ）二十七年二月庚寅（十五日）に正面の文書が作成されているが、遷陵県でみれば、（Ⅱ）木牘の背面の左に受信の記録を記し、Ⅰの正面の本文がそれに対応する。そして同じ内容を、（Ⅲ）県から下部の部署に転送し、その発信記録を背面の右に記すことになる。このように一枚の木牘で、受信—本文—発信（転送）という処理をする方法は、今日の電子メールと同じ機能であることを指摘した。したがって、かりにこの木牘が送られてきた原本であるとしても、転送される文書に対しては、背面に処理と発信を記すことから、明らかに伝達された原本ではない。つまり木牘⑯5、6は、文書処理の全体としてみれば、受信と発信の記録を同時に記すことによって、伝達した文書の控えとなるのである。

このほか木牘の表裏に、本文と受信、発信の記録をもつ簡牘は、⑨984、⑧134、⑧157があり、簿籍に関する文書では⑯9、⑧133などがある。このうち処理の控えとして、⑧157と⑧134、⑨984の事例を説明してみよう。

⑧157の文書は、やや幅の狭い木牘で、正面は三行の文章が書かれている。その内容は、三十二年正月甲午（十七日）

に、遷陵県に属する啓陵郷の嗇夫が、成里の典と、郵人について申請した文書である。その背面は、左側に正月丁酉（二十日）の受信を記し、右側には正月丁酉の同日に遷陵県の丞から下した命令と、正月戊戌（二十一日）の日中に発信したことを記している。これは受信—本文—発信の例であるが、正面と背面の発信の文字は、同じように右下がりの筆跡となっている。これは両面が一緒に処理したことを示すかもしれない。

これは⑧134をみると、より明確になる。木牘の正面には、全部で五行にわたって文章を記しているが、これはすべてが上申の文書ではない。その内容は、二十六年八月丙子（二十七日）に、司空守が遷陵県に宛てた公船の紛失に関する文書である。しかしその文書は、四行目の上部で終わっている。そのあと「／」で区切りをして、よく似た筆跡で、九月庚辰（二日）に遷陵県の丞が下した命令を記し、さらに「／慶手。即令□□〔左午〕行司空」と記している。これは本来ならば、背面に記す発信記録を、そのまま本文につづけて正面に書いたケースである。そして背面の左には、これに先行する〔八〕月戊寅（二十九日）に、受信の記録がある。つまり木牘⑧134は、全体としてみれば、受信—本文—発信の形態になっているが、背面は受信記録だけで、発信記録は正面の本文につづけて書いている。これは正面の本文が司空守の書写ではなく、遷陵丞の処理を記した人物が、本文と一緒に書写した可能性を示している。

さらに⑨984の例をみておこう。この木牘は正面に三行の文章があり、その内容は、二十八年八月丁丑（十日）に、酉陽県の守丞が遷陵丞主に送った文書である。

廿八年八月戊辰朔丁丑、酉陽守丞□敢告遷陵丞主。停里士五（伍）順小妾□餘有律。事□□□遷□令史可聴書
従事、□□□／八月甲午、遷陵拔謂都　（正面）
（右）郷嗇夫、以律令従事。／朝手。即走印行都郷。
（左）八月壬辰、水下八刻、隷妾以來。／□手　□手　（背面）

この形態は、木牘⑧134とよく似ており、正面の本文につづいて、三行目の後半に「╱」で区分したあと、そのまま八月甲午（二十七日）の処理を書きはじめている。ただし発信記録は、正面の途中でスペースが無くなったため、その続きを背面の右側に記している。また背面の左側には、先行する八月壬辰（二十五日）に受信した記録がある。したがって木牘⑨984の正面と背面をあわせれば、受信―本文―発信の控えとなっているが、記載の形式は少し異なっている。そして正面の本文と、つづく記載の筆跡が似ていることからすれば、酉陽県の守丞と遷陵県の二人ではなく、遷陵県の同一人物が、一緒に控えを記したことになる。(25)

このように里耶秦簡の木牘が、伝達された原本か、それとも処理の控え（抄本）かという問題については、少なくとも発信する文書に関しては、控えの木牘であることが明らかである。また木牘⑧134や⑨984では、正面の本文につづいて処理の控えを記していることから、伝達された原本そのものではなく、遷陵県で処理の控えとして、一緒に書写した可能性を指摘した。これらは里耶秦簡の公表が進むことによって、さらに用例と機能が追加できるだろう。

それでは漢代にも、同じような文書の処理を示す木簡があるのだろうか。**表4**は、居延新簡の甲渠候官で、文書処理にかかわる木簡を一覧したものである。(26)ただし漢簡では、複数の木簡を編綴した紐が切れた状態が多いため、ここには里耶秦簡のように完全な受信―本文―発信の形態はみられない。しかし居延漢簡の一部には、よく似た処理の機能がみえている。

漢簡1～5は、甲渠候官の鄣候や、代理の塞尉、鄣守候などが、簿籍を上申した文書である。これらはすべて候官から発信した内容なので、送信した文書の原本ではなく、控えということになる。ところが1～4には、背面の令史恙や令史齊、掾譚のように、書記とおもわれる人物の名を記している。これは里耶秦簡を参考にすれば、処理と発信の部分にあたるものである。

表４　甲渠候官（居延新簡）の送付控え

番号	楬の内容（釈文）	幅cm	長cm	簡番号
	簿籍の送り状＋（背面）署名			
1	居摂二年二月甲寅朔辛酉。甲渠鄣候放敢言之。謹移正月盡三月吏奉」賦名籍一編。敢言之。	2.4	23.0	EPT8.1A
	（背面）令史美			EPT8.1B
2	甘露二年四月庚申朔辛巳。甲渠鄣候漢彊敢言之。謹移四月行塞臨賦吏三月奉」秩別用銭簿一編。敢言之。	2.3	23.0	EPT56.6A
	書即日餔時起候官			
	（背面）令史齊			EPT56.6B
3	建武四年五月辛巳朔戊子。甲渠塞尉放行候事敢言□。」謹移四月盡六月賦銭簿一編。敢言之。	2.0	断簡	EPF22.54A
	（背面）掾譚			EPF22.54B
4	建武四年五月辛巳朔戊子。甲渠塞尉放□……。」謹移四月盡六月財物簿一編。敢言之。	2.0	断簡	EPF22.55A
	（背面）掾譚			EPF22.55B
5	建武四年十一月戊寅朔乙酉。甲渠鄣守候博敢言之。●謹移十月盡十二月」穀出入簿一編。敢言之。	1.7	23.0	EPF22.453
	受信、発信の控え			
6	元延四年九月戊寅朔戊寅。不侵候……」謹移八月郵書課一編。敢言之。	1.8	断簡	EPT40.147A
	□□命第七吏即日下餔時起			EPT40.147B
7	神爵二年五月乙巳朔乙巳。甲渠候官尉史勝之。謹……」衣銭財物及毋責爰書一編。敢言之。	2.2	断簡	EPT56.283A
	即日尉史勝之印			EPT56.283B
	五月乙巳。尉史勝之以来。			
8	閲簿一編。敢言之。……	1.4	断簡	EPT65.311A
	八月乙卯。居延都尉　　八月己卯……			EPT65.311B
9	建武四年五月辛巳朔戊子。甲渠塞尉放行候事敢言之。詔書曰。吏民」毋得伐樹木有無四時言。●謹案部吏毋伐樹木者。敢言之。	1.9	23.0	EPF22.48A
	（背面）掾譚			EPF22.48B
10	建武四年五月辛巳朔戊子。甲渠塞尉放行候事敢言之。府書曰。吏民毋犯四」時禁有無四時言。●謹案部吏毋犯四時禁者。敢言之。	1.8	23.2	EPF22.50A
	（背面）掾譚			EPF22.50B
参考1	陽朔三年九月癸亥朔壬午。甲渠鄣守候塞尉順敢言之。府書移賦銭出入簿與計偕謹」移応書一編。敢言之。	1.6	22.9	A8,35.8A
	（背面）尉史昌			A8,35.8B
参考2	元康四年六月丁巳朔庚申。左前候長禹敢言之。謹移戍卒貰売衣財」物爰書名籍一編。敢言之。	2.0	22.4	A33,10.34A
	印曰蘭禹」　　六月壬戌。金関卒延寿以来　　候史充国			A33,10.34B

＊参考；居延漢簡（１：Ａ８破城子、２：Ａ33地湾）の送り状

さらに受信と発信の控えを示す木簡がある。漢簡6～8は、ともに断簡であるが、1～5と同じように簿籍を送付する文書である。6（EPT40.147）の背面には「……命第七吏即日下餔時起」とある。7（EPT56.283）背面の左には「五月乙巳。尉史勝之以来」とあり、右には「即日尉史勝之印」とある。これは尉史の勝之が文書を作成し、それを自ら持って来たことになるが、ここでは処理の内容がわかるようになっている。8（EPT65.311）は、背面に「八月乙卯。居延都尉」などの記載があり、おそらく発信の控えであろう。(27)

漢簡9、10は、ともに同じ形式で、甲渠塞尉が候の代理を行い、上申した文書である。背面には、同じく掾譚が書記となっている。その内容は、9（EPF22.48）は詔書にもとづき、10（EPF22.50）は府書にもとづく時令遵守の命令に対して、違反の該当者がないことを返答したものである。居延漢簡は、個別の木簡を冊書に復元することは困難であるが、ここでは木簡一枚の表裏で、少なくとも送付した年月日、内容、担当者がわかるようになっている。このとき3、4、9、10は、すべて建武四年五月戊子の同日に甲渠塞尉の放が上申し、掾譚の名がある。この漢簡とよく似た形態は里耶秦簡にもみえている。

里耶秦簡の木牘⑧154には、つぎのような内容がある。(28)

卅三年二月壬寅朔朔日、遷陵守丞都敢言之。令曰、恆以朔日上所買徒隷數。●問之毋當令者、敢言之。　（正面）

二月壬寅、水十一刻刻下二、郵人得行。　圂手　（背面）

ここでは、上級官府から下された令に、毎月の朔日に買った徒隷の数を知らせよという規定に対して、遷陵の守丞が該当のないことを返信した文書である。そして背面には、二月壬寅の日に郵人を通じて発信したことを記している。この形態は、漢簡の詔書や府書に対して、「令曰」という点が違っているが、それを木牘一枚の表裏で控えとする方法は、よく似ている。これらは秦代地方行政の文書処理と同じ方法が、後漢時代の建武年間にもとられたことを示している。こうした事例からみれば、秦代南方の里耶秦簡と、漢代西方の居延漢簡では、出土した遺跡の違いにもかかわらず、文書を処理し伝達するという原理では、共通する側面をもつことがわかるであろう。

以上、里耶秦簡と居延漢簡を比較してみると、県レベルの官府で、同じように行政文書を伝達するほかに、文書や簿籍などを処理し保管していたことがうかがえる。里耶秦簡では、封泥匣と封検、封泥、「一封」などを記した郵書も報告されているが、印章の管理や、封泥の保存、郵書の作成も、文書処理に関連する業務となる。(29) また獄史の資料に関しては、木牘⑫10の内容がその一部にあたるであろう。

廿六年六月癸丑、遷陵拔訊榬・蠻・衿……（正面）

〔鞫〕之。越人以城邑反、蠻・衿・害弗智……（背面）

これらを県の官府と、担当部署の文書として示せば、つぎのようになる。ここでは郡県制のモデルとして県令としており、遷陵県では県長、あるいは県嗇夫の形態かもしれない。

県廷		
県令―丞、守丞、令史	吏曹、尉曹、獄史	文書行政、裁判、治獄
県尉―（尉史）	倉曹―倉嗇夫、倉佐	財政（穀物、物品）
	少府―（金布）	財政（銭、布など）
	司空、田官	労役、労働、公船など

四　文字資料による実務の運営

つづいて文字資料による実務の運営を考えてみよう。これまで文書の処理をみてきたが、そこには行政文書と簿籍がふくまれていた。このうち簿籍は、人員や物資の確認をし、報告書を作成するための資料であるが、こうした簿籍は、どのように作成されるのだろうか。また秦漢時代では、文字資料による文書行政で完結しているのではなく、実際に労働を徴発・編成し、銭や穀物などの物資を管理・出入することが、労役と財政の実務となっている。[30] このような用途は、里耶秦簡にも実務に関連する簿籍の存在や、戸籍簡、倉庫の出入券にあたる資料がある。[31] ここでは、県における簿籍の作成と実務の運営について検討してみたい。

まず注目されるのは、古城北の壕の底部（K11）から出土した戸籍簡である。『発掘報告』では、一〇枚と残簡一四枚で、完全なものは長さが四六センチ（秦代の二尺）、幅は〇・九～三センチという。その形式は、全体を五段にわけて、各欄の間には横線を引いている。第一欄は、戸主の籍貫、爵位、姓名を記し、第二欄には、戸主あるいは兄弟の妻妾の名、第三欄には戸主の男子の名、第四欄には戸主の女子の名を記している。第五欄は、いわば備考欄にあたり、関連の項目があれば記すもので、臣（奴隷）や母の名があり、ないものは空白とする。

表5は、これらの戸籍簡を一覧したものである。ただし残簡で、項目の分析ができないものは省略した。この戸籍簡は、すでに多くの注目を集めており、その論点は多岐にわたっている。[32] たとえば第一欄では、「南陽戸人荊不更某某」の形式と内容が問題となっている。ここでは戸主の本籍にあたる「南陽」を郡とするか、里名とする解釈がある。「荊不更」は、『発掘報告』では荊は楚国を指し、秦が占領したあとに楚の爵位を記したとする。しかし楚人、あるい

は楚の出身者が秦の爵位（第四等）を得たという説などがある。第二欄では、妻と母、隷などの区別や、第三欄、第四欄では、小上造や小女子などの身分が問題となっている。第五欄では、「伍長」や「臣」の身分が考察されている。

この戸籍簡では、どのような性格をもつのかが問題である。『発掘報告』では、戸籍の直接的な目的が、徴兵と徴税にあると指摘している。しかし戸籍簡には、家族の名前や身分、男女の区別を記しているが、重要とおもわれる年齢が記されていない。『史記』秦始皇本紀と睡虎地秦簡『編年記』によれば、統一以前の秦王十六年（前二三一）九月に、初めて男子の年齢を申告させている。したがって戸籍簡が、徴兵や徴税に必要であれば、年齢は大事な要件となろう。また爵位は、荊不更が一三例、不更が戸人と弟・子の七例と多く、荊大夫（第五等）が一例である。そこで、もし一つの里内の戸籍とすれば、不更の爵位が多く、木牘⑨984にみえる「停里の士伍」にあたる身分や、他の資料にみえる公士（第一等）の人びとがいないことも説明が必要である。

そこで名籍の機能を知るために、里耶秦簡にみえる名籍とその用途を確認しておこう。その例は、木牘⑯5、6の正面にみえている。(33)ここには洞庭郡守の命令として、輸送労働に際して、先に簿（簿籍）によって県卒と徒隷、居貲贖債（債務労役）、司寇、隠官、県に践更する者を徴発するように指示している。これによって県では、これらの身分の人びとの名籍を作成しており、その名籍によって実際に徴発することが想定できる。この文書は、県尉を通じて司空と倉主に伝達することから、司空が名籍を運用していることになる。倉主は、食料支給のために連絡しているのであろう。また徒隷の名籍は、先にみた木牘⑧154で「徒隷」の数を報告するときの名籍と関連するであろう。

同じ指示には、緊急でやむをえないとき一般の庶民（黔首）を徴発するが、必要以上に徴発してはいけないと規定している。この文書は、県尉から都郷を通じて啓陵郷、貳春郷に伝達するように指示していることから、庶民は郷里の名籍によって徴発すると想定される。これは『奏讞書』の案件にみえていた、攸県の新黔首の徴発と同じ方式であ

表5　戸籍簡の一覧

番号		第一欄	第二欄	第三欄	第四欄	第五欄
1	K27	南陽戸人荊不更蛮強	妻曰嗛	子小上造□	子小女子駝	臣曰聚 伍長
2	K1/25/50	南陽戸人荊不更黄得	妻曰嗛	子小上造台 子小上造 子小上造〔定〕	子小女虖 子小女移 子小女〔平〕	五長
3	K43	南陽戸人荊不更大□ 弟不更〔慶〕	妻曰嫢 慶妻規	子小上造視 子小造□		
4	K28/29	南陽戸人荊不更黄□	妻曰負芻	子小上造□	子小女子女〔祠〕 母室	
5	K17	南陽戸人荊不更黄□ 子不更昌	妻曰不実	子小上造悍 子小上造	子小女規 子小女移	
6	K8/9/11/47	南陽戸人荊不更五イ□□	妻曰繒	……	……	…… ……
7	K42/46	南陽戸人荊不更□□	〔妻〕曰義	……	母睢	伍長
8	K30/45	南陽戸人不更彭奄 弟不更説	母曰錯 妾曰□	子小上造状		
9	K4	南陽戸人荊不更繺喜 子不更衍	妻大女子媸 隷大女子華	子小上造章 子小上造	子小女子趙 子小女子見	
10	K2/23	南陽戸人荊不更宋午 弟不更熊 弟不更衛	熊妻曰□□ 衛妻曰□	子小上造傳 子小上造逐 □子小上造□ 〔熊〕子小上造□	〔衛〕子小女子□	臣曰襦
11	K13/48	南陽戸人荊不更□□	妻曰有	子小上造〔綽〕	〔母〕	
12	K36				……	伍長

13	K3			子小上造□ 子小上造失	……	
14	K5	□献	妻曰縛 □妻曰□ 〔下〕妻曰婺	……		
15	K38/39	南陽戸人荊不更□				
16	K15		□妻曰差			
17	K18	〔南陽〕戸人荊夫（大夫）				
18	K6		妻曰□□	……		
19	K7	……更□	……	……	……	……
20	K26		……	……	子小女子□ □小女子□	
21	K31/37	〔南〕陽戸人荊不更李〔獾〕	妻曰糴	子小上造□ 子小上造□	…… ……	……
22	K33	南陽戸人荊不更□疾	疾妻曰姽			

る。したがって名籍の用途は、報告書の基礎となるだけではなく、それによって官府と郷里の労働力を編成していることがわかる。

また木牘⑨1~12には、陽陵県の居貲贖債の者が、郡内に戍卒として赴き所在が不明のため、陽陵県の司空が卒十二人のリストを作成して、上級官府の指示をあおいでいる(34)。ここでは、やはり県の司空が居貲贖債の名籍を担当していたとおもわれる。これに関連して、木牘⑧133には二十六年の「卒算簿」がある。

或遝。廿六年三月甲午、遷陵司空得・尉乘……」卒算簿

廿七年八月甲戌朔壬辰、酉陽具獄獄史啓敢……啓治所獄留□、敢言之。●封遷陵留　（正面）

八月癸巳、遷陵守丞陘告司空主。聴書従事……」起行司空。

（背面）

八月癸巳、水下四刻、走賢以來／行手

この木牘は下段が欠落しており、詳しい内容は不明である。しかし、ここでは遷陵県の司空たちが卒算簿を作成して、それが酉陽県の獄史による文書と関連しているようである。ここから、県の司空たちが卒算簿を担当していることがわかる。

一方、郷里の戸籍については、木牘⑧157、⑯9の例がある。先に紹介した木牘⑧157は、三十二年（前二一五）に成里の典と郵人の任命に関するやりとりを記していた。そのなかに啓陵郷に二十七戸があり、すでに里典が一人いると述べている。この二十七戸は、啓陵郷の戸数の一部か、あるいは成里の戸数といわれるが、ともかく郷里で戸籍を作成したことがうかがえる。(35)

木牘⑯9は、二十六年（前二二一）五月二十日に啓陵郷が作成した県への上申を、遷陵県が受信して、本文と発信を控えたものである。その内容は、都郷へ戸籍を移動するにあたって、不明であった人びとの年齢を知らせることを通達している。(36)この文書は、五月甲辰（二十四日）に県に届き、それを県の守丞が、ふたたび都郷に下している。これは戸籍にかかわる文書も、受信―本文―発信の控えを作成していることが確認できるが、移籍の問題を通じて、県の下部にある都郷と啓陵郷で戸籍を作成して、県が全体を掌握していることが注意される。このように秦代では、県の管轄内で郷が里の戸籍を作成しており、これは安徽省天長市の漢墓から出土した木牘で、郷ごとの戸数と算（賦銭）を県で集計する方法と共通している。(37)ただし公表された里耶秦簡では、戸籍によって租税や算を徴収する直接的な資料はみえていない。

このように名籍に関する資料からは、つぎのような点が確認できる。まず秦代では、県の官府を構成する官吏などの名籍が予想されるが、今のところその例はみられない。秦代の県では、官府に所属する区分によって、県卒と徒隷、居貲贖債、司寇、隠官、県に践更する者などの名籍があった。郷里でも、戸籍が作成され、そこには年齢が書かれていたとおもわれる。そして名籍の用途は、労働編成がその一つであることがわかる。また郷里の戸籍では、それにもとづく徴税が想定されるが、これまで公表された里耶秦簡ではまだ確認できない。そこで、もう一度、古城の戸籍簡を考えてみると、ここでは爵位が不更に集中することや、年齢を記さないなどの問題があった。したがって戸籍簡は、県内の名籍に関連するものか、郷里の戸籍と同じ機能をもつかは不明である。

なお居延漢簡の甲渠候官の遺跡では、家族の構成を記した卒家属名籍や、卒家属廩名籍という名称がある。このうち卒家属廩名籍には、二つの形式が指摘されている[38]。

A執胡燧卒富鳳　妻大女君以年廿八用穀二石一斗六升大
　　　　　　　子使女始年七用穀一石六斗六升大　●凡用穀五石
　　　　　　　子未使女寄年三用穀一石一斗六升大
　　　　　　　　　　　　　　　　　　　　　　　一六一・一

B第四燧卒虞護　妻大女胥年十五
　　　　　　　弟使女自如年十二　見署用穀四石八斗一升少
　　　　　　　弟未使女算省年五
　　　　　　　　　　　　　　　　　　　　　　　一九四・二〇

居延新簡では、「……年二月戍卒家属居署名……」（六五・三一四）という名称や、卒家属の名籍がみえている。

1鉼庭隧卒鳴沙里大夫范弘年卅四　父大男輔年六十三レ弟大男□年十七レ……
　　　　　　　　　　　　　　　妻大女□年十八レ
　　　　　　　　　　　　　　　　　　　　　　　六五・一四五
妻大女阿年卌五　居署盡晦用粟八石一斗六升大子男張子取

2武誠隊卒徐親　　子大男譚年十九
子大男朝年十六　　六五・四一一

これらは家属名籍や穀物支給の記録であり、里耶古城の戸籍簡とは異なるが、家族の構成が必要な項目の一端がわかり、その性格を考える参考になるかもしれない。

つぎに穀物などの支出に関する祠先農簡について考えてみよう。『発掘報告』に写真はないが、紹介された資料は、すべて三十二年（前二一五）三月丙申（二十日）の日付で、先農を祠ることに関連している。その形式は二つに分かれ、一つは、A祭祀の物品を出して準備するもので、もう一つは、B祭祀の物品を払い下げて売る記載である。そして祭祀に用い、払い下げる物品は、黍米、塩、牂、羊、豚、肉、肉汁、酒、食などで、少牢にあたるという(39)。その一例は、以下のような形式である。

A1卅二年三月丁丑朔丙申、倉是佐狗出牂〔一〕以祠先農。　⑭639、⑭762
2卅二年三月丁丑朔丙申、倉是佐狗出黍米四斗以祠先農。　⑭656、⑮434
B1卅二年三月丁丑朔丙申、倉是佐狗出祠〔先〕農餘徹豚肉一斗半斗、賣于城旦赫、所取銭四。令史尚視平。狗手　⑭649、⑭679
2卅二年三月丁丑朔丙申、倉是佐狗出祠〔先〕農餘徹酒一斗半斗、賣于城旦冣、所取錢一。率之一斗半斗一錢。令史尚視平。狗手　⑭650、⑭652

張春龍氏は、この形式の資料群が全体の一割以上を占めており、他の内容の簡牘とあわせて、銭と穀物・物品の三種類に分かれるという(40)。こうした券は、両面の中間を高くした形状で、長さは三七センチ（秦代の一・六尺）、幅は一・三〜一・七センチである。作成するときは、書写とあわせて刻歯をしたあと、ふたたび両面を分割している。また祭祀活動に使った物品の総計とおもわれる簡牘を紹介している。

計卌二年以祠先農……　(13)597

ここでは個別の物品の支出を、倉の是（名）と佐の狗（名）が担当している。払い下げのときには、倉の是と佐のほかに令史が立ち会って確認して、末尾に「狗手」のサインがある。払い下げる人物は、城旦などの徒隷で、その量と価格をしている。

したがって、この木牘は倉庫の物品を支出するとき、二枚に同じ文章を書いて、それを分割した券ということになる。これは物品の数量を確認すると同時に、不正を防ぐ機能をもっている。倉の是と佐が複数で担当し、払い下げに令史が立ち会っているのは、こうしたチェックの機能であろう。ただし払い下げのときに、物品に対して券を作成するのであれば、一方の券は城旦などの人物に渡り、回収と廃棄が問題となる。[41] このような木牘は、明らかに帳簿の形式ではなく、個別の出入に対する伝票のような記録である。

このような形態と用途は、籾山明氏が指摘された、金銭や穀物、衣服、器物などのを出納を記す「出入銭穀衣物簡」とまったく同じである。[42] 籾山氏は、漢簡の刻歯簡牘が枝材を縦半分に割いて作り、同じ文章の組み合わせを作成するという。そして側面の刻歯は、文章の数字に対応しており、これで不正が防止できると考えている。

そこで出入券（祠先農簡）と簿籍との関係は、つぎのように考えられる。それは睡虎地秦簡『秦律十八種』倉律、效律に、倉庫に穀物を搬入するときの規定がみえていた。[43] そこでは県嗇夫か丞と、倉官、郷官などが立ち会って廥籍を作成している。しかし倉庫の簿籍は、一括して出入するときだけではなく、個別の支出のときにも、それらを集計して作成することになる。このような用途をもつ木牘は、出入の実務をおこなう単独の文字資料であり、その名称は笥牌の内容にみえていたように、倉曹が禾稼を計算した出入券にあたると推測している。そして祠先農簡は、この出入券のなかで先農を祠る資料として理解できよう。

このほか張春龍氏は、二〇〇七年に穀物の支給に関する五枚の木牘を紹介している。[44] 張氏の報告によれば、おおよそ三枚の木牘のイメージは別図のようになる。長さは、いずれも四六・五（二尺）で、厚さ〇・四センチである。その内容は、一ヶ月（大小）の単位で、疾巳という人物と丞主に関する穀物支給を記録している。

⑨294は、十一月丁卯にはじまる一ヶ月の干支（日）と、二行にわたる「―」「〇」の印があり、左側には「……□食一石□斗半」「□半為□」「疾巳食二□五」と記している。

⑨20は、正月の一ヶ月について、丞主と疾巳の欄に「―」「〇」の印がある。後半には三行にわたって、疾巳とその家族（室）、丞主への穀物支給と、余米の量を記している。

……●出米五斗予疾巳室
入米三石　●出米一石予疾巳室　　丞主食一石五斗二駟　　出半斗□醤
丞主下行郷食米三升　　疾巳食一石一斗二駟　　●正月餘米八斗一駟

⑨19は、二月の記録であるが、ここでは二行にわたる「―」「〇」のチェックのほかに「∨」の合点があるという。後半では、六段にわたって穀物の出入を記している。

このほか⑨300の断簡には、「疾巳室取米十二月二石、正月一石五斗、二月……」とある。また⑯136の断簡には、干支と「〇」などを記した形跡がある。

これらの木牘には、つぎのような特徴がある。それは出入券のような個別の出入と違って、一ヶ月におよぶ記録となっている。丞主と疾巳の欄には「―」「〇」の印があり、これはチェックの印であろう。⑨19には、合点にあたる記号を記しており、これは別の確認を示すことになる。この印の意味は、（1）個別の出入を一ヶ月ごとに集計した

別図：参考資料（イメージ）

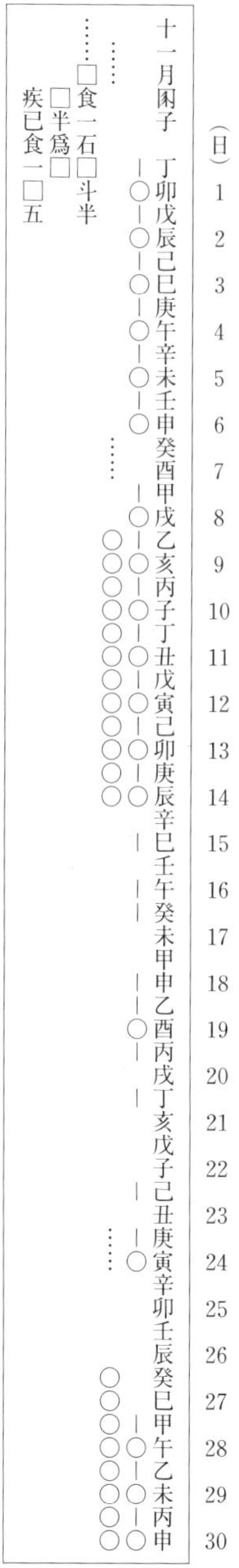
（日）1 2 3 4 5 6 7 8 9 10 11 12 13 14 15 16 17 18 19 20 21 22 23 24 25 26 27 28 29 30
十一月閏子　丁卯戊辰己巳庚午辛未壬申癸酉甲戌乙亥丙子丁丑戊寅己卯庚辰辛巳壬午癸未甲申乙酉丙戌丁亥戊子己丑庚寅辛卯壬辰癸巳甲午乙未丙申
……□食一石□斗半
□半爲□
疾已食一□五

⑨294, ⑨485；46.5×3.1×0.4センチ

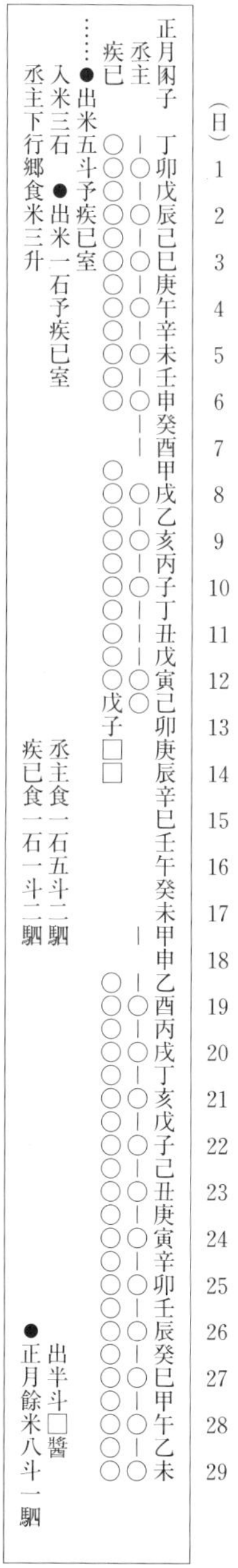
（日）1 2 3 4 5 6 7 8 9 10 11 12 13 14 15 16 17 18 19 20 21 22 23 24 25 26 27 28 29
正月閏子　丁卯戊辰己巳庚午辛未壬申癸酉甲戌乙亥丙子丁丑戊寅己卯庚辰辛巳壬午癸未甲申乙酉丙戌丁亥戊子己丑庚寅辛卯壬辰癸巳甲午乙未
丞主
疾已
戊子□□
……●出米五斗予疾已室
入米三石　●出米一石予疾已室
丞主下行郷食米三升
丞主食一石五斗二駟
疾已食一石一斗二駟
出半斗□醬
●正月餘米八斗一駟

⑨20；46.5×3.5×0.4センチ

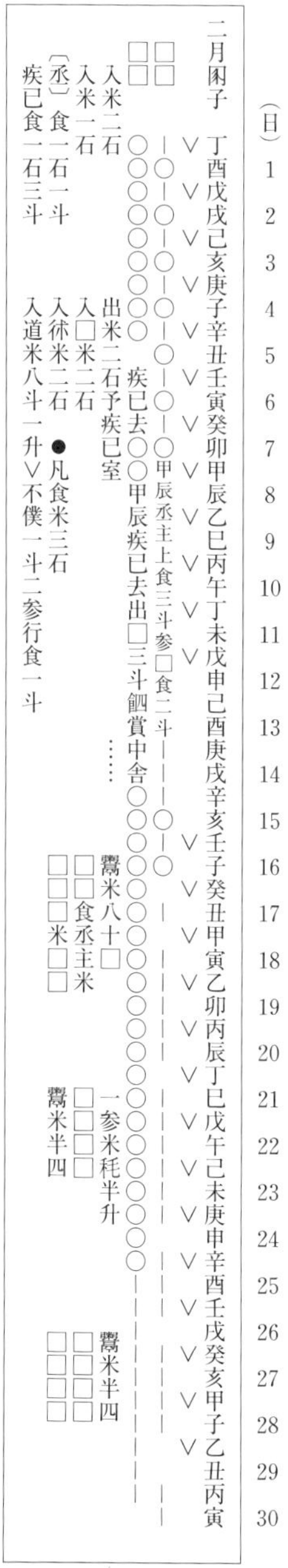
（日）1 2 3 4 5 6 7 8 9 10 11 12 13 14 15 16 17 18 19 20 21 22 23 24 25 26 27 28 29 30
二月閏子　丁酉戊戌己亥庚子辛丑壬寅癸卯甲辰乙巳丙午丁未戊申己酉庚戌辛亥壬子癸丑甲寅乙卯丙辰丁巳戊午己未庚申辛酉壬戌癸亥甲子乙丑丙寅
□□
□□
○甲辰丞主上食三斗參□食二斗
疾已去○○甲辰疾已去出□三斗飷賞中舍
入米二石
出米二石予疾已室
入米一石
入□米二石
〔丞〕食一石一斗
入徐米二石
疾已食一石三斗
入道米八斗一升　●凡食米三石
∨不僕一斗二參行食一斗
鬻米八十□
□□食丞主米
□□□米□
□□
一參米秏半升
□□□
鬻米半四
鬻米半四

⑨19；46.5×2.8×0.4センチ

もの、（2）一ヶ月の支給にもとづき、日ごとの受け取りを確認したものなどのケースが想定できる。いずれにせよ、これらの木牘も帳簿の形式ではなく、一ヶ月単位の穀物支給記録ということができる。

以上のような形態からみれば、出入券と支給記録は明らかに簿籍ではない。これらの記録は、やがて簿籍に集約されるとしても、その性質は穀物の出入を確認・計算するという実務をおこなうための記録である。その用途と数量の意味は、さらに居延漢簡などの穀物支給に関する簡牘をくらべて検討する必要があるが、ここに実務資料の一端をうかがうことができる。(45)

以上、倉庫の支出に関する資料をみると、そこには簿籍のほかに、それを作成するための記録や出入券が大量に作られたことが推測される。また張春龍氏によれば、倉庫の出入に関する券では、銭と穀物、物品の三種類があるといわれ、銭の出入券は財務を司る少内に属することになる。これらは銭や穀物の出入によって、財政の実務をおこなう機能をもっている。こうした簿籍と記録、出入券の関係は、つぎのように整理できる。

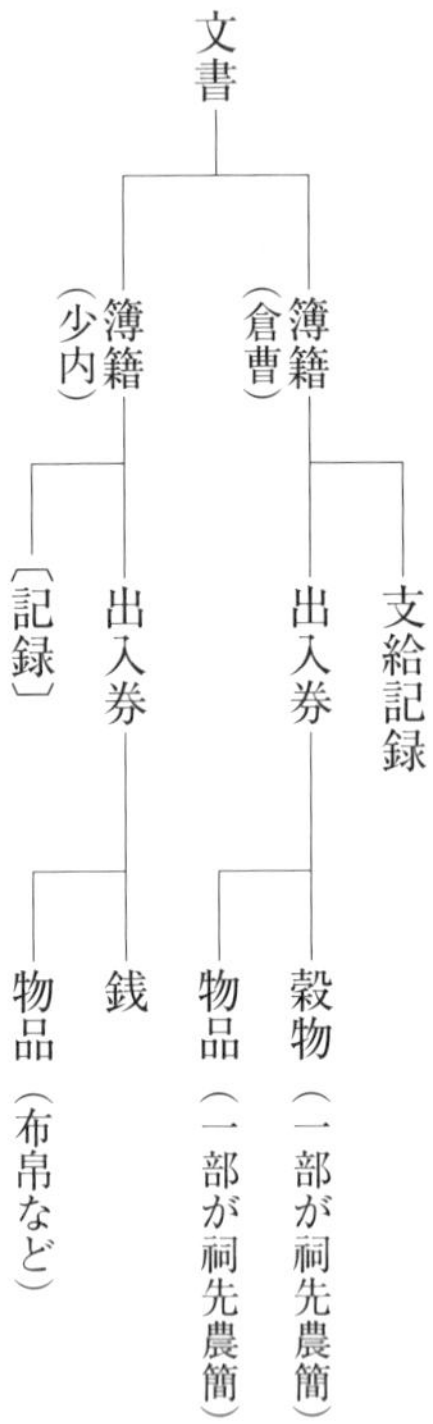

このように秦代では、文書と簿籍の伝達について、送付する原本（報告書）のほかに、それぞれの部署で控えを取って保存していたことがわかる。さらに簿籍の場合には、出入券、穀物支給記録などによってチェックをして、それを

集計する過程がうかがえる。これらは文書行政に対して、明らかに送付される文書や簿籍の形態ではなく、記録や実務資料となるものである。こうした実務資料には、まだ釈文と写真は公表されていないが、物品に付けた札や、移送の地点を記す札があり、これは保管の付札や、荷札木簡と共通するであろう。また木牘には校券を一緒に送るという文面があり、馬怡氏は左右二枚の債券と考証している(46)。もし校券が、こうした形態と機能をもつのであれば、それは籾山明氏が刻歯簡で分類されたうち、契約文書簡とした簡牘にあたるであろう(47)。

　しかし簿籍や出入券、穀物支給記録は、それを報告書の作成に利用し、資料として保存するだけではない。注意される点は、こうした文字資料によって労働力を徴発したり、穀物や銭の出入という実務をおこなっていることである。つまり秦代の地方行政では、名籍は人事と労働編成にかかわり、倉庫と銭などの出入と管理は財務そのものであった。これもまた里耶秦簡が、文書行政の側面をこえて、実務資料が多い背景を示唆している。本書では、木簡や木牘（文

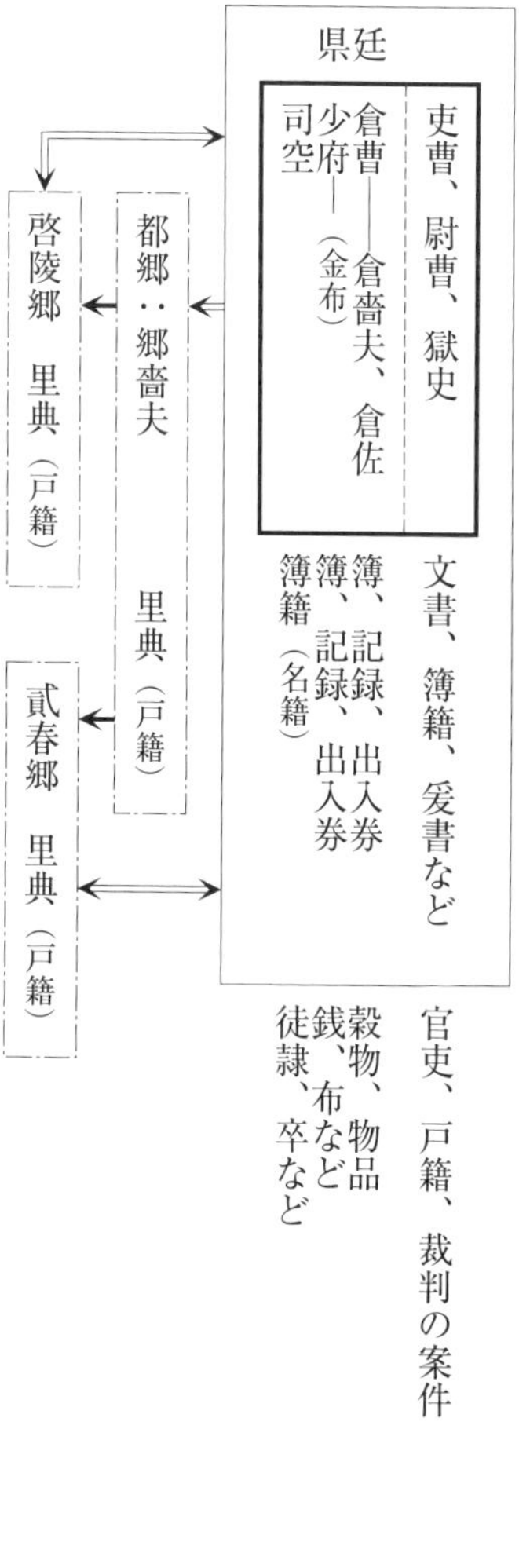

字資料）によって人事や労役、財務の管理をする機能を、行政の運営を支える秦王朝の情報システムとみなしている。(48)

このように公表された里耶秦簡の分析から、遷陵県で文書と簿籍を作成する部署と、運営に利用する実務資料との関係を示すことができる。

おわりに

里耶秦簡の特色は、①ほぼ統一秦の年月・月日を記した資料があり、睡虎地秦簡と張家山漢簡を結ぶ年代の資料であること、②復元が困難な漢簡にくらべて、木牘一枚の表裏で完結している資料が多く、単独で解読できること、③編纂された『史記』や古墓の資料に対して、県レベル（遷陵県）の文書行政と地方行政の実務を具体的に示していることなどである。これによって里耶秦簡をふくむ長江流域の出土資料は、漢簡を中心に組み立てられた簡牘文書学とあわせて、全体的な資料学を検討する手がかりを与えることになる。このうち本章で注目したのは、実務の運営にかかわる側面である。ここでは居延漢簡を手がかりとして、里耶秦簡の楬（笥牌）や、文書と簿籍、名籍、出入券、穀物支給記録などの機能を検討してきた。その結果、公表された里耶秦簡は、これまで主体であった行政文書や簿籍の伝達を示すほかに、文書処理と労働編成、倉庫管理などの実務を示す記録の機能が多いと推測した。その要点は、以下のとおりである。

一、文書楬と笥牌の関係では、居延漢簡の考察をうけて、基本的に楬（付札）という範囲のなかで、文書と実物（物品）の楬に分類した。さらに文書楬は、単独・冊書に付ける楬と、竹笥や袋に入れる楬が想定でき、里耶秦簡の笥牌は、そのうち竹笥の付札にあたる。秦代では、こうした竹笥に、吏曹と尉曹・倉曹の文書や、致書、都郷の文書を一括して保管しており、そのほかにも御史の書や、徴発者の名籍、書籍などを保管したことがうかがえる。

二、秦代の文書行政では、下行文書や上行文書、平行文書、裁判の文書などのほか、文書や簿籍を一括して保管するケースがあった。これに対応して、里耶秦簡では、木牘一枚で文書を処理して、控えを作成し、転送・保管する形態がうかがえる。これらは伝達される行政文書の原本というよりは、むしろ控えとなる記録と実務資料（データベース）である。発信する文書では、明らかに控えの記録である。『発掘報告』に木牘一枚で完結する形態が多いといわれるのは、こうした文書処理の記録が多いことを予測させる。

三、実務に関する資料では、労働編成にかかわる名籍がある。たとえば、木牘⑯5、6の洞庭郡の命令では、輸送労働が必要なとき、まず県卒と徒隷、居貲贖債、司寇、隠官、県に践更する者などを徴発し、急なときに一般庶民を徴発するように規定している。ここでは簿籍によって県官の労働力や、庶民を徴発する状況がうかがえ、庶民の場合は郷里の戸籍に対応するものであろう。これらの名籍は、報告書となる簿籍を作成するほかに、労働編成の台帳となることが推測できる。また里耶古城の壕から出土した戸籍簡は、県内の名籍か、それとも郷里の戸籍かは、なお検討が必要である。

四、実務に関する資料では、倉庫の穀物や物資を出す祠先農簡が紹介されていた。しかしその内容は、穀物などを出し入れする出入券が基本的な役割で、とくに先農を祀るために穀物などを出し、それを払い下げて売った控え（刻歯簡）が祠先農簡ということになる。このほか疾已という人物に関する資料は、一ヶ月の穀物支給を控えた記録ともわれる。したがって県の倉曹では、倉庫の簿籍のほかに、それを作成するための記録や、個別の出し入れを記録する出入券がある。ここでは、こうした簡牘が全体の一割以上を占めるということが注目される。そのため里耶秦簡は、まだ一部しか公表されていないが、同じように穀物、銭、物品を出し入れする記録の存在が推測できるのである。

五、このほか里耶秦簡では、写真や釈文は公表されていないが、『発掘報告』などに実務資料の内容を紹介している。それは物品に付けた札や、移送の地点を記す札であり、これは保管の付札や、荷札木簡に相当するであろう。出入券では、銭と穀物、物品の三種類に分かれるといわれており、銭の出入券は、財務を司る少内に属すことになる。また実物はないが、木牘には校券を一緒に送るという文面がある。したがって里耶秦簡は、たしかに行政文書を反映しているが、基本的には文書の処理と、簿籍の作成と処理、労働力の編成、財務の管理という実務に関する資料群が多いのではないかと予想している。

以上のように、里耶秦簡の記録と実務資料を整理してみると、秦代の郡県制について基本的な性格が明らかになる。それは中央から郡県に長官を派遣する集権的体制で、郡は広く複数の県を管轄するものであるが、実質的には「県」レベルを最末端の機構として、県の部署と郷里の人びとを集約していることである。これは里耶秦簡でほぼ共通した認識となっているが、このような実態は、秦漢時代の県と郷・里を城郭都市とみなす都市国家論についても再検討をせまるであろう。そして秦代の県では、中央と地方を結ぶ法令、命令などの伝達と、下部からの報告という文書行政を実施していたが、それらの文書を処理して保存し、それによって実務を運営する役割が大きいのではないかと推測される。このとき秦代の郡県制は、文書行政だけではなく、文字資料による官府の運営についても、その基礎ができていたことがわかる。そして居延漢簡などに実務の一面が共通していることから、漢王朝の地方行政は、秦の運営システムを継承して発展させたと考えられる。

このような里耶秦簡の機能は、日本古代の文書木簡や付札と共通した要素をもっている。そのため同じように地方官府の井戸から出土した長沙東牌楼簡牘や三国呉簡と比較して、さらに簡牘の機能を検討する必要がある。(49)

注

（1）湖南省文物考古研究所、湘西土家族苗族自治州文物処、龍山県文物管理所「湖南龍山里耶戦国—秦代古城一号井発掘簡報」（『文物』二〇〇三年一期）、湖南省文物考古研究所「湖南龍山県里耶戦国秦漢城址及秦代簡牘」（『考古』二〇〇三年七期）、湖南省文物考古研究所『里耶発掘報告』（岳麓書社、二〇〇七年）、籾山明「湖南龍山里耶秦簡概述」（『中国古代訴訟制度の研究』京都大学学術出版会、二〇〇六年）、同「山は隔て、川は結ぶ——『里耶発掘報告』を読む」（『東方』三一五、二〇〇七年）、拙稿「里耶古城参観記」（『資料学の方法を探る』七、二〇〇八年）など。

（2）前掲「湖南龍山里耶戦国—秦代古城一号井発掘簡報」、前掲『里耶発掘報告』のほか、テキストと注釈には湖南省文物考古研究所、湘西土家族苗族自治州文物処「湘西里耶秦代簡牘選釈」（『中国歴史文物』二〇〇三年一期）、里耶秦簡講読会「里耶秦簡訳註」（『中国出土資料研究』八、二〇〇四年）、馬怡「里耶秦簡選校」（『中国社会科学院歴史研究所学刊』第四集、商務印書館、二〇〇七年）、王煥林『里耶秦簡校詁』（中国文聯出版社、二〇〇七年）などがある。

（3）凡国棟「里耶秦簡文献目録」（武漢大学簡帛研究中心網站、二〇〇七年二月）に概略がある。二〇〇七年一〇月には、湖南省龍山県で中国里耶古城・秦簡与秦文化国際学術研討会が開催され、この論文集によって考古学と歴史学の全体的な傾向がうかがえる。行政文書では、李学勤「初読里耶秦簡」（『文物』二〇〇三年一期）、汪桂海「従湘西里耶秦簡看秦官文書制度」（『簡牘研究二〇〇四』広西師範大学出版社、二〇〇六年）は、漢簡と比較した公文書の形式を指摘している。前掲「里耶秦簡訳註」の籾山明「解題にかえて」は、木牘⑯5、6を例として、冊書の一変形とみなしており、里耶秦簡講読会「里耶秦簡研究ノート」（『中国出土資料研究』九、二〇〇五年）には歴史地理、制度などにかかわる考察がある。

（4）簡牘資料の位置づけは、本書の終章「中国古代の社会と情報伝達」で展望している。また第四章「里耶秦簡と秦代郡県の社会」、第五章「里耶秦簡の文書形態と情報処理」、第六章「里耶秦簡の文書と情報システム」、拙稿「始皇帝と秦帝国の情報伝達——『史記』と里耶秦簡」（『資料学の方法を探る』七、二〇〇八年）のほか、中文訳に同「里耶秦簡的文書形態与信息伝逓」（『簡帛研究二〇〇五』広西師範大学出版社、二〇〇七年）、同「里耶秦簡与秦帝国的情報伝達」（中国里耶古城・秦簡与秦文化国際学術研討会提出論文、二〇〇七年）、同「里耶秦簡的文書与信息系統」（『簡帛』第三輯、武漢大学簡帛研究中心、二〇〇八年）がある。

（5）居延旧簡は、労榦編『居延漢簡』図版之部（中央研究院歴史語言研究所、一九七七年再版）、中国社会科学院考古研究所編『居延漢簡甲乙編』（中華書局、一九八〇年）、謝桂華・李均明・朱国炤『居延漢簡釈文合校』（文物出版社、一九八七年）、中央研究院歴史語言研究所の漢代簡牘数位典蔵による。漢代簡牘数位典蔵は、画像と実寸、釈文の検索ができる。居延新簡は、甘粛省文物考古研究所、甘粛省博物館、中国文物研究所、中国社会科学院歴史研究所編『居延新簡』甲渠候官（中華書局、一九九四年）、永田英正「新居延漢簡の概観」（『東方学』八五輯、一九九三年）などがある。

（6）李学勤前掲「初読里耶秦簡」、汪桂海前掲「従湘西里耶秦簡看秦官文書制度」、籾山前掲「湖南龍山里耶秦簡概述」、同「山は隔て、川は結ぶ」など。

（7）大庭脩『秦漢法制史の研究』（創文社、一九八二年）、同『漢簡研究』（同朋舎出版、一九九二年）、永田英正『居延漢簡の研究』序章（同朋舎出版、一九八九年）。

（8）永田前掲『居延漢簡の研究』、李均明・劉軍『簡牘文書学』（広西教育出版社、一九九九年）、李天虹『居延漢簡簿籍分類研究』（科学出版社、二〇〇三年）など。

（9）籾山明「刻歯簡牘初探——漢簡形態論のために」（『木簡研究』一七、一九九五年）。

（10）前掲『里耶発掘報告』彩版二十四に写真がある。

（11）前掲『簡牘文書学』四三七〜四四一頁。

（12）致書については、大庭前掲『漢簡研究』第二篇第二章「漢代の符と致」、李天虹「漢簡〝致籍〟考辨」（『文史』二〇〇四年二期）、本書の第十章「張家山漢簡『津関令』と漢墓簡牘——伝と致の用途」がある。

（13）木牘⑯5、6の背面に、県から都郷への命令伝達があり、⑯9に県と都郷、啓陵郷とのやりとりがみえる。

（14）拙稿前掲「里耶秦簡の文書形態と情報伝達」。

（15）前掲『簡牘文書学』。湖南省博物館など編『馬王堆漢墓一号漢墓』（文物出版社、一九七三年）には、物品を入れる竹笥に付けられた「衣笥」などの木牌四九枚がある。

（16）テキストは『張家山漢墓竹簡〔二四七号墓〕』（文物出版社、二〇〇一年）の写真と、『張家山漢墓竹簡〔二四七号墓〕』釈文修訂本（文物出版社、二〇〇六年）にくわえて、『二年律令與奏讞書』（上海古籍出版社、二〇〇七年）に赤外線写真と釈文がある。また池田雄一編『奏讞書――中国古代の裁判記録』（刀水書房、二〇〇二年）、池田雄一『中国古代の律令と社会』Ⅰ、第八章「戦国秦の獄簿」（一九九七、汲古書院、二〇〇八年）、蔡万進『張家山漢簡《奏讞書》研究』（広西師範大学出版社、二〇〇六年）の考察がある。『張家山漢墓竹簡』注釈は蒼梧を南郡の県とするが、『二年律令與奏讞書』は蒼梧郡との関係とみなし、陳偉「秦蒼梧・洞庭二郡芻論」（『歴史研究』二〇〇三年五期）は、里耶秦簡の「蒼梧郡」が長沙郡にあたると考証している。『三国志』蜀書、巻三六黄忠伝では、黄忠が南陽の人で、荊州牧の劉表が中郎将に任命して長沙の攸県を守ったといい、攸県は長沙郡に属している。したがってこの案件は、蒼梧郡の利郷で反乱が起こり、それに攸県からも新黔首を徴発して対応したが、逃亡者が出たため論断する必要があり、おそらく攸県の県令であった庫は、それが掌握できなかった。そのため御史は、南郡の卒史を通じて、蒼梧郡の再調査を依頼したということになろう。

（17）前掲『張家山漢墓竹簡〔二四七号墓〕』。本書の第二章「包山楚簡と楚国の情報伝達」のように、包山楚簡には文書楬があり、周家台秦墓に竹笥に入れられた書がある。湖南省文物考古研究所等「沅陵虎溪山一号漢墓発掘簡報」（『文物』二〇〇三年一期）では竹簡の側に竹笥が置かれており、湖北省文物考古研究所・雲夢県博物館「湖北雲夢睡虎地M七七発掘簡報」（『江漢考古』二〇〇八年四期）でも簡牘が竹笥に入っていたという。

（18）永田英正『居延漢簡の研究』第Ⅰ部第三章「簿籍簡牘の諸様式の分析」（同朋舎出版、一九八九年）、同「文書行政」（『殷周秦漢時代史の基本問題』汲古書院、二〇〇一年）など。

（19）図版は、前掲『居延漢簡』図版之部と『居延漢簡甲乙編』があるが、両者の写真や表裏の寸法が異なっている。一覧表では、漢代簡牘数位典蔵の実寸と『居延漢簡釈文合校』の釈文による。また半分の楬で表裏にわたるものは文字を入れ、推測される寸法を補足している。

（20）簡牘の位置は、永田前掲「新居延漢簡の概観」に説明がある。表2、表3の一覧は、前掲『居延新簡』甲渠候官の写真による。

（21）大庭前掲『秦漢法制史の研究』補論「居延新出『候粟君所責寇恩事』冊書」、籾山前掲『中国古代訴訟制度の研究』第三章「居延出土の冊書と漢代の聴訟」など。
（22）永田前掲『居延漢簡の研究』第Ⅱ部第四章「簡牘よりみたる漢代辺郡の統治組織」。
（23）陳偉「秦と漢初の文書伝達システム」（藤田・松原編『古代東アジアの情報伝達』汲古書院、二〇〇八年）。
（24）拙稿前掲「里耶秦簡の文書と情報システム」、同「始皇帝と秦王朝の情報伝達」。
（25）ここでは同筆と別筆の可能性があるが、その書写の形態から処理を区分したものである。
（26）**表4**は前掲『居延新簡』甲渠候官の写真により、一部に居延漢簡の例を追加した。
（27）里耶秦簡の木牘とは異なって、必ずしも一枚の木簡ではない。文章が二簡以上にわたる場合は、書き出し一簡の裏に、控えの名前などを記している。
（28）前掲「里耶秦簡訳註」に、一部の指摘がある。木牘⑧154は、正面の本文と背面の発信記録を記した文書であるが、ここでは発信を左側に書いている。これは受信記録がないため、とくに背面ということを意識したのであろう。
（29）『発掘報告』一八〇頁では、別の封泥匣に物品の名称と数量を記すというが、それはJ1―91「銭三百……」、J1―178「白穀三斗」、J1―181「黄穀六斗」である。これらの封検に宛名はなく、物品を入れた袋などに付けられたものであろう。
（30）山田勝芳『秦漢財政収入の研究』（汲古書院、一九九三年）、重近啓樹『秦漢税役体系の研究』（汲古書院、一九九九年）、拙著前掲『中国古代国家と郡県社会』など。
（31）拙稿前掲「里耶秦簡の文書と情報システム」。
（32）二〇〇七年の中国里耶古城・秦簡与秦文化国際学術研討会提要には戸籍簡の論文が多く、邢義田「龍山里耶秦遷陵県城遺址出土某郷南陽里戸籍簡試探」（武漢大学簡帛研究中心簡帛網、二〇〇七年十一月）、鈴木直美「里耶秦簡にみる秦の戸口把握」（『東洋学報』八九―四、二〇〇八年）をはじめ、今後は戸籍簡の研究が進展するとおもわれる。ここでは形式だけを確認しておく。
（33）拙稿前掲「里耶秦簡の文書と情報システム」。

（34）邢義田「湖南龍山里耶J1⑧157和J1⑨1—12号秦牘的文書構成・筆跡和原檔存放形式」（『簡帛』第一輯、二〇〇六年）、片野竜太郎「里耶秦簡に見える債務労役」（前掲「里耶秦簡研究ノート」）などに考察があり、拙稿前掲「里耶秦簡の文書形態と情報処理」では保存との関係を論じた。

（35）于振波「里耶秦簡中的〝除郵人〟簡」（『湖南大学学報』社会科学版一七—三、二〇〇三年）、高村武幸『漢代の地方官吏と地域社会』第三部第二章「秦・漢初の郷」（汲古書院、二〇〇八年）など。

（36）張俊民「龍山里耶秦簡二題」（『考古与文物』二〇〇四年四期）。

（37）天長市文物管理所、天長市博物館「安徽天長西漢墓発掘簡報」（『文物』二〇〇六年一一期）、何有祖「安徽天長西漢墓所見西漢木牘管窺」（武漢大学簡帛研究中心簡帛網、二〇〇六年十二月）、本書の第十二章「中国古代の書信と情報伝達」。

（38）永田前掲『居延漢簡の研究』第Ⅰ部第一章「居延漢簡の集成一」。

（39）『発掘報告』一九四〜一九六頁。

（40）張春龍「里耶秦簡校券和戸籍簡」（『中国簡帛学国際論壇二〇〇六論文集』武漢大学、台湾大学、シカゴ大学、二〇〇六年）、同「里耶秦簡祠先農・祠󠄂和祠隄校券」（『簡帛』第二輯、上海古籍出版社、二〇〇七年）、彭浩「読里耶〝祠先農〟簡」（中国文物研究所編『出土文献研究』第八輯、二〇〇七年）。ここでは祠󠄂、祠隄の券を紹介しており、庫某と佐、令史がいる。

卅五年六月戊午朔己巳、庫律佐般出賣祠󠄂……令史歐監……　⑧994、⑧1093

卅五年六月戊午朔己巳、庫律佐般出賣祠󠄂餘徹脯一朐于……令史歐監　⑧1588

ここで令史が、売買に当たって監督することは、岳麓書院秦簡に「関市律曰、縣官有賣買也、必令令史監、不従令者、貲一甲」とあり、こうした規定が根拠となるかもしれない。陳松長「岳麓書院所蔵秦簡綜述」（『文物』二〇〇九年三期）。

（41）『発掘報告』と張春龍氏の論文では説明していないが、これらの木牘は⑭639、⑭762のように同一の文章が二枚に書かれているようである。とすれば、その分割先は一方が倉庫の控えとなり、もう一方は帳簿を作成する記録となるのだろうか。その類推として、胡平生「木簡出入取予券書制度考」（『胡平生簡牘文物論集』蘭台出版社、二〇〇〇年）が参考になろう。またこれを物品ではなく、払い下げた銭の出入券とみなせば、二枚が一緒に保存される可能性がある。その場合には、倉の是と佐が担当しているが、収入は少内に入ることになろう。
(42) 籾山前掲「刻歯簡牘初探」。『簡牘文書学』では符券類を設けているが、とくに出入券を説明していない。
(43) 『睡虎地秦墓竹簡』（文物出版社、一九九〇年）の『秦律十八種』倉律、效律。太田幸男「湖北睡虎地出土秦律の倉律をめぐって（一、二）」（一九八〇）、同「同追補」（一九九二、以上、改訂して『中国古代国家形成史論』に収録、汲古書院、二〇〇七年）、大櫛敦弘「秦代国家の穀倉制度」（『海南史学』二八、一九九〇年）、同「雲夢秦簡倉律より見た戦国秦の穀倉制度」（『海南史学』三〇、一九九二年）など。
(44) 張春龍「里耶秦簡中記録疾已和丞某用餐情況的簡牘」（中国里耶古城・秦簡与秦文化国際学術研討会提出論文、二〇〇七年十月）。
(45) 穀物支給については、冨谷至「漢代穀倉制度」（『東方学報』京都六八、一九九六年）、宮宅潔「漢代の敦煌戦線と食料管理」、佐藤達郎「馬圏湾出土の食料支給関係簡」（以上、冨谷至編『辺境出土木簡の研究』朋友書店、二〇〇三年）などがある。
(46) 馬怡「里耶秦簡中幾組渉及校券的官文書」（中国里耶古城・秦簡与秦文化国際学術研討会提出論文、二〇〇七年）。券の名称では、木牘⑧134に二十六年の船を貸し出した「責券」や、木牘⑨1～12に、三十三年に陽陵県卒の「銭校券」がある。
(47) 籾山前掲「刻歯簡牘初探」。
(48) 拙稿前掲「里耶秦簡の文書と情報システム」など。
(49) 本稿でみた文書と実物の楬や、文書・簿籍の処理、出入券と支給実務資料などは、木簡学会編『日本古代木簡集成』（東京大学出版会、二〇〇三年）によると、文書木簡のうち、①文書軸、②記録関係木簡、③伝票、食料支給の木簡と共通した機能をもっている。また里耶秦簡の封検、物品楬は、日本の荷札木簡に類似している。したがって中国の簡牘文書学で分類した文書と簿籍や、古墓に収められていた竹簡と帛書の書籍などは、日本では紙の文書と書籍にあたるものが多く、実務に関する文書木簡は、同じように実務に関する秦漢時代の簡牘とよく似ていることになる。これらは秦漢時代に紙が普及しておらず、木簡と木牘、竹簡を使っていたというだけでは説明できないものである。

第八章　長江流域社会と張家山漢簡

はじめに

中国の秦漢王朝は、黄河の支流、渭水の傍らに咸陽と長安の都を置いて、長江流域をふくむ周辺地域を統治した。これまでの章では、戦国時代から統一秦の時代について、とくに秦王朝がどのように南方の社会を統治したかという状況を検討してきた。これをふくむ秦漢王朝の成立は、つぎのような概略となる。

戦国時代の長江中流域は、楚文化の地であった。ここには周王室に対抗する楚国がしだいに大きくなり、戦国中期の懐王（在位前三二八～二九九）のとき長江以南の湖南省の方面にまで勢力を拡大した。その都城が、荊州市の紀南城（郢、東西約四キロ、南北約三・五キロ）の遺跡である。[1] 戦国楚墓から出土した資料は、秦とは違った楚系文字で書かれ、楚の習俗と社会や、この地域に伝わった思想などを反映している。また紀南城の周辺では、地区別に王族や貴族、庶民の墓が造られ、郭徳維氏は墳土のある大小規模の楚墓を八つに区分している。[2] ここでは戦国中期の望山楚墓や包山楚墓、新蔡楚墓、郭店楚墓などの楚簡があり、その内容には遺策（副葬品のリスト）や卜筮祭禱（占い）、法律の文書、書籍をふくんでいる。

ところが戦国楚は、前二七八年に秦の将軍・白起によって紀南城などの本拠地を占領され、領域の西方を失った。かわって楚は東方の陳に拠点を移し、のちに寿春（安徽省寿県）に遷都して領域を拡大した。戦国秦が占領した楚の本拠地には南郡が設置され、郡県制のなかに組み込まれた。南郡では複数の県を管轄しており、その拠点の一つが安陸県（雲夢県）である。ここでは睡虎地秦墓や龍崗六号秦墓の竹簡が出土している。[3] また秦は楚の紀南城を廃棄し、その東南に小規模な郢城（北壁約一・四五、東壁約一・四、南壁約一・二八、西壁約一・二七キロ）を建造した。[4] そのため秦墓は、郢城遺跡の周辺に散在している。

統一秦の長江流域では、南郡のほかに漢中郡、巴郡、黔中郡、長沙郡などを置いたというが、この時期の資料が、湖南省龍山県の里耶古城から発見された里耶秦簡である。[5] ただし里耶秦簡では、この地域が黔中郡ではなく、洞庭郡という名称で、また周辺には巴郡、蒼梧郡があった。この里耶秦簡は、地方官府の運営をよく伝えており、公表された資料だけでも、文書の伝達と処理、保存、廃棄について具体的な方法が明らかとなる。

秦が滅亡したあとは、項羽と劉邦による楚漢戦争の時代となった。[6] このとき南郡の地は臨江国となったが、この時期の直接的な資料は発見されていない。漢王五年（前二〇二）に項羽が亡くなると、やがて漢王朝が成立して、臨江国の地域はふたたび漢の南郡となった。郡の治所は、秦と同じく江陵県（郢城）で、周辺には漢墓が多くみられる。今の荊州市荊州区（もと江陵県）にある張家山二四七号漢墓は、その一つである。

張家山漢簡は、一九八三〜八四年に出土したが、一九八五年に発掘簡報で紹介されたあと、『張家山漢墓竹簡〔二四七号墓〕』（文物出版社、二〇〇一年）に全体の写真と釈文が公表され、二〇〇六年に『張家山漢墓竹簡〔二四七号墓〕』釈文修訂本が出版された。[7] その後、彭浩・陳偉・工藤元男主編『二年律令與奏讞書』（上海古籍出版社、二〇〇七年）が出版され、ここに赤外線写真による釈文の校訂と、詳細な注釈が付けられている。[8] したがって今日では、『張家山漢墓竹簡』テキストと『張家山漢墓竹簡』釈文修訂本版を基礎とし、『二年律令與奏讞書』の釈文と校訂をふまえて考察することになる。またテキストの注釈や訳注が公表されており、これらの成果を参照する必要がある。[9]

張家山漢簡には、『二年律令』のほかに『奏讞書《そうげつしょ》』（あるいは奏讞書《そうげんしょ》）のような裁判の案件をふくんでおり、これまで秦律との関連による秦漢法制史の研究や、暦譜や算数書、医書、『蓋廬』などの豊富な研究が進められている[10]。しかし地域史の視点からみれば、張家山漢簡は長江流域の社会をどこまで反映しているのかという問題がある。また竹簡は、どのような経過で副葬され、どのような性格の資料かという点についても、十分には明らかにされていない。

本章では、張家山漢簡の個別の分析をするのではなく、これまでみてきた地域社会の歴史のなかで、竹簡の初歩的な位置づけを試みるものである。ここでは主に「暦譜」の情報と、『二年律令』の秩律と津関令、『奏讞書』にみえる地方の情報を検討して、地方官府をとりまく社会システムとの関連を考察してみたいとおもう。

一　張家山漢墓の竹簡について

まず発掘簡報と『張家山漢墓竹簡』前言から、張家山漢簡の出土状況をみておこう[11]。この漢墓は、一槨一棺の土坑木槨墓で、槨室は頭箱と棺室に分かれていた。頭箱には、漆耳杯などの漆器や、銅鍪・銅蒜頭壺などの随葬品があり、銅鍪・銅蒜頭壺は江漢平原の秦人墓の風格と似ているという。竹簡は、この頭箱の竹笥に入れられていたが、すでに損壊によって散乱していた。遺策は、別の場所から出土している。

張家山漢簡は、全部で七種類の資料と遺策四一簡に分類されており、残簡をのぞいて一二三六枚という。『張家山漢墓竹簡』には各巻ごとの出土位置を示した図があり、整理したときに付けた「暦譜」以外は、もとの名称である。

1「暦譜」一八枚：奉常にかかわる資料。高祖五年（前二〇二）～高后二年（前一八六）までの暦

2『二年律令』五二六枚：丞相、御史大夫にかかわる法律

賊律、盗律、具律、告律、捕律、亡律、収律、襍律、銭律、置吏律、均輸律、伝食律、田律、□市律
行書律、復律、賜律、戸律、效律、傅律、置後律、爵律、興律、徭律、金布律、秩律、史律、津関令

3『奏讞書』二二八枚：廷尉にかかわる司法文書。秦代以前の案件などと漢代の案件、二二事例

4『脈書』六六枚：医書、身体の健康にかかわる

5『算数書』一九〇枚：数学の計算と例題

6『蓋廬』五五枚：呉王闔廬と伍子胥の対話形式、統治の心得、兵書

7『引書』一一二枚：医書、身体の健康にかかわる

これらの副葬品と竹簡の内容から、『張家山漢墓竹簡』前言では、墓主の身分はそれほど高くはなく、生前は低級の官吏で、法律に通暁し、よく計算ができ、医術・導引を好んだとしている(12)。ここで問題となるのは、張家山漢墓に竹簡が副葬される意味である。これまで古墓に竹簡が副葬される背景として、いくつかの考え方がある。①は、墓主が死後にも職務を遂行するため、一緒に副葬されたといわれ、また古墓に副葬された明器（死者の来世に供えた生活用具など）の役割をもつといわれる(13)。また②に、墓主が生前に愛好した書籍や思想を反映しているといい、それに関連して、墓主の身分や職掌によって文書や書籍の種類と分量が異なることが指摘できる(14)。先ほどの前言の説明は、こうした考えによっている。そのほか、③魔よけという説もあり、古墓の資料をどのように理解するかということが、たえず問題となっている(15)。

しかし考慮されるのは、発掘された戦国楚墓や秦漢墓の全体数のなかで、竹簡を副葬する古墓はきわめて少量ということである。たしかに遣策は、副葬品の物品を記しているが、それを副葬する墓の件数は少ない。それ以外の竹簡はさらに少なく、しかも必ずしも遣策と一緒に埋葬されていない。もし竹簡が、生活の必需品として、明器の役割を

もつか、あるいは死後に生前の職務を遂行するための品であれば、貴族や官僚、官吏の墓には、もっと普遍的に副葬されているはずであろう。これは副葬された簡牘が、生活の必需品ではないことを示している。

つぎに生前の愛読書とする説は、書籍については理解できるが、その他のさまざまな資料の意義が説明できない。戦国墓や秦漢墓に、竹簡を副葬する例がきわめて少ないことは、それが一般的な原則ではなく、墓主か埋葬者が特別な意識を持っていた例に限られることを示している。そこで注目されるのは、張家山漢墓の遣策と副葬との関係である。遣策には以下のような記述がある。

〔衣服類〕、……史光笥一（一五簡）、……、呉（虞）人男女七人（一六簡）、……軺《よう》車一乗馬一（一八簡）……〔食物など〕、……嚢一、書一笥（三四簡）、……矛一、枚杯七（三七簡）、……剣一、……（三八簡）、筆一、有管、□土二（三九簡）、研一、有子、……（四〇簡）

遣策には、木俑や木車馬、木製武器（木矛、木剣）、籌算（計算器）、筆と硯などを記しており、地方官府の役人の職務や、墓主の身分にかかわる品物を副葬している。そこに「書一笥（書を入れた竹笥）」という記載があり、副葬した竹簡を「書」とみなしている。また実際に、遣策以外の竹簡は、竹笥のなかに入れてあったと報告している。とすれば古墓の竹簡は、実際に使用された律令や判例などの現物が廃棄されたものか、あるいは大庭脩氏がいわれるように、書き写した書物という認識を示すことになろう(16)。

これらの竹簡を、睡虎地秦墓や睡虎地七七号漢墓の竹簡とくらべてみると、同じように地方官府の役人が所持した資料という性格をもっている。**表1**は、これらの簡牘を比較したものであるが、完全には一致はしないものの、よく似た対応関係がうかがえる。

たとえば睡虎地秦簡には、墓主の経歴に関する資料として『編年記』がある。ここには秦紀年と戦役などの事件が

表１　睡虎地秦漢墓と張家山漢墓

睡虎地秦簡	張家山漢簡	睡虎地漢墓簡牘
『編年記』 年表と経歴	「暦譜」暦と記事 遣策（断片41枚）	「質日」暦譜と記事
「語書」南郡の文書		
『秦律十八種』 『效律』検査 『秦律雑抄』	『二年律令』 漢の律令	法律（竹簡850枚）
『法律答問』解釈 『封診式』案件	『奏讞書』 案件、故律	〔竹、木牘〕 司法文書、簿籍
	『算数書』実用書	「算術」実用例題
『為吏之道』心得	『蓋廬』心得、兵書	書籍（説話）
『日書』甲種 『日書』乙種	『脈書』医書 『引書』医書	「日書」
竹簡1154枚	竹簡1236枚	竹簡2137枚

二段に書かれ、そこに墓主にかかわる個人的な経歴などを追加している。それによると墓主は、かつて県の令史などであった。これに対応する漢簡は「暦譜」で、漢王朝の年表と月の朔日を書いているが、わずかに二つの追記がある。睡虎地秦簡には、「語書」と『秦律十八種』や『效律』『秦律雑抄』があり、「語書」は南郡の長官が下部の県・道に出した命令である。これに対応するのは『二年律令』であるが、「語書」のような資料はふくまれていない。ただし張家山漢簡『二年律令』には、秩律や津関令のなかに漢王朝の領域に関する官職と地名がみえている。

つぎに睡虎地秦簡では、法律の解説や判例にあたる資料として『法律答問』『封診式』があるが、これには『奏讞書』が対応するであろう。また睡虎地秦簡の『為吏之道』（官吏の心得）に対応する資料は、張家山漢簡にみえない。しかし『蓋廬』は兵書でもあるが、統治の心得を記す点で類似しており、『算数書』も広い意味で郡県の実務を遂行するうえでの実用書という性格をもっている。さらに睡虎地秦簡の『日書』甲種と乙種は、吉凶を占う資料であるが、これに対応する資料はみられない。かわって『脈書』『引書』の医書は、身体の健康を願う心情とも関連するかもしれない。

二〇〇六年十一月には、湖北省雲夢県で睡虎地七七号墓（一槨一棺）が発掘され、さらに類例が追加できる。(17)この漢墓の年代は、前漢の文帝末年から景帝期と推定され、ここに二一三七枚の簡牘が副葬されており、残片が少しあるといわれる。簡牘は、長さ二六～三一センチの竹簡と、長さ二二～四四センチの牘（木質と竹質）である。竹簡の内容は、大きく五つに分けて、1質日（暦譜）、2日書、3仲尼、越王句践、伍子胥などの人物をふくむ書籍、4算術、5法律（八五〇枚）という。牘の内容は、ほぼ完全な六組一二八枚をふくみ、司法文書と簿籍と紹介している。注目されるのは、これらの簡牘は出土したとき竹笥の中に置かれていたということである。これは張家山漢墓の竹簡と同じ状況を示している。また竹簡の内容は、睡虎地秦簡や張家山漢簡の分類とよく似ている。したがって埋葬された地域は、南郡の安陸県であるが、地方官府に関係する人物が、竹笥に簡牘を収納している様子がうかがえる。

このように張家山漢簡を、睡虎地秦簡や睡虎地七七号墓の簡牘と比較してみると、よく似た対応関係を見いだすことができる。そして『二年律令』の秩律・津関令や『奏讞書』には、作成と伝達に関連する年代や官職・地名が多くみえている。こうした領域に関する地名は、漢王朝の地方統治について手がかりを与えるであろう。

このほか竹簡の種類と内容のほかに、副葬のあり方について示唆をあたえるのは、大庭脩氏が「冥土への旅券」（告知策、告知書）と名づけられた簡牘の用途である。(18)これは本書の第十章「張家山漢簡『津関令』と漢墓簡牘」で述べるように、大庭氏が旅券とみなした資料は、たしかに地下の官吏に対する擬制文書である。しかしそれは墓主の身分を示す通行証ではなく、地下の世界に旅立つときに順調であることを願って、携行品の証明をした文書ではないかと推測している。また秦漢墓のなかで、簡牘の文書や書籍を副葬する墓は少数であることから、とくに墓主の携行品として意識した場合にみられると考えている。簡牘を副葬する墓には、筆や硯などの副葬品をともなう比率が高いことも、この推測を裏づけているとおもう。したがって張家山漢簡は、これまで言われているように、墓主の身分と職務に関連しており、そこにふくまれる情報から、地域社会の情勢が分析できると考える。
このように張家山漢簡の情報は複雑であるが、これを漢王朝の中央（長安）と地方官府をめぐる公的な情報と、地方社会の周辺をめぐる情報とに分けて考えてみよう。

二　張家山漢簡の情報

1 「暦譜」

睡虎地秦簡や睡虎地七七号漢墓の簡牘と共通する資料に、まず「暦譜」がある。中国古代では、『史記』暦書に「王者は姓を易《か》え命を受くるや、必ず始初を慎み、正朔（暦）を改め服色を易え、天元を推本し、その意に順承す」とあるように、王者が暦を定めるという意義をもっていた。その暦書の論賛では、秦が十月を歳首（年頭）として黒色をとうとび、漢の高祖と呂后（高后）のときも改革の暇がなく、秦の正朔と服色を踏襲したと述べている[19]。「暦譜」の構成をみると、十月を年頭、九月を年末としており、『史記』の記述が裏づけられる。そこで漢王朝は、秦を継承した十月を年頭とする顓頊暦を中央で作成し、それを南方の地である南郡などに伝えて使用したことになる。

〔高祖五年、前二〇二〕……四月辛卯、五月……八月……九月己未、後九月……　一簡
……新降為漢。九月……　二簡
六年（前二〇一）。十月戊午、十一月……十二月……正月……八月……九月癸未小　三簡
七年（前二〇〇）。十月壬子、十一月壬午、十二月辛亥、正月………大　四簡

・八年（前一九九）。十月丁未、十一月……十二月……正月……九月辛未、後九月辛丑大　五簡
・九年（前一九八）。十月辛未、十一月……十二月……正月……八月……九月乙未大　六簡
・十年（前一九七）。十月乙丑、十一月……十二月……正月……九月……後九月己未〔大〕　七簡
・十一年（前一九六）。十月己丑、十一月……十二月……正月……八月……九月甲寅　八簡
・十二年（前一九五）。十月癸未、十一月……十二月……正月……八月……九月戊申　九簡
〔恵帝元年、前一九四〕……八月癸酉、九月壬寅、後九月壬申〔小〕　●六月病免。　一〇簡
二年（前一九三）。十月辛丑、十一月……十二月……正月……八月……九月丙寅　一一簡
三年（前一九二）。十月丙申、十一月……十二月……正月……八月……九月辛酉　一二簡
四年（前一九一）。十月庚寅、十一月……十二月……正月……九月乙卯、後九月乙酉〔小〕　一三簡
五年（前一九〇）。十月甲寅、十一月……十二月……正月……八月……九月己卯　一四簡
六年（前一八九）。十月戊申、十一月……十二月……正月……九月癸酉、後九月　一五簡
癸卯〔小〕　一五簡背
七年（前一八八）。十月壬申、十一月……十二月……正月……八月……九月丁酉　一六簡
〔高后元年、前一八七〕……月癸巳、八月壬戌、九月壬辰　一七簡
〔二年、前一八六〕……庚寅、二月己未……九月丙戌、後九月乙〔卯〕　一八簡

この「暦譜」は、墓主の亡くなった年や職務を考えるためにも重視されている。高祖五年（前二〇二）には「……新たに降りて漢と為る。九月……」が復元されており、これは項羽が亡くなった同年の年初十二月のあと、漢の領地となったことに対応している。恵帝元年（前一九四）に「六月病免」とあるのは、墓主が病気で免官したことを示す

ものであろうか。また「暦譜」の記述は、呂后二年（前一八六）までが復元されており、ここから張家山漢墓の下限がわかるという。

　このような「暦譜」は、里耶秦簡でみたように文書行政の基本となる資料である。しかしこれまで古墓から出土した暦譜は、地方行政に使用するだけではなく、それを転写して別の用途に利用している形態がある。(20) たとえば睡虎地秦簡『編年記』は、一年ごとの秦の戦役・大事年表を書写して、そこに墓主とおもわれる個人の情報を記している。周家台三〇号秦墓の竹簡「暦譜」は、始皇帝三十四年の月ごとの干支（日）を一覧した暦であるが、ここには官吏の勤務や出張などを付記している。また睡虎地七七号墓の質日（暦譜）は、周家台秦墓の「暦譜」と同じように奇数と偶数月ごとに六段に分割した形式があり、いくつかの干支のあとに記事をふくむという。(21)

■十一月大　■正月大　■三月大　■五月大　■七月小　■九月小

　したがって暦譜と総称しても、その内容は地方行政の基礎となる暦そのものだけではなく、地方の事件や、官吏の履歴や日記の要素など他の用途をふくむものがある。張家山漢簡「暦譜」でいえば、「六月病免」の記載が付記にあたるであろう。このように「暦譜」は、王朝が作成する中央の資料であるが、それが地方に伝えられたあとは、さまざまな形式の暦譜を作成して別の用途にすることが想定される。ここに地方社会をめぐる公・私の情報をふくむ場合がある。

2　『二年律令』の秩律、津関令

　つぎに『二年律令』の地方に関する情報をみておこう。張家山漢簡は「暦譜」の下限が呂后二年であり、また具律八五簡に、呂后元年に父の呂公を追尊した「呂宣王」という記載があることから、呂后二年の作成といわれる。(22) しかし『二年律令』は、高祖二年の律令を継承したとする説もある。[23] また『二年律令』では、一般に年月や地名を記さないのに対して、秩律や津関令には具体的な地方の情報を記すことが注意される。この各地の地名は、律令が適用される範囲と、その性格を知る手がかりとなる。

秩律は、漢王朝の中央官制と、地方の県の長官などの俸禄を規定しており、漢代の職官表ともいうべき性質をもっている。これは『史記』にみえない百官公卿表の補足となる。[24] しかし秩律は、俸禄だけではなく、そこには漢初の郡国制を理解する情報があり、周振鶴、晏昌貴氏らの考証がある。[25] たとえば整理小組は、各県がどの郡に所属するかを考証しており、周振鶴氏は、漢代の県が、秦代の県を継承したものが多いことに注意して、歴史地理の意義を考察している。

表2は、県の官吏を一覧したものである。秩律の官制では、俸禄二〇〇〇石の御史大夫や廷尉、内史、奉常や、郡守、郡尉などの官から、一〇〇〇石より以下、八〇〇石、六〇〇石、五〇〇石、三〇〇石、二五〇石、一六〇石、一二〇石の官を記している。内史の領域と地方では、長安や櫟陽、雒陽、成都、沛県のように、長官の俸禄一〇〇〇石の大県から、八〇〇石、六〇〇石、五〇〇石、三〇〇石クラスまでの県を記し、一部に不明の県がみえている。これらの県を漢代の地図に照らしてみると、その分布は長安を中心として一〇〇〇石クラスの大県を配置し、また河南郡の雒陽、蜀郡の成都、沛郡の沛県などを拠点とする特徴がある。さらに一〇〇〇石クラスの大県の周辺は、八〇〇石や六〇〇石クラスの県を配置している。そして津関令では、内史から東方に臨晉関と函谷関、武関、鄖関、扜関（扜関）という水陸の要衝に関所を設けている。このような情勢は、漢王朝の郡国制のうち、まさしく西側の郡県制に等級化された県を配置する体制となっている。[26]

ただし秩律にみえる県が、漢王朝の郡県制を示すものか、あるいは諸侯王国をふくむかについては解釈の違いがあ

表2　張家山漢簡「秩律」の県

俸祿	官　職　名	号
1000石	櫟陽、長安、頻陽、臨晉、成都、□雒、雒陽、酆、雲中 …新豊、槐里、雍、好畤、沛、郃陽　(→丞は400石)	443～444
800石	胡、夏陽、彭陽、朐忍、……臨邛、新都、武陽、梓潼、涪 南鄭、宛、穰、温、脩武、軹、楊、臨汾、九原、咸陽、原陽 北輿、旗？陵、西安陽、下邽、蘩、鄭、雲陽、重泉、華陰 慎、衙、藍田、新野、宜城、蒲反、成固、圜陽、巫、沂陽 長子、江州、上邽、陽翟、西成、江陵、高奴、平陽、絳、酇 贊、城父、……池陽、長陵、濮陽 (→丞・尉は400石。司空、田、郷部200石)	447～450
600石	汾陰、汧、杜陽、沫、上雒、商、武城、翟道、烏氏、朝那 陰密、郁郅、蓾、楬邑、帰徳、眴衍、義渠道、略畔道、朐衍道 雕陰、洛都、襄城、漆垣、定陽、平陸、饒、陽周、原都、平都 平周、武都、安陵、徒涅、西都、中陽、広衍、高望、□平楽 狄道、戎邑、葭明、陽陵、江陽、臨江、涪陵、安漢、宕渠、枳 菹、旬陽、安陽、長利、錫、上庸、武陵、房陵、陽平、垣 濩澤、襄陵、蒲子、皮氏、北屈、彘、潞、渉、余吾、屯留 武安、端氏、阿氏、壺関、泫氏、高都、銅鞮、涅、襄垣、成安 河陽、汲、蕩陰、朝歌、鄴、野王、山陽、内黄、繁陽、陝 盧氏、新安、新城、宜陽、平陰、河南、緱氏、成皋、滎陽 巻、岐、陽武、陳留、梁、圉、秭帰、臨沮、夷陵、醴陵、孱陵 銷、竟陵、安陸、州陵、沙羨、西陵、夷道、下雋、析、酈、鄧 南陵、比陽、平氏、胡陽、蔡陽、隋、西平、葉、陽城、雉 陽安、魯陽、朗陵、犨、酸棗、密、長安西市、陽城、苑陵 襄城、偃、郟、尉氏、潁陽、長社、解陵、武泉、沙陵、南輿 曼柏、莫䵬、河陰、博陵、許、辨道、武都道、予道、氐道 薄道、下辨、豲道、略陽、緜諸、方渠除道、雕陰道、青衣道 厳道、郿、美陽、壊徳、共、館陰、隆慮、□□、中牟、潁陰 定陵、舞陽、啓封、閑陽、女陰、索、焉陵、東阿、聊城、燕 観、白馬、東武陽、茌平、鄄城、頓丘〔……長安市、雲夢〕 (→丞・尉は300石。田、郷部200石)	451～464
500石	陰平道、甸氐道、緜遞道、湔氐道長　(→丞・尉は300石)	465
300石	萬年邑長、長安厨長　(→丞・尉は200石。郷部160石)	465～466

る。たとえば秩律の県の大半は、漢王朝の郡県制に属しているが、とくに沛県と酇県の所属が問題となる。これについて整理小組の注釈は、沛県と酇県が沛郡に所属するとしている。しかし周振鶴氏は、楚国に属するとみなし、晏昌貴氏は、高祖の故郷であるため、楚国（沛郡）の領域に在りながら、その長官は内史に属すのではないかと推測している。これについては、江蘇省徐州市の漢代楚王陵をめぐる考察が注目される(27)。

徐州市の獅子山漢墓は、兵馬俑を陪葬した漢代初期の楚王陵で、これまで第二代の劉郢客（文帝二年～五年、前一七八～前一七五在位）か、第三代の劉戊（文帝六年～景帝三年、前一七四～前一五四在位）かが問題となっている。手がかりの一つは、出土した印章と封泥であり、これより少し遅い時期の北洞山漢墓の印章とあわせて、その年代が考察されている。ここには興味深い特徴がある。

一つは、『二年律令』秩律の職官と、獅子山漢墓の印章にみえる職官を比べてみると、ほぼ同じような対応が見いだせる。たとえば楚国の官制は、太僕と騎尉などが漢王朝の中央官制と同じであり、八〇〇石より以下の官では、中司空や中候、騎千人、楚候などの官がみえている。また耳室から出土した封泥には「内史之印」「楚太倉印」「楚中尉印」の文字があり、これは漢王朝の民政、軍政と財政を司る官職にあたっている。つまり楚国の官印には、諸侯王の官のうち軍隊や車馬、祭祀（太史、祠祀）、倉庫、武器庫、永巷、食官など、王国の家産に関する職務がみえており、漢王朝とほぼ同じ官制をもつことがわかる。

もう一つは、『二年律令』秩律の県と、楚国の領域にある属県との関係である。表3は、獅子山漢墓と北洞山漢墓の印章と封泥にみえる県の官吏を一覧したものであるが、ここでは楚国の属県と秩律の県は重複せずに、東西の隣接した地域となっている。たとえば漢王朝の郡県制では、東方に河内郡、東郡、魏郡、沛郡、潁川郡、汝南郡などに属する県を記している。これに対して獅子山漢墓の印章には、薛郡と東海郡、彭城郡に属する県がみえている。ところ

表3　獅子山漢墓と北洞山漢墓の印章・封泥

印章、封泥			地　名　と　官　名
獅子山漢墓	印章	宮廷	楚太僕丞、楚太史印、楚御府印、楚食官印、食官監印、楚祠祀印 楚永巷印、楚大行印、楚衛士印、楚太倉印
		軍隊	楚都尉印（銀印）、楚騎尉印（銀印）、楚候之印、楚中候印 楚司馬印、楚中司馬、楚営司馬、楚中司空、楚営司空、楚騎千人 楚軽車印
		属県	薛郡：文陽丞印（汶陽）、卞之右尉 東海：繒之右尉、承令之印、朐之右尉、蘭陵之印 彭城：僮令之印、穀陽丞印、相令之印、武原之印 不明：海邑左尉、北平邑印、□□之印
	封泥	宮廷	内史之印、楚太倉印、庫□□□
		軍隊	楚中尉印
		属県	東海：蘭陵之印、蘭陵丞印、下邳丞印 彭城：彭城丞印、相令之印、蕭邑之印、符離丞印、呂丞之印 蕭丞之印
北洞山	印章	中央	楚御府印、楚武庫印、楚宮司丞、楚邸
		属県	彭之右尉、蕭之左尉、淩之左尉、襄賁丞印、山桑丞印、虹之左尉 蘭陵丞印、穀陽丞印、繒丞

が薛郡には、これまで沛県と豊県がみえないことが指摘されていた。しかし秩律のように、沛県と酆、酇、城父の県が、漢王朝の領域に組み込まれているのであれば、それは楚国の領域ではなかったことになる。このように張家山漢簡の秩律と、獅子山漢墓の属県は、お互いに補うことによって東方の郡県制と王国の領域が復元できるのである。また獅子山漢墓の官印は、ほぼ楚国の薛郡と東海、彭城郡に及んでおり、印章を随葬したのは、呉楚七国の乱によって領域が削減される前の状況を示すとおもわれる。そして北洞山漢墓の印章は、縮小された領域を反映している。

南方地域では、南郡にあたる江陵、巫、秭帰、臨沮、夷陵、銷、竟陵、安陸、州陵、沙羡、西陵、夷道の県と、その近くに武陵郡に属すといわれる孱陵、のちに長沙国に属すという下雋がある。醴陵県の位置は不明とされる。また巴郡では、江州、朐忍、臨江、涪陵、安漢、宕渠、枳の県があり、蜀郡の県もみえている。しかし長沙国の県（臨湘など）や、里耶秦簡の洞庭郡にあたる臨沅、沅陵などの県はみえていない。漢初では、沅陵虎溪山漢墓で知られるように、沅陵は高后元年から侯国となっている。これらは一部が欠落しているのかもしれないが、南郡周辺の郡県と諸侯王国、侯国との関係を考える必要があろう。

このように『二年律令』秩律は、おおむね漢王朝の直轄の領域を反映しており、同時に法令が及ぶ範囲を示唆していると推測される。そこで漢王朝の律令や公的な情報は、地方の郡県に伝えられることになるが、その伝達の方法は行書律、伝食律にみえている。彭浩氏は、行書律によって三種類の文書伝達の方法を述べている。(28)

①「制書」「急書」と五〇〇里を越える重要文書などを「郵」で伝達する方法　（二六五〜二六七簡）

ただし危害の畏れがあり近辺に郵を置けない場合は、門亭の卒や捕盗（役人）によって文書を伝達している。

②危急の変事を知らせるため、伝馬に乗る方法　（二一三〜二一五簡）

③通常の文書は、県・道の「次」（伝舎や下部の施設）によって伝達する方法　（二七三〜二七五簡）

行書律の二七二簡では、「書不急。擅以郵行。罰金二兩。（急書ではない文書を、かってに郵を通じて伝達したものは、罰金二両とする。）」とあり、通常の文書と急ぎの文書とを区別している。

また彭浩氏は、郵を置く距離について、通常が一〇里（約四キロ）ごとに一郵であるのに対して、南郡の長江より以南では二〇里（約八キロ）ごとに一郵とし、北地郡と上郡、隴西郡（の三郡）では三〇里（約一二キロ）ごとに一郵という規定と、距離が不定の場合として、土地が険しく郵が置けないときは、便利な所まで進退してよいという規定をあげている。

ここで想起されるのは、睡虎地秦簡の性格が、内史で作られたものを南郡で準用する法令か、それとも南郡の統治に修正された法令かという議論である。(29)いま行書律では、一般の規定に対して、南郡の長江以南や、北地郡と上郡、隴西郡のように、別の地域の規定を追加している。これは張家山漢簡のほうが、地方への対応が細かくなっている。

ここから推測すれば、律令は一般的な規定として作成されており、北地郡や上郡、隴西郡、南郡などの一部に適用する場合は、規定を追加することが考えられるであろう。

このほか南郡をふくむ地方の情報では、津関令の規定が注目される。そのテキストは『張家山漢墓竹簡』の釈文に対して、陳偉氏が一部の配列を変更していたが、『二年律令與奏讞書』でも配列を修正している。[30]ここでは原簡の番号を示し、『二年律令與奏讞書』の釈文（本章の末尾）による。これによると津関令は、全部で二〇の項目に整理され、そのうち一〇ヶ条には、簡頭に「一、二、九、十二、十三、十五、十六、廿一、廿二、廿三」という数字がある。したがって本来は、少なくとも二十三条の令を抜粋したことが推測できる。

津関令は、陸路と水路に置かれた関所に関する追加の規定で、これによって漢代の交通を知ることができるが、さらに二つの意義をもっている。一は、他の律令とは違って、相国や丞相、御史大夫が奏聞して「制曰可」という裁可を得る形式のように、令の作成過程を示すことである。これは置吏律に、県道の官が律令とするものを要請するときは、二千石の官によって相国・御史に上奏し、直接に要請してはいけないという規定に合致している。[31]二は、漢代の郡国制を反映する地方の情報をふくむことである。これは津関令が、中央で編集したものか、それとも南郡の官府で書写したものかという問題とも関連している。ここでは、二の地方の情報を検討しておこう。

まず内史の地域（関中）を取り巻く地域では、五つの関所や津関の記載がある。四九二簡には欠落があるが、ここでは五関による禁止物の検査を規定している。

□　御史に制詔する。「扞関（扜関）と鄖関、武関、函谷関、臨晉関、及び諸々の要塞の河津では、黄金や黄金で作った器物、及び銅の持ち出しを禁止せよ。令を犯すものは……」（四九二簡）

また注目されるのは、南郡に関する規定がみえることである。五一八簡の条文は南郡からの要請で、それが中央の相国によって上奏されている。したがってこの規定は、直接的には南郡の事例であるが、同じような状況では他の地方にも共通する規定となる。

□　相国が南郡守（長官）の書を上《たてまつ》って言う。「雲夢（禁苑）に付属する竇園一ヶ所が、朐忍《くにん》（県）の中にある。その園を修治する人徒たちが（巫《ふ》県と朐忍県の境界にある）扞関を出入りするとき、もとは（南郡の）巫県が伝（通行証）を発行していたが、今は得ることができません。そこで園の（管理者の）印で伝を作り、扞関はこれを許可し……ことを請う」と。

（五一八簡）

「十六」の条文では、南郡に隣接する長沙国の丞相が要請し、長沙が卑湿で馬に良くないので、馬を一〇頭ほど買って置伝の伝馬・伝車に備えることを申請しており、相国と御史の上奏によって裁可を得ている。(32) これは先にみた郡県制の範囲をこえて、境界に近い諸侯王国まで規定を追加する例である。

十六　相国が長沙（国の）丞相の書を上って言う。「長沙の地方は卑湿で馬に良くなく、置（宿場）では一駟（四馬）が欠け不備であり、伝馬も備わっていない。そこで馬を十頭ほど購入し、置伝に供給することを維持したいと願います」と。●相国と御史が奏聞し、馬を置に備えることを請求いたします。●制に曰く可なり、と。

（五一六〜一七簡）

諸侯王国に関する規定では、「魯国の御史」が要請した五二〇簡の「廿二」条文と、五二一簡、五二二簡の三条がある。しかし「廿二」の条文では、魯侯が長安に居住しており、そのため関中で馬の購入を要請して許可されている。だから諸侯王国の人ではあるが、その舞台は関中であり、ここでも中央の裁可をうけている。

廿二　丞相が魯国の御史の書を上って言う。「魯侯は長安に居るので、馬を関中で買えるように要請したい。」●丞相と御史が奏聞する。制に曰く可なり、と。

（五二〇簡）

このように津関令の条文をみると、その大半は内史をとりまく五関や津関と、辺境の関所を交通規制を問題としながら、一部に南郡からの要請や、長沙国に関する規定があり、東方の魯国の人々に関する規定をふくんでいる。その構成をみれば、基本的に郡県制の範囲と、漢王朝の境界に関する地域の規定が、皇帝の裁可、あるいは中央の命令という形式になっている。したがって津関令の内容は、地方や諸侯王国に関する規定をふくむが、それは中央で発布した令を、必要に応じて南郡でも書写したことが推測される。その適用範囲は、西方の郡県とその周辺に集中しており、秩律が示す領域と通じるものである。

3　『奏讞書』

『奏讞書』は、中央に裁可を求めた裁判の案件であるが、その名称と年代・配列、裁判の内容と手続きなどについて多くの研究がある。[33] たとえば案件は全部で二二件あるが、漢代の新しい文書を上にしている点や、案件の区分などが試みられている。また池田雄一編『奏讞書——中国古代の裁判記録』（二〇〇二年）をはじめ、訳注と考証がある。[34]

ここでは『奏讞書』の形態と、案件に関連する地域を確認しておこう。

『奏讞書』の案件は、大きく二つの部分に分けられる。一は、秦代以前の資料で、最後に「奏讞書」というタイトルを記す案件二二をはじめ、案件一七までが漢代以前の内容とみなされる。二は、漢高祖の資料で、年代が不明な案件をふくめて、案件一～一六までは漢代の判例である。したがって竹簡の編集方式からみれば、すでに指摘されているように、古い案件から始めて、新しい案件を前に集成してゆく今日のファイル形式に近いといえよう。

表4は、漢代と秦代以前の案件について、その形式を示したものである。漢代の案件一～一六で注意されるのは、その年代が不明な案件をのぞけば、いずれも高祖六年から十一年までの内容ということである。これは「暦譜」によ

ると、ちょうど南郡が漢の領域に編入され、墓主とおもわれる人物が「病免」するまでの時期にあたっている。これらの案件のうち、申請された地名と、判決を下した地名を手がかりにすると、ほぼつぎのようになる。（　）内は、やりとりの部署である。

漢代初期：案件一〜五。高祖の年代。中央の判決を仰ぐ具体的な資料が多い。

案件六〜一三。年代がない。中央から郡守への判決の事例。短文。

案件一四〜一六。高祖の年代。郡守から「敢言之」（上申）の形式。

秦代以前：案件一七、一八。秦の年代。中央から郡県への判決。

案件一九、二〇。春秋時代の衛と魯の国を舞台にした事例。

案件二一、二二。中央（内史）と県とのやりとり。

これによると秦代以前は、長文の案件が多い。そのなかで案件二一、二二は、中央（内史の領域）と県とのやりとりで、秦の資料である。案件一九、二〇は、春秋時代の衛と魯の国を舞台にした事例といわれる。(35) しかし魯の例では、「白徒」「倡」を秦の刑罰である「隷臣妾」「城旦」に当たると説明しており、秦の規定への適用が示されている。

白徒者、當今隷臣妾。倡、當城旦。（白徒は、今の隷臣妾に当たる。倡は、城旦に当たる。）

案件一七、一八は、中央から郡県への判決で、一八は南郡の「獄簿」である。一八は、南郡の資料を収録した可能性もあるが、南郡に留められた案件ではなく、御史からの指示を受けていることが注意される。したがって秦代以前の判例は、おおむね秦の判断による資料が集められているといえよう。なお案件一六と二二は形式が似ており、二二では「難獄」という。

漢代の案件は、さらに三部分に分けられる。案件一四〜一六は、高祖の年代といわれ、郡守から「敢言之」（上申）

表４　『奏讞書』の形式と内容

案件、年代	中央と地方官府	簡号	枚数
1 高祖11、前196	南郡（廷尉－夷道）	1～7	7枚
2 高祖11、前196	南郡（江陵）	8～16	9枚
3 高祖10、前197	内史（太僕、廷尉の事－胡）	17～27	11枚
4 高祖10、前197頃	内史（廷尉－胡）	28～35	8枚
5 高祖10、前197	南郡（廷尉－江陵）	36～48	13枚
6〔不明〕	漢中郡（廷尉－漢中守）「廷報」	49～50	2枚
7〔不明〕	北地郡（廷尉－北地守）「廷報」	51～52	2枚
8〔不明〕	北地郡（廷尉－北地守）「廷報」	53	1枚
9〔不明〕	蜀郡（廷尉－蜀守）「廷報」	54～55	2枚
10〔不明〕	蜀郡（廷尉－蜀守）「廷報」	56～57	2枚
11〔不明〕	蜀郡（廷尉－蜀守）「廷報」	58～59	2枚
12〔不明〕	河東郡（廷尉－河東守）「廷報」	60	1枚
13〔不明〕	河東郡（廷尉－河東守）「廷報」	61～62	2枚
14高祖８、前199	南郡（南郡守・強－安陸）	63～68	6枚
15高祖７、前200	南郡（南郡守・強－江陵）	69～74	6枚
16高祖６、前201	淮陽郡（淮陽守－新郪）	75～98	24枚
17秦王２、前245	内史（廷尉－咸陽、雍、汧）	99～123	25枚
18始皇27、前220	南郡（御史－南郡守府、蒼梧守）	124～161	38枚
19異時獄□曰	衛、『韓非子』内儲説下に類似	162～173	12枚
20異時魯法	魯、盗銭に対する罰則	174～179	6枚
21故律曰	内史（廷尉－杜）	180～196	17枚
22秦王６、前241	内史（咸陽）	197～228	32枚

＊地名は舞台となった地域、（　）内はやりとりの部署

の形式をもっている。案件一四、一五は南郡に関する事件で、しかも南郡守の名を記して、上部（中央）とのやりとりを示している。

案件六～一三は、ともに短文で年代が不明であるが、中央（廷尉）から周辺の郡守への判決である。その郡は、漢中郡と蜀郡が南郡に近いが、北地郡と河東郡は、南郡からみて内史よりも遠方にある。これは関中を中心として、その周辺の郡の案件を集成した形態となっている。したがって案件六～一三は、南郡で集められた情報というよりも、関中周辺の記録を中央で集約したものが、南郡に伝達されて書写したことになろう。このとき案件六～一三は、すべて年代がなく短文であることから、あるいは一連の文書かもしれない。案

件一二は、中央と河東郡の長官とのやりとりで、つぎのような形式である。

●河東守讞、郵人官大夫内留書八日、詐更其檄書辟留、疑罪。●廷報、内當以為偽書論。　（六〇簡）

●河東の守が奏讞いたします。「郵人で（爵六級の）官大夫（名は）内が、郵書を（規定より）八日間も留め、また檄書《げきしょ》を欺き不正に留めておりました。疑うらくは罪あらん」と。●廷が報ず、「内は、当に文書偽造を以て論ぜよ」。

案件一～五は、高祖十、十一年の年代であり、中央の判決を仰ぐ具体的な資料が多い。案件三、四は、内史の領域の事例であり、案件一、二、五は南郡の事例である。ここでは「敢言之」の文書のあとに、いずれも「謁報、署獄史曹発」（案件一）、「謁報、署如廥発」（案件二）、「謁報、署獄如廥発」（案件五）という具体的な上申をしている。この「謁報」の書式は、里耶秦簡にもみえており、南郡と中央とのやりとりを示している。(36) そこで南郡に属する県の案件は、中央の廷尉から南郡に回答された資料であることがわかる。ただし案件の形式は、一～六を通じて基本的に同じである。したがってこの案件は、南郡だけではなく、内史の資料を入手している。

案件三で注目されるのは、斉国に関連する人物が問題となっていることである。案件三は、中央と内史に属する胡県〔函谷関の手前〕のやりとりで、以下のような内容である。

●十年七月辛卯朔癸巳、胡狀・丞憙敢讞之。劾曰、臨淄獄史闌令女子南冠縞冠、佯病臥車中、襲大夫虞傳、以闌出關。●今闌曰、南齊國族田氏、徙處長安、闌送行、娶爲妻、與偕歸臨淄、未出關得、它如劾。●南言如劾及闌。

●十年八月庚申朔癸亥、太僕不害行廷尉事、謂胡嗇夫。讞獄史闌、讞固有審、廷以聞。闌當黥爲城旦、它如律令。

●（高祖）十年（前一九七）七月辛卯朔の癸巳（三日）、胡《こ》県の長官（名は）状と、丞の（名は）憙《き》が敢えて奏讞いたします。弾劾に、「（斉国の）臨淄《りんし》県の獄史（名は）闌《らん》が、（斉国の名族、田氏の）女（名は）南に冠をかぶせ、病と偽って車中に寝かせ、大夫（名は）虞《ぐ》の伝〔関所を通過する証明書〕を使って、函谷関を抜けようとしました」とあります。今、闌は、「南は斉国の名族、田氏で、長安に移住させられ、わたくし闌は送ってきて、彼女を娶り妻にしました。一緒に臨淄に帰ろうとしましたが、函谷関を出ないうちに逮捕されました。他は弾劾の通りです」と供述しております。●南の言は、弾劾と闌の供述の通りです。

……〔以下、審議や関連する判例の引用などがつづく〕……

●十年八月庚申朔の癸亥（三日）、太僕（名は）不害が廷尉の職務を代行し、胡県の嗇夫に以下のように言う。「獄史の闌を奏讞してきた案件は、奏讞がまことにつまびらかである。そこで廷は以下のように聞す。闌は黥《げい》（入れ墨）して城旦《じょうたん》の刑とせよ。他は律令の如くせよ」。

ここでは斉国から徙民政策によって長安に移住した女性が、斉の獄史と結婚したとして、伝（通行証）を偽って関所を通過しようとした事件を記している。したがって案件三は、東方の斉国に関連する事件であるが、その起こった場所と、判決を下した地域は、内史の領域で処理されている。これもまた『奏讞書』の範囲が中央に近いことを示している。

このように『奏讞書』で問題とされた地域をみると、秦代以前では、秦の中央で集約された案件か、あるいは秦の判断を示した資料が多い。これに対して漢の案件は、中央と地方のやりとりを示す内容で、案件一、二、五、一四、一五は南郡に関する資料であるが、全体は中央への奏讞と、地方への回答をふくむ形式となっている。したがって『奏讞書』は、基本的に各地から中央へ奏讞の案件を収録しており、それらが南郡に伝えられて書写した第二次的な資料ということができよう。

なお秦代と漢代の間では、直接的な年代を記した案件はないが、楚の時代の情勢を示唆する内容がみられる。それは楚漢戦争の時期に、「楚時去亡、降為漢」〔案件二〕、「楚時去亡、降漢、書名数為民」〔案件五〕という奴婢の逃亡や、「皆故楚爵」〔案件一六〕のように楚爵をもっていた人々が殺人を犯す事例である。[37] しかしこれらの事例は、あくまで楚の時代の情勢を伝えるものであり、楚の側の判断を示す資料ではない。これは楚の資料の収集にかかわると同時に、楚の判断を排除しているとも考えられる。つまり漢王朝は、「異時」の判例とともに秦の判例を参照・継承しており、もし楚の判断が漢と異なっていれば、楚の事例はかえって不都合となる。これは案件一六の淮陽郡の殺人事件にみえるように、かつて「楚爵」をもつ人びとの犯罪を問題とする事例からも推測できよう。

4　『算数書』『蓋廬』など

それでは墓に副葬された他の書籍は、どのような情報を示すのであろうか。『算数書』は編纂された書物で、『九章算術』の例題と同じように、ある一定の所でまとめられた形跡がみられる。[38] しかも数学の例題は、たんなる計算ではなく、郡県の賦税や労働、倉庫、穀物などに関する内容がある。この意味で、算数書は実務的であるとともに、郡県の統治にも関連するということができよう。『算数書』の項目は、つぎのようになっている。

相乗、分乗、乗、増減分、分当半者、分半者、約分、合分、径分、出金、共買材、狐出関、狐皮、負米、女織、并租、金価、舂粟、銅耗、伝馬、婦織、羽矢、漆銭、繒幅、息銭、飲漆、税田、程竹、医、石率、賈塩、絲練、挐脂、取程、耗租、程禾、取枲程、誤券、租誤券、粺毀、耗、粟為米、粟求米、粟求米、米求粟、米粟并、粟米并、負炭、盧唐、羽矢、行、分銭、米出銭、除、斬都、芻、旋粟、囷蓋、圜亭、井材、以圜裁方、以方裁圜、圜材、啓広、啓縦、少広、大広、方田、里田

したがって『算数書』は、漢王朝の全体にかかわる実用書として必要な項目を備えており、各地の官府で作成され

たとみなすよりも、統一的な意図をもつ書物と考えられる。

つぎに『蓋廬』は兵書であり、兵陰陽の思想をもつといわれる。その形式は、春秋時代の呉王闔廬と伍子胥の対話である。(39) しかしこの書物も、冒頭の部分で統治の心得（治民之道）を述べており、「天之時」「軍之道」「戦之道」「政之道」「攻軍之道」「救民道」「救乱之道」などが議論の対象となっている。これは直接的ではないが、あたかも睡虎地秦簡「為吏之道」のように、官吏の心得に通じる内容をもっている。

蓋廬問申胥曰。凡有天下、何毀何擧、何上何下。治民之道、何慎何守。使民之方、何短何長。循天之則、何去何服。行地之德、何范何極。用兵之極何服。申胥曰。……（一～八簡）

蓋廬《こうりょ》、申胥《しんしょ》に問うて曰く、凡《およ》そ天下を有《たも》つは、何をか毀《の》け何をか擧げん、何をか上とし何をか下とせん。治民の道は、何をか慎み何をか守らん。使民の方は、何をか短とし何をか長とせん。循天の則は、何をか去りて何をか服せん。行地の徳は、何をか范とし何をか極めん。用兵の極は何をか服せん。申胥曰く。……

このほか張家山漢簡には、『脈書』『引書』の医書がある。これは睡虎地秦簡や睡虎地七七号墓の『日書』のように占いではないが、身体の健康を願う心情と関連しているかもしれない。(40)

このように張家山漢簡は、中央と南郡との関係のなかで、さまざまな情報をふくんでいる。その資料は、一つの竹製の入れ物に、王朝の「暦譜」と、漢代郡県制の行政と法制、裁判に関連する情報、算数書と兵書、医書などが収納されていた。これは、たしかに地方統治にかかわる内容をもつことが理解できる。ただし里耶秦簡のような実務の資料とくらべてみると、それは地方統治を補完する関係にあることがわかる。

たとえば「暦譜」は、地方行政を施行し、報告書を作成するときに必要であるが、古墓の資料はこれに別の記事を追加して保存した形態となっている。『二年律令』の法令と『奏讞書』の案件は、中央の規定や判例として保管しておく必要があるが、これは睡虎地秦簡や張家山漢簡のように古墓の資料にみえている。里耶古城では、城壕から戸籍の木牘が出土しているが、これは井戸に廃棄された資料とは違う経過によるかもしれない。また里耶秦簡には、行政文書や符券にあたる資料を大量にふくんでおり、これが当時の地方官府の実情を示している。しかし実務の文書や記録は、睡虎地秦簡「語書」のような資料をのぞいて、古墓にはほとんどふくまれていない。さらに里耶秦簡では、九九簡と習書の木牘が報告されており、これまで行政に関連する数術や文字を学習する資料は、西北の漢簡にみえているが、(41)古墓の資料では習書の資料はなく、数術も一定の編集をへた形態で出土している。

したがって張家山漢簡の内容から類推すると、古墓の資料は竹簡に書かれた資料が多く、地方行政に関連する資料も、おおむね一定期間の保存を必要とする系統に属している。一方、里耶秦簡や居延漢簡などのように官府の遺跡や井戸の資料は、木簡や木牘の形態が多く、やや短期間の保存をへて、役割を終えると廃棄される系統に属するものが多いようである。ただし注意されるのは、古墓の資料と、官府の遺跡や井戸の資料は、意識的に副葬された書物と、実用の文書が廃棄されたというように、必ずしも異なる性質の資料ではないということである。つまり地方官府の運営からみれば、井戸と古墓の資料は、用途に応じて形態が異なるものであり、それらは地方社会の実情を互いに補完する内容をもつことが理解できるであろう。

三　秦漢統一国家と情報伝達

これまで張家山漢簡について、その年代と地方に関する内容を概観してきたが、これらの資料は地方官府の運営と、どのように関連するのだろうか。ここでは秦代の里耶秦簡と、張家山漢簡の分析から、古代統一国家の成立に果たした情報伝達の意義を考えてみよう。

戦国秦では、郡県制を通じての中央の命令・法令の伝達や、法律による統治がおこなわれており、統一秦では、秦の制度をふくむ社会システムを、占領地の全体に施行しようとした。これを示すのが里耶秦簡であり、ここでは秦の法制統治が厳密であることがうかがえる。また湖南大学岳麓書院が購入した秦簡には、『奏讞書』や津関令と同じ用法をもつ資料がみえており、今後はその比較が進むとおもわれる。(42) そして秦王朝が滅亡すると、楚漢戦争のあと成立した漢王朝は、ふたたび秦の社会システムを継承している。これが張家山漢簡に反映されており、睡虎地秦簡の秦律との比較が重要な課題となっている。

ただし秦王朝とはちがって、漢代初期に郡県制を施行したのは、かつて秦の本拠地であった西側の地域で、東方には諸侯王の王国を置いている。こうした漢代初期の情勢では、中央（長安）から地方に行政機構と郵を通じた文書の伝達が想定できる。張家山漢簡にみえる情報は、このような西方の郡県制を中心として、東方の王国をふくむ郡国制の体制を反映している。その対比は、つぎのようになる。

①漢王朝の暦譜：暦は中央で作成して、郡県に伝達される。それを官府と個人で利用する形式がある。
②漢王朝の律令：秩律、津関令は郡県制を中心とした規定。一部に王国の人々の事例がある。
③『奏讞書』の案件：漢王朝の西方の郡県に関連する。一部に王国の人々の事例がある。
④算数書、『蓋廬』：広い意味で郡県の統治に関連する内容をふくんでいる。

また漢王朝の行政システムでは、中央の情報が地方官府にもたらされ、県より以下の郷里社会にも伝達されるはずである。しかし張家山漢簡には、このような年代を記す文書は副葬されておらず、すでに一定の編集をへた資料となっている。わずかに『二年律令』の津関令では、令の作成過程をうかがうことができ、『奏讞書』の案件に年月を記す文書の形態を留めている。したがって張家山漢簡は、地方官府の運営をおこなう背景として、実務に関する文書そのものよりは、年月をこえて保存が必要な情報を残しているといえよう。

そのとき張家山漢簡の「暦譜」や『二年律令』『奏讞書』『算数書』と、里耶秦簡の行政文書は、基本的に中央から伝達される統一性の強い資料に属している。また『二年律令』の一部に南郡をふくむ記載は、全体が南郡に対する法令であることを示すよりも、むしろ南方に対する追加の規定であり、こうした法令を南郡で抄写したものと推測される。また張家山漢墓をふくむ古墓の資料では、遣策や占いと『日書』、書信、典籍のほうに、より地域性を反映しているのではないかと考えている。したがって張家山漢簡は、地方社会にかかわる一定期間の保存を意識する内容をふくんでいるが、ここから漢王朝は、秦の情報伝達（文書、法制の伝達）の原理を各地に施行しており、それが地方行政にとって一定の効果をもたらしていることがわかる。

ところが秦漢時代の情報は、郡県制による公的な文書と法令の伝達だけではない。そこには始皇帝の巡行や、官僚・官吏の往来、労働による人々の交通、戦乱にともなう多くの情勢がみえている。たとえば始皇帝の巡行は、諸国の祭祀を統一し、国見や軍事的なデモンストレーション、不老不死の願望などが目的といわれている。しかし皇帝の巡行は、あるいは秦の郡県制が及びにくい地域への対策だったのかもしれない。ただし『史記』秦始皇本紀にみえる巡行の記述は、里耶秦簡のように地方行政の実態とは異なる情勢を示している。(43)

また戦国時代の諸国では、外交や軍事行動をのぞいて、少なくとも国単位をこえた長距離の徭役はみられない。ところが統一秦では、かつて他国にあった人々が遠く労働や戍卒にかり出されている例がある。たとえば『史記』陳渉世家では、陳渉・呉広が戍卒として北方の漁陽郡に徴発されたことや、高祖本紀に劉邦がかつて咸陽に行ったり、亭長として徒刑を連れて酈山に行こうとしたエピソードがある。このとき里耶秦簡の木牘⑯5、6では、原則として洞庭郡の農民を徴発する期間に規制を設けていたが、それを実行するときに官吏の不正も想定されており、このような労働の運営には困難が予想される。(44) しかしこのような長距離の労働は、国家の編成にかかわる問題だけではなく、遠方の占領地域をこえて人々に情報が伝達されるきっかけとなるであろう。

秦末の叛乱では、東方の地域から多くの蜂起と、戦乱を避ける人々があり、この時にもさまざまな情報がもたらされたであろう。とくに楚漢戦争の時期には、外交や軍事によって情報戦略が試みられており、この時期に編集されたとおもわれる馬王堆帛書『戦国縦横家書』は、このような事情を反映している。ここには『史記』や『戦国策』と共通する外交戦略がみえている。(45) 漢代には、ふたたび郡県制と王国をふくむ郡国制となり、王国では中央への徴発はなくなるようである。このような漢代の交通や輸送と情報伝達との関係は、張家山漢簡では、行書律、伝食律、置吏律、津関令、傜律、傅律、均輸律などが参考となろう。

したがって漢王朝の成立に果たした情報伝達の役割は、一に、文字資料による文書行政と運営、地域性をもつ資料や典籍の保存と普及があり、これらは官府の井戸と古墓の資料によって、互いに補完する関係にあることがわかる。二に、交通と人々の往来による情報がある。こうした文書・書籍の伝達と、人々の往来による情報をふまえて、さらに秦漢地方社会の実態が明らかにできると考えている。

おわりに

長江流域の出土資料をみると、秦漢王朝の時代は、竹簡と木簡、木牘、帛書に支えられた国家機構と社会システムが成立する時期であり、それが後に紙と木簡を併用する時代への前提として、すでに情報伝達の原理ができていることを示している。

ここでは張家山漢墓という限られた空間の竹簡が、どのような情報と社会システムを反映しているかを考えてみた。その結果、この墓主は南郡の機構に属する官吏であることから、当然、中央の長安から伝達された地方行政に関する資料が想定できる。しかし張家山漢簡には、文書の処理や、実務の運営に関する資料ではなく、これらとあわせて地方行政を補完する系統の資料が多いという特徴がある。

たとえば漢の「暦譜」は、中央で作成されたものが郡県の役所に伝達されている。これを書写して、さまざまな形式の暦譜を作成すれば、それを公・私の控えや日記として使うことができる。『二年律令』の秩律は、秦を継承した郡県制を反映する規定で、津関令には内史を舞台とする諸侯王国の人々や、長沙国の情報があった。また『二年律令』の行書律、津関令には、南方に関する追加の規定がふくまれており、睡虎地秦簡にくらべて地方統治が詳細になっている。『奏讞書』の案件は、漢代では西方の郡県に関する内容を中心とし、それ以前の判例では秦や春秋時代の事例をふくんでいた。したがって暦譜や『二年律令』、『奏讞書』の案件は、長安で整理された西側の郡県を中心とする情報が多く、張家山漢墓の墓主は、それを南郡にかかわる資料として抄写したものかもしれない。少なくとも張家山漢簡は、漢王朝の初期に、秦の本拠地であった西側を郡県制とし、東方を諸侯王の王国とした郡国制の情勢を反映しており、それは『二年律令』の秩律にみえる県の分布とも共通している。こうした中央の情報が、おそらく郡県制の下部組織に伝えられ処理されてゆくのであろう。この意味で漢代初期では、張家山漢簡の情報からも、県レベルの社会が基礎単位になっていることがうかがえる。

これに対して『算数書』の内容は、広い意味で郡県の統治に関連するものであり、兵書とされる『蓋廬』にも統治に関する内容をふくんでいる。だから張家山漢簡は、大半が中央から官吏を通じて伝えられた情報ということになる。

ただし他の書籍は、必ずしも中央からのルートだけを想定する必要はない。そして一旦、地方都市（県レベル）までに情報がもたらされると、つぎは書写という形式、あるいは言葉を通じて周辺に法律や書籍の内容が伝えられることになるが、どのように郡県の官吏以外の民衆に情報が伝えられるのかは、なお不明な点が多い。

秦漢王朝では、いかに郡県制の機構に命令を施行させ、県レベルの社会を統治するかということが重要な課題である。本章では、こうした地方統治の一端を、地方官府とその周辺の資料によって推測しようと試みた。このような長江流域の資料群の特徴は、この地域だけのものではなく、秦末の叛乱と項羽の基盤となった楚の社会システムや、漢王朝の東方にある王国の社会基盤を示唆すると考えている。そして漢代の公的な情報は、郡県の行政機構と下部への伝達がみられるが、そのほかに人々の公・私の往来による情報との関連が問題となる。以下の章では、張家山漢簡「津関令」をめぐって、漢代詔書の伝達や、交通と地域社会の実態を検討してみよう。

注

（1）郭徳維『楚都紀南城復原研究』（文物出版社、一九九九年）は、紀南城とその周辺の楚墓の分布状況を分類している。また国家文物局主編『中国文物地図集』湖北分冊（上下）（西安地図出版社、二〇〇二年）も楚墓や秦漢墓の分布を示している。長江流域の歴史は、長江流域文化研究所編『長江流域と巴蜀、楚の地域文化』（雄山閣、二〇〇六年）のほか、工藤元男「秦の巴蜀支配と法制・郡県制」（早稲田大学アジア地域文化エンハンシング研究センター編『アジア地域文化学の構築』雄山閣、二〇〇六年）、『長江流域文化研究所年報』一～五号（早稲田大学、二〇〇二～二〇〇七年）に関連の論文がある。

（2）郭徳維『楚系墓葬研究』（湖北教育出版社、一九九五年）、同前掲『楚都紀南城復原研究』。

（3）工藤元男『睡虎地秦簡よりみた秦代の国家と社会』（創文社、一九九八年）、松崎つね子『睡虎地秦簡』（明徳出版社、二〇〇〇年）、池田雄一『中国古代の律令と社会』Ⅰ、第四章「湖北雲夢睡虎地秦墓管見」、Ⅱ、第一章「秦代の律令」（汲古書院、二〇〇八年）、本書の第三章「戦国秦の南郡統治と地方社会」など。

（4）江陵郢城考古隊「江陵県郢城調査発掘簡報」（『江漢考古』一九九一年四期）。

（5）湖南省文物考古研究所『里耶発掘報告』（岳麓書社、二〇〇七年）、本書の第四章「里耶秦簡と秦代郡県の社会」、第五章、第六章、第七章の論文など。

（6）この時期の考察に、拙稿「『史記』項羽本紀と秦楚之際月表——秦末における楚・漢の歴史評価」（『東洋史研究』五四—二、一九九五年）、同「『史記』秦漢史像の復元——陳渉、劉邦、項羽のエピソード」（『日本秦漢史学会会報』五、二〇〇四年）、拙著『項羽と劉邦の時代』（講談社選書メチエ、二〇〇六年）などがある。

（7）荊州地区博物館「江陵張家山三座漢墓出土大批竹簡」（『文物』一九八五年一期）、張家山二四七号漢墓竹簡整理小組『張家山漢墓竹簡〔二四七号墓〕』（文物出版社、二〇〇一年）、『張家山漢墓竹簡〔二四七号墓〕』釈文修訂本（文物出版社、二〇〇六年）。

（8）彭浩・陳偉・工藤元男主編『二年律令與奏讞書』（上海古籍出版社、二〇〇七年）。本書では、この配列と校訂を参照するが、重複記号や異体字の表記は読みかえの字を示している。

（9）朱紅林『張家山漢簡《二年律令》集釈』（社会科学文献出版社、二〇〇五年）のほか、日本では冨谷至編『江陵張家山二四七号墓出土漢律令の研究』訳注、研究篇（朋友書店、二〇〇六年）、専修大学『二年律令』研究会「張家山漢簡『二年律令』訳注」一～一二（『専修史学』三五～四六、二〇〇三～二〇〇九年）、早稲田大学簡帛研究会「張家山二四七号漢墓竹簡訳注」（『長江流域文化研究所年報』創刊号～、二〇〇二～二〇〇八年）などがある。

（10）張家山漢簡の研究は、「江陵張家山漢簡概述」（『文物』一九八五年一期）、中国社会科学院簡帛研究中心編『張家山漢簡《二年律令》研究文集』（広西師範大学出版社、二〇〇七年）をはじめとする多くの研究がある。ここでは「暦譜」や『二年律令』の秩律、津関令、『奏讞書』の地域史に関連する論文を中心とする。

（11）前掲「江陵張家山三座漢墓出土大批竹簡」、『張家山漢墓竹簡〔二四七号墓〕』前言など。

（12）竹簡の特徴は、前掲「江陵張家山漢簡概述」や、冨谷至「江陵張家山二四七号墓出土竹簡——とくに『二年律令』に関して」（『木簡研究』二七、二〇〇五年）などに説明がある。

（13）明器の性格をもつことは、杉本憲司「漢墓出土の文書について」（『橿原考古学研究所論集』第五、一九七九年）に考察があり、死後の役割については多くの研究でふれている。

（14）たとえば李学勤「馬王堆帛書与《鶡冠子》」（『江漢考古』一九八三年二期）、拙稿「『史記』と中国出土書籍」（『史記戦国史料の研究』東京大学出版会、一九九七年）など。

（15）冨谷前掲「江陵張家山二四七号墓出土竹簡」、籾山明「『中国簡牘研究の現状』シンポジウム私見」（『木簡研究』二七、二〇〇五年）に説明がある。

（16）注（10）前掲「江陵張家山三座漢墓出土大批竹簡」。大庭脩「雲夢出土竹書秦律の概観」（『秦漢法制史の研究』創文社、一九八二年）では、私的に用いたものと考えている。竹笥に書を入れるケースは、包山楚墓、周家台三〇号秦墓、沅陵虎渓山一号漢墓にもみえている。

（17）湖北省文物考古研究所・雲夢県博物館「湖北雲夢睡虎地M七七発掘簡報」（『江漢考古』二〇〇八年四期）。

（18）大庭前掲「雲夢出土竹書秦律の概観」、本書の第十章「張家山漢簡『津関令』と漢墓簡牘」。

（19）漢代の改暦は『漢書』律暦志に記述があり、平勢隆郎『中国古代紀年の研究』第一章「天文・暦と紀年問題」（汲古書院、一九九六年）、川原秀樹「太初改暦と司馬遷」（『中国の科学思想』創文社、一九九六年）に考察がある。また趙翼『廿二史箚記』巻二「漢時諸王国各自紀年」は、漢初に東方の諸侯王が独自の紀年を採用したことを考証している。

（20）本書の第三章「戦国秦の南郡統治と地方社会」、第四章「里耶秦簡と秦代郡県の社会」。

（21）前掲「湖北雲夢睡虎地M七七発掘簡報」。

（22）『二年律令』の研究は、山田勝芳「張家山第二四七漢墓竹簡『二年律令』と秦漢史研究」（『日本秦漢史学会会報』三、二〇〇二年）にその意義を指摘しており、前掲『張家山漢簡《二年律令》研究文集』（二〇〇七年）には初期の成果が集約されている。

（23）曹旅寧『張家山漢律研究』（中華書局、二〇〇五年）では、暦譜の経歴や、恵帝の諱である「盈」を避けていないことなどから、高祖の「二年律令」ではないかと考えている。拙稿「秦漢帝国の成立と秦・楚の社会」（二〇〇三、『中国古代国家と郡県社会』汲古書院、二〇〇五年）では、『奏讞書』高祖六年の案件に、『二年律令』「賊律」の「賊殺人……棄市」（二一簡）、「謀賊殺、傷人、與賊同法」（二六簡など）の二条と同じ記載を引くことから、高祖時代の律令を追加したと想定している。もし最初の作成が高祖二年とすれば、それは漢王が関中に入り、秦の社稷を除いて、漢の社稷を立てた年である。

（24）漢代の制度は、大庭脩「漢王朝の支配機構」（一九七〇、前掲『秦漢法制史の研究』）、安作璋・熊鉄基『秦漢官制史稿』上下（斉魯書社、一九八五年）、周振鶴『西漢政区地理』（人民出版社、一九八七年）など参照。漢王朝が、秦始皇帝がめざした中央集権的な社会システムとなるのは、よく知られているように、景帝期の呉楚七国の乱（前一五四）をへて、司馬遷が仕えた武帝が即位したあとのことである。その改革が完成した武帝の太初元年（前一〇四）には、太陰太陽暦（旧暦）のもとになる太初暦（正月を歳首）を制定し、中央官制の名称を変更している。

（25）周振鶴「《二年律令・秩律》的歴史地理意義」（二〇〇三、『張家山漢簡《二年律令》研究文集』二〇〇七年）、拙稿前掲「秦漢帝国の成立と秦・楚の社会」（二〇〇三年）、森谷一樹「張家山漢簡秩律初探」（『洛北史学』六、二〇〇四年）、晏昌貴「《二年律令・秩律》与漢初政区地理」（『歴史地理』二一輯、二〇〇六年）、早稲田大学前掲「張家山二四七号漢墓竹簡訳注（三）――秩律訳注1」（『長江流域文化研究所年報』三、二〇〇五年）、専修大学前掲「張家山漢簡『二年律令』訳注（一一）」（『専修史学』四五、二〇〇八年）があり、前掲『二年律令與奏讞書』は諸説を注記している。

（26）王子今・劉華祝「説張家山漢簡《二年律令・津関令》所見五関」（二〇〇三、前掲『張家山漢簡《二年律令》研究文集』）に関所の考証がある。領域の変化は、大櫛敦弘「関中・三輔・関西――関所と秦漢統一国家」（『海南史学』三五、一九九七年）、同「秦および漢初の統一国家体制に関する一考察」（『東方学創立五十周年記念東方学論集』一九九七年）で、首都圏を取りまく関所のラインを指摘しており、拙稿前掲「秦漢王朝の成立と秦・楚の社会」でも展望している。

（27）獅子山楚王陵考古発掘隊「徐州獅子山西漢楚王陵発掘簡報」（『文物』一九九八年八期）、趙平安「対獅子山楚王陵所出印章封泥的再認識」（『文物』一九九九年一期）、耿建軍「試析徐州西漢楚王墓出土官印及封泥的性質」（『考古』二〇〇〇年九期）、徐州博物館、南京大学歴史学系考古専業『徐州北洞山西漢楚王墓』（文物出版社、二〇〇三年）、拙稿「《史記》与漢代諸侯王――

《張家山漢簡・秩律》与徐州楚王陵印章封泥」（『漢代文明国際学術研討会論文集』北京燕山出版社、二〇〇九年）。

(28) 彭浩「読張家山漢簡《行書律》」（『文物』二〇〇二年九期、前掲『張家山漢簡《二年律令》研究文集』）、陳偉「秦と漢初の文書伝達システム」（藤田勝久・松原弘宣編『古代東アジアの情報伝達』汲古書院、二〇〇八年）。

(29) 睡虎地秦簡がどこに適用されるかは、内史の性格をめぐって江村治樹、工藤元男、山田勝芳、重近啓樹氏らの議論があり、重近啓樹『秦漢税役体系の研究』附論一「秦の内史をめぐる諸問題」（汲古書院、一九九九年）に論点の整理がみえる。本書の第三章「戦国秦の南郡統治と地方社会」参照。

(30) 陳偉「張家山漢簡《津関令》渉馬諸令研究」（『考古学報』二〇〇三年一期）、前掲『二年律令與奏讞書』。津関令の配列と形式は、本書の第九章「張家山漢簡『津関令』と詔書の伝達」で一覧している。また専修大学前掲「張家山漢簡『二年律令』訳注（一二）津関令」（『専修史学』四六、二〇〇九年）がある。

(31) 張家山漢簡「置吏律」二一九～二二〇簡に、二〇〇〇石の官を通じて相国・御史に要請することを規定しており、津関令の形式と合致している。

(32) 李均明「漢簡所反映的関津制度」（『歴史研究』二〇〇二年三期）、陳偉前掲「張家山漢簡《津関令》渉馬諸令研究」など。

(33) 李学勤「《奏讞書》解説（上）」、彭浩「談《奏讞書》中的西漢案例」（以上、『文物』一九九三年八期）をはじめ、蔡万進『張家山漢簡《奏讞書》研究』（広西師範大学出版社、二〇〇六年）など。これらの諸説は、前掲『二年律令與奏讞書』で整理紹介されている。

(34) 池田雄一編『奏讞書——中国古代の裁判記録』（刀水書房、二〇〇二年）には前半の訳注と、前掲「江陵張家山漢簡概述」、李学勤「《奏讞書》解説（上）」、彭浩「談《奏讞書》中的西漢案例」の翻訳、関連の論文がある。また池田雄一『中国古代の律令と社会』第八章「漢代の讞制」、第九章「『奏讞書』概観」、第十章「『奏讞書』の構成観」（汲古書院、二〇〇八年）では、名称を「奏讞書」とすることや、案例の構成、裁判手続きなどを考察している。このほか飯尾秀幸「張家山漢簡『奏讞書』をめぐって」（『専修人文論集』五六、一九九五年）、学習院大学漢簡研究会の訳注（『中国出土資料研究』四、二〇〇〇年、『学習院史学』三九、二〇〇一年）などがある。小嶋茂稔「読江陵張家山出土『奏讞書』劄記」（『アジア・アフリカ歴史社会研究』二、一九九七年）は、全体を第一群：案件一～五、南郡の属県から中央の廷尉へ奏讞、第二群：案件六～一三、南郡以外から中央の廷尉へ奏讞、第三群：案件一四～二二、その他の書式に分類している。

(35) 池田雄一『中国古代の律令と社会』Ⅰ、第二章「春秋時代の治獄――魯・衛の新出土案例」。

(36) 本書の第五章「里耶秦簡の文書形態と情報処理」。

(37) 池田前掲「漢代の讞制」、蔡万進前掲『張家山漢簡《奏讞書》研究』第七章「《奏讞書》与秦末漢初歴史」九六～一〇三頁、拙稿前掲「秦漢王朝の成立と秦・楚の社会」。

(38) 彭浩『張家山漢簡《算数書》註釈』（科学出版社、二〇〇一年）のほか、張家山漢簡『算数書』研究会（大川俊隆、岡山茂彦、小寺裕、角谷常子、田村三郎、田村誠、張替俊夫、吉村昌之）編の訳注（『漢簡「算数書」――中国最古の算数書』朋友書店、二〇〇六年）、大川俊隆「張家山漢簡『算数書』研究会の発足にあたって」（『大阪産業大学論集』人文学科編一〇七、二〇〇二年）、彭浩著、大川俊隆訳「張家山漢簡『算数書』註釈緒論（訳）」上下（『大阪産業大学論集』人文学科編一〇七、一〇八、二〇〇二年）などがある。

(39)『蓋廬』の研究は、雲夢睡虎地七七号墓の伍子胥に関する書籍とともに、『史記』伍子胥列伝の伝承に関連している。また邵鴻『張家山漢簡《蓋廬》研究』（文物出版社、二〇〇七年）がある。

(40) 工藤前掲『睡虎地秦簡よりみた秦代の国家と社会』の第四章「睡虎地秦簡『日書』の基礎的検討」、第五章「『日書』を通してみた国家と社会」、終章「睡虎地秦簡よりみた戦国秦の法と習俗」など。

(41) 邢義田「漢代《蒼頡》《急就》、八体和『史書』問題――秦漢官吏如何学習文字」（『資料学の方法を探る』八、二〇〇九年）。

(42) 陳松長「岳麓書院新獲秦簡中的郡県名考釈」（『東アジア資料学の可能性模索』成均館大学校東アジア学術院、二〇〇八年八月）では、一四枚の資料を公表しており、そこに張家山漢簡『奏讞書』と関連する資料がある。また陳松長「岳麓書院所蔵秦簡綜述」（『文物』二〇〇九年三期）では、全体を日志、官箴、夢書、数書、奏讞書、律令雑抄に分類している。

(43) 拙稿「始皇帝と秦王朝の興亡」（『愛媛大学人文学会創立二十周年記念論集』、一九九六年）で指摘したように、『史記』秦始皇本紀は、中央の天文、祭祀儀礼や、戦乱などの資料が多く、これは里耶秦簡の地方行政の系統とは性格が異なっている。

(44) その例は、本書の第一章「中国古代の秦と巴蜀、楚」、第六章「里耶秦簡の文書と情報システム」で説明している。

(45) 拙稿「馬王堆帛書『戦国縦横家書』の構成と性格」（『史記戦国史料の研究』東京大学出版会、一九九七年）。

「津関令」釈文（『二年律令與奏讞書』上海古籍出版社、二〇〇七年の配列と校訂、一部は修訂本による。）

＊（　）は別字の読み替え、〔　〕は異体字の読み替えや、脱字を補ったもの。重複文字は、置き換えている。

1 一　御史言、越塞闌關、論未有令。●請闌出入塞之津關、黥爲城旦舂。越塞、斬左止（趾）爲城旦。吏卒主者弗得、贖耐。令・488 丞・令史罰金四兩。智（知）其請（情）而出入之、及假予人符傳、令以闌出入者、與同罪。非其所□爲□而擅爲傳出入津關、以□489 傳令・闌令論、及所爲傳者。縣邑傳塞、及備塞都尉・關吏・官屬・軍吏卒乘塞者、禁？其□弩・馬・牛出、田・波（陂）・苑？・牧、繕治490 塞、郵・門亭行書者得以符出入。●制曰、可。491
（四八八～四九一簡）

2 二　制詔御史。其令扜（扞）關・鄖關・武關、函谷〔關〕・臨晉關、及諸其塞之河津、禁毋出黄金・諸奠黄金器及銅。有犯令
（四九二簡）

3 □　制詔御史。其令諸關、禁毋出私金器・鐵。其以金器入者、關謹籍書。出、復以閲、出之。籍器・飾及所服者不用此令。
（四九三簡）

4 □　相國・御史請。緣關塞縣道羣盜・盜賊及亡人越關垣・離（籬）格（落）・塹・封・刊、出入塞界、吏卒追逐者得隨出入服跡窮追補。令494 將吏爲吏卒出入者名籍、伍以閲具、上籍副縣廷。事已、得道出入所出人（入）、盈五日不反（返）、伍人弗言將吏、將吏弗劾、皆以越塞令論之。495
（四九四～四九五簡）

5 □　相國上内史書言。請諸詐（詐）襲人符傳出入塞之津關、未出入而得、皆贖城旦舂。將吏智（知）其請（情）、與同罪。●御史以聞。●制496 曰、可。以闌論之。497
（四九六～四九七簡）

6 □　御史請。諸出入津關者、皆入傳、書〔郡・縣〕・里・年・長・物色・疵瑕見外者及馬職（識）物關舍人占者、津關謹閲、出

入之。縣官馬勿職（識）物　（四九八簡）

7□　制詔相國・御史。諸不幸死家在關外者、關發〔索〕之、不宜、其令勿〔索〕、具爲令。相國・御史請。關外人宦・爲吏若〔繇〕使・有事關中、500 不幸死、縣道若屬所官謹視收斂、毋禁物、以令若丞印封櫝槥、以印章告關、關完封出、勿〔索〕。櫝槥中有禁物、視收斂及封501 者、與出同罪。●制曰、可。499

（五〇〇～五〇一簡、四九九簡）

8九　相國下（上）內史書言。函谷關上女子廁傳、從子雖不封二千石官、內史奏、詔曰、入、令吏以縣次送至徙所縣。縣問、審有引書、毋怪、

（五〇二簡）

□□□等比。●相國・御史復請。制曰、可。

（五〇三簡）

9□　相國上中大夫書。請中大夫謁者・郎中執盾・執戟家在關外者、得私買馬關中。有縣官致上中大夫・郎中。中大夫・郎中爲書告津關、來復傳、504 津關謹閲出入。馬當復入不入、以令論。●相國・御史以聞。●制曰、可。505

（五〇四～五〇五簡）

10……議。禁民毋得私買馬以出扞（扜）關・鄖關・函谷〔關〕・武關及諸河塞津關。其買騎・輕車馬・吏乘・置傳馬者、縣各以所買506 名匹數告買所內史・郡守。內史・郡守各以馬所補名爲久久馬、爲致告津關。津關謹以藉（籍）・久案閲、出。諸乘私馬入而復以出、若出而當復入者、507 津關謹以傳案出入之。詐僞出馬、馬當復入不復入、皆以馬賈（價）訛過平令論、及賞捕告者。津關吏卒・吏卒乘塞者智（知）、弗告劾、510 與同罪。弗智（知）、皆贖耐。●御史以聞。制曰、可。511

（五〇六～五〇七簡、五一〇～五一一簡）

11十二　相國議。關外郡買計獻馬者、守各以匹數告買所內史・郡守。內史・郡守謹籍馬職（識）物・齒・高、移其守、及爲致告津關。津關案閲、509 出、它如律令。御史以聞。請許、及諸乘私馬出、馬當復入而死亡、自言在縣官、縣官診及獄訊審死亡、皆〔告〕津關。制曰、可。508

（五〇九簡、五〇八簡）

12十三　相國上內史書言。諸以傳出入津關而行產子、駒未盈一歲、與其母偕者、津關謹案實籍書出入。●御史以聞。制曰、可。

（五一二簡）

13十五　相國・御史請。郎騎家在關外、騎馬節（卽）死、得買馬關中人一匹以補。郎中爲致告買所縣道。縣道官聽、爲質（致）

告居縣、受數而籍書513 馬職（識）物・齒・高、上郎中。節（卽）歸休・〔繇〕使、郎中爲傳出津關。馬死、死所縣道官診上。其詐（詐）貿易馬及僞診、皆以詐（詐）僞出馬令論。其514 不得買及馬老病不可用、自言郎中。郎中案視、爲致告關中縣道官、賣更買。●制曰、可。515　（五一三～五一五簡）

14 十六　相國上長沙丞相書言。長沙地卑濕、不宜馬、置缺不備一駟、未有傳馬。請得買馬十、給置傳、以爲恆。●相國・御史以聞。請516 許給置馬。●制曰、可。517　（五一六～五一七簡）

15 □　相國上南郡守書言。雲夢附竇園一所在朐忍界中、佐？徒治園者出人（入）扜（扞）關、故巫爲傳、今不得。請以園印爲傳、扜（扞）關聽。　（五一八簡）

16 廿一　丞相上長信詹事書。請湯沐邑在諸侯屬長信詹事者、得買騎・輕車・吏乘・置傳馬關中、比關外縣。丞相、御史以聞。●制　（五一九簡）

17 廿二　丞相上魯御史書言。魯侯居長安、請得買馬關中。●丞相・御史以聞。制曰、可。　（五二〇簡）

18 ●丞相上魯御史書。請魯中大夫謁者得私買馬關中、魯御史爲書告津關、它如令。●丞相・御史以聞。制曰、可。　（五二一簡）

19 ●丞相上魯御史書。請魯郎中自給馬騎、得買馬關中、魯御史爲傳、它如令。丞相・御史以聞。制曰、可。　（五二二簡）

20 廿三　丞相上備塞都尉書。請爲夾谿河置關、諸漕上下河中者、皆發傳、及令河北縣爲亭、與夾谿關相直。●闌出入・越之、及吏523 卒主者、皆比越塞闌關令。●丞相・御史以聞。制曰、可。524　（五二三～五二四簡）

第九章　張家山漢簡「津関令」と詔書の伝達

はじめに

これまで資料学の試みの一つとして、文字資料の機能と、社会における情報伝達の原理を考えるために、秦漢時代の出土資料を検討してきた。第八章「長江流域社会と張家山漢簡」では、古墓に副葬された法令や文書、書籍が、地方官府の運営を補完し、社会を反映する資料であることを論じた。また「津関令」や『奏讞書』には、地方の情報をふくむことをみてきた。つぎに問題となるのは、漢王朝が地方郡県に文書を送付したあと、地方官府はどのように処理をして、下部の社会に伝達するかということである。その代表は、漢代皇帝の詔書を地方の吏民に伝達する過程である。これは皇帝の命令がもつ意義を考えるうえでも重要な課題となる。

皇帝の詔書について、『簡牘文書学』では書檄類の「書」に分類しており、命書、詔書、請詔書などの項目を説明している。(1) 詔書の作成と伝達では、大庭脩氏に居延漢簡の「元康五年詔書冊」を復元した研究がある。(2) ここでは詔書が作成される過程に三つの形式を想定して、法令の立法手続きや、西北地域へ伝達される過程を論証している。また大庭氏は、これらの形式が張家山漢簡「津関令」にみえることを指摘しており、これは詔書の作成と伝達について新たな視野を開くものである。(3) さらに馬怡氏は、詔書に関する分類を整理して、詔書には、策書・制書・誡勅（戒書）など多種の命令をふくむ広義の用法と、詔書を他の用語と区別する狭義の詔書があるといわれる。(4) このように漢代詔書の作成と伝達については、すでにいくつかの特徴が明らかにされている。しかし地方社会への伝達については、なお不明な点がある。

本章では、張家山漢簡「津関令」の用例を参考にしながら、漢代の詔書をめぐる伝達について検討する。ここでは史書と出土資料にみえる広義の詔書を対象として、（一）詔書の作成と発信、（二）その対象と内容、（三）吏民への周知という側面をとりあげる。そして皇帝の詔書が、どのように地方社会に受容されるかという問題を考えてみたいとおもう。

なお張家山漢簡「津関令」は、『張家山漢墓竹簡〔二四七号墓〕』（二〇〇一年）、『張家山漢墓竹簡〔二四七号墓〕』釈文修訂本（二〇〇六年）のほかに、陳偉氏が竹簡の配列を考証され、『二年律令與奏讞書』（二〇〇七年）では新しい配列による釈文を作成している。(5) ここでは『二年律令與奏讞書』の校訂をもとに、原簡の番号を記して考察することにしたい。

一　漢代詔書の作成と発信

中国では、秦の始皇帝が初めて「帝号」を称して、皇帝を中心とする中央官制を整え、全国にその命令を伝達したという。『史記』秦始皇本紀、二十六年（前二二一）条では、天下を統一したあと「皇帝」と号し、自称を「朕」、命を「制」、令を「詔」にしたと述べている。これについて里耶秦簡では、これまで皇帝の詔書や中央の命令は報告されていないが、木牘⑧455（長さ一二・五、幅二七・四センチ）に統一後の名称を読みかえる一覧が書かれていた。(6) そのなかに「以王令曰以皇帝詔」「承令曰承制」などの表現があり、『史記』の史実を証明している。

この皇帝を中心とする制度は、秦が滅んだあとも漢王朝にうけつがれている。漢王朝の初期には、西方の旧秦の地域を郡県制とし、東方に諸侯王の国を封建する郡国制を採用した。しかし景帝三年（前一五四）に呉楚七国の乱が起こったあと、王国の領地と権限を削減して、つぎの武帝の時代には、実質的な郡県制になったと位置づけられている。そして秦漢王朝は、皇帝を中心とする中央集権的な体制であるといわれる。

それでは皇帝を中心とする国家において、皇帝の命令は、どのように作成されるのだろうか。『史記』『漢書』には、詔書などの文書を引用しており、大庭脩氏は一連の研究で、詔書の立法手続きや、伝達の過程を明らかにしている。(7) 大庭氏は、詔書が作成される過程について、以下の三つのケースを想定している。

第一形式：皇帝自ら命令を下す。「布告天下使命知朕意」「以称朕意」などをふくむ

第二形式：官僚の献策が認可され、皇帝の命令として公布。奏請と制可の王言がつく

第三形式：官僚に立法を委託し、覆奏と制可の言。「具為令」「議為令」などをふくむ

また詔書が中央で作成され、その命令が法令となる立法手続きについては、居延漢簡の「元康五年詔書冊」の復元によって、中央から地方の辺郡（郡太守、都尉、県レベルの候官、下部）に至る文書の伝達を明らかにされた。その冊書の形態は、つぎの通りである。

御史大夫吉昧死言、丞相相上大常昌書言、大史丞定言、元康五年五月二日壬子日夏至、宜寝兵、大官抒井、更水火、進鳴鶏、謁以聞、布當用者。●臣謹案、比原泉御者、水衡抒大官御井、中二千石、二千石令官各抒別火　一〇・二七

官先夏至一日、以除隧取火、授中二千石・二千石官在長安・雲陽者、其民皆受、以日至易故火。庚戌寝兵、不聴事盡。」甲寅五日、臣請布、臣昧死以聞。　五・一〇

制曰可　〔ここまで詔書〕　三三二・二六
元康五年二月癸丑朔癸亥、御史大夫吉下丞相、承書從事下當」用者、如詔書　一〇・三三
二月丁卯、丞相相下車騎將軍・將軍・中二千石・二千石・郡大守・諸侯相、承書從事下當用者、如詔書　一〇・三〇
少史慶、令史宜王・始長
三月丙午、張掖長史延行大守事、肩水倉長湯兼行丞事、下屬國・農部都尉・小府・縣官、承書從事　一〇・三二
下當用者、如詔書／守屬宗助、府佐定
閏月丁巳、張掖肩水城尉誼以近次兼行都尉事、下候・城尉、承書從事下當
用者、如詔書／守卒史義　一〇・二九
閏月庚申、肩水士吏横以私印行候事、下尉・候長、承書從事下
當用者、如詔書／令史得　一〇・三一

この詔書の作成手順は、つぎのように説明されている。この冊書は、元康五年（前六一）に太常が丞相に申請した内容（五月二日が夏至に当たるので、水火を新しくする行事を行いたい）を、御史大夫が言うという形式であり、それを「制曰可」と認可されることで、詔書となっている。これは第二の形式である。大庭氏は、さらに「張家山二年律令簡中の津関令について」（二〇〇二年）などで、この第一、第二、第三形式の法令の立法手続きが、すべて「津関令」にみえることを指摘している。(8)この点を、もう少し確認しておこう。

津関令は、全部で一八条に分けられているが、そのうち一〇ヶ条には、簡頭に「一、二、九、十二、十三、十五、十六、廿一、廿二、廿三」という数字があり、本来は少なくとも二十三条の抜粋であることが推測できる。テキストは、『張家山漢墓竹簡』（二〇〇一年）と『張家山漢墓竹簡』釈文修訂本に対して、さらに『二年律令與奏讞書』では

配列を修正しており、それによって冒頭に対する末尾の部分が違うことになる。(9)

表1は、小組注釈と『二年律令與奏讞書』の配列を対照して「津関令」の形式を一覧したものである。ここでは配列の変更を比較できるようにしている。これによると津関令の形式は、大きく三つに区分できる。それは、①「制詔」の形式、②〜言、〜議、相国・御史請……＋制曰可の形式、③相国あるいは丞相上〜書言、「請〔あるいは諸〕……」＋制曰可、という三つの形式である。これを大庭氏の形式分類とくらべてみれば、ほぼ①が第一形式、②が第三形式、③が第二形式にあたる。

①の形式では、第二条が典型的で、大庭氏が第一形式とされたものである。つぎの条（五〇〇〜五〇一簡）は、冒頭は相国と御史に制詔しているが、文末に「具為令」とあり、後半に「相国・御史請。……」という文を追加している。したがって②の形式のように、「〜言、〜議」の文面はないが、大庭氏のいう第三形式にもあたるものである。

②の形式は、官僚に立法を委託した文は省略されているが、議論の結果、原案が出され、それを「制曰可」で許可する内容となっている。③の形式は、大庭氏がいわれるように、官僚の献策が認可され、皇帝の命令として公布される例である。この献策をする官僚には、内史と中大夫、南郡守、長信詹事、備塞都尉があり、そのほか長沙国の丞相、魯御史がいる。

このように中央と地方の二〇〇〇石の長官が、法令の申請をおこない、相国と御史が上言することは、「置吏律」（二一九〜二二〇簡）にみえている。これが③の形式の根拠となる。

縣道官有請而當爲律令者、各請屬所二千石官。二千石官上相國・御史、相國・御史案致、當請、請之、毋得徑請者。徑請者、罰金四兩。

県道の官で請求して律令にしたいという者が有れば、各々、属所の二千石官に請求せよ。二千石の官は相国と御史に上奏し、相国と御史は致（文書）を案じて、まさに請求すべきものは、これを請求し、属所を越えて請求（徑請）してはならない。徑請する者は、罰金四両とせよ。

また「津関令」にみえる長官のうち、下線を引いた官僚は、「秩律」（四四〇～四四一簡）の二千石の官にみえている。(10) ただし王国の丞相と魯御史はみえない。

御史大夫、廷尉、内史、典客、中尉、車騎尉、大僕、長信詹事、少府令、備塞都尉、郡守・尉、衛将軍、衛尉、漢中大夫令、漢郎中、奉常（のち太常）

「津関令」の条文は、作成された年代を記していないが、中央で法令が作成される過程を示している。ここでは前半に相国がみえており、後半には丞相と記す傾向がある。また津関令は、内史とその周辺にかかわる交通と治安維持などの内容であるが、南郡の治所にあたる江陵県で出土していることから、中央の法令が地方官府に伝達されたことを具体的に証明している。こうしてみると、先にみた居延漢簡「元康五年詔書冊」は、まず太常（二〇〇〇石）の属官である太史丞が原案としたものを、太常を通じてその申請を上奏し、それを丞相が奏聞して、御史大夫が「制曰可」の詔書を下達するというパターンであることがわかる。これは津関令でみたように、③形式の手続きとまったく同じである。

このようにして作成された詔書は、二月に中央の御史大夫、丞相をへて、全国の車騎将軍、将軍、中二千石、二千石、郡太守、諸侯王の相に発信されている。これは発信の原理からみれば、出土したエチナ川流域のA三三地湾（肩水候官）だけではなく、同じように東西の郡・国の官府に伝達されることになる。この文書が、三月下旬に西域にある張掖郡に到達し、閏月に張掖郡の肩水都尉、肩水候まで伝えられ、その下部に伝達する控えで終わっている。

表1　張家山漢簡「津関令」の形式

作成による形式の区分	簡号	修正簡号
①「制詔」の形式 二、制詔御史、其令〔扜〕関、鄖関、武関……	492	同
□　制詔御史、其令諸関……。	493	同
□　制詔相国・御史、諸……具為令。相国・御史請、……	500～501	500, 501, 499
②～言、～議、相国・御史請……＋制曰可の形式 一御史言、……。請……。●制曰、可。	488～491	同
□　御史請、諸……。〔●制曰可。〕	498～499	498
……議、……。御史以聞、請許。……。〔制曰可。〕	506～508	506, 507, 510, 511
十二、相国議、……。〔●御史以聞。制曰可。〕	509～511	509, 508
□　相国・御史請縁関塞県道……	494～495	同
十五、相国・御史請、……。●制曰可。	513～515	同
③相国、丞相上～書言、請〔諸〕…＋制曰可の形式 □　相国上内史書言、請……。●御史以聞。 ●制曰、可。以闌論之。	496～497	同
九、相国下（上）内史書言、……内史奏。詔曰、……。 〔●相国・御史復請。制曰可。〕	502～503	502 503
□　相国上中大夫書、請……。●相国・御史以聞。 ●制曰可。	504～505	同
十三、相国上内史書言、諸……。●御史以聞。制曰可。	512	同
十六、相国上長沙丞相書言、……。●相国・御史以聞。 請……。●制曰可。	516～517	同
□　相国上南郡守書言、……請……	518	同
廿一、丞相上長信詹事書、請……。丞相、御史以聞。●制	519	同
廿二、丞相上魯御史書言、……請……。 ●丞相、御史以聞。制曰可。	520	同
●丞相上魯御史書、請……。●丞相、御史以聞。制曰可。	521	同
●丞相上魯御史書。「請……」丞相、御史以聞。制曰可。	522	同
廿三、丞相上備塞都尉書、請……。 ●闌出入越之。……皆比越塞闌関令。 ●丞相、御史以聞。制曰、可。	523～524	同

＊修正は『二年律令與奏讞書』の変更を示し、本文を〔　〕で区別した。

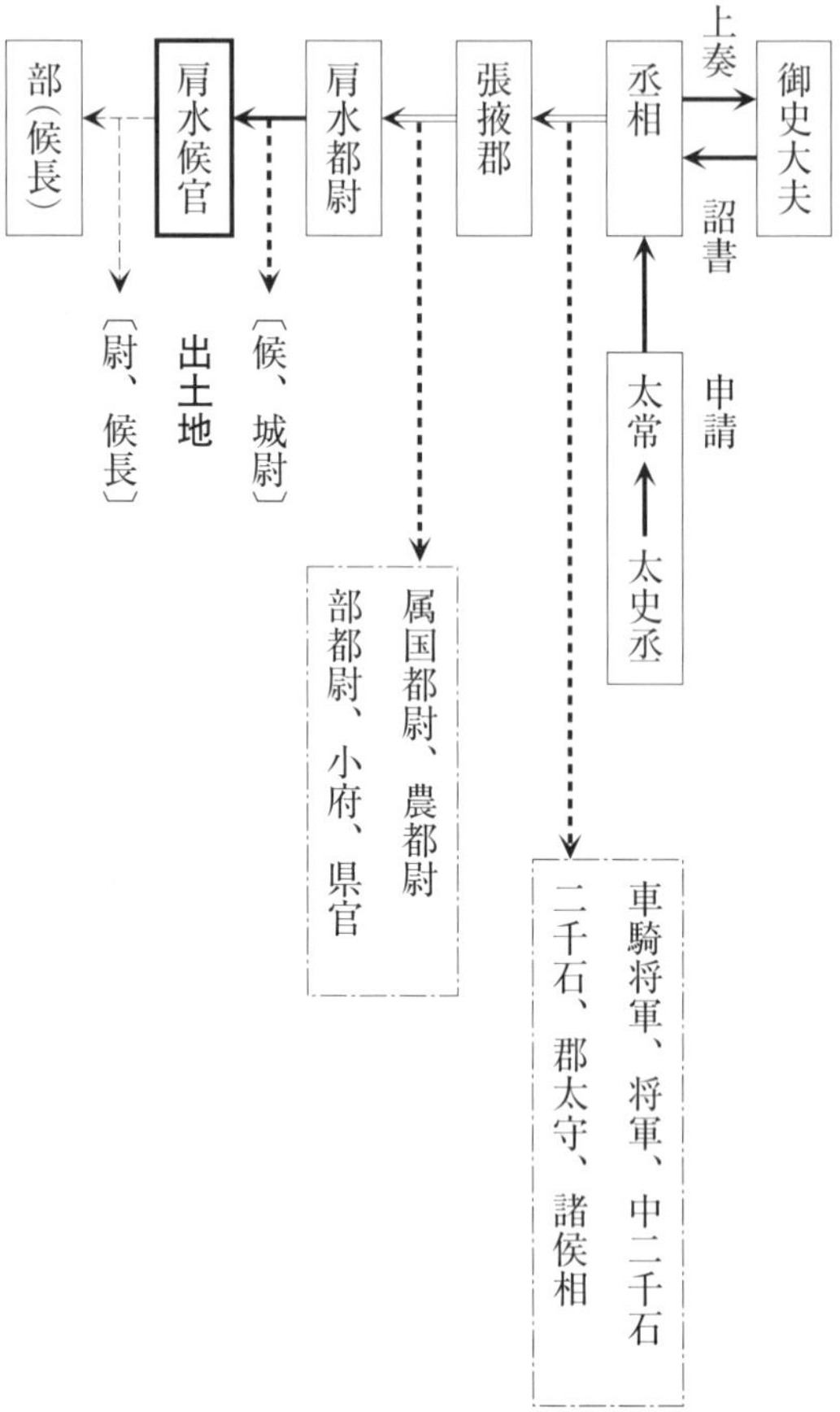

この場合は、皇帝の詔書が全国の郡・国に伝達されており、その数は『漢書』地理志、『続漢書』郡国志のデータによれば、つぎのような数量になる。（　）内は注に引く『東観書』（『東観漢記』）の記載による。

郡・国一〇三―県・道・国・邑一五八七―郷六六二二　―　亭二九六三五

郡・国一〇五―県・道・国・邑一一八〇―郷（三六八二）―亭（一二四四二）

したがって漢代地方への文書は、少なくとも郡・県の官府をあわせて、一七〇〇近くの文書が作成される。これらの官府では、文書の保存と書写の処理をして、さらに下部の機構と郷などの社会へ伝達することになる。ただし注意されるのは、「元康五年詔書冊」は候官から下部に発信する形態で終わっていることから、これが候官の控えの記録であり、文書の原本ではないということである[11]。

この詔書の伝達と同じように、中央の文書が全国の地方に伝達される過程を示すのは、敦煌懸泉置の『失亡伝信冊』である[12]。この冊書は、元帝の永光五年（前三九）六月乙亥（三日）に、長安の御史大夫が発信した文書で、紛失した伝信に対する処置を命じたものである。この文書では御史大夫の鄭弘が、車騎将軍と将軍、中二千石と二千石の官、地方の郡太守、諸侯王国の相などに発信し、それが敦煌郡に到着し、太守府では、七月庚申（十八日）に下部の部都尉に伝達して、県官への通達を出している。そして七月辛酉（十九日）に、效穀県の守長たちが、下部の尉に告げ、郷と置への通達を命じている。したがって詔書の例ではないが、ここでも同じように、中央の文書が全国の郡県と諸侯王国に伝達する形式となっている。ただし懸泉漢簡では、敦煌郡のあと都尉系統と県の系統があり、さらに複数に分岐している。

また懸泉漢簡では、ただちに中央から敦煌郡に伝達され、そこから県レベル以下に伝達されるケースがある。いま「康居王使者冊」で、中央から地方に伝達される部分（ⅡT0216②881～883）を示せば、つぎの通りである[13]。

永光五年六月癸酉朔癸酉、使主客部大夫謂侍郎、當移敦煌太守、書到驗問言狀。事當奏聞、毋留、如律令。　八八一簡

七月庚申、敦煌太守弘・長史章・守部候脩仁行丞事、謂縣、寫移、書到具移康居蘇擅王使者楊伯刀等獻槖佗食用穀數、會月廿五日、如律令。／掾登・屬建・書佐政光　八八二簡

七月壬戌、效穀守長合宗、守丞・敦煌左尉忠謂置、寫移、書到具寫傳馬止不食穀、詔書報會月廿三日、如律令。／掾宗・嗇夫輔　八八三簡

ここでは中央の命令が、大鴻臚の使主客から、郎中令に属する侍郎を通じて、敦煌太守に直接に伝達する形式となっている。これによれば、漢長安城から敦煌までリレー式に逓送するとしても、その中身は開封されないことになる。そして敦煌太守府から、所轄の各県に伝達されるが、懸泉置が位置する效穀県は敦煌郡の治所よりも東側にある。したがって中央の文書は、いったんは效穀県を通過して、郡の治所からふたたび伝達されることになる。この文書が、效穀県の官府から懸泉置に送られている。

このように漢代詔書の伝達と、中央から発信された文書の伝達をみると、まず全国の郡・国に放射状に伝達され、それを郡県の官府で書写して、下部の機構や施設、郷里に伝達することが推測される。しかし「康居王使者冊」のように、中央から直接に敦煌郡に送られ、それが所轄の各県に伝達されるケースがある。したがって詔書など公文書の伝達は、その内容に応じて全国の必要な官府に伝達される場合と、必要な官府に直接に送る場合とがあろう。また地方官府の側でも、さらに下部の機構や施設と、民政系統の郷に伝達する場合と、居延漢簡のように、それとは別に軍政系統に伝達する場合がある。

伝達ルートに関連して、郡の官府から伝達する文書では、秦代の里耶秦簡に二つのケースがみえている[14]。一つは、⑯5、6の木牘で、これは洞庭郡から所轄の各県に送られている。もう一つは、⑨1～12の木牘のように、洞庭郡から直接に遷陵県に送られる場合がある。これらもまた、内容に応じて広く所轄の県に伝達する場合と、直接に該当する県に送るケースがあることを示している。

以上のように、漢代の詔書と他の文書の伝達をみると、中央の文書は内郡や諸侯王国の官府だけではなく、武帝期以降に領土となった河西四郡の方面と同じように、南北辺境の郡や、東方の楽浪郡などにも伝えられるという状況が想定できるであろう。これは詔書の伝達に関して、全体的なイメージを与えるものである。

二　『史記』『漢書』の詔書

つぎに漢代詔書の内容について考えてみよう。『史記』『漢書』には詔書の内容を収録しているが、具体的な形式を知るには注意しておくことがある。それは『史記』『漢書』で表記が異なっていたり、また「詔曰」と記していても、その文面が省略されていることである。山田勝芳氏は、『漢書』が詔令を多く利用しながら、本文で文字を改めた可能性があり、『史記』のほうがもとの詔令に忠実な場合があると指摘している(15)。

たとえば『史記』孝文本紀、景帝元年十月条には、つぎのような記事がある。

孝景皇帝元年十月、制詔御史。蓋聞古者……朕甚懼焉。其爲孝文皇帝廟爲昭徳之舞、以明休徳。然后祖宗之功徳、著於竹帛、施于萬世。……其與丞相・列侯・中二千石・禮官具爲禮儀奏。丞相臣嘉等言。陛下永思孝道……。臣謹議……歳獻祖宗之廟、請著之竹帛、宣布天下。制曰可。

しかし『漢書』景帝紀、元年冬十月条には、同じ内容をつぎのように記している。

元年冬十月、詔曰。蓋聞古者……朕甚懼焉。其爲孝文皇帝廟爲昭徳之舞、以明休徳。然后祖宗之功徳、施于萬世。……其與丞相・列侯・中二千石・禮官具禮儀奏。丞相臣嘉等奏曰。陛下永思孝道……。臣謹議……諸侯王列侯使者侍祠天子所獻祖宗之廟。請宣布天下。制曰可。

これは崩御した文帝の廟の礼儀に対する命令であるが、『史記』と『漢書』では少し文章が違っている。つまり『史記』では「制詔御史」「著於竹帛……請著之竹帛」のように作成の原型を残しているが、『漢書』では「詔曰」と記し、「著於竹帛」という表現を省いている。この「竹帛に著す」とは、後世に残すことを意味している(16)。

また『漢書』では、一見すると紀年記事のようにみえる資料も、その内容からみれば、詔書の命令の本文だけを記載したとおもわれる形式がある。そこで史書では、一部を収録した場合があり、そこからすべての詔書を復元することには制約があるが、詔書に関する内容を知ることはできる。なお『史記』では、孝景本紀と孝武（今上）本紀は、司馬遷が作成したあと失われた篇で、後世に補足されたといわれている。[17] ここでは『漢書』武帝紀を基礎として、『史記』『漢書』の本紀を補足することにしたい。

『漢書』武帝紀には、詔書と確認できるもので、つぎの三〇例がある。ただし詔書に、二つの内容がある場合などは一例とみなした。これらを分類すると、以下のようになる。

1建元元年（前一四〇）任用。2恩沢。3祭祀。4兵事・救済。

5元光元年（前一三四）対策・任用。6元光二年、兵事。7元光六年、兵事・恩赦。

8元朔元年（前一二八）教化。9元朔元年、恩赦。10元朔二年、諸侯王。11元朔三年、恩赦。12元朔五年、教化・任用。13元朔六年、兵事・褒賞。

14元狩元年（前一二二）使者・恩沢。15元狩六年、使者の巡行・任用・恩沢。

16元鼎二年（前一一五）使者の巡行・救済。17元鼎四年、祭祀儀礼。18元鼎五年、祭祀儀礼。

19元封元年（前一一〇）兵事。20元封元年、兵事・徙民。21元封元年、祭祀儀礼。22元封元年、儀礼・恩沢。

23元封二年、恩赦・恩賜。24元封五年、祭祀・恩沢。25元封五年、任用。26元封六年、恩赦・恩沢。

27太初二年（前一〇四）、祭祀・恩赦。28天漢二年（前九九）、治安・交通。

29太始二年（前九五）、瑞祥・恩賜。30後元元年（前八八）、瑞祥・恩赦。

武帝期には、即位の元年に出される詔書のほか、巡行と泰山封禅や、匈奴との戦争、黄河の氾濫があるため、それに関連して出された詔書がある。詔書の内容は、①教化や対策と任用、②祭祀儀礼、③兵事と治安維持、④使者の派遣、⑤恩赦・恩沢、救済に関するものであり、これらは重なるものも多い。

たとえば①では、1が賢良・方正・直言極諫の士を推挙させるもので、任用に関係している。5は、賢良に古今の王事を文書で出させるように命じており、このとき董仲舒や公孫弘が対策を出している。12は、太常の官に博士弟子の制度を設けることを議論させている。②では、3が山川祭祀にかかわり、17と18、21、22、24、26、27は一連の天地の祭祀や封禅と関連しており、恩沢の命令を追加するものがある。③では、4が衛士の削減であるが、また養馬の苑を貧民に賜うことを追加している。6、7、13は匈奴対策に関連しており、一部に恩赦や褒賞を追加している。19、20は南越や東越に関連している。28は、治安維持と交通に関する命令であることが注目される。

④では、経済政策の混乱や、災害にともなう使者の派遣があり、ここでは広い意味での恩沢や救済をともなう場合がある。これは地方の吏民に関係する内容である。また庶民に関係するのは、⑤の詔書であり、ここでは税役の免除や、恩赦、救済に関するものがある。

以上のような詔書を、下される対象に分類してみると、A中央官府と諸侯王、B地方の官吏と庶民に大きく分けることができる。このうちAにあたるものは、皇室や諸侯王、官僚に対する制詔であり、①教化や対策と任用、②祭祀、儀礼（恩赦、恩沢をふくむ）がある。これらは皇室や諸侯王、官僚、官吏などへの命令、規定であり、一般の民衆に対するものではない。Bにあたるものは、地方の官吏に対するものがある。ただし③兵事や治安維持に関する命令は、官吏を対象とするものであっても、同時に庶民の交通に関連している。たとえば28天漢二年の冬十一月の詔は、関都尉に対して、豪傑が遠交する東方の群盗などの出入を厳しく検察するように命じている。これは漢代初期の張家山漢簡「津関令」や『史記』孝景本紀、『漢書』景帝紀の規定と通じるものであり、庶民の通行にも関連している。(18)

表2　『漢書』武帝紀の詔書

年代	記事の内容	区分
1 建元元年 前140	冬十月。詔丞相・御史・列侯・中二千石・二千石・諸侯相擧賢良方正直言極諫之士。	任用
2 建元元年	夏四月己巳。詔曰、……今天下孝子順孫願自竭盡以承其親。外迫公事、内乏資財、是以孝心闕焉。朕甚哀之。民年九十以上、已有受鬻法、為復子若孫、令得身帥妻妾遂其供養之事。	恩沢
3 建元元年	五月。詔曰、河海潤千里。其令祠官修山川之祠、為歳事、曲加禮。	祭祀
4 建元元年	秋七月。詔曰、衛士転置送迎二萬人、其省萬人。罷苑馬、以賜貧民。	兵事・救済
5 元光元年 前134	五月。詔賢良曰、……賢良明於古今王事之體、受策察問、咸以書対、著之於篇、朕親覧焉。於是董仲舒・公孫弘等出焉。	対策
6 元光二年 前133	春。詔問公卿曰、朕飾子女以配単于、金幣文繡賂之甚厚。単于待命加嫚、侵盜亡已、邊境被害。朕甚閔之。今欲擧兵攻之。何如。大行王恢建議宜擊。	兵事
7 元光六年 前129	詔曰、夷狄無義、所従来久。間者匈奴数寇邊境、故遣将撫師。……其赦雁門・代郡軍士不循法者。	兵事・恩赦
8 元朔元年 前128	冬十一月。詔曰、公卿大夫、所使總方略、壹統類、広教化、美風俗也。……其與中二千石・禮官・博士議不擧者罪。	教化
9 元朔元年	春三月甲子。立皇后衛氏。詔曰、朕聞……。其赦天下。與民更始。諸逋貸及辞訟在孝景後三年以前、皆勿聽治。	恩赦
10元朔二年 前127	春正月。詔曰、梁王・城陽王親慈同生、願以邑分弟、其許之。諸侯王請與子弟邑者、朕将親覧、使有列位焉。	諸侯王
11元朔三年 前126	三月。詔曰、夫刑罰所以防姦也、内長文所以見愛也。以百姓之未洽于教化、朕嘉與士大夫日新厥業、祗而不解。其赦天下。	恩赦
12元朔五年 前124	夏六月。詔曰、……今禮壊楽崩、朕甚閔焉。故詳延天下方聞之士、咸薦諸朝。其令禮官勧学、講議洽聞、擧遺興禮、以為天下先。太常其議予博士弟子、崇郷黨之化、以厲賢材焉。	教化・任用
13元朔六年 前123	六月。詔曰、朕聞……今中国一統而北邊未安、朕甚悼之。日者大将軍巡朔方、征匈奴、斬首虜萬八千級。諸禁錮及有過者、咸蒙厚賞、得免減罪。今大将軍仍復克獲、斬首虜萬九千級、受爵賞而欲移賣者、無所流貤。其議為令。	兵事・褒賞
14元狩元年 前122	四月丁卯。……詔曰、……其遣謁者巡行天下、存問致賜。曰、皇帝使謁者賜県三老・孝者帛、人五匹。郷三老・弟者・力田帛、人三匹。年九十以上及鰥寡孤獨帛、人二匹、絮三斤。八十以上米、人三石。有冤失職、使者以聞。県郷即賜、毋贅聚。	使者・恩沢
15元狩六年 前117	六月。詔曰、……今遣博士大等六人分循行天下、存問鰥寡廃疾、無以自振業者貸與之。諭三老孝弟以為民師、擧獨行之君子、徴詣行在所。……広宣厥道、士有特招、使者之任也。詳問隠處亡位、及冤失職。姦猾為害、野荒治苛者、擧奏。郡国有所以為便者、上丞相・御史以聞。	使者・任用・恩沢

年代	記事の内容（武帝つづき）	区分
16元鼎二年 前115	秋九月。詔曰、……今京師雖未為豊年、山林池澤之饒與民共之。今水潦移於江南、迫隆冬至、朕懼其飢寒不活。江南之地、火耕水耨、方下巴蜀之粟致之江陵。遣博士中等分循行、諭告所抵、無令重困。吏民有振救飢民免其戹者。具擧以聞。	使者・救済
17元鼎四年 前113	十一月甲子。立后土祠于汾陰脽上。禮畢、行幸滎陽。還至洛陽、詔曰、祭地冀州、瞻望河洛、巡省豫州、覩于周室、邈而無祀。詢問耆老、乃得孽子嘉。其封嘉為周子南君、以奉周祀。	祭祀・儀礼
18元鼎五年 前112	十一月辛巳朔旦、冬至。……詔曰、……朕甚念年歳未咸登、飭躬斎戒、丁酉、拜況于郊。	祭祀・儀礼
19元封元年 前110	冬十月。詔曰、南越・東甌咸伏其辜、西蛮北夷頗未輯睦、朕将巡邊垂、擇兵振旅、躬秉武節、置十二部将軍、親帥師焉。	兵事
20元封元年	東越殺王餘善降。詔曰、東越險阻反覆、為後世患、遷其民於江淮間。	兵事・徙民
21元封元年	春正月。行幸緱氏、詔曰、朕用事華山、至於中嶽、獲駮麃、見夏后啓母石。……其令祠官加增太室祠、禁無伐其草木。以山下戸三百為之奉邑、名曰崇高、獨給祠、復亡所與。	祭祀・儀礼
22元封元年	夏四月癸卯。上還、登封泰山、降坐明堂。詔曰、……遂登封泰山、至於梁父、然後升禮肅然。自新、嘉與士大夫更始、其以十月為元封元年。行所巡至、博・奉高・蛇丘・歴城・梁父、民田租逋賦貸、已除。加年七十以上孤寡帛、人二匹。四県無出今年算。賜天下民爵一級、女子百戸牛酒。	儀礼・恩沢
23元封二年 前109	六月。詔曰、甘泉宮内中産芝、九莖連葉。……其赦天下、賜雲陽都百戸牛酒。	恩赦・恩賜
24元封五年 前106	夏四月。詔曰、……上天見象、増修封禅。其赦天下。所幸県毋出今年租賦、賜鰥寡孤獨帛、貧窮者粟。	祭祀・恩沢
25元封五年	詔曰、蓋有非常之功、必待非常之人……。其令州郡察吏民有茂材異等可為将相及使絶国者。	任用
26元封六年 前105	三月。行幸河東、祠后土。詔曰、……其赦汾陰殊死以下、賜天下貧民布帛、人一匹。	恩赦・恩沢
27太初二年 前103	夏四月。詔曰、朕用事介山、祭后土、皆有光応。其赦汾陰・安邑殊死以下。	祭祀・恩赦
28天漢二年 前99	冬十一月。詔関都尉曰、今豪傑多遠交、依東方羣盜。其謹察出入者。	治安・交通
29太始二年 前95	三月。詔曰、有司議曰……宜改故名。今更黄金為麟趾褭蹏以協瑞焉。因以班賜諸侯王。	瑞祥・恩賜
30後元元年 前88	二月。詔曰、朕郊見上帝、巡于北邊、見羣鶴留止、以不羅罔、靡所獲献。……其赦天下。	瑞祥・恩赦

四年（前一五三）……後九月……復置津關、用傳出入。（『史記』孝景本紀）

四年春、復置諸關用傳出入。……中元四年（前一四六）……御史大夫綰奏禁馬高五尺九寸以上、齒未平、不得出關。（『漢書』景帝紀）

これに対して、④使者の派遣、⑤恩赦・恩沢、救済に関する詔書は、地方の庶民に直接関連している。したがって民に関する詔書は、あらゆる機会に出されたり、すべての民政に及ぶものではないことがわかる。それは基本的にいえば、皇帝がほどこす恩沢にあたる範疇がもっとも多いといえよう。

この点を『史記』孝文本紀、『漢書』景帝紀によって補足してみよう。**表3**は『史記』孝文本紀の詔書に関する記事を一覧したものである。ここで「上曰く」の部分は、『漢書』文帝紀に「詔」と表記する場合が多い。また4の「賜天下鰥寡孤獨窮困及年八十已上孤兒九歳已下布帛米肉各有数」は、『漢書』で詔となっている。したがって、これらは詔書の全てではないが、その概略をうかがうことはできる。これによると文帝期では、詔書が発布されるのは、皇帝の即位、皇太后を迎えたこと、太子を立てたこと、十三年以降に儀礼や瑞祥に対応する場合がある。その対象は、A中央官府と諸侯王では、①に関する功臣の加封や、諸侯王・列侯への対応、②祭祀儀礼、③兵事などの内容がある。B地方に関するものでは、③兵事に関連して、6二年十二月の「上曰く」に、太僕の余分の馬を伝置に供給することを命じている。あとは⑤恩赦・恩沢などであるが、民に関するものは少ない。なお『漢書』文帝紀は、ほぼ『史記』孝文本紀と同じ構成であるが、一部を省略し、別の記事と詔書を追加している。詔書の追加は、十二年三月に租税の半免と、三老・孝・弟・力田への恩賜や、後元元年三月に災害に対する救済を議論させたものがある。

表4『漢書』景帝紀の詔書では、呉楚七国の乱や、官吏の不正・紀律に関する内容は、諸侯王国の人々や、官吏に対するものである。後二年四月の詔は、官吏の不正を上聞させるものであるが、ここに「布告天下、使明知朕意」と

表３　『史記』孝文本紀の詔書

年代	記事の内容	区分
1 即位年	於是夜下詔書曰、……朕初即位、其赦天下、賜民爵一級、女子百戸牛酒、酺五日。	恩赦・恩沢
2 文帝元年 前179	十月……壬子。……皇帝曰、〔論功行賞〕。十二月。上曰、……其議之。……有司皆曰、……請奉詔書、除收帑諸相坐律令。	恩沢
3 元年	正月……請立太子。上曰、……有司曰、……上乃許之。因賜天下民當代父後者爵各一級。	恩沢
4 元年	三月。……上為立后故、賜天下鰥寡孤獨窮困及年八十已上孤兒九歳已下布帛米肉各有数。……上曰……諸従朕六人、官皆至九卿。上曰、列侯従高帝入蜀・漢中者六十八人皆益封各三百戸。	恩沢・功臣の加封
5 二年 前178	十月……上曰、……今列侯多居長安、邑遠、吏卒給輸費苦、而列侯亦無由教馴其民。其令列侯之国、為吏及詔所止者、遣太子。	列侯
6 二年	十二月望……上曰、……今縱不能罷邊屯戍、而又飭兵厚衛、其罷衛将軍軍。太僕見馬遺財足、餘皆以給傳置。	兵事・交通
7 二年	正月。上曰、農天下之本。其開籍田、朕親率耕、以給宗廟粢盛。	儀礼
8 二年	三月。有司請立皇子為諸侯王。上曰、……上曰、……今法有誹謗妖言之罪……。自今以来、有犯此者勿聴治。	諸侯・恩沢
9 三年 前177	十一月。上曰、前日計遣列侯之国、或辞未行。丞相朕之所重、其為朕率列侯之国。	列侯
10 三年	六月。帝曰、漢與匈奴約為昆弟、毋使害邊境、所以輸遺匈奴甚厚。……其発邊吏騎八萬五千詣高奴、遣丞相潁陰侯灌嬰撃匈奴。	兵事
11 三年	七月辛亥。帝自太原至長安。迺詔有司曰、……済北吏民兵未至先自定、及以軍地邑降者、皆赦之、復官爵。與王興居去来、亦赦之。	諸侯王・恩赦
12 六年 前174	有司言、淮南王長廃先帝法、不聴天子詔。……。羣臣議皆曰、長當弃市。帝不忍致法於王、赦其罪、廃勿王。羣臣請處王蜀厳道・邛都、帝許之。	諸侯王
13 十三年 前167	夏。上曰、……今秘祝之官移過于下、以彰吾之不徳、朕甚不取。其除之。	儀礼・恩沢
14 十三年	五月。斉太倉令淳于公有罪當刑、詔獄逮徙繋長安。……書奏天子、天子憐悲其意。乃下詔曰、……夫刑至断支體、刻肌膚、終身不息。何其楚痛而不徳也、豈称為民父母之意哉。其除肉刑。	恩沢
15 十三年	上曰、農天下之本、務莫大焉。今勤身従事而有租税之賦、是為本末者毋以異、其於勧農之道未備。其除田之租税。	恩沢
16 十四年 前166	春。上曰、……今吾聞祠官祝釐、皆帰福朕躬、不為百姓、朕甚愧之。……其令祠官致敬、毋有所祈。	儀礼
17 十五年 前165	於是上乃下詔曰、有異物之神見于成紀、無害於民、歳以有年。朕親郊祀上帝諸神。禮官議、毋諱以労朕。	瑞祥・儀礼
18 後六年 前158	天下旱、蝗。帝加恵、令諸侯毋入貢、弛山澤、減諸服御狗馬、損郎吏員、発倉庾以振貧民、民得売爵。	救済・恩沢

表4　『漢書』景帝紀の詔書

年代	記事の内容	区分
1 景帝元年 前156	春正月。詔曰、間者歳比不登、民多乏食、夭絶天年、朕甚痛之。……其議民欲徙寛大地者、聴之。	徙民
2 元年	秋七月。詔曰、吏受所監臨、以飲食免、重。受財物、賤買貴売、論軽。廷尉與丞相更議著令。廷尉信謹與丞相議曰。……	官吏の刑罰
3 三年 前154	冬十二月。詔曰、襄平侯嘉子恢説不孝、謀反、……大逆無道。其赦嘉為襄平侯、及妻子當坐者復故爵。論恢説及妻子如法。	列侯の恩赦
4 三年	夏六月。詔曰、乃者呉王濞等為逆。……今濞等已滅、吏民當坐濞等及逋逃亡軍者、皆赦之。楚元王子蓺等與濞等為逆、朕不忍加法、除其籍。毋令汙宗室。	諸侯王の恩赦
5 中元五年 前145	九月。詔曰、法令度量、所以禁暴止邪也。獄、人之大命、死者不可復生。…諸獄疑、若雖文致於法而於人心不厭者、輒讞之。	官吏の犯罪
6 中元六年 前144	五月。詔曰、夫吏者、民之師也。車駕衣服宜称。吏六百石以上、皆長吏也、亡度者或不吏服、出入閭里、與民亡異。令長吏二千石車朱両轓、千石至六百石朱左轓。車騎従者不称其官衣服、下吏出入閭巷亡吏體者、二千石上其官属、三輔擧不如法令者、皆上丞相御史請之。	官吏の紀律
7 後元年 前143	春正月。詔曰、獄、重事也。人有智愚、官有上下。獄疑者讞有司。有司所不能決、移廷尉。有令讞而後不當、讞者不為失。欲令治獄者務先寛。	犯罪の審議
8 後二年 前142	夏四月。詔曰、……今歳或不登、民食頗寡、其咎安在。或詐偽為吏、吏以貨賂為市、漁奪百姓、侵牟萬民。県丞、長吏也、奸法與盗盗、甚無謂也。其令二千石修其職、不事官職耗乱者、丞相以聞、請其罪。布告天下。使明知朕意。	官吏の不正
9 後二年	五月。詔曰、……今訾算十以上乃得宦、廉士算不必衆。有市籍不得宦、無訾又不得宦、朕甚愍之。訾算四得宦、亡令廉士久失職、貪夫長利。	官吏の任用
10後三年 前141	春正月。詔曰、農天下之本也。……間歳或不登、意為末者衆、農民寡也。其令郡国務勧農桑、益種樹、可得衣食物。吏発民若取庸采黄金珠玉者、坐臧為盗。二千石聴者、與同罪。	勧農・官吏の不正

いう文面がある[19]。地方の吏民に関する内容は、やはり⑤の恩沢である。したがって文帝、景帝期では、A中央官府と諸侯王、官僚と官吏に関する内容は、武帝期とほぼ同じ傾向をもっている。これは文書による伝達が可能である。これに対して、B地方の庶民に関する詔書は、とくに⑤恩赦・恩沢、救済の内容ということになる。

このように考えれば、西嶋定生氏が皇帝支配の基礎として注目された、民に爵を与える事例も、こうした恩沢のなかで、その一例として理解することができる[20]。

還坐前殿、下詔曰、制詔丞相・太尉・御史大夫。間者諸呂用事擅權、謀爲大逆、欲危劉氏宗廟、賴將相列侯宗室大臣誅之、皆伏其辜。朕初即位、其赦天下、賜民爵一級、女子百戶牛酒、酺五日。

（『漢書』文帝紀、即位年）

表5『漢書』昭帝紀の詔書（一二例）と宣帝紀の詔書（三六例）には、つぎのような内容がある。これを整理すれば、同じようにA中央官府と諸侯王国に関する①〜③の項目がある。①は、官僚の益封、任用、皇太子の謚、諸侯王・宗族の対策、官僚の賜爵、官吏の恩賜・対策である。②は、祭祀儀礼、教化、瑞祥・時令、塩鉄専売の議論など。③は、謀叛への対応、諸侯王・匈奴・西南夷に対する兵事などである。

B地方の吏民に対する詔書には、④⑤の項目がある。④は、使者の派遣、不作・地震の対策などをふくむ。⑤は、恩沢、恩賜、田租の免除、百姓への負担軽減、刑獄の配慮、恩赦に関する内容である。このとき『漢書』宣帝紀の本始四年春正月の詔では、不作への対応として、貧民を助けるために車船で穀物を関中に入れる者には、伝を不要とする命令が注意される。これは「津関令」の交通規制と関連している。

詔曰、蓋聞農者興德之本也。今歲不登、已遣使者振貸困乏。其令太官損膳省宰、樂府減樂人、使歸就農業。丞相以下至都官令丞上書入穀、輸長安倉、助貸貧民。民以車船載穀入關者、得毋用傳。

表５　『漢書』昭帝、宣帝紀の詔書

昭帝紀	詔書12例の内容
始元２年	３月、民に田租の免除
〃　４年	７月、不作の対策、馬の供出を止める
〃　５年	６月、賢良・文学の推挙、中二千石から吏民に爵を賜う
〃　６年	２月、塩鉄などの専売を議論。７月、列侯の兵事の功労
元鳳元年	３月、教化・恩賜。10月、謀叛の対応
〃　２年	６月、馬口銭の免除。三輔・太常の県で租税の軽減
〃　３年	正月、水災の救済、辺郡で牛の返済を免除
〃　４年	４月、列侯の褒賞
〃　６年	正月、三輔・太常の県で租税の軽減
元平元年	２月、口賦銭の軽減

宣帝紀	詔書36例の内容
本始元年	正月、官僚の益封など。４月、文学の推挙
	６月、皇太子の諡。７月、諸侯王
〃　２年	５月、祭祀儀礼（孝武廟の整備）、のち賜爵
〃　４年	正月、不作の対応、穀物の輸送に関所の伝を除く
	４月、地震の対策、租賦の免除
地節元年	６月、宗族の一新
〃　３年	３月、官僚の賜爵、民の恩賜
	10月、地震の対策、民の負担軽減。11月、孝弟の推挙
〃　４年	２月、教化（葬儀）。５月、教化。７月、謀叛の対応
	９月、使者の循行、塩の価格を下げる。刑獄の配慮
元康元年	３月、瑞祥、恩賜。８月、吏民の推挙
〃　２年	正月、恩赦。５月、租賦の免除、恩赦
〃　３年	３月、列侯。官僚の恩賜。６月、瑞祥、時令
〃　４年	正月、老人の恩沢。３月、吏民の恩賜
神爵元年	３月、吏民の恩賜。６月、諸侯王・列侯の恩典
〃　２年	２月、瑞祥、恩赦
〃　３年	８月、官吏の恩典
〃　４年	２月、瑞祥、祭祀、恩赦、民の恩賜
五鳳２年	８月、教化（婚礼）
〃　３年	３月、瑞祥、口銭の軽減、恩赦、民の恩賜
〃　４年	４月、使者の循行、刑獄
甘露２年	正月、瑞祥、諸侯王から民の恩賜、12月、単于の待遇
〃　３年	正月、瑞祥、吏民の恩賜、租税の免除
黄龍元年	２月、計簿の監察、４月、廉吏の推挙

以上のように、漢代の文帝、景帝、武帝、昭帝、宣帝期の詔書をみると、一定の傾向を知ることができる。このとき、A中央官府の官僚、諸侯王国が対象となる詔書は、使者の派遣や、文書によって伝達することができ、庶民に直接関係する内容ではない。B地方の庶民を対象とする詔書には、官吏と共通する軍事・兵事、治安維持のほかに、使者の派遣、恩沢と恩赦、税の減免、災害の救済などの内容をもっている。ここから民に関する詔書は、恩沢に関連する内容を中心としており、すべての民政に関与するものではないことがわかる。このような内容は、地方官府に文書で伝達するだけではなく、広く皇帝の意志を周知させる必要がある。

それでは庶民にかかわる情報は、どのようにして周知させるのだろうか。すでに地方官府への伝達は、「元康五年詔書冊」などの文書によって確認されている。しかし県レベルの社会に対して、広く周知させる方法については不明な点がある。つぎに漢代の詔書を、地方社会に伝達する手段について検討してみよう。

三　詔書の伝達と受容

漢代初期では張家山漢簡「津関令」によって、中央で制定された詔書が全国の郡県に下される形態をみてきた。ここで注目されるのは、これは詔書の伝達による資料ではなく、一定の編集を経過した「津関令」という形式で、南郡の江陵県に伝えられたことである。また「津関令」の規定は、治安維持と交通に関連して、直接的には県や津関の官吏に周知させるものである。ただし他人の伝、符を不正に使用する禁止は、必要があれば民にも伝えることになろう。また恩沢などの詔書は、広く地方社会の吏民に周知する必要がある。ここでは敦煌懸泉漢簡などの資料を参考にしながら、1地方官府の壁書、2吏民に掲示する扁書、3使者の派遣と口頭伝達を考えてみたい。

1　地方官府の壁書

皇帝の詔書を地方官府に伝えるには、文書による方法がある。しかしその文書で「顕処」に扁書するという表現がある場合は、何らかの形で周知させる必要がある。たとえば大庭脩氏は、肩水金関から出土した「永始三年詔書冊」について、その釈文を修正し、作成・伝達の過程を考証されている。(21)

丞相臣方進・御史臣光、昧死言　　第一簡
「奏言の内容」臣方進・臣光愚戇頓首死罪〔頓首死罪〕。　　第二〜七簡
制　可。　　第八簡
永始三年七月戊申朔戊〔辰〕、御史光下丞相、承書從事下當用者、如詔書。　　第九簡
七月庚午、丞相方進下小府・衞將軍〔・將軍〕中二千石〔・二千石〕・部刺史・郡大守・諸侯相、承書從事下當用者、書到言。　　第一〇簡
十月己亥、張掖大守譚守郡司馬宗行長史事、下屬國農部都尉・縣官、承書從事下當用者、明扁懸亭顯處、令吏民皆知之、如詔書。　　第一一簡
十一月己酉、張掖肩水都尉譚・丞平、下官、下當用者、如〔詔書〕。　　第一二簡
十一月辛亥、肩水候憲下行尉事、謂關嗇夫吏、承書從事、明扁亭顯處、如詔書。　　士吏猛　　第一三簡

ここには詔書を周知させる手段として「明扁亭顕処」という表現がある。大庭氏は、『説文解字』に「扁、署也。从戸冊。戸冊者、署門戸之文也」とあることから、扁書を「亭隧の目立つ処に掲示せよ」という命令としている。(22)この扁書を考えるとき、敦煌郡効穀県の下部機構である懸泉置で発見された壁書が問題となる。

懸泉置では、塢院と呼ばれる遺跡の部屋（F二六）で、詔書を壁に書写した文書が出土しており、ここには「詔書四時月令五十條」という題目がある。[23] その内容は、元始五年（後五）に太皇太后の詔書が、中央から敦煌郡の管轄にある県に伝達されたもので、中心部に「四時月令」を記している。この形態は「元康五年詔書冊」でみたように、木簡に書かれた文書をそのまま写した形式である。壁書の実見によると、外側の枠と各行に朱で罫線を引いた跡が残っており、まさしく冊書を模写した形態となっている。[24]

大皇大后詔曰、往者陰陽不調。……其宜□歳分行所部各郡。」　詔條

元始五年五月甲子朔丁丑、和中普使下部郡太守、承書從事下當用者、如詔書。〔書〕到言。／從事史况

【「詔書四時月令」五十條の本文】

安漢公・〔宰衡〕・大傅・大司馬〔莽〕昧死言、臣聞帝……臣謹……。臣昧死請。

大皇大后〔制曰〕可。

□□□□安漢公・宰衡・大傅……五月……大司徒宮・大司□……大師。承書從事下當用……到言。

五月辛巳、羲和丞通下中二千石・〔二千石……〕下郡太守・諸侯相……從事下當用者、如詔書。〔書〕到言。

／兼掾惲□……

八月戊辰、敦煌長史護行大守事……護下部都尉。勸□□……隆文學史崇□□□崇□縣。承書從事下當用事者□□……

〔顯見處〕如詔書。使者書、〔書到〕言。

この詔書の文面は、県レベルに伝達する文章で終わっている。しかしこの文書は、效穀県に所属する懸泉置で壁書となっていた。したがって本来は、郡県レベルの官吏に通達する詔書であるが、県の下部にある施設まで周知させた例である。そこには県から懸泉置に送付される文書と共に、この「詔書四時月令五十條」が配布されたことが予想さ

れ、末尾の題目を囲って表記するのは、あるいは文書楬にあたるかもしれない。

この壁書について、胡平生「『扁書』『大扁書』考」は、文献や漢簡にみえる扁書にあたるもので、この「四時月令」は詔書などを民に知らせる役割をもつのではないかと推測している。(25) ここでは漢代の民に知らせる禁令や、約束を石刻とする例、門戸に掲げる版書や榜書の存在を指摘している。「四時月令」の性格については、別稿で論じたように、一に伝達された公文書、二に書籍の内容、三に掲示する扁書という説に対して、四に、中心部は官吏に対する時令であるとみなしている。(26) もし「四時月令」が時令の性格をもつのであれば、それは官吏が遵守すべき項目であり、庶民に直接に伝える必要はないことになる。しかも「四時月令」は、建物の部屋の中で発見されており、必ずしも外部に掲示する形態ではない。

しかし「四時月令」によって、地方官府の官吏に詔書を伝えるには、文書による通達のほかに、壁書によって示すという手段が明らかになった。これは官吏に周知させる一つの方法である。ただし壁書による掲示が、扁書と呼ばれる掲示と、どのように関係するのかは重要な問題である。

2　吏民に掲示する扁書

つぎに地方に伝達する掲示として、扁書の役割を考えてみよう。先に胡平生氏は、懸泉置の「四時月令」を扁書ではないかと推測していた。そこで指摘されているように、たしかに居延漢簡や敦煌漢簡、懸泉漢簡には扁書の記載がみえている。(27) たとえば懸泉漢簡には、つぎのような資料がある。

五月壬辰、敦煌大守彊・長史章・丞敞下使都護西域騎都尉・將田車師戊己校尉・部都尉・小府官縣。承書從事下當用者。書到〔明〕白大扁書鄉亭市里高顯處、令亡人命者盡知之。上赦者人數太守府別之、如詔書。

（『敦煌懸泉漢簡釈粋』ⅡT0115②16）

懸泉漢簡は、前漢武帝期から後漢時代の安帝期までの資料といわれるが、ここに敦煌太守に伝えられた詔書が、所属の県を通じて、懸泉置まで到達している点は「四時月令」と同じである。しかしこの内容は、亡命者に対する恩赦であり、かれらに周知させるために、明白に大きく扁書することを指示している。その場所は「郷、亭、市、里」の高くて見やすい所である。郷と亭は県の下部機構であり、その役人がいる施設でもある。だから市、里とあわせて人びとの集まる場所であるが、必ずしも関所や置などの交通の要衝に限られていない。

つぎに前漢の成帝～王莽の紀年をふくむ烽隧の遺跡から出土した、額済納漢簡の例がある(28)。

十一月壬戌、張掖大守融・守部司馬横行長史事・守部司馬焉行丞事、下部都尉。承書從事下當用者、書到、明白大扁書鄉亭・市里・門外・謁舍顯見處、令百姓盡知之、如詔書。〔書〕到言。

（2000ES7S：4A）

ここでは詔書の内容は不明であるが、張掖太守が都尉府に伝えており、ここで「郷亭、市里、門外、謁舎」のよく見える場所に扁書して、百姓（庶民）に知らせることを指示している。これが烽隧の遺跡から出土しているのは、県レベルの下部の施設まで文書で伝えられたことを示している。

それでは扁書とは、どのような方法であろうか。これについては馬怡「扁書試探」（二〇〇六年）が、現在までの資料を集成しており啓発されるところが多い(29)。馬怡氏は、扁書を木板や牆壁に記すのではなく、一種の文書を通告し発布する形式とする。そして大扁書と扁書という表現があり、多くは重要な官文書を下す内容で、詔書や律令、檄文などが重視されたという。大扁書の例は、つぎのように宣伝と公示、急用度が高いといわれる。

1知令重、寫移、書到、各明白大扁書市里・官所・寺舍・門亭・隧堠中、令吏卒民盡訟（誦）知之。且遣鄣吏循行、問吏卒凡〔不〕知令者、案論尉丞・令丞以下。毋忽、如律令。敢告卒人。

（『敦煌漢簡』一三六五）

2十月己卯、敦煌太守快・丞漢德敢告部都尉卒人。謂縣督盜賊史赤光・刑世、寫移、今……部督趣。書到、各益部吏、□泄□捕部界中、明白大編（扁）書鄉亭・市里・□□□□、令吏民盡知□□。

（『敦煌懸泉漢簡釈粋』ⅠT0309③222）

3五月甲戌、居延都尉德・庫丞登兼行丞事、下庫城倉……用者、書到、令長・丞・候・尉明白大扁書鄉・市里・門亭顯見……

（『居延漢簡釈文合校』一三九・一三）

また扁書は、額済納漢簡の例がある。

4始建國二年十一月甲戌下」十一月壬午、張掖大尹良・尹部騎司馬武行丞事・庫丞習行丞事、下部大尹官縣。丞（承）書從事下當用者、明白扁書鄉亭・市里顯見處、令吏民盡誦之。具上吏民壹功蒙恩勿治其罪者名、會今、罪別、以齎行者、如詔書。〔書〕到言。　書佐曷

（『額済納漢簡』2000ES9SF4：4, 3）

十一月丁亥、□□□大保□□以秩次行大尉事・□□下官縣。丞（承）書從事……當用者、明白扁〔書〕鄉亭・市里顯見處、令吏民盡知之。具上壹功蒙恩勿治其罪人名、所坐罪別之、如詔書。

（2000ES9SF4：1）

閏月丙申、甲溝候獲下部候長等。丞（承）書從事下當用者、明白扁書亭隧顯見處、令吏卒盡知之。具上壹功蒙恩勿治其罪者、罪別之、會今、如詔書律令。

（2000ES9SF4：2）

こうした事例によって馬怡氏は、扁書の発布された場所が、おおむね道路や重要でにぎやかな所であり、その応用範囲は辺境防衛組織の最下部である亭燧まで及んだことを指摘している。

さらに馬怡氏は、エチナ漢簡の「専部士吏典趣輒」八枚の簡冊を例として、扁書の形態を推測されている。それは木簡の冊書であるが、ちょうど三分の一を紐で編んだ冊書としており、これは通常の冊書や書籍を上下に近く編む形式とは違っている。しかも冊書の両端には、四ヶ所の小さな輪が作られて、これで固定するという。

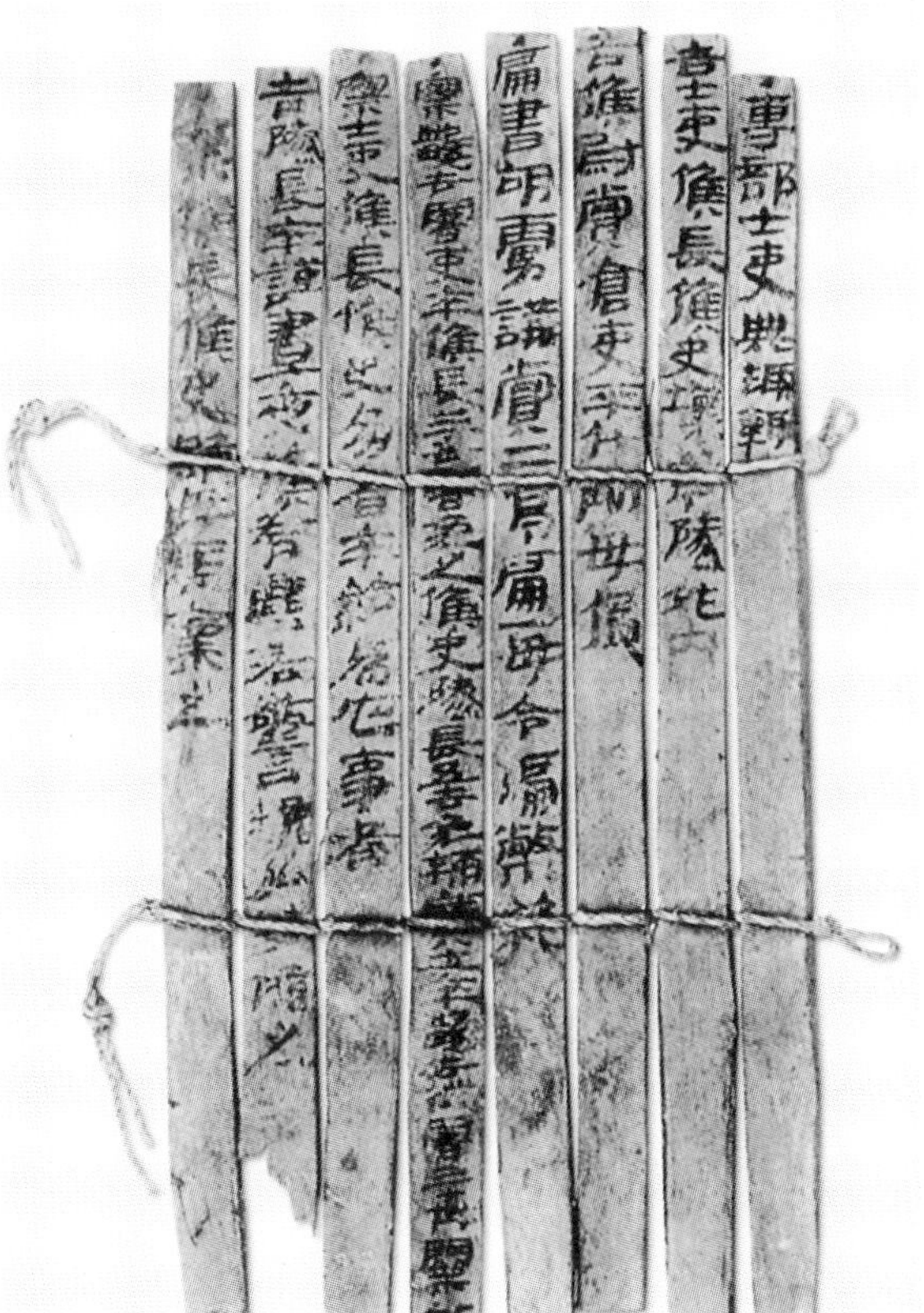

額済納漢簡99ES16ST1：1－8

●専部士吏典趣輒」告士吏候長史〔毋〕壞亭隧外內」告候尉賞倉吏平斗斛毋侵

●扁書胡虜講賞二亭扁一毋令編幣絶

●察數去署吏卒候長三去署免之候史隧長五免輔廣士卒數去徙署三十井關外

●察士吏候長史多省卒給爲它事者」告隧長卒謹晝夜候有塵若警塊外謹備之

●察候長候史雖毋馬廩之

このように簡冊を固定することは、籾山明氏の「解題にかえて」（『エチナ漢簡選釈』二〇〇六年）でも、同じように法規の類を編綴した冊書の形で掲示することと理解し、訳注でも扁を「扁懸」（かける）の意味としている。(30) こうして扁書の内容と形態は、かなり明らかになったが、もう少しその特徴を補足しておこう。

一は、詔書に即していえば、地方社会への命令は文書による伝達があり、それを吏民に周知させる方法として扁書という手段がある。しかし先の例からみれば、それは詔書に限らないことが注意される。つまり烽隧の吏に対する規定についても、扁書の方法が取られたことは、まず扁書という一般的な方法があり、それが詔書の掲示にも適用されたことが想定される。詔書をふくむ情報を周知させるのは、郷・亭・市・里などの「高顕処」「顕見処」の見やすい所に、明白に扁書するというものであった。そこで扁書の方法が、冊書を編綴して掲示するとしても、大扁書や高顕処という表現には、なお大きさなどの区別があるようにおもわれる。

二は、扁書の対象とする場所と人々は、県社会が一つの基準になっていることである。先の出土資料では、中央や郡太守、都尉が伝達する時点では、ほぼ共通して郷・亭・市・里などを対象としている。しかし県廷にあたる機構から、下部の候長（郷レベル）を通じて烽隧への伝達では「亭隧顕見処」とある。このことは郡県レベルへの伝達で、県までが同じ一つの基準となっていることがわかる。このとき郷・亭・市・里などは、県の領域内にある行政の施設であり、市とあわせて人が集まる所であるが、必ずしも交通の要衝に限られていない。対象となる人々は、「亡人命者」「百姓」「吏卒民」「吏民」「吏卒」などである。周知させる指示には「盡知之」「皆知之」「盡誦之」などがあり、とくに「盡誦之」という表現は口頭伝達との関係で注目される。

三は、出土資料にみえる詔書が、『史記』『漢書』にみえる治安維持と恩沢詔書の範囲にふくまれるということである。内容がわかる例では、逃亡者の恩赦や、逮捕に関するもの、罪人への恩赦などである。したがって漢簡の例をみても、地方の吏民を対象とする詔書は、限られた内容であることがわかる。

これに関連して、懸泉漢簡には恩沢詔書を両行（二行）に記すことを規定した内容がある。これも一本の木簡のうち、ちょうど三分の一に紐を結ぶ空白があり、あるいは扁書と関係するかもしれない(31)。

詔書必明白大書、以兩行著故恩澤詔書。無嘉德、書佐方宜以二尺兩行與嘉德長短等者以便宜從事、毋令刺史到、不謹辦致案、毋忽。（ⅡT0114③404）

3　使者の派遣と口頭伝達

これまで県レベルの社会で、文書と壁書、扁書による伝達の形式があることをみてきた。しかし民に周知させるという点では、このほかに詔書の読み聞かせや、口頭による伝達が予想される。史書には例が少ないが、この点を考えておこう。『史記』巻一〇六呉王濞列伝（『漢書』荊燕呉伝、ほぼ同じ）には、呉楚七国の乱に際して、使者が諸侯王に詔書を読み聞かせている例がある。

王頓首膝行對曰、今者、鼂錯天子用事臣、變更高皇帝法令、侵奪諸侯地。印等以爲不義、恐其敗亂天下、七國發兵、且以誅錯。今聞錯已誅、印等謹以罷兵歸。將軍曰、王苟以錯不善、何不以聞。及未有詔虎符、擅發兵擊義國。以此觀之、意非欲誅錯也。乃出詔書爲王讀之。讀之訖曰、王其自圖。王曰、如印等死有餘罪。遂自殺。

ここでは漢の将軍が使者となって、膠西王の劉印に詔書を読み聞かせ、自らの判断をうながしている。そこで膠西王は自殺した。これは庶民のケースではないが、詔書を読み聞かせる一例となる。

『漢書』文帝紀の元年（前一七九）三月には、詔に対する有司の申請があり、ここに県・道の八十歳以上の老人に恩賜の品を賜う記事がある。

有司請令縣道、年八十已上、賜米人月一石、肉二十斤、酒五斗。其九十已上、又賜帛人二疋、絮三斤。賜物及當稟鬻米者、長吏閲視、丞若尉致。不滿九十、嗇夫・令史致。二千石遣都吏循行、不稱者督之。刑者及有罪耐以上、不用此令。

ここでは県の長吏が調べて、丞もしくは尉が九十歳以上の者に恩賜の品を渡している。九十歳に満たない者は、嗇夫と令史が渡すことになっている。また郡レベルでは、都吏を派遣して巡察させ、不正がないか監督させている。これによれば恩賜の場合は、官吏が直接に品を渡すことによって、皇帝の意志を県社会に伝えることになる。

また『漢書』巻六武帝紀、元狩元年（前一二二）四月丁卯条には、皇太子を立てたあと、県社会に恩賜をあたえる詔書がある。この内容は、①古を手本とする理念と、②今の現状、③命令という形式に区分できるが、ここでは最後に、④「曰く」以下の部分を追加している。

丁卯、立皇太子。賜中二千石爵右庶長、民爲父後者一級。

詔曰、①朕聞咎繇對禹、曰在知人、知人則哲、惟帝難之。蓋君者心也、民猶支體、支體傷則心憯怛。〔理念〕

②日者、淮南・衡山修文學、流貨賂、兩國接壤、怵於邪說。而造篡弑、此朕之不德。詩云、憂心慘慘、念國之爲虐。已赦天下、滌除與之更始。朕嘉孝・弟・力田、哀夫老眊・孤寡鰥獨或匱於衣食、甚憐愍焉。〔現状〕

③其遣謁者巡行天下、存問致賜。〔命令〕

④曰、「皇帝使謁者賜縣三老・孝者帛、人五匹。鄉三老・弟者・力田帛、人三匹。年九十以上及鰥寡孤獨帛、人二匹、絮三斤。八十以上米、人三石。有冤失職、使者以聞。縣鄉即賜、毋贅聚。」

この追加の部分について、唐代の顔師古の注釈は「謁者が使者をして詔書の文を宣べさせる」と理解している。これは唐代の解釈であり、漢代の実情かどうかは不明である。また「毋贅聚」という部分は、如淳の注に「贅、會也。

令勿擅徴召賚聚三老孝弟力田也」とあり、師古の注には「即、就也。各遣就其所居而賜之。勿會聚也」とある。したがって、これらの注釈を参考にすれば、県、郷のレベルで恩賜を与えるときに、集めるのではなく、人びとの所に行って渡すようである。とすれば、この例では県以下の郷レベルまで、使者が赴いて詔書の内容を直接に伝えることになる。ただしここでは、文書と口頭などの関係や実情は不明である。

以上のように、漢代では詔書を周知させる方法として、地方官府の施設に壁書として掲示する例がある。また恩沢詔書などは、吏民に周知させる必要があるが、これについては広く掲示をする扁書のなかで、詔書を扁書とする場合があることをみてきた。そのとき扁書の「盡誦之」という表現や、使者が諸侯王に詔書を読み聞かせるケースなどによって、文書と掲示のほかに口頭による伝達も想定される。また恩賜の場合は、使者や県の官吏が直接に品を渡すという行為によって、皇帝の意志を県社会に伝達することになる。

おわりに

中国の出土文字資料は、簡牘の書写を伝える第一次資料であり、本章では張家山漢簡「津関令」の形態をめぐって、とくに漢代皇帝の詔書が地方社会に伝達される過程を考えてきた。

皇帝の詔書が、どのように作成され伝達されるのかという問題は、『史記』『漢書』の表記の違いや、抄録を考慮する必要があり、なお十分には明らかではない。これについて大庭脩氏は、居延漢簡の冊書を復元することによって、詔書の作成と伝達を考察し、さらに「津関令」にみえる立法手続きを考察されていた。ここでは、この視点を継承して津関令の形式を分析し、詔書による令が地方官府まで文書の形で伝達していることを確認した。

つぎに『史記』『漢書』の詔書では、その対象と内容を、A中央（皇室、諸侯王、官僚）に限られるものと、B地方の官吏や庶民まで伝達されるものに分けてみた。そして庶民にかかわる項目は、官吏と共通する治安維持と交通のほかに、恩沢や恩赦、税の減免、災害の救済などであることがわかる。これは基本的に、皇帝がほどこす恩沢の範疇に入るものであり、必ずしも社会秩序の形成を目的としていない。

そこで詔書の伝達では、とくに地方社会の受容が問題となるが、これについては、1地方官府の壁書、2吏民に掲示する扁書、3使者の派遣と口頭伝達に分けて、周知させる手段を考察した。

その結果、地方官府では公文書の伝達が基本であるが、官吏に周知させる方法として、詔書を壁に書写する壁書の形態があることをみてきた。また中央の命令などを、地方の吏民に周知させる手段には扁書という形態がある。これは伝達された文書を、文字資料によってよく見える場所（顕見処）に掲示し、広く周知させるという方法である。その一つとして、恩沢や恩赦に関連する詔書も扁書の対象となっている。こうした詔書の伝達では、扁書を示す場所に「郷亭市里」とあるように、県レベルの社会を一つの基点としており、その下部の施設まで文書が伝えられている。そして文書や掲示のほかに、地方では使者による口頭の伝達も想定されるが、こうした情報伝達のあり方は今後も検討する必要がある。

このように漢代の詔書を手がかりにすると、皇帝の意志を吏民に周知させる手段として、文書の伝達とともに、壁書や扁書という掲示が行われたことがわかる。また諸侯王や吏民に対しては、文書や掲示とあわせて口頭による伝達が想定される。このような実態からみれば、西嶋定生氏が指摘された賜爵による秩序は、皇帝の恩沢の一つの形態として理解できるようにおもう(32)。また詔書をはじめとする情報伝達の原理は、秦漢時代の制度を原型として、後世の中国社会や古代東アジアの情報伝達との比較ができるのではないかと考えている(33)。

注

（1）李均明・劉軍『簡牘文書学』（広西教育出版社、一九九九年）第九章「書檄類」の書に、1命書、2詔書、3請詔書などの説明があり、李均明『秦漢簡牘文書分類輯解』（文物出版社、二〇〇九年）は、書檄類・書の皇（王）室文書に、命書、策書、制書、戒敕、詔書を分類している。汪桂海『漢代官文書制度』（広西教育出版社、一九九九年）では、詔令文書として、策書、制書、詔書、戒勅に分類している。

（2）大庭脩『秦漢法制史の研究』第三編「令に関する研究——漢代の立法手続と令」、第一章「漢代制詔の形態」（創文社、一九八二年）など。

（3）大庭脩「張家山二四七号漢墓出土の津関令について」（『大阪府立近つ飛鳥博物館報』七、二〇〇二年）、同「張家山二年律令簡中の津関令について」（『史料』一七九、皇学館大学史料編纂所、二〇〇二年）。

（4）馬怡「漢代詔書の分類」（日本秦漢史学会大会報告論文、二〇〇八年）では、これまでの研究を三つに分けている。第一は、大庭脩氏のように形成過程から分類するもの、第二は、策書・制書・詔書・誡勅の四つがあり、詔書と制書の区別は明確ではないとする説、第三は、皇帝文書は総じて詔書と通称され、さらに策書・制書・詔書・誡勅と細分する説である。馬怡氏は第三の見解に近く、さらに蔡邕『独断』にみえる狭義の詔書を考察している。

（5）張家山二四七号漢墓竹簡整理小組『張家山漢墓竹簡〔二四七号墓〕』（文物出版社、二〇〇一年）、『張家山漢墓竹簡〔二四七号墓〕』釈文修訂本（文物出版社、二〇〇六年）。また陳偉「張家山漢簡《津関令》渉馬諸令研究」（『考古学報』二〇〇三年一期）、彭浩・陳偉・工藤元男主編『二年律令與奏讞書』（上海古籍出版社、二〇〇七年）で本文の校訂があり、本書の第八章に「津関令」釈文を収録している。

（6）胡平生「近年新出簡牘簡介」（大阪産業大学報告論文、二〇〇九年三月）の説明による。

（7）大庭前掲『秦漢法制史の研究』第三編第一章「漢代制詔の形態」、第二章「居延出土の詔書冊」、第三章「居延出土の詔書断簡」、同『漢簡研究』（同朋舎出版、一九九二年）の第一編「冊書の研究」、序章「漢簡の文書形態」、第一章「肩水金関出土の『永始三年詔書』冊」、第二章「武威出土『王杖詔書・令』冊」、第三章「敦煌凌胡隧址出土冊書の復原」に、漢代制詔

の基本的な形態と伝達について考察がある。

(8) 大庭前掲「張家山二四七号漢墓出土の津関令について」、同前掲「張家山二年律令簡中の津関令について」。

(9) 前掲『張家山漢墓竹簡』（二〇〇一年）と『張家山漢墓竹簡』釈文修訂本（二〇〇六年）に対して、陳偉前掲「張家山漢簡《津関令》渉馬諸令研究」で一部を変更していたが、さらに前掲『二年律令與奏讞書』で「津関令」の配列を修正している。また朱紅林『張家山漢簡《二年律令》集釈』（社会科学文献出版社、二〇〇五年）、冨谷至編『江陵張家山二四七号墓出土漢律令の研究』訳注、論考篇（朋友書店、二〇〇六年）、専修大学『二年律令』研究会「張家山漢簡『二年律令』訳注（一二）津関令」（『専修史学』四六、二〇〇九年）に関連の考証がある。

(10) 五〇四～五〇五簡について、小組注釈は申請の対象となる「中大夫謁者、郎中、執盾、執戟」をすべて『漢書』百官公卿表のように郎中令の属官としている、また訳注班は「秩律」に「漢中大夫令」があることを注記するが、注釈に従っている。しかしそれでは、郎中令の属官である中大夫が法令を申請することになり、置吏律の規定と合わない。本条は、漢初に二〇〇〇石の官であった「中大夫令」を通じて、中大夫と郎中の属官にかかわる規定を申請したものとすれば、後文に「中大夫と郎中」が文書の受け取りと作成にかかわることが理解できよう。

(11) この点は、永田英正「文書行政」（『殷周秦漢時代史の基本問題』汲古書院、二〇〇一年）に指摘がある。本書の第十章「張家山漢簡『津関令』と漢墓簡牘」参照。

(12) 胡平生・張徳芳編撰『敦煌懸泉漢簡釈粋』（上海古籍出版社、二〇〇一年）、拙稿「漢代の交通と伝信の機能—敦煌懸泉漢簡を中心として」（『愛媛大学法文学部論集』人文学科編二六、二〇〇九年）など。

(13) 前掲『敦煌懸泉漢簡釈粋』一一八～一二〇頁。

(14) 本書の第四章「里耶秦簡と秦代郡県の社会」、第五章「里耶秦簡の文書形態と情報処理」。

(15) 山田勝芳「『漢書』の『資料』を求めて——特に本紀引用の詔令について」（『汲古』一六、一九九〇年）。『史記』『漢書』の省略は多様である。詔書の形式では、①古を手本とする理念、②今の現状、③命令のうち、③の命令部分だけを紀年記事としたものが多いが、①②の部分を節録したとおもわれる記事もある。

(16) 「竹帛に著す」とは、後世に残す意味が多い。とすれば竹簡と帛書は、後世の紙にあたる要素が強く、木簡と木牘は、記録などの実用的な形態という要素が強いことになる。

(17)『漢書』巻六二司馬遷伝に、班固は十篇を欠くといい、張晏の注では景帝紀と武帝紀を入れている。佐藤武敏『司馬遷の研究』第七章「『史記』の編纂過程」五「『史記』における後人増補の問題」参照。

(18)漢代の交通と「津関令」については、本書の第八章、第十章で簡単に説明している。

(19)『史記』『漢書』では、同じように皇帝の意志を周知させる文面がある。たとえば『史記』匈奴列伝、文帝期に「制詔御史曰、……其布告天下、使明知之」、『漢書』高帝紀下、十一年二月詔、十二年三月詔に「布告天下、使明知朕意」とみえる。

(20)西嶋定生『中国古代王朝の形成と構造——二十等爵制の研究』(東京大学出版会、一九六一年)第二章「民爵賜与の方法とその対象」。

(21)大庭前掲「肩水金関出土の『永始三年詔書』冊」の釈文による。なお馬怡「扁書試探」(武漢大学簡帛研究中心主辨『簡帛』第一輯、上海古籍出版社、二〇〇六年)では、『居延新簡釈粋』七四・EJF一六によって、関連する部分を「明篇(扁)叩(郷)亭顕処」「明扁亭隧□……処」としている。

(22)大庭脩『木簡』(学生社、一九七九年)一五一～一五七頁では、扁書について「詔令をはじめ人民に知らしめる必要のあるものは、板に書いて里の門など人のあつまるところに掲示した」と理解している。

(23)甘粛省文物考古研究所「甘粛敦煌漢代懸泉置遺址発掘簡報」、同「敦煌懸泉漢簡内容概述」「敦煌懸泉漢簡釈文選」(以上、『文物』二〇〇〇年五期)、胡平生・張徳芳編撰『敦煌懸泉漢簡釈粋』(上海古籍出版社、二〇〇一年)。中国文物研究所、甘粛省文物考古研究所編『敦煌懸泉月令詔條』(中華書局、二〇〇一年)と胡平生「敦煌懸泉置出土《四時月令詔條》研究」、同「『扁書』『大扁書』考」。何双全「新出土元始五年《詔書四時月令五十條》考述」(『国際簡牘学会会刊』三、二〇〇一年)。

(24)拙稿「漢代西北の交通と懸泉置」(『資料学の方法を探る』八、二〇〇九年)。

(25)胡平生前掲「『扁書』『大扁書』考」。

(26)拙稿「漢代地方社会への情報伝達——敦煌懸泉置『四時月令』をめぐって」(二〇〇三、前掲『中国古代国家と郡県社会』二〇〇五年)。

(27) 胡平生前掲「『扁書』『大扁書』考」は一〇例の漢簡を引用して、扁書の内容は広汎で重要な文書をふくみ、候望や烽火を挙げる条例、倉庫に関する規定があることを指摘している。その場所は「郷亭市里高顕処」「亭隧顕処」「市里官府寺舎門亭燧堠」などである。

(28) 魏堅主編『額済納漢簡』(広西師範大学出版社、二〇〇五年)。ここには魏堅「額済納旗漢代居延遺址調査与発掘述要」、白音査干 特日格楽「額済納漢簡概述」、謝桂華「初読額済納漢簡」、李均明「額済納漢簡法制史料考」を収録している。また孫家洲主編『額済納漢簡釈文校本』(文物出版社、二〇〇七年)に釈文と関連論文がある。

(29) 馬怡前掲「扁書試探」では、懸泉漢簡をふくめ一八例をあげ、設置される場所を詳しく考証している。また牓が大量に出現するのは、後漢中期より以降で、その発布の場所が扁書と似ていると指摘している。敦煌漢簡は(甘粛省文物考古研究所編『敦煌漢簡』中華書局、一九九一年)による。

(30) エチナ漢簡講読会「エチナ漢簡選釈」(『中国出土資料研究』一〇、二〇〇六年)、籾山明「解題にかえて」。籾山明「王杖木簡再考」(『東洋史研究』六五—一、二〇〇六年)。

(31) 前掲『敦煌懸泉漢簡釈粋』二～三頁。また角谷常子「簡牘の形状における意味」(冨谷至編『辺境出土木簡の研究』朋友書店、二〇〇三年)は、文書の正本に両行簡を用い、草稿には札の形態が多いことなどを考察している。

(32) 西嶋前掲『中国古代王朝の形成と構造』、同『中国古代国家と東アジア世界』第一編第一章「序説——中国古代国家形成史論」(東京大学出版会、一九八三年)など。

(33) 東アジアから日中の研究を視野にいれたものとして、大庭脩編著『木簡——古代からのメッセージ』(大修館書店、一九九八年)、冨谷前掲『木簡・竹簡の語る中国古代』などがある。また日本古代の文書と口頭伝達については、大平聡「日本古代の文書行政と音声言語」(藤田勝久・松原弘宣編『古代東アジアの情報伝達』汲古書院、二〇〇八年)がある。

第十章　張家山漢簡「津関令」と漢墓簡牘
――伝と致の用途――

はじめに

中国の出土資料は、その出土状況によって大きく三つに分けられる。(1)一は、甘粛省のフィールド遺跡から発見された簡牘資料である。これは前漢武帝期より以降の行政文書が多い。二は、古墓に副葬された簡牘、帛書などで、戦国、秦漢時代の文書や書籍などである。三は、井戸から発見された簡牘資料である。これは地方官府の城内から出土したという点で、フィールド遺跡の文書・記録と共通する性格をもっている。秦代の里耶秦簡がもっとも早く、長沙の前漢・後漢簡牘、三国呉簡へとつづいている。

こうした簡牘・帛書の研究は、歴史学や思想史の分野によって、その関心が異なっている。たとえば歴史学では、行政文書の分類や、法制史などの研究が進められている。(2)思想史の分野では、むしろ古墓の資料を中心として、思想の成立や書誌学的な研究が大きく進展している。(3)しかし両者の資料を、社会のなかで結びつける視点は少ないようにおもわれる。また遺跡から出土した資料は、その施設で保存や廃棄されたものが、偶然に発見される場合が多いのに対して、古墓の資料は、人々が意識的に副葬したものであり、その性格の相違をどのように理解するかという問題がある。

　このような出土状況の違いに対して、本書では文字資料が示す情報伝達のあり方、すなわち発信と受容、処理と保存、廃棄という点に注目している。中国古代では、『史記』や伝来の文献は、最後に定着した記述を収録しているが、簡牘資料は、その出土状況や形態によって、情報が伝達される機能を直接的に示している。このような特徴からみれば、当時の行政文書や書籍を保存するなかで、遺跡に廃棄するケースと、入手した資料を古墓に副葬するというように、地方社会で互いに補完する資料として理解できると考えている。

　そのとき地上と地下の資料を結ぶ手がかりとなるのは、行政機構で順次送られる文書とは違って、人びとの移動によって伝えられる文字資料である。その典型的な例は、伝（伝信）や符と呼ばれる通行証である。この伝などの形態と役割は、大庭脩「漢代の関所とパスポート」（一九五四年）をはじめ、李均明氏などの居延漢簡による考察がある。(4)公用旅行の伝は、中央や地方の官府が発給したあと、旅行者が携帯して関所を通過し、車馬や宿舎、食事が支給される。これに関連して、伝馬、伝車、伝舎、伝食という用語がある。私用旅行の通行証は、地方官府が発給して、交通の許可と規制をしている。また符の形態については、籾山明「刻歯簡牘初探」（一九九五年）が割符の用途をもつことを指摘している。(5)しかし大庭脩氏の独創的な点は、古墓から出土した簡牘に私用旅行の通行証と似た形式（告地券、告地策など）があり、それを「冥土への旅券」として紹介されたことである。(6)ここでは実際に使用された伝をモデルとして、古墓に埋葬された擬制文書とのかかわりを指摘しており、古代交通のなかで社会と古墓の資料を結ぶ視点を提示するものである。

　大庭氏が、こうした見解を発表されたあと、張家山漢簡「津関令」の規定や、敦煌懸泉漢簡の通行証などが追加できるようになった。(7)この懸泉漢簡の伝については、拙稿「漢代の交通と伝信の機能」（二〇〇九年）で簡単な整理をしている。(8)そこで本章では、これらの考察をふくめ、あらためて漢代の伝と、それに関連する「致」の用途を再検討する。そして地上の交通にみえる伝と致の形式が、冥土への通行証と共通することを接点として、古墓に副葬された文字資料の意義を考えてみたいとおもう。

一　漢代の交通と伝の形態

中国古代では、水陸の関所（水路の津、陸路の関）を通行し、客舎に宿泊するための証明が必要であり、その内容は、これまで文献によって知られている。[9]たとえば戦国時代の商君は、秦恵文王のとき逃亡して客舎に宿泊しようとしたが、証明が無くては宿泊できないと伝えている。漢代の武帝期では、南陽郡の出身である寧成が、伝を偽造して長安から関所を出て家に帰っている。このような交通の規制に関して、漢代初期の張家山漢簡「津関令」には、伝や符を使用する規定がみえている。津関令は、『張家山漢墓竹簡〔二四七号墓〕』（二〇〇一年）、『張家山漢墓竹簡〔二四七号墓〕』釈文修訂本（二〇〇六年）と、李均明、陳偉氏などの考察があるが、『二年律令與奏讞書』（二〇〇七年）では、さらに配列を変更している。[10]ここでは原簡番号を示し、『二年律令與奏讞書』の配列・釈文と、朱紅林『張家山漢簡《二年律令》集釈』（以下『集釈』、二〇〇五年）、専修大学『二年律令』研究会の「訳注（一二）津関令」などによって考察する（以下、〔　〕は重複記号の文字、読みかえの字。（　）は意味の読みかえを示す）。一の条文は、つぎのような規定である。

一　御史言、越塞闌關、論未有令。●請闌出入塞之津關、黥爲城旦舂。越塞、斬左止（趾）爲城旦。吏卒主者弗得、贖耐。令・488 丞・令史罰金四兩。智（知）其請（情）而出入之、及假予人符傳、令以闌出入者、與同罪。非其所□爲□而擅爲傳出入津關、以□489 傳令・闌令論、及所爲傳者。縣邑傳塞、及備塞都尉・關吏・官屬・軍吏卒乗塞者、禁？其□弩・馬・牛出、田・波（陂）・苑？牧、繕治490塞、郵・門亭行書者得以符出入。●制曰、可。491

（四八八～四九一簡）

一　御史大夫が言う。「塞を越え関所を闌《みだり》にすること〔越塞、闌関〕は、論に未だ令がありません。そこで以下のことを要請いたします。塞の津関を（符や伝が無くして）闌に出入するものは、黥して城旦舂とする。塞を越えるものは、左趾を斬って城旦とする。吏卒の主する者が逮捕できなければ、贖耐とする。〔県の〕令や丞、令史は罰金四両とする。その事情を知っていながら関所を出入させたり、及び人に符や伝を貸し与えて、以て闌に〔塞の津関を〕出入させた者は、ともに同罪とする。その……非ずして、擅《ほしいまま》に伝を偽造して津関を出入するものは、（公文書を偽造して使用した）伝令・闌令を以て論じ、伝を偽造した者にも及ぼせ。県邑の伝塞にあるもの、及び備塞都尉、関吏、官属、軍の吏卒で塞に配置する者は、……其の□弩・馬・牛を出すことを禁じ、田・陂・苑？牧をし、塞を補修する者、郵と門亭で文書を伝送する者は、符をもって出入することができる」と。●制に曰く可なり、と。

この条文の闌について、小組注釈は『漢書』汲黯伝に引く臣瓚注に「無符伝出入為闌」とある解釈に従っている。また越は、『集釈』が『唐律』衛禁律の疏議に「越度者、謂関不由門、津不由済而度者」とあるのを引く。これらによれば「越塞、闌関」とは、関所より以外の他所を通過した場合と、符や伝の証明を持たずに津関を通過する場合を指すことになる。そして本条が追加された理由は、これまでの規定が不十分であったか、あるいは「塞の津関」に対して明確化したものかもしれない。ともかく本条では、A闌関：符や伝が無くして闌に出入する者を「黥して城旦舂」とし、B越塞：門や渡し場以外の場所から出入りする者を「左趾を斬って城旦」とすることを要請している。またそれを見逃した官吏たちについても、罰則の規定がある。

ここで確認できるのは、1津関の通行に伝や符が必要であること、2他人に伝や符を貸与する場合も同罪であること、3伝の偽造には伝令・闌令の罪があること、4塞の郵や門亭で公文書を伝送する者は符を用いてよいことなどである。これによって伝と符には、用途の違いがあることがわかる。

また伝と符では、他人の証明を不正に使った者にも「贖城旦舂」の罪がある。

□　相國上内史書言。請諸〔詐〕襲人符傳出入塞之津關、未出入而得、皆贖城旦舂。將吏智（知）其請（情）、與同罪。●御史以聞。●制496 曰、可。以闌論之。497

（四九六〜四九七簡）

□　相国が内史の書を上って言う。「つぎのように要請いたします。人の符・伝を詐って使い塞の津関を出入しようとして、未だ出入せずに捕らえられたものは、皆な贖城旦舂とする。将吏がその事情を知っていれば、ともに同罪とせん」と。●御史大夫が以て上聞する。●制に曰く可なりと。闌を以て之を論ぜよ。

ここでは伝・符を偽造して使用の未遂については、「贖城旦舂」と規定している。また津関令五一八簡には、扞関を出入りする伝の作成に関する規定があり、『奏讞書』の案件三には、高祖十年（前一九七）七月に胡県から、臨淄県の獄史が他人の伝を使って、函谷関を抜けようとした事例がある。[11] 案件三では、獄史が斉国の名族・田氏の娘を不当に娶って、関所を抜け斉国に行こうとしている。そこで県では、姦淫罪や、諸侯王国に逃亡させた罪などを議論して、中央の裁可は「黥城旦」の刑とした。この案件は、関所の出入だけではなく、諸侯王国への逃亡が問題となっており、すぐには関所の規定に結びつけられない。しかし結果は、「闌関」で「黥城旦」とする規定と同じになっている。

それでは津関令にみえる伝や符の用途は、どのようなものであろうか。符については、時代は降るが居延漢簡をもとに、大庭脩、李均明、籾山明氏などによる考察がある。[12] それによれば、まず『説文解字』に「符、信也。漢制以竹長六寸、分而相合」とあり、符は長さ六寸の竹製で、割符の形態を基本としている。漢代の肩水候官（A三三）や肩水金関（A三二）などでは、六寸（約一三・八センチ）を基準として側面に刻みをもつ木簡が出土している。

始元七年閏月甲辰、居延與金關爲出入六寸符券、齒百從第一至千左居
官右移金關符合以從事　●第八　A三三、六五・七

始元七年閏月甲辰、居延與金關爲出入六寸符券、齒百從第一至千左居
□□□□□合以從事　●第十八　A三三、六五・九

これらの木簡は、居延県と肩水金関で六寸の「符券」を作成し、そこに通し番号を記して、二つを合わせて割符にする形態である。文面では、符の左は居延県に置き、符の右は肩水金関に送付するとある。これによると往来する者は、居延県の符を携帯することになる[13]。籾山明氏は、このように側面に刻みをもつ木簡を、①符、刻券、②出入銭穀衣物簡、③契約文書簡に分類し、漢簡の刻歯簡牘は枝材を縦半分に割いて作り、同じ文章の組み合わせを作成すると指摘している[14]。そして側面の刻歯は、文章の数字に対応しており、これで不正が防止できるとする。したがって符券の用途は、一ヶ所で用いる通行証ということになる。

つぎに伝の形態と機能は、どのように考えたらよいのだろうか。伝を用いる公用旅行者には、車馬や宿泊、従者、食事などが提供されたことが、睡虎地秦簡「伝食律」や張家山漢簡「伝食律」によって知られている[15]。しかし秦漢時代の伝の形態は不明である。大庭脩氏は、直接的な資料が少ないため、つぎのような居延漢簡の例（長さ二三・七、幅一・四センチ）をあげている[16]。これは地方官府が発給する公用伝の形式である。

元延二年七月乙酉、居延令尚、丞忠、移過所縣道河津關。遣亭長王豐、以詔書買騎馬酒泉・敦煌・張掖郡中。當
舍傳舍從者、如律令。　／守令史詡、佐褒。七月丁亥出。　一七〇・三A
居延令印」　七月丁亥出。　一七〇・三B

ここでは居延県の令と丞が、通行する津関に対して、旅行者の用件を告げる形式となっている。この簡は、写真をみると、月日と名前、用件、交通の条件などを、二行にわたって続けて書写し、文末には守令史などの記載がある。しかし「七月丁亥出」の追記と、裏面に「居延令印」があったことを記している。したがって、この資料は伝の実物ではなく、その写しであることが明らかである。それでは伝の原形を知ることはできないのだろうか。

これについては敦煌懸泉置の例が追加できるようになった。李均明氏は、懸泉漢簡の宣帝神爵四年（前五七）に、中央の御史大夫が発給するⅠT0309③237などの形式を指摘している(17)。

神爵四年十一月癸未
丞相史李尊、送〔護〕神爵六年戍卒、河東・南陽・潁川・上黨・東郡・濟陰・魏郡・淮陽國、詣敦煌郡・酒泉郡。因迎罷卒送致河東・南陽・潁川・東郡・魏郡・淮陽國。幷督死卒傳莱（槥）。
爲駕一封軺傳。

〔下段〕御史大夫望之謂高陵。以次爲駕、當舍傳舍、如律令。

〔日付〕神爵四年十一月癸未
〔用件〕丞相の史・李尊が、内郡の戍卒を護衛して敦煌・酒泉郡に送り、任務を終えた卒などを内郡に帰す。
〔交通〕「一封軺伝（軺車《ようしゃ》）」を利用する。
〔発給〕御史大夫の（蕭）望之が、高陵県に命令する。
〔命令〕施設ごとに車の手配、宿泊は、律令の如くせよ。

この資料は、張徳芳「懸泉漢簡中的〝伝信簡〟考述」（『出土文献研究』第七輯）の写真をみると、上下の二段に分けて書かれている(18)。上段には、日付と人物、用件、交通利用の条件を記して、下段には、発給した御史大夫が県に命令を下す過程を記している。この簡牘を、居延漢簡の例とくらべてみると、中央と地方の官府が発給するという違いがある。そして居延漢簡の伝は、許可する内容を連続して写した形式である違いがよくわかる。

それでは、この資料は一般的な伝の形態を伝えているのであろうか。中央が発給する伝の形態は、元帝永光五年（前三九）の『失亡伝信冊』（ⅡT0216②866～876）が貴重な例となる。(19) ここでは第一簡だけ原型を示し、第二簡より以降は、とくに改行していない。

1
永光五年五月庚申
守御史李忠監嘗麥祠孝文廟、守御史任昌年
爲駕一封軺傳。　外百卌二
御史大夫弘謂長安、以次
爲駕、當舍傳舍、如律令。　②866

2永光五年六月癸酉朔乙亥、御史大夫弘移丞相・車騎將軍・〔將軍・〕中二千石・〔二千石・〕郡大守、諸侯相。五月庚申、丞相少史李忠守御史假一封傳信、監嘗麥祠　②867

3孝文廟事。己巳、以傳信豫御史屬澤欽、〔欽〕受忠傳信、置車笭中、道隨（墮）亡。今寫所亡傳信副、移如牒。書到、二千石各明白布告屬官縣吏民、有得亡傳信者、豫購如律。諸乘傳・驛駕、廄令・長・丞亟案莫傳、有與所亡傳同封弟（第）者、輒捕　②868

4〔繫〕。上傳信御史府、如律令。
七月庚申、敦煌大（太）守弘・長史章・守部候脩仁行丞事、敢告部都尉卒人。謂縣官、〔官〕寫移、書到、如律令。／掾登、屬建、佐政・光　②869

5七月辛酉、效穀守長合宗・守丞敦煌左尉忠、告尉。謂鄉・置、寫移、書到、如律令。

〔掾禹・佐尊〕 ②870
6敦煌守長聖・守丞福。 ②871
7淵泉守長長・丞馴。 ②872
8效穀守長合宗・丞轂。 ②873
9廣至守長光・遂事・守丞賞。 ②874
10冥安長遂昌・丞光。 ②875
11七月庚申、敦煌大（太）守弘・長史章・守部候脩仁行丞事、謂縣。寫移使者〔備〕縣・置謹敬莊（從？）事。
甚有意、毋以謁勞。書到、務〔備〕、毋解（懈）隨（惰）、如律令。／掾登・屬建・書佐政。 ②876

『失亡伝信冊』は、つぎのように構成されている。まず前半の第二簡～四簡をみると、永光五年六月乙亥（三日）に、御史大夫の鄭弘が、車騎将軍と将軍、中二千石と二千石の官、地方の郡太守、諸侯王国の相などに出した全国の命令である。その内容は、これに先だつ五月庚申（十七日）に、李忠という人物が守御史となって、孝文廟の祭祀（嘗麦祠）を監督するために伝信を発給したという。しかし五月己巳（二十六日）に御史の属が受けて李忠に渡したあと、その伝信を車に置き、道中で紛失してしまった。そこで伝信の副本を写して伝達するので、それを各々が県の吏民に布告して通達せよというものである。そして紛失した伝信を見つけた者に謝礼を与えることや、乗伝や駅駕・厩など交通施設を担当する長が検査して、同じ番号の伝信を所持する者を逮捕することを述べている。以下の文章は、第四簡につづいており、紛失した伝信を御史府に送ることを命じている。第四簡の七月庚申（十八日）には、この命令が届いたあと、敦煌太守の弘たちが、下部にある部都尉に伝達して、県官への通達を命令している。第五簡では、七月辛酉（十九日）に、效穀県の守長たちが、下部の尉に告げ、郷と置への通達を命じている。そのため冒頭の第一簡に、紛失した伝信の副本を引用しているのである。これは全国への通達である。

そこで第一簡の写真（張徳芳論文）をみると、その形態は上下二段に分かれて書かれており、たしかにⅠT0309③237の形態とよく似ている。しかし異なるのは、『失亡伝信冊』の第一簡に「外百卌二」という番号を記すことである。したがって第一簡の副本は、実物の伝の形態を、きわめてよく伝えるものとみなすことができる。伝の規定は、一尺五寸（約三四・五センチ）とあり、(20) 実物の寸法はなお不明であるが、ここに中央が発給する公用旅行の伝の基本的な形態が明らかになったといえよう。

すなわち中央が発給する公用の伝信は、その上段に、発行の年月日と、旅行する人物、用件、交通利用の条件、通し番号を記している。下段には、御史大夫が命令を下す機構・施設と、「当舎伝舎、如律令」という決まり文句を記している。その宛先は、最初の起点となる長安県である。このように中央官府では、作成した伝の副本を保管しながら、一方で現物を旅行者に渡している。そして関所や宿場などでは、これを確認することになる。さらに紛失した場合には、それを捜索する文書の一部として、発信側の伝信の写しを伝達している。

張徳芳氏は、このほかにも中央発給の伝信に関する五二簡を紹介しているが、ここでは①上下に分けて記し、番号のある基本の形式、②上下に分けて記すが、番号のない形式、③内容を上下に分けず、連続して書写するという三つの形式が確認できる。(21) それぞれの形式には、原型をそのまま書写した形態と、日時や書写をした人などの付記をふくむ場合がある。

また懸泉漢簡では、敦煌郡や他の郡県が発給する伝がみられる。(22) 地方郡県が発給する形式は、中央発給の伝と同じように、①上下に分けて記述する形式と、②その内容を連続して書写する形式がある。

①敦煌大守快使守屬充國送牢羌・斥候羌候。　人十二

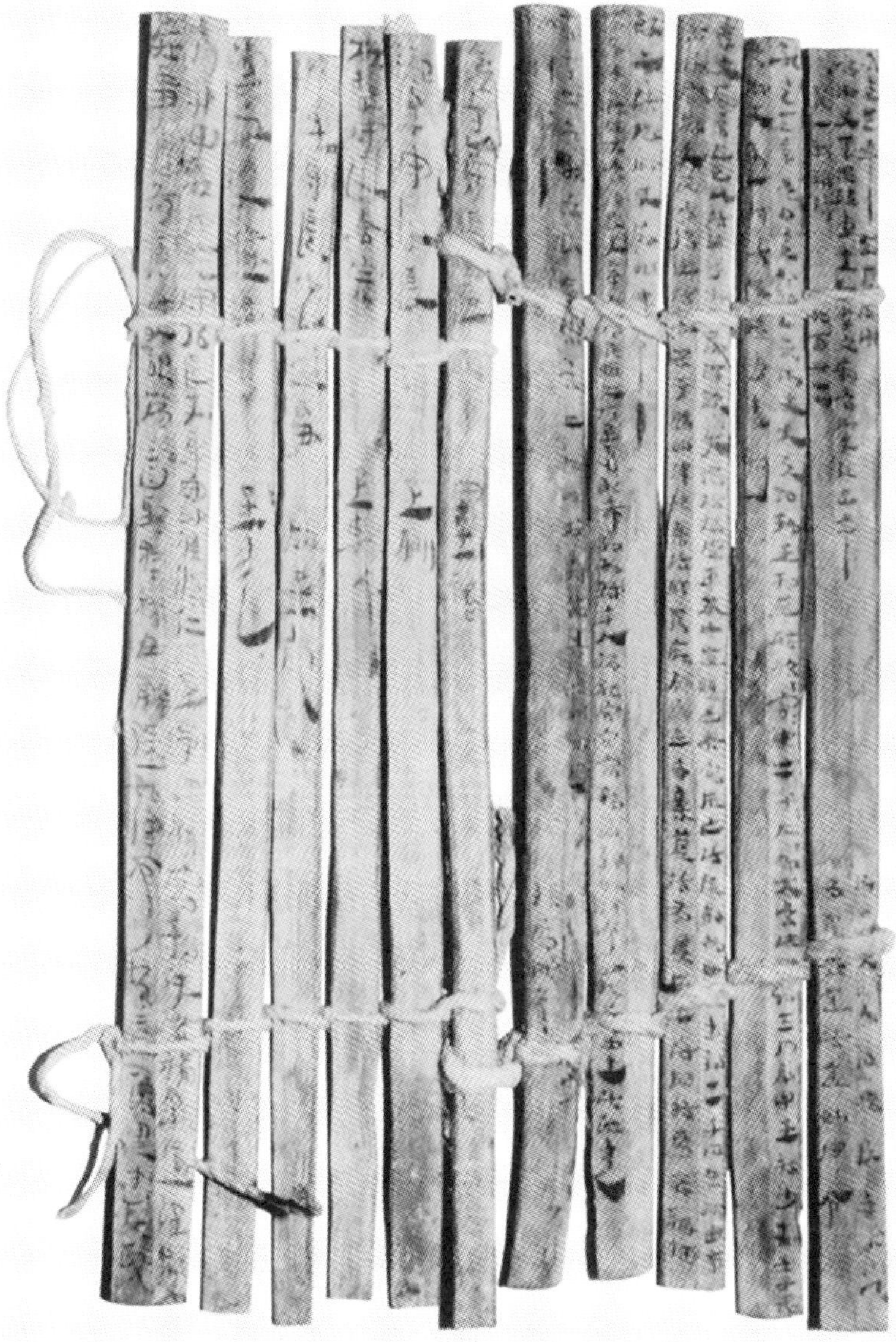

敦煌懸泉置『失亡伝信冊』ⅡT0216②866—876

琅何羌□君彌藏奉獻詣　　神爵二年十一月癸卯朔……
行在所、以令爲駕二乘傳。　十一月辛未皆罷。　爲駕、當舍傳舍從者、如律令。　ⅠT0210③6

②初元二年四月庚寅朔乙未、敦煌大守千秋・長史奉憙・守部候脩仁行丞事、謂縣、遣司馬丞君案　事郡中、當舍傳
舍從者、如律令。四月過東。　卩　ⅡT0213②136

ただし地方官府が発給する伝には通し番号はなく、通行する対象は「謂敦煌」という表記もあるが、多くは「謂県」「謂過所」「謂過所県道官」「移過所」のように、特定の県や施設ではなく、不特定の通過地を記している。このとき「過所」とは、通行証の意味ではなく、通過する所を示している。

これらは中央と地方郡県が発給する伝であり、居延漢簡一七〇・三A、Bのように居延県が発給する伝とは違っている。しかし懸泉漢簡との比較によって、地方官府が発給する伝では、同じように「当舎伝舎、如律令」という条件を規定していることがわかる。このように懸泉漢簡は、前漢末の西北辺境の資料であるが、その伝の形態を手がかりにすると、津関令にみられた前漢初期の伝の類推として、その使用方法の一端が推測できると考える。

二　伝と「致」の形態――随行の証明書

漢代の地方官府が発給する伝には、公用旅行のほかに、私用の旅行に対する通行証がある。大庭脩氏は、居延漢簡の肩水金関から出土した一五・一九簡（長さ二二・四、幅二・八センチ）によって、私用旅行の通行証を説明している。[23]

その形式は、つぎのようにみえる。

永始五年閏月己巳朔丙子、北鄕嗇夫忠敢言之。義成里崔自當、自言爲家私市居延。謹案自當毋官獄徵事、當得取

『居延漢簡』図版之部（中央研究院歴史語言研究所、一九七七年再版）一七〇・三A、B

敦煌懸泉置「伝信」簡、ⅠT0309③237（『出土文献研究』第七輯、二〇〇五年）

『居延漢簡甲乙編』（中華書局、一九八〇年）乙拾貳版、一五・一九

傳。謁移肩水金關・居延縣索關。敢言之。
閏月丙子、觻得丞彭、移肩水金關・居延縣索關。書到如律令。／掾晏・令史建

これによれば、成帝の永始五年（前一二）閏月の丙子（八日）に、觻得県の北郷嗇夫の忠が、崔自当という人物の私用旅行のために、用件と用務地、官獄や徴発がないという伝を得る資格を、県廷に申請している。そこで觻得県の丞は、同じ日に肩水金関と居延県の索関に宛てた文書を発信している。このとき末尾に掾と令史の名があることで、発給の担当者と、文責にあたる書記との関係がわかる。

大庭氏は、こうした文書の形式を、①日付、②請求者（旅行者）の所在と郷嗇夫名、③旅行の目的、④旅行者に前科のない証明、したがって伝を得る資格があること、⑤目的地まで通過するはずの津関名が書かれ、それは郷嗇夫が津関の吏に対する上申文書の形式をとるといわれる。これに続いて、県令または丞が書いた部分は、嗇夫の文書を承認して、津関の吏に命ずる下達文書の形式をもつという。したがってその手続きは、旅行者の所在する郷里から申請され、それが県廷によって発給していることが確認できる。

この資料からわかるのは、県の下部組織の官吏が申請をして、県廷がそれを発給する単位になっていることである。そのとき証明に必要な条件は、①年月日、②旅行者の所在と担当の官吏名、③旅行の目的のほか、④犯罪や徴発がないなどの伝を得る資格を明記している。このように伝は、公用旅行であっても、私用旅行であっても、いずれも地方官府が発給している。ただし居延県令が発給した公用の伝（一七〇・三A、B）と形態が異なるのは、発給の手続きによる違いであろう。

ところで公用旅行の伝では、身分や爵位による応対の等級があるが、車馬などの交通手段や、宿泊、食事などが提供されるものであった。しかし私用の旅行では、交通手段や食事などは自弁であり、携行する物品や従者などに制約

があったはずである。また公用旅行の場合でも、私物を携えるときには、なんらかの規制があったとおもわれる。これにはどのように対応したのだろうか。

これについて張家山漢簡「津関令」をみると、私馬の随行について厳しい規定があり、その出入には伝と「書」で制限している。

●丞相上魯御史書。請魯中大夫謁者得私買馬關中、魯御史爲書告津關、它如令。●丞相・御史以聞。制曰、可。

●丞相が魯の御史の書を上る。「魯の中大夫謁者が私に馬を関中で買うとき、魯の御史が書を作成して津関に告げることができるように要請いたします。他は令の如し」と。●丞相、御史が以て上聞する。制に曰く可なり、と。

（五二一簡）

●丞相上魯御史書。請魯郎中自給馬騎、得買馬關中、魯御史爲傳、它如令。丞相・御史以聞。制曰、可。

●丞相が魯の御史の書を上る。「魯の郎中が自ら騎馬を供給して、馬を関中で買うとき、魯の御史が伝を作成できるように要請いたします。他は令の如し」と。丞相、御史が以て上聞する。制に曰く可なり、と。

（五二二簡）

これらの条文は、いずれも魯国の御史が、丞相に法律を申請して、皇帝の裁可を受けたものである。その内容は、五二一簡では、魯の中大夫謁者が私に馬を関中で買った場合、魯の御史が書を作成して津関に告げるようにしたいと請求している。五二二簡では、魯の郎中が騎馬を関中で買った場合に、魯の御史が伝を作成することを請求するものである。ここでは、郎中の騎馬は伝でよいのに対して、中大夫謁者のように私馬の場合は、とくに書を作成することが注意される。

そこで「書」の性格を明らかにするため、他の条文をみると、つぎのような例がある。

□　相國上中大夫書。請中大夫謁者・郎中執盾・執戟家在關外者、得私買馬關中。有縣官致上中大夫・郎中。中大夫・郎中爲書告津關、來復傳、504 津關謹閲出入。馬當復入不入、以令論。●相國・御史以聞。●制曰、可。505

（五〇四〜五〇五簡）

相国が中大夫の書を上る。「中大夫の謁者、郎中の執盾・執戟の官で、関外に家があり、関中で私用の馬を買えるように要請いたします。そのとき県官の致があれば中大夫と郎中に申告する。中大夫と郎中は書を作成して津関に告げ、その往来は伝による。津関は厳正に出入を検察する。馬が再び入るべきときに入らなければ、令によって論ずる」と。●相国、御史が以て上聞する。制に曰く可なり、と。

ここでは中大夫の謁者や、郎中の執盾・執戟の官で、関中の外に家があって、関中で私用の馬を買った場合の事例である。そのとき県官の致があれば、中大夫と郎中に申告する。そして中大夫と郎中は書を作成して、津関に告げるという内容である。ただし人の往来は伝によっている。ここから人が通行する伝とは別に、私馬を証明する致や書の文書があることがわかる。これはつぎの資料も、同じようなケースを記している。

……議。禁民毋得私買馬以出扜（扞）關・鄖關・函谷〔關〕・武關及諸河塞津關。其買騎・輕車馬・吏乘・置傳馬者、縣各以所買506 名匹數告買所内史・郡守。内史・郡守各以馬所補名爲久久馬、爲致告津關。津關謹以藉（籍）・久案閲、出。諸乘私馬入而復以出、若出而當復入者、507 津關謹以傳案出入之。詐僞出馬、馬當復入不復入、皆以馬賈（價）訛過平令論、及賞捕告者。津關吏卒・吏卒乘塞者智（知）、弗告劾、510 與同罪。弗智（知）、皆贖耐。●御史以聞。制曰、可。511

（五〇六〜五〇七簡、五一〇〜五一一簡）

……議る。「民に禁じて、私に馬を買い扞関や鄖関、函谷関、武関および河塞と津関を出してはいけない。騎馬や軽車馬、官吏の乗物、置伝の馬を買う者は、県が各おの買った所の名と匹数を、購入した所在の内史や郡守に告げる。内史や郡守は、各おの馬を補充した名をもって馬の表記をし、致を作成して津関に告げる。津関は、馬の籍と表記を厳正に検閲して出せ。私馬に乗って関所を入って再び出るとき、あるいは関所を出て再び入るべき者は、津関が厳正に伝を検察して、その者を出入させよ。偽って馬を出したり、馬が再び入るべくして入らないときは、皆な馬の價訛過平令によって論じ、それを逮捕したり告発した者には褒賞せよ。津関の吏卒や、吏卒で塞にいる者が知っていて告劾しなければ、ともに同罪とする。知らなければ、皆な贖耐の刑とせよ」と。●御史が以て上聞する。制に曰く可なり、と。

五〇六～五〇七簡の条文は書き出しが不明であるが、まず原則として、私に馬を買って函谷関などの津関を出ることを禁止している。そこで騎馬や軽車の馬、吏の車や置伝の馬を買うときには、県が馬の名と匹数を、行政官庁である内史や郡守に申告する。内史と郡守は、それらにもとづいて馬の名籍にあたるものを作り、それを致として津関に告げる。津関では、その文書にもとづいて名籍などを検査して、やっと出させることになる。五一〇～五一一簡では、もし前半に接続するのであれば、私馬でも騎乗するときは伝によって津関が検察することになる。

これらをみれば、私に馬を買った場合には書などの文書を作成し、それを致として申告したり、津関に告げている。この致は、小組注釈では文書と理解し、李均明氏は「通知書」としており、陳偉氏もこの説に従っている[24]。たしかに「津関令」にみえるように、下部から中央に法律の制定を上申する規定が、張家山漢簡の置吏律の手続きにみえており、その際にも致が文書であることは明らかである。

縣道官有請而當爲律令者、各請屬所二千石官。二千石官上相國・御史、相國・御史案致、當請、請之、毋得徑請者。徑請者、罰金四兩。（二一九～二二〇簡）

陳偉氏は、「津関令」の致について、伝と致・書は同時には使えず、伝あるいは致・書を用いて関所を通過できると考えている。しかし魯国の御史の申請では、私馬を出すときには書を作成しているが、騎馬の場合は伝でよいとある。また五一〇～五一一簡では、致とは別に、伝による検察をしている。したがって、ここから人の通行証となる伝には騎馬がふくまれ、致・書は私馬などを随行するときの証明ではないかと推測される。

五〇九、五〇八簡には、つぎのような条文がみえている。

十二　相國議。關外郡買計獻馬者、守各以匹數告買所内史・郡守。内史・郡守謹籍馬職（識）物・齒・高、移其守、及爲致告津關。津關案閱、509 出、它如律令。御史以聞。請許、及諸乘私馬出、馬當復入而死亡、自言在縣官、縣官診及獄訊審死亡、皆〔告〕津關。制曰、可。508　（五〇九簡、五〇八簡）

十二。相国が議る。「関外の郡で上計や献上の馬を買う者は、その郡守は各おの馬の匹数を、購入した所在の内史や郡守に告げよ。内史や郡守は、厳正に馬の識物や歯（年齢）・高さを名籍として、その郡守に文書を送付し、同時に致を作成して津関に告げよ。津関は検察してから出せ。他は律令の如し」と。御史が以て上聞する。「許可を要請いたします。また私馬に乗って出るもので、馬が再び入るときに死亡すれば、自ら在県の官に言い、県官が検死と取り調べをして、死亡が明らかであれば、皆な津関に告げよ」と。制に曰く可なり、と。

これによれば、関外の郡が関中で馬を買ったときには、購入した地の内史や郡守に匹数を告げ知らせ、内史と郡守は馬の「識物・歯・高」を記した名籍を作成する。識物とは、整理小組が「表記」と解釈している。また内史と郡守は「致」を作成して津関に告げ、津関ではそれを検査している。ただし騎乗する馬は、その死亡が問題となっている。これは不当に売ることを禁止するためであろう。このような規定は、五一三～一五簡にも同じようなケースがあり、郎中の官が関中で馬を買った場合、郎中は致を作成して購入した県・道に告げ、県・道の官府は致を作成して所在の県・道に告げている。(25)

さらに津関の検察に関連して、つぎのような条文がある。

□御史請。諸出入津關者、皆入傳、書〔郡・縣〕・里・年・長・物色・疵瑕見外者及馬職（識）物關舍人占者、津關謹閲、出入之。縣官馬勿職（識）物　（四九八簡）

……御史が請う。「津関を出入する者は、皆な伝を入れ、〔郡・縣〕・里・年・身長・物色・外見にみえる傷、及び馬の識物で関舎人が申告するものを書く。津関は、厳正に検察して出入させよ。県官の馬は、識物を……することと勿かれ……」と。

これは津関を出入する規定であるが、伝に記入する内容とすれば、馬の識物をふくむ意味が少し不明となる。この規定は、あるいは津関の出入籍のように、津関の官吏が通行者の出入を記し、随行の馬の特徴を登記する内容かもしれない。また馬の名籍や致を作成するとき必要となる「識物・歯・高」については、懸泉漢簡の「伝馬名籍」V1610②10〜20簡が参考となろう[26]。

傳馬一匹。駹、牡、左剽、決兩鼻兩耳數。齒十九歲。高五尺九寸……　（②10簡）
私財物馬一匹。騩、牡、左剽。齒九歲。白背。高六尺一寸。小脊。補縣（懸）泉置傳馬缺。　（11簡）
傳馬一匹。騩、乘、白鼻、左剽。齒八歲。高六尺。駕、翟聖。各曰全?廏。ム冂。　（12簡）
……尺六寸。駕。名曰葆橐。　（13簡）
傳馬一匹。騧。乘、左剽、決右鼻。齒八歲。高五尺九寸半寸。驂、名曰黃爵（雀）。　（14簡）
傳馬一匹。駹。乘、左剽。八歲。高五尺八寸。中、名曰倉（蒼）波、柱。　（15簡）
傳馬一匹。騮。乘、左剽、決兩鼻、白背。齒九歲。高五尺八寸。中、名曰佳□、柱、駕。　（16簡）
傳馬一匹。赤騮。牡、左剽。齒八歲。高五尺八寸。駕。名曰鐵柱。　（17簡）

傳馬一匹。騂駒。乘、左剽。齒九歲。高五尺八寸。駿、呂戟、名曰完幸。厶卩。（18簡）
私財物馬一匹。駹。牡、左剽。齒七歲。高五尺九寸。補縣（懸）泉置傳馬缺。（19簡）
建始二年三月戊子朔庚寅、縣（懸）泉廄嗇夫欣敢言之。謹移傳馬名籍一編、敢言之。（20簡）

懸泉置の宿場では、管理する馬に対して名前をつけ、その身体的な特徴、歯による年齢、高さなどを記している。したがって「伝馬名籍」と津関令の表記は、その内容が共通することがわかる。ここから致や書などの文書は、人が関所を通過する証明ではなく、名籍と同じように馬などの随行に対する証明書であると推測できる。[27] この点を、もう少し検討してみよう。

大庭脩氏は、年代は後であるが、「致」「致籍」の例として以下の資料をあげている。[28]

居攝三年吏私牛出入關致籍（居延漢簡五〇・二六）
■□出入關傳致籍（敦煌馬圏湾漢簡七九DMT六・五四）
（上缺）轉穀輸塞外食者出關致籍（同漢簡七九DMT八・二七）
●元始三年十月玉門大煎都萬世候長馬陽所齎操妻子從者奴婢出關致籍（同漢簡七九DMT九・二七）

これらの内容は、吏の私牛の出入や、穀物を塞外に輸送する人、候長の妻子・従者・奴婢の出入りのように、玉門関の近辺にいる関係者に限られているという。そこで「致」は、長距離を通過する伝に対して、短距離の移動者への証明書ではないかと推測している。しかしもう一つの特徴は、その対象が私牛や、輸送に必要な車、妻子と従者・奴婢といった、随行する人や物に限られていることである。これを津関令の規定や、「伝馬名籍」のような記載をもつ致・書とあわせて考えると、この「致」は随行するものを記した証明書ではないだろうか。

これに関して、居延漢簡などにみえる「致」「致籍」を、関所を出入する人員や牛馬、車輛、携帯の物品を記す文書とする説がある[29]。李均明氏は、これを①関所を通過するときの登記、②先に関所に通達する文書という二つの可能性を指摘して、津関令の致を通知書と理解している。また李天虹氏も、先に関所に通達する文書とみなしている。たしかに致は、関所に対して随行人や物品を証明する文書とおもわれるが、津関令にみえる状況では、人が伝を携帯して関所を通過するように、随行人などを証明する致もまた通過するときに提示する可能性がある。

すなわち関所を人が通行するには、公的であれ私的であれ、官府（公的な機関）が発行した伝が必要であった。しかし公的な往来でも、私物をもつ場合や、私的な往来で携行品をもつ場合には、致・書と呼ばれるような証明書を作成して、それを通過するときに別の証明としたのではないだろうか。したがって交通の往来では、一に人の通行証となる伝と、二に随行の証明があることになる。このように致や書は、伝に規定されている従者、車馬、騎馬の範囲をこえて、随行する人や車馬、物品などを記した文書で、人の通行証とは機能が異なるものと考える。

三　関所の通行と漢墓簡牘

これまで、漢代の交通に使われる伝と致の形態を検討してきた。その結果、とくに公用出張の伝は、懸泉漢簡の『失亡伝信冊』の第一簡が基本の形態となり、敦煌郡などの官府が発給する伝とともに、漢代初期の伝を類推する資料になると考えた。中央が発給する伝信は、上段に「日付、身分、名前、用件、交通の条件、通し番号」を記し、下段に「発給者の身分と名前、命令文」などを分けて記す形式であった。地方官府が発給する公用の伝は、通行する施設の全体に対して発給され、上下二段に記す形式と、連続して書写する形式が出土している。私用旅行の伝は、大庭脩氏が指摘されるように、所属の官吏が条件を満たす証明をして、県廷が発給するとみなしている。

これに対して伝と関連する致は、公用出張や私的な旅行に際して、随行する人や車馬、物品などを記した文書にかかわるものと推測した。しかし伝と致の形態との関係は、なお不明な点がある。そこでこれまでの内容をふまえて、大庭脩氏が「冥土への旅券」と名づけた簡牘を検討してみよう。

まず江陵鳳凰山一六八号漢墓の竹牘（長さ二三・二、幅四・一〜四・四センチ）は、告地書、告地策ともよばれ、つぎのような形態と内容をもっている[30]（」は改行を示す）。

十三年五月庚辰、江陵丞敢告地下丞。市陽五」〔大夫〕隧自言、與大奴良等廿八人、大婢益等十八人、軺車」二乗、牛車一兩、騶馬四匹、駠馬二匹、騎馬四匹。」可令吏以從事、敢告主。

十三年五月庚辰の日、江陵の丞が敢て地下の丞に告ぐ。「市陽の五大夫の隧が、大奴良たち二十八人、大婢益たち十八人、軺車二乗、牛車一両、騶馬《すうば》四匹、駠馬《りゅうば》二匹、騎馬四匹をともに随行したい、と自ら言っております。よろしく官吏に命じて事に当たらせますように」と。敢て（地下の）主に告ぐ。

ここには文帝十三年（前一六七）に、江陵丞が「敢えて地下の丞に告ぐ」とあり、墓主（市陽五大夫の隧）の情報を地下の官吏に知らせる擬制文書である。しかしこの竹牘は、明らかに公用出張の伝ではない。それは『失亡伝信冊』や地方官府の伝でみたように、墓主の用件や通行の条件を記しておらず、また「当舍伝舍、如律令」などの規定を記していないからである。また私用旅行の証明と比べてみると、県レベルの丞が地下の丞に告げる形式は似ているが、身分や用件を証明をするという内容とは違っている。ここでは随行する人々の人数や、車馬の台数を記している。これについて漢代では、人が往来する伝とは別に、随行する人や馬、物品などに対する証明が必要であろうとみなした。このとき「津関令」の致や書は、中央官や内史・郡守が作成するものであり、県が作成したものではない。しかしその内容には共通するものがある。したがって大庭氏が「冥土への旅券」と名づけた資料は、私用旅行の伝に関する資

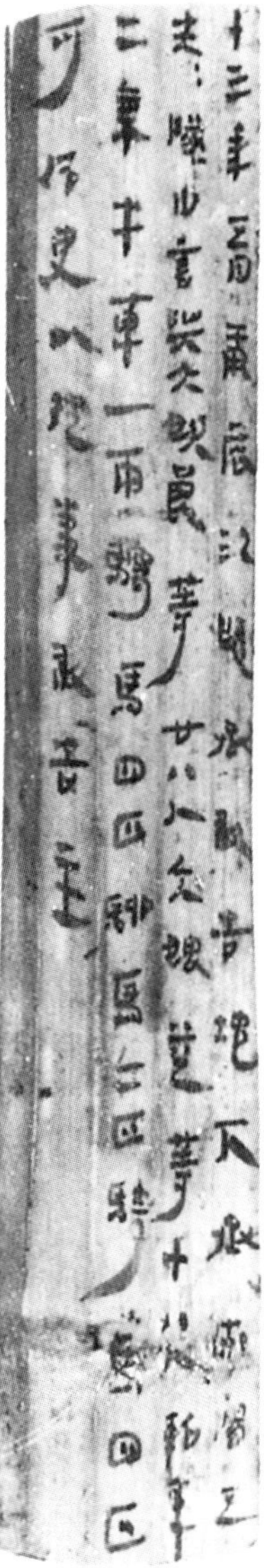

江陵鳳凰山一六八号漢墓：竹牘二五六（『考古学報』一九九三年四期）

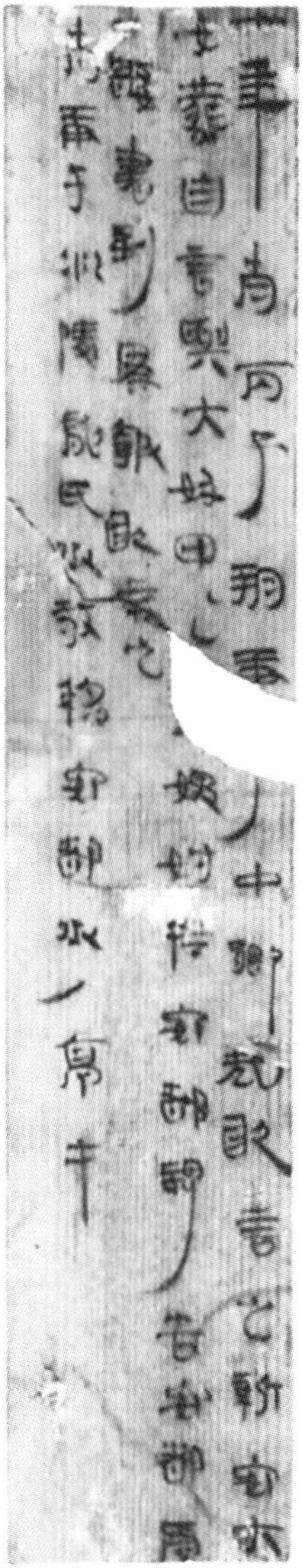

高台一八号漢墓の木牘（『荊州重要考古発現』文物出版社、二〇〇九年）

『長沙馬王堆二、三号漢墓』（文物出版社、二〇〇四年）木牘

料ではなく、随行を記す証明の可能性がある。その証拠として、大奴と大婢の人数と、軺車、牛車、騶馬、駠馬、騎馬の数量を記すことがあげられる。したがって鳳凰山一六八号漢墓では、実際の交通になぞらえて、死後の通行にも擬制文書を作成して、それを地下の官府に伝える形式をもつと推測される。これは大庭氏の見解を発展させて、地上の制度を反映するとみなしたものである。

これと似た形式は、江陵高台一八号漢墓の木牘（長さ二三・二、幅四・五センチ）がある。ここでは四枚の木牘のうち、告地策をとりあげる。(31)その形態は、居延漢簡一五・一九簡の通行証に近い。

七年十月丙子朔〔庚子〕、中郷起敢言之。新安大」女燕自言、與大奴甲・乙、〔大〕婢妨徙安都。謁告安都受」

〔名〕數。書到爲報。敢言之。（正面）

十月庚子、江陵龍氏丞敬移安都丞。／亭手（正面）

産手（背面）

七年十月丙子朔の庚子（二十五日）、中郷の起が敢えて之を言う。「新安の大女の燕が、大奴の甲・乙、大婢の妨と一緒に安都に移住したいと自ら言っております。安都に告げて名数を受けるようにお願いいたします。文書が到達したら報告してください」と。敢えて之を言う。

十月庚子の日、江陵の龍氏丞の敬が安都丞に送付する。／亭が手す（正面）

これは文帝七年（前一七三）に、県レベル以下にある中郷の官吏が申請した文と、それを江陵の丞が、安都県の丞に告げる形式となっている。その内容は、新安の大女の燕が、奴婢と一緒に安都に移住したいという要望である。注目されるのは、このとき正面と裏面に「某手」という書写した人名が書かれていることである。これはすでに指摘されているように、里耶秦簡の木牘にみえる控えの形式と同じである。(32)しかし大奴の名前が「甲、乙」と記号化しているのは、実際の文書そのものではない。また木牘の内容は、旅行の身分証明ではなく、移住と随行する人物に関する文書である。この場合も、とくに地下の官吏を記していないが、実際の制度に応じて随行する奴婢を申告するという証明になっているのであろう。

同じような形式は、随州孔家坡八号漢墓の木牘（長さ二三・四、幅四・七センチ、告地書）にもみえている。[33] この年代は「正月甲辰朔壬子」の誤りで、景帝後元二年（前一四二）とみなされている。

二年正月壬子朔甲辰、都鄕燕佐戎敢言之。庫」嗇夫辟與奴宜馬・取・宜之・益衆、婢益夫」・末衆、車一乘、馬三匹。」正月壬子、桃侯國丞萬移地下丞。受數毋報。　（正面）

定手　（背面）

二年の正月壬子朔の甲辰の日、都郷の燕、佐の戎が敢えて之を言う。庫嗇夫の辟は、奴の宜馬・取・宜之・益衆、婢の益夫・末衆、車一乗、馬三匹をともにいたします」と。正月壬子の日、桃侯国の丞の萬が、地下の丞に（文書を）移す。これらの名数を受けても返事はいらない。　定が手す

ここでは県レベル以下の都郷の官吏と佐が、墓主とおもわれる人物（庫嗇夫の辟）に、奴婢や車馬を随行することを記し、桃侯国の丞を通じて、地下の丞に通告している。したがってこの木牘も、直接的に人が通行する伝の形態ではなく、県レベルの官が、随行する人々や車馬を証明する資料である。

また一九八六年に出土した江陵毛家園一号漢墓の木牘（長さ二二・一、幅四・二センチ）がある。[34] これは建郷の疇が、地下主に告げるという形式で、同じように大女の精が、家属や牛馬と一緒に移りたいので、牒書を添付すると述べている。

十二年八月壬寅朔己未、建鄕疇敢告地下主、□陽關內侯寡大女精死、自言以家屬・馬牛徙。今牒書所與徙者〔七

十三〕牒移。此家復不事。可令吏受數以從事、它如律令。敢告主。

十二年八月壬寅朔の己未（十八日）、建郷の疇が敢て地下の主に告ぐ、「□陽の關内侯の寡大女である精が死亡し、自ら家族と馬牛と一緒に移住したいと自ら言っております。今、牒書して移住する者の七十三牒を送付いたします。この家は税役が免除されています。官吏に名数を受けて処理していただきますように。他は律令の如し」と。敢て主に告ぐ。

これに関連して地下に送る文書で有名なのは、馬王堆三号漢墓の木牘（長さ二三、幅三・五センチ）である。[35]

十二年二月乙巳朔戊辰、家丞奮移主藏郎中。移」藏物一編。書到先撰具奏主藏君。

十二年二月乙巳朔の戊辰（二十四日）、家丞の奮が（地下の）主藏郎中に移す。「藏物一編を送付いたします。文書が到達したら、先に調べてととのえ、主藏の君に差し出してください」と。

これは文帝十二年（前一六八）に、侯国の官吏である家丞が、地下の主蔵郎中に「蔵物一編」を送る形式となっている。これを懸泉漢簡の「伝馬名籍」と比べてみれば、その送り状を付けた文書と同じ形式である。[36] したがって十二年木牘は、やはり携行品を送る文書とみなせるが、それは別に一編のリストを記している。このように考えれば、これまで副葬品のリストとみなしてきた遣策は、別の説明ができるかもしれない。[37] つまり遣策の意義は、ただ地下で生活するときに必要な物品を記すのではなく、墓主が地下の世界に行くとき、その随行する人々や物品を申請し、証明する文書の役割を果たしているということである。

このように告地書・告地策とされた簡牘は、漢代の交通を反映しながら、人々の往来を証明する私用旅行の伝とはちがう内容をもっている。それは、むしろ地下の世界に行く墓主にとって、随行する人々や車馬、物品などを証明する擬制文書ではないかと推測される。

ところが漢墓の簡牘には、随行人や物品のリストのほかに、少し内容と形式のちがう文書がある。その一つは、雲夢龍崗六号秦墓の木牘（長さ三六・五、幅三・二センチ）である。[38]

・鞫之。辟死。論不當爲城旦。吏論。失者。已坐以論。九月丙申。沙羨丞甲・史丙。免辟死爲庶人。令自尙也。

これについて籾山明氏は、乞鞫の結果を記す公文書をモデルとしているが、人名が甲・丙のように記号化されているため、埋葬用の擬制文書と考えている。[39] ただし、もう一つ注意されるのは、むしろ大庭脩氏が指摘されていたように、私的旅行の伝を得るために必要な証明と共通している点である。つまりここでは、いま墓主は罪人ではなく庶民になったという内容を記しており、寸法は長い文書であるが、これも私的な旅行の証明に関連する文書と言えるのではないだろうか。

このような内容は、江蘇邗江胡場五号漢墓の木牘（長さ二三、幅三・五センチ、告地書）二枚にみえている。[40]

卌七年十二月丙子朔辛卯。廣陵宮司空長前丞□敢言土主。廣陵石里男子王奉世有獄事。事已復。故郡鄉（第一枚）

里遣自致移詣穴。卌八年獄計□書。従事如律令。（第二枚）

胡平生氏によれば、この木牘の年代は、宣帝期の広陵王の紀年といわれる。[41] ここには広陵の宮司空と丞が、かつて獄につながれていた人物について、庶民に復したことを土主（地下の官吏）に報告している。したがって、これだけでは身分の証明にとどまっているが、これを私用の旅行に必要な罪人ではない条件とすれば、やはり冥土に行くときの通行に関する文書とみなすことができよう。

以上のように、漢墓に副葬された地下に告げる簡牘には、墓主が随行する人や物品を記した文書や、罪人ではないことを記した文書がふくまれていた。これらは一見すると、別々の文書であるようにみえるが、これを関所などの通行に必要な伝や致・書と比べてみると、同じような内容をもつことが想定できる。

すなわち漢代では、地上の交通と同じように、墓主が地下の世界に行くときにも、一緒に携行品を記したリストや、墓主の身分を証明する簡牘を副葬する場合があった。これらは、直接的に人の通行を証明する伝ではないが、やはり津関などの通行に必要な致・書に関連する文書ではないかとおもわれる。これらは漢墓の一部にみられる簡牘であるが、それは死後の世界に対する習俗だけではなく、漢代で実際に行われた交通制度と文書の形態を反映している。この意味において、地上の伝と致による情報の伝達は、地下の世界においても、墓主の通行が順調であることを願う心と共通していたのである。

このような推測が正しければ、大庭氏が地上の実際の交通と関連させて、地下の擬制文書を指摘されたことは、きわめて卓見であったことがわかる。ただしこれまでは、伝と致の資料が少なかったために、これを私用旅行の伝とみなした点に問題が残されていた。しかし通行の伝に関連して、漢墓の簡牘を、随行する人や物品、あるいは墓主の身分を証明する文書とみなすとき、それは漢代の交通事情を示していると考える。

このように想定するとき、古墓に副葬された文字資料との関係についても、新しい解釈が可能になろう。大庭脩氏は、古墓の資料が当時の公文書ではなく、私的に用いた書籍ではないかと指摘している(42)。また古墓にみえる書籍などの副葬は、これまで日用品の代わりに製作した明器と同じ用途としたり、地下の世界で必要な官吏などの資料、生前に愛読した書籍を入れたとする説などがある。しかしこれらの説は、一部の用途にあてはまるとしても、古墓の資料を全体的に解釈できない。なぜなら、もし日用品の明器や、死後の世界で使用する文書、生前の愛読書などであれば、もっと出土の比率が高いとおもわれるからである。長江流域の古墓では、盗掘の状況を勘案しても、未盗掘の古墓に簡牘資料を副葬する割合はきわめて少ない。これは明器や、死後の資料、愛読書という用途が、一部にすぎないことを示している。

そこで古墓の資料について手かがりとなるのは、第八章で述べたように、張家山二四七号漢墓の遣策で「書一笥（書を入れた竹笥）」と記すことである。これは一緒に副葬された竹笥の書物が、他の副葬品と同じ扱いをうけている。また里耶秦簡や張家山漢簡『奏讞書』の分析では、竹笥に文書が保管されていたことを指摘している。このような状況から、古墓の簡牘と書籍の一部は、とくに文字資料を意識した人びとにとって重要な携行品であったとおもわれる。だからこそ簡牘や書籍が出土した古墓は、全体的な比率が低いにもかかわらず、そこに筆や硯、簡牘を作る工具などを副葬するケースが多いとおもわれる。(43) さらに注意されるのは、里耶秦簡との比較で明らかになったように、古墓の資料は、通信される公文書の原本ではなく、処理の控えと保存の副本や、文書の記録などのデータベース、法制資料、書籍などに限られることである。(44) つまり古墓の資料は、現実に使用された文書や書籍が、保存し廃棄した資料の一部として所有され、墓主にとって個人的な携行品として副葬されたのではないかと考えている。それは一に、地方官府の実務に関連する文書と法律、記録や、保存された書籍とともに、二に、交通に必要な随行の擬制文書をふくむことによって、地上の制度を全体的に反映することが説明できるのである。

なお古墓の資料を考えるには、副葬品の変化と、死後の世界観との関係が問題となる。たとえば蒲慕州氏は、戦国晩期から随葬品に変化があり、それは礼器を主とする習俗から、日常生活用具が増えると指摘している。(45) また前漢中期以降の墓葬には、死後の生活を表現する傾向が顕著になるという。それは普遍的に、竈（かまど）や倉庫、家畜と家禽、家屋、閣、楼房、池塘などの模型が現れることにみられる。これに照らしてみると、雲夢や江陵地区の秦漢墓では、副葬品を礼器と日用品などに分けている。睡虎地秦漢墓の日用品には、櫛、銅鏡、筆ケース、耳杯と盒（収納ケース）、飲食の器物、漆器、枕、灯、楽器、娯楽品と、木俑、穀物、貨幣、武器、車馬、小舟などがみられる。(46) これらは墓葬の変化に対応しているが、死後の世界で使用するという用途のほかに、長江流域では墓主が旅立ちに随行する物が多いように感じられる。それは交通手段の乗物にくわえて、携帯用の筆ケースや、収納できる器物、折りたたみ式の机などに、その特徴がみられる。古墓の資料や書籍を位置づけるためには、このような副葬品との関係も問題となるであろう(47)。

おわりに

本章では、漢代の交通のなかで通行証に関する伝・致などの機能を検討した。その要点は、つぎのようになる。

まず最初に、張家山漢簡「津関令」にみえる伝と符に関する規定を確認し、年代は前漢後期以降の資料であるが、居延漢簡や懸泉漢簡にみえる伝と符の形態を参考としてみた。その結果、一ヶ所の津関を通過する符の形態は、これまでのように「六尺の符」を基本として、通し番号を記す割符とする見解で良いとおもわれる。中央発給の公用旅行に使われる伝は、懸泉漢簡『失亡伝信冊』の第一簡が、基本になると推測した。これは上段に「日付、身分、名前、用件、交通の条件、通し番号」を記し、下段に「発給者の身分と名前、命令文」などを分けて記している。その形式は、漢長安城から最初の通過地となる三輔の県などに発給しており、ここから1に発給側の控えと、2に旅行者が携帯するものが想定される。しかし懸泉漢簡では、3に懸泉置で確認した控えや、4に紛失した際に『失亡伝信冊』のような文書として残るケースがあった。

つぎに地方官府が発給する公用の伝は、同じように1発給側の控えと、2旅行者が携帯するもの、3関所や懸泉置で確認した控えが想定され、ここには通過する「過所」に対する形式となっているものが多い。郡県の官府が発給する私用旅行の伝は、大庭脩氏などの研究をうけて、県に所属する官吏が条件を満たす証明をして、県廷が発給するとみなした。しかし問題となるのは、通行に関連する「致」の用途に対する解釈である。

これまで致は、伝や符と並んで、津関の通過に用いられたという見解があるが、その用途は伝と区別されるのではないかと考えた。たとえば伝は、人が往来するときに必要な通行証となるもので、これには従者や、乗物もふくまれている。しかし人の通行に伝を所持していても、それとは別に随行人がいたり、私的な馬や物品を携帯するときには、別の証明が必要であったとおもわれる。張家山漢簡「津関令」では、これらの証明書を致や書と表現している。したがって旅行者は、伝が適用される以外に、車馬や馬、家族や奴婢、器物などを私に随行するときは、それを証明する文書が必要ということになる。本章では、このように旅行者に随行する人々や、車馬、物品などの証明が致ではないかと想定した。ただし漢代の伝と致の用途を、唐代の私的な旅行の証明書である過所とくらべると、漢代では人の証明と随行人・物品を一緒に記載したものはみられない。これらは漢代以降の変遷にかかわる問題として、なお検討の余地がある(48)。

ところが、さらに興味深いのは、大庭脩氏が「冥土への旅券」と名づけられた簡牘である。ここには地上の制度と同じように、地下の世界に通行するとき、墓主が随行する人や車馬、物品などを記した文書を、地上の官吏が地下の官吏に通告する形式をとっている。また馬王堆三号漢墓では、一緒に物品のリスト（蔵物一編）を送るという文書を副葬している。これらは私用旅行の伝のように、身分を証明する記載ではなく、随行人や物品、あるいは遣策の送付を記している。したがってこの簡牘は、地上の伝を示唆するのではなく、随行人や物品を送付する致や書に関連する擬制文書ではないかとみなした。また随行の文書とは別に、墓主が罪人でないことを証明する文書をふくむ場合があるが、これは私的な旅行の必要条件とみなせば、同じように地上の交通を反映する資料と考えることができる。

ここから漢代の伝の形態と、長江流域の古墓に副葬された簡牘を比較してみると、つぎのような特徴が指摘できる。それは冥土への旅券（告地券、告地策）の簡牘は、人々が往来するときに使用する通行証や証明書と関連する資料ということである。その証明書には、馬王堆漢墓の木牘のように「蔵物一編」を送付する内容があり、これは遺策に対応している。また張家山漢墓の遺策には、携行品の一つとして竹笥に入れた書籍（書一笥）がみられた。とすれば古墓の遺策は、副葬品のリストであると同時に、死者が随行する証明ともなり、そこに記された書物は、携行品の一つということになる。これらの古墓の文書や書籍は、すでにみたように地方官府と周辺にみられる資料と関連しており、文書行政や伝達される資料を反映している。しかし告地策などの簡牘は、伝達される文書ではなく、旅行する人が所持する擬制文書とみなされる。これは古代の人々にとって、死後の旅立ちが順調であることを願う気持ちに通じるものではないかと考えている(49)。

このように想定すれば、遺跡や井戸の簡牘は、実際に使われた文書や記録などであるのに対して、古墓の簡牘もまた地上の世界を反映した資料ということになる。つまり古墓の資料には、（一）漢代の交通を反映し、遺策と副葬品の全体にかかわる告地策のような簡牘と、（二）副葬品にみえる文書と書籍がある。これらは決して架空の文書ではなく、とくに墓主や埋葬する人々が携行品として意識したものと推測される。これによって中国古代の簡牘は、同じ社会に情報が伝達されるなかで、地上の資料群と古墓の資料に接点を見いだし、お互いに補完する資料として位置づけることができる。

注

（1）簡牘資料の概略は、大庭脩『木簡学入門』（講談社、一九八四年）、同『木片に残った文字――大庭脩遺稿集』（二〇〇三、

桐原出版、二〇〇七年）、永田英正『居延漢簡の研究』序章（同朋舎出版、一九八九年）や、駢宇騫・段書安編著『二十世紀出土簡帛総述』（文物出版社、二〇〇六年）、胡平生・李天虹『長江流域出土簡牘与研究』（湖北教育出版社、二〇〇四年）などにみえる。本書の序章「中国出土資料と古代社会」を参照。

（2）李均明・劉軍『簡牘文書学』（広西教育出版社、一九九九年）、李均明『古代簡牘』（文物出版社、二〇〇三年）、同『秦漢簡牘文書分類輯解』（文物出版社、二〇〇九年）、汪桂海『漢代官文書制度』（広西教育出版社、一九九九年）のほか、永田英正「文書行政」（『殷周秦漢時代史の基本問題』汲古書院、二〇〇一年）、籾山明「中国の文書行政」（『文字と古代日本2』、吉川弘文館、二〇〇五年）など。

（3）思想史や出土文献については、李学勤『簡帛佚籍与学術史』（一九九四、江西教育出版社、二〇〇一年）、李零『簡帛古書与学術源流』（生活・読書・新知三聯書店、二〇〇四年）、朱淵清『再現的文明：中国出土文献与伝統学術』（華東師範大学出版社、二〇〇一年）、朱淵清著、高木智見訳『中国出土文献の世界』（創文社、二〇〇六年）、浅野裕一・湯浅邦弘編『諸子百家〈再発見〉――掘り起こされる古代中国思想』（岩波書店、二〇〇四年）などの紹介と研究がある。

（4）大庭脩『秦漢法制史の研究』第五篇第一章「漢代の関所とパスポート」（一九五四、創文社、一九八二年）、同『漢簡研究』第二篇第二章「漢代の符と致」（同朋舎出版、一九九二年）、大庭脩著、徐世虹訳『漢簡研究』（広西師範大学出版社、二〇〇一年）、李均明「漢簡所見出入符・伝與出入名籍」（『初学録』蘭台出版社、一九九九年）など。なお大庭脩氏は、通行証を「棨」としているが、ここでは実物の表現に従って伝あるいは伝信とする。

（5）籾山明「刻歯簡牘初探――漢簡形態論のために」（『木簡研究』一七、一九九五年）。

（6）大庭前掲『木簡学入門』、同「冥土への旅券」（『漢簡研究』第三篇第三章）。なお徐世虹訳『漢簡研究』では、「前往冥府的通行証」と翻訳している。

（7）張家山二四七号漢墓竹簡整理小組『張家山漢墓竹簡〔二四七号墓〕』（文物出版社、二〇〇一年）、同整理小組『張家山漢墓竹簡〔二四七号墓〕』釈文修訂本（文物出版社、二〇〇六年）、彭浩・陳偉・工藤元男主編『二年律令與奏讞書』（上海古籍出版社、二〇〇七年）、朱紅林『張家山漢簡《二年律令》集釈』（社会科学文献出版社、二〇〇五年）など。また甘粛省文物考古研究所「甘粛敦煌漢代懸泉置遺址発掘簡報」、同「敦煌懸泉漢簡内容概述」「敦煌懸泉漢簡釈文選」（以上、『文物』二〇〇〇年五期）、胡平生・張徳芳編撰『敦煌懸泉漢簡釈粋』（上海古籍出版社、二〇〇一年）、張徳芳「懸泉漢簡中的〝伝信簡〟考述」（『出土文獻研究』第七輯、上海古籍出版社、二〇〇五年）、張俊民「敦煌懸泉漢簡所見人名綜述（三）」（『簡帛研究二〇〇五』広西師範大学出版社、二〇〇八年）など。

（8）拙稿「漢代の交通と伝信の機能――敦煌懸泉漢簡を中心として」（『愛媛大学法文学部論集』人文学科編二六、二〇〇九年）。

（9）『史記』商君列伝に、「後五月而秦孝公卒、太子立。公子虔之徒告商君欲反、發吏捕商君。商君亡至關下、欲舍客舍。客人不知其是商君也曰、商君之法、舍人無驗者坐之。商君喟然歎曰、嗟乎、爲法之敝一至此哉」とあり、『史記』酷吏列伝の寧成条に、「武帝即位、徙爲内史。外戚多毀成之短、抵罪髡鉗。是時九卿罪死即死、少被刑、而成極刑、自以爲不復收。於是解脫、詐刻傳出關歸家」とある。

（10）注（7）前掲書。『張家山漢墓竹簡〔二四七号墓〕』修訂本は字句の修訂にとどめ、「津関令」の配列を変更していないが、彭浩「談《二年律令》中幾種律的分類與編連」、張家山漢簡研読班「張家山漢簡《二年律令》校読記」など、配列に関する論文を収録している。陳偉「張家山漢簡『津関令』涉馬諸令研究」（『考古学報』二〇〇三年一期）は配列を変更しているが、『二年律令與奏讞書』でも配列が変更されている。また李均明「漢簡所反映的関津制度」（『歴史研究』二〇〇二年三期）、彭浩「『津関令』的年代与文書格式」（『鄭州大学学報』二〇〇二年三期）、楊建「西漢初期津関制度研究」（『楚地出土簡帛文献思想研究』湖北教育出版社、二〇〇二年）、曹旅寧「『津関令』考述」（『張家山漢律研究』中華書局、二〇〇五年）、冨谷至編『江陵張家山二四七号墓出土漢律令の研究』訳注、研究篇（朋友書店、二〇〇六年）、専修大学『二年律令』研究会「張家山漢簡『二年律令』訳注（一二）津関令」（『専修史学』四六、二〇〇九年）などの考証がある。

（11）『奏讞書』の案件三については、池田雄一編『奏讞書――中国古代の裁判記録』（刀水書房、二〇〇二年）などの考証があり、漢代初期では関所の出入りと共に、諸侯王国の問題もあることがうかがえる。また本書の第八章「長江流域社会と張家山漢簡」を参照。

（12）注（4）（5）の諸論文を参照。

（13）ただし居延漢簡の六五・七、六五・九簡は、肩水金関（A三二）ではなく肩水候官の遺跡から出土している。これについて角谷常子「エチナ川流域の関について――肩水金関を中心に」（『シルクロード学研究』二二、シルクロード学研究センター、二〇〇五年）では、肩水候官と肩水金関の距離は約六〇〇メートルで見渡せる位置にあるという。また肩水候官で「肩水金関」の封検が出土し、肩水金関に「肩水候官」の封検があり、金関の嗇夫が肩水候官の職務を兼任する資料があることから、候官に関が同居していると指摘している。

（14）このほか李均明氏は、肩水金関で出土した「吏家属出入符」を考察し、籾山明、大庭脩氏は、敦煌酥油土で出土した「平望青堆隧驚候符」に下端に穴と紐があり、パトロールで境界の卒が確認する符であると指摘している。

（15）冨谷至「漢代の『伝』について」（『シルクロード学研究』二二、二〇〇五年）に整理がある。また「湖南長沙走馬楼出土万余枚西漢簡牘」（中国文物報社編『発現中国：二〇〇四年一〇〇個重要考古新発現』学苑出版社、二〇〇四年）では、身分によって伝舎の規格が異なることを示す簡牘があるといい、長沙簡牘博物館ほか「二〇〇三年長沙走馬楼西漢簡牘重大考古発現」（『出土文獻研究』第七輯、上海古籍出版社、二〇〇五年）では、「案傳舍二千石舍西南向。馬廡二所。並袤丈五尺。廣八尺。〔牝牡〕瓦各十九枚。竹馬仰四。井鹿車一具不見。磨壊敗」とある記事が、郡守など高級官吏を接待する伝舎と説明している。

（16）大庭前掲「漢代の関所とパスポート」、李均明・劉軍前掲『簡牘文書学』。中国社会科学院考古研究所『居延漢簡甲乙編』上下（中華書局、一九八一年）の番号による。

（17）李均明前掲「漢簡所反映的関津制度」。なお懸泉漢簡は、90～92年、DXの記号は省く。

（18）張徳芳前掲「懸泉漢簡中的〝伝信簡〟考述」。

（19）注（8）参照。また張徳芳前掲「懸泉漢簡中的〝伝信簡〟考述」、馬怡「懸泉漢簡〝失亡伝信冊〟補考」（『出土文獻研究』第八輯、上海古籍出版社、二〇〇七年）の両者には、若干の釈文の違いがあり、たとえば馬氏は「書到。務（備）。毋解（懈）隨（惰）。如律令。」②876と解釈している。

（20）大庭前掲「漢代の関所とパスポート」では、『漢書』平帝紀の元始五年条に付けられた如淳注引く律文に、「律諸當乗傳。

及發駕置傳者。皆尺五寸木傳信。封以御史大夫印章」とある記事を指摘している。この形式は、長さをのぞけば、懸泉漢簡の宣帝神爵四年の木簡や、『失亡伝信冊』第一簡と一致している。

(21) 張徳芳前掲「懸泉漢簡中的〝伝信簡〟考述」は、伝信の格式によって分類し、その写真を掲載している。また前掲『敦煌懸泉漢簡釈粋』や、張俊民前掲「敦煌懸泉漢簡所見人名綜述（三）」には、敦煌郡や他の郡県の官府が発給する伝があり、このような特徴は拙稿前掲「漢代の交通と伝信の機能」で説明している。

(22) 前掲『敦煌懸泉漢簡釈粋』、張俊民前掲「敦煌懸泉漢簡所見人名綜述（三）」、拙稿前掲「漢代の交通と伝信の機能」など。

(23) 大庭前掲「漢代の関所とパスポート」。なお大庭氏は、私用の旅行者が用いた証明を「棨」と称しているが、引用する居延漢簡一七〇簡でも伝とあるので、ここでは公用出張の伝に対して、私用旅行の伝としておく。

(24) 李均明前掲「漢簡所反映的関津制度」、陳偉前掲論文。

(25) 津関令五一三〜一五簡に、つぎのようにみえる。

十五　相國・御史請。郎騎家在關外、騎馬節（即）死、得買馬關中人一匹以補。郎中爲致告買所縣道。縣道官聽、爲質（致）告居縣、受數而籍書513 馬職（識）物・齒・高、上郎中。節（即）歸休・〔繇〕使、郎中爲傳出津關。馬死、死所縣道官診上。其〔詐〕貿易馬及僞診、皆以〔詐〕僞出馬令論。其514 不得買及馬老病不可用、自言郎中。郎中案視、爲致告關中縣道官、賣更買。●制曰、可。515

ここでは郎騎の家が関中の外にある者で、もし騎馬が死亡したら、関中で買うことを許している。そのとき郎中は致を作成して購入した県・道に告げ、県・道の官府は致を作成して所在の県・道に告げている。このとき郎中に対して、馬の「識物・歯・高」という特徴を名籍としている。また官吏が休暇や出張のときには、郎中は伝を作成して津関の通行証としている。そして馬が死亡したら、死亡した所の県・道で検死を報告させている。ここでも騎乗するときの伝と、購入した馬の致を区別している。

(26) 前掲『敦煌懸泉漢簡釈粋』八一〜八四頁。

(27) 張家山漢簡『奏讞書』では、漢高祖八年と十年の間に配列された蜀守の文書に、他人の「馬伝」を奪った者が「偽書」の罪とされた案件（五八、五九簡）がある。これによると私馬に騎乗するとき、他人の伝を盗んで通過し、そこに馬の識物を記していたことになる。

蜀守讞。大夫犬乗私馬一匹、毋傳、謀令大夫武窬□上造熊馬傳。〔著〕其馬〔識〕物、弗身更、疑罪。●廷報。犬與武共為偽書也。

(28) 大庭前掲「漢代の符と致」。

(29) 裘錫圭「漢簡零拾」（『文史』一二、一九八一年）、李均明前掲「漢簡所見出入符・伝與出入名籍」、同前掲「漢簡所反映的関津制度」、李天虹「漢簡〝致籍〟考辨」（『文史』二〇〇四年二期）など。

(30) 注（6）、湖北省文物考古研究所「江陵鳳凰山一六八号漢墓」（『考古学報』一九九三年四期）参照。このほか黄盛璋「江陵鳳凰山漢墓出土称銭衡告地策与歴史地理問題」（一九七七、『歴史地理与考古論叢』斉魯書社、一九八二年）、佐原康夫「江陵鳳凰山漢簡再考」（『東洋史研究』六一—三、二〇〇二年）など。前掲『長江流域出土簡牘与研究』は、秦漢墓の竹牘・簡牘のなかで、告知策の資料を紹介している。汪桂海「漢代簡牘中的告知策資料」（『簡帛研究二〇〇六』広西師範大学出版社、二〇〇八年）は、1移送随送物品的文書、2通行証明文書、3作為戸籍登記憑證的文書、4祈禱求福文書に分類し、これを3に入れている。

(31) 湖北省荊州博物館編著『荊州高台秦漢墓』（科学出版社、二〇〇〇年）では、三五・甲（検）、三五・乙（告知策）、三五・丙、三五・丁の木牘四枚がある。告知策のほかは以下の通りで、張俊民「江陵高臺一八号墓木牘釋文浅析」（『簡帛研究二〇〇一』広西師範大学出版社、二〇〇一年）の考察がある。また山田勝芳「境界の官吏——中国古代における冥界への仲介者」（『歴史』八三、一九九四年）は、この告地策を官庁間の「移」とし、三五・甲の検（長さ一四・八センチ）をスライドさせて文書を確認するとみなしている。

安都　江陵丞印　三五・甲

新安戸人大女燕関内侯寡」大奴甲」大奴乙」大婢妨（上段）　家復不算不繇（下段）　三五・丙

壺一雙、盛一雙、鉈一雙、検一合、卮一合、画杯三雙（上段）　三五・丁

䰍杯二雙一奇、閜一雙、椑匜二雙、五角囊一、黄金囊一、脯一束（下段）

（32）李学勤「初読里耶秦簡」（『文物』二〇〇三年一期）、籾山明「湖南龍山里耶秦簡概述」（『中国古代訴訟制度の研究』京都大学学術出版会、二〇〇六年）。

（33）前掲『長江流域出土簡牘与研究』、湖北省文物考古研究所・随州市考古隊編著『随州孔家坡漢墓簡牘』（文物出版社、二〇〇六年）。

（34）湖北省博物館編『書写歴史・戦国秦漢簡牘』（文物出版社、二〇〇七年）、劉国勝「江陵毛家園一號漢墓《告地書》牘補議」（武漢大学簡帛研究中心網、二〇〇八年一〇月）があり、ここでは劉氏の釈文を参考にした。

（35）湖南省博物館、湖南省文物考古研究所『長沙馬王堆二、三号漢墓』（文物出版社、二〇〇四年）では「藏」を「葬」と読む。この紀年木牘は東槨箱から出土している。これに対応する遣策は、木牘六枚と竹簡四〇二枚で、西槨箱から出土している。陳松長「馬王堆三号漢墓木牘散論」（『文物』一九九四年六期、『簡帛研究文稿』綫装書局、二〇〇七年）は「葬」を「藏」とし、「先撰」を「先質」として、遣策を読んで験対すると理解している。また同「馬王堆三号漢墓紀年木牘性質的再認識」（一九九七、『簡帛研究文稿』）は、他の告地策との比較をしている。

（36）前掲『敦煌懸泉漢簡釈粋』。また永田前掲『居延漢簡の研究』、同「簡牘の古文書学」（『近江歴史・考古論集』滋賀大学教育学部歴史学研究室、一九九六年）では、帳簿などに送り状を付けることによって、古文書になることを指摘している。

（37）遣策については、彭浩「戦国時期的遣策」（『簡帛研究』第二輯、法律出版社、一九九六年）がある。

（38）劉信芳、梁柱『雲夢龍崗秦簡』（科学出版社、一九九七年）。中国文物研究所、湖北省文物考古研究所編『龍崗秦簡』（中華書局、二〇〇一年）には、簡牘概述のほか、李学勤「雲夢龍崗木牘試釈」、黄盛璋「雲夢龍崗六号秦墓木牘与告地策」、胡平生「雲夢龍崗六号秦墓墓主考」、劉国勝「雲夢龍崗簡牘考釈補正及其相関問題的探討」などを収録し、釈文に関する考察がある。

（39）籾山明「龍崗六号秦墓出土の乞鞫木牘」（前掲『中国古代訴訟制度の研究』）。

（40）前掲『長江流域出土簡牘与研究』四七一頁。

(41)　木牘には「卌七年」「卌八年」という年代があるが、これは広陵厲王の紀年で、宣帝本始元年（前七三）、本始二年（前七二）にあたると考証している。

(42)　古墓の資料について、大庭脩『秦漢法制史の研究』第二編第一章「雲夢出土竹書秦律の概観」は、当時の公文書ではなく、私的に用いた書籍ではないかと指摘している。また書籍などの副葬は、日用品の代わりに製作した明器と同じ用途、地下の世界で必要な資料、生前の愛読書とする説などがある。本書の第八章「長江流域社会と張家山漢簡」。

(43)　河南省文物研究所『信陽楚墓』（文物出版社、一九八六年）、前掲『雲夢睡虎地秦墓』など。

(44)　本書の第六章「里耶秦簡の文書と情報システム」。

(45)　蒲慕州『墓葬與生死――中国古代宗教之省思』第七章「墓葬形制転変與宗教社会変遷之関係」（聯経出版事業公司、一九九三年）。

(46)　たとえば湖北省文物考古研究所・雲夢県博物館「湖北雲夢睡虎地M七七発掘簡報」（『江漢考古』二〇〇八年四期）など。これらは雲夢睡虎地秦墓、龍崗秦墓、張家山漢墓、江陵鳳凰山漢墓、江陵高台一八号漢墓についても、検討が必要である。

(47)　黄暁芬『漢墓的考古学研究』第七章「随葬品的考察分析」（岳麓書社、二〇〇三年）は、随葬品を1礼楽器、2生活実用品、3威信儀仗用具、4鎮墓辟邪品、5供献祭祀品、6明器に分類している。殷周墓の随葬品は、一般に第1～第3類が多く、戦国時代から第4～第6類がみられるという。漢墓では、しだいに類型化と簡略化がすすみ、第1類は衰退し、第2、3類は小型化して陶製模型が主となる。また漢墓の明器は、日常生活品の小型化であるが、それは死後の生活だけではなく、現実生活の各種の受容に応じているとする。漢墓では、戦国時代の礼器をともなう風習を継承し、明器と俑類の随葬が流行したが、そこには生者の実用品と死者の所持品の区別がみられると指摘している。そして随葬品の陶倉、竈、井戸、厠は、前漢早期の大型諸侯王墓にはじまり、後漢晩期までみられるとする。これらは家屋や倉庫、井戸などの施設と、死者の所持品との変化を知る手がかりとなろう。

(48)　程喜霖『唐代過所研究』（中華書局、二〇〇〇年）、永田英明「通行証」（『文字と古代日本3』、吉川弘文館、二〇〇五年）では、日本古代の「養老公式令過所」条に、A通行の理由、通過する関と目的地、B随行の人、物、馬牛、C年月日、発給する官司の記載などが過所（通行証）の条件であることを指摘している。ここでは通行証に、人の通行と、随行する人・物が一緒になっている。また荒川正晴「唐朝の交通システム」（『大阪大学大学院文学研究科紀要』四〇、二〇〇〇年）は、唐代の駅伝制にかかわる符券や逓牒、公検のほか、過所について先行研究の紹介と考察をしている。こうした後世の制度とくらべて、漢代の伝では、従者は車に同乗する者に限られており、他の随行品の記述はみられない。そこで漢代の伝でも、一緒に随行品を記していたのか、あるいは人の通行証と別に作成したのかは不明であるが、これまでの考察では、随行物の証明は分かれていた可能性が高い。これらの変遷については、今後とも検討が必要である。

(49)　荊州博物館編『荊州重要考古発現』（文物出版社、二〇〇九年）には、二〇〇七年に謝家橋一号漢墓で発見された竹牘三枚の写真がある。劉国勝「謝家橋一号漢墓《告地書》牘的初歩考察」（武漢大学簡帛研究中心網、二〇〇九年四月）、胡平生「謝家橋漢簡《告地書》釈解」（武漢大学簡帛研究中心網、二〇〇九年四月）による釈文はつぎの通りで、木牘三では随行する人々や物品を記している。胡平生氏は「復無有所與、有詔令」について、王杖詔令冊と同じように、老人に対する優待法令とみなしている。ただし居延漢簡一五・一九簡の通行証と比較すれば、まず竹牘三の申請があり、つぎに竹牘二の江陵丞の文書につづくとおもわれる。そのとき竹牘一は、竹牘三にみえる「昌家復無有所與」を証明しており、添付ファイルか、タイトルにあたる文章であろう。

▬郎中五大夫昌母家属當復毋有所與。　（竹牘一）

五年十一月癸卯朔庚午、西鄉辰敢言之。郎中大夫昌自言、母大女子恚死、以衣器・葬具及従者子・婦・偏下妻・奴婢・馬牛・物、人一牒、牒百九十七枚。昌家復無有所與、有詔令。謁告地下丞以従事、敢言之。　（竹牘三）

十一月庚午、江陵丞虒移地下丞、可令吏以従事。／臧手　（竹牘二）

一　三　二

漢代の告地策、告地書などの一覧

年代	漢墓	発給	申請	受信	墓主	告地策の内容
高后	謝家橋一号	江陵丞	西郷辰	地下丞	大夫昌の母	以衣器・葬具及従者子・婦・偏下妻・奴婢・馬牛・物、人一牒、牒百九十七枚。
文帝	鳳凰山一六八号	江陵丞		地下丞	五大夫の隧	与大奴良等廿八人、大婢益等十八人、軺車二乗、牛車一兩、騶馬四匹、駠馬二匹、騎馬四匹。
〃	高台一八号	江陵丞	中郷起	安都丞	新安大女燕	与大奴甲・乙、大婢妨徙安都。謁告安都受名数。
	毛家園一号	建郷疇		地下主	関内侯寡大女精	以家属・馬牛徙。今牒書所与徙者〔七十三〕牒移。
文帝	馬王堆三号	家丞奮		主蔵郎中		移蔵物一編。
景帝	孔家坡八号	桃侯国丞	都郷燕佐戎	地下丞	庫嗇夫の辟	与奴宜馬・取・宜之・益衆、婢益夫・末衆、車一乗、馬三匹。
〃	鳳凰山一〇号	五大夫張偃		地下主		偃衣器物所以〔祭〕具器物。

第十一章　秦漢時代の交通と情報伝達

——公文書と人の移動——

はじめに

戦国秦漢史の簡牘学では、これまで法制史を中心とした研究が蓄積され、とくに法律、行政、裁判などの文書行政が主体となっている(1)。こうした公文書の伝達は、文字資料が施設を通ってリレー式に受け渡されるもので、いわば今日の郵便や官庁の伝達にあたる。また古代社会では、こうした文字資料の伝達のほかに、人の移動にともなう情報伝達がある。これには水陸の関所や、宿泊施設、通行証となる伝と符、交通手段、食事の規定が問題となり、秦漢交通史の研究が進められている(2)。しかし社会のなかで、交通と情報伝達のあり方をみれば、なお残された課題がある。

たとえば古代の旅行では、天下を巡行した秦の始皇帝が有名であり、前漢時代の武帝の巡行や、司馬遷の旅行などがよく知られている(3)。交通と人の往来には、戦国時代から各国に派遣された使者や遊説家の往来があり、そのほか軍隊の出動による人びとの移動がある。秦漢時代では、中央から地方への官僚の赴任、官吏の往来や、公用出張、公文書の伝達と報告、徭役や租税の輸送とその引率、休暇による帰省、客と商人などの往来と、これらに随行する人びとの交通がある。こうした交通と旅行の形態は、各地に伝達される情報のあり方をふくめて、十分には解明されていない点も多い(4)。これに対して、近年では里耶秦簡や張家山漢簡、尹湾漢墓簡牘などの発見によって、しだいに具体的な実態がわかるようになった。

そこで本章では、里耶秦簡と居延新簡、敦煌懸泉漢簡の地名里程簡をめぐって、旅行ルートと里程の問題を検討してみたい。そのとき注目するのは、公文書など文字資料の移動と、人が移動する行程の違いである。つぎに交通システムを具体的に理解する地理空間として、尹湾漢墓簡牘にみえる漢代東海郡を例として分析し、交通と情報伝達との関係を考察してみたいとおもう。

一　地名里程簡をめぐって

里耶秦簡には「地名里程簡」がある。「発掘簡報」では写真がなく、一つの釈文だけであるが、『里耶発掘報告』では三種類の写真と釈文を載せている[5]。最初の里程簡（⑯52、彩版四十右上）は、鄢から里耶古城がある遷陵県までの地名を記しており、その交通ルートが注目されたものである[6]（以下、目安として秦漢の一里を約〇・四キロとする）。

……□	鄢到銷百八十四里	一八四里	（約　七三・六キロ）
……里	銷到江陵二百卌六里	二四六里	（約　九八・四キロ）
……里	江陵到孱陵百一十里	一一〇里	（約　四四・〇キロ）
……六十四里	孱陵到〔索〕二百九十五里	二九五里	（約一一八・〇キロ）
	〔索〕到臨沅六十里	六〇里	（約　二四・〇キロ）
	臨沅到遷陵九百一十里	九一〇里	（約三六四・〇キロ）
	〔凡四〕千四百卌四里	〔計一七九九里〕	（約七一九・六キロ）

このルートは、今の湖北省にあたる鄀、銷、江陵（荊州市）、孱陵をへて、湖南省の索、臨沅の方面に行き、その終点は遷陵県である。

このほか断簡であるが、二点の地名里程簡が追加されている。⑯12（彩版四十）には、今の河北省（秦代の巨鹿郡）の地名があり、それを並べれば「高陽―武垣―饒陽―楽成―武邑―信都―武……―宜〔成〕」となる。また⑰14正面（彩版四十）には、今の河南省（秦代の東郡、三川郡、碭郡、潁川郡）の里程がある。この背面には「●泰凡七千七百廿二里」という合計を記している。

……里	高陽到……	□陽到頓丘百八十四里　□……
……里	武垣到……	頓丘到虚百卌六里
……□里	饒陽□……	虚到衍氏百九十五里
……九里	楽成□……	衍氏到啓封三百五里
……百七十五里	武邑……	啓封到長武九十三里
……百卅五里	信都……	長武到傿陵八十七里
……□里	武……	傿陵到許九十八里　（⑰14正面）
…〔十〕九里	宜〔成〕……　（⑯12）	

『発掘報告』では、張家山漢簡や居延新簡、懸泉漢簡と比べながら、郵駅の設置と関連させて説明している。居延新簡（EPT59・582）には、長安から西域に至る里程を、つぎのように記している。[7]

長安至茂陵七十里	月氏至烏氏五十里	媼圍至居延置九十里	删丹至日勒八十七里
茂陵至茯置卅五里	烏氏至涇陽五十里	居延置至觻裏九十里	日勒至鈞著置五十里

茯置至好止七十五里　涇陽至平林置六十里　觻裏至揟次九十里　鈞著置至屋蘭五十里
好止至義置七十五里　平林置至高平八十里　揟次至小張掖六十里　屋蘭至氏池五十里

また敦煌懸泉置の里程簡（Ⅱ0214①130）には、つぎのようにみえる。(8)

蒼松去鸞鳥六十五里　氏池去觻得五十四里　玉門去沙頭九十九里
鸞鳥去小張掖六十里　觻得去昭武六十二里府下　沙頭去乾斉八十五里
小張掖去姑臧六十七里　昭武去祁連置六十一里　乾斉去淵泉五十八里
姑臧去顕美七十五里　祁連置去表是七十里　●右酒泉郡県置十一●六百九十四里

『発掘報告』は、里程簡の交通ルートが、北方から中原、南方に至る重要な駅道であり、⑰14が屈折しているのは、黄河を避けたためかと推測している。また秦は、天水放馬灘秦墓の木板地図にみえるように、里程を記す交通制度が厳密であり、漢簡の里程簡は、秦代の特徴を継承して、郵駅と行書制度と密接に関連するとみなしている。(9)

たとえば睡虎地秦簡「行書律」では、命書や急書は留めてはいけないし、発信と受信を記録することが要求されていた。(10) 張家山漢簡『二年律令』の行書律二六四簡、二六五～二六七簡には、つぎのような規定がある。(11)

十里置一郵。南郡江水以南、至〔索〕南界、廿里一郵。（二六四簡）

一郵郵十二室、長安廣郵廿四室、敬（警）事郵十八室。有物故・去、輒代者有其田宅。有息、戸勿減。令郵人行制書・急書、復、勿令爲它事。畏害及近邊不可置郵者、令門亭卒・捕盜行之。北地・上・隴西、卅里一郵。地險陜不可置郵者、得進退就便處。郵各具席、設井磨。吏有縣官事而無僕者、郵爲炊。有僕者、叚（假）器、皆給水漿。（二六五～二六七簡）

郵を置く距離は、通常一〇里（約四キロ）ごとに一郵を置き、南郡の長江より以南では二〇里（約八キロ）ごとで、北地郡と上郡、隴西郡の三郡では三〇里（約一二キロ）ごとに一郵としている。ただし危害の恐れがあって郵が置けないときは、門亭の卒や捕盜が伝達してもよく、土地が険しく郵が置けないときには、便利な所まで進退してよいという規定であった。また郵では、公用で下僕が随行していない者には食事を提供し、下僕のある者には調理具を貸している。

このほか里耶秦簡には、郵人に関する文書がある。[12] そこで里耶秦簡の里程簡は、文書伝達の機構と、郵置系統の実際の状況とみなしている。

これに関連して、漢簡の里程簡には張俊民氏の考察がある。[13] 張氏は、居延新簡や懸泉漢簡の里程簡を引用して、郵駅設置の距離に一定の規定があるが、実際の状況に応じて、その距離はそれほど統一されていないとする。また漢初の行書律は、直接的に前漢後半期の漢簡と比べることができず、郵と道里の設置も一致していないという。そのとき郵と置は、『説文解字』に「郵、境上傳書舍也」とあり、『後漢書』列伝五八李賢注に引く『風俗通』に「漢改郵為置。置度其遠近之間置之也」という説明がある。しかし『二年律令』津関令五一六～一七簡には「長沙地卑濕、不宜馬、置缺不備一駟、未有傳馬。請得買馬十、給置傳、以為恒」とあり、置は漢初から郵駅機構の名称とする。そして前漢中後期に郵の業務が拡大すると、漢初の郵が完備された置に変わるのではないかとする。

それでは里耶秦簡や漢簡の里程は、どのように理解したらよいのだろうか。まず里程簡を郵による文書伝達の距離とみなすとき、張家山漢簡「行書律」の規定とちがっている。「行書律」では、一〇里に一郵が基準であり、長江より以南では二〇里、北地郡と上郡、隴西郡では三〇里に一郵となっていた。ところが里耶秦簡⑯52では六〇里から九一〇里の距離があり、⑯12では一三五里と一七五里、⑰14では八七里から三〇五里となって、すべて基準をこえている。仮に「行書律」でいうように、郵人の行書が一日一夜で二〇〇里（約八〇キロ）のノルマとしても、⑯52の二四六里、二九五里、九一〇里と、⑰14の三〇五里は、この基準をこえている。

また漢簡の場合も、一〇里あるいは二〇里、三〇里に一郵という基準をこえている。居延新簡（EPT59・582）では、とくに辺境ではない中央においても、長安から茂陵まで七〇里、茂陵から茯置まで三五里という距離が問題となる。ここでは茂陵から以降に、茯置、義置、平林置など置の地名が多いことと、すべて一〇〇里以内の距離（平均六六里、約二六・四キロ）であることが特徴である。懸泉漢簡（①:130）では、辺境の地名に限られているが、ここでは県と置が混ざっており、その距離は一〇〇里以内（平均六八里、二七・二キロ。合計記載の平均六三里、約二五・二キロ）となっている。とすれば里耶秦簡や漢簡の里程は、たしかに漢代初期の文書を伝達する郵の設置や、一日の行程とは違っている。したがって秦漢時代の里程簡は、別のノルマあるいは基準となる距離を記したことになる。

さらに里耶秦簡では、行書のルールとは異なる特徴がみられる。一は、木牘⑯12、⑰14の地名や里程が、咸陽（中央）から地方へのルートではないことである。もし居延新簡（EPT59・582）のように、都の長安から地方への距離を記すのであれば、文書などの伝達ルートとみなすことができよう。しかし⑯12、⑰14の二枚は、黄河をはさんで北から河北省と、河南省を南下するルートを示している。その始点と終点は不明であるが、⑰14背面の「泰凡七千七百廿二里」（約三〇九〇キロ）という里程は、少なくとも中央から地方への里程ではない。また秦代の交通路を示す始皇帝の巡行ルートとも異なっている。[14]しかも里程は一〇〇里以上の場合があり、衍氏から啓封までは三〇五里もある。

木牘⑯52の場合は、その始発点は咸陽かもしれないが、やはり里程間の距離が大きく、臨沅から遷陵県の間は九一〇里もある。これらの地名の里程は、『二年律令』行書律の規定よりはるかに長くなっている。地名里程簡にみえる県の間には、これ以外にも南郡や洞庭郡の県が存在しており、これは文書を伝達する郵駅の里程とは違っている。

それでは里程簡の距離が、漢初の郵の設置や一日の伝達ノルマを示すものではないとすれば、どのような里程を示

図１　里耶秦簡「地名里程簡」のルート

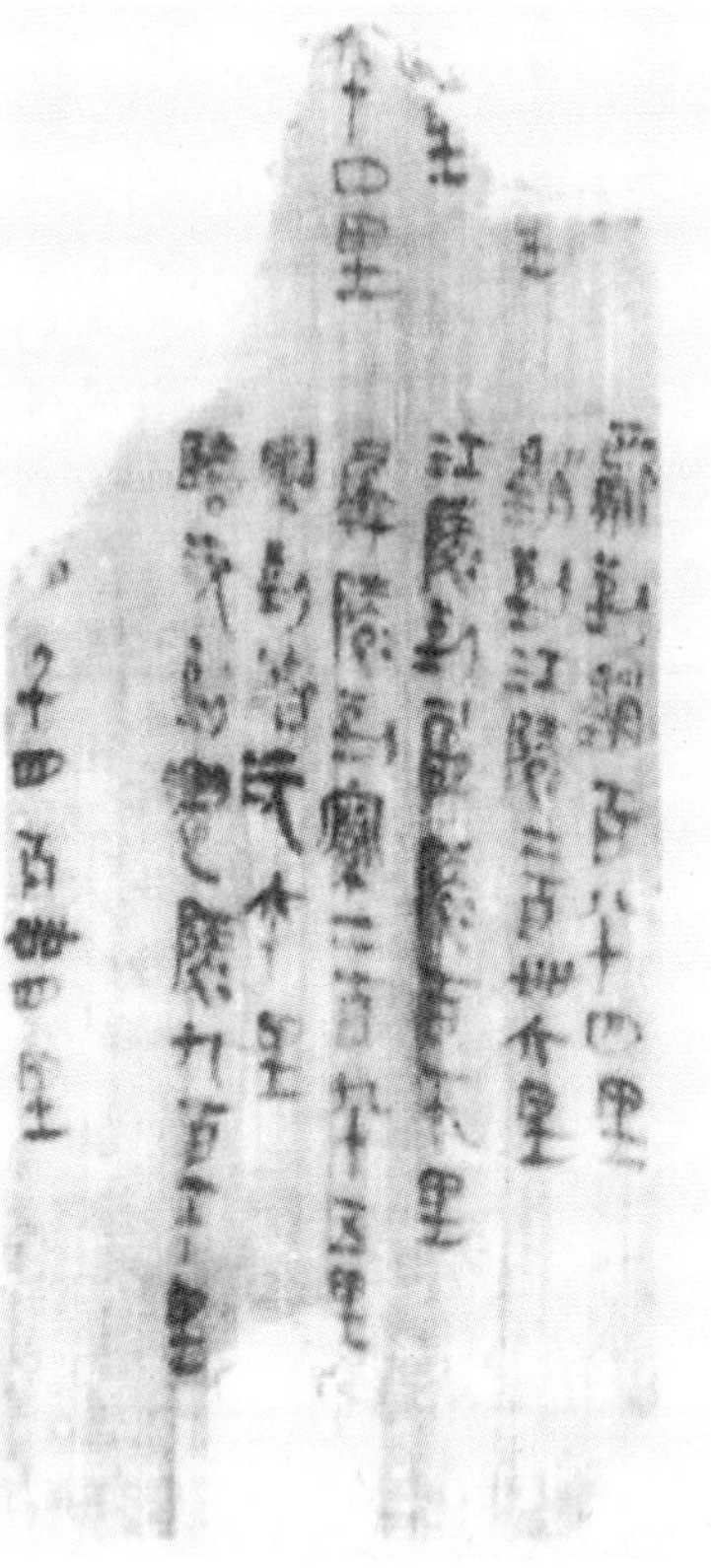

J1⑯52

すのだろうか。ここでは、1公文書などの文字資料と、2人の移動に分けて考えてみよう。

　公文書の伝達では、すでに張家山漢簡や居延漢簡を通じて逓伝の過程が考察されている。[15] その要点は、郵による重要な文書（詔書や、速達、書留にあたるもの）と、一般の文書（行政施設によるもの）に区分することができる。郵の間の距離は、『二年律令』行書律に漢初の規定がみえていた。また各中継地の区間について、永田英正氏は、文書の逓伝に各中継地で日時と中継者を記録し、所定の中継区間ごとに付け替えて郵便物とともに伝送したという。その記録が完了すると、後日に候官に記録を提出することになっていたと理解している。

　陳偉「秦と漢初の文書伝達システム」では、「以郵行書（郵を以て書を行る）」と「以次伝書（次を以て書を伝う）」は、秦から漢初において二種類の基本となる公文書の伝達方式としながら、限られた路線に設置された郵による快速の機能と、長距離で速度の遅い文書伝達を区別している。[16] また陳偉氏は、この時期にみられる「伝」「置」は、官が提供する車馬などの交通手段であると指摘している。

　ただし前漢後半期では、郵と置に宿泊や情報伝達の機能がみられる。[17] たとえば敦煌懸泉置の遺跡は、烏院（官吏の執務、宿舎）と馬厩区、倉庫、見張り台、廃棄場所などに分けられている。張俊民氏は、置の長官は丞で、その下には倉嗇夫、厩嗇夫、厨嗇夫、置嗇夫を設け、それぞれ佐がいる。元帝より以降では、丞は見えず、厩嗇夫、置嗇夫がいるという。またエノ・ギーレ氏は、置が郵より規模の大きい「伝達基地（サービスステーション）」と想定している。だから漢簡の里程簡が、文書伝達を示すのであれば、郵の設置や一日のノルマではなく、主な中継地となる地名を記していることになる。漢簡では、そこに県と置が現れている。しかしさらに注目されるのは、当時の交通の実態である。

秦漢時代の交通では、人びとの往来に関する施設として、関所と宿場（県の伝舎、置など）がある。こうした津関を通過するには、中央や地方官府が発行する通行証（伝、符）が必要であり、「伝」は官僚・官吏の公的な出張や赴任、帰省などに使用された。その行程について、張家山漢簡『奏讞書』に始皇帝二十七、二十八年（前二二〇、二一九）の「●南郡卒史蓋廬摯朔假卒史瞗復攸庫等獄簿」一二四～一六一簡がある(18)。

御史書以廿七年二月壬辰到南郡守府、即下、甲午到蓋廬等治所。其壬寅摯朔従治、上治它獄。●四月辛卯瞗有論去。五月庚午朔益従治、蓋廬有資（貲）去。八月庚子朔論去。盡廿八年九月甲午已。凡四百六十九日。朔病六十二日。行道六十日、乘恒馬及船行五千一百卌六里。〔率〕之、日行八十五里、〔奇〕卌六里不〔率〕。除弦（元）・伏不治、它獄四百卌九日、定治十八日。

●御史下書別居它笥。●今復之。……

ここでは調査が遅れた原因として、関係する人物が不在や病気であった記載がある。そのなかに「行道六十日。恒馬に乗り及び船行すること五千百四十六里。之を率するに、日に八十五里を行き、あまり四十六里」とある。つまり旅行の行程は、全部で六〇日にわたる五一四六里であった。その内訳は、恒馬に乗る陸路と、船で行く水路がある。

それを平均すると、一日あたり八五里（約三四キロ）となり、余りが四六里である。これは秦代交通の実情を示している。

居延新簡では、長安（中央）から茂陵より以下の県と置の里程（地方）を記していた。いま旅行の行程と「里程簡」をくらべてみると、その里程は、最大でも一〇〇里をこえない。また懸泉漢簡では、一定の距離で酒泉郡などの県や置の里程を記しているが、これも最長で一〇〇里以内である。これらは張家山漢簡「行書律」とくらべ、辺境の郡県であることを考慮しても、郵の里程として長距離である。したがって漢簡の里程は、文書を逓伝する中継地だけではなく、人の移動の基準となる里程が想定できる。しかもそれは、車馬や船を利用した一日の行程に近い里程となっている。

ただし里耶秦簡「地名里程簡」のルートは、古代の交通路として主要な路線に沿っており、⑯52は遷陵県が終点となっているが、その里程は、県と郵の設置区間や、一日の文書伝達の行程ともちがっていた。したがって里耶秦簡では、基点となる行程を示すとしても、一日の文書伝達や旅行の行程とはちがった基準であることが予想される。これらは文字資料と人の移動をふくめて、その里程の意義を考える必要がある。

二　尹湾漢墓簡牘にみえる交通

これまで地名里程簡をめぐって、秦漢時代の文書伝達と、旅行の行程などを確認してきた。ここでは公文書の逓送のように、郵や行政機構の施設によって文字資料を伝達する文書システムに対して、人が移動する行程の相違に注意してみた。そして『二年律令』行書律の規定とくらべれば、郵や行政機構による公文書の逓送の基準（設置の間隔、一日のノルマなど）と、里程簡の基準は一致しなかった。しかし漢簡の里程簡は、漢初の『奏讞書』の案件と同じように、ほぼ一日の旅行の行程（八五里、約三四キロ）に相当することがうかがえる。また里耶秦簡の里程も、一部は長距離であるが、文書の伝達だけではなく、旅行の行程を反映しているようにおもわれる。

それでは、これを具体的な地域モデルとして考えることはできないだろうか。それを示すのは、尹湾漢墓簡牘である[19]。ここでは木牘の集簿、吏員定簿と、「暦譜」の記載によって漢代の交通を考えることができる。

一九九三年に江蘇省連雲港市で発見された尹湾漢墓簡牘は、前漢末の東海郡の行政機構と、郡県社会の構造をうかがう貴重な資料である。この墓主は、かつて卒史で、のちに東海太守功曹史となった師饒（字、君兄）であると推定されている。木牘（一正）の集簿には、東海郡の県邑・侯国を三八として、郷、里、里正、亭、亭卒、郵の数と人数を記している。ここには「郵三四」とあり、ほぼ一県一郵に近い。

郷一百七十……亭六百八十八、卒二千九百七十二人、郵卅四、人四百八、如前。

また木牘（二正・反）の「吏員定簿」には、東海郡の官僚・官吏の構成と秩禄を記している。これは県一八と、邑二、侯国一八で構成されており、そのほか塩鉄の官が置かれている。このなかに「郵佐」がある県は、以下の通りである[20]。

下邳：郵佐二人、郯：郵佐二人、費：郵佐二人、臨沂：郵佐二人、利成：郵佐一人、蘭旗：郵佐一人

これを集簿と合わせてみると、つぎのような可能性がある。①郵は三四の県、侯国に設置されたが、郵佐は下邳、郯、費、臨沂、利成、蘭旗の六県に置かれている。②郵佐を二人置く県は、一県に二ヶ所の郵を設置しているか、あるいは郵の規模が大きいことが想定できる。ともかく郵は、全部の県ではないが、複数の県に設けられている。

そこで東海郡の領域で、郡太守府・都尉府、県・侯国、塩鉄の官、郵、亭の配置や立地をみると、つぎのような特

徴がある(21)（図を参照）。

太守府：主要河川の丘陵に挟まれ、人口が集中する郯県にある。行政全般を統括。
都尉府：郡府から魯国へ抜ける交通の要衝（費県）に位置する。軍事などを管轄。
大県・県：人口の多い大県は、丘陵地と境界付近・海岸線に位置する。
侯国：山地と丘陵・平野部に位置しており、人口は少ないとおもわれる。
塩・鉄官：生産地の立地に規制された県で、別に設置されている。
郵：郵は三四ほど設置。郵左は六県で一〇人、主要な交通ルート上にある。
亭：亭長が三〇以上の県は、人口の多い県と、境界の県に位置する。

海西（五四）、下邳（四六）、郯（四一）、蘭陵（三五）、朐（四七）

費（四三）、即丘（三二）、厚丘（三六）、利成（三二）、臨沂（三六）

これによって、東海郡の治所の郯県で、重要な公文書や危急の文書が受信・発信される時は、大きく二つのルートが想定できる。一は、魯国をへて、東海郡の費県―臨沂県―郯県というルートである。二は、楚国あるいは臨淮郡をへて、東海郡の下邳―郯県というルートである。ここに郵佐が置かれている。そして郯県からは、さらに放射状に所轄の各県とやりとりが行われるはずである。

また一般の文書は、郵ではなく、各県城や亭などの施設によって伝達されることになるが、そのルートは、ほぼ郵の場合と同じように、西北は費県を通って伝達され、西南は下邳を通過して伝達されたであろう。そして所轄の各県との往来は同じである。

尹湾簡牘の年代は前漢末であり、漢簡の里程簡と近い(22)。そこで東海郡の文書伝達のルートと逓伝の実情をみると、その関係が理解できる。すなわち東海郡では、県城と県城の間に、一あるいは二の郵が設置されることになる。その距離は、仮に県と県の間が五〇～七〇キロ程度とすれば、県―郵―県の間隔は半分の二五～三五キロとなる。もし郯県と下邳、郯県と利成・臨沂県の間で、郵が複数あれば、その間隔は二五キロ以下となる。この県と県の距離は、漢簡の里程簡とほぼ同じであるが、郵を入れた距離はやや短くなる。とすれば前漢後半期の東海郡では、郵は一県にある場合には、一、二ヶ所ほど置かれ、その距離は六〇数里（約二五キロ程度）以下に変更されていたことになる。ただし漢簡の里程簡は、郵ではなく、県と置の地名を記していた。したがって尹湾漢墓簡牘と比較しても、漢簡の里程は郵の間隔よりも広く、いくつかの県を集約した里程であることがわかる。

それでは前漢末では、人の旅行は、どのように行われたのだろうか。尹湾簡牘の竹簡「暦譜（元延二年日記）」は、元延二年（前一一）の暦を大・小の月に分割し、節季や一年間にわたる個人的な記録がみえる。それは墓主とおもわれる人物が、県の官府で勤務するほかに、出張などの旅行を記しており、ここから具体的な交通ルートと宿泊地を知ることができる。ここにみえる「伝舎」について浜口重国氏は、漢代では特別に必要がある所をのぞいて、一県に一つの伝舎が置かれたことを明らかにしており、そのほかにも日記にみえる交通路の考察がある(23)。東海郡から内外に行く宿泊地は、つぎのようにみえている。

A正月十七日：宿舎、……十九日：武原就？陵亭、二十日：武原中門亭、……二十三日：**彭城伝舎**、……二十五日～二十七日：**彭城伝舎**、……二十九日：**武原伝舎**、三十日：宿舎

B二月七日：蘭陵良亭、八日：武原中郷、……十一日：**呂伝舎**、十二日：煩？亭、十三日：府宿舎

C二月十四日：休宿家、十五日：栄陽亭、十六日：鹿？至？亭、十七日：**呂伝舎**、十八日：彭城防門亭、十九日～二十一日：南春亭、……二十四日～二十九日：南春亭、……三月六日：府宿舎

D三月二十五日：酆=亭、二十六日：下邳中亭、二十七日：**彭城伝舎**、……二十九日～四月一日：**彭城伝舎**、……三日：**菑丘伝舎**、四日：**梧伝舎**、……六日：南春宅、七日、八日：子厳舎、九日：……**伝舎**、……十一日～二十日：**彭城伝舎**、二十一日：南春亭、……二十三日～二十六日：南春宅、二十七日～二十九日：子厳舎、……五月三日：南春宅、……六日～十二日：南春宅、……十四日～十七日：南春宅、……十九日～二十三日：南春宅、……二十五日～二十七日：南春宅、……二十九日：南春宅、三十日：霊?亭、六月一日：南春宅、二日：房離亭、三日：竭慮亭、四日：宿舎

E六月二十一日：宿舎、……二十三日：陳文卿家、二十四日：**良県伝舎**、二十五日：宿舎

F七月……二十日：**蘭陵伝舎**、二十一日～二十三日：**建陽伝舎**、……二十五日：陰平、二十六日：蘭陵紫?朱?亭

G九月八日：山郵、九日：開陽都亭、十日：宿舎

H九月二十六日：**襄賁伝舎**、二十七日：襄賁樊?亭、……二十九日：**襄賁伝舎**、三十日：宿舎

I十月三日：博望置、四日：羽北一、……六日：宿舎

J十一月二十六日：利県南門亭、二十七日：**臨沂伝舎**、……二十九日：高広丞舎、三十日：**東武伝舎**

K十二月九日：開陽亭、十日：**莒伝舎**、十一日：**諸伝舎**、……十三日：高広都亭、十四日：**莒伝舎**、十五日：**臨沂伝舎**、十六日：宿舎

このほか一日の行程として、三月十一日に「厚丘平郷」、三月十三日に「柘陽……」、十月十日に「陳少平家」とある。ただし彭城にある「南春宅（南春亭）」「子厳舎」と、「陳文卿家」「陳少平家」などは、私的な宿泊か、客を泊める舎のようにおもわれる。(24) これらの行程と宿泊には、つぎのような特徴がある。

まずAは、郯県から楚国の彭城までの往復であるが、基本的には武原と彭城の県城にある伝舎に宿泊している。しかし往路では、この間に武原の二つの亭に宿泊している。その距離は、現在の直線ルートで、郯～武原は約五〇キロ、武原～彭城は約六〇キロである。Bは、郯から楚国の呂県までの往復である。直線ルートで約九〇キロであるが、ここでは蘭陵、武原を通って行き、帰りは間に一日おいて郯に着いている。これは迂回する道路を入れて、一日に約五〇キロ近く移動している。Cは郯から、楚国の呂県をへて彭城へ行くルートである。ただしここでは、長期にわたって南春亭に宿泊している。これと南春宅は地名が同じであるが、同じ宿舎かは不明である。

Dは、郯から東海郡の下邳を通って、楚国の彭城を往復するルートであるが、三月末から六月初まで二ヶ月以上におよんでいる。その宿泊は「彭城伝舎」と「南春宅」が多く、一部に「子厳舎」がある。この旅行では、出発する前の三月一九日に「宿家病」、二〇日に「宿家奏記」とある。また帰ったときは六月四日に「宿舎」とあるが、そのあと六月六日から二〇日まで「宿家」とあり、二一日に「宿舎」のあと、Eの「陳文卿家」「良県伝舎」の滞在をへて、ふたたび二五日から二八日まで「宿家」とある。そして二九日に「病告」とある。とすればDとEの旅行は、必ずしも公用出張ではなく、あるいは病気に関連して、長期の休暇で知人のところに滞在したのかもしれない。

これ以降は、短期の旅行が多い。Fは、出発日は不明であるが、七月に東海郡の蘭陵、建陽、陰平を訪れている。郯から蘭陵までは、直線ルートで約四五キロである。またGは、九月に二日間で山郵と開陽県を訪れており、開陽までは約五五キロである。Hも短期間で襄賁を往復している。郯から襄賁まで約二五キロである。

Iは、十月に二日間で、東海郡祝其県の羽山に行ったとみなされている(25)。祝其県まで約六〇キロである。Jは、十一月に臨沂県から琅邪郡の高広県を通って、郡治所の東武県を往復している。郯から臨沂までは約七〇キロである。Kは、十二月九日から、東海郡の開陽県、城陽国の莒県をへて、琅邪郡の諸県に行っている。ここでは翌日の宿泊が欠落しているが、おそらく終点は、諸県のすぐ近くにある東武県であろう。そして復路は、高広、莒県、臨沂を通って帰っている。

このように「暦譜」の旅行をみると、その宿泊は県城の伝舎が基本であり、高広丞舎の例もある。県の間は、亭に宿泊するケース（武原の亭2、蘭陵の亭2、某亭8、彭城の亭1、下邳の亭1、開陽の亭1、襄賁の亭1、利県の亭1、高広の亭1）が多い。このほか宿泊には、武原中郷、山郵、博望置の例がある。したがって、郷の施設や郵、置に宿泊することはできるが、東海郡の周辺では公用旅行の一般的な宿泊所となっていない。

「暦譜」の旅行ルートは、短期間をのぞいて、治所である郯県から楚国と琅邪郡の方面である。これを郵をふくむ交通ルートとくらべると、郯から下邳を通って楚国に行くルートが一致している。しかし魯国を往来するルートは、この旅行では利用していない。また琅邪郡への旅行では、臨沂、利成県に郵佐が置かれており、もう一つの主要ルートであることがわかる。したがって東海郡の郯県からは、楚国、魯国、琅邪郡に行くルートが主要であり、これは郵佐が置かれている県を反映している。

そのとき一日の行程は、県と県との間で、遠いもので六〇、七〇キロ、近いもので二五キロ程度の移動である。これは歩いて移動する場合と、車馬の利用によって、それぞれ行程が異なるであろう。先に文書伝達でみたように、郵人の伝達は、一日で一六〇里～二〇〇里（約六七～八〇キロ）といわれているが、これはほぼ最速のものであろう。したがって歩いて往来する場合は、一日約三〇キロ程度となり、四〇、五〇キロ以上を移動するには、車馬などの利用が想定される。なお尹湾簡牘では、墓主の出張と交際に関連して、木牘に記された名謁が副葬されている。この木牘の意義については、第十二章で簡単にふれている。

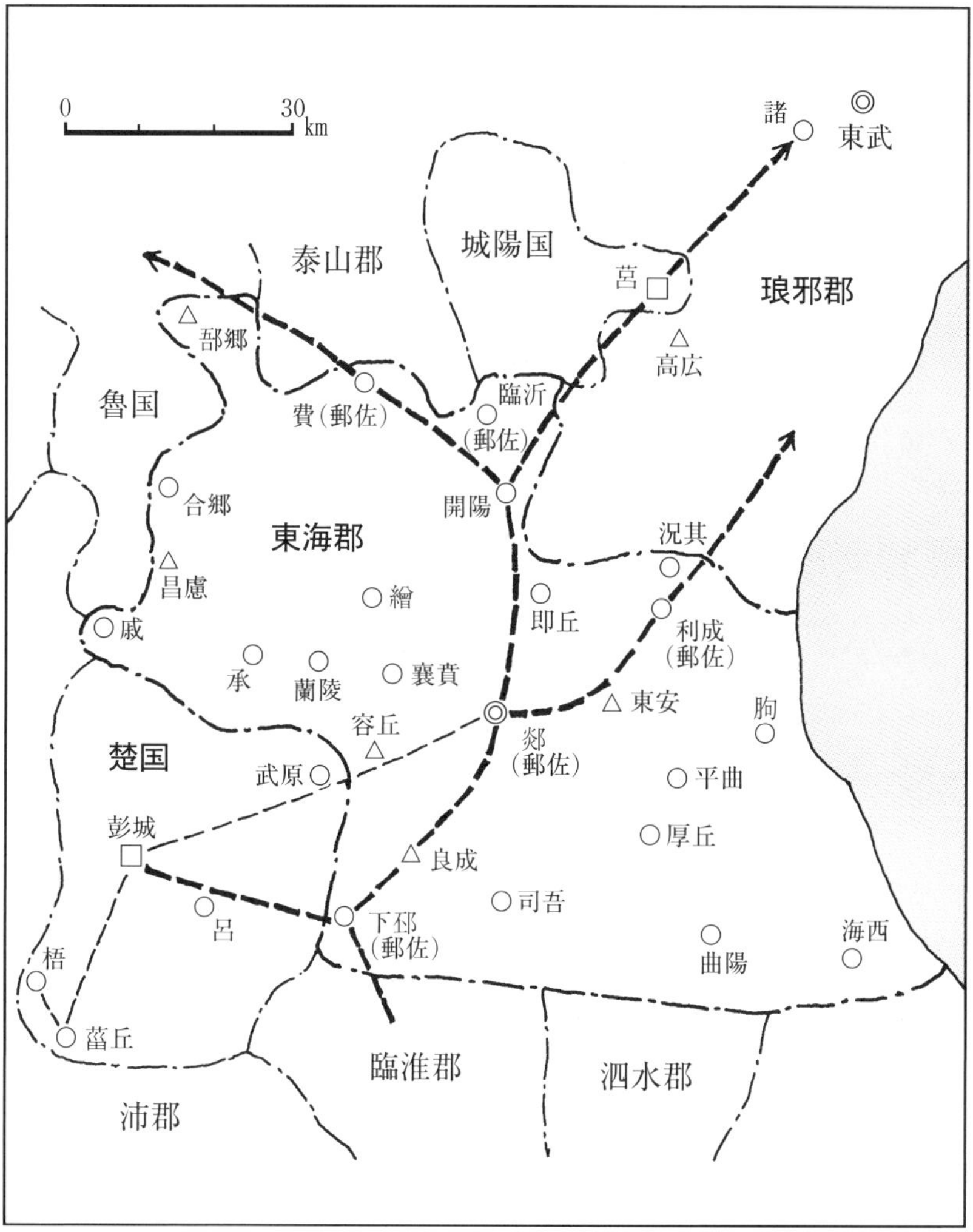

図 2　尹湾漢墓簡牘の交通ルート

◎　郡の治所　　□　国の都城
○　県
△　侯国

以上のように、尹湾簡牘「暦譜」の旅行ルートと日程をみると、これまでの里程簡は、つぎのように理解されよう。まず文書の伝達では、1中央から他郡を通過するケースと、2郡内での伝達がある。また方法には、速達書留にあたる郵の逓送と、一般文書の伝達がある。

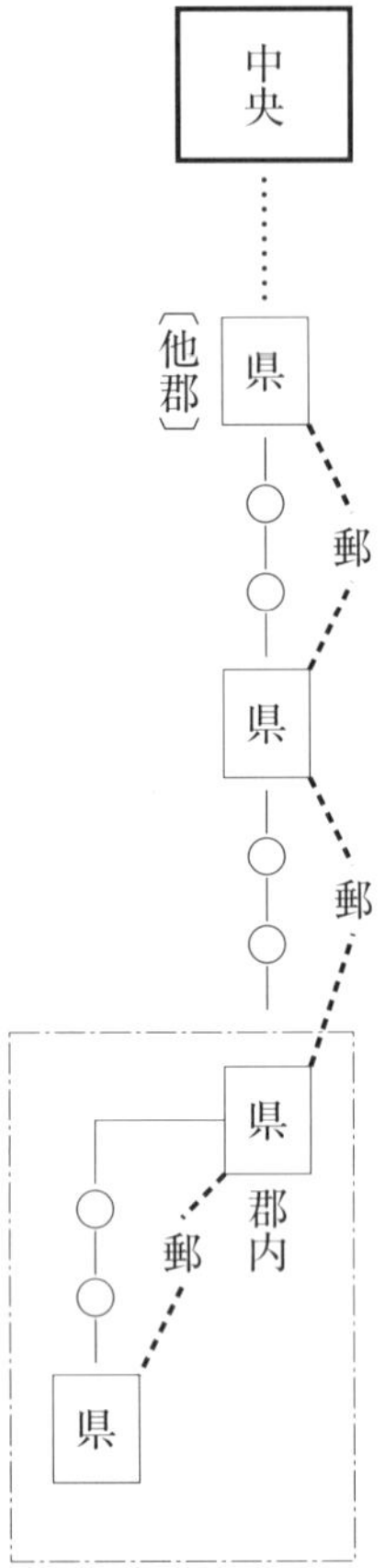

里程簡は、1中央あるいは他郡を通過するものであり、2の郡内での伝達ではない。このとき一般文書の伝達は、各県の機構を通過するはずなので、県と置などを組み合わせる里程とはならない。また郵の逓伝をみると、漢初から前漢後期まで、県と県との間に郵が設置されている。したがって里程簡は、それぞれの郵による逓送や、一般文書を伝達する施設ごとの距離を示すものではないことがわかる。

つぎに郵を逓伝する一日のノルマも、里程簡の距離とは一致しない。しかし一般文書を伝達する主要な施設（キー・ステーション）の基準とすれば、あるいは一〇〇里（約四〇キロ）以内として想定できるかもしれない。

人の往来では、1に宿泊の基点となる地名を記しているか、2に、ほぼ一日の行程を示すことが想定できる。このうち漢初の『奏讞書』や、尹湾漢墓簡牘の旅行日程をみると、漢簡の里程簡は、一日の行程と近い距離を示している。それは歩く場合よりも、車馬による距離に近い。そこで漢簡の里程は、文書伝達か人の移動のどちらかであっても、ほぼ一日の旅行の行程に対応していると推測できる。

ただし里耶秦簡の里程は、それとは少し違っている。ここでは車馬や船としても、一日の行程をこえており、その距離も等間隔ではなく不規則である。これは文書伝達のノルマではないことが明らかである。そこで里耶秦簡の場合は、中央から地方、あるいは地方から北方に行く交通のように、なんらかの基点となる地名を示しているようにおもわれる。このとき注目されるのは、臨沅から遷陵県まで九一〇里とあるように、水路による行程を示すとおもわれる点である。これは旅行手段の違いとなる地名が基点になっている可能性がある(26)。

以上のように、秦漢時代の交通では、文書を逓送する文字資料の移動と、人が移動して情報を伝える場合がある。これまでは文書行政として、公文書の伝達が注目されていたが、人の移動もまた重要であることがわかる。そして里耶秦簡と漢簡の里程簡は、その時代と距離間隔は同じではないが、文書を逓送する主な施設を示すか、あるいは人の移動による行程の基準と考えた。漢簡の里程は、ほぼ一日に車馬などで移動する距離に対応しており、いくつかの県と置を結ぶ行程となっている。

三　交通と情報伝達

それでは交通と人の往来による情報伝達には、どのようなものがあるのだろうか。秦漢時代の交通と旅行では、秦の始皇帝や漢武帝の巡行があり、武帝の巡行には司馬遷も随行している(27)。これは皇帝が幹線ルートを通って巡行、宿泊する過程で、地方の人びとが皇帝を拝見し、中央の情報を知るという効果がある。また始皇帝は、各地で刻石をしており、これも地方にむけたメッセージである。

公的な旅行では、使者の派遣のほか、官僚の赴任や、官吏の往来、公用出張、休暇による帰省、軍隊の出動による人びとの移動がある。これらは、人の移動にともなって文書が伝達されたり、あるいは口頭で伝えられるケースが想定され、中央と地方の情報伝達をもたらすものである。(28)

官吏と庶民では、官吏が引率して徭役に赴いたり、租税や物資の輸送に従事する移動などがある。その一例は、『史記』にみえる劉邦の引率である。

1高祖以吏繇咸陽。吏皆送奉錢三、何獨以五。（巻五三、蕭相国世家）

2高祖常繇咸陽、縱觀、觀秦皇帝。喟然太息曰、嗟乎、大丈夫當如此也。（高祖本紀）

3高祖以亭長爲縣送徒酈山、徒多道亡。自度比至皆亡之、到豐西澤中、止飲、夜乃解縱所送徒。（高祖本紀）

1では、劉邦が「傜」として咸陽に行くとき、沛県の官吏たちが餞別を出している。「傜」とは、尹湾漢墓簡牘によると、官吏が出張するときに使われる用語で、人を引率する場合がある。(29) 2は、ここで劉邦が始皇帝を見ており、これも中央の情報を知る機会となる。3は、亭長として刑徒を酈山（始皇帝陵）の造営に送るとき、逃亡する者が多く、一緒に逃げている。これがのちに沛県で蜂起するきっかけとなった。

こうした公的な制度による交通のほかに、もう少しちがう移動がある。それは学問で土地を離れたり、仇や罪を避けての移動、客としての寄食などである。これらは秦代から漢代にかけて、つぎのような例がある。

下相（泗水郡、江蘇省宿遷県）で育った項羽が、項梁と一緒に仇を避けて会稽郡（治所、江蘇省蘇州市）の呉中に逃げている。のちに会稽郡の守を殺して蜂起し、長江を渡って北上した。（項羽本紀）

これは戦国末期の楚の領域にある地域から、南方の地方への移住である。ところが項梁と項羽の例をのぞけば、

『史記』にみえる秦代の移動は、楚の北方に位置する沛県を基点として、楚と三晋（韓、魏、趙）の東西に移動するケースが多い。

1張耳は大梁（河南省開封）の人。若いころ魏公子・信陵君の客となった。秦が魏の大梁を滅ぼしたあと、張耳は外黄（碭郡、河南省）に家をかまえていたが、劉邦がしばしば客となって数ヶ月ほど逗留している。……陳余も大梁の人。儒術を好み、しばしば趙の苦陘に行った。魏の滅亡後に、二人は姓名を変えて陳県に行った。（張耳・陳余列伝）

2張良、先祖は韓の人。秦が韓を滅ぼしたあと、礼を淮陽に学び、そこで力士を得て、博浪沙（三川郡陽武県、河南省鄭州の東）で始皇帝の暗殺を企てた。しかし失敗して下邳（東海郡、江蘇省古邳）に逃げる。そこで老人と出会い、『太公兵法』を授かったという。（留侯世家）

3呂公は単父（碭郡、山東省単県）の人。仇を避けて沛（江蘇省沛県）の県令の客となり、劉邦に娘を嫁にやる。（高祖本紀）

4周勃、先祖は魏の巻（三川郡）の人。泗水郡の沛県に移る。（絳侯周勃世家）

こうしてみると、劉邦が蜂起した沛県は、たしかに魏人が移住しており、韓、魏などと東西の交流が強いことがわかる。これは項羽が、一貫して楚の領域内を移動している情勢とはちがっている。(30) これらは非合法のものをふくんでいるが、すでに東方沿岸部で東西や南北の移動があることを示している。

このなかで仇や罪を避けた者は、移住した先で客となって応対されている。また張良の話では、老人から『太公兵法』を授かったという説話がある。そこで人の移動では、各地の情報が伝えられ、それは文字資料（文書、書籍、書信など）や、口頭（伝聞、風聞）によるケースが予想される。秦末に陳渉と呉広が蜂起したことが、すぐに各地に伝わっているのも、こうした人びとの伝聞によるものであろう[31]。

このほか戦争や叛乱などによって、国家の軍隊や各地の人びとは、広く移動している。また戦乱の余波は、それを避けた難民などの移動をうながすことになる。また災害などで流民となる人びとや、商人などの往来もある。このような人びとの移動は、中国人口史、移民史の問題となっている[32]。

漢代では、各地の諸侯王や官吏などに寄食する客たちがいる。その代表的な人物は、景帝・武帝期のときに文学で有名な司馬相如である。『史記』司馬相如列伝によると、かれは蜀郡成都の人で、景帝のとき郎となって長安に行き、武騎常侍となった。ところが、たまたま来朝した梁孝王が連れてきた遊説の士を知り、諸生や游士と一緒に舎に寄食している。このとき梁国（都城は睢陽、河南省商丘）には、斉や淮陰、呉の人たちがいたという。これも東方沿岸部の移動を示している。景帝中元六年（前一四四）に梁王が亡くなると、郷里の蜀郡の成都に帰った。このとき臨邛の県令のもとで都亭に寄食しており、卓文君と結婚したのは、こうした待遇の時期である。

武帝の時代に、司馬相如は天子のために賦を作成している。数年後に、唐蒙が巴・蜀の吏卒を徴発して夜郎へ進軍するときには、使者となって「巴蜀の太守への檄文」を作って、軍事行動と物資の支援をしている。元光五年に、巴・蜀・広漢の卒を徴発して、西南夷への道を建設するときには「蜀の父老を諭す文」を作った。また相如は、このあと中郎将となって節を持ち、西夷への使者となっている。

このように司馬相如の旅行をみると、1郎として着任する旅（成都～長安）、2諸侯王国への往来（長安～梁国～成都）、3蜀郡内の移動（成都～臨邛～成都）、4使者として文書の伝達（蜀郡～長安～蜀郡）、5使者としての往来（蜀郡～西夷）などがみえる。その過程において、かれは各地に賦や文書を伝えている。

したがって秦漢時代では、中央の都城や地方都市に文書や書籍などを伝えたのは、行政官府や官僚によるだけではなく、諸侯王や列侯、郡県の官吏、私人などに寄食する人びとによる場合があったと推測されるのである。

交通による情報には、さらに個人的な書信など、さまざまな伝聞がある。書信については、『史記』にみえるほかに、湖北省雲夢県の睡虎地四号秦墓から戦国後期の私信の木牘二枚が出土して、その形態がわかるようになった。(33)これは従軍した兵士が、家族に宛てた書信である。また漢代文帝期の馬王堆帛書『戦国縦横家書』には、戦国外交に従事した書信をふくむ故事がある。ここには発信と受信者のほかに、往来して書信を持ち運ぶ人びとがいる。このように交通と情報伝達では、文書や書籍、口頭による形態のほかに、さらに社会の人びとに受容される状況を考える必要がある。

おわりに

本章では、里耶秦簡「地名里程簡」を手がかりとして、文書伝達と人の移動を検討した。その結果、里耶秦簡の里程は、漢初の張家山漢簡「行書律」にみえる郵の設置や、行程のノルマと合わなかった。そこで居延漢簡と懸泉漢簡の「里程簡」とくらべて、同じように文書伝達の基準とすると、これも規定と合わないことがわかる。そこで注目したのは、人の移動による旅行の行程である。

張家山漢簡『奏讞書』にみえる秦代の案件には、水陸の旅程に関する記載があり、それを平均すると、一日あたり八五里（約三四キロ）となっている。この行程は、水陸を平均したものであるが、漢簡の「里程簡」の距離、すなわち一〇〇里以内（約四〇キロ）とよく似ている。そのため秦漢時代では、文書伝達の主な基点を示す場合でも、旅行の行程を基準とすることが推測できる。ただし里耶秦簡「里程簡」は、さらに不規則で離れている地名があり、また必ずしも中央から地方への路線となっていないため、旅行の行程としても、より大きな交通の基点が示されていることになる。

こうした「里程」を考えるため、さらに尹湾漢墓簡牘の記載と、竹簡「暦譜」の記録を手がかりとして、実際の旅行日程と宿泊地について考えてみた。ここでは、宿泊の基本は県城の伝舎であり、県城と県城の間では、亭に宿泊するケースが多い。一日の行程は、遠いもので六〇、七〇キロ、近いもので二五キロ程度の移動である。これは交通手段を考慮する必要があるが、ほぼ漢簡の里程簡の範囲内にある。

したがって、これまで秦漢時代の里程簡は、郵書や文書伝達に関係するとみなされていたが、「行書律」の規定や尹湾漢墓簡牘とくらべてみると、複数の県と置などの施設を集約しており、それは旅行の行程基準に近いのではないかと考える(34)。

また交通と情報伝達の意義では、つぎのような点が指摘できる。秦漢時代の交通には、秦の始皇帝や漢武帝の巡行をはじめ、官僚の赴任や、官吏の往来、公用出張、休暇による帰省、軍隊の出動による人びとの移動がある。これらは地方の人びとが皇帝を見たり、中央と地方の情報伝達をもたらすものである。また庶民では、引率されて徭役に従事したり、租税や物資の輸送をする移動などがある。

しかし注目されるのは、こうした公的な制度による交通のほかに、学問で土地を離れたり、仇や罪を避けての移動、客としての寄食や、流民となって移住する人びとの存在である。ここには諸侯王や官僚の客になるほか、郡県の官吏や私人の客となるケースがあり、また書物や書信を伝えた話と重なる場合がある。したがって秦漢時代の交通では、その実態を明らかにすると共に、こうした人びとの移動による情報にも注目する必要がある(35)。

注

（1）大庭脩『秦漢法制史の研究』（創文社、一九八二年）、永田英正『居延漢簡の研究』序章（同朋舎出版、一九八九年）、同「文書行政」（『殷周秦漢時代史の基本問題』汲古書院、二〇〇一年）、李均明・劉軍『簡牘文書学』（広西教育出版社、一九九九年）、籾山明「中国の文書行政」（『文字と古代日本』二、吉川弘文館、二〇〇五年）など。

（2）王子今『秦漢交通史稿』（中京中央党校出版社、一九九四年）、高敏「秦漢郵伝制度考略」（一九八五、『秦漢史探討』中州古籍出版社、一九九八年）、エノ・ギーレ「『郵』制攷」（『東洋史研究』六三―二、二〇〇四年）など。

（3）拙著『司馬遷の旅』余論「漢代の旅行事情」（中公新書、二〇〇三年）。

（4）日本古代史の視点は、松原弘宣「日本古代の情報伝達と交通」（藤田勝久・松原弘宣編『古代東アジアの情報伝達』汲古書院、二〇〇八年）、佐藤信「日本古代の交通と出土木簡」（『資料学の方法を探る』八、二〇〇九年）などに示されている。

（5）湖南省文物考古研究所等「湖南龍山里耶戦国―秦代古城一号井発掘簡報」（『文物』二〇〇三年一期）、湖南省文物考古研究所、湘西土家族苗族自治州文物処「湘西里耶秦代簡牘選釈」（『中国歴史文物』二〇〇三年一期）、湖南省文物考古研究所『里耶発掘報告』（岳麓書社、二〇〇七年）。

（6）『里耶発掘報告』第二章、四簡牘（二）3「地名里程簡」一九六～二〇三頁では、秦代の一里を〇・四一五八キロとするが、ここでは目安として〇・四キロで計算する。地名については、石黒ひさ子「里耶秦簡J1⑯52記載の地名について」（『中国出土資料研究』）、鐘煒「試探洞庭兵輸内史及公文伝遞之路線」（武漢大学簡帛網、二〇〇五年一一月）などの考証がある。なお陳松長「岳麓書院所蔵秦簡綜述」（『文物』二〇〇九年三期）には、二十七年の日志として「騰」に関する八例がある。

「丙辰、騰之益陽□□」「丁巳、騰之安陸」「戊午、騰不行視事」「己卯、騰道安陸来」「庚子、騰視事」「辛巳、騰会建監府」「辛丑、騰去監府視事」「戊申、騰居右史」

また三十五年の日志には、宿泊と行程に関する「己未、宿當陽」「庚申、宿銷」「甲子、宿鄧」の例がある。

（7）『居延新簡』甲渠候官（中華書局、一九九四年）破城子探方五九。写真は下の三八九頁。

（8）甘粛省文物考古研究所「敦煌懸泉漢簡釈文選」（『文物』二〇〇〇年五期）写真二九頁では、郵置道里とし、胡平生・張徳

芳編撰『敦煌懸泉漢簡釈粋』（上海古籍出版社、二〇〇一年）五六～五九頁に釈文と注釈があり、背面は正面と関係のない出入簿という。同書には郝樹声「敦煌懸泉里程簡地理考述」があり、また初世賓「漢簡長安至河西的駅道」（『簡帛研究二〇〇五』広西師範大学出版社、二〇〇八年）がある。

（9）拙稿「戦国秦の領域形成と交通路」（拙著『中国古代国家と郡県社会』汲古書院、二〇〇五年）のほか、近年の研究は、雍際春『天水放馬灘木板地図研究』（甘粛人民出版社、二〇〇二年）、張修桂『中国歴史地貌与古地図研究』第十一章「放馬灘戦国秦墓出土古地図」（社会科学文献出版社、二〇〇六年）に整理と考察がある。

（10）『睡虎地秦墓竹簡』（文物出版社、一九九〇年）行書律。

（11）『張家山漢墓竹簡〔二四七号墓〕』（文物出版社、二〇〇一年）の写真と、『張家山漢墓竹簡〔二四七号墓〕』釈文修訂本に対して、彭浩・陳偉・工藤元男主編『二年律令與奏讞書』（上海古籍出版社、二〇〇七年）の修正があり、これに従う。また彭浩「読張家山漢簡《行書律》」（『文物』二〇〇二年九期）、冨谷至編『江陵張家山二四七号墓出土漢律令の研究』訳注、研究篇（朋友書店、二〇〇六年）、専修大学『二年律令』研究会「張家山漢簡『二年律令』訳注（六）」（『専修史学』四〇、二〇〇六年）などがある。

（12）里耶秦簡⑧157。

（13）張俊民「《二年律令・行書律》浅析」（『秦漢史論叢』九輯、三秦出版社、二〇〇四年）。

（14）鶴間和幸「司馬遷の時代と始皇帝」（『東洋学報』七七―一・二、一九九五年）。七七二二里という合計は、もし咸陽を通らず、黄河流域をふくむ南北の直線距離とすれば、その終点を遷陵県としても、始点は北京のはるか北方となる。

（15）永田前掲「文書行政」、エノ・ギーレ前掲「『郵』制攷」など。

（16）陳偉「秦と漢初の文書伝達システム」（前掲『古代東アジアの情報伝達』二〇〇八年）。

（17）甘粛省文物考古研究所「甘粛敦煌漢代懸泉置遺址発掘簡報」（『文物』二〇〇〇年五期）、張俊民前掲「《二年律令・行書律》浅析」、エノ・ギーレ前掲「『郵』制攷」など。

（18）『張家山漢墓竹簡〔二四七号墓〕』釈文修訂本は「摯田」に作るが、前掲『二年律令與奏讞書』は「摯・朔」とする。

(19) 連雲港市博物館「江蘇東海県尹湾村漢墓群発掘簡報」(『文物』一九九六年八期)、連雲港市博物館、東海県博物館、中国社会科学院簡帛研究中心、中国文物研究所編『尹湾漢墓簡牘』(中華書局、一九九七年)。

(20) 連雲港市博物館・中国文物研究所編『尹湾漢墓簡牘綜論』(科学出版社、一九九九年)には、謝桂華「尹湾漢墓所見東海郡行政文書考述」など多くの論文がある。

(21) 鶴間和幸「中華の形成と東方世界」(『岩波講座世界歴史3』岩波書店、一九九八年)は略図を作成しており、拙著『中国古代国家と郡県社会』終章で地理的な説明をしている。

(22) 尹湾漢墓簡牘には、成帝の永始、元延年間の年号をふくんでおり、懸泉漢簡の年代は、前漢時代の武帝から昭帝、元帝、成帝と、王莽期をへて後漢時代の光武帝~安帝期におよぶといわれる。

(23) 浜口重国「漢代の伝舎――特に其の設置地点に就いて」(一九三五、『秦漢隋唐史の研究』下、東京大学出版会、一九六六年)、高村武幸「前漢末属吏の出張と交際費について――尹湾漢墓簡牘『元延二年日記』と木牘七・八から」(『中国出土資料研究』三、一九九九、『漢代の地方官吏と地域社会』汲古書院、二〇〇八年)、蔡萬進『尹湾漢墓簡牘論考』(台湾古籍出版、二〇〇二年)など。また一九九三年に湖北省荊州市の周家台三〇号秦墓から出土した竹簡「暦譜」は、秦始皇帝三十四年(前二一三)の一年間の暦の日付の下に、南郡の官吏の勤務や旅行・宿泊を記している。これは秦代の具体的な路線にしたがって、経過した日数や宿場の事情を知ることができる。彭錦華「周家台三〇号秦墓竹簡〝秦始皇三十四年暦譜〟釈文与考釈」(『文物』一九九九年六期)、湖北省荊州市周梁玉橋遺址博物館編『関沮秦漢墓簡牘』(中華書局、二〇〇一年)。

(24) 公的施設のほかに私人の宅に宿泊することは、今後とも検討の必要がある。

(25) 高村前掲論文では、「羽」を『漢書』地理志の東海郡祝其県条に「禹貢羽山在南。鯀所殛」とある羽山とする。

(26) 里耶秦簡の里程簡が、旅行のキーステーションとなる地名を示すとしても、その距離は不均等である。ここでは旅行手段か、何かの変化にもとづく基点を想定しなくてはならない。

(27) 拙著前掲『司馬遷の旅』。

(28) 本書の第九章「張家山漢簡『津関令』と詔書の伝達」。

(29) 尹湾漢墓簡牘の木牘五正には、「罰戍上谷」「上邑計」「送衛士」をふくむ役割に「●右十三人繇」とある。
(30) 項羽の蜂起と集結、楚の社会システムとの関係は、拙著『項羽と劉邦の時代』(講談社、二〇〇六年)、本書の終章で簡単にふれている。
(31) 拙稿「秦始皇帝と諸公子について」(『愛媛大学法文学部論集』人文学科編一三、二〇〇二年)。
(32) 葛剣雄『西漢人口地理』(人民出版社、一九八六年)、同編『中国移民史』第二巻(福建人民出版社、一九九七年)、羅彤華『漢代的流民問題』(台湾学生書局、一九八九年)など。
(33) 佐藤武敏『中国古代書簡集』(講談社学術文庫、二〇〇六年)、《雲夢睡虎地秦墓》編写組『雲夢睡虎地秦墓』(文物出版社、一九八一年)など。また安徽省天長市の前漢墓からは、木牘の私信一六枚が発見され、この墓主は東陽県の官吏で、謝孟という人物とみなされている。天長市文物管理所、天長市博物館「安徽天長西漢墓発掘簡報」(『文物』二〇〇六年一一期)。
(34) このほか一九九九年に湖南省沅陵で発見された虎溪山一号漢墓の竹簡が注目される。湖南省文物考古研究所等「沅陵虎溪山一号漢墓発掘簡報」(『文物』二〇〇三年一期)によれば、「黄籍」と分類された資料に、沅陵侯国に所属する郷の戸口統計と調査の変化とともに、侯国から近隣の郡県への距離、各郷から侯国に至る距離、侯国から長安まで二ルートの水陸路線の距離・里程が記されているという。この沅陵侯国は、周家台秦簡の秦代南郡に近く、前漢初期の文帝期ころである。したがって虎溪山漢簡も漢代の交通と旅行の形態を考える資料となる。
(35) 拙稿「中国古代の交通と出土資料」(『資料学の方法を探る』八、二〇〇九年)では、交通システムと人びとの移動に関する項目を整理している。また同誌では、金秉駿「古代中国南方地区の水運——湖北・湖南省出土簡牘と墓葬を中心にして」、上野祥史「漢代北方の地域社会と交通——県城遺跡と漢墓葬の技術から」が、考古文物と出土資料による地域社会を考察しており、黄暁芬「秦直道の調査と研究」の報告がある。王子今「中国古代交通システムの特徴」は、秦漢時代の交通体系が基本的な型を定め、皇帝や軍事を優先するという特徴を指摘している。中国の交通と情報伝達は、こうした多角的な視点から研究を進める必要がある。

第十二章　中国古代の書信と情報伝達

はじめに

中国の出土資料には、地方に伝達される行政文書のほかに、人々の往来や交通と関連する資料がある。たとえば人の通行証には符と伝があり、郡県の領域では広く掲示をする扁書や、文書と物品を送付する付札（検、封検）、書籍の普及も交通に関連している。[1]そのほかに注目されるのは、人の移動にともなう書信の伝達である。

書信については、これまでも文献によって知られていた。たとえば司馬遷が著した『史記』は、中国古代史の基本史料であるが、その内容は多くの素材によって構成されている。これは出土資料（竹簡、木簡の簡牘、帛書など）の増加によって、司馬遷が利用した素材との関係が、しだいに明らかになった。[2]それは年代を示す紀年資料や、君主や貴族の系譜、公的な文書・記録と、書籍にみえる故事や説話、伝承などの資料である。このような素材の一つに書信があり、戦国、秦漢時代の古墓や井戸からは、書信の実物が出土している。とくに近年では、安徽省天長市の一九号漢墓の木牘や、長沙東牌楼の後漢時代の簡牘などが増加している。[3]これによって文献にみえる書信とエピソードを、あらためて社会のなかで検討することができる。

佐藤武敏『中国古代書簡集』（二〇〇六年）は、書簡と郵便制度の沿革を考察し、春秋時代からの代表的な書信について、出土資料をふくめて現代語訳と解説を加えたものである。[4]そこで本章では、こうした研究をふまえて、まず

『史記』にみえる書信とそのエピソードを確認する。

つぎに戦国、秦漢時代の書信として、馬王堆三号漢墓の帛書『戦国縦横家書』にみえる外交の書信や、睡虎地四号秦墓から出土した私信の木牘について検討する。さらに出土した他の書信を整理して、書信の形態やその機能と、人々が往来するときに使用する名謁（名刺）との関係について考察してみたいとおもう。

一　『史記』にみえる書信

『史記』には文書や書信を伝達するエピソードを記している。その一つは、中央と官僚・官吏との間の行政文書などであり、これらは国家の公的な機関を通じて伝達されるものである。(5) このほか戦国の君主、あるいは漢代皇帝への個人的な上書や、使者による文書の伝達もある。その例として、個人的な上書は『史記』などにみえているが、家臣より以外の人物の上書や、特殊なケースには、つぎのような例がある。(6)

獄中からの上書（巻八三鄒陽列伝、巻八七李斯列伝）、口で述べるのが苦手で、著書や書信を作成した例（巻六三韓非列伝）、方士の徐福から始皇帝への上書（巻六秦始皇本紀）、獄に繋がれた父のために娘が文帝に出した上書（巻一〇孝文本紀）、壺関の三老が、戻太子について述べた上書（『漢書』巻六三武五子伝、武帝期）

しかし注目されるのは、公的な機関によらない書信の伝達である。たとえば、つぎのようなケースがある。

1に、戦国各国の君主と封君、あるいは漢代の諸侯王への書信は、多くみられるケースである。漢の景帝三年には、呉王濞が諸侯王に宛てた書信があり、蜂起をうながす具体的な記述がある。2に、自分の一族、家族の間での連絡や、交遊のある人物との書信は、私的な通信として興味深いものがある。これらについては、あとで具体的なケースをみることにしたい。

3に、その他のケースとして城内に射る矢文や、予言を記した書がある。たとえば『史記』巻八三魯仲連列伝には、魯仲連が書を作り、矢に結んで城内にいる燕の将に射た例がある。また巻八高祖本紀には、劉邦が沛県で蜂起するとき、帛に書いた書信を城内にいる父老に射た例がある。(7) さらに巻四八陳渉世家では、陳渉と呉広が蜂起するとき、帛に朱で「陳勝王」と記した書を魚の腹に入れ、それを見せて予言としている。これらの書信は、木牘の形態ではなく、帛書と伝えることが注目される。

これらは『史記』にみえる書信と、それに関連するエピソードの一部である。そこでもう一度、書信の伝達にかかわる特徴を考えてみよう。まず注目されるのは、『史記』巻七七魏公子列伝のエピソードである。魏公子とは、戦国魏の安釐王の異母弟で、封君となった信陵君（公子無忌）のことである。かれは戦国四君（斉の孟嘗君、信陵君、趙の平原君、楚の春申君）の一人にあげられる優れた人物で、食客を多くかかえたことで有名である。(8) 情報に関するエピソードは、つぎのようにみえる。(9)

あるとき公子と魏王が博（すごろく）をしていて、北方の国境から烽火の知らせが入った。連絡では、「趙が攻めてきて、まさに境界に入ろうとしています」と言う。魏王は博を止めて、大臣たちを召して謀ろうとした。公子は魏王を止めて言った、「趙王は田猟をしているだけです。攻めようとしているのではありません」と。そして博をもとのように続けようとした。魏王は恐れて、心中は博どころではなかった。しばらくして、また北方から伝言があり、「趙王は狩猟をしているだけで、攻めてきたのではありません」と告げた。魏王は大いに驚いて、「公子はなぜ知っていたのか」と聞いた。公子は、「臣《わたくし》の客には、深く趙王の陰事（秘密）を知ることができる者がおります。趙王の行為は、客がそのたびに臣に報告してくれます。それで臣は知っていたのです」と答えた。

この後、魏王は公子が賢能であることを畏れて、公子に国政を任せようとはしなかった。

これは魏王と信陵君との対話の形式であり、どこまでが史実か不明である。しかしここでは、隣国の趙（都は河北省の邯鄲）から魏国（都は河南省開封の大梁）に対して、封君の客が連絡を取っていたことがわかる。それは明らかに正式な使者や、公的な機関による通信ではない。それでは信陵君の客とは、どのような立場によるものであり、このほか趙と魏国との連絡は、どのようになっていたのだろうか。後文に、つぎのような記事がある。(10)

魏安釐王二十年（前二五七）、秦の昭王はすでに趙の長平の軍を破り、また兵を進めて邯鄲を囲もうとした。魏公子の姉は、趙の恵文王の弟である平原君の夫人であった。（そこで平原君は）しばしば書信を魏王と公子に送って、魏に救援を求めた。魏王は将軍の晋鄙に十万の衆を率いさせて趙を救おうとした。すると秦王は、使者を使わして魏王に告げ、「吾は趙を攻めており、一日のうちに降すことができよう。諸侯で救援する者があれば、趙を落としたあと、必ず兵を移動して先にその国を撃つであろう」と言った。魏王は恐れて、人をやって晋鄙を止めさせ、（邯鄲の南、漳水の手前の）鄴に城壁を築いて駐屯させた。名目は趙の救援であったが、実は両方をながめて傍観していた。

ここでは信陵君の姉が、趙の封君である平原君の夫人ということがわかる。戦国時代では、婚姻に他の人々が付随しているとおもわれ、信陵君の客は、あるいは趙に滞在している信陵君の姉と連絡を取っていたのかもしれない。そうした客が、正式な国交や伝達とは別のルートで、魏の封君に連絡をしていたことになる。このときは書信によるものか、口頭による伝達か不明であるが、情報伝達のあり方を示唆している。この事件で平原君は、魏王と信陵君に書信を送って救援を求めているが、書信による依頼は戦国外交によくみえるパターンである。

それでは戦国時代の客は、封君などからどのような待遇をうけ、どのような活動をしたのだろうか。これについては、『史記』巻七五孟嘗君列伝の故事が有名である。ここに斉湣王の時代の話がある。[11] 孟嘗君は（封邑の）薛にいて、諸侯の賓客や、逃亡した罪のある者までを招致して、皆な孟嘗君のもとに集まってきた。孟嘗君は資材を出してかれらを厚遇したので、天下の士がやって来るようになった。その食客は数千人で、貴賤となく、一に田文（孟嘗君）と等しくした。孟嘗君が客と応対して語るとき、屏風の後には常に侍史がいて、君と客との対話を記していた。たとえば親戚の居処を問い、その客が去ったとき、孟嘗君は已に使に存問させて、その親戚に贈り物をしていた。

ここでは封君が、客を多くかかえており、侍史の記録にもとづいて対応したという伝えがみえている。これも情報の伝達に関する例である。また孟嘗君列伝では、客の住んでいた伝舎（宿舎）の話もある。[12] それは馮驩という客のエピソードで、かれは孟嘗君の伝舎に十日間ほどいた。伝舎の長に聞くと、魚が出ないので帰ろうと言っていますと答えた。そこで幸舎に移した。また五日して伝舎の長に問うと、乗り物がないので帰ろうと言っていますと答えた。さらに代舎に移して五日たつと、伝舎の長は、家族が一緒ではないので帰ろうと言っていますと答えた。そこで孟嘗君は喜ばなかった。

この話では、客の宿泊する舎に、いくつかの等級があったことがわかる。それは通常の伝舎のほか、魚が支給される幸舎、乗り物が支給される代舎、そして家族と共に暮らせる舎などの存在である。これに関連して思いうかべるのは、漢代の伝舎である。漢代では、県の城郭に伝舎という宿舎が設けられ、公的な旅行では「伝」という通行証を持っていれば、身分によって食事や、乗り物などに等級があった。[13] また湖南省長沙市で出土した前漢の簡牘では、長沙国の中心にある伝舎でも、建物の大きさに区別があったことが明らかとなっている。[14] こうした宿舎に身を寄せる上客や、一般の客たちが、あるときは使者となって活動したり、あるときは情報の伝達などを受けもったのであろう。

このように孟嘗君の事例では、客の一端がうかがえるが、かれもまた秦の相であった穰侯に書信を送ったように、他国に書信を送っていた例がある[15]。これは正式な外交の書信ではなく、斉の封君から、秦の宰相への連絡である。

こうした戦国時代の客の生態は、遊説家や諸子、あるいは官僚の基礎となるような客については考察がある[16]。しかし以上のように、情報の伝達にかかわる客については、あまり注目されていなかったといえよう。

二　帛書『戦国縦横家書』の書信

それでは私的な書信のあり方を、もう少し詳しく知ることはできないだろうか。『史記』と『戦国策』には蘇秦と張儀の故事があり、そこに各国を遊説した内容を記している。ここでは『史記』列伝ではなく、その実情を知る手がかりとして、帛書『戦国縦横家書』の書信を検討してみよう[17]。

馬王堆三号漢墓は、前漢文帝十二年（前一六八）に亡くなった利蒼の子の一人の墓で、その副葬品の漆箱のなかに、帛書に書かれた書物と地図などが収められていた。たとえば『老子』『周易』のほか、春秋諸国の説話を記した『春秋事語』や、戦国時代の外交を記した『戦国縦横家書』がある。『戦国縦横家書』は二十七篇から成り、欠字をふくめて約一万一千余字である。その全体は、おおよそ三つに区分できる。

第一のグループは、一章～一四章で、ある人物と韓𡚱《かんいん》が、燕王と斉王に宛てた書信、もしくは対話である。ここに書信の伝達がうかがえるが、第四章、第五章の一部が『戦国策』燕策や『史記』蘇秦列伝にみえるほかは、すべて新出の佚文である。第二のグループは、一五章～一九章の五篇で、魏、趙、秦の国に関連するが、各篇の末尾に字数が書いてあり、一九章には「●大凡二千八百七十」と五篇の総字数を記すため、独自に編集されたとみなされている。

第三のグループは、二〇章～二七章の八篇で、燕や趙、斉、韓、魏、楚、秦に関連した故事があり、二五章～二七章の三篇は佚文である。

ここで第一グループの書信に関連する篇は、つぎのようにみえる。（　）内は、繰り返し記号を漢字に数え、欠字をのぞいた書信の字数を示す。

一章：趙より書を燕王に献じて曰く「……（二五四字）」

二章：韓山をして書を燕王に献じて曰く「……（一八七字）」

三章：盛慶をして書を〔燕王〕に献じて〔曰く〕「……（三一六字）」

四章：斉より書を燕王に献じて曰く「……（七四一字）」

六章：梁（魏）より書を燕王に献じて曰く「……（一八七字）」

七章：梁（魏）より書を燕王に献じて曰く「……（二二〇字）」

一一章：趙より書を斉王に献じて曰く「……（三四二字）」

一二章：趙より書を斉王に献じて曰く「……（六二三字）」

一三章：韓寅、書を斉に献じて曰く「……（一三九字）」

残りは、五章が「燕王に謂いて曰く……。王曰く……（以下、対話）」のような形式で、八章より以下は、みな「斉王に謂いて曰く……」となっている。第二、第三のグループは、一五章に「華軍。秦戦勝魏、走孟卯、攻大梁。須賈説穰侯曰。……。君曰善。乃罷梁囲」とあるように、事件の歴史背景が加えられたり、ただ「謂〇〇曰。……」という形式や、対話の故事が多い。また二一章には、「書を趙王に献ず。……」とみえている。

こうした構成のなかで、第二章の書信を取りあげてみよう。(18)

●使韓山獻書燕王曰。臣使慶報之後、徐爲之與臣言甚惡。死亦大物已、不快於心而死、臣甚難之。故臣使辛謁大(去)之。王使慶謂臣不利於國、且我憂之。臣爲此無敢去之。王之賜使使孫與弘來、甚善已。言臣之後、奉陽君徐爲之視臣益善、有遣臣之語矣。今齊王使李終之趙、怒於趙之止臣也。且告奉陽君。相橋於宋、與宋通關。奉陽君甚怒於齊、使趙足問之臣。臣對以弗知也。臣之所患、齊趙之惡日益、奉陽君盡以爲臣罪。恐久而後不可□救也。齊王之言臣、反不如已。願王之使人反復言臣、必毋使臣久於趙也。

●ある人が、韓山を使者として書信を燕王に献じさせ、つぎのように言った。「臣《わたくし》が盛慶《せいけい》によって報告させたあと、韓徐為《じょい》が臣にあたえた言葉はとても悪いものでした。そもそも死は重大なことですが、心にかなわず死ぬのは、臣にとって憂うべきことであります。ですから臣は、つづいて某辛《しん》によって趙から去ることができるように要請いたしました。しかし燕王は、さきに盛慶を使者として、臣に『(趙での活動をやめることは)燕にとって利益とならず、かつ我はおまえが趙を去ることを憂慮している』と言われました。そこで臣は、この言葉のために敢えて趙を去らなかったのであります。しかしそのあと燕王が、使孫《しそん》と某弘《こう》を使者として派遣されたことは、とても善い状況になりました。すなわち臣のことを言われてからは、(趙の封君)奉陽君と韓徐為との臣への待遇がとても良くなり、臣を出国させるという言葉がありました。ところが今、斉王が李終《りしゅう》を使者として趙に来させて、趙に対して臣の留めておくのを怒りました。(斉王は)さらに奉陽君に、『(斉は、某)橋《きょう》を宋の宰相とさせ、宋と関所を通じようとする』と告げました。奉陽君は、とても斉を怒り、このことを趙足《ちょうそく》によって臣に問わせました。臣は、知らないと答えました。しかし臣が憂慮するのは、斉と趙が互いに憎むことは日々に増していますが、それを奉陽君はすべて臣の罪に帰していることであり、時がたつと、……救うことができなくなるということです。斉王が臣のことを言ってくれたのは、かえって言わない方が良かったくらいです。願わくは、燕王の使者がくりかえして臣のことを言い、きっと臣を長く趙に留めさせませんように」と。

この書信には、つぎのような背景がある。まずこの書信を出した人物については、同じような状況にある第四章の文中に「臣秦」とあることから、蘇秦と考えられている。[19] ただし『史記』蘇秦列伝によると、かれの活動は燕の文侯の時代で、秦の恵文王（前三三七〜三一一在位）のときに活躍した張儀より先ということになっている。しかし『戦国縦横家書』によれば、その書信には燕昭王や秦昭王、斉湣王の時代の事件が記されており、これは蘇秦列伝では、弟の蘇代が活動した時代にあたる。そこで蘇秦の活動は、この書信などによって、時代を修正する説が生まれている。

そこで帛書の活動を要約してみると、つぎのような状況がうかがえる。[20] まず蘇秦は、燕昭王（前三一一〜二七九在位）に任用されたが、かつて斉に奪われた領地を取り戻すため、燕に人質を置いて、斉との外交に従事することになった。そこで斉王に任用された蘇秦は、燕から趙に行き、強国の秦に対する諸国の連合を謀った。つまり表向きは、斉王に任じられた外交官であるが、実は燕王と連絡をとる二重スパイである。そこで趙に拘留された蘇秦は、燕王を結ぶ人々を使って、趙や斉の内実を知らせているのである。

第二章の書信では、つぎのような状況がわかる。まず蘇秦が、1盛慶という人物によって趙の動向を知らせたが、その後、趙での情勢が悪くなったので、2（某）辛を使者として、趙を去ることを燕王に要請した。しかし燕王は、同じく①盛慶によって、趙での活動を続けるように返答した。また燕王が、②使孫と某弘を趙に送ったあとは、趙での拘留が改善されようとしていた。ところが斉王が、李終を使者として、蘇秦の拘留を責めたために、事態は悪くなり、趙の奉陽君は、趙足によって蘇秦に情勢を問いただしたというものである。そこで、3韓山を使いとして燕王に献じたのが、第二章の書信である。

ここでわかるのは、燕王や斉王、趙の奉陽君、外交官としての蘇秦たちが、それぞれ手足となる使者によって連絡していることである。また燕王と蘇秦との間は、盛慶、某辛、使孫、某弘、韓山のように、一定の集団が往来に従事している。これは燕王と蘇秦たちとの連絡の信頼性を保つために必要であったろう。また燕王と蘇秦の使者は、正式な外交の使者と並行して、趙や斉の内実を知らせている。これを図示すれば、つぎのようになる。

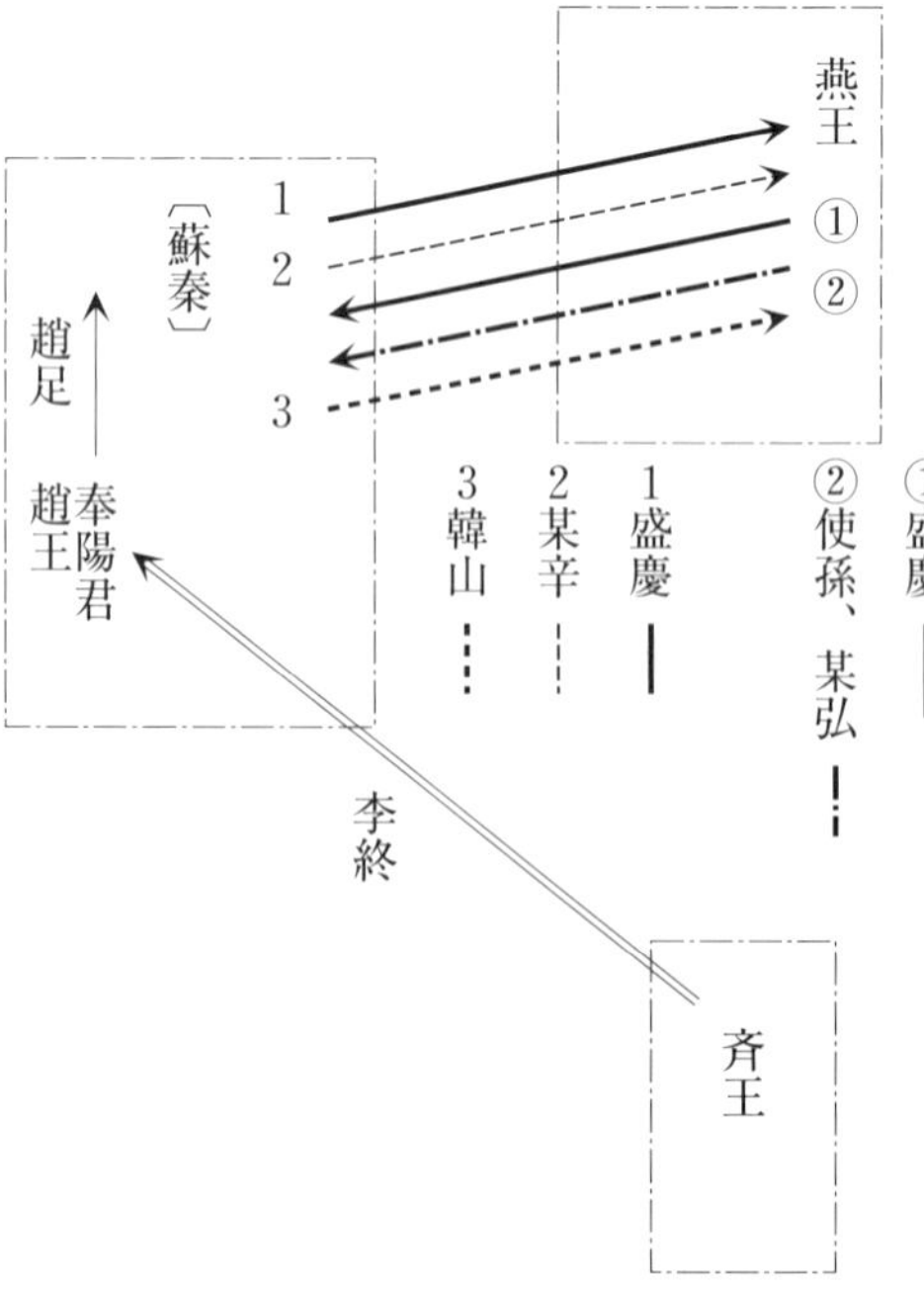

つづいて第六章の書信をみておこう(21)。ここでは蘇秦とおもわれる人物が、燕と斉の外交に従事するなかで、魏から燕王に書信を送っている。

● [自]梁獻書於燕王曰。齊使宋竅侯瀛謂臣曰、寡人與子謀攻宋、寡人恃燕・趙也。今燕王與羣臣謀破齊於宋而攻齊甚急。兵率有子循而不知寡人得地於宋、亦以八月歸兵、不得地亦以八月歸兵。今又告薛公之使者田林、薛公以告臣、而不欲其從己聞也。願王之陰知之而毋有告也。王告人、天下之欲傷燕者與羣臣之欲害臣者將成之。臣請疾之齊觀之、而以報。王毋憂、齊雖欲攻燕、未能、未敢。燕南方之交完、臣將令陳臣・許翦以韓・梁問之齊。足下雖怒於齊、請養之以便事。不然、臣之苦齊王也、不樂生矣。

● (蘇秦が) 魏から書信を燕王に献じて、つぎのように言った。「斉（王）が宋竅《そうきよう》と侯瀛《こうさい》を使者にたてて臣につぎのように言ってきました、『寡人はあなたと宋を攻撃しようと謀った。それは寡人が燕と趙の援助を期待していたからである。いま燕王は、群臣とともに宋の地に斉を撃ち破ろうと企て、さらに斉を攻撃しようとすることがはなはだ性急である。（斉の）軍隊は、おおむねあなたにつき従っているが、寡人が宋に領地を獲得しても八月に撤兵するつもりであり、あるいはまた領地を獲得できなくても八月には撤兵するつもりであることを、知らないようである』と。いままた薛公《せっこう》（斉の孟嘗君、このとき魏にいる）の使者の田林《でんりん》にも同じ内容を告げてきました。薛公はそれを臣に告げてまいりましたが、それが漏れることを望んではおりません。願わくは、燕王がひそかにこのことをお知りになったとしても、口外されませんように。もし王が口外されれば、天下の燕に害を与えようとする者と、群臣のなかで臣に危害をくわえようとする者は、その目的を成し遂げてしまうでしょう。臣は、速く斉に赴き、その情勢を見たうえで報告することをお許し願います。王には、ご心配にはおよびません。斉としても燕を攻撃しようと望んでいるとはいえ、いまだに実行できずにおり、またいまだに敢えて実行してはおりません。燕の南方の外交関係は完全であり、臣は陳臣《ちんしん》と許翦《きょせん》を派遣して、韓と魏の立場からこの情勢を斉に問わせようとしております。足下には、斉をお怒りになられているとしても、斉に仕えて、王の大事のために便宜とされますようお願いいたします。もしそうでなければ、臣は斉王に苦しめられることになり、生命の保証はありません」と。

ここでは、斉王に宋竅と侯灟の使者がおり、薛公には田林という使者がいることがわかる。また蘇秦は、陳臣や許翦を使って、韓と魏から斉に問わせようとしている。これによると各国の情報伝達は、ただ君主や封君、外交の使者などが直接に連絡するのではなく、その間にいわば客のような使いをする人物たちがいた。そして蘇秦もまた、こうした集団を使うことによって外交に従事している。その一つが、こうした集団に支えられた書信の伝達だったのである。とすれば諸国の関所や、公的な機関による情報伝達とは別に、各国は隠密での連絡手段を使っていたことになる。『史記』『戦国策』には、外交と遊説や、君主への進言の記事があり、これらには「……に謂いて曰く」「……に説いて曰く」などの表記が多い。しかし君主の側に「大王の御史」がおり、『史記』廉頗藺相如列伝に、秦王と趙王の会見で、両国の御史が記録をしている話からすれば、こうした進言も文書でされる場合があったかもしれない。[22] いま『戦国縦横家書』でみてきたのは、こうした国政にかかわる文書や奏言とは別に、書信による情報伝達の例であるが、両者には「願わくは」「臣請」などの用語が使われている。したがって戦国時代の書信にかかわる故事は、秦漢時代の上書や奏言の先駆として、用語の形式が整いつつあったことも示しているといえよう。

三　睡虎地四号秦墓の書信

つぎに君主や封君、使者などの書信ではなく、各国の官吏や一般の人々の書信は、どのような状況だろうか。『史記』項羽本紀には、秦代の例がみえている。

項梁は、項羽の季父であるが、かれらは下相（江蘇省宿遷県）に住んでいたらしい。そのとき項梁は、秦の首都圏にある櫟陽にいたことがある。これは殺人の仇をさけて、江南の呉中に行くまえのことである。

　項梁嘗有櫟陽逮。乃請蘄獄掾曹咎書抵櫟陽獄掾司馬欣、以故事得已。

　項梁は、かつて櫟陽《やくよう》で逮捕されていた。そこで（東方の）蘄《き》県の獄掾であった曹咎《そうきゅう》に請うて、櫟陽の獄掾の司馬欣《きん》に書信を出してもらい、おかげで無事にのがれることができた。

集解が引く応劭の注では、項梁はかつて事に坐し、櫟陽の獄に繋がれていたと理解している。しかし項梁が、どのようにして蘄県の獄掾である曹咎に、司馬欣への書信を書いてもらったのかは不明である。これについて、先にみた蘇秦とおもわれる人物の書信を手がかりにすれば、つぎのような想定ができよう。

まず項梁は、櫟陽に拘束されているから、自分で連絡をするわけにはゆかない。そこで当然、使いを通じて蘄県の獄掾に連絡し、また蘄県から櫟陽まで誰かが使いとなったはずである。わざわざ離れた東方の蘄県を選んだ理由は、かれが住んでいた下相が、ともに秦の泗水郡に所属していたことに起因するかもしれない。しかし項梁と曹咎や司馬欣が、どのような関係にあったかはわからない。ただしこれを契機として、のちに曹咎と司馬欣は、楚漢戦争の際にも、項羽のもとで行動を共にしている[23]。この連絡は、公的な機関ではなく、個人的なつながりによって伝達され、そこには項梁の釈放を依頼する文面があったと推測される。このような書信は、官吏レベルの人脈による伝達であり、家族や交遊する人々の通信に通じるものがある。

それでは戦国時代の使者の書信や、項梁の書信は、どのような素材に書かれたのだろうか。これについては、竹簡や木簡、木牘に書かれたのか、あるいは帛書などによるのかは不明であるが、少なくとも持ち運びに便利な形態であったろう。こうした書信のあり方は、出土資料の実物によって推測しなくてはならない。

出土資料の書信では、雲夢県の睡虎地四号秦墓の二枚の木牘が、もっとも早い例である。この木牘（十一号、六号）は、すでに発掘報告と、黄盛璋氏の研究などによって、その内容が紹介されている[24]。それによると四号秦墓は、一槨一棺の竪穴土坑墓で、二つの木牘は頭部に石の硯・墨と一緒に収められていた。その年代は、十一号木牘に「二月辛巳」とあり、秦王政二十四年（前二二三）二月十九日とみなされている。これは秦統一の直前に、楚の国が滅亡する時期にあたる。

十一号木牘（長さ二三・一、幅三・四センチ）は、淮陽（河南省淮陽市、陳）の戦地にいる黒夫と驚という二人の兄弟から、新地城（湖北省雲夢県の安陸）にいる中（六号木牘では衷）という兄弟に宛てた書信とみなされている。これは一族の間の連絡である。その釈文は、つぎの通りである。(25)

> 二月辛巳。黑夫・驚敢再拜問中、母毋恙也。黑夫・驚毋恙也。前日黑夫與驚別、今復會矣。黑夫寄益就書曰、遺黑夫錢、母操夏衣來。今書節（即）到、母視安陸絲布賤、可以爲襌裙襦者、母必爲之、令與錢偕來。其絲布貴、徒（以）錢來、黑夫自以布此。黑夫等直佐淮陽、攻反城久、傷未可智（知）也。願母遺黑夫用勿少。書到皆爲報。報必言相家爵來未來、告黑夫其未來狀。聞王得苟得

正面：五行　二四九字

> 毋恙也。辭相家爵不也。書衣之南軍毋……不也。
> 爲黑夫・驚多問姑姊・康樂季〔嬃〕故術長姑外内……
> 爲黑夫・驚多問東室季〔嬃〕苟得毋恙也。
> 爲黑夫・驚多問嬰泛季事〔何〕如。定不定。
> 爲黑夫・驚多問爲夕陽呂嬰・匧里聞誤丈人得毋恙……矣。
> 驚多問新負・嫛得毋恙也。新負勉力視瞻丈人。毋與……勉力也。

背面：六行　一一〇字

この木牘は、わかりにくい部分もあるが、正面の大意はつぎのような内容である。

二月辛巳。私たち黒夫《こくふ》と驚《きょう》は、再拝して中（兄弟）におたずねします。母上にはお変わりないでしょうか。黒夫と驚は無事に過ごしております。以前、黒夫と驚とは別々になりましたが、今また一緒になれました。黒夫は、

睡虎地四号秦墓の書信：十一号木牘

〔背面〕

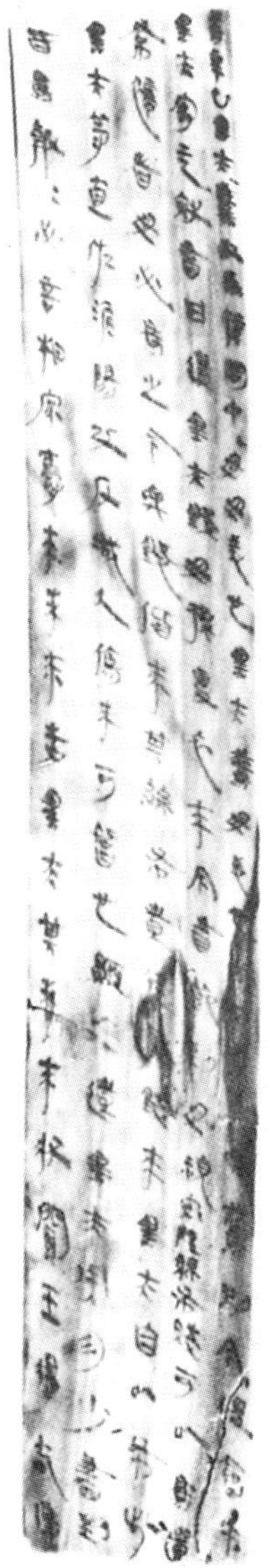
〔正面〕

益就《えきしゆう》によって「黒夫に銭を送ってください。夏服をもって来る必要はありません」という書簡をことづけました。今この書簡がとどき、母上の方でもし安陸の絲や布の値段が安く、ひとえの裙《もすそ》と襦《はだぎ》が作れるようなものが見あたりましたら、きっと作っていただき、銭と一緒に送ってください。もし絲や布の値段が高いなら、銭だけを送ってください。黒夫がこちらで買って作ることにします。黒夫らは直ちに淮陽を助け、反城を攻めるようになってから長いことたっております。まだ何ら負傷はしておりません。どうか黒夫に不足しないような銭を送ってください。そして書簡がとどきましたら、すべて返事をください。返事には相家爵をもらったか、まだもらっていないかを言ってください。そして黒夫に、もらっていない場合はその状況を告げてください。……

これによると、二人の兄弟は家族の安否を気づかったあと、衣服を手に入れるために、銭あるいは絲布などの購入を求めている。また文中には、淮陽での戦争の情報を知らせており、これが年代を決めるもう一つの手がかりとなっている。なお正面から背面のつづく部分は、家爵が得られたかという問いや、安否に関する言葉がみえている。

ここで注意されるのは、書信の伝達のあり方である。この文面によると、先に黒夫は、益就という人物に託して書信を送っている。そのときは銭だけを送って欲しいという内容であったが、今回は二人の名前で、安陸の絲布の価格によって、絲布と銭でもよいという追加の依頼をしている。そして「書簡がとどきましたら、すべて返事をください」と言っており、これに従えば、また誰かが返信をもって淮陽に行かなければならない。これによって家族の書信も、それを伝達する使いがいることがわかる。それは公的な機関による移動に付随するものか、あるいは独自に往来するのかは、なお検討の余地がある。

また六号木牘（長さ一七・三、幅二・六センチ）は、驚から衷に宛てた書信とみなされている。これによって黄盛璋氏は、淮陽の戦争が終わったあとの情勢を知らせたもので、四号秦墓の墓主を新地城にいる「衷」と推測している。

驚敢大心問衷、母得毋恙也。家室外内同……
以衷、母力毋恙也。與從軍、與黑夫居、皆毋恙也。……
錢衣。願母幸遺錢五六百、絝布謹善者毋下二丈五尺。……
用垣柏錢矣。室弗遺、卽死矣。急〃〃。
驚多問新負・嬰皆得毋恙也。新負勉力視瞻兩老……
驚遠家故。衷教詔嬰。令毋敢遠就若取〔薪〕。衷令……
聞新地城多空不實者。且令故民有爲不如令者實……
爲驚視祀。若大〔廢〕毀。以驚居反城中故。
驚敢大心問姑〔姊〕、姑〔姊〕子產得毋恙……
新地人盜。衷唯毋方行新地。急〃。

（正面：隷書五行、八七字）

（背面：五行、八一字）

ここでは、家族と自分たちの安否に関する言葉と、銭を送って欲しいと述べており、たしかに新地城と反城の情勢を伝えている。

これらの木牘では、両面に書かれた文字数も、書信の形態を知る手がかりとなる。というのは、十一号木牘を例とすれば、木牘一枚の表裏に書ける分量は四〇〇字くらいの内容ということになる。先にみた『戦国縦横家書』の書信は、一四〇～三五〇字までの内容が多く、さらに長い文面がみられた。したがって戦国使者の書信では、四〇〇字程度の分量は木牘一枚に書くことができる。しかし分量が多い内容は、竹簡や木簡の冊書などのような形態が想定される。そして『戦国縦横家書』では、必ずしも書信の冒頭に、日付や形式的な文言を記載しておらず、書信のまえに「書を献じて曰く」のような文字を加えている。ここから『戦国縦横家書』は、当初の書信の形態から転写して、一定の編集をへた書物であることが、あらためて確認できる。(26) このように出土資料の書信は、『史記』や文献にみえる書信のあり方を考えるうえで、貴重な実物を提供している。

なお書信を運ぶ方法としては、『戦国策』秦策一に、蘇秦が十たび秦王に書を差し出して用いられず、「書を負《お》い橐《ふくろ》を担《にな》いて」帰ったという話がヒントになろう。(27) つまり、木牘か竹簡に書写した書信を、ここでは袋のようなものに入れて携帯する情景が思いうかぶ。もちろん使いなどが秘密に持ち運ぶときは、その書信を隠して往来するだろうが、木牘などにかかれた書信を、そのまま運ぶのではなさそうである。

四　漢代の書信と名謁

これまで戦国時代の書信について検討してきたが、漢代では敦煌漢簡や居延漢簡にくわえて、書信の実物が増えている。それは敦煌懸泉置の書信や、二〇〇四年に出土した安徽省天長市一九号漢墓の木牘、長沙東牌楼の後漢時代の簡牘などである。以下に、これらの特徴と伝達の状況を検討してみよう。

居延漢簡では、鵜飼昌男「漢簡にみられる書信様式簡の検討」（一九九三年）が、先行研究を整理して書信の形式と常用語を検討している。(28) その伝達には「謹因使奉書」（使いの者に書状を依頼する）場合があり、書信は公文書の逓伝システムではなく、所用で赴く人物にことづけることが一般的ではないかと推測した。また書信には、私信のほかに官文書のような内容をもつ漢簡があると指摘している。つぎに李均明・劉軍『簡牘文書学』（一九九九年）では、書檄類の私記に書信を分類するが、李均明『秦漢簡牘文書分類輯解』（二〇〇九年）では、書檄類、記の私記に分類している。(29) ここでは睡虎地秦墓の書信や、辺境出土の書信、長沙東牌楼東漢簡牘をふくめて七四例の私記を収録し、書信の用語を考察している。

そのなかに敦煌懸泉置で出土した漢代の書信がある。この帛書の書信は、『シルクロードのまもり』（大阪府立近つ飛鳥博物館、一九九四年）、甘粛省文物考古研究所「敦煌懸泉漢簡釈文選」（『文物』二〇〇〇年五期）に写真と釈文があり、胡平生・張徳芳編撰『敦煌懸泉漢簡釈粋』（二〇〇一年）に収録されている。(30) 一通は「建致中公・夫人書」（ⅡT0114③610）で、もう一通は「元致子方書」（ⅡT0114③611、長さ三四・五、幅一一センチ）である。とくに「元致子方書」では、丁寧に書かれた本文のほかに「自書。所願以市事、幸留意、留意毋忽、異於它人」という自筆の文字があり、代筆の存在がうかがえる。

このほか前漢時代には、湖南省長沙市の私信がある。長沙簡牘博物館等の報告（二〇〇五年）によると、八号井戸から四〇〇〇枚くらいの竹簡が出土し、司法関係の資料が多いといわれるが、そのなかに私信一枚がある。(31) この書信は両面に書かれ、下段が残欠しているが、格式は睡虎地秦簡、居延漢簡、敦煌漢簡と似ており、治獄の事におよぶと報告されている。

安徽省天長市では、前漢時代の木牘一〇枚がある。天長市の古墓は、これまでも報告されていたが、一九号墓（一棺一槨の竪穴土坑墓）の木牘は、楊以平氏の論文や「安徽天長西漢墓発掘簡報」（二〇〇六年）で写真と釈文が紹介されている。(32) 報告では、この墓を前漢中期の早い時期とし、「謝子翁」の漆耳杯、木牘の書信とあわせて、墓主は東陽県の官吏で謝孟という人物とみなしている。

この木牘には、両面に書かれた戸口簿、算簿（M一九：四〇―一）一枚があり、何有祖「安徽天長西漢墓所見西漢木牘管窺」（二〇〇六年）、山田勝芳「前漢武帝代の地域社会と女性徭役」（二〇〇七年）の考察がある。(33) 山田氏は、これらの木牘が、武帝の元狩四年前後で、東陽県の戸口や社会状況を伝えるものとする。書信に関する木牘は、つぎの八枚である。ただし釈文には若干の相違があり、ここでは『文物』の報告をもとに、山田氏の考証によって補正した。

1木牘一（M一九：四〇―五、長さ二一・六、幅六・五センチ）七六字

丙充國謹伏地再拜請」孟馬足下。寒氣始至、願孟爲侍前、強幸酒食。道出入謹故?飲?酒?。〔拜〕言充國所厚
言□吏。充國願孟□厚鷹左右。充國伏地幸甚。有□□。充國願得奉聞、孟□急毋恙。□〔伏〕地再拜。

2木牘二（M一九：四〇―一〇、長さ二三、幅六・七センチ）A一一〇字、B五八字

賁且伏地再拜請」孺子孟馬足下。賁且賴厚德到東郡、幸毋恙。賁且行守丞、上訂以十二月壬戌到洛陽、以甲子發
兵。廣陵長史卿俱□以賁且家室事、受?辱左右。賁且諸家死有餘罪毋可者、各自謹而已。家毋可鼓者、且完而已。

賁且西。故自亟爲所以請謝者。卽?事復?大急、幸遺。賁且記孺子孟通亡桃事。願以遠謹A 爲故書、不能盡意。

幸少留意。志〔歸〕至來留東陽。毋使〔歸〕大事。寒時幸進酒食。□察諸賁且過還故縣、毋緩急以支亡劾毋它事。

伏地再拜」孺子孟馬足下。B

3木牘三（M一九：四〇―一五、長さ二一・四、幅五・七センチ）A五四字、B三字

卿體不便、前日幸爲書屬宋椽、使横請」東陽丞莞。横宜身至□下、敢不給。謹請司空伏非（罪）、幸謁。伏地再
拜謝。因伏地再拜請病」……馬□足下。A
進
謝卿B

4木牘四（M一九：四〇―一八、長さ二二・八、幅六・七センチ）五四字

賴幼功病少愈、中月且盡。勝願幼功爲少孫家中故愼出入事。事不可不愼也。有來者賴幼功時賜餘教、緩急毋恙。

伏地拜以聞」幼功馬足下。

5木牘五（M一九：四〇―二〇、長さ二二・四、幅五・四センチ）一三三字
爲也得知孟。孟□□□不遣人□中、遂出入平安、所聞者不善。遂前□嘑其毋恙。往?來者少年、遂取之、不□□
□□□諸家少年說嘑之未報也。遂願爲孟盡力取之、期執?。不出反以遂爲讓。遂使少年攻、以言孟。唯病、幸急
來見。遂也印?不詀、始報。遂欲東之平安侍孟報。幸□之印使□〔從〕者奉書。伏地再拜再拜、孟幡車。幾幸以
賈賜之、遂止毋〔幸〕甚甚。

6木牘六（M一九：四〇―一四、長さ二〇・六、幅五・三センチ）名謁の形態
……伏地再拜　　　　□□孟」謝漢
〔進〕書　　　　進
〔孟〕馬足下（以上、第一欄）　東陽」謝孟　（以上、第二欄）

7木牘七（M一九：四〇―二、長さ二三、幅六・六センチ）四七字
……伏進言□歲足下。今□公孫翁曲臧（藏）」……□七寸賈錢四千四百。毋中粱爲取廣」……人來□告齊幺錢。
人賈以爲齊如軍

8木牘八（M一九：四〇―一二、長さ二二・二、幅四・八センチ）A七〇字、B三二字
孟體瘦不安、善少諭（愈）。被宜身數至?疕視病、不宥（肖）伏病、幸毋重罪。幸甚幸甚。賤弟方被宜身至前、不
宥（肖）伏病。謹使使者幸□。伏地再拜
請
孟馬足下。寒時少進酒食。近衣炭□病自愈以□□幸甚幸甚。A
米一石鷄一隻

賤弟方被謹使使者伏地再拝
進
孟外廚　　野物。辛卯、廷被、幸甚〔幸甚〕B

	発信者	書き出し等	宛先A	末尾の語	宛先B	文字数	番号
1	丙充国	謹伏地再拝請	孟馬足下	伏地再拝		七六字	四〇—五
2	賁且	伏地再拝請	孺子孟馬足下	伏地再拝	孺子孟馬足下	一七八字	四〇—一〇
3		進	謝卿	伏地再拝請病	□馬□足下	五四字	四〇—一五
4				伏地拝以聞	幼功馬足下	五四字	四〇—一八
5				伏地再拝再拝	孟幡車	一三三字	四〇—二〇
6	□□孟 謝漢	……伏地再拝 進書	孟馬足下		東陽謝孟	二〇字	四〇—一四
7		伏進言	□歳足下			四七字	四〇—二
8	賤弟方被	伏地再拝請	孟馬足下	伏地再拝進	孟外廚	一〇二字	四〇—一二

これらの木牘で注目されるのは、その表記が名謁（人に会うとき差し出す木牘）と似た形式をもつ点である。たとえば木牘三は、正面は書信であるが、裏面に「進、謝卿」とある。木牘六は片面だけに記しており、「……伏地再拝、進書、孟馬足下」という名謁の形式である。そして下段に補足の人名を加えている。木牘八は、背面に「賤弟方被謹使使者伏地再拝、進、孟外廚」とあり、これも名謁と同じ形式である。また木牘一と木牘二、木牘七は、書信の常套語として、最初に「……謹伏地再拝、請、……足下」の形式となっている。このような木牘の形式は、尹湾漢墓簡牘

にみえる前漢末の名謁と比べると、その用語の類似がよくわかる。
尹湾漢墓の名謁（ＹＭ６Ｄ一四～二三）は、『尹湾漢墓簡牘』（一九九七年）に写真と釈文があり[34]、蔡万進「尹湾名謁木牘研究」（二〇〇二年）、高村武幸「漢代地方官吏の社会と生活」（二〇〇八年）に名謁の構造や用語に関する考察がある[35]。ここでは差出人と宛名などを詳しく区分している。これらの分析は、天長漢墓の書信にも応用できるが、両者を比べてみると、なお木牘を読む順序に問題が残されている。

たとえば天長漢墓の木牘一と木牘二は、その書き出しが「……謹伏地再拝、請、……足下」の順序になっている。また木牘六では「……伏地再拝、進書、孟馬足下」という順序である。ところが尹湾漢墓の名謁（ＹＭ６Ｄ一七）では、「進……師卿」とある側を正面とし、「……謹遣吏奉謁再拝、請、君兄足下」とある側を背面としている。これは順序が逆である。また天長漢墓の木牘八では、「……謹使使者伏地再拝、進、孟外厨」とある側を背面としているが、これも表裏の順序が逆である。しかもこの片面の文には「……伏地再拝、進、宛先」の順序であることを示している。したがって天長漢墓の木牘や、尹湾漢墓の名謁は、書信の書き出しと同じように「……伏地再拝」の側を先にして、次に「進……」の順に読むほうが良いのではないだろうか。このような推測にもとづいて、尹湾漢墓の名謁一七を修正すれば、つぎのような配列になる。上段は背面を先にしたもので、下段は正面・背面の順序である。

楚相延謹遣吏奉謁再拝　　　進東海大守功曹
請　　　　　　　　　　　　師卿　（一七正）
君兄足下　　鄭長伯（一七背）

進東海大守功曹　　楚相延謹遣吏奉謁再拝
師卿　（一七正）　請
　　　　　　　　　君兄足下　　鄭長伯（一七背）

このように修正すれば、木牘の形態がうまく説明できると考える。たとえば天長漢墓の木牘八では、冒頭に「米一石鶏一隻」を献上する記述がある。そのあとは差出人と宛先、差出人の付記となる。これは尹湾漢墓の名謁と比べれば、木牘八は片面で名謁の表裏の役割を果たし、その裏面に書信を一緒に記すことになる。そして木牘六のように、片面だけに「……伏地再拝、進書、孟馬足下」と記す場合は、その書信が別にあることになる。このように考えれば、天長漢墓の木牘六や、尹湾漢墓の名謁二二のように「東海太守功曹史饒再拝、謁●奉府記一封饒叩頭叩頭」とある片面だけの形態も、その差出人と宛先として理解できよう。(36)

つぎに天長漢墓と尹湾漢墓の木牘にみえる特徴は、名謁や書信を伝達する人々を記すことである。たとえば天長漢墓の木牘八では、表裏の面に共通して「謹使使者」「謹使使者奉書」とあるように、差出人は物品の献上のほかに、使者によって書信を送っている。この文面にいう書は、おそらく宛名の裏に書いた書信そのものであろう。木牘二では、賁且という人物が洛陽にいながら、旧知の謝孟に書信を送っているが、ここでは伝達する人は不明である。

これに対して尹湾漢墓の名謁では、代理人による面会があり、文書をともなう場合がある。それは名謁一五、一六、一七、一九に

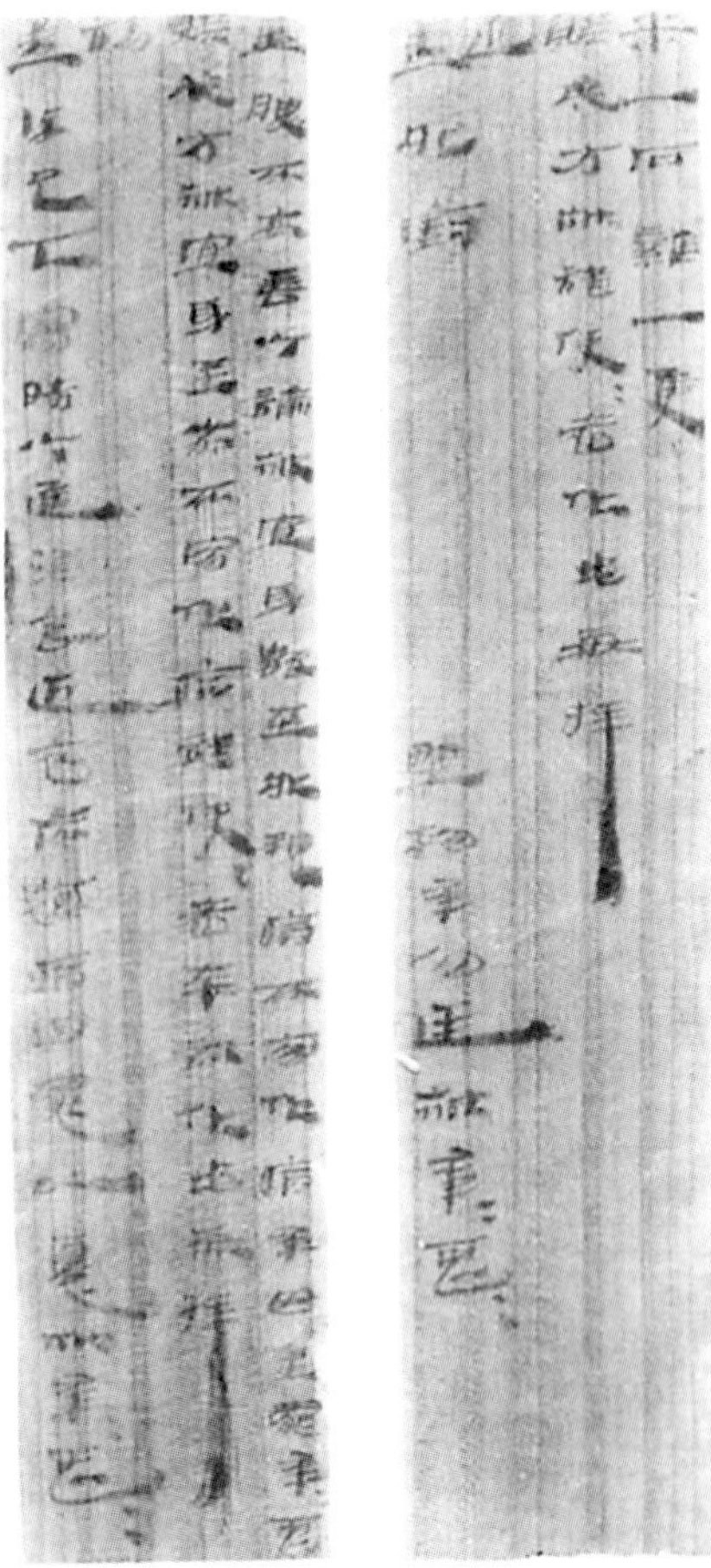

天長一九号漢墓の木牘　木牘八（四〇―一二）

A　B

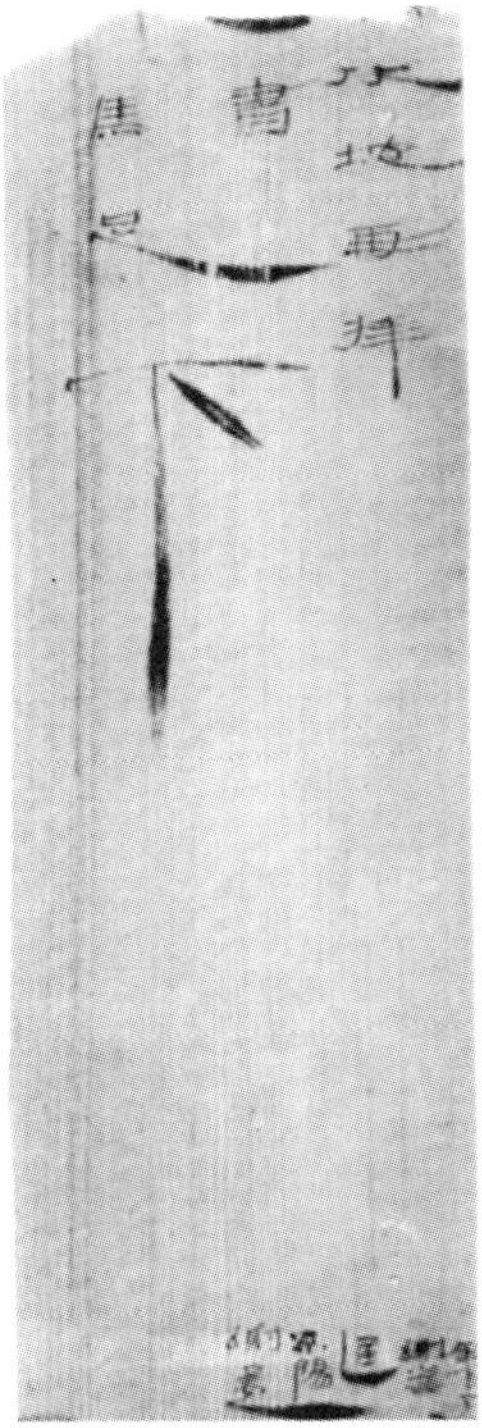

天長一九号漢墓の木牘　木牘六（四〇—一四）

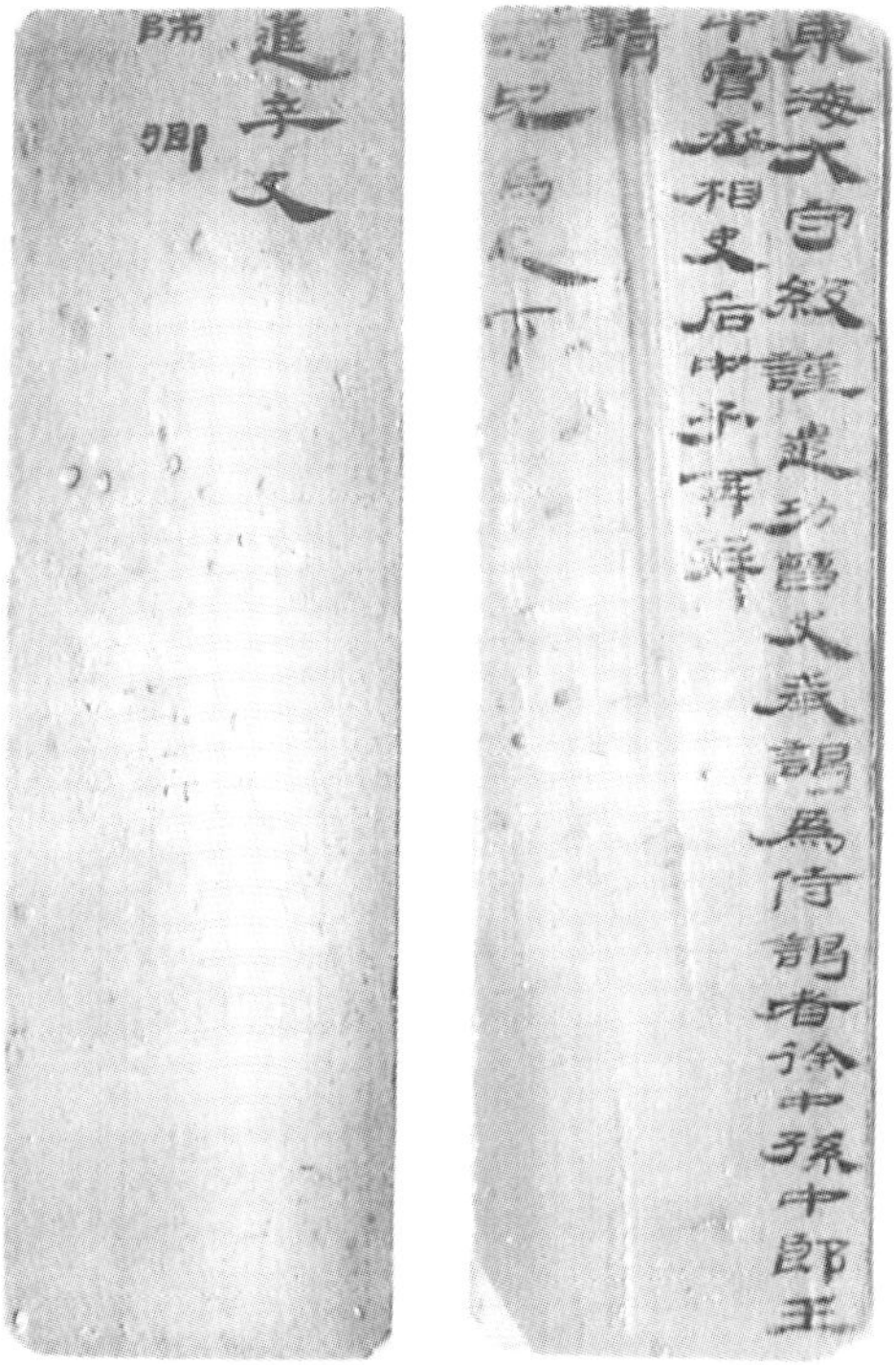

尹湾漢墓簡牘：木牘一四

正面　　背面

「謹遣吏奉謁再拝」とあり、名謁一四には「謹遣功曹史奉謁」、名謁一八には「謹遣書吏奉謁再拝」、名謁二〇、二一には「謹使吏奉謁再拝」とある。また名謁二二には、一緒に「府記一封」を差し出している。

　このような形態からみれば、名謁は単独で使用するだけではなく、それとは別に代理の人を通じて、文書や物品を献上している可能性がある。また名謁と書信は、差出人と宛名にメッセージをふくむとすれば、そこに文書行政とは別ルートで人々に情報を伝達する様子が復元できることになる。このように想定すれば、天長漢墓の木牘に、名謁の機能をもつ木牘と、単独の書信の木牘があることが理解できよう。これらは両者をあわせて、人々の交際範囲や交通を知る資料となる。

二〇〇四年には、湖南省長沙市で後漢時代の書信（木牘）が出土している。『長沙東牌楼東漢簡牘』（二〇〇六年）では、七号井戸（径一・二、深さ七・六センチ）から出土した資料二〇五枚を収録している。[37] 簡牘の年代は、後漢時代の霊帝中平二年（一八五）がもっとも早く、全体を、①公文（1封緘、2封匣、3封検、4文書）、②私信（1封緘、2封検、3書信）、③雑文書（1事目、2戸籍、3名簿、4名刺、5券書、6簽牌、7雑帳、8その他）に分類している。ここに断簡をふくむ書信四七枚の写真と釈文があり、馬怡「読東牌楼漢簡《侈與督郵書》」（二〇〇七年）は、書信三五（1006号）の考察と釈文の修正をしている。[38] ただし長沙東牌楼東漢簡牘では、一つの井戸から多くの書信が出土しながら、里耶秦簡のように公文書を処理した実務資料がほとんど見られない。これは同じように地方官府の井戸であっても、廃棄した資料の系統が違うことを示唆している。

以上のように、前漢から後漢時代には木牘や帛書に書かれた書信の実物が増えつつある。ここには個人的な情報とともに、書信に使う文字数、それを運ぶ人々の状況をふくんでいる。そして書信と名謁の形態をあわせて考えれば、差出人と宛名などによって、当時の交通と情報伝達を知る手がかりになるとおもわれる。

おわりに

本章では、『史記』にみえる書信のエピソードを手がかりとして、帛書『戦国縦横家書』と、雲夢睡虎地秦墓の木牘、漢代の書信を検討しながら、中国古代の情報伝達のあり方について考察した。これによって、つぎのような点が明らかになる。

一に、戦国時代では、国家の公的な機関による文書などのほかに、君主や封君と、使者などの間で書信が伝達されていた。その通信には、それを伝達する使いが介在しており、封君の場合には客などの人々がいる。

二に、『戦国縦横家書』に収録されている書信は、書信そのものではなく、第一グループは燕と斉の国別に編集したものであるが、当時の情報伝達のあり方を示している。ここでも君主や封君、使者との書信のやりとりでは、その間に一定の使いとなる集団が存在していた。これも公的な機関とは別に、書信をやりとりしながら、国家間の情勢を知らせていることが確認できる。

三に、『史記』項羽本紀の項梁のエピソードでは、郡県の官吏の間で書信のやりとりがうかがえる。この状況を知る手がかりとして、睡虎地秦墓の十一号木牘をみると、従軍した兵士が、家族の間でも使いを通じて連絡をしている。また木牘の形態では、両面で四〇〇字くらいの連絡をすることができ、それは帛書の書信をみても、一定の内容を知らせることができる。こうした実物の書信の形態は、中国古代の情報伝達を知るうえで貴重な素材となっている。

四に、近年の中国では、漢代書信の実物が増えつつあり、これから書信の研究が本格化するとおもわれる。書信の特徴は、木牘では両面に書かれることが多く、その用語に一定の形式がみられる。書信の文面からは、発信者が書いたあと、リレー形式ではなく、往来に付随する別人によって、受信者に伝達する様子がうかがえる。また書信と名謁の書式に注目すれば、人に面会する場合と書信の伝達に、一定の関連が想定できる場合がある。これは人の移動を示す共通の情報として、当時の交通を知ることができる。

ここでは『史記』にみえる書信のエピソードを手がかりとして、その社会的な背景を知るために、出土した書信の形態や内容と比べてみた。また古代の公的な旅行と私的な往来を想定しながら、書信を運ぶ状況と名謁との関係を考えてみた。このとき注目されるのは、木牘という形態がもつ多様性である(39)。これまでは周家台秦墓の暦譜や、里耶秦簡の文書と検、江陵鳳凰山漢墓の木牘、銀雀山漢墓の書物の題目、尹湾漢墓簡牘の「集簿」や官吏リスト、贈銭名籍、名謁、占いが知られているが、書信もその一形態であり、木牘は広く利用されている。したがって竹簡や帛書の機能は、後世の紙の用途に近いのに対して、木牘には単独で使用する要素が強くみえる。とくに木牘の機能は、文書の処理や、一覧する形態、一枚の表裏で用途を満たす資料に優れているようである。これらは秦漢時代の出土資料と情報伝達について、多くの示唆をあたえるものである。

注

（1）拙稿「中国古代の交通と出土資料」（『資料学の方法を探る』八、二〇〇九年）。
（2）『史記』の大部分が先行する諸資料を編集したことは、拙著『史記戦国史料の研究』（東京大学出版会、一九九七年）、同『《史記》戦国史料之研究』（中国語訳、上海古籍出版社、二〇〇七年）で考察した。また拙稿「簡牘・帛書の発見と『史記』研究」（『愛媛大学法文学部論集』人文学科編一二、二〇〇二年）、同「簡帛発現与《史記》研究」（『簡帛研究二〇〇一、二〇〇三』、広西師範大学出版社、二〇〇五年）、同「『史記』の素材と出土資料」（『愛媛大学法文学部論集』人文学科編二〇、二〇〇六年）でも出土資料との関係を論じている。
（3）竹簡や木簡に対して、木牘の形態は、周家台秦墓の暦譜や、里耶秦簡（処理と保存の文書）、江陵鳳凰山漢墓の郷里に関する木牘、秦漢墓に副葬された木牘、銀雀山漢墓の書物の題目、尹湾漢墓簡牘の「集簿」や官吏リスト、贈銭名籍、名謁、占いなどが知られていた。近年出土の書信は木牘の形態が多く、その用途が注目される。
（4）佐藤武敏『中国古代書簡集』第一章「中国古代の書簡と郵便制度」（講談社学術文庫、二〇〇六年）では、春秋時代から書簡が表れ、戦国秦漢時代に盛んになる情勢のなかで、その通信としての機能に注目している。また書簡と郵便制度の沿革を考察している。
（5）公文書の伝達については、王子今『秦漢交通史稿』（中京中央党校出版社、一九九四年）、エノ・ギーレ「『郵』制攷」（『東洋史研究』六三―二、二〇〇四年）など。

（6）鄒陽と李斯の獄中からの上書は、佐藤前掲『中国古代書簡集』で紹介されている。

（7）漢代の父老と三老については、守屋美都雄「父老」（『中国古代の家族と国家』東洋史研究会、一九六八年）に考察がある。

（8）戦国四君については、拙稿「『史記』春申君列伝の編集過程」（『東方学』七七輯、一九八九年）、同「『史記』戦国四君列伝の史料的性格」（『古代文化』四三―一、一九九一年）など参照。

（9）『史記』巻七七魏公子列伝に、

公子與魏王博、而北境傳擧烽、言趙寇至、且入界。魏王釋博、欲召大臣謀。公子止王曰、趙王田獵耳、非爲寇也。復博如故。王恐、心不在博。居頃、復從北方來傳言曰、趙王獵耳、非爲寇也。魏王大驚曰、公子何以知之。公子曰、臣之客有能深得趙王陰事者、趙王所爲。客輒以報臣、臣以此知之。是後魏王畏公子之賢能、不敢任公子以國政。

とある。また魏公子列伝には、夷門の侯嬴をめぐるエピソードや、信陵君が如姫の父の仇を討ち、魏王の虎符を盗んで軍隊を掌握しようとする話など、当時の情勢を知る興味深い記事がある。

（10）『史記』魏公子列伝に、

魏安釐王二十年、秦昭王已破趙長平軍、又進兵圍邯鄲。公子姊爲趙惠文王弟平原君夫人、數遺魏王及公子書、請救於魏。魏王使將軍晉鄙將十萬衆救趙。秦王使使者告魏王曰、吾攻趙旦暮且下、而諸侯敢救者、已拔趙、必移兵先擊之。魏王恐、使人止晉鄙、留軍壁鄴、名爲救趙、實持兩端以觀望。

（11）『史記』巻七五孟嘗君列伝に、

孟嘗君在薛、招致諸侯賓客及亡人有罪者、皆歸孟嘗君。孟嘗君舍業厚遇之、以故傾天下之士。食客數千人、無貴賤一與文等。孟嘗君待客坐語、而屏風後常有侍史、主記君所與客語、問親戚居處。客去、孟嘗君已使使存問、獻遺其親戚。

（12）『史記』孟嘗君列伝に、

初、馮驩聞孟嘗君好客、躡蹻而見之。孟嘗君曰、先生遠辱、何以教文也。馮驩曰、聞君好士、以貧身歸於君。孟嘗君置傳舍十日、孟嘗君問傳舍長曰、客何所爲。答曰、馮先生甚貧、猶有一劍耳、又蒯緱。彈其劍而歌曰、長鋏歸來乎、食無魚。孟嘗君遷之幸舍、食有魚矣。五日、又問傳舍長。答曰、客復彈劍而歌曰、長鋏歸來乎、出無輿。孟嘗君遷之代舍、出入乗輿車矣。五日、孟嘗君復問傳舍長。舍長荅曰、先生又嘗彈劍而歌曰、長鋏歸來乎、無以爲家。孟嘗君不悅。

(13) 濱口重国「漢代の伝舎」「漢代の伝」（以上、『秦漢隋唐史の研究』下、東京大学出版会、一九六六年）。

(14) 長沙簡牘博物館など「二〇〇三年長沙走馬楼西漢簡牘重大考古発現」（『出土文獻研究』第七輯、上海古籍出版社、二〇〇五年）。

(15) 『史記』孟嘗君列伝に「孟嘗君懼。乃遺秦相穰侯魏冄書曰。……」などの例がある。

(16) 渡辺卓「戦国時代における『客』の生態」（『古代中国思想の研究』創文社、一九七三年）など。

(17) 佐藤武敏監修、工藤元男・早苗良雄・藤田勝久訳注『馬王堆帛書戦国縦横家書』（朋友書店、一九九三年）。

(18) 佐藤前掲『中国古代書簡集』に、第二章と第四章の翻訳と解説がある。これに関連して、第一章の書信は、燕王が田伐か使孫を派遣して、趙から出られるように要請しており、第二章の背景となっている。また第三章でも、燕王に盛慶を派遣して、趙から出られるように要請しており、一連の資料となっている。大櫛敦弘「書簡と使人」（高知大学人文学部『人文科学研究』九、二〇〇二年）、同「韓夤の密約」（『人文科学研究』一一、二〇〇四年）。

(19) 楊寛『戦国史』（増訂本、上海人民出版社、一九九八年）など。

(20) 拙稿「『史記』蘇秦・張儀列伝の史料的考察」（『愛媛大学教養部紀要』二五、一九九二年）。

(21) 帛書の第六章は、大櫛敦弘「『機密』のゆくえ――『戦国縦横家書』に見る情報の伝達と史料的性格」（『資料学の方法を探る』四、二〇〇五年）に考察がある。

(22) 拙稿「馬王堆帛書『戦国縦横家書』の構成と性格」（一九八六、前掲『史記戦国史料の研究』）。

(23) 拙著『項羽と劉邦の時代』（講談社、二〇〇六年）。

(24) 湖北孝感地区第二期亦工亦農文物考古訓練班「湖北雲夢睡虎地十一座秦墓発掘簡報」（『文物』一九七六年九期）附録・睡虎地四号墓木牘釈文、《雲夢睡虎地秦墓》編写組『雲夢睡虎地秦墓』（文物出版社、一九八一年）、黄盛璋「雲夢秦墓出土的両封家信与歴史地理問題」（一九八〇、『歴史地理論集』人民出版社、一九八二年）、胡平生・李天虹『長江流域出土簡牘与研究』（湖北教育出版社、二〇〇四年）二六七～二七〇頁など。

(25)黄盛璋前掲「雲夢秦墓出土的両封家信与歴史地理問題」、佐藤前掲『中国古代書簡集』などに翻訳がある。
(26)拙稿前掲「馬王堆帛書『戦国縦横家書』の構成と性格」。
(27)『戦国策』秦策一に、
説秦王書十上而説不行。黒貂之裘弊、黄金百斤盡、資用乏絶、去秦而歸。羸縢履蹻、負書擔橐、形容枯槁、面目犂黒、状有歸色。
(28)鵜飼昌男「漢簡にみられる書信様式簡の検討」(『漢簡研究の現状と展望』関西大学出版部、一九九三年)。
(29)李均明・劉軍『簡牘文書学』(広西教育出版社、一九九九年)。李均明『秦漢簡牘文書分類輯解』(文物出版社、二〇〇九年)一一三～一一八頁。このほか馬怡「居延簡《宣与幼孫少婦書》——漢代辺地官吏的私人通信」(第三回中国古中世史学会国際学術研討会論文、韓国忠北大学、二〇〇八年)の考察がある。
(30)シルクロードのまもり——その埋もれた記録」(大阪府立近つ飛鳥博物館、一九九四年)、甘粛省文物考古研究所「敦煌懸泉漢簡釈文選」(『文物』二〇〇〇年五期)、胡平生・張徳芳編撰『敦煌懸泉漢簡釈粋』(上海古籍出版社、二〇〇一年)など。
(31)長沙簡牘博物館、長沙市文物考古研究所聯合発掘組「二〇〇三年長沙走馬楼西漢簡牘重大考古発見」(『出土文献研究』七輯、二〇〇五年)。
(32)安徽省文物考古研究所、天長県文物管理所「安徽天長県三角圩戦国西漢墓出土文物」(『文物』一九九三年九期)、楊以平・喬国栄「天長西漢木牘述略」(『簡帛研究二〇〇六』広西師範大学出版社、二〇〇八年)、天長市文物管理所・天長市博物館「安徽天長西漢墓発掘簡報」(『文物』二〇〇六年一一期)。
(33)何有祖「安徽天長西漢墓所見西漢木牘管窺」(武漢大学簡帛研究中心簡帛網、二〇〇六年一二月)、山田勝芳「前漢武帝代の地域社会と女性徭役——安徽省天長市安楽鎮十九号漢墓木牘から考える」(『集刊東洋学』九七、二〇〇七年)。木牘の戸口簿、算簿(M一九：四〇—一、長さ二二・七、幅六・九センチ)は、以下のように整理できる。

《戸口簿》正面、上部に横書き　　　　《算簿》背面、上部に横書き

●戸凡九千一百六十九少前　　　　集八月事算二萬九。復算二千卌五

口四萬九百七十少前
●東郷戸千七百八十三。口七千七百九十五
都郷戸二千三百九十八。口萬八百一十九
楊池郷戸千四百五十一。口六千三百廿八
鞠（?）郷戸八百八十。口四千五
垣雍北郷戸千三百七十五。口六千三百五十四
垣雍東郷戸千二百八十二。口五千六百六十九

都郷八月事算五千卌五
東郷八月事算三千六百八十九
垣雍北郷八月事算三千二百八十五
垣雍東郷八月事算二千九百卌一
鞠（?）郷八月事算千八百九十
楊池郷八月事算三千一百六十九
●右八月。
●集九月事算萬九千九百八十八。復算二千六十五

郷名	戸	口	戸平均	八月事算	八月復算	九月事算	九月復算
東郷	一七八三	七七九五	四・三人	五〇四五			
都郷	二三九八	一〇八一九	四・五人	三六八九			
楊池郷	一四五一	六三二八	四・三人	三一六九			
鞠?郷	八八〇	四〇〇五	四・五人	一八九〇			
垣雍北郷	一三七五	六三五四	四・七人	三二八五			
垣雍東郷	一二八二	五六六九	四・四人	二九三一			
総数	九一六九	四〇九七〇	四・五人	二〇〇〇九	二〇四五	一九九八八	二〇六五

（34）連雲港市博物館・中国社会科学院簡帛研究中心・東海県博物館・中国文物研究所編『尹湾漢墓簡牘』（中華書局、一九九七年）。

（35）蔡万進「尹湾名謁木牘研究」（『尹湾漢墓簡牘論考』台湾古籍出版、二〇〇二年）、高村武幸『漢代の地方官吏と地域社会』第二部第二章「漢代地方官吏の社会と生活」（汲古書院、二〇〇八年）。

（36）配列を変えた尹湾漢墓の名謁（上段に背面、下段に正面）は、つぎのようになる。

1東海大守級謹遣功曹史奉謁為侍謁者徐中孫中郎王
　中賓丞相史中子再拝　　進卒史
請　　師卿　（一四正）
君兄馬足下　（一四背）

2沛郡大守長憙謹遣吏奉謁再拝　　進東海太守功曹
問
君兄起居　南陽謝長平　（一五背）　　師饒　（一五正）

3琅邪大守賢迫秉職不得離国謹遣吏奉謁再拝　　奏東海大守功曹
請
君兄馬足下　南陽楊平卿　（一六背）　　師卿　（一六正）

4楚相延謹遣吏奉謁再拝　　進東海大守功曹
請
君兄足下　鄭長伯　（一七背）　　師卿　（一七正）

5五官掾副謹遣書吏奉謁再拝　　奏主吏師卿
謁　趙君孫　（一八背）　　親　（一八正）

6弟子遣迫疾謹遣吏奉謁再拝　　進主吏
問
君兄起居　卒史憲丘驕孺　（一九背）　　師卿　（一九正）

7容丘侯謹使吏奉謁再拝

問　　　　　　　　　　　　進
疾　　　　（二〇背）　　　師君兄　（二〇正）

8良成侯願謹使吏奉謁再拝
問　　　　　　　　　　　　進
疾　　　　（二一背）　　　師君兄　（二〇正）

9東海太守功曹史饒再拝
謁●奉府記一封饒叩頭叩頭　（二二背）

10東海太守功曹史饒謹請吏奉謁再拝
請　　　　　　　　　　　　進長安令
威卿足下　師君兄　（二三背）　兒君　（二三正）

また劉洪石「〝謁〟〝刺〟考述」（『文物』一九九六年八期）、前掲『長江流域出土簡牘与研究』四六五～四六七頁では、一九八五年に連雲港市で発掘された前漢中晩期墓にみえる木牘の謁二件を紹介している。

1東海太守宝再拝
謁
　　西郭子筆

2東海太守宝再拝
請
足下　　西郭子筆

（37）長沙市文物考古研究所・中国文物研究所編『長沙東牌楼東漢簡牘』（文物出版社、二〇〇六年）では、書信四七枚を分類しており、その比率は約二三％にあたる。

（38）馬怡「読東牌楼漢簡《侈與督郵書》——漢代書信格式与形制的研究」（『簡帛研究二〇〇五』広西師範大学出版社、二〇〇八年）。

（39）木牘の形態と機能については、本書の第七章「里耶秦簡の記録と実務資料」、終章「中国古代の社会と情報伝達」を参照。

終章　中国古代の社会と情報伝達

はじめに

古代東アジアの起点は、中国古代文明の成立（秦漢時代）と展開をうけており、その指標の一つは漢字文化といわれる[1]。しかし、それは文字の意義だけを伝えるのではなく、文字資料の内容（文章のメッセージ）によって意志の伝達がはかられるものである。中国古代史では、それを『史記』『漢書』などの文献史料によって考察してきた[2]。また書籍の歴史は、『漢書』芸文志の目録によって考察されている。ただし秦漢時代では、さらに多くの行政文書や文字資料が存在していた。このうち本書で注目したのは、長江流域の文書や記録、書籍の資料である。

二十世紀には、中国で簡牘（竹簡、木簡、木牘）、帛書の文字資料が発見され、一九七〇年代以降に、その内容と数量が豊富になっている。これらの出土資料は、本書の序章で概観したように、紙が書写材料として普及するまでに、竹や木、絹、石などを素材として、文書や書籍などを作成していた第一次資料である。

しかし従来の歴史学と思想史では、その研究方法やその対象に相違がみられ、必ずしも社会の全体におよぶ資料論は展開されていない。たとえば歴史学では、法制史や行政文書の考察が多いが、その対象は、西域の遺跡から出土した漢簡（居延漢簡、敦煌漢簡など）や、古墓に副葬された秦律と漢律（睡虎地秦簡、張家山漢簡）に集中している[3]。また思想史の分野では、思想の成立や、『漢書』芸文志の目録とくらべた出土文献学の考察が多く、とくに長江流域の古墓の典籍（郭店楚簡、上海博物館蔵楚簡、馬王堆漢墓帛書など）が中心となっている。[4]

それでは古代社会のなかで、どのように文字資料（文献と出土資料）を総合し、資料学のモデル化ができるのだろうか。本書では、このような問題関心から、長江流域の出土資料を中心として、多様な視点からの資料論を試みようとしてきた。そのキーワードは「情報の伝達――発信と受容」である。これは文字資料の機能と、資料を作成したあと、どのように伝達・受容され、保存・廃棄されるかという過程に注目するものである。なかでも里耶秦簡と張家山漢簡「津関令」は、その内容の分析が古墓と西北遺跡の資料を結ぶ接点になると考えた。ここでは本文で述べてきた論点をふまえて、中国古代国家と社会システムの特徴を展望してみよう。

なお中央と地方社会を結ぶ接点としては、県レベルの社会を基準に三つの区分を試みている。[5] それは長江流域の出土資料を、基本的に地方官府とその周辺の資料とみなしているからである。その一は、中央と地方の情報伝達で、いわゆる文書行政の範囲と、官府の運営に関連している。二は、地方生活の基本単位となる県社会の末端におよぶ公・私の情報であり、これまで研究の少ないところである。三は、先の二つとも重複するが、交通と人々の往来による伝達として、広く公・私の情報を考えている。

一　中央と地方の情報――文書行政

1　公文書の通信と副本

秦漢時代では、皇帝を中心とする中央官制と、郡県制による地方行政がおこなわれた。それらの官府では文書による伝達が規定されている。(6)たとえば睡虎地秦簡『秦律十八種』の「内史雑律」一八八簡には、事柄を申し述べるとき、必ず書面でおこない、口頭や代理によって請示してはならないという。また「行書律」一八四、八五簡では、文書の伝達と受信に対して、必ず月日と時刻を記し、もし文書が紛失した場合は、すみやかに官に告げることになっている。これによれば秦代までに、文書行政は文字資料によっておこなわれており、その伝達の規定は戦国時代にさかのぼる。

漢代の文書行政については、これまで前漢時代の後半から王莽期、後漢時代の漢簡を中心として、詔書をふくむ下行文書や、同級の官庁の平行文書、上計などの上行文書、法令、裁判にかかわる文書の研究がある。(7)中国の簡牘学では、こうした文書を書檄類（書、檄、記、伝、致）に分類し、簿籍、律令、案録、符券、検楬類と区別している。しかしこれらの行政文書は、その作成と伝達からみると、官府の系統による区分ができ、出土資料はこれらの系統に対応している。

たとえば秦漢時代の中央官制には、儀礼と学問にかかわる奉常（前漢の景帝期から太常）の官府がある。このほか行政にかかわる官府には、丞相、御史大夫、廷尉、大司農がある。(8)

太常には、王朝の儀礼や実務の基準となる暦譜がある。すでに秦代では、公文書に月日と時刻を記すことを規定していたが、こうした実務を施行するには、基準の暦を配布する必要がある。秦漢時代では、奉常（太常）に所属する太史令が新年の暦を奏上することになっていた。その暦は、戦国末の秦、秦代から漢武帝の太初元年以前までは、十月が年頭の顓頊暦であり、太初暦の作成より以降は正月を年頭としている。したがって、暦は文書行政に必要な最初の資料となり、暦譜の実物は出土資料に多くみえている。(9)また太常には博士の官があり、ここには六芸などをはじめ多くの書物が所蔵されている。このような書物は、中央の文書とともに、司馬遷が『史記』を編纂するときに利用できた系統の資料である。(10)

つぎに皇帝の詔書や行政文書は、丞相、御史大夫に関する資料である。『漢書』百官公卿表によれば、丞相は天子を補佐し、御史大夫は副丞相にあたるが、これらは関連して中央の命令を発布している。大庭脩氏によると、詔書の立法手続きには三通りの形式がみられるという(11)。第一は、皇帝自ら命令を下す形式。第二は、官僚の献策が認可され、皇帝の命令として公布するもの。第三は、官僚に立法を委託し、覆奏と制可の言がつくものである。これらは丞相と御史を通じて公布される。

これは前漢初期の張家山漢簡「津関令」からも裏づけられる。「津関令」には、この三つの形式に対応する令があり、皇帝の裁可をうけたあと、地方に伝達されたとおもわれる。ただし「津関令」は、詔書を直接的に伝達した文書ではなく、中央の令を編集したものが、張家山漢墓がある南郡の江陵県に達していることが確認できる。中央から地方への下行文書には「下」「告」「謂」「言」が用いられ、同格の場合には「移」の用語をもつと指摘されている。また下部からの上行文書には、「敢言之」という用語がみられ、これらは丞相と御史大夫の系統に関する資料である。

これに対して裁判の手続きと、それに関連する文書がある。たとえば籾山明氏は、起訴状にあたる「劾」をしたあと、必要があれば取り調べの情況を記した「爰書」を送り、それから罪状を確定する「鞫」の文書を作成したと述べている。「鞫」の結果が死刑相当の罪状であれば、郡の判決が下されるが、郡が判断に迷えば、中央の廷尉の判断をあおぎ、廷尉が迷えば皇帝の判断をあおぐと理解している(12)。

こうした裁判の例は、張家山漢簡の『奏讞書』に案件がみえており、その一例は以下のような形式である。

十一年八月甲申朔己丑、夷道汾・丞嘉敢讞之。……敢讞之。謁報、署獄史曹發。●吏當。……。●廷報、當腰斬。（案件1）

●十年七月辛卯朔甲寅、江陵餘・丞鶩敢讞之。……敢讞之。謁報、署獄史曹發。●吏當。……。●廷以聞、武當

黥爲城旦、除視。　（案件5）

ここでは上行文書の「敢言之」が「敢讞之」となっているが、その返答には「廷報」とあり、これは廷尉の系統の文書である。したがって、この行政文書は、丞相や御史大夫とは別の系統の資料であったことになる。

このように中央と地方を結ぶ行政文書は、文書の書式では、同じように「書檄類」に分類されているが、情報伝達の機能からみれば、太常や、丞相と御史大夫、廷尉などの系統に分けることができる。

つぎに漢王朝では、地方に命令や行政文書を伝達するとき、郡県の行政機構によるほか、郵（のち駅、置）という施設によって逓送している。これは今日でいえば、郵便と官庁による公文書の伝達である。張家山漢簡「行書律」には、こうした文書の伝達に関する規定がみえている。(13)

①「制書」「急書」と、五〇〇里（約二〇〇キロ）を越える重要文書などは、郵で伝達する。ただし危害の畏れがあったり近辺に郵を置けない場合は、門亭の卒や捕盗（役人）によって文書を伝達する（二六五～二六七簡）。②危急の変事を知らせるときは伝馬に乗る（二一三～二一五簡）。③通常の文書は、県・道の次（伝舎や官の施設の順序）によって伝達する（二七三～二七五簡）。

また「行書律」二六四簡、二六六～二六七簡には、郵を置く距離の規定がある。通常は一〇里（約四キロ）ごとに一郵を置くが、南郡の長江より以南では二〇里（約八キロ）ごとに一郵とする。北地郡と上郡、隴西《ろうせい》郡の三郡では、三〇里（約一二キロ）ごとに一郵とした。さらに土地が険しく郵が置けないときには、便利な所まで進退してよいという。

「行書律」二七三～七五簡では、郵人が文書を伝達するノルマは、一昼夜で二百里（約八〇キロ）を行くこととし、ノルマの遅れが半日分までなら笞五十の罰とする。半日から一日までの遅れは笞百の罰とする。一日以上であれば罰金二両とする。また郵の官吏が境界で文書を受けながら、伝達せずに滞留したとき、それが半日以上であれば罰金一両とする。さらに郵で伝達するとき、封泥《ふうでい》（粘土で封をした印）が損なわれた場合は、別に県が封印することを規定している。

前漢後半期より以降の漢簡でも、文書の伝達が明らかにされている。[14] そこでは「一封」「二封」など郵書の記録が残され、配達の期限が守れない場合には「郵書失期」の罪となった。したがって漢代では、長江流域の古墓や、西域辺境の資料から、同じように中央から全国の地方に文書が送付された姿が推測できる。しかし出土資料の行政文書は、郵や行政機構によって送付された公文書（宛名と発信をもつ）の実物だけではない。各地の役所では、公文書を伝達する際に、多くの副本と控えを作成したようである。

たとえば皇帝の詔書が、長い日数をかけて地方の官府（郡太守、都尉、県レベルの候官）に伝達されることは、大庭脩氏が復元された居延漢簡の「元康五年詔書冊」によって、よく知られている。[15] その過程は、中央で裁可された詔書が、宣帝の元康五年（前六一）二月に御史大夫から丞相をへて、全国の郡・国に伝達される。それが三月下旬に、西域の張掖郡に到達し、閏月に張掖郡の肩水都尉、肩水候官の候まで伝えられ、その下部に伝達する控えで終わっている。

ここで注目されるのは、これが配達された公文書そのものではないことである。この冊書が出土したエチナ河流域のA三三地湾は、肩水候官の遺跡と推定されている。だから中央の詔書が、郡太守、都尉の機構をへて書写され、県レベルの候官まで伝達されたことは確認できる。しかしこの部署で、冊書と下部への文書を一緒に記しているのは、肩水候官に届いた文書の実物ではない。つまりこの冊書は、永田英正氏が指摘されるように、肩水候官が受け取ったあと、これまでの文書を清書して、さらに下部に伝達する控えとみなされる。[16] そのためこの文書は、候官の遺跡で出土しているのであり、別に公文書の副本が下部に伝達されたはずである。

これは「移動する文書」に対して、その官府に留めておく控え、あるいは保存の記録といえよう。これまでの簡牘文書学では、資料の書式に注目して、公文書の原型を明らかにしようとしてきた。しかしその素材とした出土資料は、伝達された文書の実物だけではなく、その写し（副本と処理の控え）も多い点が注目される。こうした処理は、漢代に整備されるとみなされていたが、すでに秦代の里耶秦簡にみえている。

2　文書の処理と保存――データベース（1）

秦代の郡県では、行政文書の伝達とともに、県の役所での処理を示す文書がある。それが長江流域の湖南省龍山県里耶鎮で、洞庭郡に所属する遷陵県の古城（J1井戸）から出土した里耶秦簡（約三六〇〇〇枚）である。[17]

その一例は、木牘⑯5、⑯6にみえる。[18] これは木牘の正面に、二枚とも同文で、始皇帝二十七年（前二二〇）二月十五日に洞庭郡の長官から県へ出された命令を写している。その内容は、輸送労働の調達について、むやみに民を徴発しないように通達したものである。背面には、それぞれ左右に分けて、この文書の受信と発信の控え、それに従事した人名を記している。これが郡県の文書行政と、県での処理を示している。

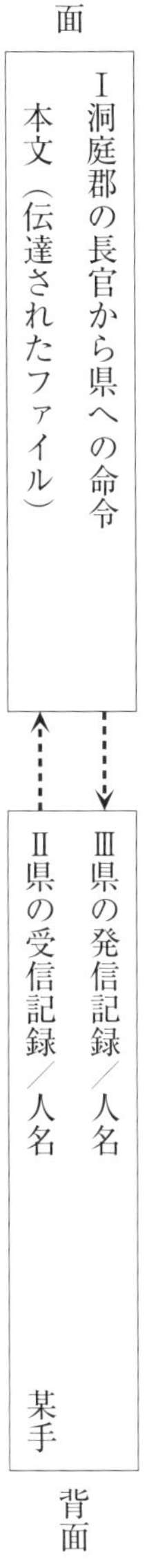

Ⅰ命令文書の本文は、それぞれ二枚に同じ文面を記し、Ⅱ背面の左側に受信を記録している。それは二月二十八日、

三月三日、三月八日に文書を持ってきた人物と、それを受理した人物の名（⑯5羽、邪、⑯6慶。某手と表記）である。Ⅲ背面の右側には、遷陵県の丞がこの文書の処理をして、三月五日と十一日に県尉に告げる発信の控えがある。⑯5と6では共に釦という人物が書写しており、持って行く人物も記されている。また⑯6には、下部への伝達とは別に、三月十三日に県丞が写したことを隣県を通じて報告する「写上、敢言之」という表現がある。

これは今日でいえば、電子メールの受信と、その本文、発信（転送）の機能とまったく同じである。これを秦代では木牘一枚で処理しており、その形態がきわめて便利なことがわかる。遷陵県では、この控えにもとづいて、正面の本文を写した公文書を、県尉を通じて下部に何度か伝達したはずである。したがって遷陵県に届いた公文書と、県尉に伝達された文書は「移動する文書」であるが、県に残された木牘⑯5、6は「処理をした控え」の文書なのである。これと同じ機能は、県の下部機構とのやりとりにもみえており、その文面には添付ファイルの存在もうかがえる。[19]

里耶秦簡は、まだサンプル資料しか公表されていないが、報告では一枚の木牘で完結する資料が多いといわれている。しかも公開された資料だけでも、九点以上が文書の処理を示していることから、その多くは「移動する文書」の形態ではなく、処理と保存の資料である可能性が大きいと予想している。[20]

ところで里耶秦簡の形態からは、さらに受信や発信だけを記録したり、本文（ファイル）だけを保存するケースが推測される。これらの一部は、戦国楚の包山楚簡や、睡虎地秦簡「語書」にみえている。

包山二号楚墓の墓主は、戦国中期の懐王期（前三二一～三一六）に、昭王の一族で、左尹の職務にあった昭䏌という人物である。包山楚簡には、遣策と卜筮祭禱簡、司法や裁判に関する文書簡があり、さらに文書簡は、集箸、集箸言、受期、疋獄、その他に分類されている。[21]これは秦漢時代でいえば、裁判に関連する廷尉の資料に近いであろう。ここに処理の控えを示す資料がある。

たとえば「疋獄」と名づけられた文書は、月日と、訴訟の人名と要点、処理をした官員の名を、連続して記している。その他の簡には、左尹が下級官員に処理を委ねた文書がある。その形式は、ある官員が処理をした案件を、月日ごとに記しているが、ここには具体的な内容を記していない。また「受期簡」の用例は、つぎのようになる。

　某月某日。某A受期。某月某日。不～某B以廷。陞門有敗。〔空白〕某C識之。

これらは具体的な法律の案件ではなく、すべて処理の要点を記録したものである。このように戦国楚では、左尹のもとで裁判にかかわる案件を処理して、その記録だけを竹簡に記す場合があった。このほか包山楚簡には、里耶秦簡と同じように、竹簡の正面に文書を記し、背面に受信と発信を記す形態がある[22]〔一三一～一三五簡の案件〕。

また里耶秦簡とはちがって、背面の受信と発信を省略し、正面の文書だけを写して保存する形態は、睡虎地秦簡の「語書」にみられる。この資料は、南郡の長官が秦王政二十年（前二二七）に、所属する県と道（県レベル）に通達した文書である。その書式は、里耶秦簡の⑯5、6正面の用法とまったく共通している。

　廿年四月丙戌朔丁亥、南郡守騰謂縣道嗇夫。……今且令人案行之、擧劾不從令者、致以律、論及令・丞。有（又）且課縣官、獨多犯令而令・丞弗得者、以令・丞聞。以次傳。別書江陵布、以郵行。（睡虎地秦簡「語書」）

　廿七年二月丙子朔庚寅、洞庭守禮謂縣嗇夫・卒史嘉・叚（假）卒史穀・屬尉。……縣亟以律令具論。當坐者言名史泰守府。嘉・穀・尉在所縣上書。嘉・穀・尉令人日夜端行、它如律令。（里耶秦簡⑯5、6正面）

したがって公文書の内容は、その本文だけを竹簡に保存する場合があり、それが「語書」となっているのである。このように秦漢時代の文書システムは、戦国秦や楚にさかのぼることが予想されるが、秦と楚国では、それぞれ異なる暦を採用し、行政機構や、裁判の原理、祭祀、習俗、規範などがちがっている。これは文書システムをこえて、広く社会システムの相違になるとおもわれる。

3　簿籍による管理――データベース（2）

それでは上行文書の場合にも、同じように副本や、処理の控えがあるのだろうか。永田英正氏は、漢代の上行文書で多いのは、簿籍（帳簿と名籍）や爰書を上級官庁に送る送り状といわれる。[23]そして帳簿と送り状との関係を、つぎのように説明している。

たとえば、内郡の県レベルにあたる候官より以下の部署では、備品リスト（簿籍簡牘）を作成して、その簿籍をすべて候官に送った。これはタイトル簡（標題簡）で挟む帳簿の形式である。候官は、それらの簿籍を整理集計したうえで都尉府に送ったという。このとき候官では、さらに「……敢言之。謹移……□簿一編。敢言之」の送り状（簿籍送達文書簡）を付けることによって、上級への上行文書になるという。これによって帳簿は、ただ物品リストではなく、上級官庁に逓送される古文書として理解できるようになった。

永田氏は、県にあたる候官が、行政文書を作成する最末端の機関とみなしている。ただし文書の発信と受信の記録や、人事異動の記録簿などは、控えとして候官に残していたといわれる。このように県レベルが、下部の文書などを集積する基本単位であることは、里耶秦簡や尹湾漢墓簡牘などによっても明らかとなった。[24]

こうした帳簿にあたる資料は、里耶秦簡の木牘⑧147にみえている。

遷陵已計卅四年餘見弩臂百六十九。　●凡百六十九

出弩臂四輸益陽。出弩臂三輸臨沅。〔●〕凡出七。今八月見弩臂百六十二

ここでは遷陵県が、始皇帝三十四年（前二一三）に弩の在庫の帳簿を作成しており、そのとき貸し出した弩を差し引いている。これは上行文書の資料となろうが、同時に次期の基本台帳となるものである。

里耶秦簡には、さらに名籍を保存した資料がある。それは木牘の⑨1～12で、陽陵県の債務労役者を記した一連の文書である(25)。その要点は、まず陽陵県の司空が、三十三年（前二一四）三月から四月にかけて、不在となった債務労役者の卒十二人の「校券」を備えて県に提出している。それを陽陵県は、三十三年四月に洞庭の郡尉に報告して指示を求めたが返答がなかった。陽陵県は、三十四年六月から八月にかけて、ふたたび洞庭尉の指示をあおいだ。こうした経過を、おおむね正面に記している。そこで洞庭郡の尉は、三十五年四月七日に一括して遷陵県に通達しており、卒十二人の文書が遷陵県に届いている。これが木牘の裏面に記されている。このように卒に関する命令と報告が機能するためには、陽陵県、洞庭郡ともに名籍の控えがなくては不可能である。また出土した遷陵県でも、これらの卒一人を一枚の木牘に記して一括するのは、これが伝達される文書の原本ではないことを示している。

ここから秦漢時代では、命令の文書につづいて簿籍の内容においても、送付する原本のほかに、それぞれの官府と部署で控えを保存していることが想定できる。その理由は、公文書を確実に伝えるためだけではなく、張家山漢簡「賊律」に偽書や文書の不正、「行書律」に文書遅延などの罰則があることからすれば、不正や偽造を防止し、内容を確認するために必要だったのであろう(26)。

ただし簿籍の重要な点は、文書の作成と確認だけではない。それは簿籍によって、人事や労役の管理をすることである。また倉庫の出入には「出入券」の類を作成して財務の管理をしたと推測される。このほか文書や物品に付ける付札（楬《けつ》、笥牌《しはい》）、封検、検などがある。このように木簡・木牘（文字資料）の形態で、郡県の業務をおこなう方式は、すでに秦代に成立しており、地方統治の運営にかかわる情報システムとみなすことができる(27)。これは日本古代の木簡とも関連する用途である。

二　地方社会の情報

1　公的な情報――壁書、扁書、石刻、口頭

ここで視点をかえて、県社会に住む吏民たちに、どのようにして公的な情報を伝達するのかを考えてみよう。これについては、文書や壁書、扁書による文字資料のほかに、口頭による伝達がある。[28]

壁書の例は、敦煌懸泉置で発見された「四時月令」（『敦煌懸泉月令詔條』中華書局、二〇〇一年）がある。これは宿場の壁に書かれていたもので、高さ四八センチ、長さ約二二二センチであった。全体は、大きく三つの部分に分かれる。

Ⅰ「太皇太后の詔」と、元始五年（後五）五月十四日に郡太守に下す命令。

Ⅱ上段は「四時月令」の本文。下段は、月ごとの禁止や奨励などの補足。

Ⅲ「詔書」とその送り状。中央から全国の地方、敦煌郡、所属の県に下す。

この壁書の本文にあたる「四時月令」は、一種の時令思想として、官吏に遵守させる項目とみなしている。そこで県以下の機構では、文書による形態のほかに、壁書によって官吏に周知させる方法があったが、必ずしも庶民に対する方法ではない。

つぎに吏民に広く周知させるには、扁書による方法がある。扁書の例は、前漢の成帝期から王莽の紀年をふくむ烽隧から出土した、エチナ漢簡（2000ES7S：4A）がある。

十一月壬戌、張掖大守融・守部司馬横行長史事・守部司馬焉行丞事下部都尉。承書從事下當用者。書到、明白大

扁書郷・亭・市・里・門外・謁舎顯見處、令百姓盡知之、如詔書。書到言。

（魏堅主編『額済納漢簡』広西師範大学出版社、二〇〇五年）

この詔書の内容は不明であるが、張掖太守が都尉府に伝えており、「郷亭、市里、門外、謁舎」のよく見える場所に扁書して、百姓（庶民）に知らせることを指示している。それが県レベルの下部にある烽隧まで文書で伝えられ、扁書で掲示することになる。馬怡氏によれば、扁書は木板や牆壁に記すのではなく、一種の文書を通告して発布する形式とする。(29) その方法は、紐で編んだ木簡の冊書を、両側に小さな輪を作って固定すると考えている。扁書の形態には、なお不明な点があるが、少なくとも吏民に情報を周知させるために、県社会の見やすい所に掲示したとおもわれる。これは詔書だけではなく、もう少し広い範囲におよんでおり、命令を吏民に伝達する有効な一手段であった。

このほか漢代の郡県では、特殊な例であるが、官府の規約を石刻とする場合がある。(30) 前漢時代には、1左内史の児寛が六輔渠を開いたとき、水令を定めており（『漢書』巻五八児寛伝）、2南陽太守の召信臣が民のために均水約束を作り、石に刻んで民の紛争を防いでいる（『漢書』巻八九循吏伝、召信臣条）。後漢時代では、3王景が廬江太守となって水利施設の修復をしたのち、石に誓を刻んで民に常禁を知らせている（『後漢書』循吏伝、王景条）。

さらに注目されるのは、漢代の県社会では文書や扁書と並行して、口頭による伝達がみえることである。こうした例は、きわめて少ないが、『史記』呉王濞列伝（『漢書』荊燕呉伝）に、呉楚七国の乱に際して、使者が諸侯王に詔書を読み聞かせている。これは庶民のケースではないが、口頭で読み聞かせた例である。

また『漢書』巻六武帝紀、元狩元年（前一二二）四月丁卯条の詔書では、その伝達について「曰、皇帝使謁者賜縣三老・孝者帛、人五匹。……有冤失職、使者以聞。縣郷即賜、毋贅聚」という追加の記事がある。唐代の顔師古は、これを「謁者が使者をして詔書の文を宣べさせる」と理解している。また「贅聚する毋かれ」とは、県、郷のレベルで恩賜を与えるときに、集めるのではなく、人びとの所に行って渡すように解釈している。したがって、この例では県以下の郷レベルまで、使者が赴いて詔書の内容を直接に伝えることになる。郷里社会では、こうした恩賜をほどこすときに、口頭なども考慮する必要があろう。

2　私的な情報――古墓の資料、石刻

それでは県社会で、私的な情報はどのように伝達されたのだろうか。また古墓に副葬された文書や書籍は、公的な資料か、それとも私的な資料なのだろうか。

これまでみた文書行政によれば、公文書の原本が古墓に収められるとは考えられない。なぜなら公文書の伝達では、不正や偽造を防ぐためや、そのノルマや方法について厳しく規定されているからである。しかし文書の控えや保存の形態をみると、両方の接点が見いだせるようにおもう[31]。

もし文書の副本や控えが無効になったり、あるいは官吏が個人的に書写した場合には、それは公文書ではなく、私的な資料とみなされたのではないだろうか。このように私的な資料となった文書が、古墓に副葬されるとき、とくに墓主にとって随行品の一部として意識された可能性がある。つまり古墓の資料は、現実におこなわれた文書や案件などの控えか、あるいは無効となった資料をふくむと考えるのである。

県レベルの社会では、さらに古墓に書籍が収められている。こうした書籍のうち、睡虎地秦簡の『日書』や、張家山漢簡の『算数書』は、実務に関連する書籍とみなすこともできる[32]。しかし戦国楚墓や秦漢墓に副葬されたさまざまな典籍は、必ずしも公的な資料とはみなされない。これらは書籍が書写され伝達される過程として、広く交通や人びとの往来と関連して考える必要がある。

図1　簡牘文書学から新たな「資料論」へ

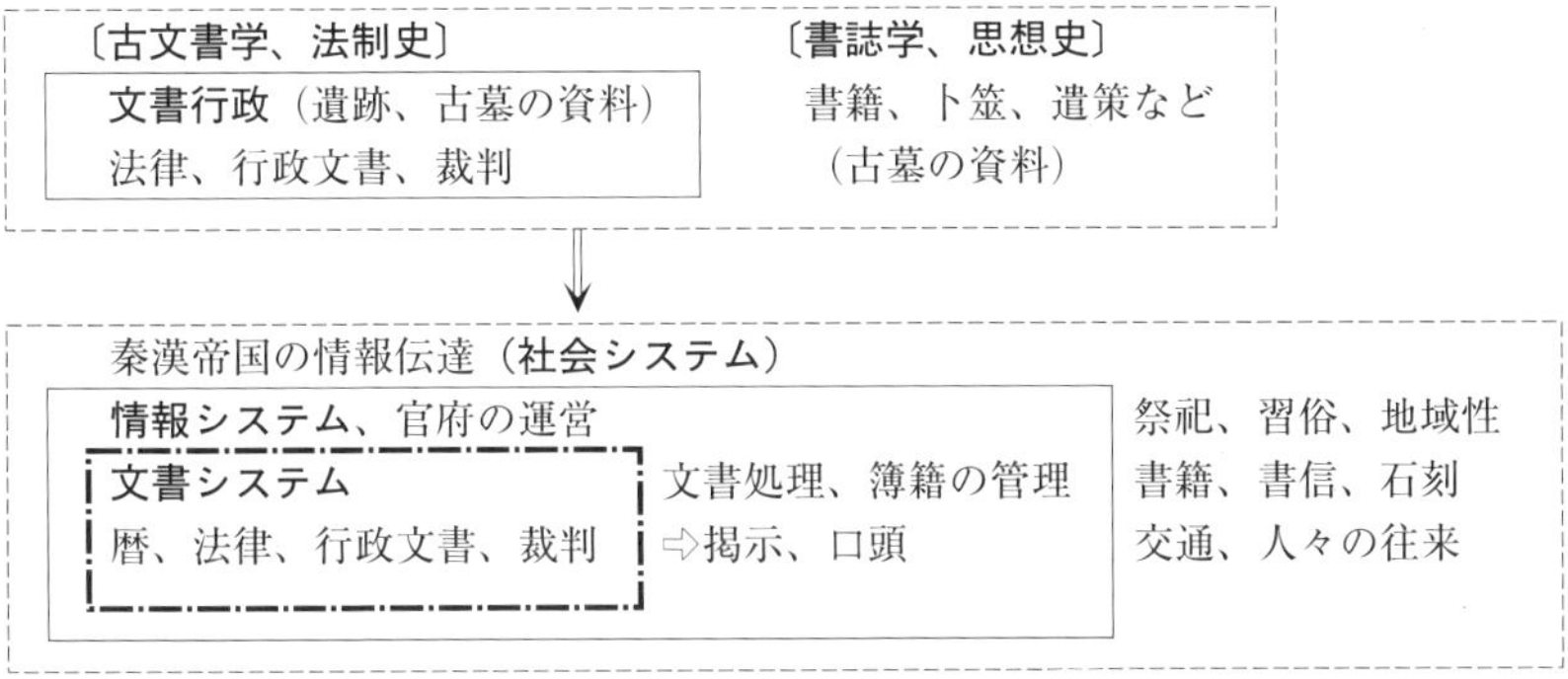

また漢代の県社会では、地方長官を顕彰した徳政碑や、墓碑、祠廟碑などの石刻資料があり、とくに後漢時代に流行するといわれている。これについては、角谷常子氏や永田英正氏などの考察があり、ここにも情報伝達との関係がみえる。[33]

中国では、秦代以前のわずかな例をのぞいて、有名なのは秦代の刻石である。始皇帝は統一のあと、天下に巡行して各地で刻石をした。『史記』秦始皇本紀によれば嶧山、泰山、琅邪、之罘、東観、碣石、会稽の七ヶ所で、それは秦の徳を頌えるものである。これは全国のレベルで、各地域の人々への情報とみることができる。

これに対して漢代の石刻は、主な地域に偏りがあり、永田氏は、山東（六八種）、河南（三二種）、陝西（二〇種）、四川（一八種）などが多いといわれる。また郡・国や県レベル以下の範囲では、前漢と王莽の時代では、題字・土地売買に関する資料をのぞけば、諸侯王の王国か、郡県レベルで作成されている。しかし後漢時代には、しだいに刻石が増加して、県レベル以下の三老や父老などの社会層に関するものなど、その内容も豊富になっている。ここには褒斜道の摩崖石刻のように、交通路の開通や修復に関連して刻まれたものがある。[34]これらは当時の郡県社会が、石に刻むという永続性をもって、それを不特定の人びとに示すことにより、地域社会の関係を維持しようとする様子がうかがえる。そのため漢代の石刻は、中国の原点とみなされており、それ以降の時代に仏教関係の石刻や、造像銘、墓誌などをふくめて、後世に展開してゆくものである。

このように戦国時代から秦漢時代では、県社会を一つの基準として、公文書の情報伝達と、私的な資料や書籍、石刻などとのかかわりを見いだすことができる。**図1**は、これまでの簡牘文書学と、出土資料を考える視点を整理したものである。

三　交通と往来による情報

1　交通システム——関所と宿場、津関令、通行証

これまで「文字資料の移動」の様子をみてきたが、もう一つ考えるべきことは、交通と往来による情報伝達である。それは「人の移動」による情報のあり方である。

秦漢時代の交通には、文書を送付する郵や、行政機構の施設などがあった。これと関連して、人びとの往来に関する施設には、関所と宿場（伝舎、置など）がある。その交通システムは、つぎのように要約できよう(35)。

漢代初期では、張家山漢簡「津関令」に、長安を起点とする交通路に、黄河と漢水、長江の津（水路の関所、渡し場）と関所がみえている。すなわち黄河流域には、函谷関と臨晉関があり、漢水とその支流には武関と鄖関が置かれ、長江には扞関（扜関）が設けられた。「津関令」によると、このほかに「塞の津関」がある。西方では、軍事施設としての関所があり、エチナ川流域では肩水金関などがある。

こうした津関を通過するには、中央や地方官府が発行する通行証（伝、符）が必要である。「伝」は官僚・官吏の公的な出張や赴任、帰省などに使用された[36]。「津関令」四八八〜四九一簡では、津関の通行に「伝」や「符」が必要であり、証明をもたずに津関を出入りしたり、関所の門や渡し場以外から出入りする者には、罰則を定めている。また他人に「伝」や「符」を貸与する場合も同罪であること、「伝」の偽造に罪があった。このほか塞の郵や門亭で、公文書を伝送する者は「符」を用いてよいことになっている。「符」は、六寸（約一三・八センチ）を基準として、二つを合わせて割符とし、側面に刻みをもつことが指摘されている。その一方を関所が持ち、もう一方を通行する者に渡して、帰るときに確認する一ヶ所の通行証といわれている。

また漢代では、公用の「伝」「符」のほかに、私的な旅行に対する「伝」や、随行する人や物に対する証明書を作成している。公用の「伝」を用いる旅行者には、身分によって車馬や宿泊、従者、食事などが提供されている[37]。その規定の一部は、睡虎地秦簡「伝食律」や、張家山漢簡「伝食律」にみえている。これに対応するのは、県城に設けられた伝舎や、郡県の領域にある亭、置などの施設であり、懸泉置の遺跡では、こうした宿場の構造を知ることができる[38]。

以上が、秦漢時代の交通システムのあらましであるが、こうした人びとの往来によって、どのような情報が伝達されたのだろうか。

2　人の移動と情報伝達――書籍、書信

人びとの往来による私的な情報には、書籍の伝達がある。これは文字資料による文書システムではなく、いわば知

の普及という側面である。出土資料では、戦国楚の竹簡に書かれた典籍がもっとも早い。そのため中国思想史や、古文字、言語学などでは、郭店楚簡や上海博物館蔵楚簡の典籍に関心が集まっている。しかし出土書籍は、文書とはちがって、発信者や年月などを記していないため、伝達の過程がわかりにくい。

これについては、戦国時代に外交の使者が往来することや、荀子が楚の封君・春申君の食客となったり、秦では呂不韋に諸侯の遊士や賓客を集めて『呂氏春秋』を編纂したことから、楚墓の地域社会と遊説家、諸子、客などの活動が注目される(39)。

戦国楚は、前二七八年に秦に占領されるまでは、紀南城（郢、湖北省荊州市）を都城としていた。書籍を出土した楚墓は、都城の周辺と、交通路線上にある地方都市（湖南省長沙市など）や貴族クラスの墓に散在している。これまで楚墓のなかで、書籍などを副葬する墓はきわめて少ないが、その地域には交通による遊説家や食客などとの関連が見いだせるかもしれない。ただし竹簡の発見が、楚墓に集中しているのは、白膏泥や青膏泥などを使用した特殊な構造によるとおもわれる。

漢代でも、同じように各地の諸侯王や官吏などに寄食する客たちがいる。その代表的な人物は、景帝・武帝期のとき文学で有名な司馬相如である。『史記』司馬相如列伝によると、かれは蜀郡成都の人で、景帝のとき郎となって長安に行き、武騎常侍となった。たまたま来朝した梁孝王が連れてきた遊説の士を知り、諸生や游士と一緒に舎に寄食している。このとき梁国には、斉や淮陰、呉の人たちがいた。のちに梁王が亡くなると、蜀郡の成都に帰ったが、このとき臨邛の県令のもとで都亭に寄食している。そして武帝の時代に、天子のために賦を作成したり、巴・蜀の吏卒を徴発して夜郎へ進軍するときには、使者となって「巴蜀の太守への檄文」を作っている。

したがって都城や地方都市に書籍などを伝えたのは、行政官府や官僚によるものだけではなく、諸国に遊説家が往

図2　中国古代社会の情報伝達

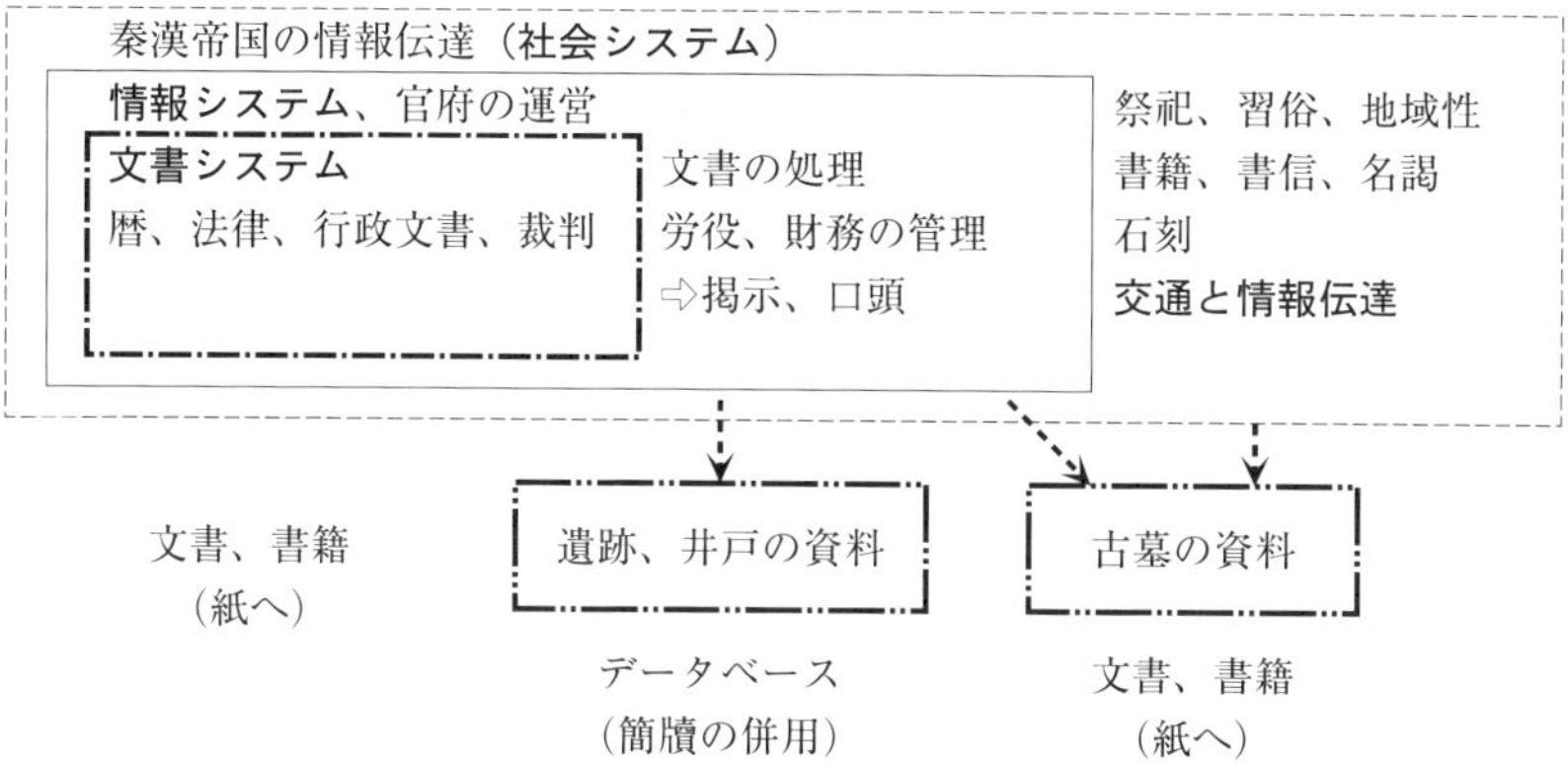

来したり、あるいは戦国時代の封君や、漢代の諸侯王・列侯、郡県の官吏などに寄食する人びとによる場合があったと推測されるのである。

さらに交通による情報には、個人的な書信や、さまざまな伝聞がある[40]。書信については、『史記』に伝えがみえているが、湖北省雲夢県の睡虎地四号秦墓から戦国後期の私信の木牘二枚が出土して、その形態がわかるようになった。これは従軍した兵士が、家族に宛てた書信である。また漢代文帝期の馬王堆帛書『戦国縦横家書』には、戦国外交に従事した書信をふくむ故事がある[41]。ここには発信と受信者のほかに、往来して書信を持ち運ぶ人びとがいる。

このほか近年では、安徽省天長市の前漢墓から、木牘の私信が発見され、この墓主は東陽県の官吏で、謝孟という人物とみなされている[42]。ここには、一県の「戸口簿」と「算簿」を表裏に記した木牘一枚も副葬されていた。また敦煌懸泉置の遺跡では、帛書などに書かれた前漢時代の書信がある[43]。とくに帛書の書信では、丁寧に書かれた本文のほかに、自筆の文字があり、代筆の存在もうかがえて興味深い。こうした人びとの往来による伝聞や、書信の形態、人に差し出す木牘の名謁などについては、まだ研究が始まったばかりである。しかし文書システムにくわえて、こうした交通や習俗、地域性を考えるとき、古代の社会システムが理解できることになる。

図2は、以上の内容をモデル化したものである。ここでは従来まで注目された文書システムをこえて、とくに文書の控えと副本、実務の記録（データベース）による労役や財務の運営（情報システム）を設定している。これによって中国古代では、秦漢時代に県レベルを単位とする地方行政と情報伝達の原型ができていたことがわかる。それは行政文書の伝達のほかに、文書・簿籍の記録、付札、封検、地方の扁書などに現れている。交通に関連しては、交通施設とシステムや通行証なども、秦漢時代に原型ができている。また広く社会には、往来する人々による書信や書籍の伝達があり、石刻の建造による情報もみられた。このような文字資料の伝達は、国家の支配という統一性だけではなく、各地の習俗や規範にみられる地域性をふくんでおり、こうした国家と社会の全体的な体系を、社会システムと表現している。それでは、このような出土資料の系統は、どのような意義をもつのだろうか。

四　中国古代の社会システム

これまで中国古代の情報伝達をめぐって、社会システムという表現を用いてきた。ここでは戦国秦と戦国楚、秦漢王朝を例として、国家と社会システムの特徴を述べてみよう。

漢代の簡牘研究で中心となったように、中央官府と地方官府との間では、文書による行政、裁判がおこなわれていた。こうした下行文書（法令、命令）、上行文書（報告書）は、広く文書行政（文書システム）とみなされており、法制史とあわせた主要なテーマである。しかし戦国・秦漢時代の国家では、文書だけによって行政の実務が行われているわけではない。そこには山田勝芳氏と重近啓樹氏の研究や、拙著『中国古代国家と郡県社会』で論じているように、軍事編成や労働編成、財政という実務は、実際に人員を編成し、穀物や物資を出入・管理することによってなりたっている。[44] こうした実情を示すのが里耶秦簡で、ここでは文書・簿籍によって実務の処理をしていた。これまで公表された秦簡は、地方官府で処理をした控え（記録）が多く、それらの記録は直接に上級官府に送られる報告書ではない。県レベルの官府からは、その整理された文書だけを報告書として上申している。このように文字資料による実務の運営を、情報システム（行政、財政システムとも重なる）と表現した。

これにあてはめると、戦国秦では睡虎地秦簡から推測できるように、秦暦と法令による文書行政をおこなっている。そして里耶秦簡によれば、情報システムの側面では、戦国末には郡に編成される「県」を中心とした運営をおこなっていたことがわかる。これに対して戦国楚では、包山楚簡などによって、楚暦と楚の法令による文書行政が一部にみえている。しかし地方行政の側面では、秦と同じような情報システムの原理がみえていながら、郡県レベルの機構とは別に、多くの封君が統治をする形態が並行している。これは戦国秦と楚の地方行政と運営の違いといえよう。

しかし、さらに注意されるのは、それだけで地方社会が形成されているのではないということである。たとえば包山楚簡では、本来なら殺人罪となる事例でも、それを有力者が盟誓によって正当化しようとしたり、同じ価値観をもつ人びとがかばおうとしている様子がうかがえる。これらは、社会のなかに独自の習俗や規範があることを推測させる。このような戦国秦と楚における習俗や規範までふくめて、地方社会がなりたっている状況を、従来の文書行政、情報システムの範囲をこえて、社会システムと表現したのである。これによって戦国秦と楚では、明らかに異なった「秦の社会システム」「楚の社会システム」という二つのシステムがあることがわかるだろう。

拙稿「楚漢戦争時期的項羽体制」（二〇〇六年）と、拙著『項羽と劉邦の時代』（二〇〇六年）は、こうした二つの社会システムに代表される地域社会が、秦末の叛乱から楚漢戦争、漢王朝の成立という過程のなかで、どのように関係するかを事件と人物を中心に述べたものである(45)。そこでは項梁と項羽が擁立した楚懐王の体制では、楚暦や官職名、楚爵のように、戦国楚の制度を復興した形跡がうかがえる。また劉邦（沛公）も、楚懐王の配下にあるときと、漢王に封ぜられたときまでは、楚の体制のもとにあったと考えている。しかし漢中から関中に引き返し、漢二年に「秦の社稷」を除いて「漢の社稷」を立てた時点から、里耶秦簡でみたような秦の体制を採用していることが明らかにみてとれる。だから、このような体制にもとづく人々の対立を、秦と楚の社会システムの違いとみなしたのである。

中国古代においては、楚と秦の社会システムだけが存在したというわけではない。史料では詳細を知ることができないが、他の諸国でも独自の社会システムがあったとおもわれる。しかし楚漢の戦争期でいえば、楚と秦の社会システムは、リーダーシップをとった主要な流れであった。それは『史記』に項羽本紀と秦楚之際月表があるように、この時期には楚の時代があり、それを司馬遷は天命の移動と位置づけている(46)。

楚漢の戦いに勝利して建国された漢王朝は、秦の体制を基本的に継承したが、東方には諸侯王の王国を置いた。そして景帝期の呉楚七国の乱をへて、東方地域も縮小された王国と郡県制の体制となり、ここから実質的な郡県制になったといわれている。しかしこれまでみてきた社会システムの要素からみれば、漢王朝の地方行政では、県レベルの下部にある郷里社会に、なお独自の習俗や規範をふくむ地域性が残っているのではないかと推測している。したがって秦漢王朝では、中央と地方官府の文書行政、情報システムの原理は統一性をもつものであるが、それが実施される下部には地域性をもった社会が存在することが予想される。ただし里耶秦簡は、このうち文書行政と情報システムの側面が強い、いわば上部の運営システムである。したがって、そのなかに地方社会の人びとも出ているが、それは国家の運営にかかわる事例として記録されているのであり、必ずしも地方社会の生活を直接的に記したものではない。むしろ地域性は、古墓の遺策や、占いと『日書』、典籍などに反映されているようにおもう。

このように国家と地方行政の実態を、文書行政（文書システム）、情報システム、社会システムの範疇としてモデル化したのであるが、もう一つ注意しなければならないことがある。それは龍山県里耶鎮に、照葉樹林文化のような生活が残っていることと、社会システムとの関係である。(47)これについて私は、龍山県里耶鎮の現地を訪れて、拙稿「漢代郡県制と水利開発」の論点とのかかわりを考えてみた。(48)

それは漢代の水利開発を分析してみると、黄河流域では治水と水運、華北畑作の河川灌漑が問題となっており、江淮と長江流域では「ため池灌漑」の稲作や、漁猟採集、水運が対象となっている。しかしこうした風土や気候、生産形態の違いにもかかわらず、公共事業にあたる中央や郡レベルの大規模事業は、同じような時代的変遷をたどっているのである。しかも従来までいわれたように、華北の畑作と河川灌漑による生産と、南方の「ため池」による稲作によって地方勢力を独自に形成したり増大させるケースはなく、地方の有力者は中央と地方の行政機構に入ることで勢力を維持しているとおもわれる。つまり生産技術は、公共事業のように労働編成をともなう場合は、社会システムによる運営が必要であるが、個別の生産技術と物質文化、社会生活には国家が直接的に関与しなかったのではないかと推測されるのである。もしそうであれば、一見すると照葉樹林文化のような生活は、歴史的な変遷を示すものではなく、あくまで基層文化の類型であり、ここまでは国家の社会システムが及ばなかったという可能性がある。これがもう一つの地域性となって、現在までつながる生活として目の前にみえている。そう考えれば、中国古代から現代に接続する龍山県で、秦代の地方官府の運営を示す里耶秦簡が発見されたことと、今の生活風景とが、うまく理解できるように感じている。

このようにみてくると、中国古代では地方官府の遺跡の資料と、井戸の資料、古墓に副葬された資料は、それぞれが互いに補完しながら、古代社会の全体的な情報伝達のあり方を示していることがわかる。そのとき地方官府の遺跡と井戸の資料は、やや短期の保存と廃棄を示唆するものであり、古墓の資料は、長期の保存を意識した資料と、地域的な習俗を反映する要素が強いようにおもわれる。中国出土資料がもつ統一性と地域性の問題は、里耶秦簡をふくめて、今後とも検討をつづけたいと考えている。

おわりに――簡牘・帛書から紙へ

本章では、出土資料を社会のなかで位置づけるために、文書行政（文書と簿籍の伝達）にくわえて、簡牘がもつ情報処理と保存、廃棄の機能に注目した。そして東アジアの原型となる戦国、秦漢時代の国家と社会システムの関係を考察しようと試みた。その要点は、つぎのようになる。

第一は、古代統一国家と社会システムの基礎は、すでに秦代に成立していることである。その形成は、さらに戦国時代にさかのぼり、その国家制度の骨格は漢代に受け継がれている。その特徴の一つは、県レベルの社会を生活の基本単位として、郡県制の統治とすることである。そして秦漢国家では、異なる習俗をもつ地域社会を組み込んで、統一性の強い地方統治としている。これまで文献では、この地方統治の運営について詳しく知ることができなかったが、長江流域出土資料の分析によって、秦漢時代に原型がみえるという実態を明らかにした。

一に、出土資料には中央と地方を結ぶ系統による区別がある。ここでは文書行政の主体が、丞相と御史大夫、裁判に関する廷尉の系統にあるが、儀礼と学問を司る太常の系統もあることを指摘した。

二は、文書と簿籍には、伝達される原本と副本、処理の控え、実務の記録などの機能による違いがある。これまで文書行政では、主として郵駅や行政機構を通じて逓送される公文書の書式を問題としてきた。しかし出土資料では、文書の原本のほかに、その副本を写して控えとする形態がうかがえる。その典型は秦代の里耶秦簡である。里耶秦簡は、原本そのものよりも、むしろ写しと処理の記録、運営の資料が多いのではないかと推測される。

そこで文書と記録を区分してみると、さらにいくつかの形態がある。1は処理の控えである。里耶秦簡では、官府で公文書を伝達するとき、木牘一枚の表裏に、受信（日付と担当者）と本文、発信（日付と担当者）の処理を記している。また受信・発信だけの控えや、本文の保存、添付ファイルの形態もみられる。これは現代でいえば、電子メールの受信記録と、本文、発信（転送）記録の原理とよく似ている。こうした処理は、簿籍（帳簿と名籍）でも、同じような形態がみられた。2は、労役や財務の管理に利用する簿籍や倉庫出入の券などの資料、3は付札（封検、楬）などの実務資料である。したがって秦漢時代では、公文書を確実に伝えるとともに、不正や偽造を防止し、地方の業務を運営するためにも、それぞれの郡県の機構で、処理の控えや保存をしていたと推測される。その基本単位は、県レベルが集約する末端の機構である。

三に、県レベル以下の情報伝達のあり方である。ここでは皇帝の詔書などを、官吏と庶民へ周知させる方法をながめてみた。その一つは、前漢末の敦煌懸泉置で壁に書き写すケースがある。また扁書といって、官吏や人びとが集まる目につく所に、文字資料を掲示して周知させる方法があった。さらに漢代では、法令の規約などを石刻として吏民に知らせることがある。このほか史料は少ないが、使者による口頭での読み聞かせがある。私的な情報では、個人が所有する書籍や、先にみた公文書の控えを私的に所有することを想定してみた。また後漢時代に盛んとなる石刻の流行も、地方社会の私的な情報である。

ところが四に、古代社会の情報は文字資料の移動だけではない。そこには交通と人びとの往来による情報の伝達がある。そこで秦漢時代の交通施設や、津関令の規定、通行証の運用をふまえて、官吏や客などの往来による書籍や書信の伝達を考えてみた。こうした交通による情報伝達の実態は、日本古代史の成果をふまえて、さらに発展させる必要がある(49)。

このほか古墓の資料には、遣策や、占いと『日書』、典籍などがあるが、これらは国家の統一性よりも、それぞれの地方性を反映しているようにおもわれる。以上が、中国古代の基本的な文字資料の機能である。

第二は、このような出土資料の特色をみると、秦漢時代には、①のちに紙に代わる文書・簿籍、書籍と、②木簡の機能を残す記録・実務資料という、二つの要素が併存していることがわかる。先には、これらを文書行政の部分と、文字資料によって地方行政の運営をする情報システム、さらに広く規範や習俗、地域性をふくむ社会システムを想定してみたが、図3は中国簡牘を機能によって一覧したものである。これは、つぎのような歴史的意義をもっている。

まず一に、文献と出土資料の関係や、簡牘・帛書の形態と保存・廃棄との関係について示唆を与えている。たとえば、従来の文書行政や法制史で主要なテーマとなっていた地方官府の行政文書（文書、簿籍）の原本は、伝達と保存を意識したとみなすことができる。また古墓の書籍などは、竹簡と帛書に書かれたものが多く、長期の保存を意識しているようである(50)。これに対して井戸の資料は、実務に関連して木簡・木牘の形態をもつものが多く、短期の保存と廃棄を示唆するようにみえる。それはⅠ記録、Ⅱ付札、Ⅲその他に分類できる。これらは里耶秦簡にみられるように、一部は相互に関連する文字資料である。ここから地方官府の遺跡と井戸の簡牘・帛書は、お互いに補完することによって、地方社会の情報伝達のあり方を示している。

長江流域の出土資料でいえば、暦譜や法令、裁判の案件、算数書、医書、典籍などは、保存を意識した資料であり、古墓の資料との関連が多い。また遺跡と井戸に多くみられる行政文書や、文書・簿籍の控え、券書、木楬、封検などは、保存と廃棄を示唆しており、それを官吏などが個人で所有すれば、古墓の資料との接点が想定できるとおもう。

図3　中国簡牘の機能と区分（地方官府とその周辺）

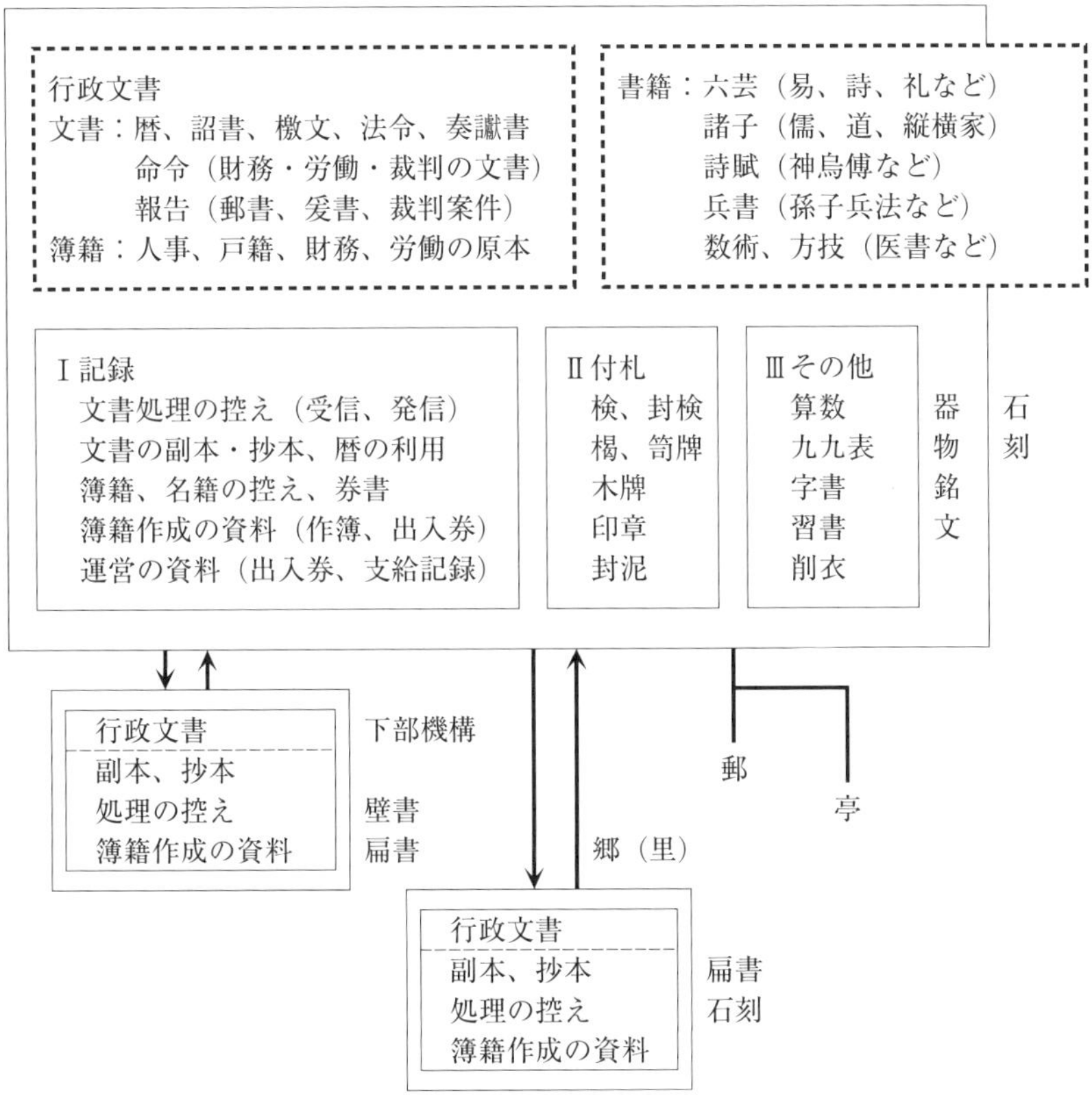

交通と情報伝達

関連の資料	簡牘の内容（秦簡、漢簡）
人の通行証	符：割符の通行証、符券
	伝：中央発給の公用伝
	地方発給の公用伝、私用伝
随行証明	致：私馬、車馬、随行人・物品　〔告地策、遣策〕
関所記録	伝の複写、関出入簿、出入記録
郵駅記録	伝の複写、出入簿、伝馬名籍、費用簿
移動文書	書信、名謁（名刺）、竹簡・帛書の書籍

このような状況を、司馬遷が編集した『史記』に即していえば、情報システムにかかわる行政と裁判系統の資料は、ほとんど共通していない。反対に司馬遷は、中央にある文書と書籍を主要な素材としており、これは保存を意識した古墓の資料と共通する要素をもつことが理解できる。このような特色は、拙著『史記戦国史料の研究』で論じたが、さらに『史記』秦漢史料について考察したいと思っている(51)。

二に、簡牘・帛書から紙への変化では、公文書（文書、簿籍）や書籍のほうが早く紙にかわり、情報システムにかかわる記録（データベース）は遅れることが想定できる。つまり秦漢時代では、紙に変わる文書と書籍のほかに、後世にも木簡の機能をもつ記録・実務資料という、二つの要素がみえている。この意味で、日本古代の紙の文書にあたる簡牘文書学や、竹簡・帛書の書籍が、出土資料研究の主流であることは変わらない。しかし簡牘のなかでも、とくに記録の用途は、実務を処理するときに便利な形態として、なお紙の要素をもつ資料との書き分けが行われたのではないだろうか。こうした二つの要素の使い分けについても、処理や保存という視点からみえてくるとおもう。この点は、漢代以降の居延漢簡、敦煌漢簡、敦煌懸泉漢簡や、長沙走馬楼簡牘、長沙東牌楼後漢簡牘、長沙三国呉簡などとの比較が必要である(52)。

以上のように、本書の考察では、第一に、秦代に文書行政と情報伝達の基礎が成立しており、漢王朝は秦の社会システムを継承して、広く情報を伝達する国家の原型となったことがわかる。それは文書行政の文書・簿籍の本体だけではない。文字資料には、文書の処理や、実務の運営、付札、地方の掲示にあたる扁書、算数、習書などの機能がある。また交通に関連して、通行証と交通システムや、名謁・書信、書籍の伝達なども同様である。この意味で、国家と地方行政を中心とする考察は、風土や習俗・規範の異なる地域社会を組み込む体系の前提となるものである。こうした秦漢時代の地方行政は、軍事編成、労役編成、財政などの実務とあわせて、つづく中国地方社会の基礎となり、東アジア地域の情報伝達の原理にも影響を及ぼしたとおもわれる。第二に、秦漢時代の出土資料では、のちに紙に代わる文書・簿籍や書籍と、簡牘・木簡の機能をもつ記録や実務資料という二つの要素が、すでに双方とも出現している。これも中国古代が原型となるものであり、紙と木簡が併用される過程について、その前提となる考察である。そして国家と地方社会の運営は、どのように行政統治を在地でおこない、不正や改ざんを防ぐかという問題とあわせて、情報社会に対する現代的な課題となっている。

これまで本書では、戦国、秦漢時代の長江流域出土資料を主な対象として、古代中国における社会システムの原理を考えようとしてきた。こうした中国古代国家の展望は、さらに漢代以降の中国社会を理解し、古代東アジアの国家形成と漢字文化を比較するうえでも参考になると考えている。

注

（1）西嶋定生『古代東アジア世界と日本』（岩波書店、二〇〇〇年）、李成市『東アジア文化圏の形成』（山川出版社、二〇〇〇年）。

（2）拙著『史記戦国史料の研究』第一編第一章「『史記』と中国出土書籍」（東京大学出版会、一九九七年、曹峰・廣瀬薫雄訳『《史記》戦国史料研究』、上海古籍出版社、二〇〇八年）。

（3）大庭脩『秦漢法制史の研究』（創文社、一九八二年）、永田英正『居延漢簡の研究』序章（同朋舎出版、一九八九年）、李均明・劉軍『簡牘文書学』（広西教育出版社、一九九九年）、李均明『秦漢簡牘文書分類輯解』（文物出版社、二〇〇九年）など。

（4）浅野裕一・湯浅邦弘編『諸子百家〈再発見〉』（岩波書店、二〇〇四年）、朱淵清著、高木智見訳『中国出土文献の世界』（創文社、二〇〇六年）、廣瀬薫雄「荊州地区出土戦国楚簡」（『木簡研究』二七、二〇〇五年）など。また今後は、精華大学が所蔵する戦国楚簡などが追加される。

（5）本書の序章「中国出土資料と古代社会」、第八章「長江流域社会と張家山漢簡」では、出土資料を地方官府とその周辺の資料とみなして、県レベルの社会を一つの基準としている。

（6）『睡虎地秦墓竹簡』（文物出版社、一九九〇年）。

（7）永田英正「文書行政」（『殷周秦漢時代史の基本問題』汲古書院、二〇〇一年）。

（8）大庭脩「漢王朝の支配機構」（一九七〇、前掲『秦漢法制史の研究』）、安作璋・熊鉄基『秦漢官制史稿』上下（斉魯書社、一九八五年）など。

（9）吉村昌之「出土簡牘資料にみられる暦譜の集成」（冨谷至編『辺境出土木簡の研究』朋友書店、二〇〇三年）に、資料と暦の形式を紹介している。

（10）拙著前掲『史記戦国史料の研究』、拙稿「簡牘・帛書の発見と『史記』研究」（『愛媛大学法文学部論集』人文学科編一二、二〇〇二年）、同「『史記』の素材と出土資料」（『愛媛大学法文学部論集』人文学科編二〇、二〇〇六年）など。

（11）大庭前掲『秦漢法制史の研究』第三編第一章「漢代制詔の形態」、第二章「居延出土の詔書冊」など。

（12）籾山明「中国の文書行政」（『文字と古代日本』二、吉川弘文館、二〇〇五年）。

（13）張家山二四七号漢墓竹簡整理小組『張家山漢墓竹簡〔二四七号墓〕』（文物出版社、二〇〇一年）、同整理小組『張家山漢墓竹簡〔二四七号墓〕』釈文修訂本（文物出版社、二〇〇六年）、彭浩・陳偉・工藤元男主編『二年律令與奏讞書』（上海古籍出版社、二〇〇七年）。王子今『秦漢交通史稿』（中京中央党校出版社、一九九四年）、彭浩「読張家山漢簡《行書律》」（『文物』二〇〇二年九期）、エノ・ギーレ「『郵』制攷」（『東洋史研究』六三―二、二〇〇四年）、陳偉「秦と漢初の文書伝達システム」（藤田勝久・松原弘宣編『古代東アジアの情報伝達』汲古書院、二〇〇八年）など。

（14）鶶飼昌男「居延漢簡にみえる文書の逓伝について」（『史泉』六〇、一九八四年）、籾山前掲「中国の文書行政」、藤田高夫「漢代西北辺境の文書伝達」（前掲『古代東アジアの情報伝達』）など。

（15）大庭前掲「居延出土の詔書冊」、同『木簡学入門』（講談社、一九八四年）など。

（16）永田前掲「文書行政」。

（17）湖南省文物考古研究所等「湖南龍山里耶戦国―秦代古城一号井発掘簡報」（『文物』二〇〇三年一期）、湖南省文物考古研究所『里耶発掘報告』（岳麓書社、二〇〇七年）、籾山明「湖南龍山里耶秦簡概述」（『中国古代訴訟制度の研究』京都大学学術出版会、二〇〇六年）、里耶秦簡講読会「里耶秦簡訳註」（『中国出土資料研究』八、二〇〇四年）、馬怡「里耶秦簡選校」（『中国社会科学院歴史研究所学刊』第四集、商務印書館、二〇〇七年）、王煥林『里耶秦簡校詁』（中国文聯出版社、二〇〇七年）など。

（18）本書の第一章「中国古代の秦と巴蜀、楚」、第四章「里耶秦簡と秦代郡県の社会」、胡平生「里耶簡所見秦朝行政文書的製作与伝送」（『資料学の方法を探る』八、二〇〇九年）など。

（19）本書の第五章「里耶秦簡の文書形態と情報伝達」。

（20）本書の第六章「里耶秦簡の文書と情報システム」、拙稿「始皇帝と秦帝国の情報伝達――『史記』と里耶秦簡」（『資料学の方法を探る』七、二〇〇八年）。

（21）陳偉『包山楚簡初探』（武漢大学出版社、一九九六年）、拙稿「包山楚簡よりみた戦国楚の県と封邑」（一九九九、『中国古代国家と郡県社会』汲古書院、二〇〇五年）、本書の第二章「包山楚簡と楚国の情報伝達」。

（22）陳偉前掲『包山楚簡初探』では、内容の考証から竹簡の配列を修正している。

（23）永田前掲『居延漢簡の研究』第Ⅰ部第三章「簿籍簡牘の諸様式の分析」（一九八九年）、同前掲「文書行政」。

（24）拙稿前掲「里耶秦簡の文書と情報システム」、連雲港市博物館等『尹湾漢墓簡牘』（中華書局、一九九七年）。

（25）邢義田「湖南龍山里耶J1⑧157和J1⑨1―12号秦牘的文書構成・筆跡和原檔存放形式」（『簡帛』第一輯、二〇〇六年）、拙稿前掲「里耶秦簡の文書形態と情報伝達」。

（26）張家山漢簡『二年律令』「賊律」に規定がある。

（27）籾山明「刻歯簡牘初探」（『木簡研究』一七、一九九五年）、拙稿前掲「里耶秦簡の文書と情報システム」。

（28）本書の第九章「張家山漢簡『津関令』と詔書の伝達」、拙稿「漢代地方社会への情報伝達――敦煌懸泉置『四時月令』をめぐって」（二〇〇三、前掲『中国古代国家と郡県社会』）。

(29) 馬怡「扁書試探」(武漢大学簡帛研究中心主辨『簡帛』第一輯、上海古籍出版社、二〇〇六年)。
(30) 拙著前掲『中国古代国家と郡県社会』の第二編第一章「漢王朝と水利事業の展開」。
(31) 本書の第十章「張家山漢簡『津関令』と漢墓簡牘」。
(32) 工藤元男『睡虎地秦簡よりみた秦代の国家と社会』(創文社、一九九八年)、彭浩『張家山漢簡《算数書》註釈』(科学出版社、二〇〇一年)、張家山漢簡『算数書』研究会編『漢簡「算数書」――中国最古の算数書』(朋友書店、二〇〇六年)、拙稿前掲「長江流域の社会と張家山漢墓」など。
(33) 角谷常子「碑の誕生以前」(前掲『古代東アジアの情報伝達』)、同「秦漢時代の石刻資料」(『古代文化』四三―九、一九九一年)、永田英正「漢代の石刻」(永田英正編『漢代石刻集成』本文篇、同朋舎出版、一九九四年)。
(34) 拙稿「後漢時代の交通と情報伝達―褒斜道の石刻をめぐって」(『資料学の方法を探る』五、二〇〇六年)。
(35) 李均明「漢簡所反映的関津制度」(『歴史研究』二〇〇二年三期)、本書の第十一章「秦漢時代の交通と情報伝達」など。
(36) 大庭脩「漢代の関所とパスポート」(一九五四、前掲『秦漢法制史の研究』)、籾山前掲「刻歯簡牘初探」。
(37) 大庭脩「漢代の符と致」(『漢簡研究』同朋舎出版、一九九二年)、冨谷至「漢代の『伝』について」(『シルクロード学研究』二二、二〇〇五年)、拙稿前掲「張家山漢簡『津関令』と漢墓簡牘」、拙稿「漢代の交通と伝信の機能――敦煌懸泉漢簡を中心として」(『愛媛大学法文学部論集』人文学科編二六、二〇〇九年)。
(38) 甘粛省文物考古研究所「甘粛敦煌漢代懸泉置遺址発掘簡報」(『文物』二〇〇〇年五期)、拙稿「漢代西北の交通と懸泉置」(『資料学の方法を探る』八、二〇〇九年)。
(39) 拙稿前掲「中国古代の秦と巴蜀、楚」など。
(40) 佐藤武敏『中国古代書簡集』(講談社学術文庫、二〇〇六年)、《雲夢睡虎地秦墓》編写組『雲夢睡虎地秦墓』(文物出版社、一九八一年)、本書の第十二章「中国古代の書信と情報伝達」など。
(41) 佐藤武敏監修、工藤元男・早苗良雄・藤田勝久訳注『馬王堆帛書戦国縦横家書』(朋友書店、一九九三年)。
(42) 天長市文物管理所、天長市博物館「安徽天長西漢墓発掘簡報」(『文物』二〇〇六年一一期)。

(43) 甘粛省文物考古研究所「敦煌懸泉漢簡釈文選」(『文物』二〇〇〇年五期)、胡平生・張徳芳編撰『敦煌懸泉漢簡釈粋』(上海古籍出版社、二〇〇一年)。

(44) 山田勝芳『秦漢財政収入の研究』(汲古書院、一九九三年)、重近啓樹『秦漢税役体系の研究』(汲古書院、一九九九年)、拙著前掲『中国古代国家と郡県社会』終章「中国古代国家と地域社会」など。

(45) 拙稿「楚漢戦争時期的項羽体制」(『史記』与楚漢戦争学術研討会提出論文、二〇〇六年)、拙著『項羽と劉邦の時代』(講談社選書メチエ、二〇〇六年)。

(46) 拙稿「『史記』項羽本紀のと秦楚之際月表――秦末における楚・漢の歴史評価」(『東洋史研究』五四―二、一九九五年)、同「『史記』秦漢史像の復元――陳渉、劉邦、項羽のエピソード」(『日本秦漢史学会会報』五、二〇〇四年)など。

(47) 佐々木高明『照葉樹林文化とは何か』(中公新書、二〇〇七年)など。

(48) 拙稿「漢代郡県制と水利開発」(『岩波講座世界歴史3、中華の形成と東方社会』一九九八年、のち『中国古代国家と郡県社会』)、同「里耶古城参観記」(『資料学の方法を探る』七、二〇〇八年)。

(49) 拙稿「中国古代の交通と出土資料」(『資料学の方法を探る』八、二〇〇九年)、松原弘宣「日本古代の情報伝達と交通」(前掲『古代東アジアの情報伝達』)など。

(50) 大庭脩『木片に残った文字』(二〇〇三、『木片に残った文字――大庭脩遺稿集』柳原出版、二〇〇七年)は、古墓の資料を「残された木簡」、遺跡の資料を「捨てられた木簡」と表現している。

(51) 拙著前掲『史記戦国史料の研究』のほか、拙稿「簡牘・帛書の発見と『史記』研究」(『愛媛大学法文学部論集』人文学科編一二、二〇〇二年)、同「『史記』の素材と出土資料」(『愛媛大学法文学部論集』人文学科編二〇、二〇〇六年)、同「『史記』的取材与出土資料」(第一届世界漢学中的《史記》学国際学術研討会提出論文、二〇〇八年)などで、その概略を述べている。

(52) 冨谷至「3世紀から4世紀にかけての書写材料の変遷」(冨谷至編『流沙出土の文字資料――楼蘭・尼耶文書を中心に』京都大学学術出版会、二〇〇一年)、冨谷至『木簡・竹簡の語る中国古代』(岩波書店、二〇〇三年)。拙稿「中国古代の簡牘と記録」（『資料学の方法を探る』八、二〇〇九年）では、中国古代出土資料の研究から、日本の木簡研究の接点となる記録や実務資料について説明している。木簡学会編『日本古代木簡集成』（東京大学出版会、二〇〇三年）では、文書木簡、荷札木簡、「その他」に三分しているが、このように中国古代の簡牘を区分すれば、おおまかな対応がみえる。ただし中国古代では、紙の文書・帳簿と、Ⅰの文書木簡にあたる内容が圧倒的に多い。そして荷札木簡に関連するⅡの付札と封検などがあり、「その他」に分類された、Ⅲの文字を学習する字書の一部、習書、削衣、九九という共通した要素がみえている。また交通に関連しては、広く掲示をする扁書や、通行証となる符と伝、書信と名謁なども、共通の議論ができるであろう。これらに関連して、邢義田「漢代《蒼頡》《急就》、八体和『史書』問題」、王子今「中国古代交通系統的特徴」（以上、『資料学の方法を探る』八、二〇〇九年）などがある。

付篇　里耶秦簡の釈文

〔凡例〕

里耶秦簡の釈文は、『文物』二〇〇三年一期にサンプル資料が掲載されたが、ここでは『里耶発掘報告』の区分（一、簡牘と封検、二、祠先農簡、三、地名里程簡、四、戸籍簡牘、五、封泥と笥牌）を基本にする。二と四の簡牘は『文物』にみえない資料である。三と五の一部は、すでに紹介されていたが、ここにも追加がある。付篇の釈文は、一「簡牘と封検」の検・九九簡・竹簡などの配列を変更して、五「封泥匣と笥牌」に入れた。また釈文と句読は、図版や他の研究によって補正をしている。参照した研究は、以下の通りである。

1湖南省文物考古研究所『里耶発掘報告』（以下『報告』、岳麓書社、二〇〇七年）図版
2湖南省文物考古研究所、湘西土家族苗族自治州文物処、龍山県文物管理所「湖南龍山里耶戦国―秦代古城一号井発掘簡報」（以下「簡報」、『文物』二〇〇三年一期）図版
3湖南省文物考古研究所、湘西土家族苗族自治州文物処「湘西里耶秦代簡牘選釈」（以下、選釈、『中国歴史文物』二〇〇三年一期）図版
4李学勤「初読里耶秦簡」（以下、初読、『文物』二〇〇三年一期）
5胡平生「読里耶秦簡札記」（以下、札記、『簡牘学研究』第四輯、二〇〇四年）
6里耶秦簡講読会「里耶秦簡訳註」（以下、訳註、『中国出土資料研究』八、二〇〇四年）
7馬怡「里耶秦簡選校」（以下、選校、『中国社会科学院歴史研究所学刊』第四集、商務印書館、二〇〇七年）

8王煥林『里耶秦簡校詁』（以下、校詁、中国文聯出版社、二〇〇七年）図版の番号は、「簡報」と『報告』の図版を表示した。また『湖南十大考古新発現陳列』（以下『陳列』、湖南省博物館）の図版を追加した。

釈文の（　）は読替の字を示す。〔　〕は重複記号「=」による字や、釈文を改めた字、欠字の追加を示す。□は不明の字、……は字数が不明なもの。」は改行を示すが、連続する文章では改行の印をつけない場合がある。

一、簡牘（文書と簿籍、記録）

⑧133正（図八左二。彩版十八左2）

或遝（逮）。廿六年三月甲午、遷陵司空〔得〕・尉乘……」卒算簿

廿七年八月甲戌朔壬辰、酉陽具獄〔獄〕史啓敢……」啓治所獄留□(1)、敢言之。●封遷陵留

⑧133背（図九左二。彩版十九左2）

八月癸巳、遷陵守丞陘告司空主(2)。聽書從事……」起行司空。

八月癸巳、水下四刻、走賢以來／行手

〔説明〕木牘の下部は焼けており、断簡である。

（1）「簡報」と訳註、校詁は「啓治所獄留〔須〕」に作る。

（2）訳註は「守丞従」、選校は「守丞陟」に作る。校詁は「守丞□」とし、後文も「□行司空」として欠字を人名とする。

⑧134正（図一〇左一。彩版二十左1）

廿六年八月庚戌朔丙子、司空守樛敢言。前日言、〔竟〕陵(1)蘯（蕩）陰狼叚（假）遷陵公船一、袤三丈三尺、名曰杝、以求故荊積瓦、未歸船。狼屬司馬昌官、謁告昌官令狼歸船(2)。報曰、狼有逮、在覆獄已卒史衰・義所(3)。今寫校券一牒、上謁言之卒史衰・義所、問狼船存所、其亡之、爲責券移遷陵。弗□□屬、謁報、敢言之。／九月庚辰(4)、遷陵守丞敦狐郄（卻）之。司空自以二月叚（假）狼船、何故□□辟□、今而誧曰(5)。謁問覆獄卒史衰・義。〔衰・義〕事已、不智（知）所居。其聽書從事。／慶手。即令□□行司空(6)。

⑧134背（図一一左一。彩版二十一左1）　□月戊寅、走己巳以來(7)。／慶手　　□手

（1）「簡報」、訳註、選校は「競陵」に作る。
（2）『報告』は「狼属司馬昌官謁告、昌官令狼歸船」と読むが、訳註、選校に従う。
（3）「簡報」と選釈は「狼有律……衰・義報」に作る。選校は「狼有逮、在覆獄己、……上謁言己」に作る。
（4）「簡報」と選釈は「六月」に作る。
（5）「簡報」と選釈は「補曰」に作る。
（6）選校は□□の欠字を「左午」、校詁は「佐壬」に作る。
（7）「簡報」は「十月戊寅□巴巳以來」、選釈は「十月戊寅□己巳以來」に作るが、選校に従う。訳註、選校、校詁は「□月」を「八月」とする。

⑧147（図一三左一。彩版三十三左1）

遷陵已計卅四年餘見弩臂百六十九。　●凡百六十九
出弩臂四輸益陽。」出弩臂三輸臨沅。」　〔●〕凡出七」　今八月見弩臂百六十二(1)

〔説明〕帳簿の用途をもつ木牘。

（1）選校、校詁は「九月」に作る。

⑧152正（図二一左一。彩版三十一左1）

卅二年四月丙午朔甲寅、少内守是敢言之。廷下御史書、擧事可爲恆程者、洞庭上裙直（値）書到言。今書已到、敢言之。

⑧152背（図二二左一。彩版三十二左1）　四月甲寅日中、佐處以來。／欣發。　處手

⑧153（長二三、幅一・五センチ。『陳列』図版）　■御史問直絡裙程書

〔説明〕⑧153は検にあたるが、長さが二三センチで、⑧152と⑧158の「裙直書」「絡裙直書」に関連する可能性がある。ここでは「簡報」『報告』と同じく、文書簡に配列しておく。

⑧154正（図七左二。彩版十七左3）

卅三年二月壬寅朔〔朔〕日、遷陵守丞都敢言之。令曰、恆以朔日上所買徒隷數。●問之毋當令者、敢言之。

⑧154背（図六左三。彩版十六左3）

二月壬寅、水十一刻〔刻〕下二、郵人得行。　圂手

〔説明〕上級官府から下された令に対して、遷陵県から該当のないことを返信した文書。

⑧156（図二三左三。彩版三十三左3）

四月丙午朔癸丑(1)、遷陵守丞色下少内。謹案致之、書到言、署金布發、它如律令。／欣手／四月癸丑、水十一刻〔刻〕下五、守府快行少内。

（1）選釈、訳註、選校は、三十二年四月と解釈する。

⑧157正（図一一左二。彩版二十一左2）

卅二年正月戊寅朔甲午、啓陵鄕夫敢言之。成里典・啓陵郵人缺、除士五（伍）成里匄・成、〔成〕爲典、匄爲郵人。

謁令・尉以從事（1）、敢言之。

⑧157背（図一〇左二。彩版二十左2）

正月戊寅朔丁酉、遷陵丞昌郄（卻）之（2）。啓陵廿七戶已有一典。今有（又）除成爲典、何律令。應尉已除成・匄爲啓
陵郵人。其以律令。／氣手／正月戊戌日中、守府快行。
正月丁酉旦食時、隷妾冉以來。／欣發　　壬手

〔説明〕里典と郵人の任命に対して、県廷の許可を求める文書。

（1）選校は「県令と尉」と理解する。

（2）『報告』は「遷陵丞昌郄之啓陵。廿七戶……」、訳註は「遷陵丞昌郄（卻）之。啓陵……何律令應。尉已除成匄……」、選校は「遷陵丞昌郄之啓陵。……今又除成爲典何。律令應尉、……」と読む。邢義田「湖南龍山里耶J1⑧157和J1⑨1—12号秦牘的文書構成・筆跡和原檔存放形式」（『簡帛』第一輯、二〇〇六年）は「應」を衍字とする。札記は「郄」を「詰」の意とする。

⑧158正（図二一左二。彩版三十一左2）

卅二年四月丙午朔甲寅、遷陵守丞色敢告酉陽丞主、令史（1）。下絡裙直（值）書已到、敢告主。

⑧158背（図二二左二。彩版三十二左2）

四月丙辰旦、守府快行旁。　　欣手

〔説明〕「絡裙直書」に関する内容は、木牘⑧152と関連している。

（1）訳註、選校は「遷陵守丞色敢告酉陽丞。主令史下絡裙直（值）書已到」と読む。

⑨1正（図一二左二。彩版二十二左2）

卅三年四月辛丑朔丙午、司空騰敢言之。陽陵宜居士五（伍）毋死有貲餘錢八千六十四。毋死戍洞庭郡、不智（知）何縣署。●今爲錢校券一、上謁言洞庭尉(1)、令毋死署所縣責（債）以受（授）陽陵司空。〔司空〕不名計、問何縣官、計年爲報(2)。已訾其家、〔家〕貧弗能入。乃移戍所。報署主責發、敢言之。

四月己酉、陽陵守丞厨敢言之。寫上、謁報、〔報〕署金布發、敢言之。／儋手

⑨1背（図一三左二。彩版二十三左2）

卅四年六月甲午朔戊午、陽陵守慶敢言之。未報、謁追、敢言之。／堪手

卅五年四月己未朔乙丑、洞庭叚（假）尉觿謂遷陵丞。陽陵卒署遷陵、其以律令從事、報之。當騰〔騰〕。／嘉手●以洞庭司馬印行事。」　敬手

〔説明〕⑨1～⑨12の一二枚は、陽陵卒の内容に関連があり、一括した文書とみなされている。

（1）「簡報」は「今爲錢校券一上謁、言……」、訳註は「今爲錢校券一上、謁言……」と読む。選校の釈文に従う。

（2）訳註は「問何縣官計年、爲報」、選校、校詁は「問何縣官計、年爲報」と読む。初読は、⑨11で「問何縣官計、付署計年爲報」と読む。

⑨2正（図一五左二。彩版二十五左2）

卅三年三月辛未朔戊戌、司空騰敢言之。陽陵仁陽士五（伍）不狄有貲錢八百卅六。不狄戍洞庭郡、不智（知）何縣署。●今爲錢校券一、上謁言洞庭尉、令不狄署所縣責以受（授）陽陵司空。〔司空〕不名計、問何縣官計附署、計年爲報。已訾責不狄家、〔家〕貧弗能入。報、署主責發、敢言之。／四月壬寅、陽陵守丞恬敢言之。寫上、謁報、〔報〕署金布發、敢言之。／堪手／卅四年八月癸巳朔〔朔〕日、陽陵遬敢言之。至今未報、謁報、敢言之。／堪手

⑨2背（図一六左二。彩版二十六左2）

卅五年四月己未朔乙丑、洞庭叚（假）尉觿謂遷陵丞。陽陵卒署遷陵、以律令從事、報之。●嘉手。以洞庭司馬印行事。
敬手

⑨3正（図一五左一。彩版二十五左1）

卅三年三月辛未朔戊戌、司空騰敢言之。陽陵下里士五（伍）不識有貲餘錢千七百廿八。不識戍洞庭郡、不智（知）何
縣署。今爲錢校券一、上謁言洞庭尉、令署所縣責以受（授）陽陵司空。〔司空〕不名計、問何縣官計附署、計年名爲
報。已訾責其家、〔家〕貧弗能入。有物故弗服、毋聽流辭、以環書道遠。報署主責發、敢言之。／四月壬寅、陽陵守
丞恬、敢言之。寫上、謁報、署金

⑨3背（図一六左一。彩版二十六左1）

布發、敢言之。／堪手
卅四年七月甲子朔辛卯、陽陵遫敢言之。未得報、謁追、敢言之。／堪手
卅五年四月己未朔乙丑、洞庭叚（假）尉觿謂遷陵丞。陽陵卒署遷陵、以律令從事、報之。／嘉手。以洞庭司馬印行事。
敬手

⑨4正（図一五左三。彩版二十五左3）

卅三年四月辛丑朔丙午、司空騰敢言之。陽陵孝里士五（伍）衷有貲錢千三百卌四。衷戍洞庭郡、不智（知）何縣署。
●今爲錢校券一、上謁言洞庭尉、令衷署所縣責以受（授）陽陵司空。〔司空〕不名計、問何縣官計附署、計年爲報。
已訾責其家、〔家〕貧弗能入。乃移戍所、報署主責發、敢言之。
四月己酉、陽陵守丞廚敢言之。寫上、謁報、〔報〕署金布發、敢言之。／儋手
卅四年八月癸巳朔甲午、陽陵守丞欣敢言之。至今未報、謁追、敢言之。／堪手

⑨4背（図一六左三。彩版二十六左3）

卅五年四月己未朔乙丑、洞庭叚（假）尉觿謂遷陵丞。陽陵卒署遷陵、以律令從事、報之。／嘉手

以洞庭司馬印行事。」

敬手

⑨5正（図一二左一。彩版二十二左1）

卅三年四月辛丑朔丙午、司空騰敢言之。陽陵下里士五（伍）鹽有貲錢三百八十四。鹽戍洞庭郡、不智（知）何縣署。

●今爲錢校券一、上謁言洞庭尉、令鹽署所縣責以受（授）陽陵司空。〔司空〕不名計、問何縣官計附署、計年爲報。

已訾責其家、〔家〕貧弗能入。乃移戍所、報署主責發、敢言之。

四月己酉、陽陵守丞廚敢言之。寫上、謁報、〔報〕署金布發、敢言之。／儋手

卅四年八月癸巳朔〔朔〕日、陽陵遬敢言之。至今未報、謁追、敢言之。／堪手

⑨5背（図一三左一。彩版二十三左1）

四月己未朔乙丑、洞庭叚（假）尉觿謂遷陵丞。陽陵卒署遷陵、以律令從事、報之。／嘉手。以洞庭司馬印行事。

敬手

⑨6正（図一二左三。彩版二十二左3）

卅三年四月辛丑朔戊申、司空騰敢言之。陽陵褆陽上造徐有貲錢二千六百八十八。徐戍洞庭郡、不智（知）何縣署。今

爲錢校券一、上謁言洞庭尉、令署所縣責以受（授）陽陵司空。〔司空〕不名計、問何縣官計附署、計年爲報。已訾責

其家、〔家〕貧弗能入。乃移戍所、報署主責發、敢言之。

四月庚戌、陽陵守丞瞫敢言之。寫上、謁報、〔報〕署金布發、敢言之。／儋手

卅四年八月癸巳朔〔朔〕日、陽陵遬敢言之。至今未報、謁追、敢言之。／堪手

⑨6背（図一三左三。彩版二十三左3）

卅五年四月己未朔乙丑、洞庭叚（假）尉觽謂遷陵丞。陽陵卒署遷陵、以律令從事、報之。／嘉手。以洞庭司馬印行事。

⑨7正（図二七左一。彩版二十七左1）

卅三年四月辛丑朔戊申、司空騰敢言之。陽陵褆陽士五（伍）小欬有貲錢萬一千二百一十一。欬戍洞庭郡、不智（知）何縣署。●今爲錢校券一、上謁言洞庭尉、令申署所縣責以受（授）陽陵司空。〔司空〕不名計、問何縣官計附署、計年爲報。已訾責其家、〔家〕貧弗能入。乃移、報署主責發、敢言之。／四月己酉、陽陵守丞厨敢言之。寫上、謁報、〔報〕署金布發、敢言之。

⑨7背（図一八左一。彩版二十八左1）

卅四年八月癸巳朔〔朔〕日、陽陵遬敢言之。至今未報、謁追、敢言之。／堪手

卅五年四月己未朔乙丑、洞庭叚（假）尉觽謂遷陵丞。陽陵卒署遷陵、其以律令從事、報之。當騰〔騰〕。／嘉手●以洞庭司馬印行事。」

敬手

⑨8正（図一九左二。彩版二十九左2）

卅三年四月辛丑朔丙午、司空騰敢言之。陽陵逆都士五（伍）越人有貲錢千三百卌四。越人戍洞庭郡、不智（知）何縣署。●今爲錢校券一。上謁令。洞庭尉令越人署所縣責以受（授）陽陵司空。〔司空〕不名計、問縣官計附署、計年爲報。已訾責其家、〔家〕貧弗能入。乃移戍所、報署主責發、敢言之。

四月戊申、陽陵守丞厨敢言之。寫上、謁報、署金布發、敢言之。／儋手

卅四年八月癸巳朔〔朔〕日、陽陵褆敢言之。至今未報、謁追、敢言之。／堪手

⑨8背（図二〇左二。彩版三十左2）

卅五年四月己未朔乙丑、洞庭叚〔假〕尉觽謂遷陵丞。陽陵卒署遷陵、其以律令從事、報之。當騰〔騰〕。／嘉手●以
洞庭司馬印行事。

⑨9正（図一九左一。彩版二十九左1）

卅三年三月辛未朔戊戌、司空騰敢言之。陽陵仁陽士五〔伍〕顡有贖錢七千六百八十。顡戍洞庭郡、不智〔知〕何縣署。
●今爲錢校券一、上謁言洞庭尉、令顡署所縣責以受〔授〕陽陵司空。〔司空〕不名計、問何縣官計附署、計年名爲報。
已訾責顡家、〔家〕貧弗能入。顡有流辭、弗服毋聽、道遠毋環書。報署主責發、敢言之。
四月壬寅、陽陵守丞恬敢言之。寫上、謁報、署金布發、敢言之。／堪手

⑨9背（図二〇左一。彩版三十左1）

卅四年八月癸巳朔〔朔〕日、陽陵遬敢言之。至今未報、謁追、敢言之。／堪手
卅五年四月己未朔乙丑、洞庭叚〔假〕尉觽謂遷陵丞。陽陵卒署遷陵、其以律令從事、報之。當騰〔騰〕。／嘉手●以
洞庭司馬印行事。」　敬手

⑨10正（図一七左三。彩版二十七左3）

卅三年四月辛丑朔丙午、司空騰敢言之。陽陵叔作士五〔伍〕勝日有貲錢千三百卌四。勝日戍洞庭郡、不智〔知〕何縣
署。●今爲錢校券一、上謁言洞庭尉、令勝日署所縣責以受〔授〕陽陵司空。〔司空〕不名計、問何縣官、計年爲報。
已訾責其家、〔家〕貧弗能入。乃移戍所、報署主責發、敢言之。
四月己酉、陽陵守丞廚敢言之。寫上、謁報、〔報〕署金布發、敢言之。／儋手

⑨10背（図一八左三。彩版二十八左3）

卅四年六月甲午朔壬戌、陽陵守丞慶敢言之。未報、謁追、敢言之。／糾手

卅五年四月己未朔乙丑、洞庭叚（假）尉觿謂遷陵丞。陽陵卒署遷陵、其以律令從事、報之。當騰〔騰〕。／嘉手●以
洞庭司馬印行事。」　敬手

⑨11正（図一七左二。彩版二十七左2）

卅三年三月辛未朔丁酉、司空騰敢言之。陽陵谿里士五（伍）采有貲餘錢八百五十二。不采戍洞庭郡、不智（知）何縣
署。●今爲錢校券一、上謁洞庭尉、令署所縣責以受（授）陽陵司空。〔司空〕不名計、問何縣官計附署、計年爲報。
已訾責其家、〔家〕貧弗能入。乃移戍所、報署主責發、敢言之。／四月壬寅、陽陵守丞恬敢言之。寫上、謁報、〔報〕
署金布發、敢言之。／卅四年八月癸巳朔〔朔〕日、陽陵遬敢言之。至今未報、謁追、

⑨11背（図一八左二。彩版二十八左2）

敢言之。
卅五年四月己未朔乙丑、洞庭叚（假）尉觿謂遷陵丞。陽陵卒署遷陵、其以律令從事、報之。當騰〔騰〕。／嘉手●以
洞庭司馬印行事。」　敬手

⑨12正（図一九左三。彩版二十九左3）

卅三年〔四〕月辛丑朔丙午、司空騰敢言之。陽陵□□公卒廣有貲錢千三百卌四。廣戍洞庭郡、不智（知）何縣署。今
爲錢校券一、上謁言洞庭尉、令廣署所縣責以受（授）陽陵司空。〔司空〕不名計、問何縣官計附署、計年爲報。已訾
其家、〔家〕貧弗能入。乃〔移〕戍所、報署主責發、敢言之。／四月己酉、

⑨12背（図二〇左三。彩版三十左3）

陽陵守丞廚敢言之。寫上、謁報、〔報〕署金布發、敢言之。／儋手
卅四年七月甲子朔辛卯、陽陵遬敢言之。未得報、謁追、敢言之。／堪手

卅五年四月己未朔乙丑、洞庭叚（假）尉觿謂遷陵丞。陽陵卒署遷陵、其以律令從事、報之。當騰〔騰〕。／嘉手●以
洞庭司馬印行事。
敬手

⑨981正（図二四左一。彩版三十四左1）

卅年九月丙辰朔己巳、田官守敬敢言之。廷曰、令居貲目取船、弗予、謾曰亡、〔亡〕不定言。論及讂問不亡定。讂者
訾遣詣廷。問之、船亡審(1)。漚枲、迺甲寅夜水多、漚流包船(2)。〔船〕毄（繫）絶、亡求未得、此以未定。史逐將作
者汜中。具志已前上、遣佐壬操副詣廷、敢言之。

⑨981背（図二五左一。彩版三十五左1）

九月庚午旦、佐壬以來。／扁發。
壬手

〔説明〕船の紛失に関する文書。⑧134は、公船が返されない場合の文書で、共に水上交通に関する内容である。

（1）『報告』は「論及讂問、不亡。定讂者訾遣詣廷、問之船亡審」と読む。ここでは選校に従う。

（2）選釈、『報告』は「包」を「浮」とする。選校は、一説に「伏船」として、傾覆の意味を指摘する。

⑨984正（図二四左二。彩版三十四左2）

廿八年八月戊辰朔丁丑、酉陽守丞□敢告遷陵丞主(1)。停里士五（伍）順小妾□餘有律。事□□□□遷□
令史可聽書從事、□□□／八月甲午、遷陵拔謂都(2)

⑨984背（図二五左二。彩版三十五左2）

鄉嗇夫、以律令從事。／朝手。即走印行都鄉。
八月壬辰、水下八刻、隸妾以來。／□手
□手

〔説明〕この文書は、正面の命令を発信する文章を背面につづけて書いている。

（1）訳註、選校は「酉陽守丞□敢告遷陵丞。主停里士伍順小妾……」と読む。

（2）校詁は「遷陵掾謂都」に作る。

⑫10正（図九左三。彩版十八左3）　廿六年六月癸丑、遷陵拔訊榬・蛮・衿(1)……

⑫10背（図八左三。彩版十九左3）〔鞫〕之。越人以城邑反、蛮・衿・害弗智（知）……

〔説明〕選釈、『報告』は「越人」を少数民族とし、榬・蛮・衿を人名とする。選校は、榬蛮・害を人名と推測する。

（1）校詁は「遷陵掾訊捽・蛮・衾、〔蛮・衾〕」に作る。

⑯1（残簡、両側塗墨）　□洞庭泰守府」□時守府快以來。

⑯2（図版なし）

卅年三月己未、平邑鄉涇下佐昌(1)、與平邑故鄉守士五（伍）皇・中・哀、佐涅童禺□□

不備十三眞錢百九十五、負童分錢□卌八。

（1）選釈、選校は「佐冒」に作る。

⑯3（図版なし）

尉曹書二封。丞印。」一封詣零陽。」一封詣昆陽邑。　九月己亥、水下八、走印？以□

〔説明〕文書の発信記録。漢簡の郵書刺（過書刺）にあたる。李均明『秦漢簡牘文書分類輯解』（文物出版社、二〇〇九年）。

⑯5正（図二一左三。彩版三十一左3）

廿七年二月丙子朔庚寅、洞庭守禮謂縣嗇夫・卒史嘉・叚（假）卒史穀・屬尉。令曰、傳送委輸、必先悉行城旦舂・隷臣妾・居貲贖責（債）。急事不可留、乃興繇（徭）。今洞庭兵輸内史及巴・南郡・蒼梧、輸甲兵當傳者多。節（卽）傳之、必先悉行乘城卒・隷臣妾・城旦舂・鬼薪白粲・居貲贖責（債）・司寇・隱官・踐更縣者。田時殹（也）、不欲興黔首。嘉・穀・尉各謹案所部縣卒・徒隷・居貲贖責（債）・司寇・隱官・踐更縣者簿。有可令傳甲兵、縣弗令傳之而興黔首、〔興黔首〕可省少、弗省少而多興者、輒劾移縣。〔縣〕亟以律令具論。當坐者言名史泰守府（1）。嘉・穀・尉在所縣上書。嘉・穀・尉令人日夜端行。它如律令。

⑯5背（図二二左三。彩版三十二左3）

〔三〕月丙辰、遷陵丞歐敢告尉。告鄉・司空・倉主、前書已下、重聽書從事。尉別都鄉・司空、〔司空〕傳倉、都鄉別啓陵・貳春、皆勿留脫。它如律令。／釦手。丙辰、水下四刻、隷臣尙行。

三月癸丑、水下盡□、陽陵士□匄以來。／邪手。

□月癸卯（2）、水十一刻〔刻〕下九、求盜簪褭陽成辰以來／羽手　　如手

〔説明〕⑯5正面の文章は、⑯6正面と全く同文である。異なるのは、背面の受信、発信の記録である。

（1）選校は「名夬」に作る。校詁は「當坐者言名、夬泰守府」に作る。

（2）「簡報」、選釈、『報告』は「七月」とする。札記、訳註、選校、校詁は「二月」とする。

⑯6正（図二四左三。彩版三十四左3）

〔廿七〕年二月丙子朔庚寅、洞庭守禮謂縣嗇夫・卒史嘉・叚（假）卒史穀・屬尉。令曰、傳送委輸、必先悉行城旦舂・隷臣妾・居貲贖責（債）。急事不可留、乃興繇（徭）。今洞庭兵輸内史及巴・南郡・蒼梧、輸甲兵當傳者多。節（卽）

傳之。必先悉行乘城卒・隷臣妾・城旦舂・鬼薪白粲・居貲贖責（債）・司寇・隱官・踐更縣者。田時殹（也）、不欲興黔首。嘉・穀・尉各謹案所部縣卒・徒隸・居貲贖責（債）・司寇・隱官・踐更縣者簿。有可令傳甲兵、縣弗令傳之而興黔首。〔興黔首〕可省少、弗省少而多興者、輒劾移縣。〔縣〕亟以律令具論。當坐者言名史泰守府。嘉・穀・尉在所縣上書。嘉・穀・尉令人日夜端行。它如律令。

⑯6背（図二五左三。彩版三十五左3）

三月庚戌、遷陵守丞敦狐敢告尉。告鄉・司空・倉主、聽書從事。尉別書都鄉・司空、〔司空〕傳倉、都鄉別啓陵・貳春、皆勿留脫。它如律令。／釦手。庚戌、水下□刻、走袑行尉。

三月戊午、遷陵丞歐敢言之。寫上、敢言之。／釦手。己未旦、令史犯行。

□〔月〕戊申夕（1）、士五（伍）巫下里聞令以來。／慶手　　如手

（1）札記、訳註、選校、校詁は「三月」とする。

⑯8正（図七左二下。彩版十七左2下）　□〔倉〕八人。　司空三人」　〔少〕内七人。

⑯8背（図六左二下。彩版十六左2下）　……之令曰上、敢言之。

〔説明〕県レベルの官府で、倉、司空、少内の人員構成を示している。

⑯9正（図六左一。彩版十六左1）

廿六年五月辛巳朔庚子、啓陵鄉□敢言之（1）。都鄉守嘉言、渚里□……」劾等十七戸徙都鄉、皆不移年籍。令曰、移言。●今問之劾等徙……」書、告都鄉曰、啓陵鄉未有枼（牒）（2）、毋以智（知）劾等初産至今年數。□」□□□、謁令都鄉具問劾等年數、敢言之。

⑯9背（図七左一。彩版十七左1）

……遷陵守丞敦狐告都鄉主。以律令從事。／建手□……

甲辰、水十一刻〔刻〕下者十刻、不更成里午以來。／肆手

（1）啓陵鄉□の人名を、初読は「應」とし、選校、校詁は「庫」とする。訳註は「廑」と推測する。

（2）『報告』は「書告都鄉、曰啓陵鄉未有枼（牒）」と読む。

二、祠先農簡（出入券）

⑭4：……鹽四分升一以祠先農。

⑭62：……祠先農。是手

⑭639、⑭762：卅二年三月丁丑朔丙申、倉是佐狗出牂〔二〕以祠先農。

⑭651：……以祠先農。

⑭656、⑮434：卅二年三月丁丑朔丙申、倉是佐狗出黍米四斗以祠先農。

⑭693：……祠先農。

⑭748：……先農。

⑭66：卅二年三月丁丑朔丙申、倉是佐狗出祠先農餘〔徹〕食七斗、賣……

⑭300、764：卅二年三月丁丑朔丙申、倉是佐狗出祠先農餘徹羊頭一、足四、賣于城旦赫、所取錢四。……

⑭641：……頭一、足四、賣于城旦赫、所取錢四。衛〔率〕之頭〔一〕二錢、四足□錢。令史尙視平。

⑭649、⑭679：卅二年三月丁丑朔丙申、倉是佐狗出祠〔先〕農餘徹豚肉一斗半斗、賣于城旦赫、所取錢四。令史尚視平。狗手

⑭650、⑭652：卅二年三月丁丑朔丙申、倉是佐狗出祠〔先〕農餘徹酒一斗半斗、賣于城旦冣、所取錢一。衛〔率〕之一斗半斗一錢。令史尚視平。狗手

⑭654：卅二年三月丁丑朔丙申、倉是佐狗出祠〔先〕農餘徹肉汁二斗、賣于城旦□、所……

⑭675：卅二年三月丁丑朔丙申、倉是佐狗出祠先農餘徹肉二斗、賣……

⑭685：卅二年三月丁丑朔丙申、倉是佐狗出祠先農餘……

⑭698：卅二年三月丁丑朔丙申、倉是佐狗雜出祠先農餘徹酒一斗半斗、賣于城……

⑭719：卅二年三月丁丑朔丙申、倉是佐狗雜出祠先農餘徹食十……

⑮480：卅二年三月丁丑朔丙申、倉是佐狗雜出祠先農餘徹肉汁二斗、……

⑮490：卅二年三月丁丑朔丙申、倉是佐狗雜出祠先農餘徹肉二斗、賣于大……

⑮511：卅二年三月丁丑朔丙申、倉……

⑮595：……斗半斗一錢。令史尚視平。狗手

⑭57：隷妾窅先農先農農農農農……

〔説明〕これらは「簡報」にみえない『報告』の資料である。これらは側面に刻みがあるといわれ、符券にあたると推測される。張春龍「里耶秦簡校券和戸籍簡」（『中国簡帛学国際論壇二〇〇六論文集』武漢大学、台湾大学、シカゴ大学、二〇〇六年）、同「里耶秦簡祠先農・祠窨和祠隄校券」（『簡帛』第二輯、上海古籍出版社、二〇〇七年）は、「計卅二年以祠先農……⑬597」のほか、祠先農簡とは違う内容の出入券を紹介している。

三、地名里程簡

⑯12（彩版四十、右上）

1……里　高陽到……
2……里　武垣到……
3……□里　饒陽□……
4……九里　樂成□……
5……百七十五里　武邑……
6……百卅五里　信都……
7……□里　武……
8……〔十〕九里　宜〔成〕……

⑰14正面（彩版四十、下）

1□陽到頓丘百八十四里　□……
2頓丘到虛百卌六里
3虛到衍氏百九十五里
4衍氏到啓封三百五里
5啓封到長武九十三里

⑰14背面（彩版四十、下）

●泰凡七千七百廿二里

6長武到僞陵八十七里
7僞陵到許九十八里

⑯52（彩版四十右上）

1……□　　鄢到銷百八十四里
2……里　　銷到江陵二百卌六里(1)
3……里　　江陵到孱陵百一十里
4……六十四里　　孱陵到〔索〕二百九十五里
5　　〔索〕到臨沅六十里
6　　臨沅到遷陵九百一十里
7　　〔凡四〕千四百卌四里(2)

〔説明〕「簡報」では、⑯52下段の里程簡の一部を紹介している。『報告』では⑯12、⑰14、⑯52の写真を追加し、⑯52下段の釈文を修正している。

（1）「簡報」は「二百卌里」とあるが、『報告』で修正している。
（2）「簡報」は「□□千四百卌里」とする。

四、戸籍簡牘

K27（完整四六センチ、幅一・六センチ、彩版三十六、1、2）

1南陽戸人荊不更蠻强　2妻曰嗛　3子小上造□　4子小女子駝　5臣曰聚
伍長

K1／25／50（完整、幅三センチ、彩版三十六、3、4）

1南陽戸人荊不更黄得　2妻曰嗛　3子小上造台　4子小女虖
子小上造□　子小女移
子小上造〔定〕　子小女〔平〕　5五長

K43（完整、幅一・八センチ、彩版三十六、5、6）

1南陽戸人荊不更大□　妻曰嫘　3子小上造視
弟不更〔慶〕　慶妻規　子小造□

K28／29（完整、幅一・六センチ、彩版三十七、7、8）

1南陽戸人荊不更黄□　2妻曰負芻　3子小上造□　4子小女子女〔祠〕毋室

K17（完整、幅一・九センチ、彩版三十七、9、10）

1南陽戸人荊不更黄□　2妻曰不實　3子小上造悍　4子小女規
子不更昌　子小上造　子小女移

K8／9／11／47（完整、幅二・二センチ、彩版三十七、11、12）

1南陽戸人荊不更五イ□□　2妻曰繒　3……　4……　5……
……

K42／46（完整、幅一・六センチ、彩版三十八、13、14）

1南陽戸人荊不更□□　2〔妻〕曰義　3……　4母睢　5伍長

K30／45（残長三三、幅二センチ、彩版三十八、15、16）

1南陽戸人不更彭奄　2母曰錯　3子小上造狀

弟不更說　妾曰□

K4（残長三二・八、幅二・九センチ、彩版三十八、17、18）

1南陽戸人荊不更䜌喜　2妻大女子媅　3子小上造章　4子小女子趙

子不更衍　隸大女子華　子小上造　子小女子見

K2／23（完整、幅二・三センチ、彩版三十九、19、20）

1南陽戸人荊不更宋午　2熊妻曰□□　3子小上造傳　4〔衞〕子小女子□　5臣曰襦

弟不更熊　衞妻曰□　子小上造逐

弟不更衞　□子小上造□

〔熊〕子小上造□

K13／48（残長三二・八、幅一・七センチ、彩版三十九、21、22）

1南陽戸人荊不更□□　2妻曰有　3子小上造〔綽〕　4〔母〕

4……　5伍長

K36（残長一七・六、幅一・五センチ、彩版三十九、23）

3子小上造□　4……

K3（残長一六、幅一・二センチ、彩版三十九、24）

子小上造失

K5（残長一四、幅一・五センチ、彩版三十九、25）

1□獻　2妻曰縛　3……

□妻曰□

〔下〕妻曰婺

K38／39（残長九、幅一・五センチ）

1南陽戶人荊不更□

K15（残長五、残幅一・二センチ）

2□妻曰差

K18（残長四・九、残幅〇・九センチ）

1〔南陽〕戶人荊夫（大夫）

K6（残長一五、残幅〇・九センチ）

2妻曰□□

K7（残長四一、幅一・九センチ）

1……更□　2……　3……　4……　5……

K26（残長三五、幅一・九センチ）

2……　3……　4子小女子□

□小女子□

K31／37（完整、幅一・三センチ）

1〔南〕陽戸人荊不更李〔獾〕　2妻曰欟　3子小上造□　4……　5……

子小上造□　……

K33（完整、幅二・五センチ）

1南陽戸人荊不更□疾　2疾妻曰姽

K35（残長一五、幅二センチ）

4……　5……

K51（残長一〇、幅一・一センチ）

……

K12（残長一〇、幅一・一センチ）無文字

K14（残長一〇、幅一・三センチ）

4……　5……

K19（残長六・四、幅一・四センチ）木屑

K32（残長一三・七、幅一・三センチ）下半分

〔説明〕『報告』で追加された戸籍簡牘は、一号井戸ではなく、古城遺跡から出土した資料である。全部で一八に整理しているが、文字が判読できるのは一二枚である。全体は五段に分け、横線を引いて記載している。

五、封泥匣と笥牌（検、その他）

⑨982笥牌：（長一一・八、幅五・八センチ。『陳列』図版）　卅四年十月以盡四月。吏曹以事笥

⑧774笥牌（彩版二十四、1）　卅四年四月盡九月。倉曹當計禾稼出入券以計及縣相附受（授）廷　第甲

⑧775笥牌（彩版二十四、2）　從人論報擇免歸致書具此中（左下に墨繪、長い脛と喙の鶴を描く）

⑨2318笥牌（彩版二十四、3）　遷陵廷尉曹卅一年期會以事笥

⑨2319笥牌（彩版二十四、4）　都鄉月糴笥

〔説明〕『報告』で追加された笥牌は、竹笥に付けられた木札で、漢簡では楬と呼ばれる付札である。

⑦5封泥匣（彩版二十四、8）　洞庭泰（太）守府。尉曹發。以郵行

⑦1封泥匣（彩版二十四、7）　遷陵以郵行」洞庭

J1-169封泥匣（彩版二十四、6）　軹以郵行」河内

⑦4封泥匣（彩版二十四、5）　遷陵以郵行」洞庭

〔説明〕『報告』の封泥匣は、漢簡の封検にあたるが、封泥のある前面ではなく、裏面に文字を記している。多くは封泥匣だけで、文字を記さないという。

⑥2正：検（図二三左二。彩版三十三左2）　遷陵以郵行」　洞庭」

⑨983：検（長一五・六、幅一・四センチ。『陳列』図版）　西陽　洞庭

⑧155：検（図二三左四。彩版三十三左4）　廷主」　戸發」

〔説明〕『報告』では、⑥2、⑧155、⑨983を文書にあたる「簡牘と封検」に配列している。ここでは単独の簡牘として、別項目に配列した。『陳列』図版には、以下の検を紹介している。

　廷戸」發（長一八・五、幅三センチ）

⑥1正：九九表（図八左一。彩版十八左1）

〔九九〕八十一　三九廿七　三八廿四　二七十四　三五十五　二〔二〕而四
〔八九七〕十二　二九十八　二八十六　六〔六〕卅六　二五而十　一〔一〕而二(1)
七九六十三　八〔八〕六十四　七〔七〕卌九　五六卅　四〔四〕十六　二半而一
六九五十四　七八五十六　六七卌二　四六廿四　三四十二　凡千一百一十三字(2)
五九卌五　六八卌八　五七卅五　三六十八　二四而八
四九卅六　五八卌　四七廿八　二六十二　三〔三〕而九
　四八卅二　三七廿一　五〔五〕廿五　二三而六
　四五廿

⑥1背：習字簡（図九左一。彩版十九左1）

行郵　視　□(3)　以以郵　行行　守　敢以以
小吏　□　有

〔説明〕『報告』では、九九簡を「簡牘と封検」に配列するが、ここでは別の項目とした。九九簡は、敦煌漢簡や居延漢簡（肩水金関の七五・一九など）にもみえている（王煥林『校詁』第四章「簡牘考釈」九九表初探）。

（1）原文は「一〻而二」とある。「簡報」、選釈、訳註は「一〔二〕而二」の乗法と解釈する。

（2）札記、訳註、選校は「字」を衍字とみなす。校詁は、籌算の単位とする。

（3）「簡報」は「行郵人視〔篼〕……」「小吏鼻有□」とする。

⑤7正：楚簡（図七左上。彩版十七左2上）　布四敦。釦□……

〔説明〕竹簡の断簡で、楚系文字で書かれている。

あとがき

本書は、中国文明の原型となる秦漢時代について、とくに統一国家の成立と地域社会の実態を考察したものである。それと同時に、長江流域の出土資料を整理して、漢簡とあわせた中国古代の資料学を構築する基礎にしたいと考えた。主な対象としたのは、戦国時代の包山楚簡と睡虎地秦簡、秦代の里耶秦簡、漢代の張家山漢簡「津関令」である。とりあげた資料は、暦、紀年資料、系譜、文書の処理をする簡牘、符券、付札（楬）、壁書と扁書、交通に関する伝と致、告地策、地名里程簡、書籍、書信と名謁などである。その内容は、二〇〇三年以降に発表した論文を基礎にしているが、細部の解釈をのぞいて大きな論点は変更していない。里耶秦簡は、当初に『文物』に公表された資料をもとに分析し、のちに『里耶発掘報告』によって再論したため重複もみられるが、あえて部分的な整理にとどめている。また本書では、歴史学以外の分野や、日本古代の木簡研究との比較を意識しており、他分野の方にも分かるように概略を述べたところがある。

本書のきっかけは、二〇〇一年に愛媛大学「資料学」研究会をはじめたことである。このテーマには、私自身の研究をふくめて、いくつかの契機がある。その最初は、一九九九年におこなわれた中国出土資料学会のシンポジウムと、東方学会の国際シンポジウムへの参加である。このとき歴史、考古、思想、言語学の分野の方たちと討論する機会があったが、あまり接点をもつことができなかった。二〇〇一年には、湖南省長沙市で三国呉簡と簡帛発見百年を記念する国際学会に参加したが、ここでも考古、古文字、歴史、思想、科学技術などの分野で、総合的な視点をもつことが困難であると感じた。その原因の一端は、出土状況の違いや、歴史学と思想史などで関心の異なることがあげられる。出土地では、長江流域と西北辺境の資料が二つの大きな区分であり、今日では未公開の資料をふくめて湖北・湖南省の地域で大半を占めるようになっている。このような状況で、どのように総合的な出土資料学を構築するかは大きな課題である。

一方で私は、一九八五年から出土資料と比較しながら、『史記』の素材と編集の関係を考察してきた。その過程で、『史記』の素材は古墓の書籍と共通する要素が多いが、遺跡から出土する文書とは関係が少ないことに注目するようになった。これは中央と地方の資料や、年代が違うためだけではない。ここから司馬遷が利用しなかった系統の資料をふくめ、戦国、秦漢時代の全体的な文字資料のあり方が重要であることに気がついた。二〇〇五年には、拙著『中国古代国家と郡県社会』を出版して、より深く中国の社会システムについて考えようとしていた。こうした時期に、「資料学」研究会では「情報の伝達――発信と受容」というキーワードを設定している。

研究会をはじめて、さらに中国の資料学について考える機会があった。それは二〇〇二年に、大庭脩先生が絶筆となった『木片に残った文字――中国木簡の世界』で、漢簡研究をこえる展望を考えられていたことである。二〇〇三年からは、早稲田大学の二十一世紀COEプログラムの関連企画で、中国文明と長江流域文化を総合的に理解しようとする研究から啓発をうけた。これによって中国古代では、当面の課題として、漢簡を主体に作られてきた簡牘文書学と、長江流域の出土資料の総合化をはかる必要を強く感じるようになった。

こうした折り、二〇〇五年～二〇〇七年度に、愛媛大学研究開発支援経費・特別推進研究「古代東アジアの出土資料と情報伝達」（代表：藤田勝久）が採択され、中国古代の資料学を原型として、韓国や日本古代史の成果と比較する機会を得た。これについて西嶋定生先生の『秦漢王朝』（講談社学術文庫）や『古代東アジア世界と日本』（岩波現代文庫）では、中国文明の指標として、①漢字文化、②儒教、③律令制、④仏教の四つをあげており、漢代を一つの起点としていた。また恩師の佐藤武敏先生や、大庭脩先生も東アジアと日本との関係にかかわる著書を刊行されている。これらを継承すれば、秦漢王朝と東アジアの指標は、つぎのように言いかえることができよう。

一に、①漢字文化では、文字のもつ個別の意義のほかに、文章としてメッセージを伝える媒体を考える必要がある。それは皇帝の命令や法令、文書行政に代表されるような文書の形態と、史書や経書、諸子などの書籍の形態、地方官府の運営を支える実務資料などである。

二に、③律令制では、皇帝と中央機構の成立が前提にある。これはある意味で、広く文字資料が展開した形態（文書行政、文書システム）として、王朝の中央官制と、郡県制に代表される地方行政、地域社会の習俗・規範をふくむ社会システムに拡大することができよう。ここには官僚と官吏の法制統治や、軍事・徭役の編成、財政の運営と共に、地域社会とのかかわりが重要な問題となる。三に、中国古代の思想と宗教は大切であるが、秦漢王朝の成立期では、まだ②儒教と④仏教は社会を規定する大きな要因となっていない。

したがって中国古代文明の成立では、（一）漢字文化：文書や書籍、記録の情報と、（二）古代国家の機能と社会システムのあり方が基本的なテーマとなる。さらに指標を追加すれば、（三）科学技術（生活にかかわる物質文化、稲作・灌漑、金属器の製造、生産技術など）、（四）東アジアにおける諸民族の認識があげられよう。本書の課題は、このうち（一）漢字文化の実態と、（二）古代の社会システムにかかわるものである。

序章「中国出土資料と古代社会」は、出土資料の概略と研究史をふりかえり、本書の基本的な方法を提示したものである。第一章「中国古代の秦と巴蜀、楚」は、長江流域出土資料の分析が、戦国時代から秦漢王朝の地域社会モデルになることを示した概論となっている。

第二章「包山楚簡と楚国の情報伝達」は、戦国楚の出土資料をもとに、楚国の国家と社会システムについて展望してみた。第三章「戦国秦の南郡統治と地方社会」は、これまで法制史の中心であった睡虎地秦簡を、地方社会のなかで再検討したものである。ここでは戦国秦の南郡という占領地と、古墓の資料との関係を位置づけている。この二つの論文で、秦と楚の社会システムの違いがわかるであろう。

第四章「里耶秦簡と秦代郡県の社会」、第五章「里耶秦簡の文書形態と情報処理」、第六章「里耶秦簡の文書と情報システム」、第七章「里耶秦簡の記録と実務資料」は、これまで公表された里耶秦簡を分析して、秦代郡県制の構造と、地方官府の情報処理、実務資料による運営、社会システムとの関係を考察したものである。これによって中国古代の文書行政と官府の運営方法は、従来まで想定されていた漢代よりも早く、すでに秦王朝に成立しており、その基本単位は県レベルであることを確認した。

第八章「長江流域社会と張家山漢簡」、第九章「張家山漢簡『津関令』と詔書の伝達」、第十章「張家山漢簡『津関令』と漢墓簡牘」は、漢代の南郡のなかで張家山漢簡を位置づけている。ここでは、暦譜や法令が中央の情報を保存する性格をもち、遣策や書籍は地域性を反映すると想定した。また古墓の資料は、井戸や遺跡の資料とあわせて、秦漢時代の社会を反映し、地方行政の運営を互いに補完するという特徴を考察している。

第十一章「秦漢時代の交通と情報伝達」、第十二章「中国古代の書信と情報伝達」は、交通や人びとの移動にかかわる問題として、里耶秦簡などの地名里程簡や、戦国・秦漢時代の書信と名謁を考察したものである。これまでの論文では、部分的に西北の居延漢簡や懸泉漢簡、東方の尹湾漢墓簡牘などを検討して、資料学の総合化に対する試みをしている。

終章「中国古代の社会と情報伝達」は、長江流域の出土資料を中心に、漢簡をふくめた資料学を展望し、中国古代国家と社会システムの特色を整理したものである。ここでは、とくに中国古代社会の体系と文字資料を原型として、東アジアの木簡研究との接点を提示しようとした。これは今後、中国各地の出土資料や、日本古代の木簡などと比較する基礎になればと願っている。

本書の刊行にあたっては、中国と日本、韓国の研究者との共同研究や学術交流から、多くの啓発と教示をうけている。二〇〇一年以降では、つぎのような国際学会やワークショップに参加させていただいた。

長沙三国呉簡曁百年来簡帛発現与研究国際学術討論会（湖南省長沙市、二〇〇一年八月）
第三回中国先秦史と修史（《史記》編纂）ワークショップ（アメリカ、ウィスコンシン大学、二〇〇二年八月）
楚学国際研討会（華中師範大学、二〇〇三年一〇月）
楚国歴史文化国際学術研討会曁湘鄂豫皖楚文化研究会第八次年会（湖北省宜昌、二〇〇三年一〇月）
第六届秦俑学術討論会（陝西省西安市臨潼、二〇〇四年七月）
司馬遷生誕二一五〇周年記念国際学術討論会（西安市陝西師範大学、二〇〇五年八月）
『史記』与楚漢戦争学術研討会曁中国史記研究会第五届年会（河南省滎陽、二〇〇六年八月）
中国社会科学院国際学術論壇：簡帛学論壇（中国社会科学院、二〇〇六年一一月）
中国簡帛学国際論壇二〇〇六（武漢大学簡帛研究中心、二〇〇六年一一月）
中国里耶古城・秦簡与秦文化国際学術研討会（湖南省龍山県、二〇〇七年一〇月）
漢代文明国際学術研討会（北京市、二〇〇八年五月）
第一届世界漢学中的《史記》学国際学術研討会（台湾仏光大学、二〇〇八年五月）
成均館大学校東アジア学術院人文韓国事業団国際学術会議（韓国成均館大学校、二〇〇八年八月）

中国では国際学会の前後や、現地調査の機会に出土資料に関連する研究所や遺跡を訪れることができ、多くの先生方にお世話になった。すべてのお名前をあげることはできないが、中国社会科学院の謝桂華、卜憲群、馬怡先生、北京大学の呉栄曾、蔣非非先生、中国文化遺産研究院の胡平生先生、中国人民大学の王子今先生、武漢大学簡帛研究中心の陳偉、彭浩先生や、華中師範大学の張正明先生、湖南大学の陳松長先生、甘粛省文物考古研究所の張俊民先生、司馬遷学会と秦兵馬俑博物館の諸先生、精華大学の曹峰、復旦大学の呂静先生などである。台湾では、中央研究院歴史語言研究所の邢義田先生、仏光大学の李紀祥先生など、韓国では、翰林大学の金秉駿先生、成均館大学校の金慶浩、李承律先生、アメリカではウィスコンシン大学のニーハウザー先生などに、多くのご教示をいただいた。

日本では、佐藤武敏先生、永田英正先生をはじめ、早稲田大学の工藤元男、学習院大学の鶴間和幸、東京大学の平勢隆郎、就実大学の李開元、奈良大学の角谷常子、東北学院大学の谷口満、新潟大学の關尾史郎の各先生からご教示をいただき、廣瀬薫雄（現、上海復旦大学）、水野卓氏らにお世話になった。愛媛大学では、松原弘宣先生ほか、資料学研究会の諸先生にご支援いただいたことを感謝したい。

中国の出土資料は、画像テキストと釈文・考証や、多くの研究成果が蓄積されている。また今も発掘と公開がつづいており、その全体はなかなか展望しにくい状況である。里耶秦簡も、わずかな資料が公開されているにすぎない。こうしたなかで大まかな総括を試みるのは、個別の研究や集成を整えたうえですべきであり、時期尚早という見方があるかもしれない。しかし研究の細分化によって、ますます全体がみえにくくなることも予想される。そこで従来の簡牘文書学や出土文献学の論点とはちがって、サンプルとなる簡牘の機能や情報伝達の原理からみれば、まだ公表されていない資料をふくめて、簡牘のパターンが推測できるのではないかと考えたのである。さらに秦代では、地方行政の体系が成立しているにもかかわらず、同時に不正に対処する命令が出されていた。これは秦の占領統治に対して、地域社会の人々と共存する問題点となり、情報社会に対する現代的な意義を示唆している。本書は、ささやかな考察であるが、こうした中国の国家と社会システムの特質を考える一助になれば幸いである。

二〇〇八年度からは、愛媛大学研究開発支援経費の研究プロジェクト「東アジアの出土資料と情報伝達の研究」（代表：藤田勝久）として、新たに中国・日本・韓国の研究者との共同研究を計画している。これによって私も、①『史記』と出土資料、②文字資料の処理と機能、③交通と情報伝達の方面から、「中国古代の出土資料と情報伝達」というテーマを継続したいと希望している。

出版にあたっては、学術書の刊行が困難な状況で、汲古書院の坂本健彦、石坂叡志、三井久人、小林詔子の各氏に大変お世話になった。また本研究は、独立行政法人日本学術振興会の平成二十一年度科学研究費補助金（研究成果公開促進費）の交付によるものである。記して関係各位に感謝の意を表したい。

二〇〇九年七月

松山にて

藤　田　勝　久

初出一覧

序　章「中国出土資料と古代社会——情報伝達の視点から」（『資料学の方法を探る』四、二〇〇五年）を改稿
第一章「中国古代史における秦、巴蜀、楚——長江流域の出土資料と地域社会」（『長江流域文化研究所年報』二号、二〇〇三年）、「中国古代の秦と巴蜀、楚——文字資料の情報伝達」（改稿、長江流域文化研究所編『長江流域と巴蜀、楚の地域文化』雄山閣、二〇〇六年）
第二章「包山楚簡と楚国の情報伝達——紀年と社会システム」（『中国研究集刊』別冊特集号、総三八号、二〇〇五年）、「戦国楚簡与楚国的情報伝達——紀年与社会系統」（中文訳、『簡帛研究二〇〇四』江西師範大学出版社、二〇〇六年）
第三章（書き下ろし）
第四章「里耶秦簡と秦代郡県の社会」（『愛媛大学法文学部論集』人文学科編一九、二〇〇五年）を増補
第五章「里耶秦簡の文書形態と情報伝達」（『愛媛大学法文学部論集』人文学科編二一、二〇〇六年）、「里耶秦簡的文書形態与信息伝逓」（中文訳、『簡帛研究二〇〇六』広西師範大学出版社、二〇〇八年）を増補
第六章「里耶秦簡の情報システム——秦代の郡県制をめぐって」（『愛媛大学法文学部論集』人文学科編二三、二〇〇七年）、「里耶秦簡的文書与信息系統」（中文訳、『簡帛』第三輯、武漢大学簡帛研究中心、二〇〇八年）
第七章「里耶秦簡の記録簡と実務」（『愛媛大学法文学部論集』人文学科編二五、二〇〇八年）
第八章「長江流域の社会と張家山漢墓——秦から漢への社会システム」（『資料学の方法を探る』三、二〇〇四年）を改稿

第九章「張家山漢簡『津関令』と詔書の伝達」（『資料学の方法を探る』六、二〇〇七年）を改稿

第十章「張家山漢簡『津関令』と漢墓簡牘――伝と致の情報伝達」（『愛媛大学法文学部論集』人文学科編二二、二〇〇七年）、「《張家山漢簡・津関令》与漢墓簡牘――伝与致的情報伝達」（中文訳、『簡帛』第二輯、武漢大学簡帛研究中心、二〇〇七年）を増補

第十一章「秦漢時代の交通と情報伝達――公文書と人の移動」（『愛媛大学法文学部論集』人文学科編二四、二〇〇八年）

第十二章「『史記』の書信を読む」（愛媛大学「資料学」研究会編『歴史と文学の資料を読む』創風社出版、二〇〇八年）、「中国出土の書信について」（『資料学の方法を探る』七、二〇〇八年）を改稿

終　章「中国古代の社会と情報伝達」（藤田勝久・松原弘宣編『古代東アジアの情報伝達』汲古書院、二〇〇八年）、「里耶古城参観記」（『資料学の方法を探る』七、二〇〇八年）を増補

出土資料文献目録

＊ここでは本書に関連する出土資料の主要な発掘報告、写真・釈文、注釈を中心に収録した。一は出土資料の全般に関する中文、二、三、四は長江流域の資料、五は他地域の出土資料で、ほぼ年代順に配列している。

一、出土資料の全般（中文）

1駢宇騫・段書安編著『本世紀以来出土簡帛概述』（台北市、万巻楼図書、一九九九年）
2駢宇騫・段書安編著『二十世紀出土簡帛概述』（文物出版社、二〇〇六年）
1書檄（書：命書、詔書、制書、戒敕。檄：警檄、行罰檄、府檄。記、教、信札。伝。致）、2簿籍（簿、籍）、3律令（律、令、科品、比）、4案録、5符券、6検楬、7遣策と告地策
3王国維原著、胡平生・馬月華校注『簡牘検署考校注』（上海古籍出版社、二〇〇四年）
4胡平生・李天虹『長江流域出土簡牘与研究』（湖北教育出版社、二〇〇四年）
5湖北省博物館編『書写歴史——戦国秦漢簡牘』（文物出版社、二〇〇七年）
6李均明・劉軍『簡牘文書学』（広西教育出版社、一九九九年）
7李均明『古代簡牘』（文物出版社、二〇〇三年）

8李均明『秦漢簡牘文書分類輯解』(文物出版社、二〇〇九年)
書檄類：書(1皇(王)室文書、2章奏文書、3官府往来書、4司法文書)、檄、記(府記、官記、私記)
律令類：律、令、科・品、封診式、法律答問。簿籍類：簿、籍。録課類：録、案、刺、課、その他。
符券類：符、券。検楬：検(実物検、文書検、函封)、楬(実物楬、文書楬)
9汪桂海『漢代官文書制度』(広西教育出版社、一九九九年)
10何双全『簡牘』(敦煌文芸出版社、二〇〇四年)
11大庭脩『漢簡研究』(徐世虹訳、広西師範大学出版社、二〇〇一年)
12邁克爾・魯惟一『漢代行政記録』(広西師範大学出版社、二〇〇七年)
13永田英正『居延漢簡研究』(張学鋒訳、広西師範大学出版社、二〇〇七年)
14藤田勝久『《史記》戦国史料研究』(曹峰・廣瀬薫雄訳、上海古籍出版社、二〇〇八年)

二、長江流域の戦国楚

15湖北省博物館編『曾侯乙墓』(文物出版社、一九八九年)＊遺策二四〇枚
＊1車馬の装備一二一枚、2人馬の甲冑二〇枚、3駕車の馬六八枚、4木俑六枚
16河南省文物研究所編『信陽楚墓』(文物出版社、一九八六年)＊典籍一一九枚、遺策二九枚
17湖南省博物館・湖南省文物考古研究所・長沙市博物館・長沙市文物考古研究所編『長沙楚墓』(文物出版社、二〇〇〇年)
18商承祚編著『戦国楚竹簡匯編』(斉魯書社、一九九五年)

＊信陽長台関一号楚墓第一・第二組、長沙仰天湖二五号楚墓、江陵望山一号・二号楚墓、長沙五里牌四〇六号楚墓、長沙楊家湾六号楚墓を収録

19湖北省荊州地区博物館「江陵天星観一号楚墓」(『考古学報』一九八二年一期)

＊卜筮祭禱、遣策など七〇余枚と残簡

湖北省荊州博物館『荊州天星観二号楚墓』(文物出版社、二〇〇三年)

20湖北省文物考古研究所・北京大学中文系『望山楚簡』(中華書局、一九九五年)

湖北省文物考古研究所『江陵望山沙冢楚墓』(文物出版社、一九九六年)

＊一号：卜筮祭禱記録二〇七片、二号：遣策六六片

21湖北省荊沙鉄路考古隊包山墓地整理小組「荊門市包山楚墓発掘簡報」(『文物』一九八八年五期)

包山墓地竹簡整理小組「包山二号墓竹簡概述」(『文物』一九八八年五期)

湖北省荊沙鉄路考古隊『包山楚墓』上下(文物出版社、一九九一年)

湖北省荊沙鉄路考古隊『包山楚簡』(文物出版社、一九九一年)

＊文書簡、卜筮祭禱記録、遣策など二七八枚、葬送にかかわる竹牘一枚

張光裕主編『包山楚簡文字編』(台湾芸文印書館、一九九二年)

劉信芳『包山楚簡解詁』(芸文印書館、二〇〇三年)

陳偉『包山楚簡初探』(武漢大学出版社、一九九六年)

22河南省文物考古研究所『新蔡葛陵楚墓』(大象出版社、二〇〇三年)＊卜筮祭禱記録、遣策など一五七一枚

23湖北省荊門市博物館「荊門郭店一号楚墓」(『文物』一九九七年七期)

荊門市博物館編『郭店楚墓竹簡』（文物出版社、一九九八年）＊典籍八〇四枚
＊老子甲、老子乙、老子丙、太一生水、緇衣、魯穆公問子思、窮達以時、五行、唐虞之道、忠信之道、成之聞之、尊徳義、性自命出、六徳、語叢一～四
張光裕主編『郭店楚簡研究　第一巻文字編』（台湾芸文印書館、一九九九年）
張守中・張小滄・郝建文撰集『郭店楚簡文字編』（文物出版社、二〇〇〇年）
陳偉『郭店竹書別釈』（湖北教育出版社、二〇〇二年）

24馬承源主編『上海博物館蔵戦国楚竹書』第一～第七冊（上海古籍出版社、二〇〇一～二〇〇八年）
＊第一冊：孔子詩論、緇衣、性情論、残簡。＊第二冊：民之父母、子羔、魯邦大旱、従政（甲、乙篇）、昔者君老、容成氏。＊第三冊：周易、仲弓、恒先、彭祖。＊第四冊：采風曲目、逸詩、昭王毀室昭王与龔之脽、柬大王泊旱、内礼、相邦之道、曹沫之陳。＊第五冊：競内建之、鮑叔牙与隰朋之諫、季庚子問于孔子、姑成家父、君子為礼、弟子問、三徳、鬼神之明・融師有成氏。＊第六冊：孔子見季走亘（桓）子、庄王既成申公臣霊王、中公臣霊王、平王問鄭寿、平王与王子木、慎子曰恭倹、用曰、天子建州・甲乙本。＊第七冊：武王践阼、鄭子家喪、君人者何必安哉、凡物流形、呉命。

25湖南省文物考古研究所・慈利県文物保護管理研究所「湖南慈利石板村三六号戦国墓発掘簡報」（『文物』一九九〇年一〇期）
同「湖南慈利県石板村戦国墓」（『考古学報』一九九五年二期）＊典籍約一〇〇〇枚
張春龍「慈利楚簡概述」（北京大学・達慕斯大学・中国社会科学院主辦『新出簡帛研究――新出簡帛国際学術研討会論文集』、文物出版社、二〇〇四年）楚と呉越の歴史事件

＊残片四三七一片、『国語』呉語、『逸周書』『戦国策』『寧越子』の佚文

26湖北省文物考古研究所編『江陵九店東周墓』（科学出版社、一九九五年）

＊五六号：日書二〇五枚、六二一号：竹簡一二七枚、四一一号：二枚

湖北省文物考古研究所・北京大学中文系編『九店楚簡』（中華書局、二〇〇〇年）

27湖南省博物館「長沙子弾庫戦国木槨墓」（『文物』一九七四年二期）＊帛書（三八・七×四七センチ）

28「〝清華簡〟的整理及重要発現」（『中国文物報』二〇〇九年四月二九日）残片を含めて竹簡二三八八枚

＊『尚書』と編年史書に関する資料、「保訓」一一枚、周武王の楽詩一四枚など

29李守奎編『楚文字編』（華東師範大学出版社、二〇〇三年）

30滕壬生『楚系簡帛文字編』（湖北教育出版社、一九九五年）

滕壬生『楚系簡帛文字編』増訂本（湖北教育出版社、二〇〇八年）

三、長江流域の戦国秦、秦代

31四川省博物館・青川県文化館「青川県出土秦更修田律木牘―四川青川県戦国墓発掘簡報」（『文物』一九八二年一期）

『全国出土文物珍品選一九七六―一九八四』（文物出版社、一九七八年）

『出土文献研究』第八輯（上海古籍出版社、二〇〇七年）＊青川木牘図版

32甘粛省考古研究所・天水市北道区文化館「甘粛天水放馬灘戦国秦漢墓群的発掘」（『文物』一九八九年二期）

＊竹簡四六〇枚（①日書甲種七三枚、②日書乙種三七九枚、③墓主記八枚）、木板四枚（地図七幅）

何双全「天水放馬灘秦墓出土地図初探」（『文物』一九八九年二期）

何双全「天水放馬灘秦簡綜述」（『文物』一九八九年二期）

雍際春『天水放馬灘木板地図研究』（甘粛人民出版社、二〇〇二年）

33 孝感地区第二期亦工亦農文物考古訓練班「湖北雲夢睡虎地十一号秦墓発掘簡報」（『文物』一九七六年六期）

湖北孝感地区第二期亦工亦農文物考古訓練班「湖北雲夢睡虎地十一座秦墓発掘簡報」（『文物』一九七六年九期）

睡虎地秦墓竹簡整理小組編『睡虎地秦墓竹簡』（文物出版社、一九七七年）帙入り本

睡虎地秦墓竹簡整理小組編『睡虎地秦墓竹簡』（文物出版社、一九七八年）平装本

《雲夢睡虎地秦墓》編写組『雲夢睡虎地秦墓』（文物出版社、一九八一年）発掘報告書

＊第二章、一簡牘概述（1竹簡、一一号墓、2木牘、四号墓）

睡虎地秦墓竹簡整理小組編『睡虎地秦墓竹簡』（文物出版社、一九九〇年）繁体字釈文

＊編年記、語書、秦律十八種、效律、秦律雑抄、封診式、為吏之道、日書甲種、日書乙種

松崎つね子『睡虎地秦簡』（明徳出版社、二〇〇〇年）

34 湖北省文物考古研究所・孝感地区博物館・雲夢県博物館「雲夢龍崗秦漢墓地第一次発掘簡報」（『江漢考古』一九九〇年三期）

湖北省文物考古研究所・孝感地区博物館・雲夢県博物館「雲夢龍崗六号秦墓及出土簡牘」（『考古学輯刊』第八輯、一九九四年）

劉信芳、梁柱『雲夢龍崗秦簡』（科学出版社、一九九七年）

中国文物研究所、湖北省文物考古研究所編『龍崗秦簡』（中華書局、二〇〇一年）

＊六号墓：竹簡二九三片と残簡（禁苑、馳道、馬牛羊、田贏、その他）、木牘一枚

35荊州地区博物館「江陵王家台一五号秦墓」（『文物』一九九五年一期）
　＊一五号秦墓：竹簡八〇〇余枚、效律、日書、易占（帰蔵）
36荊州市周梁玉橋遺址博物館「関沮秦漢墓清理簡報」（『文物』一九九九年六期）
彭錦華「周家台三〇号秦墓竹簡〝秦始皇三十四年暦譜〟釈文与考釈」（『文物』一九九九年六期）
湖北省荊州市周梁玉橋遺址博物館編『関沮秦漢墓簡牘』（中華書局、二〇〇一年）
　＊周家台三〇号秦墓：竹簡三八一枚（暦譜、日書、病方その他）、木牘一枚
　＊蕭家草場二六号漢墓：竹簡三五枚
37湖南省文物考古研究所・湘西土家族苗族自治州文物処・龍山県文物管理所「湖南龍山里耶戦国—秦代古城一号井発掘簡報」（『文物』二〇〇三年一期）
湖南省文物考古研究所・湘西土家族苗族自治州文物処「湘西里耶秦代簡牘選釈」（『中国歴史文物』二〇〇三年一期）
湖南省文物考古研究所「湖南龍山県里耶戦国秦漢城址及秦代簡牘」（『考古』二〇〇三年七期）
湖南省文物考古研究所編『里耶発掘報告』（岳麓書社、二〇〇七年）
　＊1簡牘と封検、2祠先農簡、3地名里程簡、4戸籍簡牘、5封泥と笥牌
李学勤「初読里耶秦簡」（『文物』二〇〇三年一期）
里耶秦簡講読会「里耶秦簡訳註」（『中国出土資料研究』八、二〇〇四年）
馬怡「里耶秦簡選校」（『中国社会科学院歴史研究所学刊』第四集、商務印書館、二〇〇七年）
王焕林『里耶秦簡校詁』（中国文聯出版社、二〇〇七年）
張春龍「里耶秦簡祠先農・祠窨和祠隄校券」（『簡帛』第二輯、上海古籍出版社、二〇〇七年）

張春龍・龍京沙「湘西里耶秦簡八―四五五号」（『簡帛』第四輯、上海古籍出版社、二〇〇九年）
38陳松長「岳麓書院新獲秦簡中的郡県名考釈」（『東アジア資料学の可能性模索』成均館大学校東アジア学術院、二〇〇八年八月）
陳松長「岳麓書院所蔵秦簡綜述」（『文物』二〇〇九年三期）大部分が竹簡、少量の木簡
＊比較的に完全な簡一三〇〇余枚（日志、官箴、夢書、数書、奏讞書、律令雑抄）、三〇余枚

四、長江流域の漢代、三国

39荊州地区博物館「江陵張家山三座漢墓出土大批竹簡」（『文物』一九八五年一期）
荊州地区博物館「江陵張家山両座漢墓出土大批竹簡」（『文物』一九九二年九期）
張家山二四七号漢墓竹簡整理小組『張家山漢墓竹簡〔二四七号墓〕』（文物出版社、二〇〇一年）＊一二三六枚
＊暦譜一八枚、二年律令五二六枚、奏讞書二二八枚、脈書六六枚、算数書一九〇枚、蓋廬五五枚、引書一一二枚、遣策四一簡
張家山二四七号漢墓竹簡整理小組『張家山漢墓竹簡〔二四七号墓〕』釈文修訂本（文物出版社、二〇〇六年）
彭浩・陳偉・工藤元男主編『二年律令與奏讞書』（上海古籍出版社、二〇〇七年）
朱紅林『張家山漢簡《二年律令》集釈』（社会科学文献出版社、二〇〇五年）
中国社会科学院簡帛研究中心編『張家山漢簡《二年律令》研究文集』（広西師範大学出版社、二〇〇七年）
冨谷至編『江陵張家山二四七号墓出土漢律令の研究』訳注、研究篇（朋友書店、二〇〇六年）
専修大学『二年律令』研究会「張家山漢簡『二年律令』訳注」一～一二（『専修史学』三五～四六、二〇〇三～二〇〇

九年）
早稲田大学簡帛研究会「張家山二四七号漢墓竹簡訳注」（『長江流域文化研究所年報』創刊号〜、二〇〇二〜二〇〇八年）
池田雄一編『奏讞書——中国古代の裁判記録』（刀水書房、二〇〇二年）
蔡万進『張家山漢簡《奏讞書》研究』（広西師範大学出版社、二〇〇六年）
40湖南省文物考古研究所、懐化市文物処、沅陵県博物館「沅陵虎溪山一号漢墓発掘簡報」（『文物』二〇〇三年一期）
＊竹簡約八〇〇枚（1黄簿、2日書、3美食方）
郭偉民「虎溪山一号漢墓葬制及出土竹簡的初歩研究」（北京大学・達慕斯大学・中国社会科学院主辦『新出簡帛研究——新出簡帛国際学術研討会論文集』文物出版社、二〇〇四年）＊竹簡一〇〇〇余枚（黄籍、食譜、日書）
41荊州地区博物館「江陵高台一八号墓発掘簡報」（『文物』一九九三年八期）
湖北省荊州博物館編著『荊州高台秦漢墓』（科学出版社、二〇〇〇年）
＊六号墓：竹簡五三枚。一八号墓：木牘四枚
42長江流域第二期文物考古工作人員訓練班「湖北江陵鳳凰山西漢墓発掘簡報」（『文物』一九七四年六期）
鳳凰山一六七号漢墓発掘整理小組「江陵鳳凰山一六七号漢墓発掘簡報」（『文物』一九七六年一〇期）
湖北省文物考古研究所「江陵鳳凰山一六八号漢墓」（『考古学報』一九九三年四期）
＊八号墓：竹簡一七六枚。九号墓：木牘三枚。一〇号墓：竹簡一七〇枚、木牘六枚。一六七号墓：木簡七四枚、木楬五枚。一六八号墓：竹牘一枚、竹簡六六枚
弘一「江陵鳳凰山十号漢墓出土簡牘初探」（『文物』一九七四年六期）
裘錫圭「湖北江陵鳳凰山十号漢墓出土簡牘考釈」（『文物』一九七四年七期）

43湖北省文物考古研究所・随州市文物局「随州孔家坡墓地M八発掘簡報」（『文物』二〇〇一年九期）
湖北省文物考古研究所・随州市考古隊編著『随州孔家坡漢墓簡牘』（文物出版社、二〇〇六年）
＊竹簡（日書、暦日）、木牘（告地書）
44湖南省博物館・中国科学院考古研究所編『長沙馬王堆一号漢墓』（文物出版社、一九七三年）
＊遣策（竹簡三一二枚）、帛画、竹笥封泥匣と木牌
湖南省博物館・中国科学院考古研究所「長沙馬王堆二・三号漢墓発掘簡報」（『文物』一九七四年七期）
湖南省博物館・湖南省文物考古研究所編『長沙馬王堆二・三号漢墓』（文物出版社、二〇〇四年）
＊遣策（木牘六枚、竹簡四〇二枚）、医書二〇〇枚、帛画、竹笥封泥匣と木牌
馬王堆漢墓帛書整理小組編『馬王堆漢墓帛書〔壹〕』（文物出版社、一九七四年）
＊老子甲本及巻後古佚書、老子乙本及巻前古佚書
同 整理小組編『馬王堆漢墓帛書〔参〕』（文物出版社、一九八三年）＊『春秋事語』『戦国縦横家書』
同 整理小組編『馬王堆漢墓帛書〔肆〕』（文物出版社、一九八五年）
＊足臂十一脈灸経、陰陽十一脈灸経甲本、脈法、陰陽脈死候、五十二病方、却穀食気、陰陽十一脈灸経乙本、導引図、養生方、雑療方、胎産書、十問、合陰陽、雑禁方、天下至道談
馬王堆漢墓帛書整理小組編『馬王堆漢墓帛書古地図』（文物出版社、一九七七年）
佐藤武敏監修、工藤元男・早苗良雄・藤田勝久訳注『馬王堆帛書戦国縦横家書』（朋友書店、一九九三年）
野間文史『春秋事語』馬王堆出土文献訳注叢書（東方書店、二〇〇七年）
45荊州博物館編『荊州重要考古発現』（文物出版社、二〇〇九年）

＊鳳凰山漢墓、高台漢墓、謝家橋漢墓、張家山漢墓、印台漢墓の簡牘、松柏漢墓の木牘

＊印台漢墓の簡牘は、全部で竹・木簡が二三〇〇余枚、木牘六〇余方。内容は、文書、卒簿、暦譜、編年記、日書、律令、遣策、器籍、告地書など。文書に、景帝前元二年（前一五五）の紀年。六〇号墓（竹簡二〇〇余枚、木簡一一枚、木牘二二方）、六一号墓（木牘三枚）、五九号墓（竹簡八〇〇余枚、木牘一方）、六二号墓（木牘一方）、六三号墓（残簡一六枚、木牘八方）、八三号墓（木牘一方）、九七号墓（竹簡一一九八枚、残簡一〇〇余枚）、一一二号墓（竹簡四四枚）、一一五号墓（木牘三三方）、六〇号墓（竹簡二〇〇余枚、木簡一一枚、木牘二二方）、六〇号墓（竹簡二〇〇余枚、木簡一一枚、木牘二二方）

荊州博物館「湖北荊州謝家橋一号漢墓発掘簡報」（『文物』二〇〇九年四期）呂后五年

＊竹簡二〇八枚（遣策、随葬器物一九七枚、分類統計一一枚）、竹牘三枚

46天長市文物管理所、天長市博物館「安徽天長西漢墓発掘簡報」（『文物』二〇〇六年一一期）

＊木牘三四片（戸口簿・算簿、書信、木刺、薬方、礼単）

47湖北省文物考古研究所・雲夢県博物館「湖北雲夢睡虎地M七七発掘簡報」（『江漢考古』二〇〇八年四期）

＊二一三七枚と残片。竹簡：1質日（暦譜）、2日書、3仲尼、越王句践、伍子胥などの人物をふくむ書籍、4算術、5法律（八五〇枚）。牘：司法文書、簿籍

48荊州博物館「湖北荊州紀南松柏漢墓発掘簡報」（『文物』二〇〇八年四期）武帝早期

＊木牘六三枚（遣書、各類簿冊、牒書、律令、暦譜、功労記録、昇遷記録など）、木簡一〇枚

49安徽省文物工作隊・阜陽地区博物館・阜陽県文化局「阜陽双古堆西漢汝陰侯墓発掘簡報」（『文物』一九七八年八期）

文物局古文献研究室・安徽阜陽地区博物館、阜陽漢簡整理組「阜陽漢簡簡介」（『文物』一九八三年二期）

＊蒼頡篇、詩経、周易、年表、大事記、辞賦、刑徳・日書、万物、作務員程、行気、相狗経、干支表

書籍篇題：木牘三枚

50「万余枚西漢簡牘驚現長沙走馬楼」（『中国文物報』二〇〇四年二月一八日）

長沙簡牘博物館、長沙市文物考古研究所聯合発掘組「二〇〇三年長沙走馬楼西漢簡牘重大考古発現」（『出土文献研究』第七輯、上海古籍出版社、二〇〇五年）＊簡牘約一〇〇〇〇点（行政文書、司法文書）

51湖南省文物考古研究所・中国文物研究所「湖南張家界古人堤遺址与出土簡牘概述」（『中国歴史文物』二〇〇三年二期）

＊簡牘九〇片（漢律、医方、官府文書、暦日表、九九乗法表）

湖南省文物考古研究所・中国文物研究所「湖南張家界古人堤簡牘釈文与簡注」（『中国歴史文物』二〇〇三年二期）

52長沙市文物考古研究所・中国文物研究所『長沙東牌楼東漢簡牘』（文物出版社、二〇〇六年）＊二〇五枚

＊1公文（封緘、封匣、封検、文書）、2私信（封緘、封検、書信）、3雑文書（事目、戸籍、名簿）、4名刺、5券書、6簽牌、7雑帳、8その他

53長沙市文物工作隊・長沙市文物考古研究所「長沙走馬楼J二二発掘簡報」（『文物』一九九九年五期）

王素・宋少華・羅新「長沙走馬楼簡牘整理的新収穫」（『文物』一九九九年五期）

胡平生「長沙走馬楼三国孫呉簡牘三文書考証」（『文物』一九九九年五期）

『長沙走馬楼三国呉簡・嘉禾吏民田家莂』（文物出版社、一九九九年）

＊第三章「簡牘」：一節、関於賦税内容的簡牘、二節、関於戸口簿籍内容的簡牘、三節、関於其他内容的官文書簡牘、四節、其他

『長沙走馬楼三国呉簡・竹簡〔壱〕』（文物出版社、二〇〇三年）
『長沙走馬楼三国呉簡・竹簡〔弐〕』（文物出版社、二〇〇七年）
『長沙走馬楼三国呉簡・竹簡〔参〕』（文物出版社、二〇〇八年）

54 湖南省文物考古研究所・郴州市文物処「湖南郴州蘇仙橋J4三国呉簡」（『出土文献研究』第七輯、上海古籍出版社、二〇〇五年）

＊三国呉簡一四〇枚（簿籍類、文書・書信類、記事類、紀年簡、習字簡、その他）

55 揚州博物館・邗江県図書館「江蘇邗江胡場五号漢墓」（『文物』一九八一年一一期）

＊木牘一三件（神霊名位牘、日記牘、文告牘、喪祭物品牘）、木簽、木觚

五、他地域の出土資料、その他

56 山西省文物工作委員会編『侯馬盟書』（文物出版社、一九七六年）

57 広州市文物考古研究所ほか「南越国宮署遺址出土木簡」（広州市文物考古研究所編『羊城考古発現与研究』文物出版社、二〇〇五年）＊木簡約一〇〇余枚（簿籍、法律文書など）

広州市文物考古研究所、中国社会科学院考古研究所、南越王宮博物館籌建処「広州市南越国宮署遺址西漢木簡発掘簡報」（『考古』二〇〇六年三期）

58 銀雀山漢墓竹簡整理小組編『銀雀山漢墓竹簡〔壹〕』（文物出版社、一九七五年）

＊孫子兵法、孫臏兵法、尉繚子、晏子、六韜、守法守令等十三篇、篇題木牘

呉九龍釈『銀雀山漢簡釈文』（文物出版社、一九八五年）

駢宇騫編『銀雀山漢簡文字編』（文物出版社、二〇〇一年）
59河北省文物研究所「河北定県四〇号漢墓発掘簡報」（『文物』一九八一年八期）
河北省文物研究所「定県四〇号漢墓出土竹簡簡介」（『文物』一九八一年八期）
＊1論語、2儒家者言、3哀公問五義、4保傅伝、5六韜、6文子、7六安王朝五鳳二年起居記、8日書・卜占
河北省文物研究所定州漢墓竹簡整理小組『定州漢墓竹簡　論語』（文物出版社、一九九七年期）
60連雲港市博物館「江蘇東海県尹湾漢墓群発掘簡報」（『文物』一九九六年八期）
連雲港市博物館「尹湾漢墓簡牘釈文選」（『文物』一九九六年八期）
＊集簿、東海郡属県郷吏員定簿、東海郡吏員考績簿、六甲陰陽書、神烏傅（賦）
滕昭宗「尹湾漢墓簡牘概述」（『文物』一九九六年八期）
＊木牘（集簿、属県郷吏員定簿、長吏遷除簿、吏員考績簿、武庫永始四年兵車器集簿、礼銭簿、六甲陰陽書、暦譜、遣策、謁）、竹簡（元延二年起居記、行道吉凶、刑徳行時、神烏傅（賦））
連雲港市博物館・中国社会科学院簡帛研究中心・東海県博物館・中国文物研究所編『尹湾漢墓簡牘』（中華書局、一九九七年）
蔡万進『尹湾漢墓簡牘論考』（台湾古籍出版社、二〇〇二年）
61羅振玉・王国維編著『流沙墜簡』（一九一四、中華書局、一九九三年）
林梅村・李均明編『疏勒河流域出土漢簡』（文物出版社、一九八四年）
大庭脩『大英博物館蔵敦煌漢簡』（同朋舎出版、一九九〇年）
甘粛省文物考古研究所編『敦煌漢簡』上下（中華書局、一九九一年）

呉礽驤・李永良・馬建華釈校『敦煌漢簡釈文』（甘粛人民出版社、一九九一年）

62労榦編『居延漢簡』図版之部（一九五七、中央研究院歴史語言研究所、一九七七年再版）

労榦『居延漢簡考釈　釈文之部』（中央研究院歴史語言研究所、一九四三年）

労榦『居延漢簡　考釈之部』（中央研究院歴史語言研究所、一九八六年）

中国社会科学院考古研究所編『居延漢簡甲乙編』（中華書局、一九八〇年）

中国社会科学院考古研究所『居延漢簡甲乙編』上下（中華書局、一九八一年）

謝桂華・李均明・朱国炤『居延漢簡釈文合校』上下（文物出版社、一九八七年）

簡牘整理小組編『居延漢簡補編』（中央研究院歴史語言研究所、一九九八年）

中央研究院歴史語言研究所「漢代簡牘数位典蔵」

63李均明・何双全編『散見簡牘合輯』（文物出版社、一九九〇年）

64甘粛省文物考古研究所、甘粛省博物館、文化部古文献研究室、中国社会科学院歴史研究所編『居延新簡――甲渠候官与第四燧』（中華書局、一九九〇年）

甘粛省文物考古研究所、甘粛省博物館、中国文物研究所、中国社会科学院歴史研究所編『居延新簡』甲渠候官、上下（中華書局、一九九四年）

65甘粛省文物考古研究所「甘粛敦煌漢代懸泉置遺址発掘簡報」（『文物』二〇〇〇年五期）

甘粛省文物考古研究所「敦煌懸泉漢簡内容概述」「敦煌懸泉漢簡釈文選」（『文物』二〇〇〇年五期）

胡平生・張徳芳編撰『敦煌懸泉漢簡釈粋』（上海古籍出版社、二〇〇一年）

＊1詔書・律令・司法文書与政治類、2経済与地理類、3懸泉置管理与事務類、4使節往来与周辺関係類、5典

籍文化類（含私信）、6泥牆題記西漢元始五年《四時月令詔條》
中国文物研究所、甘粛省文物考古研究所編『敦煌懸泉月令詔條』（中華書局、二〇〇一年）
張徳芳「懸泉漢簡中的〝伝信簡〟考述」（『出土文獻研究』第七輯、上海古籍出版社、二〇〇五年）
張俊民「敦煌懸泉漢簡所見人名綜述（三）」（『簡帛研究二〇〇五』広西師範大学出版社、二〇〇八年）
『シルクロードのまもり――その埋もれた記録』（大阪府立近つ飛鳥博物館、一九九四年）
66魏堅主編『額済納漢簡』（広西師範大学出版社、二〇〇五年）
孫家洲主編『額済納漢簡釈文校本』（文物出版社、二〇〇七年）
＊上篇：額済納漢簡釈文校正、下篇：額済納漢簡研究
エチナ漢簡講読会「エチナ漢簡選釈」（『中国出土資料研究』一〇、二〇〇六年）
67青海省文物考古研究所『上孫家寨漢晉墓』（文物出版社、一九九三年）＊木簡（兵法、軍法・軍令、目録）
68『湖南省出土古代文物展　古代中国の文字と至宝』（毎日新聞社、二〇〇四年）
69『謙慎書道会展七〇回記念　日中書法の伝承』（謙慎書道会、二〇〇八年）
70木簡学会編『日本古代木簡選』（岩波書店、一九九〇年）＊遺跡ごとの概要
71木簡学会編『日本古代木簡集成』（東京大学出版会、二〇〇三年）
＊第一章：総説、第二章：荷札木簡、第三章：文書木簡、第四章：その他の木簡
72朝鮮文化研究所編『韓国出土木簡の世界』（雄山閣、二〇〇七年）

34	周代国制の研究	松井　嘉徳著	9000円
35	清代財政史研究	山本　進著	7000円
36	明代郷村の紛争と秩序	中島　楽章著	10000円
37	明清時代華南地域史研究	松田　吉郎著	15000円
38	明清官僚制の研究	和田　正広著	22000円
39	唐末五代変革期の政治と経済	堀　敏一著	12000円
40	唐史論攷－氏族制と均田制－	池田　温著	近　刊
41	清末日中関係史の研究	菅野　正著	8000円
42	宋代中国の法制と社会	高橋　芳郎著	8000円
43	中華民国期農村土地行政史の研究	笹川　裕史著	8000円
44	五四運動在日本	小野　信爾著	8000円
45	清代徽州地域社会史研究	熊　遠報著	8500円
46	明治前期日中学術交流の研究	陳　捷著	16000円
47	明代軍政史研究	奥山　憲夫著	8000円
48	隋唐王言の研究	中村　裕一著	10000円
49	建国大学の研究	山根　幸夫著	8000円
50	魏晋南北朝官僚制研究	窪添　慶文著	14000円
51	「対支文化事業」の研究	阿部　洋著	22000円
52	華中農村経済と近代化	弁納　才一著	9000円
53	元代知識人と地域社会	森田　憲司著	9000円
54	王権の確立と授受	大原　良通著	8500円
55	北京遷都の研究	新宮　学著	12000円
56	唐令逸文の研究	中村　裕一著	17000円
57	近代中国の地方自治と明治日本	黄　東蘭著	11000円
58	徽州商人の研究	臼井佐知子著	10000円
59	清代中日学術交流の研究	王　宝平著	11000円
60	漢代儒教の史的研究	福井　重雅著	12000円
61	大業雑記の研究	中村　裕一著	14000円
62	中国古代国家と郡県社会	藤田　勝久著	12000円
63	近代中国の農村経済と地主制	小島　淑男著	7000円
64	東アジア世界の形成－中国と周辺国家	堀　敏一著	7000円
65	蒙地奉上－「満州国」の土地政策－	広川　佐保著	8000円
66	西域出土文物の基礎的研究	張　娜麗著	10000円

67	宋代官僚社会史研究	衣川　強著	11000円
68	六朝江南地域史研究	中村　圭爾著	15000円
69	中国古代国家形成史論	太田　幸男著	11000円
70	宋代開封の研究	久保田和男著	10000円
71	四川省と近代中国	今井　駿著	17000円
72	近代中国の革命と秘密結社	孫　江著	15000円
73	近代中国と西洋国際社会	鈴木　智夫著	7000円
74	中国古代国家の形成と青銅兵器	下田　誠著	7500円
75	漢代の地方官吏と地域社会	髙村　武幸著	13000円
76	齊地の思想文化の展開と古代中國の形成	谷中　信一著	13500円
77	近代中国の中央と地方	金子　肇著	11000円
78	中国古代の律令と社会	池田　雄一著	15000円
79	中華世界の国家と民衆　上巻	小林　一美著	12000円
80	中華世界の国家と民衆　下巻	小林　一美著	12000円
81	近代満洲の開発と移民	荒武　達朗著	10000円
82	清代中国南部の社会変容と太平天国	菊池　秀明著	9000円
83	宋代中國科擧社會の研究	近藤　一成著	12000円
84	漢代国家統治の構造と展開	小嶋　茂稔著	10000円
85	中国古代国家と社会システム	藤田　勝久著	13000円
86	清朝支配と貨幣政策	上田　裕之著	近刊
87	清初対モンゴル政策史の研究	楠木　賢道著	近刊
88	秦漢律令研究	廣瀬　薫雄著	近刊
89	宋元郷村社会史論	伊藤　正彦著	近刊

（表示価格は2009年 9 月現在の本体価格）

著者紹介

藤田　勝久（ふじた　かつひさ）

1950年　山口県に生まれる

1985年　大阪市立大学大学院文学研究科後期博士課程単位取得退学

現　在　愛媛大学法文学部教授

著　書　『史記戦国史料の研究』（東京大学出版会、1997年、中文訳、上海古籍出版社、2008年）

『中国古代国家と郡県社会』（汲古書院、2005年）

『古代東アジアの情報伝達』（共編著、汲古書院、2008年）

ほか

汲古叢書85

中国古代国家と社会システム
――長江流域出土資料の研究

平成二十一年九月二十五日　発行

著　者　藤田勝久
発行者　石坂叡志
整版印刷　富士リプロ㈱
発行所　汲古書院

〒102-0072 東京都千代田区飯田橋二-五-四
電　話　〇三（三二六五）九七六四
FAX　〇三（三二二二）一八四五

ISBN978 - 4 - 7629 - 2584 - 9　C3322

索　　引

一、文献・出土資料……………………… 1
二、事項（人名・地名をふくむ）…… 8

一、文献・出土資料

あ行

尹湾漢墓簡牘　16,421,426,430,434,460,482
——木牘一、集簿　421,462
——木牘二、吏員定簿　421,462
——暦譜（元延二年日記）　129,421,423～426,428,434
——名謁　426,461～463,471～472
雲夢睡虎地秦墓竹簡→睡虎地秦簡
雲夢龍崗秦墓竹簡→龍崗秦簡
額済納漢簡（エチナ漢簡）　249,357,360
——2000ES9SF3:2A　249
——2000ES7S:4A　357,484
——2000ES9SF4:4,3-1-2　358
——99ES16ST1:1～8　359
王家台秦墓の竹簡　15
温県盟書　21

か行

郭店楚簡（郭店楚墓竹簡）　15,46,59,474
岳麓書院所蔵秦簡　17～18,47,134,142,179,218,251～252,293,320,435
鄂君啓節　46,97,100,170
邗江胡場漢墓の簡牘　395
『漢書』（以下は篇目順）　5,155,168,171,335,360,363～364,473
——文帝紀　348,351,361
——景帝紀　343,345,348
——武帝紀　344,362,485
——昭帝紀　351
——宣帝紀　351
——百官公卿表　22,163～164,476
——地理志　25,340
——芸文志　3,473
——蕭何伝　180
——汲黯伝　372
——児寛伝　485
——循吏伝　485
漢代の石刻、石刻資料　485,487～488,497
簡牘（竹簡、木簡、木牘）　4,7,21,34,50,67,473,498
簡牘の形態、機能　5～6,27～28,33,35,38,100,108,172,184,223,498～499
簡牘文書学（簡帛学、出土文献学、木簡学）　4～5,10,27,33～34,254,286,333,456,475,488

器物銘文　58,102
九店楚簡（江陵九店東周墓の竹簡）　62
汲冢竹書　69
居延漢簡　7,9,254,259～267,270,272,286,319,373～374,388,398,418,433,456,473
居延漢簡（旧簡）　7,9,12,25,33,254,260,279
——「元康五年詔書冊」　333,335～336,338,340～341,478
——卒家属廩名籍　279
——139.13　358
——符券　374
——公用旅行の伝、170.3　374～375,381
——私用旅行の伝、15.19　380～382
居延漢簡（新簡、居延新簡）　4,7,9,25,140,254,261,263～265,270,279,412,420
——「永始三年詔書冊」　354
——EJT37・1537～1558簡　230～231
——511.40簡　249
——楬、EPF22.36簡　264
——卒家属の名籍　279
——EPT48.56簡　140
——EPT59.582簡　413～414,416,433
銀雀山漢墓竹簡　7,13,26
——暦譜　129
楬（文書楬、物品楬）　237,254～267,286,483,497
遣策（副葬品のリスト）　13～14,18,26,50,73,295,394
懸泉漢簡→敦煌懸泉漢簡
沅陵虎溪山漢墓の竹簡　17,26,309
戸籍　166,237,244,279
『後漢書』循吏伝　485
孔家坡漢墓の木牘　393
侯馬盟書　21
高台漢墓の木牘四枚　392,405～406
告地策（告地書、冥土への旅券）　301,370,390,394,399～400
刻歯簡牘、刻券　28,281,285,370,374

さ行

削衣　21,506
子弾庫楚帛書　13
『史記』（以下は篇目順）　3,5,14,73,143,155,168,171～173,183,242,286,305,322,343,360,363～364,370,430～431,433,439～441,444,450,456,464,473,475,491,500
——秦本紀　43,50,112
——秦始皇本紀　31,43,107,113,155,241～242,275,321,334,487
——項羽本紀　101,170～171,182,430,450,465,494
——高祖本紀　430～431,441
——孝文本紀　343,345,348
——孝景本紀　344～345
——孝武（今上）本紀　344
——六国年表　112
——秦楚之際月表　101,494
——暦書　302
——楚世家　78,80,82,103,112
——陳渉世家　321,441
——蕭相国世家　168,180,430
——曹相国世家　181
——留侯世家　431

——絳侯周勃世家　431
——商君列伝　402
——蘇秦列伝　444, 447
——孟嘗君列伝　443～444, 467～468
——魏公子列伝　441～442, 467
——廉頗藺相如列伝　450
——魯仲連列伝　441
——呂不韋列伝　62
——張耳陳余列伝　171, 431
——樊酈滕灌列伝　169, 181
——張丞相列伝　181
——呉王濞列伝　361, 485
——司馬相如列伝　432, 490
——酷吏列伝　402
始皇詔、両詔の銘文　175
獅子山漢墓の印章、封泥　307～308
慈利楚簡（慈利戦国楚簡）　59
謝家橋漢墓の簡牘　408～409
上海博物館蔵楚簡（上博楚簡、戦国楚竹書）　15, 46, 60, 71, 474
周家台秦墓の簡牘　15, 47, 53, 65, 108, 127～128, 135～136, 153
——暦譜　53, 127～133, 136, 153, 304
習書　21, 189, 506
書信（竹牘、木牘）　21, 439～466, 491
書籍　13～16, 58～63, 101, 397, 489～491, 500
松柏漢墓の木牘　17
『続漢書』郡国志　340
信陽楚墓の竹簡　26, 59
秦の刻石（石刻文）　429, 487
秦の封泥　24
新蔡楚簡（葛陵楚墓の竹簡）　15～16, 81～82
睡虎地秦簡（睡虎地秦墓竹簡）　7, 13～15, 25, 47, 55～56, 68, 107～137, 162, 296, 299, 309, 473, 493
——『編年記』　14, 58, 64, 108, 111～113, 115, 129, 135, 162, 173, 275, 299, 304
——「語書」　29～30, 34, 64～65, 108, 112～115, 133, 135, 162～163, 173, 207, 210, 212, 226, 240, 300, 480～481
——『秦律十八種』　58, 108, 115～117, 136, 162, 222, 300, 475
——田律　70, 118
——倉律、效律　281
——金布律　195, 197
——司空律　117, 194
——置吏律　70
——置吏律157、158簡　118, 133
——伝食律　119, 374, 489
——内史雑律　117, 222
——内史雑律188簡　117～118, 246, 475
——行書律　118, 196, 222, 238
——行書律184、85簡　246, 475
——『效律』　108, 115～116, 119, 136, 162
——『秦律雑抄』　108, 115～116, 119, 136, 162
——『法律答問』　62, 70, 108, 120～122, 136, 162, 300
——『法律答問』138、146、179簡　120
——『法律答問』53、54簡　121
——『法律答問』57、58簡　121
——『法律答問』27、161簡　122
——『封診式』　63, 108, 122～125, 136,

162, 215, 300
——「為吏之道」　57, 59, 108, 115～116, 125, 136, 162, 300
——魏律二条　57～58, 116, 177
——『日書』　14, 59, 76～77, 125, 162, 318, 486
睡虎地四号秦墓の木牘（私信）　433, 440, 450～456, 464～465, 491
睡虎地77号漢墓　17, 135, 258, 299, 301, 318
青川県木牘（青川県秦墓の木牘、田律）　13, 30, 34, 46, 48～50, 52～53, 55～56
清華大学所蔵楚簡　17, 47
『説文解字』（『説文』）　83, 354, 373, 415
『戦国策』　73, 322, 444, 450, 456, 469
戦国楚簡（楚系文字、戦国楚墓の竹簡）　7, 15～16, 46, 73～74, 101, 295
曾侯乙墓の遣策　26

た行

致（文書）　369～371, 380, 384～386, 388～390, 396, 399
長沙走馬楼漢代簡牘　7, 20～21, 25, 443, 457
長沙走馬楼三国呉簡（三国呉簡）　7, 18～21, 25, 252
長沙東牌楼東漢簡牘　20～21, 25, 464
張家界古人堤遺跡の簡牘　20
張家山漢簡（張家山漢墓竹簡）　14～16, 25, 48, 65, 68, 108, 162, 295～324, 418, 473
——暦譜　129, 154, 173, 300, 302～304, 318, 321, 323
——『二年律令』　48, 64, 147, 162, 239, 244, 297, 300, 304～312, 318, 321, 323, 420
——『二年律令』釈文　296
——賊律　239, 250～251, 483
——置吏律　310, 337～338, 385
——伝食律　147, 374, 489
——田律　30, 34, 55
——行書律　58, 116, 147, 239, 309, 323, 414～415, 420, 433, 477, 483
——秩律　15, 64, 66, 164, 304～310, 323, 338
——史律　58, 81, 169, 180
——津関令　6, 15, 33, 64, 116, 134, 162～163, 305, 310～312, 320, 323, 333～334, 336～338, 351, 353, 363, 369, 371～373, 380, 383～387, 389, 398～399, 404, 415, 474, 476, 488～489
——「津関令」釈文　310, 330～332, 334
——『奏讞書』（『奏瀸書』）　15, 48, 64, 66, 136, 162～163, 169, 173, 207～209, 212, 217～218, 246, 275, 297, 300, 312～318, 320～321, 323, 404, 419, 421, 476
——『奏讞書』釈文　296, 328
——案件３（内史）　315～316, 373
——案件９～11（蜀守の讞）　64
——案件９（55簡）　251
——案件11（58-59簡）　405
——案件12（河東郡）　314～315
——案件16（高祖六年）　66
——案件18（南郡卒史蓋廬摯朔假卒史瞗復攸庫等獄簿）　134, 257～258, 419

——案件22（197-228簡）　181
——『算数書』　140, 162, 189, 300, 317〜318, 323, 486
——『蓋廬』　59, 162, 300, 318, 323
——『脈書』『引書』　162, 300, 318
——遣策　258〜259, 299, 397
郴州三国呉簡（蘇仙橋三国呉簡）　20
定州（定県）漢墓の竹簡　14, 27
天長漢墓の木牘　17, 278, 457, 462, 491
——書信　457〜461
——戸口簿、算簿　457, 469〜470
天星観一号楚墓の竹簡　81
天水放馬灘秦墓　14
——『日書』　14
——木板地図　24, 414
伝（伝信、通行証）　10, 12, 32, 35, 316, 369〜373, 380, 383, 389〜390, 396, 398〜399, 419, 489
『東観漢記』　340
『唐律疏議』衛禁律　372
敦煌漢簡　7, 9, 25, 357, 388, 473
敦煌懸泉漢簡　7, 12, 25, 32〜33, 142, 175, 341, 356, 370, 375, 378, 380, 398, 412, 420, 433
——「失亡伝信冊」　32〜33, 341, 376〜379, 389〜390, 398
——「康居王使者冊」　341〜342
——「伝馬名籍」　387〜388, 394
——Ⅱ90DXT0214①:130（里程簡）412, 414, 416, 433
——ⅠT0112④:1　142〜175
——ⅡT0115②:16　356〜357
——ⅠT0309③:222　358
——ⅡT0114③:404　361
——ⅠT0309③:237　375〜376
——ⅠT0210③:6　378, 380
——ⅡT0213②:136　380
敦煌懸泉置の壁書「四時月令」（月令詔条）31, 35, 354〜356, 364, 484
敦煌懸泉置の書信（帛書）　457

な行

南越国木簡（南越国宮署遺址の木簡）20
日書　18, 73

は行

帛書　4, 7, 34, 67, 498
阜陽双古堆漢簡　14, 26
符（通行証）　10, 12, 28, 35, 370, 373〜374, 398〜399, 419, 489
武威漢簡　13
『風俗通』　415
封検、検　237, 483, 497
扁書（掲示、お触れ書き）　10, 31, 35, 354, 356, 360〜361, 363〜364, 484〜485, 497
簿籍（帳簿、名籍）　12, 38, 152, 165, 230〜231, 233, 235, 254, 259, 265, 482, 497
包山楚簡　6, 15〜16, 24, 46, 56, 64, 66, 68, 73〜101, 125, 134, 226, 480, 493
——遣策　16, 75〜76, 81, 99
——卜筮祭禱簡　16, 75〜82, 86, 99
——卜筮祭禱簡216、217簡　77
——文書簡（文書類）　16, 57, 75, 83, 93〜100, 209
——陰侯の地の案件（132〜135簡）56, 94

――所訶　　76, 83, 86～90, 92, 98, 100
――所訶169簡　　88～90
――受期　　83, 88～92, 98, 100, 109
――受期41、48簡　　90
――受期62簡　　88
――疋獄　　83～87, 90, 92, 100
――疋獄84簡　　83～84
――集箸、集箸言　　83, 93～95
――集箸、集箸言7、8簡　　95
――集箸、集箸言126～127、128簡　96
――その他、141-142簡　　96～97, 105
――竹簽牌　　98～100
鳳凰山漢墓の簡牘　　13～14, 25, 390
褒斜道の摩崖石刻　　487
望山楚簡　　81
北洞山漢墓の印章　　307～308
卜筮祭禱　　13, 18, 26, 73, 295

ま行

馬王堆漢墓の簡牘　　7, 13, 26, 394
――木牘（告地策）　394
馬王堆漢墓の帛書（馬王堆帛書、帛書）　7, 13～14, 474
――『戦国縦横家書』　　14, 322, 433, 440, 444～450, 455, 464～465, 491
――「駐軍図」　　22～24
名謁（木牘の謁）　　460, 465
毛家園漢墓の木牘　393～394
文書　　9～12, 230～231, 397, 482, 500

ら行

『礼記』月令　　31
里耶秦簡　　6～7, 19～21, 25, 29～30, 47, 50～53, 58, 68, 95, 108, 125, 129, 143～173, 183～212, 219～245, 253～288, 296, 319～320, 412, 415～416, 474, 479, 482～483, 493～495, 497
――木牘⑧133（卒算簿）　　188, 277～278
――木牘⑧134（司空守）　　203～204, 216, 269
――木牘⑧147（弩の簿籍）　　166, 188, 232～233, 482
――木牘⑧158、⑧152、⑧156（少内）　161, 166, 186～187, 203～204, 215, 226～227, 230
――木牘⑧154（徒隷）　　160, 166, 186, 204, 272
――木牘⑧157（啓陵郷）　　187, 203～204, 268～269, 278
――木牘⑨1～12（陽陵卒の文書）　160～161, 166, 187～188, 190～211, 227, 232, 243, 256, 277, 342, 483
――木牘⑨981（船の紛失）　　204
――木牘⑨984（酉陽守丞）　　203～204, 269～270
――木牘⑫10（〔鞫〕之）　　273
――木牘⑯3（郵書刺）　　222
――木牘⑯5、6（洞庭郡文書）　　50～52, 64, 114, 156, 158～160, 165, 186, 203～205, 223～226, 239～240, 268, 275, 287, 321, 342, 479～480
――木牘⑯9（戸籍）　　161, 166, 179, 203, 231～232, 278～279, 319
――祠先農簡（符券、出入券）　　235～237, 244, 254, 280～282, 287
――穀物支給記録　　282, 284～285

——木牘⑯52、⑯12、⑰14（地名里程簡）　146～147,412～413,415～416,420～421,429,433
——戸籍簡　166,233～235,274～280,287,319
——封泥匣（封泥）　221～222,247～248,292
——封泥匣J1-169　247
——封泥匣⑦5　247～248
——検、封検　222
——笥牌　99,200,254～259,286
——木牘⑧155（廷主戸発）　248
——木牘⑥1（九九、習書）　189,319,506
——木牘⑧455（一覧）　155,334
龍崗秦簡（雲夢龍崗秦墓竹簡）　14～15,25,47,65,108,110,126～127,296
龍崗六号秦墓の木牘　395
『呂氏春秋』　26,31,62,490
連雲港市前漢墓の木牘謁　472

二、事項（人名・地名をふくむ）

あ行

安陸県（湖北省雲夢県、城郭）　24～25, 47, 91, 107～115, 126～127, 135, 207, 296, 301, 452
「以次伝」　114, 147, 207, 418
「以郵行」　114, 207, 222, 418
隠官　51, 165, 235, 275, 279, 287
恩沢（恩賜）　345, 348, 351, 353, 360～364, 486

か行

夏侯嬰　169～170
過所（通過する所）　380, 398
函谷関　305, 310, 373, 384, 488
漢王、漢高祖→劉邦
漢王朝　3, 5, 43, 65～66, 68, 101, 288, 295～296, 301～302, 309, 312, 317, 320, 322, 324, 335, 477, 493～494, 500
——図書整理　3
——長安城　24～25, 413, 416, 488
——漢の社稷　494
——漢の爵位（民爵）　351, 364, 382
——恵帝　303
——呂后（呂太后）　302, 304
——文帝　343, 348, 361～362
——景帝　348, 432, 490
——武帝　344, 371, 411, 429, 434, 475, 490
漢王朝の中央官制　305
——太常（奉常）　58, 81, 98～99, 154, 305, 336, 338, 475, 477, 496
——博士官　475
——太史、太祝、太卜　58, 81, 98, 100, 169
——丞相（相国）　10, 98, 154, 242, 310～311, 336～338, 384, 475～477, 496
——御史大夫（御史）　10, 32, 98, 169, 242, 305, 310～311, 336～338, 341, 375, 377, 384, 475～477, 496
——大司農（大農、治粟内史）　475
——廷尉　209～210, 212, 305, 314, 475～477, 480, 496
——太僕（輿馬）　170
——内史　305, 384～386
監御史　163, 168
魏公子（信陵君）　431, 441～442
客（食客）　26, 62～63, 68, 101, 442, 490
居貲贖債　51, 156, 165, 223, 275, 277, 279, 287
郷（郷・里）　22, 25, 163, 166, 187, 231～232, 235, 277～279, 287～288, 342, 357, 360, 377, 426, 485～486
禁苑　65, 110, 126
郡尉　163～164, 202, 232, 305, 483
郡県制（成立、構造）　3, 21, 25, 44, 53, 58, 63～64, 66, 95, 98, 100, 107, 134, 144, 164, 173, 220, 238～242, 244～245, 253～254, 273, 288, 296, 305, 307～309, 311～312, 318, 320, 322～324, 335, 341, 474, 477, 494, 496
郡県の官府　25～26, 323, 342
郡国制（郡県と王国）　65～66, 68, 310,

320, 322～323, 335
郡守　163～164, 305, 313～315, 384～385, 430
郡守（南郡守、洞庭守）　29, 50, 64, 113, 133, 156, 164, 186, 207, 223, 239, 305, 313～314, 384～386
郡太守　338, 341, 377, 478
刑徒（徒刑）　430
系譜（系譜資料）　80, 100
啓陵郷　165～166, 232, 269
肩水金関　12, 25, 33, 354, 373～374, 382, 403, 488
県嗇夫（道嗇夫）　29, 50, 64, 113, 156, 164, 186, 207, 223, 236, 240, 281
県の尉（県尉）　144, 160, 163～164, 171, 224, 275, 362, 377, 480, 483
県の掾属、属吏　125, 164, 168, 171
県の獄史（獄掾）　169
県の司空（司空守）　159～160, 164, 184, 192, 194～195, 198～200, 204～205, 232, 256, 269, 275, 277～278
県の守、守丞　133, 144, 160～161, 164～165, 171, 186, 199, 203～204, 207, 216, 227, 232, 269～270, 272
県の少内（少内守）　125, 164～166, 186～187, 198, 227
県の丞　144, 159～160, 163～164, 171, 203～204, 224, 236, 269, 281, 362, 375, 382, 392, 480
県卒　51, 165, 279, 287
県令（県長、県の長吏）　124, 144, 163, 165～166, 168, 171, 203～204, 216, 362, 375
黔首（民、新黔首）　51, 156, 166, 252, 275
黔中郡　296
懸泉置（敦煌懸泉置）　12, 25, 31～33, 35, 342, 355, 357, 375, 398, 418, 484, 489, 491, 497
呉楚七国の乱　361, 485, 494
甲渠候官　254, 259～261, 264～265, 267, 270
江陵県（郢古城、荊州市）　24～25, 48, 107～108, 114～115, 127, 133, 136, 146～147, 296, 338, 413
候官　12, 25, 231, 254, 270, 478, 482
校券（責券）　120, 188, 194～195, 202, 211, 232, 250, 285, 483
項羽（項王、西楚覇王）　65～66, 68, 170, 430, 450～451, 494
項梁　66, 68, 170～171, 430, 450～451, 494

さ行

三老（県三老、郷三老）　362～363, 487
司寇　51, 165, 235, 275, 279, 287
司馬相如　432, 490
司馬遷　3, 80, 242, 411, 429, 439, 475, 494, 500
私馬（の随行）　383～386, 390, 392～393, 399, 405
始皇帝（秦王政、秦始皇帝）　46～47, 107, 143, 245, 430
——秦始皇帝陵（始皇帝陵園、兵馬俑）4, 219, 430
——の巡行　241, 321, 411, 429, 434
社会システム　5, 35, 65～66, 68, 74, 99～101, 125, 135, 144, 242, 320, 324, 481,

492～496, 498, 500～501
出入券（祠先農簡）　236～238, 244, 254, 256, 280～282, 284, 287～288, 293, 483, 497
戍卒　190, 192, 194, 263, 277, 321
書写の工具（書刻工具、毛筆など）　41, 59, 127, 397
諸侯王（王国）　26, 66, 245, 305, 308～309, 311, 320, 322～323, 341～342, 345, 351, 361, 373, 433, 440, 485, 487, 490～491, 494
諸侯王国の相　338, 341, 377
諸子　60, 63, 68, 101, 490
「署金布発」　215, 227
「署某発」（某発）　195, 208, 214～215, 217～218, 227, 248, 315
商鞅の変法　44
商君（商鞅）　371
詔書（詔書冊、制詔）　10, 31, 53, 155, 333～364, 475～476, 478, 485, 497
蕭何　168～169
情報システム（文字資料による運営）　31, 95, 220, 235, 238～246, 286, 483, 493～495, 498, 500
秦王朝（秦帝国）　3, 5, 43, 65～66, 68, 144, 147, 168, 238～239, 241～242, 244, 253, 286, 295, 320, 324, 335
——秦の暦法、暦譜　77, 112, 153～154
——秦の紀年資料　53, 111, 153
——秦の社稷　494
——秦の祭祀　122
——秦の爵位　119, 234, 274～275, 279
——秦の滅亡　65～66, 101, 241, 320
——孝公　44
——恵文王（恵文君）　44, 107, 371
——武王　44, 48, 50
——昭王（昭襄王）　44, 46, 107, 447
秦王朝の都城　24
——櫟陽　44, 450
——咸陽城　24～25, 44, 46, 107, 121, 125, 147, 169, 416
秦王朝の中央官制　153
——奉常　81, 98, 154
——丞相　50, 52, 98, 154, 169, 208～209
——内史　52
——御史　98, 169, 208～209
津関（水陸の関所）　22, 353, 371, 373, 383～387, 396, 411, 419, 488～489
隧（塞）　12, 265, 357, 360
関所　24～25, 35, 98, 100, 122, 370, 378, 389, 395, 398, 419, 450, 488～489
践更（践更県者）　51, 165, 235, 275, 279, 287
銭校券　192, 194～195, 199～200, 250, 256
遷陵県（里耶）　20, 25, 29, 51, 95, 143～144, 146～147, 155～156, 158～161, 164～165, 168, 172, 183～189, 197～200, 202～203, 205～206, 210～211, 219, 224, 231～232, 253, 267～270, 278, 286, 342, 412～413, 420, 479, 482～483, 495
楚漢戦争（楚漢の戦い）　43, 48, 66, 101, 241, 296, 317, 320, 322, 451, 493～494
楚の都城　62, 96, 101
——紀南城（郢、荊州市）　24, 46～47, 50, 75, 81～82, 93, 95～97, 107, 112,

114～115, 127, 152, 295～296, 490
——寿春故城（寿県）　46, 57, 97, 295
——楚王城（雲夢県）　91, 109, 126
——楚の懐王　46, 109
楚の官制（制度、官職）　64
——楚の暦法　76～77, 80～82, 99～100
——大事紀年（以事紀年）　74, 76～77, 81～97, 100～101
——左尹（の官府）　16, 56, 74, 76～77, 85～86, 89～90, 94～100, 480～481
——楚の祖先（祖先祭祀）　78～82, 99
——楚の爵位　234, 274, 317, 494
蘇秦　444, 447～448
曹参　168～169
蒼梧郡　64, 291, 296
卒史　29, 50, 134, 156, 164, 168～169, 186, 223, 258, 421

た行

民に知らせる規定（明知、盡知之、盡誦之）　252, 348, 360, 363, 367
竹筒　99, 152, 253, 256～258, 264, 286, 290, 299, 301, 397, 400
馳道　65, 126～127
地方官府（県レベルの官府、遺跡）　6, 20, 22, 24～27, 32～35, 56, 67, 98, 120, 125, 136, 162, 166, 168, 172, 183～185, 189, 209, 219, 227, 241～243, 253, 288, 299, 301～302, 317, 319, 321, 338, 353, 363～364, 369～370, 374, 400, 432, 474, 490, 492, 494～495, 498
長沙郡（長沙国）　19～20, 25～26, 107, 291, 296, 308, 311～312, 323
直書（御史書、裙直書、絡裙直書）　186～187, 227, 230
陳渉（陳勝、陳王）　66, 68, 168, 241, 321, 431, 441
「追之」　118, 140, 196
亭（亭長）　22, 24～25, 163, 168～170, 222, 321, 357, 360, 421～422, 426, 430, 434
伝舎（客舎）　370～371, 403, 423～426, 434, 443, 489
徒隷（隷臣妾、城旦舂、鬼薪白粲）　51, 156, 165～166, 194, 223, 235, 272, 275, 279, 281, 287, 313
都尉府　25, 231, 254, 478
都郷　132, 160～161, 165～166, 231～232, 256, 278, 393
統一国家の成立（秦漢王朝）　5, 68, 73, 135, 295, 319
洞庭郡　20, 25, 51, 64, 143, 147, 155, 158～162, 164, 166, 183～188, 191～192, 194～195, 197～200, 202～203, 205～206, 210～211, 219, 222～224, 232, 243, 253, 267～268, 296, 308, 342, 416, 479, 483

な行

内史（関中）　64, 116, 136, 309, 315～316
南郡（の設置）　29, 46, 64, 97, 107～110, 112, 115～116, 126～127, 129～130, 133, 135, 152, 162, 208, 296, 308～311, 314, 316, 321, 416, 477
二重証拠法　7

は行

巴郡　64
巴・蜀の地方　43～44, 46, 48～49, 53, 56, 63～64, 66, 68, 107, 432, 490
「発」　121～122, 195, 227
符券（券、券書）　120, 127, 221, 236～237, 239, 281, 319
武関　305, 310, 384, 488
文書の偽造（不正）　239～240, 371
封君（封邑）　26, 62～64, 97～98, 100～101, 440～443, 491
「某手」　58, 188, 202～206, 392～393

ま行

明器（副葬品）　18, 298, 396～398, 407
文書行政（文書システム、文書の伝達）　5, 27, 31, 56～59, 68, 100, 117, 120, 122, 125, 134, 155, 160～161, 185, 210～211, 219～220, 222, 235, 237～239, 242, 245, 267～268, 274, 286～287, 304, 418, 420, 429, 463, 474～475, 481, 486, 492～496, 498, 500
孟嘗君（薛公）　443, 449

や行

郵　22, 25, 58, 114, 118, 147, 200, 222, 225, 237, 243, 309, 320, 414～416, 418～419, 420～423, 426, 428, 433, 477～478, 488～489, 496
遊説家　60, 101, 411, 432, 490
陽陵県　160, 187～188, 190～207, 210～211, 232, 483
徭　430

ら行

六経（経書）の成立　60
「吏當」　208
里耶古城（里耶鎮）　24, 47, 95, 107, 143～144, 148, 183, 185, 189, 219, 253, 267, 319, 412, 479, 495
劉邦（沛公、漢王、漢高祖）　66, 68, 144, 168～171, 302～303, 321, 430～431, 441, 494
呂不韋　26, 62, 490
令史　58, 115, 133, 135, 160, 169～170, 207, 235, 258, 270, 281, 293, 382
列侯（侯国）　26, 309, 433, 491